백제의 성왕이 터를 닦은 부소산 자락은 정월 보름 불놀이를 하는 아이들 차지가 되었다. 이 아이들이 어른이 되고, 또 어른의 아이들이 달집 태우기를 하며 역사는 이어진다. 길게 누운 부소산을 딛고 둥실 피어난 하얀 달은 그저 환하게 웃고만 있다.(부여 부소산)

우리가 정말 알아야 할
삼국유사

초판 1쇄 발행 | 2002년 4월 10일
개정 1쇄 발행 | 2006년 1월 30일
개정 8쇄 발행 | 2019년 12월 10일

글쓴이 | 고운기
사진 찍은이 | 양진
펴낸이 | 조미현

펴낸곳 | (주)현암사
등록 | 1951년 12월 24일 · 제10-126호
주소 | 04029 서울시 마포구 동교로12안길 35
전화 | 365-5051 · 팩스 | 313-2729
전자우편 | editor@hyeonamsa.com
홈페이지 | www.hyeonamsa.com

글 ⓒ 고운기 2002
사진 ⓒ 양진 2002

•지은이와 협의하여 인지를 생략합니다.
•잘못된 책은 바꾸어 드립니다.

ISBN 978-89-323-1273-6 04810

우리가 정말 알아야 할 삼국유사

우리가 정말 알아야 할
삼국유사

고운기 글 · 양진 사진

ⓗ 현암사

❋ ─ 머리말

한수진(韓秀珍)과 고서연(高瑞延), 희은(喜殷)에게

혁명의 나그네가 되어 떠돌던 손문(孫文)이 광동성(廣東省) 궁벽진 어느 후원자의 집에서 며칠을 묵었다. 빈손의 그는 사례 대신 글 한 폭을 남기고 떠났다.

安危他日終須仗 편안함이나 위험이 어떤 날에는 서로 기대는 친구가 되고
甘苦來時要共嘗 즐거움이나 고통이 닥치거든 두루 맛보아야 하는 것

그런가? 나는 타국의 조그만 연구실에서 손문의 이 글을 곱씹었다. 내 감히 혁명가 쪽에 선다는 말 아니다. 그 글을 받은 어느 촌부(村夫)가 되어, 그렇게 쓴 혁명가의 속내를 헤아리겠노라고.
  거기에는 정녕 안위(安危)와 감고(甘苦)의 어느 한 쪽이 아닌, 슬픔과 기쁨의 정반합으로 이르게 되는 변증법적 합일의 세계가 있다.
  벌써 이십 년 가까이 나는 『삼국유사』를 맴돌았다. 이는 분명코 13세기 무렵 이 땅에 살았던 한 혁명가가 내게 던져 준 화두였다. 이미 많은 사람들이 거기에 매료되어 화두의 열 배 스무 배 말을 쏟아 놓았건만, 이제 다시 내가 고쳐 보아야 할 것은 무엇일까? 오랜 모색 속에서도 여전 막막하다.
  다만 한 가지, 나는 『삼국유사』를 방금 따낸 과일이나 방금 캐낸

채소에다 비유해 본 적이 있다. 『삼국사기』가 사대주의라는 방부제를 친 통조림이라고 한다면 말이다. 그런데 요리를 하기에는 방부제 친 통조림보다 싱싱한 과일과 야채가 더 좋은 재료 아닌가? 그러므로 모름지기 『삼국유사』는 시대마다 좋은 요리사를 만나 좋은 요리가 만들어지기를 기다리는 재료인지 모른다.

나는 여기 서툰 요리사로 나섰다. 그래서 조금 요리가 되었다면 그 공을 앞서 내보인 손문의 글에 돌리겠다. 내게도 닥쳤던 안위와 감고의 세월을 곱씹는 동안 세상 보는 눈이 조금 열렸고, 그 때문에 내 혁명가의 화두 또한 보이기 시작했기에 그렇다. 혁명가는, 그 스스로 안위와 감고의 거친 세월 속에서, 도리어 피와 살이 되는 어떤 기제(機制)를 찾아 뒷사람에게 남겨 주었던 것 같다. 나는 그 틀에 기대어 '삼국유사 읽기'의 한 방법을 여기 내놓은 것인데, 다들 어떻게 생각하시는지 이 땅의 사람들에게 조심스레 묻는다.

나의 무능을 탓하면서도, 오직 하나, 이 책에서 자신 있게 내세울 특징이라면 바로 사진이다. 양진(梁鎭) 씨와 함께 『삼국유사』의 현장을 다니기 시작한 것이 지금으로부터 꼭 십일 년 전 봄. 그동안 씨가 찍은 사진의 양은 헤아릴 수 없지만, 이제 그 정수를 뽑아 내보이기, 그래서 읽는 이들의 눈을 시원스럽게 해주기, 나로서는 내심 자신하고 있다.

이 책은 현암사 형난옥 주간의 제안과 호의에서 비롯되었다. 평소 부러워마지 않던 이 출판사의 『우리가 정말 알아야 할~』 시리즈에 낀 것을 나는 더 없는 영광으로 여기고 있다.

2002. 1. 7.
도쿄의 게이오대학에서
고운기

차례

머리말
들어가며 _ 2

기이(紀異)
이 땅의 첫 나라 _ 11
고구려와 북방계 _ 35
신라와 남방계 _ 53
탈해왕을 둘러싼 갈등 _ 70
연오랑 세오녀, 첫 설화의 주인공 _ 88
신라는 왜 일본과 앙숙일까 _ 103
밤에 찾아오는 손님 _ 120
신라가 통일을 할 수 있었던 이유 _ 139
문희, 그 아름다운 여자의 이름 _ 159
만파식적 만만파파식적 _ 178
권력의 끝 _ 196
수로부인, 미시족의 원조 _ 214
첫 성전환증 환자 _ 234
왕이 되는 자 _ 252

나라가 망하는 징조_269

지는 해 뜨는 해_289

백제와 일본, 그 근친의 거리_307

서동은 정말 선화공주를 꾀었을까_327

견훤, 비운의 영웅_347

신비의 왕조, 가야_364

흥법(興法)

불교로 보는 역사_385

순교의 흰 꽃 이차돈_400

탑상(塔像)

신라의 중심 세계의 중심, 황룡사_416

문수 신앙의 근거지, 오대산_437

작은 절들에 서린 삶의 애환_455

노힐부득과 달달박박_472

낙산사의 힘_487

의해(義解)

운문사 이야기_509

원효, 해동 불교의 자랑_530

의상, 화엄의 마루_549

순례자를 위해 부르는 노래_569

스승에서 제자로 이어지는 어떤 것 __581

신주(神呪)

밀교의 한 자락 __603

감통(感通)

평범한 사람들의 감동적인 이야기 __621
호랑이 처녀와의 사랑 __637
무엇이 진정한 믿음인가 __653

피은(避隱)

숨어 사는 이의 멋 __671

효선(孝善)

불교가 보는 효도 __687

향가, 가장 고귀한 것의 정화 __704
일연, 혼미 속의 출구 __723

사진 찍기는 참 재미있다 | 양진 __742
찾아보기 __745

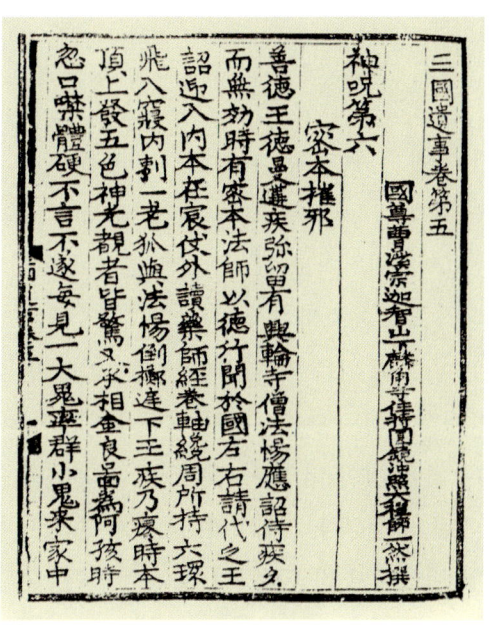

『삼국유사』 권제5의 첫 부분, 편찬자 일연의 이름이 보인다. 『삼국유사』의 편찬자가 일연임을 알려주는 유일한 기록이다.

들어가며

 고대사의 여러 면에 두루 걸쳐 너무 많은 책임을 지운 책이 바로 『삼국유사』가 아닌가 한다. 이 책은 그럴 만한 구석이 넉넉하지만, 때로 호들갑스럽게 치켜세워지기도 했고, 그런 한편 짝처럼 거론되는 『삼국사기』가 상대적으로 왜소하게 평가되기도 하였다.
 사실 두 책은 비교 우위를 가리는 일이 부질없을 만큼 절대적 권위와 가치가 있다. 그런데도 언제부터인가 한 쪽으로 몰아가는 분위기, 곧 얻은 것보다 잃은 것이 더 많은 책이 『삼국사기』라고 말한 선학의 명쾌한 자리 매김을 지나치게 해석하여, 무게 중심이 『삼국유사』 쪽으로 치우친 것은 그다지 바람직하지 않아 보인다. 물론 선학의 말에 수긍하지 않는 바 아니고, 『삼국유사』의 매력을 저버리자는 것 또한 결코 아니다. 오히려 『삼국유사』에 대한 가치 부여와 중요성 제고와는 달리, 우리가 이 책을 실제대로 올바로 알고 있는지, 그 세계에 한 번쯤은 깊이 빠져 본 경험이 있는지, 문제는 거기에 있다.
 우선 나부터 부끄러운 고백을 먼저 하자. 초등학교 학생 때 나는 『삼국사기』와 『삼국유사』 그리고 김부식과 일연을 연결하는 시험 문제를 틀리곤 했다. 어떻게 그것을 헛갈릴 수 있느냐고 반문하지 말라. 같은 경험을 한 사람이 상당한 숫자에 이른다.
 자연스럽게 극복했다 했더니 산은 또 가로막고 있었다. 『삼국사기』

의 '사'는 史이고 『삼국유사』의 '사'는 事라는 사실은 중학교에 올라와서 틀리는 문제였다. 책과 저자의 이름을 연결짓는 초보적인 수준에서 좀더 나아간 난해한 문제이기는 했다. 그러나 이렇게 틀렸던 까닭은 한번도 『삼국사기』나 『삼국유사』의 세계 속에 들어가 보지 않았다는 데 있으며, 그것은 개인의 문제만이 아니라 우리 사회의 제도적·구조적인 결함에 원인이 있다는 데서 문제는 심각하다. 내 어린 시절로부터 상당한 시간이 흘렀건만, 이즈음 대학에서 학생들을 가르치면서 보니 극복 시간이 나보다 더 오래 걸리는 이가 많았다.

그 정도가 우리 실정이다. 실정이 그런 만큼 거기서부터 출발해야 하는 어떤 극복의 노력이 필요하다고 본다. 여기 선보이는 이 책은 그 같은 노력과 필요의 소산이라고 할 수 있겠다.

나는 앞서 두 가지 부끄러운 과거를 고백했다. 어쨌거나 이 두 가지 사실은 『삼국유사』를 이해해 들어가는 중요한 단서이다. 『삼국유사』는 『삼국사기』와 더불어 논의하지 않을 수 없고, 그 둘의 분명한 차이가 사(史)와 사(事)에 있다는 점.

고려 초부터 이 시기 지식인들은 우리 고대사를 정리하는 역사서의 편찬에 대해 관심을 가졌다. 이는 문자 생활의 변화에서 원인을 찾아볼 수 있다. 한문이 우리 나라에 들어온 이래 고려의 지식인에 이르러서야 한문이라는(중국어가 아니다) 표기 수단은 자유자재로 구사되었다고 해도 과언이 아니다. 과거 시험을 통해 관리를 선발하는 제도가 정착되었다는 점도 이와 길항(拮抗)하는 관계였다고 해야 하지 않을까? 그로 인해 더 이상 최소한 지식인에게 한문은 낯선 문자가 아니었다.

문자에 대한 자신감, 이는 저술을 감발(感發)시키는 촉진제다. 첫 번째 저술은 역사서로 정해졌다. 이 또한 자연스러운 현상이다. 새로운 나라가 들어선 다음, 그 앞 시대를 정리한다는 생각은 이미 중국에서 보편화되어 있었다. 한문이라는 문자 수단의 이입은 그 문화를 송두리째 가지고 들어왔고, 특히 중국에서 만들어져 하나의 전범을 이루고 있었던 사마천(司馬遷)의 『사기』는 대단한 영향력을 발휘하였다. 이름마저 거기에 기댄 김부식의 『삼국사기』는 이렇게 해서 만들어졌다. 고려 인종 23년(1145년)의 일이다.

그리고 100여 년이 넘게 흘렀다. 그 사이 고려 사회는 커다란 변화를 겪었다. 문신 귀족들의 차별에 불만을 품은 무인들이 반란을 일으키고 정권을 잡은 것이다. 무인들의 집권은 단순히 집권 자체로 끝나지 않았고 세계관에 변화를 주었다. 도저히 일어나리라 상상도 못할 일이 벌어졌을 때 사람들은 고정관념이 깨진 새로운 세계를 맛보게 된다. 무인 정권 이후 고려는 전반기와는 아주 다른 분위기를 만들었다.

새로운 분위기란 다름 아닌 우리 자신에 대한 성찰이다. 김부식의 『삼국사기』로 대표되는 고려 전기 지식인들의 세계 인식은 사대(事大)로 요약된다. 본격적으로 중국의 문화에 압도당하기 시작한 사회에서 그것은 당연한 결과였다. 그러나 이념의 틀은 우리에게서 다시 만들어져야 했다. 도대체 우리는 누구이고 어디서 왔다는 말인가.

여기에 기름을 부은 것이 송(宋)나라의 멸망과 원(元)나라의 성립이었다. 당에서 송으로 이어지며 높아질 대로 높아진 한족(漢族)의 자존심을 일거에 무너뜨린 이 일은, 그렇지 않아도 우리 중심의 새로운 세계관을 형성해 보려던 고려의 정권 담당자들에게 커다란 충격과 암시를 함께 주었다. 하늘처럼 알았던 한족의 중국도 변방의 오랑캐에게 무릎을 꿇지 않는가. 당대의 관념이 완전히 무너지는 순간이었다.

세계관의 변화는 곧 역사관의 변화를 가져온다. 모든 것을 중국 중심으로 해석했던 『삼국사기』의 역사 기술은 이쯤 와서 힘을 잃게 된다. 『삼국유사』 탄생의 배경은 아무래도 이 두 가지 당대의 세계사적 사건으로 잡아야 할 것 같다. 1206년에 태어나 13세기를 온전히 살다 간 일연은 바람처럼 휘몰아치는 시대의 변화를 겪었던 사람이다. 세계에 대한 새로운 인식은 그가 승려였다는 점에서 보다 적극적이었다. 유학(儒學)을 기본으로 하는 선비들이야 인식의 전환을 가져온다고 한들 분명한 한계를 드러내 주는 데 반해, 승려들은 처음부터 중국 중심에 서 있지 않았으므로 보다 빨리 자신의 길을 걸어갈 수 있었던 것이다. 특히 신라 말부터 유입된 선종(禪宗)은 사고의 혁신을 불교 안에서 먼저 이루어 사회로 퍼져나가게 했다.

이 같은 역사 인식의 변화를 놓고 볼 때 일연이 『삼국유사』의 첫머리에 단군조선을 실었다는 사실은 결코 우연이 아니다. 같은 시기의 지식인 이승휴(李承休)가 그의 책 『제왕운기』에 비슷한 내용을 실었고, 이보다 조금 앞서 이규보(李奎報)가 동명왕(東明王)의 사적을 발굴하여 서사시로 그렸던 점과 맥을 같이한다. 『삼국유사』는 이 시기에 우리 역사를 주체적으로 바라보고자 했던 지식인들의 일련의 작업 속에 놓여 있는 것이다.

그런데도 일연이 『삼국유사』를 편찬하는 과정에서 가장 염두에 두었던 책을 들자면 『삼국사기』를 젖혀놓기 힘들다. 그가 『삼국사기』를 의식하고 있음은 특히 「기이」편에서 두드러지게 나타난다. 삼국의 고대사를 보여 주는 데에 『삼국사기』가 지닌 강점과 맹점을 누구보다 일연 자신이 깊이 간파하고 있었다. 그리고 거기서 그칠 수 없는 것이 13세기 지식인으로서 일연의 입장이었다.

『삼국유사』는 전체가 「왕력(王曆)」·「기이(紀異)」·「흥법(興法)」·「탑상(塔像)」·「의해(義解)」·「신주(神呪)」·「감통(感通)」·「피은(避隱)」·「효선(孝善)」, 이렇게 9개 편으로 이루어져 있다. 각 편의 의미와 내용에 대해서는 차차 설명해 나가겠지만, 전체적인 구성을 본다면 연대기로서 「왕력」, 준(準)역사서로서 「기이」, 불교문화사적 관점에서 당대인의 삶을 기록한 「흥법」 이하의 여러 편으로 삼대분(三大分)해 볼 수 있다.

여기서 「왕력」은 『삼국유사』 전체 기술의 기반이 되는 부분이고, 「기이」는 양적으로도 역사 자료의 가치가 충분히 있지만, 기술 방식이나 역사관에서 『삼국사기』와 다른 질적인 면이 더욱 우리의 관심을 끈다. 특히 「기이」 편은 그 서문에서 밝힌 바, 우리에게 뿌리가 되는 나라와 왕들을 비록 기이한 이야기처럼 들릴지 모르나 굳이 수록하겠다는 것, 그래서 단군 신화가 처음으로 문서상에 기록되었다는 데에서 더 이상 강조할 필요 없는 가치를 가지고 있다.

「기이」 편에서 더욱 재미있는 사실은 한 조를 한 왕과 그 왕대의 특징적인 사건 하나를 묶어서 기술해 나간 점이다. 미추왕과 죽엽군, 내물왕과 김제상, 이런 식이다. 그것은 『삼국유사』가 정식 역사서의 굴레를 뒤집어쓰고 있지 않았으므로 가능했지만, 한 왕대에 여러 가지 복잡한 사건이 얽혀 있다고는 하여도, 그것을 특징적인 사건 어느 하나로 집약하여 정리해 주는 이 방식에서 일목요연한 흐름을 짚어 보게 되고, 저자의 분명한 역사관 또한 찾아볼 수 있으니 매우 흥미롭다.

그러나 「왕력」과 「기이」 편의 여러 기사들은 『삼국사기』와 대조해 가면서 읽어야 할 필요가 있다. 서로 보완될 뿐만 아니라 두 책의 사이에서 채워지지 않는 빈 공간을 우리는 즐겁게 상상해 나갈 수 있기 때문이다.

한편 「흥법」 이하의 편들을 나는 불교문화사적 관점에서 당대인의 삶을 기록했다고 하였다. 일연은 승려이고 분명한 불교적 역사 의식을 가진 사람이었다. 불교문화사란 그런 저자에게서 나올 수 있는 당연한 결과다. 다만 불교 하나로 모든 것을 재단하고 있지 않다는 점,

그러므로 읽는 이도 어떤 편협한 선입관에 빠져서는 안 된다는 점이 중요하다.

연구자들은 「흥법」편 이하가 중국의 승전(僧傳)을 많이 모방했다고 말한다. 그런 부분도 있지만, 그렇지 않은 부분도 있다. 일연이 참고한 것으로 보이는 대표적인 승전 세 권의 목차를 살펴보자. 표에서 보는 것처럼, 『속고승전(續高僧傳)』과 『송고승전(宋高僧傳)』 두 책은 서로 단 한 군데도 틀린 부분 없이 일치하고 있고, 『고승전(高僧傳)』은 앞의 두 책과 3개 편에서 차이를 보인다. 중국의 승전이 대체로 이런 양식으로 씌어졌음을 알 수 있겠다. 이를 아울러서 여기 있는 편목들과 『삼국유사』를 비교하건대, 세 승전에 공통으로 있는 제목이 「의해」, 두 승전에 「감통」, 그리고 한 승전에 유사한 제목이 「신이(神異)」이다. 『삼국유사』 후반부 7개 편 가운데 3개 편이 같거나 비슷하다. 이는 분명 상당한 영향 관계다. 그러나 3개 편의 내용이 고승들의 전기와 불교의 이적이라는 점에서, 곧 불교의 역사 그 자체를 직접적으로 전달하자는 대목에서는 일치하고 있지만, 그렇지 않은 곳, 다시 말해 일연 나름대로의 관점에서 설정된 부분이 더 많다는 사실을 가볍게 보아서는 안 된다.

고승전	속고승전	송고승전
역경(譯經)	역경	역경
의해(義解)	의해	의해
습선(習禪)	습선	습선
명률(明律)	명률	명률
유신(遺身)	유신	유신
송경(誦經)	독송(讀誦)	독송
흥복(興福)	호법(護法)	호법
	감통(感通)	감통
	잡과성덕(雜科聲德)	잡과성덕
신이(神異)		
경사(經師)		
창도(唱導)		

일연은 『삼국유사』를 쓰면서 『삼국사기』 같은 역사서로만, 『고승전』 같은 불교서로만 만족하지 않았던 듯하다. 그것들이 어우러지면서 우리 고대사를 입체적으로 조망해 볼 어떤 틀을 만들어 냈다고 보아야 옳지 않을까.

이미 13세기에 『삼국유사』가 간행된 다음 이 책에 대한 관심이 면면히 이어지기는 했다. 특히 지금 우리에게 전해지는 이 책의 가장 오래된 판본은 조선 중종 때 간행된 것인데, 이 때의 연호를 따서 정덕본(正德本)이라 부른다. 『동국통감(東國通鑑)』의 단군전 부분이나, 『신증동국여지승람(新增東國輿地勝覽)』의 경주 관련 부분에서는 『삼국유사』를 많이 인용하고 있다. 조선 중기까지 『삼국유사』를 믿거나 믿지 못하거나 간에, 일정 부분 인용하였음을 알 수 있게 해준다. 그러나 조선 후기에 실학자인 한치윤(韓致奫)은 『삼국유사』의 이야기를 '심히 괴탄하여 믿지 못할 바'라 하였고, 그 이후 그나마 인용하거나 거론하는 일은 거의 없어지고 말았다.

근세에 들어 『삼국유사』에 대한 관심은 일본에서 먼저 시작되었다. 1904년, 도쿄대학의 배인본(排印本) 『삼국유사』가 바로 그것이다. 이는 간다본(神田本)과 도쿠가와본(德川本)을 저본으로 한 것인데, 이 두 책이 일본에서 전래된 것은 임진왜란과 관련이 있다. 일본군 장수 한 사람이 퇴각하면서 수많은 종류의 책을 가지고 갔는데, 거기 이 두 책이 포함되어 있었다. 앞서 말한 정덕본 중의 하나인 이 두 책은 떨어져 나간 부분이 많아 불충분한 『삼국유사』였다.

한편 교토대학의 교수인 이마니시 류(今西龍)가 순암수택본(順庵手澤本)을 얻은 것은 1916년의 일이다. 이를 저본으로 1926년, 교토대학에서 『삼국유사』의 영인본을 내놓았는데, 당대 가장 완벽한 『삼국유사』였다. 이마니시가 순암수택본을 입수한 지 10년이 지나서야 영인본을 내놓은 데는 사정이 있었다. 그는 본인 스스로 교정주기(校訂注記)를 붙인 완본을 내놓고자 원고 작업을 진행했는데, 1923년 관동대지진 때 도쿄대학에 있던 이 원고가 소실되고 말았다. 결국 배인본을 포기하고 영인본으로라도 출판해야겠다는 생각을 한 것 같다. 이 같은 일련의 움직임으로 교토가 한동안 일본에서 『삼국유사』 연구의 중심이 되었다.

다른 한편에서는 1915년, 조선연구회가 원문과 일본어 번역을 붙인 『삼국유사』를 내놓았으며 이의 저본은 도쿄대학에서 낸 그것이었다. 1928년, 조선사학회는 이마니시본(今西本) 곧 교토대학에서 낸 것을 저본으로 하고, 「균여전」을 함께 붙인 『삼국유사』를 내놓았다. 이 책을 낼 때는 경성제대(京城帝大)에 와 있었던 이마니시가 손수 교정을 보았으며, 「왕력」 편의 경우 6교에서 8교까지 보면서 완벽을 기했다고 한다.

한글 번역은 1930년대 김동인(金東仁)이 내던 잡지 『야담』에 연재된 바 있으나, 본격적인 번역본은 해방 이후를 기다려야 했다. 이렇듯 20세기에 들어서야 『삼국유사』가 전면적인 관심과 연구의 대상이 되었으니, 실로 빛을 보기까지 600여 년의 오랜 세월을 견딘 셈이다.

이 책을 쓰면서 내가 유념한 몇 가지 점을 미리 밝혀 둔다.

첫째, 본문을 읽어나가며 설명하는 방식이다. 『삼국유사』를 읽으려 해도 앞뒤 배경을 모르니 그다지 가슴에 와 닿지 않는다는 말을 많이 들었다. 나는 그 배경을 설명해 주되, '내가 만일 『삼국유사』를 썼다면 이런 식으로 했을 것'이라는 기분으로, 어디까지나 본문의 이해와 전달을 위주로 하였다.

둘째, 『삼국유사』에 실린 전체 조목 수는 약 140여 개, 그것을 『삼국유사』의 순서대로 40개의 제목으로 분류하여 기술했다. 앞의 20개는 전반부 곧「기이」편을 중심으로, 뒤의 20개는 후반부 곧「흥법」편 이하를 중심으로 이루어졌다. 그러다 보니 대부분 그 순서대로 진행되지만, 경우에 따라서는 같은 성질의 것끼리 묶느라고 순서를 무시한 부분도 많다.

셋째, 배경을 설명하면서 앞은 『삼국사기』와 면밀히 비교해 보았고, 뒤는 승전 등을 많이 참고하였다. 그동안 『삼국유사』를 연구한 여러 선학들의 가르침을 충실히 따르는 한편, 중국과 일본의 역사서를 많이 참고했거니와, 여기에는 일본에서 정리해 놓은 여러 자료가 많은 도움이 되었다.

넷째, 『삼국유사』는 1290년경 일연에 의해 쓰여졌고, 곧이어 그의 제자들에 의해 출판된 것으로 보인다. 저자인 일연이 이 책에 들인 애정은 특별한 것이어서, 그의 생애와 저술 의도를 이해하는 것이 『삼국유사』 본체를 이해하는 데 요긴하다. 그런 점에서 나는 그의 생애와 관련된 사실을 군데군데 설명하였다. 『삼국유사』는 분명 10세기까지 우리 선조들의 이야기이나, 13세기의 일연이라는 인물에 의해 재구성되었다는 점 또한 놓치지 말아야 한다.

여기 기술된 내용들에는 아직 학문적으로 검증되지 않았거나, 내 나름대로의 상상력을 가미한 부분들이 있다. 사실 그것들은 앞으로 획기적인 발굴이나 자료의 출현 없이는 학문적으로 어떻게 더 나갈 수 없는 난처(難處)들이다.

그러나 최종적인 책임은 어디까지나 나에게 있다. 그런 사실을 명백히 해 두고, 『삼국유사』의 세계로 여행을 떠나자.

이 땅의 첫 나라

뿌리를 찾았던 첫 세대의 상징

단군 신화(檀君神話)를 실었다는 것 그 하나로 일연의 『삼국유사』는 특별한 대우를 받아 왔다. 애써 이 시기를 눈감아버린 『삼국사기』의 태도와 견주어 보면 더욱 그러하다. 그러나 나는 『삼국유사』의 다른 곳이 아닌 그 책의 첫머리에 단군 신화를 실었다는 점으로 더욱 호들갑을 떨고 싶다.

 이야기가 책의 어느 한 구석에 밀려 있다면 첫머리에 실린 것과 의미가 다르다. 물론 단군 신화의 경우, 내용으로 보아 마땅히 처음이 되어야 하지 않겠냐고 말할 수 있다. 그렇다면 '처음 기준'은 누구의 생각인가? 그것이 맨 처음이 되어야 한다고 본 그 관점과 의식은 어떻게 생겨났던가? 설령 처음 이야기가 되어야 함에도 불구하고, 이미 사실로는 믿지 못하겠다는 생각이 지배적일 때, 다른 부분부터 시작했다가 뒤 어디쯤에서 슬며시 끼어 넣을 수도 있다. 그러나 일연은 그런 편법을 쓰지 않았다.

 단군 신화의 무엇이 그에게 그다지 중요했을까? 모두가 아는 '개천절 노래'의 첫 구절 "우리가 물이라면 샘이 있고, 우리가 나무라면 뿌리가 있다"고 쓴 이는 20세기에 들어 위당(爲堂) 정인보(鄭寅普) 선생이다. 지금은 흔한 생각이 되고 말았지만, 일연이 살았던 13세기의 사람들이야말로, 그 샘과 뿌리를 단군이라고 본 아마도 첫 세대였던가 한다. 누구나 흔하게 생각하는 것이기에 자못 중요하게 쳐주지 않는 경우가 있다. 『삼국유사』의 단군 신화 등재(登載), 그것도 첫머리에 자리잡은 일이 그렇다.

그러나 13세기에 일연이 『삼국유사』를 편찬하고 그 첫머리에 단군 신화를 실을 때까지의 분위기는 그렇지 않았다. 10세기부터의 고려 사회는 중국적 유교 사관으로 무장한 김부식과 같은 지식인들이 주도권을 잡고 이끌어 나갔다. 그들은 단군과 단군조선의 존재는 역사로서 받아들일 수 없다는 강고(强固)한 생각을 가지고 있었다. 그러기에 유려한 한문으로 집필된 『삼국사기』의 첫머리에 단군은 실리지 못했고, 세월은 150여 년을 흘러야 했다. 그 사이 사회가 변했다. 정권 담당자도 바뀌고, 크나큰 나라 몽고와 20여 년에 걸친 전쟁도 겪었다. 곤고(困苦)한 세월이었다.

그 쓰디쓴 경험이 사회와 역사를 보는 눈을 바꾼 것일까? 그렇다면 값비싼 희생을 치렀지만 귀중한 결과물을 얻은 셈이다. 승려 출신의 일연 같은 이가 『삼국사기』와는 다른 책을 편찬하겠다고 나선 것이 그 결과물의 하나였다. 다만 거기에도 무한정한 자유가 주어지지는 않았다. 글을 쓰는 것이 목숨과 바꿀 무게로 쳐지는 시대에서 단 한 글자도 허투루 적을 수 없다. 다른 이야기가 아니다. 큰 나라야 제일을 제 방식으로 쓰면 된다. 예나 이제나 작은 나라는 거기에 그다지 자유가 없다. 늘 큰 나라가 만든 규범을 좇아가야 했던 것이다. 이런 이유 때문일까. 하고 싶은 이야기를 다 하면서도 문제가 되지 않기 위해서 사실의 기록만이 아닌 상징이 자리잡는다.

사실을 그대로 써서 저촉되는 것을 상징으로 포장해 놓으면 규범이 만든 규제의 그물망을 벗어난다. 13세기의 일연 같은 이는 그 점을 간파했던 사람이다. 한편 비애스러운 그러나 풍부한 이야기의 세

일연의 『삼국유사』는 단군 이야기로 시작되지만, 여기 다시 그리는 『삼국유사』는 이 땅에 남아 있는 단군 이전의 발자취를 보여 주는 것에서 출발하려고 한다. 울산 서쪽 천전리 계곡에는 한때 이 곳을 놀이터로 삼은 공룡들의 흔적이 곳곳에 남아 있다.(울산 천전리)

공룡이 살던 곳은 사람 살기에도 좋았던가 보다. 공룡이 놀던 바로 그 자리에 석기인이 살았는데, 그들은 병풍처럼 서 있는 커다란 바위를 도화지 삼아 무언가를 잔뜩 그려 놓았다. 또 한참이 흘러 이 바위는 신라 화랑들의 낙서로 가득 채워졌다.(울산 천전리)

계가 거기서 만들어진다. 상징으로 그리는 역사를 옳게 읽자면 독자는 상상력을 써야 한다. 우리는 그것이 다른 한편 즐겁기도 하다.

　설명을 모두 하자면 많이 에둘러 가야 할지도 모르겠다. 단군 신화는 『삼국유사』를 가치 있게 만든, 그래서 그 저자인 일연을 일약 민족주의 사학자로 만든 데서 그 의미가 끝나지 않는다. 상징의 체계로 들여다 볼 때 무한한 상상력의 세계로 우리를 이끄는 즐거운 이야기인 것이다. 그리고 거기에 오롯이 역사적 사실이 숨어 있다.

세 부분으로 된 '고조선'조

먼저 단군 신화가 실린 『삼국유사』의 본문으로 들어가 보자. 제목은 「기이」편의 '고조선'조다. 이 조는 크게 세 부분으로 이루어져 있고, 네 권의 책에서 인용했다.

　첫번째 부분은 『위서(魏書)』라는 책에서 인용했다고 하면서, 다음과 같이 기술한다.

　　2,000년 전쯤 단군 왕검이 아사달에 도읍을 세웠다. 나라를 열어 조선이라 불렀는데, 요 임금과 같은 때이다.

　짤막한 기사지만 나라가 세워진 시기, 도읍지, 첫 왕 등 주요 사항이 모두 들어 있다. 여기서 『위서』는 『삼국지』의 『위지(魏志)』는 아닌 듯하다. 이는 분명코 삼국시대 곧 위·촉·오의 세 나라가 솥발처럼 벌여 있던 서기 3세기경을 지나 중국이 남과 북으로 왕조가 갈렸을 때, 사실상 본토인 북쪽을 오랑캐인 5호 16국의 숱한 왕조 교체 속에서 통일시킨 북위(北魏)의 역사를 기록한 그 책이다. 386년에 건국되어 440년에 통일을 이루고, 504년에 동서(東西)로 갈라진 다음 동은 550년, 서는 556년에 망했다. 거의 200년에 가까운 이 기간에 북위는 오랑캐족으로 처음 중원을 차지한 막강한 나라였지만, 특히 고구려의 광개토왕·장수왕과 대적하거나 협력하여, 한반도와는 깊은 관련이 있다. 그래서 한반도의 역사적 사실이 기록된「동이전(東夷傳)」이 딸려 있다.

그런데 문제는 정말 『위서』에 위의 단군 기사가 나오느냐다. 우리는 아직까지 『위서』에서 이 부분을 찾지 못하고 있다. 다만 이 책은 부분적으로 전해지지 않는 곳이 있다. 혹시 거기에 실렸을 가능성은 전혀 배제할 수는 없지만.

두 번째 부분은 『고기(古記)』에서 인용했다. 우리가 알고 있는 단군 신화의 '몸통'은 여기서 나온다. 이는 다시 세 대목으로 나뉜다. 먼저 환웅이 세상에 내려온 이야기.

옛날 환국(桓國)의 아들 환웅(桓雄)은 하늘 아래 사람이 사는 세상을 찾아가 보고 싶었다. 아버지가 자식의 뜻을 알고, 아래로 세 봉우리가 솟은 태백산을 굽어보니, 널리 사람 사는 세상을 이롭게 할 만하였다. 이에 천부의 증표 세 개를 주고, 가서 다스리도록 하였다.

환웅은 3,000명의 무리를 이끌고 태백산 마루 신단수 아래로 내려왔다. 이 곳을 일러 신시(神市)라 하였고, 스스로를 환웅천왕이라 불렀다. 풍백(風伯), 우사(雨師) 그리고 운사(雲師)를 거느리고, 곡식·운명·질병·형법·선악을 주관하는 등 무릇 세상의 360여 가지 일을 맡아보고, 세상에 있으며 교화를 베풀었다.

환웅은 환국 하늘님[『삼국유사』의 주석에서는 '천제(天帝)'라 했으나 나는 이 말을 하늘님이라 번역해 서술할 것이다]의 아들이고, 그가 세상에 내려온 곳에 신시가 건설되었으며, 그를 도와 일을 맡을 여러 신하를 거느리고 왔다는 내용이다. 무슨 이유로 사람 사는 세상에 내려오고 싶어했는지 모르지만, 그가 추구한 궁극의 이상은 한마디로 잘 나타나 있다. '널리 사람 사는 세상을 이롭게 하는 것' 곧 홍익인간 (弘益人間)이다. 그러므로 홍익인간은 단군이 나라를 세우기 전 곧 그의 아버지 환웅과 할아버지 환국의 생각을 보여 주는 말이다.

환웅은 천왕이라 했다. 이 세상에서 말하는 왕은 아니었던 셈이다. 환웅이 단군을 낳고, 바로 그 아들 대에 와서야 이 세상의 왕은 세워진다. 다음은 아들 단군을 낳는 이야기다.

그 때 곰과 호랑이가 굴에 같이 살고 있었다. 그들은 늘 환웅 신에게, "우리를 사람으로 만들어 주세요"라고 빌었다. 환웅 신은 신령스런 쑥 한 다발과 마늘 스무 낱을 주고서, "너희들이 이것을 먹고 100일 동안 햇빛을 보지 말아라. 사람의 모습을 얻게 될 게야"라고 말했다. 곰과 호랑이는 받아서 그것을 먹고 21일을 꺼렸다. 곰은 여자의 몸이 되었다. 그러나 호랑이는 제대로 꺼리지 못해 사람의 몸이 되지 못하였다.

곰 아가씨는 누구와 혼인할 상대가 없었다. 잉태하고 싶어 늘 신단수 아래에서 빌었다. 이에 환웅이 사람의 몸으로 나타나 혼인하고 잉태하여 아들을 낳으니, 단군이라 불렀다.

너무도 잘 알려진 곰과 호랑이 이야기 대목이다. 이 이야기 때문에 우리 민족이 곰으로 상징되고, 어디서든 곰 비슷한 것만 나오면 신경을 곤두세우게 되었다.

그런데 이 대목의 번역에 한 가지 문제가 있다. 환웅은 처음에 '100일을 꺼려라'고 명령한다. 그러나 그 다음에는 곰과 호랑이가 '삼칠(三七)일을 꺼렸다'고 하였다. 이를 번역하여 흔히 '21일을 꺼렸다'고 하지만, 환웅이 처음 100일을 기약했으므로 앞뒤가 맞지 않는다.

야트막한 산에 고인돌이 널려 있다. 단군이 살았던 때는 고인돌이 만들어진 무렵이 아닌가 짐작한다. 어느 정도 집단을 이룬 사람들 속에 단군과 같은 우두머리가 나타난 것이다. 우두머리가 죽으면 장례를 지내고, 이런 모습으로 흔적을 남겼다.(전북 고창)

혹시 그 100일 동안 3과 7이 돌아오는 날짜를 꺼리라는 말은 아닐까? 아니면 3과 7 그리고 그 반복은 완전 숫자로, 곧 '온 날'을 의미하고, 그것은 100일이 요즈음과 같은 숫자가 아니라 '온 날'로 보았을 때 서로 통할 수 있다. 어쨌든 우리네 민간 신앙에서 3과 7이라는 숫자는 매우 중요한 데서 자주 쓰이고, 꺼린다는 것은 민간 신앙적 의식에서 특별히 조심한다는 의미로 풀이될 수 있다. 환웅이 먹는 것, 생활하는 것 등에서 어떤 의식을 정해 놓고 그것의 준수를 요구했는데, 곰은 묵묵히 이행한 데 반해 호랑이는 그렇지 못했다. 여기서 곰과 호랑이가 단순한 동물이 아닌, 그것들로 상징되는 어느 부족이라는 인류학적 해석이 덧붙여진다. 새로운 역사를 창출하고자 각고면려(刻苦勉勵)한 곰 부족에게서 새로운 인물이 나온다. 그가 바로 단군이다.

곰은 뜻한 바 목적을 달성했다. 그런데 단군을 낳게 되는 과정까지를 유심히 읽다 보면, 재미있게도 곰이 세운 치밀한 계획에 환웅이 한 발 한 발 말려들더니, 드디어 빠져 나올 수 없는 지경에 이르렀다는 생각이 든다. 곰은 여자가 되는 데 목적이 있지 않았다. 최후의 주인공 단군의 출생까지 커다란 각본이 마련되어 있었고, 그것을 움직여 나간 주체는 바로 어머니 곰이다. 단군은 그렇듯 현명한 곰 부족 출신의 어머니를 두고 태어나 이 땅의 첫 왕이 되었다.

마지막 대목은 단군의 즉위와 그 후일담이다.

단군 왕검은 요 임금이 즉위한 지 50년 곧 경인년에 평양성에 도읍을 정하고, 비로소 조선이라 불렀다. 또 도읍을 백악산 아사달로 옮겼는데, 궁홀산(弓忽山)이라고도 하고 지금은 달(達)이라고도 한다. 1,500년 동안 나라를 다스렸다.

주나라 무왕이 즉위한 기묘년(기원전 1122년)에 기자(箕子)를 조선의 왕으로 보냈다. 단군은 이에 장당경(藏唐京)으로 옮겨 가고, 뒤에 아사달로 돌아와 숨어 산신이 되었는데, 1,908세를 살았다.

> **【 아사달의 위치 】**
>
> 일연은 아사달에 대해, "경(經)에는 무엽산(無葉山)이라 하였고, 백주 땅에 있는 백악이라고도 하였다. 어떤 데서는 '개성 동쪽에 있다'고 하는데, 지금 백악궁이 그 곳이다"라고 주석을 붙여 놓았다. '경'은 『산해경(山海經)』을 말하는 듯하다. 요즈음의 연구자들은 일연이 말한 개성 동쪽을 대체로 구월산(九月山)이라 보고 있다. 특히 구월산에는 삼성당(三聖堂)이라는 제각이 있는데, 여기서는 환인·환웅·단군의 세 성인을 제사지낸다고 한다. 그러나 북한의 연구자들은 아사달이 요동 쪽에 있다고 보면서, 고조선의 범위를 무척 크게 잡아 놓고 있다.

> **단군은 어떻게 1,500년을 살았을까**
>
> 처음의 단군 왕검이 1,500년 동안을 살았다는 말은 아닐 것이다. 단군이라 부르는 후손들이 그런 기간을 이어 나갔다고 보아야 한다. 『규원사화(揆園史話)』의 「단군기」에서는 40여 명의 명단 – 부루·가륵·오사·구을·달문·한율·우서한·가슬·노을·도해·아한·흘달·고불·벌음·위나·여을·동엄·구모소·고홀·소태·삭불루·아물·연나·솔나·추노·두밀·해모·마휴·나휴·등올·감물·오루·사벌·매륵·마물·다물·두홀·달음·음차·을지우·물리·구홀·여루·보을·고열 – 이 나온다.
>
> 그러나 17세기에 지어졌다는 이 책 자체가 위서(僞書)일 가능성이 높아 그대로 받아들이기 어려운 입장이다. 다만 단군 한 사람이 1,500년 동안 다스린 게 아니라, 그의 계보가 이어져 나간 것이라는 생각은 합리적으로 보이고, 그래서 자료도 없이 궁색하나마 이런 이름들을 만들어 낸 것이 아닌가 한다.

오늘날 우리가 셈하는 단군의 즉위 연도는 이 기록과 다르다. 일연은 주석을 달아, "요 임금이 즉위한 원년은 무진년이므로 50년은 정사년이요 경인년이 아니다. 아마도 맞지 않는 듯하다"고 말한다. 그러나 이것도 맞는 말이 아니다. 요 임금이 즉위한 원년은 갑진년(기원전 2357년)이다. 거기에 기준하면 단군 1년은 요 임금 25년인 무진년(기원전 2333년)이다. 일연은 단군 즉위년을 요 임금 원년으로 착각한 것일까?

사실 건국 연대보다 나라 이름을 '조선'이라 했다는 점이 더욱 중요하다. 이 땅에 세워진 첫 나라의 이름이요, 이후 우리 역사에서 이만큼 자주 국호로 애용된 이름이 없다. 단군조선(일연은 고조선이라 썼지만), 위만조선 그리고 이씨조선에서 조선민주주의인민공화국까지, 이렇듯 다양하므로 조선의 앞이나 뒤에 관형어를 붙여야 구분이 가능하다. 얼마 전 북한은 평양 부근에 단군 묘를 발굴했다고 발표했다. 단군의 존재조차 애써 외면했던 김부식이 살아온다면 땅을 칠 노릇이지만, 오늘날 북한이 정식 국호를 '조선'이라 하고 있는 점을 감안하면, 정통성 시비에서 유리한 고지를 차지하기 위한 그들의 몸부림을 어느 정도 이해할 만하다.

단군은 기자가 조선으로 오기까지 1,500년을 다스렸고, 도합 1,908세를 살았다. 아무리 하늘님의 아들이라지만 믿을 만한 일일까? 이것을 대개 오늘날 연구자들은 단군의 세계(世系)가 그렇게 이어진 것으로 보고 있다.

우리는 단군의 자손이 아니다

여기까지 단군 신화의 몸통이 끝난 다음 '고조선' 조의 세 번째 부분은 다시 짤막한 후일담이다. 당나라의 자료 「배구전(裴矩傳)」에서 인용했다 하면서, 기자를 한 번 더 언급하고 있다.

> 고구려는 본디 고죽국(孤竹國)이다. 주나라가 기자를 조선에 봉하고, 한나라는 현토·낙랑·대방이라 부르는 3군을 나누어 두었다.

배구는 당나라를 세운 고조(高祖, 618~626년) 때의 신하다. 이 시기에 당나라 조정에서는 지난 날 고구려와 수나라의 관계 때문에 고구려를 신하국으로 볼 것인가를 두고 논란이 일었다. 수나라의 짧은 40여 년 동안 고구려는 거의 대등한 관계 이상을 유지하지 않았던가? 고조는 고구려를 신하의 나라로 받아들이기가 꺼림칙했던 모양이다. 이 때 배구 등이 위의 말을 하면서 신하국으로 삼아야 함을 역설하였다.

그런데 일연은 기자가 다스린 조선이 어떻게 되었는지 자세히 밝히지 않거니와, 아예 '기자조선'이라는 존재를 무시하고 있다. 단군조선 이후 곧바로 위만조선으로 넘어가 버린다. 여기에 『삼국유사』 첫 부분을 제대로 읽는 중요한 사실이 숨어 있다.

이 사실을 말하기에 앞서 잠시 말머리를 돌리자. 대개 책의 처음을 시작할 때 거기에 책 전체의 집필 의도를 함축할 어떤 상징적인 것을 내세우고 싶어한다. 일연의 『삼국유사』에서 단군 신화는 그러한 상징이다.

우리는 먼저 단군 신화의 성격을 명백히 할 필요가 있다. 곧 신화 중에서도 단군 신화는 창세 신화(創世神話)인가 아니면 건국 신화(建國神話)인가다. 결론부터 말하자면 단군 신화는 건국 신화다. 이 땅에서 첫 나라가 어떻게 만들어졌는지 보여 주고 있을 뿐이다. 일연이 '고조선' 조를 시작하기 전에 서문을 붙였는데, 거기서 중국의 이러저러한 나라가 누구에 의해 어떻게 만들어졌는가만 예를 들어 설명하고 있음을 유심히 볼 필요가 있다. '세상'이 아니라 '나라'다. 기독교 『성서』의 「창세기」에서 하나님이 사람을 비롯한 세상의 온갖 것을 만들었다는 이야기와 다르다.

처음 환웅이 신단수에 내려왔을 때 그 곳에는 이미 사람 사는 세상이 존재하고 있었다. 다만 그들을 묶어 나라를 이룩하고 다스리는 제도가 없었을 뿐이다. 비록 그가 첫 왕이 되지는 않았지만, 그에게서 단군이 나오고, 단군은 곧 나라를 만들어 왕이 되었다. 그러므로 우리는 단군의 자손이 아니다. 더러 단군의 자손도 있겠지만, 그 때 이미 한반도에 살고 있다가 단군을 왕으로 모신, 이러저러한 사람들의 자손이다.

그러나 단군 신화를 놓고 건국 신화인가 창세 신화인가 따지는 일이 다소 부질없어 보인다. 우리에게 굳이 창세 신화가 없어서 서운하기 때문은 아니다. 건국이냐 창세냐 구분하는 것은 오늘날 우리네 관념의 소산이고, 그것은 특히 서양식 사고방식 아래서 그렇다. 지난날 지구가 빙하기를 통해 몇 차례 뒤집어졌음은 이미 과학적 상식에 속한다. 단순히 현재 살고 있는 인류만을 기준으로 창세를 말하기가 조금은 우습지 않은가? 지금 세상과 사람들이 지구의 처음은 아닌데 말이다.

빙하기가 끝나고 지금 세상에 들어 이 땅에도 처음 사람들이 있었다. 어느 시점에서 부락을 만들고, 부락들이 만나 연합적인 공동체를 이루어 가다 보니, 그 사이 벌어지는 크고 작은 문제들을 해결할 기구가 필요하다고 생각했을 것이다. 그들을 제어하는 힘은 하늘에서 나온다고 믿어, 하늘의 힘이 구체적으로 이 땅에 어떻게 이르게 되었던가를 설명하면 그만이다. 단군 신화는 그것을 상징적으로 설명한 것이다.

조선은 어디로 갔을까

다시 말하지만, 일연의 단군에 대한 관심은 신화로서가 아니라 조선이라는 나라의 존재로부터 시작되었을 것이다. 단군조선·위만조선 등의 존재를 무시하고서, 이 땅에서 생겨나고 없어진 나라들을 온전히 설명할 수 없다. 일연은 분명 그런 생각을 했을 것이고, 그 같은 생각의 발단이 무엇이었던가 알아보기 위해 우리는 조금 둘러갈 필요가 있다.

고려 왕조에 들어 이전 시대를 정리하는 처음 역사서는 『삼국사기』가 차지했다. 12세기 중반의 일이다. 사실 『삼국사기』는 한반도에 살았던 지식인층이 중국으로부터 문자와 그와 관련된 여러 문화를 전수받은 다음, 이제 완전히 자기 것으로 소화했음을 보여 주는 책이다.

관리들은 한문으로 치러지는 엄정한 과거 시험을 통해 선발되고 있었다. 그런 영향으로 고급스런 저작물에 관한한 적어도 한문을 구사하는 데에서 중국의 본토박이에 못지 않았다. 거기에 역사의 의미와 역사서 저술의 방법까지 습득하는 것이었으니, 세련된 솜씨로 자국의 역사서를 내는 데 하등 지장이 없었다. 『삼국사기』는 체제나 내용에서 그렇게 세련되게 나왔다. 『삼국사기』를 편찬한 다음 모든 자료를 없애 버렸다는 김부식의 행동 저 편에는 이 같은 의식이 잠재해 있었을 것이다.

그러나 문제는 거기에 있었다. 모방이 창조의 원동력이라고는 하나 지나치면 부작용이 따른다. 한껏 품을 내 만들어 놓은『삼국사기』라는 명약이 우리만의 고유한 정신과 영역을 잠식해 들어가는 바이러스로도 기능할 줄은 아마도 그 찬술자들조차 몰랐던 것 같다.

일연은 그 바이러스의 정체를 발견했다. 중국의 제도와 문물이 좋다고 하나 그것은 어디까지나 중국이 그들의 필요에 따라 만들고 쓴 것이다. 이를 그대로 들여와 내용만 우리 것으로 채웠을 때, 내용은 형식에 가려 실상을 보여 주지 못했다. 세련된 장식으로 우리 역사를 볼품 있게 세워 놓았지만 그로 인해 본질을 놓친 것, 부작용이란 다름 아닌 '우리의 실종'이었다.

중국의 사고방식을 따르자니『삼국사기』는 한반도 역사를 한(漢)나라가 세워진 한참 후인 기원전 57년에 와서야 떨렁 시작한다. 신라의 건국이다. 그 이전의 일들은 언급할 가치를 느끼지 못했다. 그러면서도『삼국사기』는 바로 그 첫 부분에 박혁거세가 신라를 세울 무렵, "이보다 앞서 조선(朝鮮)의 유민들이 산과 골짜기에 나눠져 살고 있었다"고 적었다. 일연을 아쉽게 한 대목은 바로 거기였다. 김부식조차 언급한 그 조선은 어디로 갔을까?

여기서 일연은『고기(古記)』의 기록을 살려야겠다고 생각했을 터이다.『고기』는 그런 이름을 가진 책이 실재했는지, 여러 가지 옛 기록의 총칭인지 분명하지 않다.『삼국사기』에서도 더러 이 이름이 보이고,『삼국유사』에서는 매우 중요한 대목에서 여러 차례 실명처럼 쓰이고 있지만, 역시 그 실체를 확신하기는 어렵다. 어쨌든『삼국사기』가 외면한 이 책의 단군조선 부분을 일연이 관심 가진 것은 오직 여기서만 조선이 온전히 보였기 때문이다.

13세기의 시대적 분위기

한 가지 더. 『삼국사기』가 나온 12세기 중반과 『삼국유사』의 13세기 후반까지는 150여 년의 사이가 있다. 그러나 실로 고려의 역사에서 이 150년은 그 이상의 현격한 차이를 보여 준다. 단군조선의 수록 여부는 그 시대 상황의 차이에서도 갈렸다.

이 시기에 고려는 역사적으로 커다란 두 가지 사건을 겪었다. 첫째는 무신 정권(武臣政權)의 성립이고, 둘째는 몽고와의 전쟁이다. 대내외적으로 같은 시기에 겪은 이 사건은 고려 사회를 통째로 뒤흔들어 놓는데, 무엇보다 기존에 세워졌던 질서가 무너지고 그 자리에 새로운 이념과 사상이 자리한다는 점이 중요하다. 『삼국사기』와 그 시대에 수놓아졌던 중국 중심의 사대주의는 힘을 잃는 대신, 거기에 희미하게나마 민족의 주체성 같은 것이 자리한다. 매우 의미심장한 변화다. 『삼국유사』는 그 변화의 끄트머리에 자리잡는다.

왜 민족의 주체성이었던가? 어떻게 민족이라는 각성이 가능했던가?

잘 알려져 있듯이 몽고는 중국의 변방에서 일어나 중국 본토를 삼키고, 거기에 나라를 세운 최초의 민족이다. 중국이 자주 변방의 침입을 받자 그 근심을 덜려고 만리장성도 쌓았지만, 전체를 송두리째 내놓은 적은 없었다. 북위가 안방을 차지한 기간이 200여 년이라 해도, 한족(漢族)의 중국은 남쪽에서 근근히 명맥을 이어가고 있었다.

천자의 나라며 그러기에 모든 변방은 중국에 복속해야 한다는 생각은 중국인에게 아니 우리 나라 같은 옆 민족에게까지 강고하기만 한 것이었다. 그런데 그 전체가 무너졌다. 아니 하늘이 무너진 것이다.

중국의 자존심을 하루아침에 땅바닥에 떨어뜨린 몽고의 원(元) 건국, 남의 불행한 일에 잘됐다고 박수칠 일은 아니지만, 한편 변방의 나라들로서는 숨통이 트일 일도 되었다.

이 때 고려는 무신 정권 기간이었다. 무신란 초기의 혼란을 수습하고 강력한 통치 체계를 구축한 최충헌(崔忠獻)은 이후 4대에 걸친 최씨 정권을 이어가게 하는데, 몽고의 원나라 건국은 그들에게 하나의 복음이었을 것이다. 비록 새로운 질서를 세우자는 대의명분이 정권을 뒤집게 했지만, 그것만으로 정통성이 보장되지 않는 법이다. 더욱이 사대 외교로 송나라와의 관계가 밀접했던 문인 정권의 담당자들에 비해 그들은 이 방면에 무지(無知)나 다름없었다. 그런데 송나라가 망하고 오랑캐족에 의해 원나라가 섰다. 천자의 나라를 넘보자는 것은 아니지만 적어도 눈치는 보지 않아도 되었고, 무인 정권이 내세웠던 '새로운 질서'라는 대의명분에 상당한 힘이 실렸다.

13세기 이 나라의 지식인들도 마찬가지였다. 당대의 문장가인 이규보(李奎報)가 『동명왕편(東明王篇)』이라는 장편 서사시를 쓴 것은 결코 우연의 소산이 아니다. 고구려인의 기개를 한껏 살리면서, 고주몽(高朱蒙)의 생애를 장황히 읊은 이규보의 『동명왕편』은 기실 민족의 발견이었다. 또 다른 문장가 이승휴(李承休)는 시로 쓰는 이 나라의 역사 『제왕운기(帝王韻紀)』에서 단군 신화부터 시작하였다. 이승휴는 일연과 동시대 사람일뿐만 아니라, 함께 시를 지으며 즐긴 가까운 벗이기도 했다. 그런 이들이 줄을 잇는 13세기였다.

이 같은 분위기가 일연으로 하여금 우리 역사의 더 먼 곳에 관심을 갖게 했고, 거기서 단군이 발견되었음은 당연하다. 단군의 발견과 그 기록은 일연이 지닌 선각적 혜안만으로 이루어질 성질의 일은 아니었다.

위만조선을 어떻게 보아야 할까

일연은 단군조선을 끝낸 다음 바로 위만조선으로 넘어가고 있다. 앞서 말한 것처럼 기자의 조선책봉은 간단히 끝내 버리고 만다. 「기이」편의 '위만조선' 조다.

개성에서 강화도로 도성을 옮겨 몽고와의 전쟁을 치루던 고려의 모습이 이러했을 것이다. 베이고, 불타고, 추위에 얼어 붙은 모습. 사진에서 멀리 보이는 곳이 지금은 북한 땅인 개성 근방이다.(강화도)

사실 지금까지 '위만조선' 조는 「기이」편의 두 번째 자리를 당당히 차지하고 있음에도 불구하고, 마치 올림픽에서 은메달을 딴 선수마냥 그다지 조명을 받지 못했다. 그러나 나는 '위만조선' 조가 있기에야말로 '고조선' 조가 빛을 낸다고 생각한다. 왜 그런가?

앞서 나는 '고조선' 조와 '위만조선' 조를 나란히 두고 읽어야 한다 했다. 그럴 까닭이 충분하다. 기자조선의 존재를 애써 외면하고, 죽은 자식 무엇 만지듯 있지도 않은 인용처를 대가면서 단군을 그려낸 일연의 의도를 알자면, 열쇠는 이 '위만조선' 조에 있다.

이 조는 『전한서(前漢書)』의 「조선전」에서 인용하였다. 위만이 어떻게 조선을 세우는가가 앞부분이고, 한나라의 침입을 받고 망한 이야기가 뒷부분이다. 앞부분의 주요 대목을 보자.

연(燕)나라 때부터 일찍이 진번과 조선을 쳐서 정복하고, 관리를 두면서 성을 쌓았다. (중략) 연나라 왕 노관(盧綰)이 도리어 흉노로 들어가 버렸다. 연나라 사람 위만(魏滿)이 무리 1,000여 명을 이끌고 망명하여 동쪽 변방으로 달아나 패수를 건너 왔다. (중략) 차츰 진번과 조선의 오랑캐 그리고 옛 연나라·제나라에서 망명 온 사람들을 함께 부려 왕이 되고, 왕검에 도읍을 삼았다.

군대를 이끌고 위력적으로 변방의 작은 성읍들을 침략하여 항복을 받아 내고, 진번과 임둔 모두 복속시키자 무릇 수천 리가 되었다.

인용된 「조선전」의 내용 중에 일연이 손질을 한 곳은 두 군데다. 첫째, '조선왕 위만은 연나라 사람이다'고 한 「조선전」의 첫 줄을 일연은 인용하지 않고, 중간쯤에 '연나라 사람 위만'이라고 가벼이 처리해 버렸다. 왜 그랬을까? 둘째, 위만과 그가 이끈 무리들의 복장을 묘사한 '방망이 상투를 틀고 오랑캐 옷을 입었다'는 부분을 삭제해 버렸다. 이런 복장이라면 조선 사람의 그것으로 보아야 한다. 그렇다면 위만은 조선인의 거주 지역으로 들어오면서 변장을 한 것일까, 아니면 본디 조선인 출신이었을까?

두 가지 의문을 종합해 보면, 위만이 조선 출신의 연나라 사람이었다고 보는 것이 타당할 듯하다. 일찍이 중국의 전국시대(戰國時代)에 연나라는 기자가 다스리고 있던 조선 지역을 복속시켰다. 조선의 유민들은 각자의 형편에 따라 여기저기 흩어져 살았을 터인데, 위만처럼 연나라의 본토에 들어가 자리잡은 사람들도 있었을 것이다. 그러다 연나라가 혼란에 빠지자, 그 틈을 타서 옛 땅을 회복해 조선인만의 나라를 재건했다고 보는 것이다.

위만이 연나라 출신임을 강조하지 않은 것은 그가 본디 조선족 출신임을 더 내세우고자 한 것이고, 거기에 위만의 차림새를 굳이 내세우다보면 이러저러한 오해만 불러일으킬 수 있다고 본 것일까?

약간의 추측이 가능하다면 일연은, 같은 민족이라는 전제 아래, 위만조선을 단군조선의 후계로 여겼으리라 생각한다. 중국에서 직접 책봉한 기자를 애써 간단히 처리해 버리고, 위만조선을 그 다음 조에 이어 놓은 일연의 생각은 여기서 조금씩 드러난다.

고조선과 위만조선을 함께 읽어야 할 이유

조선이라는 나라 이름은 일단 이 위만조선에서 끝난다. 위만조선이 세워진 것은 한나라 초기 곧 기원전 195년경이다. 그로부터 약 90년 정도 계속되는데, 그 동안은 상당히 강대한 세력으로 군림했던 듯하다. '위만조선' 조에서 "진변과 진한이 위로 글을 내어 천자를 알현하고자 했으나, 사방이 막혀 전달되지 못했다"는 기록은, 한반도 남부에서 중국 본토를 연결하는 길목에 위만조선이 버티고 서서 상당한 힘을 행사했다는 증거가 된다. 결국 그것은 한나라와의 외교적 분쟁을 일으키는 빌미가 되었다.

다음의 기사를 보면, 중국 역사상 본격적인 고대 왕권 국가로 자리 잡은 한나라조차 이 나라를 만만히 함락시키지 못했음을 알게 된다.

원봉(元封) 2년(기원전 109년)이었다. 한나라 사신 섭하(涉何)가 위만조선의 왕 우거(右渠)를 설득하였으나 끝내 조서를 받들려 하지 않았다. 섭하는 돌아가다가 국경에 이르러 패수를 마주한 곳에서 자기를 전송하러 온 조선의 비왕장(裨王長)을 찔러 죽였다. 곧 강을 건너 변방으로 들어가 드디어 돌아와서 천자에게 보고하였다. 천자는 섭하를 요동의 동부도위(東部都尉)에 임명하였다.

조선 사람들이 섭하를 원망하여 기습적으로 쳐들어가 섭하를 죽였다.

천자가 누선장군(樓船將軍) 양복(楊僕)을 보내니, 제(齊)나라로부터 발해를 건넌 병사가 5만 명이었고, 좌장군 순체(荀彘)도 요동으로 출정하여 우거를 치려하였다. 우거는 군사를 일으켜 험한 곳에서 버텼다. 누선장군이 제나라 군사 7,000명으로 먼저 왕검성에 이르렀는데, 우거가 성을 지키며 살피다가 누선의 군사가 적음을 알고 곧 나아가 누선을 쳤다. 누선의 군사가 패해 달아났다. 양복은 무리를 잃고 산중으로 도망갔는데 겨우 죽음을 면하였다. 좌장군은 조선의 패수 서쪽 군대를 쳤으나 이기지 못하였다.

기싸움에서건 맞싸움에서건 한 치도 물러남 없는 힘이 있다. 그러나 한나라의 공격은 집요했다. 최고 최강의 군대가 변방의 작은 나라에게 연전연패하는 것이 부끄럽기도 했겠다. 이 때는 60여 년 가까이 황제의 자리를 지켰던 한나라의 무제(武帝, 기원전 141~기원전 87년)로서 극점이요, 또한 전한(前漢)이 가장 번성한 시기였다. 그런 황제가 한 번 시작한 전쟁을 그만둘 리 없고, 치욕을 씻기 위해서라도 더 달려들었을 것이다. 위만조선을 복속하려는 본격적인 싸움은 다음과 같이 이어진다.

　천자는 두 장군으로는 이기지 못할 것을 알고, 위산(衛山)을 시켜 군대로 시위하면서, 우거에게 가서 설득을 하도록 했다.
　우거가 항복하기로 하고 태자를 보내 말을 바쳤다. 사람들 1만 여 명이 무기를 들고 패수를 건너려 하자, 사신과 좌장군은 그들이 변장한 줄로 의심하고, "태자는 이미 굴복하였거든 마땅히 무기를 잡지 말라"고 하였다. 태자 또한 사신이 자신을 속이려는 줄로 의심하고, 패수를 건너지 않고 무리를 이끌어 돌아갔다.
　위산이 천자에게 보고하자 천자는 그의 목을 베었다. 좌장군이 패수 위의 군대를 쳐부순 다음, 앞으로 나아가 성 아래 이르러 서북쪽을 포위하였다. 그러자 누선 또한 가서 성 남쪽에 자리를 잡았다. 우거가 몇 달 동안 견고히 지키니 함락할 수 없었다.
　천자가 오래도록 해결을 짓지 못하다가, 제남태수를 지낸 공손수(公孫遂)를 보내 정벌하게 하고, "편의대로 일을 처리하라"고 하였다. 드디어 가서 누선장군을 묶고, 그 군사와 좌장군의 군사를 합쳐 조선을 기습적으로 쳤다. 조선상(朝鮮相) 노인(路人)·상 한음(韓陰)·이계상(尼谿相) 참(參)·장군 왕겹(王唊)이 모여 협의해 항복하자고 하였으나, 왕은 받아들이지 않았다. 한음·왕겹·노인은 모두 도망하여 한나라에 항복하였다. 노인은 도중에 죽었다.
　원봉 3년(기원전 108년) 여름, 이계상 참이 사람을 시켜 왕 우거를 죽이고, 와서 항복하였다. 그러나 왕검성이 아직 함락되지 않았으므로, 우거의 대신 성기(成己)가 또 반기를 들었다. 좌장군은 우거의 아들 장(長)과 노인의 아들 최(最)를 시켜, 그 백성들을 설득하고 성기를 죽인 다음에야 조선이 정벌되었다. 진번·임둔·낙랑·현도의 4군을 두었다.

인각사에 남아 있는 일연 비에는 일연의 생애와 더불어 그가 저술하거나 편찬한 여러 책들에 대해 기록되어 있다. 그런데 특이하게도 일연이 『삼국유사』를 지었다는 기록은 비문 어디에서도 찾을 수 없다.(군위 인각사)

일연 비는 깨지고 부서져서, 온전한 모습을 잃은 지 오래다. 비문의 글자는 왕희지의 글씨를 집자해서 만들었다고 한다.(일연비문 탁본)

이렇듯 고조선에서 시작하여 위만조선까지 조선의 시대는 강력한 한나라의 침공 앞에서 막을 내린다. 그리고 한나라에 의해 세워진 4군과 그 밖의 작은 나라들이 여기저기 일어나고 없어지는, 한반도판 전국시대(戰國時代)가 당분간 이어진다.

그런데 여기까지 위만조선의 건국과 멸망 그리고 한사군의 설치 과정은 중국 쪽 사료『전한서』에 의거해 있다. 이것이 앞서 고조선과 같으면서도 다른 점이다. 신빙성을 높이자면 가급적 중국 쪽 사료를 내세워야 한다.

'고조선' 조와 '위만조선' 조가 중국의 사료를 내세웠다는 점이 같다. 그러나 고조선에 관한 중국 쪽의 사료는, 아직 찾지 못한『위서』의 단군 관련 기록과, 고조선에 관해서는 직접 언급하지도 않은「배구전」이 전부일 만큼 옹색하다. 그에 비해 위만조선에 관한『전한서』

이 땅의 첫 나라 · 33

의 기록은 지금도 분명히 볼 수 있다. 그것이 다른 점이다. 그런데 두 조를 잇대어 놓으니 단군조선 부분이 보완되면서, 조선이라는 국호의 공통성 아래 어떤 끈이 분명해 보인다.

우리가 『삼국유사』의 첫 부분을 대할 때 유의할 점이 여기에 있다. 일연이 '고조선' 조와 '위만조선' 조를 나란히 두고, 이 땅의 첫 나라인 조선에 관한 대부분을 갈무리했다는 것이다.

사실 『삼국유사』에서 단군 신화가 차지하는 비중은 매우 크지만, 실은 일연이 단군 한 사람에 그치지 않고, 조선이라는 나라의 처음과 끝을 설명하고자 한 데 더 힘을 기울였다고 보아야 한다. 그러기에 중국 쪽 역사서에서 조선에 관한 기사를 모두 찾아보고, 그것을 일연 나름대로 정리해 크게 두 개의 제목을 써서 정리한 것인데, 일관성과 근거가 마련되었다는 점에서 성공적이다. 오늘날 우리가 '고조선' 조와 '위만조선' 조를 나란히 두고 읽어야 하는 이유가 여기에 있다.

고구려와 북방계

한반도의 전국시대와 삼국의 정립

한반도에 건설된 나라들의 구성원이 딱히 어느 한 곳 출신이라 말하기는 어렵다. 우리가 한민족이라 하지만 사실 여러 경로를 통해 여러 부족들이 한반도로 흘러 들어왔음을 보여 주는 사례는 얼마든지 있기 때문이다. 물론 한반도에 자리잡은 다음 한 가지 문화와 생활습성으로 하나되어 나가지만 말이다.

조선의 시대 곧 고조선과 위만조선이 끝나고 한반도에는 여러 나라가 군웅할거(群雄割據)하는 시대를 맞는다. 한나라가 위만조선을 물리친 자리에 이른바 4군을 두는 때와 같은 시기인데, 나는 이것을 앞서 '한반도판 전국시대'라 부르기도 하였다.

일연은 그런 여러 나라를 일일이 소개하고 있다. 이 점 또한 『삼국사기』와 다르다. 비록 짤막짤막한 기사들이지만, 대방·말갈·발해·이서국·가야 등을 소개하고, 한나라의 4군이 2부로, 다시 70여 개의 나라로 갈려졌음도 서술하였다. 이른 바 전국시대의 여러 나라들이다.

우리는 여기서 『삼국사기』가 단군조선부터 여러 부족 국가를 무시한 것이 사대주의적 역사관 때문만은 아니라고 말할 수도 있다. 김부식과 관찬(官撰) 사학자들의 관심은 책의 표제대로 신라 — 고구려

― 백제 세 나라만의 역사를 충실히 쓰는 데 있었다는 것이다. 거기에는 가야마저 제외되었다. 고대 왕권 국가로서의 틀을 분명히 갖춘 나라로 선별하자면 이 세 나라 밖에 없다고, 김부식은 판단한 것이었을까? 오늘날 역사학자들도 말하듯이 고대 왕권 국가란 곧 율령의 반포가 분명한 기준이 된다. 율령에는 국가 조직의 정비도 포함된다. 그런 면에서라면 한반도의 고대 왕권 국가가 위 세 나라 밖에 없음이 자명하다.

그러나 민족의 처음 시대를 쓰면서 그다지 인색할 일은 아니었다. 분명 삼국으로 정립되기 전에 비록 왕권 체제를 갖추지 못했다고 하나, 한 단위를 이루는 크고 작은 나라들이 서고 지고 했는데 말이다. 그리고 조선의 정체를 인정한다면, 하나의 체제가 무너진 다음 일정한 혼란기를 거쳐 새로운 질서가 잡혀지는 것 또한 중국의 고대사가 그랬듯이 매우 자연스럽다.

고조선과 위만조선을 최초의 국가로 인정한 일연으로서는 한반도가 다시 삼국으로 정립되기까지 있었던 여러 작은 나라들을 소개하는 것이 마땅하다고 생각했을 것이다. 이것이 나는 무척 흥미롭게 보인다. 나는 역사학자도 아니고, 이 말을 어떤 역사의 흐름으로 공식화해 달라는 생각도 없다. 『삼국유사』를 보면서 고조선과 위만조선 그리고 이 두 나라와 삼국의 정립 사이에 있는 작은 나라들의 기멸(起滅), 그것을 문득 떠오른 생각대로 '한반도판 전국시대'라고 이름 붙였을 따름이다.

이런 여러 나라들이 어떻게 이합집산(離合集散)하여 세 개의 나라 곧 삼국시대로 접어드는가? 일연은 거기까지 넉넉히 마음을 썼고, 그것을 남방계와 북방계의 두 흐름으로 정리한다.

북방계의 시작, 부여

먼저 북방계의 흐름이다. 이 계통은 부여에서 고구려, 백제로 흘러간다. 물론 최후에는 고구려와 백제로 정리된다. 먼저 「기이」편의 '북부여(北扶餘)' 조를 보자.

『전한서』에서는, 선제(宣帝) 신작(神爵) 3년은 임술년(기원전 59년)인데, 4월 8일에 하늘님이 흘승골성(訖升骨城)에 내려와 다섯 마리의 용이 끄는 수레를 타고 도읍을 정한 다음 왕이라 불렀다. 나라의 이름은 북부여요 스스로 해모수(解慕漱)라고 불렀다. 아들을 낳아 부루(扶婁)라 하였는데, 해(解)라는 글자를 성으로 삼았다. 부루왕은 뒤에 옥황상제 곧 하늘님 해모수의 명을 받들어 동부여로 도읍을 옮겼다.

동명왕이 북부여를 이어 졸본주에 도읍을 세우고 졸본부여(卒本扶餘)라 하였으니, 곧 고구려의 시초이다.

역시 『고기』의 기록을 인용한 것이다. 흥미로운 것은 인용한 『고기』가 다시 『전한서』를 인용하고 있다는 사실이다. 이 이중의 인용을 어떻게 보아야 할까? 그러나 우리는 『전한서』에서도 앞서 고조선의 『위서』처럼 이 기록을 찾지 못하고 있다. 연대만 원용한다는 것이 본문까지 이어져, 마치 본문을 인용한 것처럼 된 것일까? 『고기』가 어떤 신빙성을 중국 쪽 역사서에 기대려 한 데서 나온 해프닝일까?

그런데 여기에서 단군 신화와 다른 점이 분명히 보인다. 하늘님인 해모수가 직접 내려와 나라를 만들고 왕이 되었으며, 다시 그 아들을 왕위에 올렸다는 점이다. 해모수에서 해부루로 이어지는 왕위다.

그러다가 도읍을 옮긴 사실과 고구려 동명왕과의 관련성은 다음 '동부여(東扶餘)' 조를 읽어 보아야 분명해진다. 일연은 이 부분을 『삼국사기』의 「고구려본기」에서 인용하고 있다.

북부여 왕 해부루의 재상 아란불(阿蘭弗)이 꿈을 꾸었는데, 하늘님이 내려와 이렇게 말했다.

"내 자손을 시켜서 이 곳에 나라를 세우고자 한다. 너는 이 곳을 피하여라. 동해 바닷가에 가섭원(迦葉原)이라 이름 붙인 땅이 있는데, 토양이 비옥하니 왕도로 정하는 것이 좋겠다."

아란불이 왕에게 권유하여 도읍을 그 곳으로 옮기고, 나라 이름을 동부여라 하였다.

자기가 낳은 아들에게 왕위를 물려준 해모수는 또 다른 아들이 있다고 말한다. 앞서 '북부여' 조에서 동명왕이 북부여가 있던 자리에 나라를 세웠다고 했으니, 해모수가 말하는 아들이란 동명왕 곧 고주몽을 가리킨다고 보아야 할 것이다. 동명왕은 해모수의 아들이며, 해부루의 동생쯤 되는 것일까?

한편 부루는 아들이 없었다. 하루는 산천에 제사를 지내 후손을 얻고자 하였다. 말이 곤연(鯤淵)에 이르러 큰 돌을 보고는 마주서서 눈물을 흘리는 것이었다. 부루가 이상하게 여겨 사람을 시켜 그 돌을 굴려 보라 하니, 금빛 나는 두꺼비 모양의 아이가 있었다. 부루는 기뻐하며 "이는 곧 하늘이 내게 주신 귀한 자식이 아니겠는가?" 하고 거두어 길렀다. 이름은 금와(金蛙)였다. 장성하자 태자로 삼았는데, 부루가 죽자 금와가 자리를 이어받아 왕이 되었고, 다음은 태자 대소(帶素)에게 이어졌다. 그렇게 이어지기는 해도 왠지 부루의 후손들이 왜소해져 가는 모습이다.

동명왕 기사, 사기와 유사의 차이점
그에 비해 뜻밖에 나타났던 동명왕이 누구인가는 '동부여' 조 다음에 이어지는 '고구려(高句麗)' 조에 와서야 밝혀진다.

시조 동명성제는 성은 고(高)씨이고, 이름은 주몽(朱蒙)이다.

이보다 앞서 북부여의 왕 해부루가 동부여로 자리를 피한 다음, 부루가 죽고 금와가 왕위를 이었다. 이 때 태백산의 남쪽 우발수(優渤水)에서 한 여자를 만났다.

"나는 하백(河伯)의 딸이요, 이름은 유화(柳花)입니다. 여러 동생들과 나와 노닐 때에 한 남자가 자신은 하늘님의 아들 해모수라 하고, 나를 웅신산의 아래 압록강변에 있는 집안으로 꾀어 관계를 맺고, 가서는 돌아오지 않았습니다. 부모님께서는 절차도 없이 남자를 따라갔다 꾸짖으시고 이 곳에 가두었습니다."

금와는 이를 기이하게 여겨 방안에 깊이 가두었다. 그런데 햇빛이 비추자 몸을 움직여 피하게 했으나, 해 그림자가 또 좇아와 비추는 것이었다. 이 때문에 잉태하여 알 하나를 낳았거니와 크기가 다섯 되쯤 되었다. 왕은 알을 버려 개와 돼지에게 주었는데 다들 먹지 않았고, 또 길거리에 버렸는데 소나 말이 피해 갔으며, 들판에 버렸더니 새와 짐승들이 덮어 주었다.

왕이 쪼개보려 했으나 깰 수도 없어 결국 어미에게 돌려 주었다. 어미가 물건으로 싸서 따뜻한 데 두었더니, 아이 하나가 껍질을 깨고 나오는 것이었다. 골격과 겉모습이 헌걸차고 우뚝했다. 나이 겨우 일곱 살에 헌칠하여 비상했고, 활과 화살을 만들어 쏘는데, 백이면 백 명중이었다. 세간에서 활 잘 쏘는 사람을 '주몽'이라 하였으므로, 이를 가지고 이름을 지었다.

동명왕의 탄생 설화다. 이 부분은 『삼국사기』 가운데 「고구려본기」의 '시조 동명성왕' 조에서 인용되어 있다. 앞서 '동부여' 조도 『삼국사기』의 같은 곳에서 나온 내용이라 했거니와, 일연이 편의적으로 떼 내어 '동부여'라 이름 붙이고 앞서 내세웠을 뿐이다.

그런데 여기서 일연은 매우 중요한 부분을 고쳐 놓고 있다.

『삼국사기』에서는 부여의 왕 해부루가 금와를 얻는 장면 — 그의

남한에서 고구려의 흔적을 찾는 것은 쉽지 않지만 한강을 따라서 더러 발견되기도 한다. 한강이 바로 내려다보이는 단양의 온달산성은 한때 중원을 차지했던 고구려가 1,500년 전에 쌓은 대표적인 고구려식 산성이다. (단양 온달산성)

신하 아란불이 도읍을 옮길 것을 권유하는 장면 — 가섭원으로 이동하여 동부여라고 부르는 장면 — 빈 땅에 해모수라는 이가 나타나 스스로 하늘님의 아들이라 하면서 나라를 세운 장면 — 해부루가 죽고 금와가 왕위를 계승하는 장면으로 이어진다.

『삼국유사』와 다른 점이 무엇인가?

일연은 해모수가 하늘님이고 그가 북부여를 만들었으며, 아들 해부루를 낳아 그에게 왕위를 전승한 것으로 썼다. 그러니 해부루가 동부여로 떠난 다음 어디선가 해모수가 나타나 옛 북부여 땅에 도읍을 삼았다는 『삼국사기』와는 완연히 다르다. 왜 이렇게 달라졌을까?

열쇠는 『고기』에 달려 있는 듯하다. 앞서 쓴 바, 일연은 '북부여' 조 곧 해모수의 북부여 건국 사실을 『고기』에서 인용하였다. 『고기』는 『전한서』를 인용한 것처럼 되어 있지만, 이는 고증이 어려웠다. 그렇다면 전승되는 이야기에 『전한서』를 가져다 붙였을 수 있다. 결국 『고기』를 인용한 일연으로서는 해모수와 해부루의 부자 관계를 인정한 셈이고, 그러자니 '동부여' 조부터 '고구려' 조까지 『삼국사기』를 인용하면서도, 부루가 옮겨 간 빈 땅에 해모수가 나타나 나라를 세운 장면을 삭제해 버릴 수밖에 없었다.

일연은 유화가 금와에게 말하는 장면에 각주를 달아 『단군기』를 인용하여, 부루와 주몽은 어머니가 다른 형제라고까지 쓰고 있다. 곧 "『단군기』에서는 '단군이 서하(西河) 하백의 딸과 가까이하여 아들을 낳아 이름을 부루라 하였다'고 말한다. 이 기록을 근거 삼아 보건대, 해모수가 하백의 딸과 몰래 통한 다음 주몽을 낳았으니, 『단군기』에서 '아들을 낳아 이름을 부루로 하였다'는 기록과 참조하여 보면, 부루와 주몽은 어머니가 다른 형제다"라는 대목이다. 그러나 일연의 이 주석은 언뜻 이해가 가지 않는다. 지금 우리로서는 『단군기』가 어떤 책인지 알 수 없지만, 그 기록을 받아들여 주몽과 부루가 굳

【 주몽 탄생의 다른 이야기 】

일연은 고주몽의 탄생기 뒤에 『주림전(珠琳傳)』의 제21권에서 인용했다고 하면서 다음과 같은 이야기를 첨부해 놓았다.

"옛날 영품리왕(寧禀離王)을 모시던 계집종이 아이를 가졌는데 점쟁이가 점을 쳐보고서, '귀한 인물이라 꼭 왕이 되겠습니다'고 하였다. 왕은 '내 자식이 아니니라. 죽여야겠다'고 하자, 종이 말하였다. '기운이 하늘로부터 온 까닭에 제가 잉태한 것입니다.' 아들을 낳자 상서롭지 못하다 하여 우리에 버렸더니 돼지가 핥아주고, 마구간에 버렸더니 말이 젖을 먹여 주었다. 그리하여 죽지 않고 부여의 왕이 되었다."

그러면서 "동명왕이 졸본부여의 왕이 되었음을 이른다. 이는 졸본부여가 또한 북부여의 다른 도읍인 까닭에 부여왕이라 부른 것이다. 영품리는 곧 부루왕의 다른 명칭이다"는 주석까지 붙인다. 앞서 소개한 이야기와 그 틀은 비슷하다.

【 북방계 나라의 연표 】

구분	고구려	백제
기원전 37년	1대 동명왕	
기원전 19년	2대 유리왕	
기원전 18년		1대 온조왕
기원후 18년	3대 대무신왕	
28년		2대 다루왕
44년	4대 민중왕	
48년	5대 모본왕	
54년	6대 태조왕	
77년		3대 기루왕
128년		4대 개루왕
146년	7대 차대왕	

이 형제라고 말한다면, 어머니가 아니라 아버지가 다른 형제 아닌가?

　이 같은 의문은 일단 뒤로 미루자. 중요한 것은 『고기』를 받아들인 경우와 그렇지 않은 경우의 차이를 극명하게 확인한다는 점이다. 『삼국사기』는 『고기』의 신이한 부분을 받아들이지 않았다. 그것을 받아들인 일연의 『삼국유사』에 와서 주몽은 『삼국사기』에서보다 더 확실히 하늘님의 아들이라는 지위를 획득했다. 『삼국사기』가 금기시하는 것들이 이미 무너졌을 때, 그 존재를 회복한 것은 단군만이 아니다. 이렇듯 주몽에게까지도 이어지고 있는 것이다.

　그러나 일연도 수정을 하면서 한 가지는 놓쳤다. 유화가 하는 말 가운데 "여러 동생들과 나와 노닐 때에 한 남자가 자신은 하늘님의 아들 해모수라 하고…"라 한 데서, '하늘님의 아들'은 그냥 '하늘님'이라 했어야 했다.

동명성왕의 위대한 탄생

앞서 인용한 '고구려' 조를 좀더 보기로 하자. 주몽이 알에서 나왔다는 신화는 다음에 살펴볼 신라의 박혁거세 탄생 신화와 비슷하다. 다만 주몽은 하늘님으로 이어지는 부계(父系)와 신이한 존재로서 모계(母系)를 두루 갖추고 있다는 점이 다르다.

　그러나 이런 난생 신화(卵生神話)의 핵심은 결국 '껍질을 깨고 나오는 것〔破殼而出〕'이리라. 첫 출발의 의미를 문학적으로까지 보이게 하는 이 표현은 곧 그 옛날 왕을 맞이하는 어떤 의식과도 관련이 있을 듯하다. 하지만 주몽은 왕이 되기까지 그다지 순탄한 길을 가지 못했다. 이 점 또한 박혁거세와 비교된다. 금와왕과는 이복 형제간이고, 조카들은 줄줄이 달려 서서 행여 왕의 자리를 노리나 지켜보고 있다. 금와에게는 일곱 아들이 있었다. 평소 주몽과 더불어 노는데 기술이며 실력이 따라가지 못했다. 큰아들 대소가 왕에게 '주몽은 사람의 자식이 아닙니다. 일찌감치 조치하지 않으면 뒷날 근심거리가 될까 두렵습니다'고 말할 정도였다. 주몽은 이를 어떻게 헤쳐 가는가?

    왕은 주몽에게 말 기르는 일을 시켰다. 주몽은 그 가운데 좋은 말을 알아보고는 먹이를 줄여 비쩍 마르게 하고, 둔한 말은 잘 길러 살지게 하였다. 왕은 살진 말을 타고, 마른 것은 주몽에게 주었다.
    왕의 아들들이 여러 신하와 함께 해코지를 하려 하였다. 주몽의 어머니가 이를 알고서 일러 주었다.
    "이 나라 사람들이 너에게 해코지를 하려 하는구나. 네 재주로 친다면 어디 가든 되지 않겠느냐? 빨리 대처하려무나."
    이에 주몽은 오이(烏伊) 등 세 사람을 친구로 삼아 길을 떠났다. 엄수(淹水)에 이르러 물을 바라보고, '나는 하늘님의 아들이요 하백의 손자이다. 오늘 멀리 달아나고자 하는데, 쫓아오는 자는 다가오니 어찌하리'라고 말하자, 물고기와 자라가 다리를 만들어 주었다. 다 건넌 다음에는 다리를 풀어 버려 추격하던 말들은 건너지 못하였다.

    역시 『삼국사기』에서 인용하는 두 가지 삽화다. 앞선 삽화가 주몽의 뛰어난 지혜를 말하고 있다면, 뒤는 하늘의 도움까지 함께 한다는 점을 내세운다. 한마디로 완벽히 갖춰진 조건이다.
    주몽의 이 같은 고난과 극복은 소설의 이론에서 말하는 '영웅의 일생'에 부합한다. 영웅은 특이한 재주를 지니고 태어난다. 그러나 성장 과정에서 주변으로부터 많은 공격을 받아 고난을 겪는다. 영웅은 그가 타고난 능력으로 이 같은 고난을 극복하고 이상을 실현해 낸다. 영웅 소설이라 불리는 작품들이 대체로 이 같은 유형으로 지어지는

데, 아마도 그 원조는 주몽의 이 이야기가 아닐까?

일연은 이 이후의 이야기를, "졸본주에 이르러 비로소 도읍을 정하였으나 궁실을 지을 겨를은 없어, 다만 비류수 웃편에 띠집을 짓고 머물렀다. 국호를 고구려 하고 이 때문에 고(高)를 성씨로 삼았다. 이 때 나이 열두 살. 한나라 효원황제 건소(建昭) 2년은 갑신년(기원전 37년)인데, 이 해에 즉위하여 왕이라 불렀다"고 간단히 처리하고 만다. 그러나 『삼국사기』에는 모둔곡(毛屯谷)에 이르러 세 사람을 만나 신하로 삼은 일, 말갈(靺鞨)과 비류(沸流)와의 싸움에서 이긴 일 등이 이어진다. 여기까지 보면 더욱 영웅의 일생 유형과 가까워진다. 시련받는 인간 주몽에서 동명성왕의 위대한 탄생이다.

일연은 왕이 즉위한 나이를 12세라 했으나, 『삼국사기』에서는 22세라 하여 차이가 있다. 후자가 더 그럴듯하지만 어느 쪽이 맞는지는 뭐라 말하기가 어렵다. 박혁거세가 즉위했다는 나이도 일연은 13세라 하고 있다.

주몽을 없애려 했던 동부여의 대소왕은 지황(地皇) 3년 임오년(22년)에 이르러 주몽의 손자 무휼왕에게 죽임을 당했다.

북방계의 다른 흐름, 백제의 성립

앞서 북방계의 흐름 속에 백제가 놓인다고 했었다. 일연은 백제의 출발을 변한(卞韓)과의 관련성을 따져 보는 것으로 시작한다. 이는 최치원이 "변한은 백제다"고 한 데서 촉발된 듯하다.

『당서(唐書)』에서 "변한의 후손들은 낙랑 땅에 있었다"라고 한 것이 "온조왕의 계통이 동명왕으로부터 나왔으므로 그렇게 말한 것일 뿐"이라고 한 일연은 "낙랑인이 낙랑 땅에서 나서 변한에 나라를 세우고 마한 등과 맞서본 적이 온조왕 이전에 있었던 듯이 말하지만, 도읍이 낙랑 땅에 있었다는 것은 아니다"고 못박는다. 다만 "백제 땅

백제를 세운 사람들은 고구려의 유민이었다. 이 사실은 무덤의 생긴 모양에서도 나타난다. 고구려식으로 층층 쌓은 백제 사람의 무덤(근초고왕의 무덤으로 추정) 자리 옆에 아파트가 들어섰다. 지금부터 또 2,000년이 흐른 후에는 이 자리를 무엇이 지키고 있을까.(서울 석촌동 백제고분)

에 변산(卞山)이 있었으므로 변한이라 한다"는 것이다.

'변한과 백제〔卞韓百濟〕' 조에서 이런 정도로 백제를 소개하고 만 일연은 신라사를 모두 정리한 다음, 「기이」 편의 끝 부분에 가서야 다시 백제사를 쓰고 있다. 『삼국유사』가 신라 중심의 기술을 했다는 주장은 이런 점을 보아서도 분명하다. 그나마 그 정도조차 배려해 주지 않은 고구려 쪽에 비하면 후한 편이지만 말이다.

어쨌건 다시 백제사가 나오는 곳은 '남부여와 전백제〔南扶餘前百濟〕' 조다.

이 조에서 일연은 먼저 지금의 충청남도 부여군이 전백제의 왕도라고 쓰고 있다. 538년에 성왕이 도읍을 옮기고 남부여라 했다는 것이다. 『당서』에서 "백제는 부여의 다른 종족이다"고 말한 대목을 소개하지만, 본격적으로 『삼국사기』의 「백제본기」를 인용하면서 그 내

백제고분 공원 담장을 따라서 나 있는 오솔길을 걸어본다. 경주의 솔숲길에 비할 바 아니지만, 서울 한복판에서 이런 길을 만날 수 있다는 건 행운이다.(서울 석촌동 백제고분)

력을 다음과 같이 자세히 밝혔다.

> 백제의 시조는 온조(溫祚)이다. 그의 아버지는 추모왕(雛牟王)인데, 주몽이라고도 한다.
> 주몽이 북부여에서 난을 피해 도망하여 졸본부여에 이르렀다. 그 곳 왕에게 아들이 없고 딸만 셋 있었는데, 주몽을 보더니 범상치 않다 여겨 둘째 딸을 아내로 주었다. 얼마 있지 않아 부여의 왕이 돌아가시자 주몽이 왕위를 이어받았다.
> 두 아들을 낳았는데 큰아들은 비류(沸流)요, 다음은 온조였다. 이들은 나중에 태자에게 받아들여지지 않을 것을 두려워하여, 오간(烏干) 마려(馬黎) 등의 신하와 함께 남쪽으로 내려갔다. 이 때 따르는 백성들이 많았다.

여기서 주몽이 왕이 되는 과정은 앞의 '고구려'조에서 쓴 것과 다르다. 이는 일연이 『삼국사기』의 「백제본기」를 인용하면서 수정을 하지 않았기 때문이다. 물론 『삼국사기』의 「고구려본기」도 이와 달랐지만, 거기서 김부식은 이 대목을 하나의 이설(異說)로서 주석에 적어 놓고 있었다. 그렇게 앞뒤를 잘 맞춘 『삼국사기』에 비한다면, 일연은 좀더 용의주도하게 기술하지 않았다는 소리를 들을 만하다.

위의 인용문 마지막 단락에서 갑자기 태자가 등장하는 것도 그렇다. 이 태자는 누구를 말하는가?

주몽이 북부여를 떠나기 전에 이미 아들을 하나 낳았었다. 아들은 신표를 남겨 두고 떠난 아버지를 찾아오고, 그가 고구려의 제2대 유리왕이 된다. 태자란 바로 이 유리왕이다. 『삼국사기』는 이 이야기를 「고구려본기」의 '유리왕' 조에 실었지만, 일연은 어디에서도 유리왕의 이야기를 한 적이 없다. 「백제본기」에도 "주몽이 북부여에 있을 때 낳은 아들이 와서 태자가 되었다"는 말이 나오지만, 일연은 이 부분마저 삭제했다. 이 같은 삭제 때문에 갑자기 태자가 등장한 것처럼 되었는데, 비류와 온조가 태자에게 받아들여지지 않을 것을 두려워했다 함은 이를 두고 이른 말이다. 결국 유리왕이 즉위하던 해, 두 사람은 고구려를 떠나야 했다.

그런 다음의 이야기는 『삼국사기』에서 충실히 인용하고 있다.

비류와 온조가 드디어 한산(漢山)에 이르렀다. 지금의 서울이다. 형제는 부아악에 올라가 살 만한 곳을 찾았는데, 그 곳에서 의견이 갈렸다. 비류가 바닷가에 살자고 하자 열 명의 신하들이 말했다.

"하남 땅은 북으로 한수를 두르고, 동으로 높은 산에 기대고 있으며, 남으로는 비옥한 들판을 바라보고, 서쪽에 큰 바다가 막혀 있습니다. 이만큼 하늘이 내린 요새와 땅이 주는 이득이 큰 곳을 얻기 어렵지요. 여기에 도읍을 세우는 것이 마땅하지 않겠습니까?"

그러나 신하들의 이런 간청에도 비류는 듣지 않았다. 백성을 나누어 미추홀(彌鄒忽)로 가서 자리를 잡았다. 미추홀은 지금의 인천이다. 한편 동생인 온조는 하남의 위례성을 도읍으로 삼았다. 열 명의 신하가 보필을 하게 되어 나라 이름을 십제(十濟)라 하였다. 이 때가 바로 신라로는 박혁거세왕 39년(기원전 18년)이었다.

얼마 후 비류는 미추홀의 땅이 습하고 물이 짜서 편안히 살 수 없으므로 되돌아왔다. 그러나 위례성의 도읍이 안정되고 백성들이 태평한 것을 보고 깊이 뉘우치다 죽었다. 그의 신하와 백성들은 모두 위례성으로 돌아왔다. 돌아오는 백성들이 매우 기뻐했다 하여, 나라 이름을 고쳐 백제(百濟)라 했다. 이것이 곧 백제의 탄생이다.

그런데 마지막에 일연은 『삼국사기』의 기록을 다시 수정하고 있다. 곧 "백제는 조상이 고구려와 함께 부여에서 나왔으므로 '해(解)'를 성씨로 삼았다"고 했다. 『삼국사기』에서는 '부루'라 한 부분이다. 일연의 끈질긴 고집을 읽을 만하다.

이 사진을 찍은 백화점 옆이 내가 다니던 초등학교였고, 사진 왼쪽에 있는 백제의 유물이 무더기로 나온 풍납토성은 우리들의 놀이터였다. 운동장을 가로질러 천호대로가 생기는 바람에 우리 학교는 다른 곳으로 옮겨졌고, 이제 여기에서는 흔적조차 찾을 수 없다. 겨우 25년 전의 일이다. 한강 건너 사진 오른쪽이 아차산인데, 이 곳에서 고구려의 유적이 발굴되었다.(서울 풍납토성)

북방계 이동의 끝

끝으로 일연은 "시조 온조왕은 동명왕의 셋째 아들인데, 몸이 크고 성품이 효성스러웠으며, 말을 잘 타고 활쏘기를 좋아했다"는 평가를 내리고 있다. 이는 온조왕으로 대표되는 백제 건국 세력의 성격을 분명히 하는 대목이다. 말을 잘 타고 활쏘기를 좋아하는 북방계의 이주 집단이다.

백제가 북방계의 흐름을 타고 건국되는 것은 이론의 여지가 없다. 그러나 나라의 구성원이 전부 북방계였다고 보는 것은 무리다. 어떤 형태로든 거기에 원주민이 있었고, 여러 역사서에 그 이름이 나타나듯이, 그들의 나라 곧 변한 등은 사실 원주민들이 만들어 놓았을 것이다. 다만 이 시기에 부족간의 이동은 끊이지 않았고, 좀더 우세한 세력과 기술을 가진 쪽으로 힘의 균형이 움직였을 가능성이 충분하다. 일연이 백제를 북방계에 속한 쪽으로 기술한 것도 그 같은 힘의 흐름을 따랐기 때문이다.

백제의 지배층이 우세한 세력을 형성한 끝에 새로운 땅의 주인이 되는 일은 여기서 멈추지 않는다. 다음에 설명하겠거니와, 일본으로 건너간 백제계는 그 선조들의 경험을 그대로 살려 다시 새로운 땅의 주인이 되었다. 나는 그것이 고구려에서 시작한 북방계 이동의 끝으로 보인다.

신라와 남방계

남방 문화 속의 신라

고구려나 백제와 달리 신라의 건국에 관한 일연의 기술은 『삼국사기』에 거의 의존하지 않는다. 대개 『삼국사기』보다 훨씬 자세하며, 적어 나가는 태도 또한 매우 자신에 넘쳐 있다. 무엇이 이런 차이를 가져온 것일까?

일연은 본격적인 신라 이야기를 펼치기 전에 「기이」 편에 '진한(辰韓)' 조를 두고 짤막하게 소개한다.

> 진한의 노인들은 자신을 진(秦)나라의 망명인이라고 말한다. 한(韓)나라로 숨어들었는데, 마한이 동쪽 경계의 땅을 나누어 주고 서로 동무를 삼자 하였다. 진나라 말과 비슷한 까닭에 이름짓기를 진한(秦韓)이라고도 하였다. 열두 개의 작은 나라가 각각 1만 호씩 되었는데, 모두 나라라고 불렀다.

『후한서』를 인용한다고 했다. 비슷한 내용은 『삼국지』의 『위지』 「동이전」에도 보이고, 『삼국사기』에는 「신라본기」의 '시조 혁거세 거서간' 조 38년에, "중국 사람들이 진의 난리를 견디지 못해 동쪽으로 오는 경우가 많았는데, 마한의 동쪽에 자리를 잡고 진한과 더불어 섞여 살다가, 이 때 와서 점차 번성해졌기 때문에 마한이 꺼려했다"

는 기록과 같다. 일연이 '진한'이라는 제목으로 쓰고 있지만 기실 이 부분은 진한에 관한 내용이라기보다 진한 지역 내에 있던 중국 유민들의 이야기다. 일연은 최치원의 말을 인용해 그 중국 사람들이 본디 연나라에서 피난 왔다는 구체적인 사실을 보충하였다.

본격적인 신라 이야기에 앞서 이런 내용을 붙인 것은 무슨 의도에서였을까? 아무래도 신라가 고구려나 백제와 같은 북방계와 성격이 다르다는 점을 보이고자 해서인 것 같다. 비록 중국계 사람들이 진한 지역에 살고 있었지만 그들은 신라의 지배계층이 아니었다. 그저 한가한 동네 노인들로나 살아가고 있었다. 그것을 확대해석하지 말자는 것이다.

신라 여섯 부족은 또 다른 오리지널

신라 건국의 이야기가 시작되면서 『삼국사기』와 일연은 처음부터 충돌한다. 『삼국사기』는 「신라본기」의 '시조 혁거세거서간' 조를 이 책의 가장 첫머리에 두었다. 일연은 「기이」편에 '신라의 시조 혁거세왕'이라는 제목을 붙였다.

먼저 여섯 부족을 설명함은 같다. 그러나 『삼국사기』가 여섯 부족을 '조선의 유민'이라 한 데 반해 일연은 "여섯 부족의 시조는 모두 하늘에서 내려왔다"고 한다. 되도록 이성적 판단에 맞아 들어가는 것을 추구했던 『삼국사기』의 세계와 일연 사이에 놓이는 차이점을 여기서도 확인한다. 일연이 소개한 여섯 부족은 다음과 같다.

첫째는 알천의 양산촌(楊山村)이다. 남쪽은 지금의 담엄사(曇嚴寺)이다. 촌장은 알평(謁平)이라 하고, 처음 표암봉에 내려와 급량부(及梁部) 이씨의 시조가 되었다. 파잠·동산·피상의 동쪽 마을들이 여기에 속한다.

둘째는 돌산의 고허촌(高墟村)이다. 촌장은 소벌도리(蘇伐都利)라 하는

남산 북쪽 기슭 아담한 솔숲에서 이 땅에 자리잡고 있던 여섯 부족의 촌장들이 모여 알을 깨고 나오는 사내아이를 맞이한다. 이 아이가 훗날 신라의 첫 왕이 되는 박혁거세다.(경주 나정)

데, 처음 형산에 내려와 사량부(沙梁部) 정씨의 시조가 되었다. 지금 남산부라 하고, 구량벌·마등오·도북·회덕 등의 남쪽 마을이 이에 속한다.

셋째는 무산의 대수촌(大樹村)이다. 촌장은 구례마(俱禮馬)라 하는데, 처음 이산에 내려와 점량부(漸梁部) 또는 모량부(牟梁部) 손씨의 시조가 되었다. 지금 장복부라 하고, 박곡촌 등의 서쪽 마을이 이에 속한다.

넷째는 자산의 진지촌(珍支村)이다. 촌장은 지백호(智伯虎)라 하는데, 처음 화산에 내려와 본피부(本彼部) 최씨의 시조가 되었다. 지금 통선부라 하고, 시파 등의 동남쪽 마을이 이에 속한다. 최치원은 바로 이 본피부 사람이다. 지금 황룡사 남쪽과 미탄사 남쪽에 옛터가 남아 그의 옛집이라 하는데, 거의 분명하다.

다섯째는 금산의 가리촌(加利村)이다. 촌장은 지타(祇沱)라 하는데, 처음 명활산에 내려와 한기부(漢歧部) 배씨의 시조가 되었다. 지금 가덕부라

신라와 남방계 · 55

하고, 상서지 · 하서지 · 내아 등 동쪽 마을이 이에 속한다.

여섯째는 명활산의 고야촌(高耶村)이다. 촌장은 호진(虎珍)이라 하는데, 처음 금강산에 내려와 습비부(習比部) 설씨의 시조가 되었다. 지금 임천부라 하고, 물이촌 · 잉구진촌 · 궐곡 등의 동북쪽 마을이 이에 속한다.

『삼국사기』는 지역과 마을 이름만 적어 놓았다. 일연은 거기서 나아가 촌장의 이름 · 처음 그 곳에 자리를 잡은 내력 · 고려에 와서 바뀐 이름 · 주변 마을까지 각각 소개하는데, 인용처를 밝히지 않았다. 말하지는 않았지만 바로 다음에, "위 글을 살펴보건대 여섯 부족의 시조는 모두 하늘에서 내려왔다"는 대목을 참조해 보면, 어디선가 본 내용을 옮겨 적었음은 분명하다.

그것이 『삼국사기』가 인용한 자료와 일치하는지는 분명하지 않다. 그러나 같다 해도 『삼국사기』가 외면한 부분을 일일이 옮겨 놓은 것이나, 이 자료를 통해 내리는 결론에서는 너무도 큰 차이가 난다. 『삼국사기』는 여섯 부족이 "조선의 유민으로 산과 골짝에 나눠 살고 있었다"고 말했다. 조선은 단군조선으로 시작해 기자조선과 위만조선으로 이어지는 일련의 집단을 통칭하는 것으로 보인다. 그렇다면 여섯 부족도 결국 북쪽에서 내려온 사람들이 주요 구성원이었다고 말하는 셈이다. 그러나 일연은 앞서 본 바 '진한' 조를 실어 그 같은 가능성을 일단 차단해 놓고 있었다. 이것이 『삼국사기』와 『삼국유사』의 다른 관점이다.

하늘에서 내려왔다는 것은 어떤 의미일까?

우리는 앞서 환웅과 해모수가 하늘에서 내려와, 그가 직접 왕이 된다든지 왕이 될 아들을 낳는 것으로 북방계 민족과 나라의 출발을 보았다. 하늘에서 내려왔다는 말은 곧 오리지널의 출발을 의미할 것이다. 이제 남쪽에도 하늘에서 내려온 이들이 있음을 말하는 일연의 의

도란 곧 북쪽과 계통을 달리하는 오리지널이 있음을 강조하자는 데 있지 않을까?

혁거세의 탄생과 신라 건국

차이는 뒤로 갈수록 커진다. 혁거세 탄생의 내력담을 『삼국사기』는 단 몇 줄로 줄이고 있다. 큰 틀은 비슷하지만 세밀한 내용에서는 다른 부분이 많다. 먼저 일연이 쓰고 있는 혁거세 탄생 신화를 보자.

전한(前漢)의 지절(地節) 원년은 임자년(기원전 69년)인데, 3월 초하루에 여섯 부족의 시조들이 각각 자제들을 거느리고, 알천의 강변 위에서 모여 논의하였다.

"우리들은 위로 임금이 없어, 다스리려 하나 백성을 이끌지 못합니다. 백성들은 모두 제멋대로이고 하고 싶은 대로 하지요. 어찌 덕을 갖춘 사람을 찾아 임금으로 삼고, 나라를 세워 도읍을 두지 않겠습니까?"

그런 다음 높은 곳에 올라 남쪽으로 양산을 바라보니, 그 아래 나정(蘿井) 곁에 이상스런 기운이 번개처럼 땅에 드리우고, 흰 말 한 마리가 무릎 꿇어 절을 하는 모습이 나타났다.

찾아가 살펴보니 자주색 알이 하나 있었고, 말은 사람들을 보고 하늘을 향해 길게 울었다. 알을 쪼개자 어린 사내아이가 나왔는데, 모습이 단정하고 아름다웠다. 놀랍고도 이상하게 여겨, 동천(東泉)에서 몸을 씻어 주었다. 몸은 광채를 띠고, 날짐승 뭍짐승이 춤을 추었으며, 하늘과 땅이 진동하고, 해와 달이 맑게 빛났다. 이 때문에 혁거세(赫居世)라 이름을 지었다. 왕위에 올라서는 거슬한(居瑟邯)이라 하였다.

여기서는 여섯 부족의 합의 아래 왕을 세우려는 논의가 먼저 있었음을 보여 주고 있다. 그런 합의에 따라 왕을 기다리는 분위기가 조

박혁거세가 태어나던 날 알영정이라는 우물가에 계룡이 나타나서는 옆구리로 계집아이를 낳았다. 태어난 곳의 이름을 따서 알영부인이라고 했다. 이 계집아이는 열세 살이 되던 해 신라의 왕후가 된다.(경주 알영정)

성되었을 때, 혁거세는 그들 앞에 알을 깨고 모습을 나타낸 것이다. 그러나 『삼국사기』에서는 고허촌의 소벌공이 혼자 나정에 가, 알을 깨고 나오는 혁거세를 맞았고, 그의 집에서 자라다 십여 세가 되었을 때 왕이 되었다고 하였다.

왕비 알영부인을 맞게 되는 이야기도 조금 다르다. 『삼국사기』는 부인이 태어난 해를 혁거세가 왕에 오른 지 5년 뒤의 일로 기록하고 있지만, 일연은 같은 날로 보고 있다.

이 때, 사람들이 다투어 경하 드리고는, "이제 천자가 내려왔으니 마땅히 덕을 갖춘 여자를 찾아 임금의 배필로 삼아야겠네"라고 말하였다.
이 날 사량리의 알영정(閼英井) 가에 계룡(鷄龍)이 나타나, 왼쪽 옆구리로 어린 계집아이를 낳았다. 몸매와 얼굴이 매우 아름다웠지만, 입술이 닭의

혁거세왕을 장사지낸 오릉 안쪽으로 사람이 다닌 흔적이 거의 없는 대나무 숲을 헤치고 들어가면 알영정과 비각이 있는 조그마한 돌담이 나온다. (경주 알영정)

부리 같았다. 월성의 북천으로 데려가 씻겼더니, 그 부리가 발락(撥落) 곧 떨어져 나갔다. 이 때문에 그 냇물의 이름을 발천(撥川)이라 하였다.

남산의 서쪽 기슭에 궁실을 짓고 이 두 성스런 아이를 받들어 모셨다. 사내아이는 알에서 생겼는데 알이 표주박과 같아, 마을 사람들이 표주박을 박(朴)이라고 한 데 따라, 성을 박이라 하였다. 계집아이는 태어난 곳 우물의 이름으로 이름을 붙였다.

두 성인의 나이 열세 살에 이르렀다. 오봉(五鳳) 원년은 갑자년(기원전 57년)인데, 사내아이를 세워 왕으로 삼고 이어 계집아이는 왕후로 삼았다.

박혁거세가 열세 살 때인 기원전 57년에 신라가 섰다는 기록은 『삼국사기』와 일연이 모두 같다. 이를 근거로 한다면 신라는 삼국시대를 열었던 세 나라 가운데 가장 먼저 세워진 나라다. 고구려의 동

서로 연결된 것처럼 자리잡은 다섯 개의 능을 아름드리 나무들이 빙 둘러 감싸고 있다. 혁거세왕과 알영부인 이외에도 신라의 2대 남해왕, 3대 유리왕, 5대 바사왕도 여기에 묻혔다고 전해온다.(경주 오릉)

명왕이 그보다 20년 뒤진 기원전 37년, 백제의 온조왕은 40년 뒤진 기원전 18년에 출발하였다. 중국의 한나라 때였다.

일연은 혁거세왕의 최후를, "나라를 다스린 지 61년 만에 하늘로 올라가고, 7일 뒤 몸만 남아 땅으로 흩어 떨어졌다. 왕후 또한 죽자 사람들이 합하여 장례를 치르려 하였다. 그런데 큰 뱀이 나타나 막는 것이었다. 그래서 몸뚱이를 다섯으로 나누어 각각 묻고 오릉(五陵)으로 만들고, 또한 사릉(蛇陵)이라 이름지었다. 담엄사의 북쪽 능이 이것이다"라고 적고 있다.

혁거세 탄생, 또 하나의 이야기

우리는 이상과 같은 혁거세 탄생 신화를 신라 건국과 연결하여 잘 알고 있다. 그러나 혁거세 탄생에 대해서 일연은 같은 『삼국유사』 안에 다른 이야기를 하나 더 적어 놓았다. 「감통(感通)」편의 첫 이야기인 '선도성모가 불사를 즐기다〔仙桃聖母隨喜佛事〕'조에서다.

이 이야기는 본디 지혜(智慧)라는 비구니가 불사를 일으켰다가 힘에 부쳐 끝내지 못하고 있는데, 꿈에 선도산의 신모(神母)가 나타나 도와주어 일을 마쳤다는 것이 주요한 내용이다. 그래서 일연은 이 신모를 제목에서는 성모라고 고쳐 불렀다. 이 조가 「감통」편에 들어간 것도 비구니 지혜의 정성스런 불심을 소개하는 데 목적이 있었기 때문이다.

그런데 본디 목적과 달리 우리는 여기서 신라 건국에 얽힌 다른 이야기를 대하게 된다. 일연은 비구니를 도왔다는 신모의 정체를 다음과 같이 밝힌다.

신모는 본디 중국 황실의 딸로 이름은 사소(娑蘇)였다. 어려서 신선의 술법을 익혀 동쪽 나라에 와서 살더니, 오래도록 돌아가지 않았다. 아버지인 황제가 솔개의 발에다 편지를 묶어 부치면서, "솔개를 따라가 멈추는 곳에 집을 지어라"라고 하였다. 사소는 편지를 받고 솔개를 놓아 주자, 이 산에 날아와 멈추었다. 그대로 따라와 집을 짓고, 이 땅의 신선이 되었기에, 이름을 서연산(西鳶山)이라 했다.

서연산은 선도산의 다른 이름이다. 이 산은 지금 경주 서쪽에 자리 잡은, 높이가 380m로 나지막하지만, 예로부터 경주의 진산(鎭山)이요 사람들에게 신성한 곳으로 불리었다. 아마도 그런 유래가 여기 『삼국유사』에서 거둬들여졌을 것이다.

신모는 이 산에서 오래 머물며 나라를 지키고 도왔거니와 신령스런 이적이 무척 많았다는데, 나라를 지켰을 뿐만 아니라 나라를 세운 혁거세와 그 부인도 낳았다고 한다. 계속되는 『삼국유사』의 이야기다.

> 신모가 처음에 진한(辰韓)에 왔을 때, 성스러운 아들을 낳아 동국의 첫 임금이 되게 하였으니, 혁거세와 알영 두 성인이 그렇게 나왔다. 그러므로 계룡·계림·백마 등으로 불렀으니, 닭[鷄]은 곧 서쪽에 해당하는 까닭이다. 일찍이 여러 하늘의 선녀들을 시켜 비단을 짜고 붉은 색깔을 입혀 조정에서 입을 옷을 만들어 그 남편에게 주었다. 이로 인해 나라 사람들이 비로소 신선임을 알았다.

하늘에서 알로 내려왔다는 혁거세의 어머니가 구체적으로 선도산 성모였다는 이야기가 된다. 그렇다면 일연은 앞서 '신라의 시조 혁거세왕' 조의 혁거세·알영부인 탄생 이야기와 선도산 신모의 이야기를 하나로 붙여 보려는 것일까? 어느 정도 그런 의도가 있어 보인다. '신라의 시조 혁거세왕' 조에서 일연은 혁거세라는 이름 밑에 다음과 같이 꽤 긴 주석을 달고 있다.

선도산 성모는 혁거세와 알영의 탄생에 대한 또 다른 이야기의 중심에 있다. 선도산 정상 부근에는 지금은 거의 부서졌으나 7세기쯤에 만든 것으로 보이는 마애불이 있고, 바로 앞에 선도산 성모를 기리는 성모사(聖母祠)가 있다.(경주 선도산)

"어떤 이는 '서술(西述) 성모가 낳은 바'라고 말한다. 그러므로 선도 성모를 찬양하는 중국 사람의 시에, '어진 이를 낳아 나라를 열었네'라는 말이 이것이다. 계룡이 상서로움을 드러내 알영을 낳았다는 것도 서술 성모가 나타낸 바가 아닐까?"

서술 성모는 선도 성모의 다른 이름이다. 직접적인 연결은 하지 않았으나, 혁거세와 알영부인을 낳은 주체를 선도 성모로 보려는 의도가 그 속에 깔려 있다. 여기에다 일연은 김부식이 『삼국사기』에 붙인 사론(史論)을 인용하였다.

또 『국사』에서 사신(史臣)은 이렇게 말한다.

"정화(政和) 연간(1111~1117년)이었다. 내(김부식)가 사신으로 송나라에 들어가 우신관(佑神館)에 갔는데, 집 한 쪽에 선녀의 그림이 걸려 있었다.

무열왕릉 옆으로 난 길을 따라서 한 시간 정도 걸어 오르면 선도산 정상에 닿는다. 반쯤 올라가다가 뒤를 돌아보면 무열왕릉을 비롯한 고분들이 발 아래로 보이고, 정상에서 보면 경주 시내와 남산, 토함산이 한눈에 들어온다.(경주 선도산)

관반학사(館伴學士) 왕보(王黼)가 말했다.

'이것은 당신 나라의 신입니다. 그대는 이를 아시는가요?'

그러면서 말을 이었다.

'옛날 중국 황실의 딸이 바다를 건너 진한 땅에 머물렀지요. 아들을 낳아 해동의 시조로 만들고, 딸은 그 땅의 선녀가 되었는데, 오래도록 선도산에서 살았습니다. 이것은 그 그림입니다.'

또 송나라의 사신 왕양(王襄)이 우리 나라에 와서 동신성모(東神聖母)에게 제사지내는 글에, '어진 이를 낳아 나라를 열었다'라는 구절이 있다."

기실 『삼국사기』에서 김부식은 이 내용을 심히 믿지 못하겠다는 투로 적고 있다. 사론의 마지막에 "그 아들이 어느 때에 왕이 되었는지 알지 못하겠다"고 말한다. 송나라 사람들의 이야기를 마지못해 신기는 했으나, 거기에 혁거세나 알영의 이름은 단 한 글자도 비추지 않은 것도, 단순한 설화 이상의 의미를 부여하지 않으려는 태도다. 그러나 일연은 김부식의 사론을 인용하면서, 위에서 본 것처럼 이 마지막 구절을 삭제해 버렸다. 김부식과는 달리 '선도 성모' — '혁거세' — '알영부인'으로 이어지는 고리를 인정한다는 뜻이리라.

선도산 신모에서 나타나는 신라 왕실의 성격

선도산 신모는 누구이며 어떻게 보아야 할까? 우리는 이 대답을 위해 우리들의 민간 신앙에 묻어 있는 신모 신화를 살펴볼 필요가 있다. 그 대표적인 것이 지리산의 여신 신화 성모천왕(聖母天王) 전승과 성거산(聖居山)의 여신 전승이다.

먼저 지리산의 성모천왕 이야기다. 갑자기 산 개울이 비도 오지 않는데 넘쳐흘렀다. 한 스님이 이상히 여겨 천왕봉 꼭대기에 올라가 보자, 그 곳에 키가 크고 힘센 여인이 있었다. 여인은 스스로 성모천왕이라 했다. 인간 세상에 내려와 짝이 될 인연을 만나려 오줌을 눈 것이었다. 두 사람은 부부가 되고 딸 여덟 명을 낳았는데, 그들은 전국 팔도에 흩어져 무당이 되었다.

이 같은 지리산 성모천왕 전승은 무당이 처음 어떻게 생겨났는가를 알려 주는 이야기다. 이를 무조 신화(巫祖神話)라 한다.

한편 성거산의 여신 전승은 고려 왕족을 성화(聖化)시키려는 의도에서 나왔다. 호경이 성거산에 갔다. 여신이 나타나, "나는 혼자서 이 산을 맡아보고 있는데, 다행히 성골 장군을 만났습니다. 부부가 되어 함께 신정(神政)을 다스리고 싶군요. 바라건대 이 산의 대왕이 되어 주세요"라고 말하였다. 군인들이 호경을 왕으로 높였다.

성거산은 개성 근처의 우봉현(牛峰縣)에 있다. 여기서 호경이 여신의 도움으로 산의 대왕이 되는 과정은 혁거세가 선도산 신모에게서

선도산에서 내려오는 길에 철지나 핀 금강초롱을 만났다. 오르는 길과 내려오는 길이 다르지 않지만 산에서 내려올 때 꽃이 더 잘 보이는 이유는 뭘까? 『삼국유사』 답사에서 만난 아름다운 우리 꽃을 틈틈이 끼워 넣었다.(경주 선도산)

태어나 왕위에 오르는 과정과 무척 닮았다. 한 쪽이 부부 관계라면 다른 한 쪽이 모자 관계라는 것이 다르다면 다를 뿐이다. 선도산 신모는 어머니인 대신 다른 여자를 만들어 짝지어 준다. 그 여자가 곧 자신의 분신이라는 의미가 아닐까?

대체적으로 남쪽 지방의 산신 신앙의 구조가 이와 비슷하다고 할진대, 신라 왕조의 출발이 어디에 그 근거를 두고 있는지 명확해진다. 무당의 탄생 내력을 담은 이야기는 고대 국가의 건국 신화와 사촌간처럼 가깝다. 그것은 고대로 올라갈수록 왕권과 신권이 분리되지 않았던 데에서 연유한다. 삼국의 건국 신화 가운데 신라 쪽이 유독 무조 신화나, 민간 전승의 신모 신화에 가까운 것은 왕실의 성격이 곧 거기에 기반을 두었다는 강한 증거다. 물론 고구려나 백제의 초기 왕실 또한 제정일치적인 성격을 지녔을 것이다. 그러나 신라의 그것에 비하면 약하다.

게다가 선도산 신모는 불사(佛事)를 도운 일로 자연스럽게 불교와 습합(褶合)되고 있다. 진평왕 때의 비구니 지혜는 꿈에 선도산 신모를 만난 다음 잠에서 깨어 그 사당으로 갔다. 이미 그 때 사당이 있었다는 증거다. 지금 사당은 근래에 만들어졌지만, 사당 옆의 마애삼존 불상은 7세기 후반의 것으로 추정된다. 지혜가 신모를 만난 다음의 일이다. 신라 불교가 토착적인 신앙과 만나는 장면은 앞으로 자주 소개되겠지만, 그것이 곧 왕실과 국가의 안정에 기여한다는 호국불교로까지 발전하는 모습을 눈여겨볼 만하다.

경주의 선도산은 지금도 민간에서 성스러운 진산으로 떠받들어지고 있다. 마애삼존불이 바라보는 산 아래로는 태종무열왕릉 등 크고 작은 고분들이 밀집되어 있다.

【 신라라는 이름 】

일연은 신라라는 나라 이름에 대해, "서라벌(徐羅伐) 또 서벌(徐伐)이라 하였고, 어떤 이는 사라(斯羅) 또 사로(斯盧)라고도 하였다"고 하였다. 여기서 서벌이 나중에 서울로 바뀌어 나갔음은 널리 알려진 사실이다.

그런 다음 이어서, "처음에 왕이 계정(鷄井)에서 태어났으므로 어떤 이는 계림국(鷄林國)이라고도 하는데, 계룡이 나타나는 것을 상서롭게 여긴 까닭이다. 일설에는 탈해왕 때 김알지가 태어나던 밤, 닭이 숲 속에서 울었으므로 나라 이름을 고쳐 계림이라 했다고 한다. 뒷날 마침내 신라(新羅)라는 이름을 정하였다"고 정리하였다.

【 신라 왕의 이름 】

일연은 『삼국사기』 「신라본기」의 초반부 곧 남해왕부터 지증왕까지에서 왕의 이름과 관련된 부분을 여기 한 곳에 모아 일목요연하게 정리해 주고 있다. 대체로 일연은 『삼국사기』를 인용하면서도 필요한 부분을 여기저기서 발췌하여 한 문장으로 만드는 경우가 많았다. 여기도 그 같은 종류의 하나다.

"신라에서 왕을 부를 때 거서간이라 하는데 그 곳 말로 왕이다. 간혹 귀인을 부를 때 쓰는 칭호라 하고, 어떤 이는 차차웅을 자충(慈充)이라고도 한다. … 김대문(金大問)은 '차차웅은 이 지방 말로 무당을 일컬으며, 세상사람들이 무당이 귀신을 섬기고 제사를 받므로 이를 두려이 공경하다 보니 높으신 분을 자충이라 하였다'고 하였다. … 간혹 부르는 니사금(尼師今)은 잇금[齒理]을 일컫는 말이다. 처음에 남해왕이 죽고 아들 노례왕이 탈해왕에게 임금 자리를 물려주자, 탈해가 '내가 듣기에 성인과 지혜로운 이들은 이가 많다' 하고 시험삼아 떡을 물어 보았다. 옛부터 전하는 말이 이렇다. … 어떤 이는 마립간(麻立干)이라고도 한다. 김대문은 '마립이라는 것은 이 지방 말로 말뚝을 이른다. 말뚝을 표지로 자리에 세워 두면 왕이니, 말뚝은 주인이 되고 신하는 아래에서 말뚝을 따라 줄을 지었다. 이런 까닭에 붙인 이름이다'고 하였다."

다른 한편 『삼국사기』 권제4, 「신라본기」 제4에 실린 '지증마립간(智證麻立干)' 조의 끝에 붙인 사론(史論) 또한 인용해 두고 있다.

"신라에서 거서간·차차웅이라 부른 것은 한 번, 니사금은 열여섯 번, 마립간은 네 번이다. 신라시대 말기 이름난 유학자 최치원이 지은 『제왕연대력(帝王年代曆)』에서는 모두 '무슨 왕'이라 하고 거서간 등은 말하지 않았다. 대개 그 말이 비속하고 거칠어 부르기에 흡족하지 않다고 여긴 것이다. 이제 신라의 일을 기록하매 이 지방 말을 함께 남기는 것도 마땅하다."

탈해왕을 둘러싼 갈등

시골 출신의 벼락 출세

용성국(龍城國) 출신이라는 기이한 남자 석탈해(昔脫解)는, 헌칠한 체구에 꾀도 많고 덕망도 갖추었지만, 촌놈에서 출발해 왕의 사위에 이어 왕까지 된 '신라 드림'의 원조다.

탈해가 신라의 제2대 남해왕의 사위가 된 것은 기원후 8년, 대보(大輔)가 된 것은 10년이었다. 제3대 노례왕까지 두 대를 섬긴 끝에 57년에 드디어 신라 제4대 왕이 되고, 왕위를 잇는 3대 성(姓) 박·석·김의 한 자리를 굳혀나갔다. 50년에 걸친 끈질긴 싸움의 결말은 그렇게 찬란했다.

따지고 보면 그는 지금의 울산 근처 아진포 출신이다. 이 시골 출신이 어떻게 그런 벼락 출세를 할 수 있었을까?

탈해는 무척 복잡하고 신비한 인간이다. 그 출생 과정부터 한 남자의 생애는 파란만장을 예고하고도 남았다. 물론 밑바닥에서 시작한 인생이 평탄할 수만 있겠는가?

먼저 그의 나이부터 수수께끼다.

탈해가 처음 신라 땅에 도착한 것은 혁거세왕 39년(기원전 19년)이었다. 『삼국사기』「신라본기」의 '탈해니사금' 조 원년에 나오는 기록이다. 이 때를 한 살로 친다면 대보가 된 해는 30세쯤이다. 대충 그런

석탈해가 도착한 곳으로 알려진 아진포는 토함산 너머 대왕암이 있는 바닷가에서 남쪽으로 3km 정도 떨어진 곳이다. 정확한 위치를 몰라서 헤매다보니 어느새 어두워지고 말았다. 겨우 찾은 석탈해 유허비각을 전조등으로 밝히고 사진 몇 장 박았다.(경주 양남면)

정도 나이라면 가능할 것이다. 그러나 왕이 된 해가 기원후 57년인데, 『삼국사기』 같은 부분에서는 이 때 그의 나이가 62세라고 말한다. 이대로라면 탈해가 태어난 것이 기원전 5년경, 대보가 된 것은 15세 정도가 되어야 한다. 같은 기록 안에서 태어난 해가 앞뒤 서로 맞지 않게 되지만, 15세 대보도 너무하다 싶다. 어쨌건 15년 정도 차이가 생긴다.

이뿐이 아니다. '용성국 왕족 출신 — 기이한 탄생 — 바다에 버려짐 — 가야에 도착 — 신라 해변에 도착'이라는 큰 틀은 비슷하되, 세부적인 내용에서는 탈해에 관해 전해오는 이야기가 서로 상충되는 경우가 많다. 대체로 신라에 도착했을 때 이제 막 태어난 아기라고 설정되었지만, 어떤 데서는 가야에서 수로왕(首露王)과 힘겨루기를 했다고도 하였다.

이 곳을 처음 찾았던 1991년에는 바닷가 근처 솔밭에 쓰러져 가는 비각만 하나 덩그러니 서 있었는데, 2000년 봄에 다시 와 보니 비각은 깨끗하게 단장이 되었고, 이 부근은 모두 월성 원자력발전소의 주차장으로 바뀌었다.(경주 양남면)

탈해는 누구일까? 용성국은 어디일까? 박씨에 의해 대가 이어지는 초기 신라 왕실에서, 갑자기 거기서 벗어나 탈해를 왕으로 세워야 했던 이유는 무엇일까? 그에 관한 이야기의 이면에서 우리는 아직 안정되지 못한 신라 왕실의 고민과, 한 인간이 가진 본연의 욕망의 그림자를 읽게 된다. 온갖 신격화로 치장된 거추장스러운 것들을 거둬내면 더욱 그렇다.

치아 많은 이가 된 왕 자리

노례왕은 유리왕(儒理王)이라고도 부른다. 고구려의 2대 왕도 유리왕(瑠璃王)이지만 발음은 같되 한자가 다르다. 아버지 남해왕을 이어 제3대 왕이 되었다. 기원전 24년의 일이다.

그러나 노례왕은 못내 그 자리가 불편한 표정이다. 그것은 자신의 매부인 탈해 때문이다. 어느 모로 보나 자신보다 낫다는 생각에다, 매부에게 왕위가 간다는것도 부담스럽지 않았던 듯하다. 누가 왕이 될 것인가? 여기서 저 유명한, 떡을 물어 치아의 숫자를 세 보는 사건이 벌어졌다. 다음은 「기이」편의 '제3대 노례왕' 조에 묘사된 그 장면이다.

박노례 닛금〔尼叱今〕은 처음에 왕이 되었을 때, 매부인 탈해에게 자리를 양보하려 했다. 탈해가, "무릇 덕 있는 자는 이〔齒〕가 많으니, 마땅히 이를 가지고 시험해 봅시다" 하고, 떡을 물어 살펴보았다. 노례왕의 이가 많으므로 먼저 자리에 올랐는데, 이 때문에 닛금이라 이름을 지었다. 닛금이라 부르는 것이 이 왕으로부터 시작되었다.

치아 많은 이가 되는 왕 자리? 그래서 왕도 닛금이라 불렀다는 이 기이한 이야기를 어떻게 이해해야 할까?

『삼국사기』의 기록을 참고해 보면, 이런 일이 벌어진 것은 남해왕의 유언 때문이기도 했다. 왕은 아들과 사위를 불러 나이순으로 왕을 하라고 일렀었다. 나이로 치자면 탈해가 더 위다. 그런데 탈해가 먼저 기이한 내기를 하자고 제안했다. 탈해는 왕의 자리에 욕심이 없었다는 것일까? 결코 그렇지 않았으리라. 사실 그는 자신의 목적을 달성하기 위해서 물불을 가리지 않는 사람이었다.

어쩌면 결과를 뻔히 알고 하는 듯한 내기처럼 보이지 않는가? '무릇 덕 있는 자는 이가 많다' 는 논리야말로 황당하기 그지없다. 덕 있는 이가 왕위에 오른다는 생각이야 좋겠지만 말이다. 지금 우리가 모르는, 그 때 사람들에게만 통용되는 신체적 조건과 인품의 상관 관계가 있다면 몰라도, 우리는 탈해의 이러한 제안에 왠지 무언가 숨은 사정을 엿볼 수 있다. 왕이 되어서는 안 될 사정?

아마도 그런 사정이 있다면 탈해는 다음을 기약했으리라. 그러면

내기는 기실 이번 차례에 오르지 않으려는 꾀에 불과하다. 왕의 사위까지 되었지만, 탈해로서는 서라벌이 아직도 남의 동네다. 뭔가 자신의 기반을 확실히 닦은 다음 굳건한 위치에서 왕이 되고 싶었던 것이다.

그런데 노례왕은 왕위에 올라 34년을 살았다. 탈해로서는 다음 차례를 너무 오래 기다려야 했다.

탈해의 등장

처음으로 돌아가 보자. 그렇다면 탈해는 어떻게 신라 땅에 이르렀던가? 「기이」편의 '제4대 탈해왕' 조를 읽으며 하나하나 살펴본다.

> 탈해 닛금에게는 이런 이야기가 있다. 남해왕 때이다. 가락국의 바다 가운데 어떤 배가 떠와서 정박하려 하였다. 그 나라의 수로왕과 신하들이 북을 두드리며 맞이하고 머물게 하고자 하는데, 배는 도리어 급히 달아나 버렸다.
> 계림의 동쪽 하서지촌에 있는 아진포에 이르렀다. 마침 포구 가에 아진의 선(阿珍義先)이라는 노파가 살았는데, 혁거세왕의 고기잡이 어미였다. 노파는 배를 바라보면서, "이 바다에 바위가 없었거늘 무슨 까닭으로 까치가 모여 우는가"라고 하며, 날랜 배를 보내 살펴보게 하였다. 까치는 한 배 위에 모여 있었다. 배 안에 궤짝 하나가 실렸는데, 길이가 20자요 너비가 13자였다. 그 배를 끌어다 수풀 한 귀퉁이에 두었지만, 그것이 좋은 징조인지 아닌지를 몰랐다.

일연은 이야기의 시작을 남해왕(4~23년) 때로 잡았다. 그러면서 주석에다, "옛 책에서 '임인년(기원전 19년)에 이르렀다'고 한 것은 잘못이다. 가깝게 노례왕(24~56년)이 즉위한 다음에는 양위(讓位)를 다툰 일이 없고, 앞이라면 혁거세왕이 다스리던 때이므로 임인년이 그릇됨을 알겠다"고 밝힌다. 임인년이라고 못박은 『삼국사기』를 정면으로 부정한 것이다.

일연이 이런 이의를 제기한 데는 속사정이 있지만, 일연의 말처럼 남해왕 때라고 해도 문제다. 바로 다음 부분에서 탈해 일행이 가락국에 이르렀을 때 수로왕이 있었다고 하였는데, 수로왕이 즉위한 것은 42년 곧 신라 노례왕 19년이었다. 비슷한 문제점을 의식한 까닭에 『삼국사기』에서는 "금관국에 이르렀다"고만 하고, 수로왕의 이름은 밝히지 않았다. 수로왕 즉위 이전의 가야 지역을 상정한 것이다. 『삼국사기』나 일연이나, 조금이라도 시기를 적절히 맞추어 나가려는 노력들은 여기저기 부딪히고만 있다.

그러나 다음 대목부터는 큰 차이가 없다. 아진포의 의선이라는 노파가 '혁거세왕의 고기잡이 어미'라는 분명치 않은 표현이 거슬리기는 하지만 말이다. 이는 뒤에 다시 따져 보기로 하자.

의선이 하늘을 향해 맹서를 하자 곧 궤짝이 열렸다. 거기에는 단정하게 생긴 남자와 일곱 가지 보물 그리고 노비들이 가득 담겨 있었다. 의선은 7일 동안 잘 먹여 주었다. 그러자 탈해가 직접 말을 하는 것이었다.

우리는 본디 용성국(龍城國)의 사람들입니다.
우리 나라에서 일찍이 28용(龍)이 사람으로 태어나 5~6세부터 왕위에 이어 올라, 만백성들이 성명(性命)을 바르게 닦도록 하였습니다. 여덟 단계의 성골(姓骨)을 가졌는데, 차별을 두지 않고 모두 왕위에 올랐지요.
마침 우리 아버지 임금 함달바(含達婆)가 적녀국(積女國) 왕의 딸에게 장가들어 왕비를 삼았으나, 자리를 이을 아들이 없었습니다. 자식을 얻고자 기도 드리기 7년 뒤 큰 알 하나를 낳았지요. 왕께서 여러 신하들을 모아 의논한 결과, 사람이면서 알을 낳는 것은 예전에 없던 일이라 상서롭지 못하다 하였습니다. 그래서 궤짝을 만들어 나를 비롯한 일곱 가지 보물 그리고 노비들을 넣고 배에 실어 바다로 띄우면서, '인연이 닿는 땅에 이르러 나라를 세우고 집안을 일으켜라'라고 빌어 주었습니다.

    문득 붉은 용이 나타나 배를 지켜 주어 이 곳에 이르렀습니다.

『삼국사기』가 갓난아이로 묘사한 데 비해 여기는 직접 말을 할 수 있는 만큼의 아이인 점이 다르다. 물론 탈해가 어떻게 태어났는가는 비슷하다.

    그런데 용성국은 어디일까? 일연은 주석에서 "또한 정명국(正明國)이라고도 하고, 어떤 이는 완하국(琓夏國)이라고도 한다. 완하는 화하국(花厦國)이라고도 하는데, 용성은 일본 동북쪽 천 리 정도에 있다"고 하였다. 일본 동북쪽 천 리 정도라는 위치는 같지만, 『삼국사기』에서는 나라 이름을 다파나국(多婆那國)이라고 하였다. 어쨌건 일본이라는 것 아닌가? 그렇다면 탈해는 일본 출신인가? 이것도 의문으로 남겨 두자.

    탈해의 인간됨됨이를 알 수 있는 사건은 바로 다음에 이어 나온다.

말을 마치자 그 아이는 지팡이를 잡고 노비 둘을 이끌고서, 토함산 위로 올라가 돌무덤을 쌓고 7일 동안 머물렀다. 성안에서 있을 만한 곳을 찾기 위해서였다. 한 봉우리를 보니 마치 초승달과 같아 오래 머물 만한 형세였는데, 내려가 살펴보니 호공(瓠公)의 집이었다.

    간사스럽지만 꾀를 내기로 하였다. 집 곁에다 숫돌과 숯을 몰래 묻었다. 다음 날 아침 그 집에 가 짐짓 꾸짖는 투로 말했다.

    "이 곳은 우리 선조 때 집이오."

    호공은 "아니다"라고 하였다. 말다툼이 일었으나 해결을 보지 못하자 관아에 아뢰었다. 관리가 물었다.

경주 금강산 남쪽 자락에 석탈해왕의 무덤이라고 전해오는 능이 있다. (경주 석탈해왕릉)

"무엇으로 네 집임을 증명하겠느냐?"

"우리 집이 본디 대장간을 했는데, 잠시 다른 지방에 가 있는 사이 남이 들어와 산 것입니다. 땅을 파서 조사해 보시기 바랍니다."

이 말을 따라 해보니 과연 숫돌과 숯이 나왔다. 탈해는 이 집을 차지해 살게 되었다.

정말로 간사스런 꾀다. 실제 자기 것을 꾀를 내어 다시 찾았다면 지혜스럽다 하겠으나, 남의 것을 빼앗은 것과 마찬가지니, 이 이야기만 놓고 본다면 우리는 탈해의 인간성을 그다지 탐탁하게 볼 수 없다. 주몽이 동부여 왕실의 좋은 말을 차지하려 썼던 꾀보다도 더 심하다.

달리 생각하면 이만큼 인간 냄새가 나는 이야기도 없다. 하늘과 땅이 부리는 조화로 자신의 신성성을 포장하는 시대를 지나, 이제 인간 대 인간의 투쟁으로 자신의 길을 개척하고 목적을 달성하려는 매우 정치적인 모습이 나온다. 신화가 설화로 돌아서는 지점이다.

한편 탈해가 호공에게 "우리 집이 본디 대장간을 했다"는 말을 가지고 풀어본다면, 탈해의 출신지가 야철술(冶鐵術) 곧 철을 다루는 기술이 발달한 곳이고, 선진된 문물을 가진 이 집단이 신라 중심지로 이동했다는 증거로 해석해 볼 수도 있다. 앞서 탈해가 일본 출신인가 의문으로 남겨 둔 바 있다. 어떤 이는 일본의 설화들을 들어 일본 동해안의 시마네(島根) 반도 쪽이 곧 탈해의 고향이라고까지 주장한다. 어쨌든 문물의 발달이 신화시대를 거둬내고, 실질적인 힘으로 정복과 지배를 영위해 나가는 시기가 이 한반도에도 도래한 셈이다.

물론 탈해가 간사스런 꾀만 쓰는 게 아니라 특이한 인물임을 보여주는 이야기도 있는데, 『삼국사기』에는 나오지 않고 『삼국유사』에만 실려 있다.

탈해가 동악(東岳)에 올라 돌아볼 때였다. 하인에게 마실 물을 찾아보게 하였다. 하인은 물을 길어오던 길에 먼저 입맛을 보고 바치려 하자, 그 물잔이 입에 붙어 떨어지지 않았다. 이를 보고 꾸짖자 하인은 "이제부터는 멀건 가깝건 감히 먼저 입맛을 보지 않겠습니다"라고 맹서하였다. 그러자 떨어졌다.

이 일로 하인은 완연히 복종하고 감히 속이려 하지 않았다고 한다. 일연은 "동악에 우물 하나가 있어 흔히 요내정(遙乃井)이라 부르는데 바로 그 곳"이라고 장소를 밝혀 주고 있으나, 지금으로서는 찾을 수 없는 곳이다. 이런저런 일이 겹치자 남해왕은 탈해가 지혜로운 사람임을 알아보았다. 그래서 큰 공주를 아내로 삼게 했는데, 이 사람이 아니부인(阿尼夫人)이다.

탈해왕에 대한 또 다른 이야기

탈해가 처음 신라로 들어올 때 가락국을 거쳤다는 사실은, 서로 다른 구석이 조금 있지만, 모든 기록에 공통된다. 『삼국사기』는 보다 현실감 있게 쓰다 보니, 탈해가 갓난아기로 도착해 아진에게 키워졌으며 나중에 어른이 되어 신라로 들어간다고 하였다. 도착하자마자 말을 하고 곧장 호공의 집을 뺏으러 갔다는 『삼국유사』의 기술보다 한결 그럴듯해 보인다. 그러나 이미 옛날 이야기다. 거기 무슨 시간의 경과가 그다지 중요할까?

그런데 같은 『삼국유사』 안에서 일연이 아주 다른 이야기를 실어 놓은 데는 고개를 갸웃거리게 된다. 바로 수로왕의 가락국 건설을 쓰고 있는 「기이」편의 맨 마지막 '가락국기(駕洛國記)' 조에서다. 수로와 탈해가 만나는 이 부분은, 수로가 이미 왕위에 오른 다음에 나온다.

석탈해와 가락국의 김수로왕과의 싸움에 대한 이야기가 「가락국기」에 기록되어 있다. 그런데 용성국에서 출발한 석탈해가 신라로 들어오기 전에 가락국에 먼저 도착했던 것인지, 신라왕의 사위였던 석탈해가 가락국을 넘보았던 것인지는 정확히 알 수 없다. (김해 김수로왕릉)

 이 때 완하국 함달왕의 부인이 뜻밖에 임신을 했는데, 달이 차서는 알을 낳았다. 이 알이 변하여 사람이 되었으니 그 이름을 탈해라 하였다. 키가 석 자에다 머리 둘레가 한 자나 되었다. 그가 바닷길을 따라와 거침없이 대궐로 가서 왕에게 말했다.
 "나는 왕의 자리를 빼앗으러 왔소."
 "하늘이 나를 명해 왕위에 오르게 하고, 나아가 나라 안을 안정시키며 백성들을 편안케 하도록 했다. 그러니 어찌 감히 하늘의 명을 어기고, 그대에게 자리를 주겠느냐? 또 어찌 감히 우리 나라와 우리 백성들을 네게 맡기겠느냐?"
 "그렇다면 술법으로 겨뤄보는 것이 좋겠소."
 왕이 '좋다'라고 했다. 잠깐 동안에 탈해가 변해 매가 되자, 왕이 변해 독수리가 되었다. 또 탈해가 참새로 변하자, 왕은 새매로 변했다. 이 사이에 조금도 시간이 걸리지 않았다. 탈해가 본 모습으로 돌아오자 왕 또한 본 모습으로 돌아왔다. 마침내 탈해가 엎드려 항복했다.

"내가 술법으로 다투는 마당에 매가 되자 독수리가 되었고, 참새가 되자 새매가 되었습니다. 그런데도 내가 목숨을 보전한 것은 죽이기를 싫어하는 성인의 어진 마음 때문이었습니다. 내가 왕과 더불어 왕위를 다투는 것은 참으로 어렵겠습니다."

그는 곧 절하며 하직하고 나가 버렸다.

탈해가 어떻게 태어나 한반도에 이르렀는지에 대해서는 비슷하다가, 뜻밖에 이야기는 수로와 왕위 다툼을 벌이는 장면으로 이어진다. 여기서 그려진 탈해는 용렬하기 짝이 없는 인물이다. 이기지도 못할 내기에서 톡톡히 창피만 당하는 것도 그러려니와, 머리 둘레가 한 자요 키는 석 자 밖에 되지 않는다고 한 외모에서도 그렇다. 한 자의 표준 길이가 시대와 지역에 따라 들쭉날쭉 하나, 그래도 석 자라면 아무리 크게 잡아 1m 정도다. 앞서 '제4대 탈해왕' 조에서 '해골의 둘레가 석 자 두 치요 신장은 아홉 자 일곱 치'라고 한 데 비해 큰 차이가 난다. 내기에서 진 다음 탈해는 항복하고 물러선다. 그것은 깨끗해 보이지만, 물러서면서 하는 말이 항복의 변명치곤 공손함이 지나칠 정도다. 마치 뒤에 소개할 '처용랑과 망해사' 조에서 처용이 자기 아내를 범한 귀신을 쫓아냈을 때 그 귀신이 한 말과 비슷하다. 이 이야기 마지막에 기록자도 조금은 이상했던지 그 끝에, "여기 실린 내용은 신라의 것과 많이 다르다"는 사족을 붙이고 있다.

어째서 탈해가 이토록 못난 인물로 그려지고 있을까?

사실 「가락국기」는 고려조에 들어 금관주 곧 지금의 김해 지방에 사는 문인이 가락국의 옛일을 적어 둔 것이다. 일연은 그것을 『삼국유사』에 옮겨 놓았을 뿐인데, 그러다 보니 수로를 추켜세우려 수로의 입장에서 전해져 온 이야기가 조금 과장되게 발전했을 수 있다. 탈해를 한껏 낮추려 키까지 줄여가면서 말이다.

그러나 실제 두 사람이 만났을 수 있었다고 가정해 보자. 객관적으로 친다면 두 사람이 만날 기회는 수로가 왕위에 오른 기원후 42년부터 생긴다. 탈해의 나이가 대충 60세쯤 되어서다.

탈해는 수로보다 15년 뒤에 왕위에 오른다. 이 기간 탈해가 신라의 대보로 있으면서 가락국을 정벌하러 갔을 수 있다. 그런데 실패했거나 고전 끝에 약간의 성공을 거둔 채 물러나온 일이 있었다면, 가락국의 지역에서 탈해를 깎아 내리는 이야기가 전설로 만들어졌을 것이다. 그런데 「가락국기」의 내용을 어느 정도 받아들인다면 정벌만이 목적이 아니었던 듯하다. 탈해는 신라를 떠나 다른 곳에서 왕이 되려 했던 것일까?

「가락국기」의 탈해 이야기가 터무니없어 보여도, 그를 이해하는 데에는 어떤 시사점을 준다.

탈해왕의 고민

어쨌건 탈해는 왕위에 오른다. 일연은 "노례왕이 죽은 광무제(光武帝) 중원(中元) 6년은 정사년(67년)인데, 6월에 왕위에 올랐다"고 쓰고 있다. 왕위에 오를 뻔하다 34년을 기다린 끝의 일이다.

그러나 탈해왕의 자리가 얼마나 튼튼했는지는 의문이다. 신라가 여섯 부족의 합의 아래 혁거세를 왕위에 올리고, 그 뒤를 아들과 손자가 차례로 올랐다. 이런 과정은 분명 여섯 부족의 입김 아래 이루어졌으리라 보인다. 점차 왕의 권력이 강해져 간다고는 하나, 남해왕의 유언과 노례왕의 양보에도 불구하고 탈해가 바로 왕위에 오르지 못한 사정을 여기서 짐작해 볼 수 있지 않을까 한다. 탈해는 여섯 부족의 신임을 얻기에 그 근본이 너무 약했다.

그런 어려움을 물리치는 데 50년이라는 세월이 필요했다. 그나마 그가 타고난 재주에다 출중한 지략을 갖추었기에 가능했다. 왕이 된 다음 그는 자신의 독자적인 세력을 형성하려 노력했을 것이다. 왕위에 오른 지 3년 만에 신라와 일본이 맺은 우호조약은 그 같은 사정을 말해 준다.

『삼국사기』에서 일본의 침략을 보여 주는 기록은 탈해왕 이전에 두 번 나온다. 혁거세왕 8년과 남해왕 11년이다. 비록 기록은 그렇다 하나 한반도에서 일본과 가장 가까이 있는 신라로서는 그들의 잦은 침략에 시달렸을 것으로 보인다. 탈해가 일본과 우호조약을 맺는 것은 그들로부터 침략의 위협을 해소하고 자신의 후원자를 얻는 이중의 효과가 있는 일이었다.

거기에다 탈해는 박씨의 세력을 지방으로 분산시키는 정책을 썼다. 탈해왕 11년에 나라를 주(州)와 군(郡)으로 나누고 박씨들 가운데 높은 신분에 있는 친척들을 주주(州主)와 군주(郡主)로 보냈다. 그들에 대한 어떤 대우처럼 보이지만, 이는 실상 탈해 자신에게 외척인 박씨들이 서울에 모여 있지 못하게 하려는 계산이 깔려 있었던 것이 아닌가 한다.

이같이 일련의 정책은 효력이 있었던가? 유감스럽게도 그래 보이지 않는다. 특히 탈해왕 17년에 일본군이 목출도(木出島)에 쳐들어왔을 때, 왕이 각간 우오(羽烏)를 보내 막으려 했으나 실패하고, 우오마저 거기서 죽는다. 일본 외교의 실패다.

탈해를 더욱 초조하게 만든 것은 김알지(金閼智)의 출현이었다. 「기이」편의 '김알지' 조에서는 그의 출생을 이렇게 그리고 있다.

　　탈해왕 때였다. 영평(永平) 3년 경신년(60년) 8월 4일, 호공(瓠公)이 밤에 월성의 서쪽 마을을 지나가다 시림(始林) 한가운데에 매우 밝은 빛이 비

사림(계림)의 나뭇가지에 걸린 황금 궤짝에서 김씨 왕들의 시조가 된 김알지가 나왔다. 어림잡아도 수백 년 이상은 될 듯한 고목들의 구불구불 올라간 나뭇가지에 새잎이 돋았다. 계림 숲이 가장 아름다울 때다.(경주 계림)

추는 것을 보았다. 자줏빛 구름이 하늘로부터 땅에 드리우는데, 구름 속에 황금 궤짝이 나뭇가지에 걸려 있고, 궤짝에서는 빛이 새나왔다. 또한 흰 닭이 나무 아래에서 우는 것이었다.

왕에게 이 같은 사실을 알렸다. 왕이 친히 숲에 와서 궤짝을 열어 보니 어린 사내아이가 누워 있다 일어나는데, 마치 혁거세의 옛일과 같았다. 그래서 알지라고 이름을 지어 주었다. 알지는 이 지방말로 어린 아이를 가리킨다.

왕이 알지를 안아서 싣고 궁궐로 돌아올 때, 새와 짐승까지 따라오며 기뻐 뛰었다. 왕은 좋은 날을 가려 태자에 책봉하였지만, 뒤에 바사(婆娑)에게 양위하고 왕위에 오르지 않았다. 황금 궤짝에서 태어났으므로 성을 김(金)씨로 하였다.

영평 3년은 탈해왕 3년이다. 『삼국사기』에서 탈해왕 9년이라 한 것과 차이가 난다. 『삼국사기』에서는 처음 닭 울음소리를 들은 이를 탈해왕이라 한 점도 다르다.

그러나 무엇보다도 "마치 혁거세의 옛일과 같았다"는 대목이 주목을 끈다. 『삼국사기』에서는 없는 말이다. 일연이 김알지의 탄생을 혁거세에 비견한 것은 무슨 의미일까? 장차 신라의 왕위를 이어 나가는 세력의 탄생을 암시하면서, 결국 그가 잠시 탈해에 의해 끊어진 박씨 계열을 이어나가는 적통자로 본다는 것일까? 알지가 성을 김으로 삼았다지만 성이 무언가는 별다른 의미가 없다.

머나 먼 이역(異域), 아니 어느 시골 마을에서 올라 와 입신양명(立身揚名)한 탈해. 우리는 여기서 탈해가 비록 왕위에 오르고 그 후손들이 석(昔)씨 성으로 몇 차례 더 왕의 자리를 차지하지만, 기존의 세력에 둘러싸여 늘 불안해 했던 것 같은 모습을 그려보게 된다. 권력의 자리란 차지하기도 이어 나가기도 어려운 것인가? 탈해의 고민이 깊었음은 분명하다.

【 석탈해라는 이름 】

일연은 석탈해라는 이름이 붙여진 경위를 성과 이름으로 나누어 소개하고 있다. 먼저 성에 대해서는 "'석(昔) 곧 옛날 이 곳이 내 집'이라 하여 남의 집을 제것으로 만들었기에 성을 석씨로 하였다"고 말한다. 성과 이름에 대한 또 다른 견해로는 "작(鵲) 곧 까치가 울어 궤짝을 열었으므로 조(鳥)자를 떼어내고 성을 석씨로 하고, 궤짝을 해(解) 곧 열어 알을 탈(脫) 곧 꺼내어 태어났으므로 이름을 탈해라 하였다"고 말한다.

연오랑 세오녀, 첫 설화의 주인공

일본의 여자 프로레슬러 히미코

기회가 있어 일본에 머무른 적이 있었다. 어느 날 숙소에서 텔레비전을 보는데, 어떤 프로그램에 여자 프로레슬러가 나왔다. 이름은 히미코(卑彌呼). 한 사람이 아니라 3인조 그룹이었다. 한국에서 흔히 볼 수 없는 여자 프로레슬러라 흥미로웠다.

기실 일본인들이 좋아하는 운동은 야구만이 아니었다. 스모나 유도는 자기들의 전통적인 운동이라 좋아하지만, 그 밖에도 각자 자신의 취향에 따라 보고 즐기는 운동은 여러 가지였다. 그 중에 프로레슬링도 한 축에 낀다.

6, 70년대 우리 나라에서 한참 유행하던 프로레슬링이 생각났다. 지금 생각해 보면 어줍잖게 만들어 낸 민족적 영웅 김일이 사각의 링에서 상대방 특히 일본 선수의 반칙적인 공격을 받고 피를 철철 흘리던 모습. 그러나 보는 이의 가슴에 안타까움과 적개심이 불탈 때쯤 특유의 박치기로 비열하게 공격해 오는 일본 선수를 쓰러뜨리자 동시에 박수와 환호가 터져 나오던 광경. 이제 막 소년의 대열에 들어서, 주먹에 붕대라도 감고 다녀야 그럴듯해 보이던, 김일 선수와 고향이 같은 나 같은 사람들의 기억에 그것은 더욱 생생하다. 우리는 이 모두가 정말인 줄 알았다.

그런데 얼마 후 프로레슬링은 쇼라는, 레슬러 가운데 어떤 사람의 폭로가 나오면서 하루아침에 그 바닥의 열기는 막을 내리고 말았다. 물론 비정상적으로 쌓아올린 인기가 오래가지 못하리라는 조짐은 벌써부터 있었지만.

프로레슬링 선수를 무슨 민족적 영웅으로 만들었던 사실 자체가 이미 난센스였다. 완벽한 각본으로 설정된 보고 즐기는 오락거리로서 접근했어야 했는데 말이다. 그런데 김일 선수를 마치 안중근 의사 같이 만들어 놓았다. 거기에는 당시 군사정부의 유치한 계산이 깔려 있었다고 들었지만, 여기서 그런 이야기를 장황히 할 이유는 없다. 그 이후 까맣게 잊고 지내던 프로레슬링이었는데, 아직도 일본에서는 상당한 인기를 누리고 있음에 의아했을 뿐이다. 우리의 영웅 김일 선수는 몹쓸 병마저 얻어 만년을 쓸쓸히 지내고 있지만, 링에서 김일 선수를 괴롭히던 안토니오 이노키 선수는 일본 프로레슬링계의 대부가 되어 그 인기를 느긋하게 끌어 나가고 있다.

일본 프로레슬링의 인기는 그 자체가 볼 만한 오락거리로 자리잡은 데서 유지되지 않았나 싶다. 더러는 서슬 푸른 싸움처럼 꾸미면서, 건장한 체구들이 몸을 날리고 들어 메치는 장면에서는 스트레스가 풀릴 만큼 시원스럽기까지 하다. 그건 쇼니까 가능한 일이다. 쇼가 아니라면 그 링에 오른 누군가는 시체가 되어 내려올 것이다. 우리가 무슨 로마시대를 사는 사람도 아닌데 진짜 죽이고 살리는 경기이기를 바라는 이가 어디 있겠는가? 피는 조금 흘리겠지만 말이다.

여자 프로레슬링 선수들의 인기 또한 만만치 않았다. 기량이야 남자에 미치지 못해도 남자들 경기에서 볼 수 없는 특이한 장면이 연출되는 덕을 보는 것 같았다. 여자 경기는 단독 출전보다는 두 사람 이상의 팀 경기가 많다. 그래야 볼거리가 더 많이 연출되기 때문이다. 그들 가운데 한 팀이 히미코였다. 그런데 그들이 하는 분장이 남달랐다. 다른 팀들이 만화에 나오는 서구 취향의 마스크나 현대 감각을 살린 운동복을 입는 데 비해, 그들은 일본 전통적인 분위기가 나는 옷차림이었다. 그 당시엔 일본의 전통극에 나오는 여성 무사를 흉내 낸 것이려니 하고 말았었다.

고대 일본의 여왕 히미코

히미코라는 이름을 『삼국사기』에서 다시 볼 수 있었다. 「신라본기」의 '아달라왕' 조 20년(서기 173년)에, "왜왕 비미호(卑彌乎)가 사신을 보내와 인사했다"는 짤막한 기록이다. 여기서 비미호는 한자가 조금 다를 뿐 바로 히미코다.

히미코는 누구일까? 일본 왕조의 계보에 나오지 않는 이 왕은 어디에 나라를 세우고, 이웃한 신라와 외교 관계를 가지려 했을까?

그 의문은 일단 중국의 역사서 『삼국지』 가운데 『위지』의 「왜인전」에서 풀린다. 그 무렵 일본은 성무왕(成務王, 131~190년)의 시대지만, 지방에는 30여 개의 크고 작은 나라가 서 있었다. 히미코가 다스리는 나라는 야마일국(邪馬壹國)이다. 그는 여왕이었다. 비록 여왕이 다스리는 나라였으나 가장 강성했다 하고, 238년에는 위나라에까지 사신을 보낼 정도였다. 신라에 사신을 보낸 지 60여 년 뒤의 일이므로, 같은 히미코인지 아니면 히미코가 왕을 일컫는 일반 명사인지 의문이어도, 실재하는 나라요 왕이었음은 부정하기 어렵겠다.

특히 2001년 5월에는, 나라(奈良)에서 3세기 초에 만들어졌을 것으로 보이는 고분이 발굴되었다. 일본에서 가장 오래된 고분이었다. 연구자들은 이것을 야마일국의 증거로 보고, 이 나라가 나중 나라시대를 여는 야마토(大和) 정부의 전신일 가능성이 크다고 말한다.

이 히미코에 대해 비상한 관심을 보인 분이 이영희(李寧姬)씨다. 그는 그의 책 『노래하는 역사』에서, 히미코가 한반도에서 건너가 가야 지방의 미오야마국(彌烏邪馬國)을 이어 일본에 야마일국을 세운 여왕이라고 설명하였다. 야마일국을 중국 상고음으로 읽으면 '야마잇국' 곧 '야마를 잇는 나라' 라는 뜻이며, 야마는 미오야마국이라는 것이다. 더 나아가 이씨는 성무왕을 이은 신공왕후(神功王后, 201~269년)도 히미코를 모델로 삼은 가공 인물이라고 하였다. 신공왕후는 3세기경 일본열도에서 막강한 권력을 행사한 인물이지만, 『일본서기』와 같은 고대 일본 역사서가 만들어 낸 가공 인물일 것이라는 학설은 학계에서도 거론되는 바다. 이씨는 당시 역사 기록자들이 그 같은 인물의 모델로 히미코를 택한 것 같고, 거기에 묻히다 보니 히미코에 관한 기록이 일본의 역사서에서 희미해졌다고 덧붙였다.

일본에서 히미코 신드롬이 벌어졌다는 이야기도 이씨는 소개하였다. 1990년대 초반의 일이다. 오래도록 남성에 복종하며 살아온 일본의 여성들이 자신의 일을 찾고 자기의 삶을 추구하는 쪽으로 변하고 있는데, 그들이 내세우는 상징적인 인물이 여왕 히미코라는 것이다. 프로레슬러 히미코도 그 무렵에 이 같은 분위기를 타고 생겼던 것 같다. 그런 와중에 1993년 일본을 방문한 불가리아의 어떤 여성 초능력 치료사가 "히미코의 조상은 한반도에서 건너왔다"고 하였다. 이씨는 이 말에 상당한 흥미와 매력을 느낀 듯하다.

그러나 이씨의 여러 의견들이 지금 학계에서는 거의 수용되지 않고 있다. 대체로 그가 내세우는 주장에 따른 근거가 빈약하기 때문이다. 위에서 정리한 내용도 마찬가지다. 다만 근거가 빈약하다고 하나 이씨의 주장이 얼토당토않은 이야기는 아니다. 일본에서 한창 논쟁 중인 히미코의 야마일국이 기본적으로 한반도의 중서부 곧 지금의 황해도에 있었을 것으로 보이는 대방군(帶方郡)에서부터 출발하였다는 점은 공감을 얻고 있다.

즐거운 상상력에 민족적 쇼비니즘이 끼여들면 곤란하다. 이런 주장들이 대체적으로 처음에는 잃어버린 우리 역사를 찾는다는 그럴듯하면서 거창한 명제 아래 시작한다. 그러나 '한반도에서 건너왔다'는 대목에 이르면 김일 선수 박치기를 보듯이 흥분하고, 흥분하다 보면 사실과 상상을 혼동하며, 나아가 그렇게 흥분하는 심리란 열등감의 역설적 표현에 지나지 않아 보여 뒷맛이 개운치 않다. 살아 있는 역사란 그런 의미가 아닐 것이다.

히미코는 3세기에도 살았지만 오늘날에도 프로레슬러로 살고 있다. 프로레슬링은 재미로 본다. 그렇지 않으면 저 1970년대 우리 나라처럼 어느 날 프로레슬링은 사람들에게 외면당한다. 역사가 프로레슬링이라는 말은 아니다. 역사는 그런 쇼나 각본으로 비유될 수 없다. 그러나 우리가 아득한 옛 역사를 말하면서 어깨에 잔뜩 힘을 주고 너무 긴장한다면 결론이 엉뚱한 곳으로 흐르기 쉽다. 프로레슬링을 진짜 격투기라고 생각한 우리에게 잃어버린 것은 재미요 남은 것은 공허감이지 않았던가? 역사 또한 그래서는 안 된다.

히미코와 같은 시대의 연오랑 세오녀

흥분할 만도 하다는 생각은 『삼국사기』를 거쳐 『삼국유사』로 오면 어느 정도 수긍이 간다. 『삼국유사』에는 같은 아달라왕 때의 이야기 하나가 히미코의 정체를 찾아가기에 너무나도 구미에 맞게, 선명히 실려 있기 때문이다. 바로 「기이」 편의 '연오랑과 세오녀〔延烏郞細烏女〕' 조다.

제8대 아달라왕이 즉위한 지 4년은 정유년(157년)이다. 동해 바닷가에 연오랑과 세오녀 부부가 살고 있었다. 하루는 연오가 바다에 나가 해초를 따는데, 갑자기 바위 하나가 나타나 그를 태워서 일본으로 갔다. 그 나라 사람들이 이를 보고 "이는 비상한 사람이다"라고 하여, 이내 왕으로 삼았다.

가끔씩 동해 바닷가를 찾지만 깨끗한 일출을 보기란 참 어렵다. 이 날은 운이 좋은 편이어서 때마침 날아가는 갈매기 두 마리도 카메라에 들어왔다.(경주 감포)

　남편이 돌아오지 않자 이상하게 여긴 세오는 나가서 찾아보았다. 남편의 신발이 벗어져 있는 것을 보고 그 바위 위에 오르니, 바위가 또한 이전처럼 태워서 갔다. 그 나라 사람들은 놀라워하며 왕에게 바쳐, 부부가 다시 만나게 되었다. 귀비(貴妃)로 삼았다.

　이 때 신라에서는 해와 달이 빛을 잃었다. 일관(日官)이 아뢰었다.

　"해와 달의 정령이 우리 나라를 버리고 지금 일본으로 가 버린 까닭에 이같은 변괴가 일어났습니다."

　왕은 사신을 보내 두 사람을 찾아오게 하였다. 연오는 말하였다.

　"내가 이 나라에 이른 것은 하늘이 시켜서 된 일이다. 지금 어찌 돌아가겠는가? 그러나 왕비가 짠 가는 비단이 있으니, 이것을 가지고 하늘에 제사지낸다면 될 것이다."

　그리고서 그 비단을 내려 주었다. 사신은 돌아와 아뢰었다. 그 말에 따라 제사를 지낸 다음에야 해와 달이 예전처럼 되었다.

아달라왕 때의 일이다. 히미코가 사신을 보낸 것은 바로 이 왕 때, 세오녀가 일본으로 갔다는 아달라왕 4년에서 16년 뒤다. 일본에 가서 자리잡은 세오녀는 히미코가 되어, 금의환향하듯 자랑스레 본국에 사람을 보냈다고 추정할 만하다.

아달라왕이 재위한 기간은 서기 154년부터 183년까지 30년이다. 『삼국사기』에서는 앞인 일성왕(逸聖王)의 큰아들인데, 일성왕은 노례왕(또는 유리왕)의 큰아들이라고 하였다. 사실 이 부분은 신라 왕의 전승에 수수께끼로 남아 있다. 특히 일성왕에 대해서 그렇다. 노례왕이 죽은 것은 서기 57년, 탈해왕이 죽은 것은 80년이다. 탈해왕을 이어 노례왕의 둘째 아들 바사왕이 여러 신하들의 신임을 얻어 왕위에 올랐고 111년에 죽었다. 그 다음이 지마왕이고, 일성왕은 그를 이어 134년에 왕위에 오른다. 지마왕에게 아들이 없었다는 것인데, 일성왕으로서는 아버지 노례왕이 죽은 뒤 77년이나 지나서 왕이 된 것이다. 전혀 불가능하다고 할 수 없지만 너무 시기가 멀어 보인다. 그래서 『삼국사기』에서는 "일지갈문왕(日知葛文王)의 아들이라고도 한다"는 주석을 붙여 놓고 있다.

그런데 일연은 「왕력」편에서 이와 정반대의 기록을 남기고 있다. 일성왕이 일지갈문왕의 아버지라는 것이다. 일성왕의 아버지는 노례왕의 형이거나 지마왕이라 하였다. 여기에다 부인들의 경우도 헷갈린다. 『삼국사기』에서는 아달라왕의 부인이 지마왕의 딸이라고 했는데, 일연은 지마왕의 딸이 일성왕의 부인이라고 하였다. 그런 다음 일연은 아달라왕부터 벌휴왕·내해왕·조분왕에 대해서 「왕력」편은 물론 「기이」편에도 아무런 기록을 남기지 않았다. 『삼국사기』는 이 기간을 얼기설기 이어가는데, 무척 아슬아슬해 보인다.

《 초기 신라 왕실의 체계도 》

구분	신라	일본
기원전 97년		10대 숭신(崇神)왕
기원전 57년	1대 혁거세왕	
기원전 29년		11대 수인(垂仁)왕
기원후 4년	2대 남해왕	
24년	3대 유리왕	
57년	4대 탈해왕	
71년		12대 경행(景行)왕
80년	5대 바사왕	
112년	6대 지마왕	
131년		13대 성무(成務)왕
134년	7대 일성왕	
154년	8대 아달라왕	

　이렇게 혼란스럽고 빈약한 까닭은 무엇일까? 사료가 미비한 탓도 있겠으나, 아무래도 신라 초기의 왕실이 그만큼 안정되어 있지 못함을 말하는 것 같다. 이런 시기의 기록을 여기저기서 따와 한 줄로 꿰기란 위험한 일이다.

　그런 반면에 이 때 일어난 한 사건, 연오랑 세오녀의 도일(渡日)을 소개하면서 일연은 명쾌하게 '아달라왕 4년'이라 쓰고 있다. 그 내용은 결코 사실적이지 않다. 물론『삼국사기』에 없는 내용일 뿐만 아니라 어디서 인용했다는 전거도 밝히지 않았다. 일연은 삼국의 역사적 사실을 쓰면서『삼국사기』에 많은 부분 의존하고 있다. 자신이 조사한 부분이 일부 첨가되기는 한다. 그런데 연오랑 세오녀의 이야기에 와서 처음으로 일연은 『삼국사기』를 떠나 독자적인 길을 가고 있는데, 매우 자신만만한 태도다. 이런 자신감은 어디에서 온 것일까?

해와 달을 섬긴 사람들의 이야기

일연은 승려다. 승려 생활을 구름이나 강물처럼 머물러 살 수 없는 운명을 타고난 존재, 운수행각(雲水行脚)이라고 한다. 일연 또한 거기서 예외일 수 없었고, 그래서 여기저기 옮겨 다니며 살았지만, 13세기의 혼란스런 고려 사회가 그 삶을 더욱 모질게 했다.

그런데 오랫동안 여러 군데 옮겨 다니는 생활 속에서 일연은 남다른 일 하나를 했다. 자기가 머문 지역에 전해오는 이러저러한 이야기들을 빠뜨리지 않고 모았다는 점이다. 자신이 승려라 해서 불교적인 데에만 머물지 않았다. 이미 앞서 단군 신화의 경우와, 앞으로 소개할 많은 이야기들을 통해 알 수 있듯이 그의 관심은 광범하게 퍼져 있다. 오늘날의 민속학자가 따로 없다.

연오랑 세오녀 이야기 또한 그의 이 같은 관심과 실천 속에 모아진 것으로 본다. 그런 이야기일수록 일연의 붓끝은 힘을 얻는다.

일연이 영일(迎日)에서 가까운 오어사(吾魚寺)라는 자그마한 절에 찾아든 것은 그의 나이 환갑을 바라보던 때였다. 그에 앞서 3년간 그는 강화도로 옮긴 왕궁 가까운 곳에서 왕을 모시고 있었다. 그 곳에서의 생활은 분주했다. 그러기에 낙향은 본연의 승려 생활로 돌아가려는 마음 때문이었다.

오어사는 지금 가 보아도 한가롭기 그지없는 산골 마을에 있다. 영일을 거쳐 들어가는 이 마을에서 그는 꿈처럼 전해오는 많은 이야기를 들었다. 그리고 그것들은 『삼국유사』속에 소중히 건사되었다.

영일은 한자어로 뜻을 풀었을 때 해를 맞는 고장이다. 동네 이름에서부터 해와 관련된 이야기가 많을 법하다는 생각을 갖게 한다. 또

일연이 주지로 있었던 오어사는 영일에서 그리 멀지 않은 곳에 있다. '연오랑과 세오녀 이야기' 외에도 오어사 앞에서 벌어진 혜공과 원효의 똥 이야기도 일연이 이 곳에서 직접 듣고 적었음이 틀림없다. 오어사 계곡을 따라 사진의 오른쪽으로 가면 경주가 나온다. (포항 오어사)

신라와 일본의 교통에서 영일은 중요한 위치를 차지한다. 당연히 일본과 관련된 이야기도 많을 것이다. 그 두 가지가 자연스레 결합되어 나온 것이 연오랑과 세오녀의 이야기다. 해와 달이 사람 사는 세상에서 우주의 그 어느 별보다 중요한 것임은 말할 나위 없지만 그것은 고대인에게 더욱 절실했다. 무당들이 모시는 가장 높은 신은 해와 달과 별 곧 일월성신(日月星辰)이다. 고대 삶의 모습을 지금까지 충실히 지키고 있는 그들에게서 우리는 고대인이 지녔을 사유방식의 틀을 읽는다.

 연오와 세오가 일본 땅으로 가 버린 다음 신라에서는 해와 달이 빛을 잃었다고 했다. 나는 이것을 일식이나 월식 같은 자연 현상으로 보지 않는다. 『삼국사기』의 전반부에 일식을 알리는 기사가 빈번히 등장하지만, 어디까지나 중국의 역사서에서 인용한 것들이다. 일식

포항시(옛날 영일군) 일월동, 바다가 내려다보이는 언덕 위에 일월사당이 있어서 매년 가을 일월신제를 올린다. 근처 해병부대 안에는 연오가 보낸 비단을 놓고 제사를 지냈다는 일월지라는 연못이 있는데, 출입을 하려면 일주일 전에 부대에 신청을 한 다음 보안검열에서 통과해야 된다.(포항 일월동)

이 곧 오늘날의 일식과 같다 할지라도, 단순히 자연현상을 설명하는 이야기는 아닐 것이다.

일관이 이르기를 '일월지정(日月之精)'이라 했다. '정'을 편의상 '정령'이라 번역했는데, 이 의미에 주목해 보자. 해와 달은 빛이다. 소금이 맛을 잃으면 아무 쓸모 없듯 해와 달이 빛을 잃으면 쓸모 없는 물건이 된다. 그러나 빛이 있다고 다 보는가? '눈 뜬 소경'이라는 말도 있지 않은가? 본다는 것은 그 정령을 가지고 있다는 것이다. 신라 사람들이 잃어버린 것은 해와 달이 아니라 해와 달을 해와 달로 볼 수 있는 그 정령이었다.

연오와 세오는 해와 달의 정령이었다. 그들이 일본으로 가서 왕이 되었다는 것을 정치적 의미로만 풀어서는 곤란하다. 그래서 일연도 주석을 통해 『일본제기』를 살펴보면 앞뒤로 신라 사람이 왕이 된 적이

1992년에 일월사당에 갔을 때는 문이 굳게 닫혀서 문틈으로만 안을 볼 수 있었다. 그런데 지금은 문을 활짝 열어 놓았으나 관리가 제대로 되지 않아서 귀신집 같다. (포항 일월동)

없다. 이는 곧 변방의 작은 왕이요 진짜 왕은 아니다"고 붙여 놓았다. 정치적으로만, 자연 현상의 사실로만 보지 말라는 주문일 것이다.

정령을 잃은 사람은 눈 뜬 소경과 같다. 사회도 그렇다. 일연이 강조한 것은 거기에 있지 않았을까?

아름다운 설화 속의 정령

신라가 다른 두 나라에 비해 유독 토착 신앙에 강했다는 말을 우리는 상식적으로 한다. 연오와 세오는 신라의 그러한 분위기에서 나올 법한 인물이다. 더욱이 바닷가 마을, 이 땅에 해와 달이 가장 먼저 뜬다고 믿는 마을 사람들에게서, 토착 신앙의 바탕을 가지고 세계를 설명하는 설화가 얼마든지 나올 수 있다는 점을 감안하면 말이다.

일본의 경우, 해에 관한한 더 구체적인 이야기들이 있다. 해가 먼저 뜨기는 신라보다 오히려 그 쪽이니, 그들이 7세기 들어 자기들의 나라 이름을 왜(倭)에서 일본으로 고친 것은 자연스럽기까지 하다. 이에 대해서는 다음에 다시 설명하겠지만, '일본의 삼국유사'라고 불리는 『고사기(古事記)』에 실린 대표적인 신화를 하나 소개한다.

아마테라스(天照大神)가 천하를 다스리기 시작할 무렵, 그의 동생 하야스사(速須佐之男命)와는 어쩐지 사이가 좋지 않다. 어떤 일로 둘은 내기를 하게 되는데, 결과에 상관없이 하야스사는 자신이 이겼다고 우기면서 난폭한 행동을 일삼았다. 아마테라스가 이를 두려워하여 석굴의 문을 열고 숨어 버리자, 이 때문에 천상계와 온 나라가 완전히 어두컴컴해진다.

아마테라스 신화의 전반부에 들어 있는 이 이야기는 해와 동굴이 상징하는 것으로 지금까지 여러 가지 재미있는 해석을 낳게 하고 있는 듯하다. 아마테라스가 동굴에서 나오도록 온갖 방법이 동원되는 이야기가 그 뒤를 잇는데, 아마테라스 자신이 해이고, 그 해가 우주

『삼국유사』에 나오는 '도기야(都祈野)'와 비슷한 '윗도구'·'아랫도구' 같은 지명이 일월동에 남아 있다. 도구해수욕장도 그 중 하나다. (포항 일월동)

의 질서를 상징하는 것이었다고 볼 수 있겠다.

이런 이야기의 기본적인 틀은 연오랑 세오녀의 그것과 하나도 달라 보이지 않는다. 다만 연오랑 세오녀 이야기가 이제 한반도에서 본격적인 역사시대로 들어가기 바로 직전에 위치하고 있는 설화라는 점, 게다가 훨씬 자연스럽게 의인화되어 있다는 점에서 다르다면 다르다.

정령의 의인화야말로 연오랑 세오녀 이야기를 아름답게 만드는 중요한 요소다. 사람이 사는 세상의 사람으로 바뀐 이 같은 이야기 구조는 『삼국유사』 전체에서도 매우 중요한 역할을 한다. 그것은 곰이 사람으로 바뀌는 단군 신화에서 시작하여 호랑이가 아름다운 처녀로 바뀌는 김현(金現)의 전설까지 다양하게 퍼져 있지만, 여기 해와 달의 정령을 사람으로 설정한 데서 아름다움은 극치를 달린다.

문득 그 정령은 먼 다른 나라로 갔다. 그런데 정령의 존재를 알고 서둘러 따라온 신라 사람들을 우리의 아리따운 정령들은 맨손 쥐어 돌려보내지 않았다. 이런 것이 우리 설화의 기본적인 구조다. 그리고 그것은 누천 년을 이 땅에 자리잡고 살아온 우리네 사람들의 심성이기도 하다.

일연은 귀비고, 영일현, 도기야의 작명 내력을 밝히며 끝을 맺는다. "비단을 왕의 창고에 보관하고 국보로 삼았다. 그 창고의 이름을 귀비고(貴妃庫)라 하고, 하늘에 제사지낸 곳을 영일현(迎日縣)이라 이름지었다. 또는 도기야(都祈野)라 한다"는 대목이다. 눈여겨보면 알겠지만, 이는 일연 자신이 직접 답사한 곳의 이야기를 적을 때 공통적으로 나타나는 종결법이다.

신라는 왜 일본과 앙숙일까

일본어와 비슷하게 들리는 한국어

일본에 와 있는 서양인에게 들은 이야기다. 한국과 중국 그리고 일본 사람은 생긴 모습만으로는 잘 구분되지 않는다. 그러나 말을 들어 보면 중국 사람은 구분된다. 말소리까지 들어도 잘 구분되지 않는 사람은 한국인과 일본인이다. 그의 이야기는 대충 이런 요지였다.

　사회언어학을 전공하는 어느 분에게서 어족(語族)을 구분하는 최근의 학설을 들은 적이 있다. 대학생일 때 나는 한국어가 우랄 알타이어에 속한다고 배웠고, 대학원생일 때는 알타이어라고 배웠다. 알타이어가 가진 특징에다 대입해 보면 한국어가 거기 들어맞는다는 것이었다. 그러나 그 분의 설명으로는, 한두 가지 특징이 같아서 들어간 알타이어지만, 세계적으로 같은 알타이어에 속하는 다른 말 예컨대 헝가리 같은 나라의 말과 직접 비교해 보면, 이론을 떠나 감각적으로도 도저히 한 집안 식구라고 납득하기 어렵다고 한다. 어떻게 헝가리어와 한국어를 같은 어족이라 할 수 있겠는가? 그래서 최근 세계 언어학계에서는 한국어를, 어족을 알 수 없는 특이한 말로 제쳐 둔 지도를 만들었다고 한다. 그것이 뿌리 없는 말 취급을 받은 것 같아 꺼림칙하지만 그다지 섭섭해 할 일도 아니다. 사실 그 지도에서 어족을 알 수 없기로는 일본어 또한 마찬가지로 그렸다.

경주 남산의 서쪽으로 흘러내려 경주 시내를 두르고 포항 영일만으로 빠져 나가는 형산강은 동해를 건너온 왜가 신라로 침공하는 가장 쉬운 통로였다. (경주 형산강)

두 이야기를 합쳐보자. 어쩌면 한국어와 일본어가 또 다른 어족을 구성하는 한 식구가 아닐까 생각된다. 우리가 듣기에는 한국어와 일본어가 명백히 구분되지만, 제3국인 그것도 서양인의 귀에 서로 비슷하게 들렸다는 말이 그럴듯하다. 세계 어느 어족에도 속하지 않는 두 나라의 말은 서로가 가장 비슷해 독자적인 어족을 형성한다 해도 무리가 아니다. 두 나라의 인구만 합쳐도 2억 인이 넘는다.

그렇게 비슷하게 들리는 두 나라 말 가운데서도 우리의 경상도 방언과 일본어는 더 닮았다. 발음이나 억양 그리고 특징적인 어미 처리 등이 그렇다. 사실 경상도에서는 해류(海流)만 타고도 일본 서쪽 해안에 쉽게 닿는다. 옛날로 올라갈수록 육로보다 해로를 통한 교통이 더 활발했다. 고대 사회에 이룩된 일본의 문물 대부분이 백제를 통해서 들어와 만들어진 것들이지만, 사회의 밑바닥을 흐르는 교류는 역시 좀더 가까운 경상도 쪽 곧 신라와 더 빈번했으리라 보인다. 그것이 탈이었을까, 너무 가깝고 너무 쉽게 갈 수 있으니, 좋은 사이로 지내기도 하려니와 싸움도 잦았다.

'일본'이라는 정식 국호를 가지기 전에 그들은 스스로 왜(倭)라고 불렀다. 그 왜나라의 처음 신라 침공은 『삼국사기』만 가지고 따져도 벌써 혁거세왕 8년(기원전 50년)으로 거슬러 올라간다. 이 왕 때에만 서너 차례고 다음 남해왕 때도 침공은 이어진다. 특히 남해왕 11년(14년)에는 신라 수도의 안방이나 다름없는 알천까지 파고 들어오는데, 월성(月城)을 쌓고 왕궁을 그 안으로 옮긴 것은 왜적의 침입을 막자는 의도였을 것이다. 탈해왕 3년(59년)에 왜와 친교를 맺은 일에 대해서는 이미 설명하였다. 흘해왕 3년(312년)에는 왜왕이 아들을 장가들이려 신라에 배필을 구하러 오는데, 아찬 급리의 딸을 보냈다는 기사도 보인다. 그렇다고 친교가 계속된 것은 아니다. '가깝고도 먼 당신'은 벌써 이 때부터 만들어진 분위기인가 보다. 왜의 잦은 침공을 받는 신라로서는 비록 그 때마다 물리쳤다고는 해도 늘 걱정거리를 안고 사는 셈이었고, 그런 걱정으로부터 벗어나는 일이 숙원(宿願)이었다.

일본에 간 신라 왕자 천일창

그런데 신라 초기에 신라를 괴롭힌 왜의 정체, '과연 이 왜가 다 같은 한 나라인가'에 대해서 다시 생각해 볼 필요가 있다. 결론부터 말한다면 아니라고 생각한다.

우리는 앞서 연오랑이 일본으로 건너가 왕이 된 기사를 읽었다. 일연은 거기에 주석을 달아 변방의 작은 나라의 왕일 것이라고 하였다. 실제 일본열도에 단일 국가로서 고대 왕조가 성립된 때를 대개 4세기 이후로 보고 있다. 그 이전은 각 지역마다 작은 부족으로 이루어진 크고 작은 나라가 있었는데, 『삼국사기』와 같은 우리 쪽 역사서는 이들을 통칭하여 왜라고 불렀던 것 같다. 신라를 괴롭혔던 왜는 단수가 아니라 복수일 가능성이 있다. 어떤 왜는 친교를 하고, 어떤 왜는 침공을 했다.

우리 쪽 역사서에는 보이지 않지만 일본 쪽에서 천일창(天日槍)이라는 신라 왕자를 소개하고 있다. 가장 자세한 『고사기(古事記)』의 내용을 요약해 보면 이렇다.

신라에 어떤 늪이 하나 있었는데, 그 늪 가까운 곳에서 신분이 낮은 여자 한 사람이 낮잠을 자고 있었다. 그 때 무지개와 같은 햇빛이 여자의 음부를 비추고 있었다. 한 남자가 이 광경을 목격했다. 이윽고 여자는 태기가 있어 출산을 했는데, 붉은 구슬이었다. 남자는 그 구슬을 달라고 하여, 허리에 차고 다녔다.

하루는 남자가 산골짜기에서 일하는 인부들에게 주려고 소에다 밥을 싣고 가다 마침 왕자를 만났는데, 왕자는 그 남자가 소를 잡아먹으려 으슥한 산으로 들어가는 것으로 오해했다. 사정을 말했지만 왕자는 곧이 들으려 하지 않았고, 결국 남자는 자기가 차고 있던 구슬을 내놓고서야 겨우 위기를 모면했다.

왕자가 돌아와 구슬을 마루 곁에다 두었더니, 구슬은 곧 아름다운 여자로 변했다. 왕자는 이 여자와 결혼하였다.

여자는 정성스레 왕자를 모셨는데, 왕자는 늘 거만하고 꾸중만 했다. 이에 여자는 자신이 왕자의 부인이 될 만하지 못하다고 말하면서, 바다 건너 제 나라로 돌아가 버렸다. 왕자는 곧 여자의 뒤를 쫓아 바다를 건넜지만, 여자의 나라에서는 받아들여지지 않고, 이웃한 항구에 내려 그 곳의 여자와 결혼하고 자식을 낳았다.

『일본서기』에서는 이 일이 벌어진 해를 기원전 27년으로 적고 있다. 신라 혁거세왕 31년이다. 왕자의 이름이 바로 천일창, 여자가 바다를 건너 돌아간 곳은 나니와(難波) 곧 지금의 오사카(大阪)다. 그런데 이야기 속에서 왕자는 신격화되어 있고, 201년부터 섭정을 하였던 신공왕후(神功王后)의 선조라고 하였다. 301년부터 왕위에 올랐던 인덕왕(仁德王)이 백제계의 본격적인 출발이라 보고 있는데, 천일창과 신공왕후의 연결에서 우리는 신라계가 일본열도에서 먼저 힘을 가졌음을 본다.

그러나 다시 말하거니와 이 이야기는 우리 쪽 역사서에서 찾을 수 없다. 이는 연오랑과 세오녀의 이야기가 일본 쪽에 나타나 있지 않은 것과 묘한 대조를 이룬다. 이야기는 이야기일 뿐이라 하나, 더욱이 천일창의 이야기가 왠지 우리 정서에 맞지 않는 듯한 혐의도 짙다. 그러나 이야기 속에 숨은 자그만 힌트를 허용한다면 일찍이 삼국시대 초반, 신라와 왜가 그만큼 가까웠음을 말해 주는 증거들이 이쪽저쪽에 그렇게 널려 있는 것이다.

박제상 사건으로 터진 감정의 폭발

가까운 사이라고 함부로 대하다 보면 틀어지기 마련이다. 왜의 잦은 침략을 받는 신라로서는 더 이상 그들을 가까이 하기 힘든 존재로 굳혀 갔으리라 보인다.

왜의 침략을 방어하는 신라의 방법은 대체적으로 지공(遲攻)이었다. 간단히 쳐부술 정도면 모르되, 알천까지 깊숙이 쳐들어오는 적에 대해서는, 성문을 굳게 닫고 나가지 않으면서 스스로 지치기를 기다렸다. 『삼국사기』의 내물왕 9년(364년)과 38년(393년)의 기사가 그런 대응 방법을 잘 보여 준다.

그러나 참는 데도 한도가 있다. 더욱이 고대 왕권 국가를 구축해 낸 왜가 백제와 교린 관계를 맺게 되자 신라는 협공의 위기에 빠졌다. 그런 상황에서 박제상 사건이 터진다. 거기서 둘 사이의 관계는 돌이킬 수 없는 강을 건너고 만다.

사건의 진상을 먼저 『삼국사기』의 「신라본기」와 「열전」의 '박제상' 조를 통해 정리해 보자.

먼저, 내물왕 37년(392년)에 왕은 나중 실성왕이 되는 조카를 고구려에 볼모로 보낸다. 실성은 10년 만에 돌아오게 되지만 이로 인해 삼촌인 내물왕에게 앙심을 품는다. 이듬해 내물왕이 죽고 실성왕이 등극하였다. 실성왕은 그 해에 왜와 우호조약을 맺고, 내물왕의 둘째 아들 곧 사촌 동생인 미사흔(未斯欣)을 볼모로 보낸다. 내물왕에 대한 일종의 보복이었다. 또 11년에는 고구려에 내물왕의 셋째 아들 복호(卜好)마저 볼모로 보내고 만다.

그런데 내물왕의 큰아들인 눌지왕이 실성왕을 이어 왕위에 올랐다. 그는 동생들이 그리웠다. 지하에서 눈감지 못하고 있을 아버지를 생각해서라도 동생들을 데려와야 했다. 2년(418년) 봄, 드디어 박제상이 고구려에 들어가 복호를 데리고 돌아오고, 가을에는 왜에 들어가 미사흔을 도망가게 한다. 제상 자신은 돌아오지 못하고 거기서 죽었다.

여기까지가 『삼국사기』에 의거한 것이다. 요컨대 실성왕이 정권을 얻고 지키기 위해 고구려, 왜와 맺는 우호조약의 볼모로 사촌 동생들을 보내는 데서 비극은 시작되었다. 내물왕은 실성왕을 볼모로, 실성왕은 내물왕의 아들들을 볼모로 보내고, 눌지왕은 실성왕을 거꾸러뜨리고 왕위에 올라 동생들을 찾아온다. 대충 그런 갈등 관계를 그려볼 수 있다. 거기서 제상은 왕명을 완수하기 위해 목숨마저 내놓는 지극히 충성스런 신하로 그려져 있다.

그러나 일연이 쓰는 박제상의 이야기는 조금 다르다. 「기이」편의 '내물왕과 김제상〔奈勿王金堤上〕'조다. 먼저 박제상이 김제상으로 바뀌어 있다. 뿐만 아니라 미사흔과 복호가 볼모로 가는 장면도 다른데, 미사흔은 이름이 미해(美海)라 하였고, 내물왕 36년(390년)에 왜왕이 보낸 사신을 따라갔으며, 복호는 이름이 보해(寶海)라 하였고, 눌지왕 3년(419년)에 이르러 고구려의 장수왕(長壽王)이 보낸 사신을 따라갔다고 하였다. 내물왕과 눌지왕 사이에 있는 실성왕은 전혀 등장하지 않는다. 그러니까 『삼국사기』가 설정하고 있는 내물왕과 실성왕 사이 그리고 실성왕과 눌지왕 사이의 갈등 구조는 사라지고 말았다.

물론 박제상의 장렬한 죽음에다 양쪽 모두 초점을 맞추었다는 데에 큰 차이는 없다. 그리고 그 죽음은 신라와 일본의 오랜 갈등 속에 빚어진 가장 비극적이며 상징적인 사건이다. 박제상이 첩보원 같은 신분으로 일본에 들어가고, 왕자를 구출한 다음 모진 고문을 받으며 끝내 목숨을 잃는 사건의 전말, 거기 근본적인 책임은 일본 쪽에 있다.

실성왕을 의도적으로 배제한 일연의 기술에서 그것은 더 명료해진다. 참는 데도 한도가 있는, 그래서 쌓이고 쌓인 감정의 폭발이라고

치술령 아래 두동 마을에는 박제상을 기리는 사당이 있다. (울산 박제상 사당)

나 할까, 좀체 흥분하지 않는 일연의 붓끝이 여기서 가늘게 떨리고 있음을 우리는 놓치지 말아야 한다.

박제상, 그 빛나는 충혼의 인물

'내물왕과 김제상' 조에서, 눌지왕이 볼모로 간 동생들을 그리워하자 박제상이 나서서 그 일을 이뤄 내는 다음 과정은 『삼국사기』와 크게 다르지 않다. 다만 제상의 충성스런 마음씨와 영리한 꾀가 매우 사실적으로 그려진다는 점이 다르다. 예를 들어, 제상은 왕명을 받는 자리에서 이렇게 말한다.

"저는 임금이 근심하면 신하는 욕을 보고, 임금이 욕을 보면 신하는 죽어야 한다고 들었습니다. 만약 쉽고 어려움을 따진 다음에 행한다면 충성을

단풍이 한창인 늦은 가을, 치술령에 올라갔다. 박제상 사당에서 한 시간 이상을 걸어 올라와 하는데, 박제상의 부인이 변했다는 망부석을 지나 10분 정도 더 가면 정상에 닿을 수 있다.(울산 치술령)

다한다 하지 못할 것이요, 죽고 사는 것을 가린 다음에 움직인다면 용맹스럽지 못하다 할 것입니다. 저는 비록 불초한 몸이오나 명령을 받들면 행하겠습니다."

이런 대목이 『삼국사기』에는 없다. 그러나 이렇듯 비장하고 정연한 결의에다 무슨 해설을 더 붙이겠는가? 그대로 읽어 마음에 간직할 밖에 아무런 췌사(贅辭)가 필요치 않다.

그렇게 떠난 고구려에서의 일은 어렵지 않게 이루어졌다. 왕이 밤중에 빠져 나와 고성(高城)의 해변가에 이른 도망자들을, 고구려 왕은 수십 명을 시켜 뒤쫓게 했으나, 보해가 고구려에 있으면서 옆 사람들에게 늘 잘 대해 주었으므로, 군사들은 동정심이 생겨 모두 화살촉을 뽑아내고 쏘았다 한다. 이 대목도 『삼국사기』에는 없다.

울산과 경주의 경계에 있는 치술령은 이 근방에서는 가장 높은 봉우리다. 정상에서 바라보면 저 멀리 동해 바다가 손에 잡힐 듯 들어오는데, 박제상의 부인은 여기에 서서 왜나라에 간 남편을 그리워하며 통곡하다가 죽는다.(경주 치술령)

문제는 왜나라 쪽이었다. 왕이 보해를 보고 미해를 생각하는 마음 더한 것을 보자 제상은 그 길로 발걸음을 돌렸다. "집에는 들어가지도 않고 바로 가서 율포(栗浦) 해변가에 이르렀다. 부인이 이를 듣고 말을 달려 율포에 이르러 보니, 남편은 이미 배에 올라타 있었다. 부인이 부르는 소리 간절하건만, 제상은 다만 손을 흔들 뿐 머물지 않았다"고 일연은 쓰고 있다.

다음의 이야기는 많이 알려져 있으므로, 다른 설명을 생략하고 여기에 본문을 그대로 옮겨 둔다.

왜나라에 이르러 거짓으로 말했다.
"계림의 왕이 죄도 없이 내 아버지와 형제를 죽이므로, 도망쳐 나와 이곳에 이르렀습니다."

왜왕은 이 말을 믿고, 집을 내려 주고 편히 머물게 했다. 그러자 제상은 늘 미해를 모시면서 해변가에서 노닐다가, 고기와 새를 잡아 그것들을 매번 왕에게 바쳤다. 왕은 매우 기뻐하며, 아무런 의심도 하지 않았다.

마침 새벽 안개가 가득 하자, 제상이 미해에게 말하였다.

"결행할 만합니다."

"그렇다면 같이 가자."

"제가 만약 같이 간다면 왜인들이 알고서 쫓아올까 저어됩니다. 바라건대 저는 남아서 쫓아가는 것을 막을까 합니다."

"이제 나는 그대를 부모 형제와 같이 여기게 되었소. 어찌 그대를 버려두고 나 혼자 돌아간단 말이오."

"저는 공의 생명을 구하여 대왕의 마음만 위로한다면 족합니다. 어찌 살아남기를 바라겠습니까?"

제상은 술을 가져다 미해에게 따라드렸다. 마침 신라 사람으로 강구려(康仇麗)가 왜나라에 있어, 그 사람이 모시게 하고 보냈다.

제상은 미해의 방에 들어가 밝을 때까지 있었다. 그러면서 주변 사람들이 들어가 보려하면 제상은 밖으로 나가 막으며, "어제 사냥을 하며 심하게 달렸더니 병이 심해 일어나지 못했소"라고 말했다. 그러나 해가 중천에 오르자 주변 사람들이 이상하게 여겨 다시 물었다. 그제야 "미해는 떠난 지 이미 오래되었소"라고 대답했다.

주변 사람들은 급히 왕에게 알렸다. 왕은 기병을 시켜 쫓아가게 했으나 미치지 못했다. 이에 제상을 가두고 물었다.

"너는 어찌하여 몰래 네 나라 왕자를 보냈느냐?"

"저는 신라의 신하요 왜나라의 신하가 아닙니다. 이제 우리 임금의 뜻을 이루려했을 따름이오. 어찌 감히 그대에게 말을 하리요."

왜나라 왕이 화를 내며 말했다.

"이제 네가 나의 신하가 되었다고 했으면서 신라의 신하라고 말한다면,

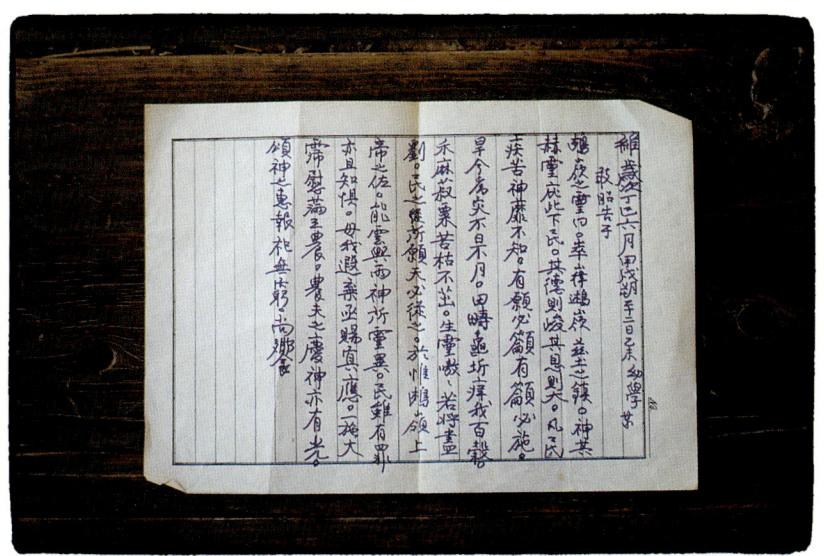

박제상의 부인은 죽어서 치술신모가 된다. 치술령 정상에는 옛날 이 곳에 '신모사(神母祠)'가 있었다는 표석이 있고, 치술령 아래 경주 녹동리 사람들은 비가 오지 않으면 치술령에 올라 치술신모에게 기우제를 지낸다. 사진은 기우제 때 사용한 축문이다. (경주 외동)

반드시 오형(五刑)을 받아야 하리라. 만약 왜나라의 신하라고 말한다면, 높은 벼슬을 상으로 내리리라."

"차라리 신라 땅 개돼지가 될지언정 왜나라의 신하가 되지는 않을 것이오. 차라리 신라 땅에서 갖은 매를 맞을지언정 왜나라의 벼슬은 받지 않겠노라."

왜나라 왕은 정말 화가 났다. 제상의 발바닥 거죽을 벗겨낸 뒤 갈대를 잘라놓고 그 위로 걷게 했다. 그러면서 다시 물었다.

"너는 어느 나라의 신하이냐?"

"신라의 신하이다."

또 뜨거운 철판 위에 세워 놓고 물었다.

"어느 나라의 신하이냐?"

"신라의 신하이다."

왜나라 왕은 굴복시킬 수 없음을 알고, 목도(木島)에서 불태워 죽였다.

이런 이야기 끝에 제상의 부인을 국대부인(國大夫人)으로, 그의 딸은 미해의 부인으로 삼았다는 결말 부분은 그저 심상하게 읽힌다. 나라의 일이며 충성이 중한들, 목숨을 내놓은 값은 무엇으로 갚아지는 것이 아니기 때문이다. 문제는 박제상의 일 이후 신라와 왜의 관계가 다시 회복하지 못할 지경에 빠지고 말았다는 사실이다. 이 때는 왜도 고대 왕권 국가의 틀을 확실히 갖추고 비록 지금의 오사카, 나고야, 후쿠오카, 히로시마 지역에 한정하지만 중앙집권적인 통일 국가를 이루고 있었다. 한반도의 가장 가까운 신라가 그들과 적대 관계로 정착되는 상징적인 사건, 나는 그것을 박제상의 죽음으로 본다.

망부석, 그 슬픈 전설

박제상의 부인이 돌아오지 않는 남편을 기다리다 그대로 돌이 되었다는 전설은, 경상도 동남부지방에 널리 퍼져 있다. 그러나 일연은 이 같은 전설을 채록하지 않고 있다. 그 대신에 다음과 같은 두 가지 후일담을 들려 주고 있는데, 특히 후자는 여성 신모(神母)의 계보와 관련되어 매우 중요하게 다뤄진다.

"처음에 제상이 출발을 할 때였다. 부인이 이를 듣고 쫓아갔으나 미치지 못하고, 망덕사 정문의 남쪽 모랫벌에 이르러 아무렇게나 누워 오래 울었으므로, 그 모랫벌을 장사(長沙)라 이름지었다. 친척 두 사람이 옆구리를 부축하고 돌아오려 하자, 부인의 다리가 풀려, 앉아서 일어나지 못하였다. 그 땅은 벌지지(伐知旨)라 이름지었다.

오랜 다음이었다. 부인이 사모하는 마음을 이기지 못하고, 세 낭자를 데리고 치술령(鵄述嶺)으로 올라가 왜나라를 바라보고 통곡하다가, 죽어서는 치술신모(鵄述神母)가 되었다. 지금 사당이 있다."

남편을 쫓아가던 박제상의 부인이 엎어져 울었다는 망덕사 문 남쪽의 모래밭이다. 망덕사지 옆으로 흐르는 남천가에 있다.(경주 남천가 장사)

일본에 대한 적개심

일연이 쓴 박제상의 이 이야기는 『삼국사기』와 다른 점이 여러 가지다. 앞서 그 점들을 조목조목 지적했지만, 무엇보다 실성왕이 전혀 등장하지 않는 데서 비롯되는 전체적인 분위기의 차이가 눈에 띈다. 내물왕과 실성왕의 야릇한 감정 문제에 일연은 전혀 관심을 두고 있지 않다.

박제상이 김제상으로 바뀌어 있는 것도 심상치 않다. 이름이라면 몰라도 성(姓)이 달라진 점, 결코 부주의한 인쇄공의 오각(誤刻)은 아닐 터다. 더 나아가 또 다른 이상한 점은, '내물왕과 김제상'이라는 이 조의 제목이다.

『삼국유사』의 「기이」편은 왕의 재위 순대로 엮였다. 그러면서 그 왕대에 일어난 일이나 특이한 사람을 하나 소개하고, 그것이 제목을 만드는 재료가 되기도 한다. '미추왕 죽엽군'이라고 하면, 미추왕 때의 죽엽군 사건을 쓰면서, 미추왕의 재위 기간을 정리한 것이다. 자질구레한 여러 가지 일을 나열하는 것이 아니라, 가장 특징적인 사건 하나로 한 왕대의 성격을 나타내 버리는 것이다. 일연의 특이한 기술 방법이다.

이 같은 원칙대로라면, 이 조의 이름은 '눌지왕과 김제상'이 되어야 했다. 김제상이 눌지왕 때의 사람이고, 두 왕자를 구해 오며 장렬히 산화한 사건이 눌지왕 때 일어났기 때문이다. 물론 사건의 발단은 내물왕 때다. 그러나 『삼국유사』 원본에서 이 발단 부분은 전체 60행 가운데 단 5행으로 끝나고 만다.

이런 몇 가지를 기초로 볼 때, 일연이 박제상 이야기를 가져온 원본은 반드시 『삼국사기』가 아니라는 것은 분명하다. 그 묘사가 모자란다고 생각했던 것일까, 박제상에게 초점을 맞추되, 보다 인간적이고 감동적인 묘사를 추구했던 의도가 드러나 보인다. 그가 일본에 대해 어떤 생각을 가졌는지 확실하지는 않지만, 최소한 신라가 왜 일본과 앙숙이 되어야 했던가 설명해 보이는 데도 유용하다.

신라 왕실 내부의 갈등이 아닌 왜의 비인도적인 처사 쪽에 더 치중한 일연의 기술에서 우리는 어떤 해석을 내릴 수 있을까? 고구려 사람들은 화살촉을 뽑아 내고 쏘는 시늉만 한 데 비해, 발바닥 거죽을 벗기고 갈대 위를 걷게 하는 왜왕의 고문은 처참하기만 하다. 이렇듯 처참한 장면을 집어넣는 일연의 의도란 무엇이었을까?

우리는 여기서 일연이 『삼국유사』를 쓴 시점을 떠올리게 된다. 바로 몽고와 고려 연합군이 일본 정벌을 나섰던 때와 시기를 같이 하고 있다. 연합군의 1차 정벌이 충렬왕 즉위년(1274년)이고, 2차 정벌이 5년(1279년)이다. 일연은 충렬왕이 즉위한 해부터 왕의 특별한 관심을 받고 있었다. 2차 정벌 때는 경주 행재소에 와 있는 왕을 곁에서 모셨고, 두 차례의 정벌 사업이 끝난 다음, 개성으로 돌아가는 왕을 따라가서 국사의 자리에 오른다. 그의 나이 77세 때의 일이다.『삼국유사』는 이 무렵을 전후로 쓰여졌다.

전쟁은 적개심을 필요로 한다. 비록 고려가 자원하여 벌인 것이 아닌, 몽고의 눈치를 보며 '울며 겨자 먹기 식'이었다고는 하나, 전쟁은 전쟁이었다. 고려는 개국이래 오랫동안 일본과 그다지 교류를 하지 않았는데, 뜻밖에 전쟁을 벌여야 하는 이 황당한 교류로 인해 새삼 그들의 존재가 무엇인지 떠올리게 하였고, 먼 옛날 신라와의 관계 속에서 그들이 저지른 일을 생각하면서, 임박한 전쟁에서 반드시 쳐부숴야 할 구원(舊怨)의 대상으로 그려야 하지 않았을까? 박제상의 이야기는 거기 적절한 감이었을 것이다.

그러나 일연의 이 같은 기술(記述)을, 단순히 일본을 적으로 만들자는 협소한 목적에 마감시켜서는 곤란하다. 문무왕이 '나라를 지키는 큰 용이 되겠다'고 한 데서도 굳이 적을 따지자면 일본만이 아니었고, 아들 신문왕이 아버지 문무왕을 위해 지은 절 감은사(感恩寺)에 대해서 일연은, "문무왕이 왜적을 막기 위해 이 절을 짓다 돌아가시자 아들 신문왕이 공사를 마쳤다"는 절의 기록을, 본문이 아닌 주석에다 인용해 놓는 데 그쳤다. 더 나아가 만파식적(萬波息笛)에 대해서는, 이 신령스런 피리가 단순히 외적(外敵)을 막는 데만 쓰이지 않고, "적병이 물러나고 병이 치료되며, 가뭄에는 비가 내리고 홍수 때는 맑아지며, 바람이 자고 파도가 잔잔해진다"고 하였다.

일연의 눈은 보다 더 크고 궁극적인 데로 향하여 있다. 그러나 거기에는 보다 구체적이고 현실적인 문제도 걸리게 했다는 점만 유의하기로 하자.

밤에 찾아오는 손님

야래자(夜來者) 설화의 전통

승려의 신분을 벗어난 파격적인 내용으로 삼국시대 그 밑바닥의 정서를 전해 준 점, 우리는 지금 『삼국유사』의 편찬자 일연에게 크게 감사하고 있다. 무릇 큰 강은 어느 지류도 마다 않고 받아들여 함께 흐르고, 그러기에 거꾸로 생각하면 큰 강이 된 것과 다르지 않게, 사람도 큰사람이 있는 법이고, 큰사람이 이룬 일에 대대로 많은 이들이 도움을 받는다.

이제 우리가 읽을 「기이」편의 '도화녀와 비형랑(桃花女鼻荊郞)' 조는 그 가운데서 대표적인 경우다. 점잖은 승려의 신분으로 입에 담기에는 어딘지 껄끄러운 이야기다. 그것을 스스럼없이 해내는 것을 보면서, 우리는 일연의 그릇을 헤아려 보는 것이지만 말이다.

설화 문학에서 말하는 하나의 유형 중 밤에 찾아오는 손님이 소재가 되는 야래자 설화가 있다. 그 밤손님은 물건이나 훔치는 도둑을 말하는 것이 아니다. 정상적인 관계를 가질 수 없는 남녀 관계에서 남자 쪽을 가리킨다. 남자는 당대의 영웅이거나 기이한 인물이면서도, 사랑하는 여자를 밤에만 남몰래 찾아 들어야 할 운명이다. 드러내 놓고 할 수 없는 비극적인 사랑을 받아들인 여자는 거기서부터 시작될 실제 이야기의 주인공을 낳게 된다. 그리하여 야래자 곧 밤에 찾아오는 손님은 이야기의 주인공을 낳게 하는 데서 일차 역할이 끝난다.

'도화녀와 비형랑' 조는 전형적인 야래자 유형의 설화다. 아니 그 원조다. 자칫 몰래한 사랑의 불륜성 시비에 휘말릴 이런 이야기를 일연은 서슴없이 『삼국유사』 안에 거둬들이고 있다. 그것은 다시 「기이」 편의 '무왕(武王)' 조와 '후백제와 견훤[後百濟甄萱]' 조에서 거듭 반복된다.

그런데 이 유형의 이야기들이야말로 삼국시대의 비극적 영웅들이 어떻게 태어났는가를 실감나게 전해 준다. 우리는 거기서 당대 사람들이 기이한 인물의 탄생을 어떤 뜻으로 받아들였는가를 추정해 볼 수 있다. 한편 견훤의 탄생 설화는, 가까운 일본의 백제 영향권 아래의 지역에서 유포된 설화와 매우 비슷한 점을 보여, 설화를 통한 이동 경로를 추정하는 데도 흥미로운 자료가 된다.

복사꽃처럼 어여쁜 여자
이야기는 신라 제25대 진지왕(眞智王) 때로 거슬러 올라간다. 576년에 즉위하여 4년간 왕위에 있었던, 6세기 후반을 짧게 살다간 왕이다. 왕은 진흥왕의 둘째 아들이었다.

바야흐로 신라가 법흥왕과 진흥왕을 지나며 한반도의 주도적인 세력으로 발돋움할 때다. 그런데 진지왕은 20대 초반의 혈기 왕성한 나이에 등극하여 불과 4년 만에 왕위를 진평왕에게 물려주고 있다. 법흥왕이 26년, 진흥왕이 36년을 재위하며 나라가 안정되어 가는 시기에 일어난 뜻밖의 일이다. 진평왕은 무려 53년을 재위했다.

『삼국사기』에서는 이에 대해 어떤 힌트를 남기지 않고 있다. 진지왕이 죽자 진평왕이 들어섰다고, 매우 순탄한 이양처럼 기록했다. 그러나 일연은 "정치가 어지럽고 음탕함에 빠져 나라 사람들이 폐위시켰다"고 이유를 댄다. 어떤 근거인지는 밝히지 않았으나, 4년 만의

비형랑은 진지왕의 아들이고, 진지왕 형의 아들이 진평왕이다. 결국 진평왕과 비형랑은 사촌간이었다. 신라 최초의 여왕이었던 선덕여왕의 아버지이기도 한 진평왕릉은 경주 보문동 너른 들판에 작은 동산처럼 서 있다.(경주 진평왕릉)

종지부를 설명하는 데 도움이 된다. 굳이 그런 증거를 들자고 일연이 도화녀의 이야기를 집어넣었는지는 모르겠다.

진지왕은 일찌감치 태자로 책봉되어 있던 그의 형이 태자의 자리에서 죽자 왕위에 오를 수 있었던 사람이다. 그런 그를, 일연의 기록대로라면, 한창 국가 부흥의 가속도가 붙어 있을 때 신라의 조정은 부적격한 왕이라 하여 그대로 놓아 두지 않았다. 특히 진흥왕이 의욕적으로 추진했던 정복 사업이 그의 재위 30년경을 지나면서 주춤거리는 상태였다. 고구려와 백제의 역공이 만만치 않았던 것이다. 새 왕은 일시적인 답보 상태를 벗어나 부활의 날갯짓을 해야 하는데, 20대의 혈기방장한 이 청년은 종내 정치에는 관심이 없었던 모양이다. 왕실로서는 국가의 안위(安危)도 안위려니와 혈통의 권위를 지켜나가야 할 필요성도 있었다. 그 왕위를 진지왕의 조카 그러니까 먼저 죽은 태자의 아들이 잇는다.

그런데 도화녀의 이야기는 진지왕 폐위의 이유를 대자는, 그렇게 단순히 처리하지 못할 몇 가지 요소를 지니고 있다. 첫 대목부터 읽어 보자.

사량부에 사는 백성의 딸이 자태가 요염하고 얼굴이 예뻐 도화랑(桃花娘)이라 불리고 있었다. 왕이 듣고 궁중으로 불러들여 관계를 가지려 했다. 여자가 말했다.

"여자가 지켜야 할 바는 두 지아비를 섬기지 않는 것입니다. 지아비가 있으면서 다른 마음을 갖게 하는 것은 비록 황제의 위력으로도 끝내 빼앗지 못합니다."

"죽인다면 어쩔테냐?"

"차라리 저잣거리에서 참수를 당할지언정 달리 바라지 않습니다."

왕이 희롱조로 말했다.

"지아비가 없으면 되겠느냐?"

"그렇습니다."

왕은 놓아 보냈다. 왕이 폐위되고 죽은 것이 그 해였다.

봄꽃이라면 뭐든 아름답다 하나 복사꽃을 따를 만할까? 희다면 희고 붉다면 붉은 꽃, 그 두 가지 빛이 어우러져 먼 데서 보면 뾰쪽하게 이제 막 피어나는 소녀의 맑고 붉은 볼을 연상시키는 꽃이다. 그것은 도연명이 묘사한 무릉도원(武陵桃源)이라는 이상향을 장식한 꽃이기도 하였다. 도화랑은 그렇게 어여쁜 여자였던가 보다.

사량부는 신라의 여섯 부족 가운데 원래 고허촌(高墟村)이었고, 이는 정(鄭)씨의 시조가 된다.『삼국사기』의 기록에 의하건대, 그 시조 소벌공(蘇伐公)은 처음 박혁거세를 맞아들여 왕위에 오를 때까지 키운 사람이다. 물론 도화녀가 이 집과 무슨 관련이 있어 보이지는 않는다.

문제는 이 여자가 이미 혼인을 한 유부녀였다는 점이다. 진지왕은 그런데도 여자를 불러들여 관계를 가지려 하였으니, 음탕함에 빠졌다는 평가를 받을 만하다.

복사꽃처럼 어여쁜 이 여자는 유부녀가 지켜야 할 도리도 잘 알고 있었다. 아무리 왕이라 한들 그 앞에서 떳떳이 여자가 지켜야 할 도리를 말하고 있다. 죽음이라도 흔연히 받아들이겠다는 태도인데, 그토록 당당한 모습을 지닌 여자도 아름답지만, 한마디 농담으로 계면쩍은 분위기를 수습한 왕이 그대로 여자를 보내 주는 것도 인상적이다. 최소한 이 일만 가지고 본다면 진지왕이 폐위감은 아니지 않은가?

이야기는 거기서 끝나지 않는다. 정작 본론은 이제부터 시작이다.

2년 뒤 여자의 남편이 죽었다. 열흘쯤 지난 후였다. 홀연히 밤중에 왕이 옛날 모습을 하고 여자의 방에 찾아와 말했다.

"네가 옛날 응낙한 바 있지? 네 남편이 없으니 이제 되겠느냐?"

여자는 가벼이 응낙하지 않고 부모에게 아뢰었다.

"군왕의 뜻이니 어찌 이를 피하겠느냐."

여자의 부모는 딸을 방으로 들어가게 했다. 왕은 7일간 머물렀다. 늘 다섯 빛깔의 구름이 집을 덮고, 향기가 방에 가득했다. 7일이 지난 다음 홀연 자취를 감추고, 여자는 그로 인해 태기가 있었다.

달이 차서 출산을 하려할 때 천지가 진동하였다. 남자 아이 하나를 낳아 이름을 비형(鼻荊)이라 하였다.

밤에 찾아온 손님은 바로 진지왕이다. 죽어 혼령이 되어서까지 도화녀를 잊지 못했다는 것일까? 농담처럼 주고받았던, 남편이 없으면 된다는 허락을 왕은 믿고 찾아왔다.

이쯤 되면 진지왕을 단순히 호색한(好色漢)이라고만 부르기가 꺼려진다. 도리어 순진한 사람처럼 보인다. 더욱이 두 사람이 합방하는 동안 "다섯 빛깔의 구름이 집을 덮고, 향기가 방에 가득했다"는 것인데, 다섯 빛깔이 오방(五方)을 상징한다면 천하가 감싸준다는 것이고, 향기는 귀한 손님을 맞아들이는 것이니, 이것은 특별한 사건이 벌어지리라는 징조다. 아니나 다를까, 천지가 진동하며 태어난 아이가 있었으니, 그가 곧 비형이다.

사람을 돕는 귀신

왕이면서도 세간의 여자를 함부로 건드릴 수 없었다는 교훈적인 이야기 정도로 마무리될 수 없다. 남모르게 밤에 찾아든 귀신이 사람과 관계를 가져 아들을 낳았다. 위의(威儀)로 친다면 분명 나라를 건설한 영웅들의 탄생담에서 한 발 물러선 느낌이지만, 그러기에 더욱 인

비형랑은 밤만 되면 월성을 뛰어넘어 황천의 언덕 위로 나가 귀신들과 놀았다고 한다. 4월 초, 경주 월성 일대에 피는 벚꽃은 경주에서 볼 수 있는 가장 아름다운 벚꽃이다. 벚꽃이 지고 보름쯤 지나서는 유채꽃이 흐드러지게 핀다.(경주 반월성)

월성 옆을 흐르는 남천의 하류에 비형랑이 밤마다 놀았다는 황천이 있다. (경주 남천)

간적인 냄새를 진하게 풍기며 우리에게 다가오고 있다. 오랜 역사를 두고 이런저런 기구한 운명을 타고 태어났던 크고 작은 영웅들의 이야기는 여기서 출발점을 삼는 것 같다.

비형은 그런 영웅 중의 한 사람이다. 인간이면서 인간이 아닌 신분으로 살아가야 했던 그에게 무슨 일이 벌어지는가?

진평대왕은 그가 매우 특이하다는 말을 듣고 궁중으로 불러들여 길렀다. 나이가 열다섯에 이르자 집사에 임명하였다.

비형랑은 날마다 밤에 멀리 나가 놀다 돌아왔다. 왕은 날쌘 군사 50명을 시켜 지키게 하였는데, 늘 월성을 훌쩍 뛰어넘어 황천(荒川)의 언덕 위로 가 귀신들을 이끌고 놀았다. 용사들이 수풀 속에 엎드려 엿보았다. 귀신들은 여러 절에서 새벽 종소리가 들리자 각기 흩어졌고, 비형랑도 돌아갔다. 군사들이 이 일을 왕에게 알리자, 왕은 비형랑을 불러 물었다.

"네가 귀신들과 논다는 데 정말이냐?"

"그렇습니다."

"그렇다면 네가 귀신들을 시켜 신원사(神元寺) 북쪽 고랑에 다리를 만들어 보아라."

비형랑은 왕의 명령을 받들어 그 무리들에게 하룻밤에 돌을 다듬어 다리를 만들게 했다. 그래서 다리 이름이 귀교(鬼橋)다.

따지고 보면 진평왕과 비형은 사촌 형제간이다. 진평왕이 그것을 믿었는지 알 수 없지만, 어떻든 특이하다고 하니 데려다 길렀을 것이다. 그러나 이 불행한 천명의 사나이는 반은 사람이니 낮에는 사람처럼 살고, 반은 귀신이니 밤에는 귀신처럼 살았다.

그가 밤에 나가 귀신들과 논 곳을 일연은 '황천의 언덕 위'라고 했다. 황천은 지금의 어디인가? 경부고속도로에서 경주 톨게이트를 빠져 나와 시내로 들어가다 보면 다리를 하나 건넌다. 다리 아래로는 남산에서 출발하여 월성을 지나 내려오는 남천이 흐른다. 거기서 하류로 따라가면 모량에서 내려오는 모량천과 남쪽의 기린천이 합류하는데, 그 지점 일대를 황천이라 했다. 요즘 행정 구역 이름으로는 탑정동이고, 그 앞으로 오릉(五陵)이 있다.

경주의 하천은 예로부터 흐름에 많은 변화가 있었다. 우기(雨期)의 수량(水量)에 따라 자주 물난리를 겪었고, 심한 경우 아예 물길이 바뀌기도 했다고 한다. 그런 하천 세 줄기가 합치는 황천은 더욱이 주변 지역의 지형을 많이 바꿔 놓았다고 하는데, 황천이라는 이름도 거기서 연유하는 것 같다. 그러니 사람이 상주하기가 어려웠고, 자연 귀신들의 놀이터로 알맞았던 듯하다.

비형이 왕의 명령을 받아 하룻밤에 지은 다리가 귀교라고 하였다. 지금도 이 마을 사람들은 탑정동 일대를 '두두리(豆豆里) 들'이라 하고, 또는 '귀더리 들'이라고 한다. 두두리는 귀신이라는 뜻이고, 귀더리란 귀다리 곧 귀교인 듯하다. 귀신들이 노는 들, 그리고 그들이 세운 다리가 있는 곳으로 정리된다. 일찍이 80년대 초반에 이 지역을 답사한 바 있는 시인 이하석(李河石) 씨는 이 일대 주민들이 옛날 귀교가 있었다고 말하는 자리에, "다리의 흔적인 듯 싶은 돌무더기들이 내를 가로질러 쌓인 채 흩어져 있었다"고 증언했다. 그것이 정말 귀교의 유허(遺墟)라면, 700년 전 일연은 실제 서 있는 다리를 보았을 법하다.

아무리 귀신인들 그들이 곧 사람을 이롭게 하는 존재로 그려진 이상 그다지 두려울 일은 없다. 신라 사람들에게 귀신은 그렇게 다가왔다. 그러나 비형의 활약은 거기서 그치지 않았다.

왕은 또 물었다.

옛 사람들은 요즘 사람들보다는 귀신과 조금 더 친하게 지냈던 것 같다. 귀신을 항상 같이 지내는 존재로 여기며 위하기도 했다가, 어르고 달래어 하인처럼 부리기도 했다. 이런 생각은 자연스럽게 귀신을 형상화시키게 했는데, 귀고리에까지 귀신 문양을 새겨 늘 걸고 다니기도 했다. 귀신을 쫓기 위해 더 무서운 귀신의 얼굴을 문고리에 장식한다거나, 귀신을 짓밟고 있는 사천왕상을 탑에 장식하는 것도 옛 사람들의 귀신에 대한 생각의 단면이다.(경주)

"귀신들 가운데 세상에 나와서 조정을 도울 만한 이가 있겠느냐?"
"길달(吉達)이라는 자가 국정을 도울 만합니다."
"함께 와 보라."

다음 날, 비형랑이 데려와 보이니 집사를 내려 주었는데, 과연 충직함이 견줄 데 없었다. 그 때 각간 임종(林宗)이 아들이 없어, 왕은 양아들로 삼게 해주었다. 임종이 길달에게 흥륜사(興輪寺) 남쪽에 정자를 짓게 했다. 매일 밤 그 문 위에 가서 자므로 길달문이라 했다.

하루는 길달이 여우로 변해 숨어 달아났다. 비형랑은 귀신을 시켜 잡아와 죽였으므로 그 무리들이 비형의 이름을 듣고 두려워하며 달아났다.

비형의 추천을 받은 길달도 그 못지 않게 활약했다는 것인데, 길달은 끝내 사람 사는 세상에는 적응하지 못했던 모양이다. 반이나마 사람 몸으로 이루어진 비형과는 달랐던 것일까? 그런데 세상에 적응하지 못하고 달아나는 길달을 비형이 죽였다는 마지막 대목에서 우리는 또다시 귀신 세계를 보는 당시 사람들의 태도를 알 수 있다. 귀신은 사람을 돕는 존재이면서, 그것을 어겼을 경우 엄정한 벌을 받는다는 데까지 나가 있는 것이다.

그 때 사람들이 이런 노래를 지어 불렀다고 한다.

귀하신 왕의 혼으로 아들을 낳으니
비형랑 그 사람의 방이 여기네
날고 뛰는 가지가지 귀신들아
이 곳에 머물지는 말아라

물론 노래는 한시로 번역되어 있다. 그런 다음 마지막으로 일연은 "사람들 사이에서 이 노래를 붙여 귀신을 쫓는 습속이 생겼다"고 사족을 붙였는데, 그것은 마치 '처용랑과 망해사' 조에서 사람들이 처용의 얼굴을 붙여 나쁜 귀신을 쫓아냈다는 풍속과 같다.

여기까지 읽어 보면, 정치에 무능하고 음란에 빠져 왕의 자리에서 쫓겨났다는 진지왕의 초상이 조금은 색다르게 그려진다. 마치 진지왕이라는, 현실에서는 실패한 왕을 다른 역할로 복권시켜주고 있는 느낌이 든다. 불명예스럽게 왕의 자리에서 쫓겨난 진지왕을 데려다 그 혼의 힘으로 특이한 아들을 낳게 하고, 이렇게 해서 그가 세상에 사는 동안 못다 이룬 일을 보상하게 했던 것일까? 몸으로 못하면 혼으로라도 말이다.

대체적으로 사람들의 소박한 소망에 초점을 맞추면, 설화가 지닌 내적 의미를 알게 된다. 세상에서 무서운 것은 정체를 드러내지 않는 어떤 조화(造化)다. 조화를 부리는 것은 귀신이다. 그러므로 귀신을 마음대로 부릴 수만 있다면 공포는 사라진다. 어쩌면 귀신의 세계를 한 손에 움켜쥐고 있는 듯한 이 이야기가 역설적으로 귀신에 대한 두려움을 말하는 듯하다.

아무에게나 오지 않는 밤손님

밤에 찾아오는 손님은 후백제 견훤의 이야기에서 다시 한번 등장한다. 「기이」편의 '후백제와 견훤' 조에서다. 견훤에 대해서는 이 책의 후반부에 가서 본격적으로 다루기로 하자. 여기서는 견훤 탄생 설화 가운데 한 가지로 실려 있는 부분만 소개한다.

옛날 광주(光州) 북촌에 한 부자가 살고 있었다. 그에게 딸 하나가 있었는데, 자태와 얼굴이 단정했다. 하루는 딸이 아버지에게 말했다.

"자줏빛 옷을 입은 사내가 잠자리에 들어 정을 통하곤 한답니다."

"그러면 네가 긴 실을 바늘에 꿰어, 그의 옷에다 꽂아 두어라."

딸이 그 말대로 했다.

다음 날 북쪽 담장 아래에서 그 실을 찾았다. 바늘은 커다란 지렁이의 허리에 꽂혀 있었다. 뒤에 임신을 하고 사내아이를 낳았는데, 나이 열다섯 살에 스스로 견훤이라 불렀다.

일연은 이 대목을 『고기』에서 인용했다고 밝혔다. 상황은 비형의 경우와 몇 가지 점에서 차이가 난다. '자줏빛 옷을 입은 사내'의 정체가 무엇인지 나타나 있지 않고, 북촌 부자의 어여쁜 딸은 아직 결혼하기 전이다. 물론 사내의 정체는 '커다란 지렁이'로 밝혀지지만, 그것이 내포하는 의미는 따로 있을 것이다. 이는 백제 무왕(武王)의 탄생 설화와 비교해 보면 분명해진다. 무왕의 어머니는 과부였는데, 서울의 남쪽 연못가에 집을 짓고 살다가 그 못의 용과 정을 통해 아들을 낳았다고 한다. 커다란 지렁이와 연못의 용은 어떤 유사성이 있다. 이 의미를 밝히는 일 또한 뒤로 미뤄 두자.

그런데 밤에 찾아오는 손님으로서 기이한 남자, 그와의 통교(通交) 그리고 사내아이를 낳는다는 큰 줄거리는 닮아 있다. 전형적인 야래자 설화인 것이다.

여기서 비교할 만한 일본의 전설이 있다. 일본의 역사서 『고사기(古事記)』에 실려 있는 미와야마(三輪山)에 얽힌 전설인데, 그 내용은 이렇다.

이쿠타마요리비메(活玉依毘賣)는 얼굴이 예쁘고 몸매가 발랐다. 한 남자가 있었는데 그는 위엄 있고 헌걸차서, 당시 누구와도 비할 수 없었다.

한밤중이었다. 누군가가 슬며시 찾아왔는데, 서로 마음이 맞아 함께 지내는 동안, 얼마 지나지 않아 여자가 임신을 하였다. 부모는 딸이 임신한 사실을 알고 놀랐다.

"너, 임신하였구나. 남편도 없이 어떻게 임신을 하였느냐?"

"잘 생긴 한 남자가 있어요. 이름은 잘 모르구요. 밤마다 와서 함께 지내는 사이에 어느덧 임신을 하였답니다."

그래서 부모는 그 사람이 누군가 알고 싶었다.

"붉은 흙을 침상 앞에 뿌려 놓아라. 실패에 감긴 실을 바늘에 꿰어, 그 사람 옷자락에다 꽂아 두고."

여자는 가르쳐 준대로 하였다.

아침이 되어 보니, 바늘에 꿴 실은 방문 열쇠 구멍을 통해 밖으로 나가 있었다. 남은 실은 세 치 뿐이었다. 곧 열쇠 구멍을 통해 밖으로 나간 사실을 알 수 있었다. 실을 따라 간 곳을 찾아보자, 미와야마(美和山)에 이르러 그 곳 신사(神社)에 멈추었다. 그래서 신의 아들임을 알았다.

이야기의 구조는 앞의 견훤 탄생담과 너무나도 닮았고, 이 같은 이야기는 오키나와에서도 발견된다.

한편 일본의 숭신(崇神)왕은 기원전 97년에 즉위하여 68년 동안 재위하였다. 신무(神武)왕으로부터 열 번째고, 그 재위 기간은 우리나라로 보면 삼국이 건국되던 무렵이다.

이 왕의 시대에 자꾸만 전염병이 돌아 사람들이 많이 죽었다. 왕은 신탁을 받고자 하였다. 하루는 밤에 꿈을 꾸는데, 오모노누시노오카미(大物主大神)라는 신이 나타나, 전염병은 자신이 돌게 한 것이니 오호타타네코(意富多多泥古)를 찾아 모시게 한다면 우환이 그칠 것이라고 하였다. 바로 이 오모노누시노오카미가 이 이야기의 남자 주인공이고, 오호타타네코는 그의 5세손이었다. 왕이 오호타타네코를 찾아 그 선조를 위해 제사지내게 했더니 전염병이 말끔히 사라졌다.

그러므로 위에서 소개한 미와야마 전설의 시대는 숭신왕 때보다 훨씬 올라간다.

오모노누시노오카미는 지금 나라(奈良)현의 미와야마에 머무는 신이다. 이 이야기에서 한자가 달리 적혔을 뿐 발음이나 장소가 같다. 그런데 이 신의 정체가 뱀이라고 알려져 있어서, 비록 『고사기』에서는 생략되었지만, 남자의 정체를 뱀으로 볼 수 있다.

견훤의 경우 남자의 정체가 큰 지렁이인 반면 미와야마의 경우 뱀인 점이 다르다. 그러나 전체 이야기의 구조는 이처럼 꼭 같다. 그렇다면 이 이야기들은 서로 같은 뿌리를 가지고 있다는 것일까? 같다면 어느 쪽에서 어느 쪽으로 흘러간 것일까? 시기로만 놓고 본다면 미와야마가 훨씬 앞서 있다. 그러나 『고사기』의 성격이 전반적으로 설화라는 것, 이 책이 편찬되던 7세기의 영향을 받아 고쳐져 있다는 것 등으로 인해, 실제 이야기의 시대와 바로 연결시키지 못한다.

최근 연구 결과, 딸의 아버지 이름이 스에쯔미미노미코토(陶津耳命)인데, 여기서 스에(陶)는 스에키(須惠器)라는 도자기를 생산하는 곳의 지명이고, 이 도자기의 생산자들은 고대 백제계 이주민들로 밝혀졌다. 따라서 이 사람들에 의해 한반도로부터 전해진 설화로 추정된다. 그렇다면 견훤 탄생담 같은 야래자 설화가 견훤 이전에도 한반도에 퍼져 있었고, 그 증거는 앞서 도화녀의 이야기에서 나타나거니와, 그 같은 이야기의 틀은 도래인들에 의해 일본에까지 전파된 것으로 이해할 수 있다.

밤에 찾아오는 손님은 보통 손님이 아니다. 아무에게나 찾아오지도 않는다. 그것은 적어도 왕의 권위를 가지고, 더 크게는 신탁의 임무를 띠고 나타나, 구물구물 살아가는 이 땅의 중생들을 위해 좋은 일을 하고 간다.

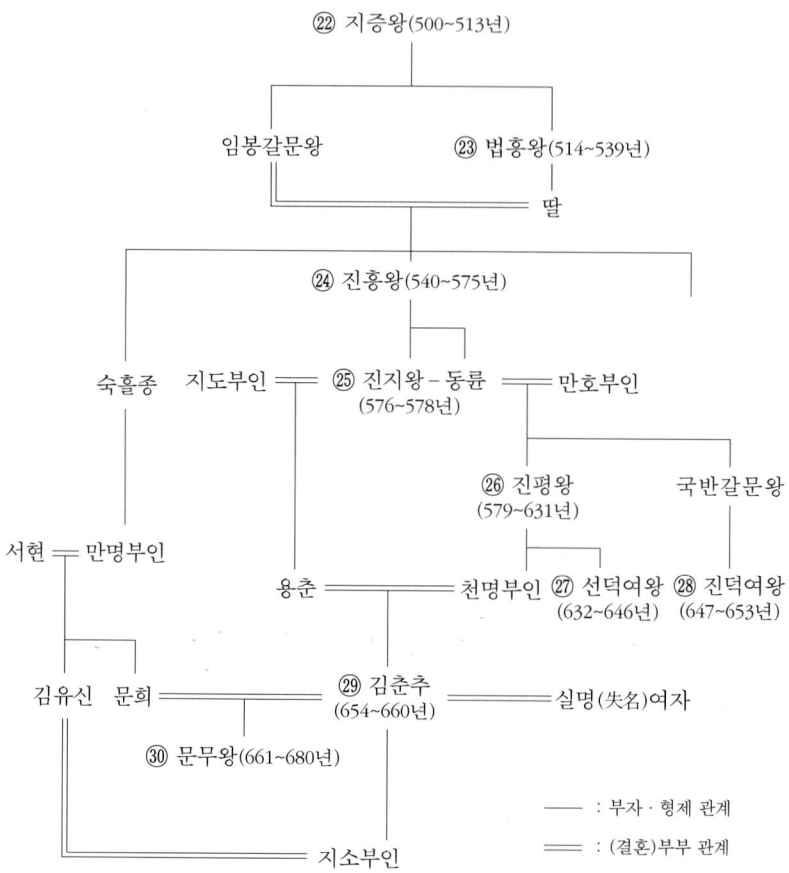

신라 중기 왕위 계승도

　태종은 진지왕의 아들을 아버지로, 진평왕의 딸을 어머니로 하여 태어났다. 아버지와 어머니는 5촌간에 결혼한 셈이다. 태종의 아버지 이름은 용수(龍樹), 그는 아직 어린 나이이기도 했으려니와, 비운의 왕을 아버지로 두었기에 왕위를 4촌형에게 빼앗긴 듯하다. 그러면서 왕의 딸인 조카 천명부인과 결혼한다. 거기서 아들 김춘추를 낳아 결국 삼국을 통일하는 데 공을 세운 태종으로 키워낸다. 진지왕의 혼은 거기서도 살아 있다. 그렇다면 비형랑은 용수의 동생인 셈이다.

　진평왕은 딸 셋을 둔 것으로 되어 있다. 선덕여왕이 되는 덕만, 서동에게 뺏긴 선화 그리고 사촌동생에게 시집 보낸 천명이다. 그러나 선화공주가 진평왕의 셋째 딸이라는 것은 서동 설화에서만 나올 뿐, 확실한 기록이 없다.

신라가 통일을 할 수 있었던 이유

나중 된 자가 먼저 된다

신라는 나라를 세운 시기로는 삼국 가운데 가장 앞섰지만, 문명의 개화는 가장 뒤쳐졌다. 왜 그랬을까? 아마도 한반도에서 신라가 위치한 지리상의 여건, 즉 문명의 고장이라 할 중국과의 통로가 쉽지 않은 구석진 곳에 있었기 때문이리라.

원광(圓光)은 일찍부터 중국에 유학하고자 했으나 길이 막혀 뜻을 이루지 못하고 있었다. 그저 제 나라의 뒷동산에 올라가 수도나 하는 수밖에 없었다. 그 때 어떤 연유로 산신을 만나게 된다. 그런데 산신은 원광에게 "이제 법사를 생각하니 오직 이 곳에 있을 만하오. 그러나 자리(自利)만 행하고 이타(利他)의 공이 없으면, 지금에는 높은 이름을 떨치지 못할 것이요, 나중에는 좋은 결과를 얻지 못할 것이오. 어찌 중국에 들어가 불법을 얻어 이 나라의 미혹한 백성들을 인도하지 않으시오?"라고 말한다. 고민하던 바를 묻던 터라 원광은 곧 "중국에 들어가 도를 배우는 일은 본디 제가 바라는 바입니다. 바다와 육지가 가로막고 있어 제 힘으로 통과하지 못하고 있을 뿐"이라고 대답한다.

「의해」편의 '원광의 중국 유학〔圓光西學〕' 조에 나오는 이야기다. 바다와 육지가 가로막고 있다는 원광의 고백에서 신라의 지리적 불리

(不利)를 알 만하다. 산신은 자세히 중국으로 들어가는 방법을 가르쳐 주었는데, 신라의 첫 '공식' 유학승 원광은 이렇게 탄생했다. 중국에 가서 11년을 머문 후 진평왕 22년 경신년(600년)에 돌아왔다고, 일연은 적고 있다.

그러나 이 시기에 고구려와 백제는 벌써 수많은 승려들이 중국에 유학하였을 뿐만 아니라, 중국을 마치 제집처럼 드나들었다. 「피은」편의 '혜현이 고요함을 구하다〔惠現求靜〕' 조의 백제 승려 혜현은 그런 대표적인 인물이다. 처음에 수덕사(修德寺)에서 지냈는데, 슬슬 번잡한 일이 싫어져 강남의 달라산(達拏山)으로 가서 지냈다고 한다. 여기서 강남은 중국의 양자강 남쪽을 말하는 것 같다. 그러나 혜현이 중국에 유학한 승려도 아니었는데도 이런 행동이 가능했던 것은, 백제가 일찍부터 빈번한 교류를 통해 제 나라 불교의 수준을 높여 놓았고, 중국 유학이나 여행을 아무렇지도 않게 생각하는 분위기가 형성되어 있었기 때문이리라.

또 고구려의 승려 파약(波若)이 중국의 천태산에 들어가 천태종의 창시자 지의(智顗) 스님의 제자가 된 일도, 일연은 혜현과 같은 조에 기록하였다. 두 사람 모두 『당승전(唐僧傳)』에 수록되었다.

삼국시대 선진 문명을 상징할 불교 관계의 이런 기사에서 우리는 신라의 후진성을 여실히 보게 된다. 신라는 6세기가 끝나갈 때쯤에야 제대로 된 유학승 한 명을 겨우 보내고 있는 것이다. 그런 후진국이 어떻게 삼국을 통일하는 최후의 승리자로 자리잡을 수 있었을까? 이제 『삼국유사』의 기록들을 통해 이 의문을 해결하기로 한다.

'먼저 된 자가 나중 되고, 나중 된 자가 먼저 된다'는 말씀은 옛 유대 성인의 입을 통해 나왔지만, 시대와 장소를 불문하고 그것은 진리다. 최소한 한반도에서 신라는 그 말씀이 진리임을 입증한 나라였다.

불교에 대한 거부감을 이겨 내고

신라의 후진성을 인정하고 그 극복을 처음으로 꾀한 왕은 아무래도 법흥왕(514~539년)일 것이다. 법제 정비와 불교 공인은 그의 가장 큰 업적이지만, 이 두 가지가 곧 후진성 탈피에 기치를 든 일이나 다름없다.

이 가운데 법흥왕의 불교 공인 과정에 대해서는 다른 장을 마련해 놓았다. 미리 조금 말하자면, 신라의 불교는 공인 이후에도 순조롭게 자리잡아 가지 못한다. 한 사상, 더욱이 종교가 한 사회에 뿌리내리는 데 필요한 절대 시간을 계산하기 어렵지만, 민간에 퍼져 있는 초보적 종교 형태의 전통과 힘이 강했던 것이 신라이기에, 다른 두 나라에 비한다면 어려움은 이중으로 겹쳐 있었다.

법흥왕이 불교를 공인하기 이전, 불교가 신라에서 어떤 대접을 받고 있었는가를 보여 주는 이야기가 있다. 「기이」편의 '거문고의 갑을 쏘라〔射琴匣〕' 조다. 소지왕 10년(488년)에 일어난 이 사건에서 우리는 불교에 대한 신라인들의 거부감을 읽을 수 있다.

> 왕이 천천정에 행차하였다. 때마침 까마귀가 쥐와 함께 와서 우는데, 쥐가 사람의 말을 했다.
> "이 새가 가는 곳을 찾으시오."
> 왕은 말 탄 병사를 시켜 쫓게 했다.
> 남쪽으로 피촌(避村)에 이르자 돼지 두 마리가 싸우고 있었다. 잠시 그것을 구경하다 문득 까마귀가 간 곳을 놓치고 말았다. 길가에서 헤매고 있을 때 마침 한 노인이 나타났다. 연못 가운데에서 나와 편지를 바치는데 겉면에, "뜯어서 보면 두 사람이 죽을 것이오, 뜯지 않으면 한 사람이 죽는다"라고 쓰여 있었다. 병사는 돌아와 그것을 왕에게 바쳤다
> "두 사람이 죽는 것보다야, 뜯지 않아 한 사람이 죽는 게 낫겠지."

지금 우리가 다니며 보는 무슨무슨 절터니 어느어느 왕릉이니 하는 것들 가운데 일부는 후대에 이름지어진 것이어서 진짜로 거기인지를 놓고 아직도 논쟁중인 곳들이 많다. 서출지도 마찬가지로, 남산 동쪽 기슭에 있는 두 연못을 두고 진짜를 가리려는 논쟁이 계속되고 있다. 여기는 남산리 쌍탑 앞에 있는 서출지다.(경주 서출지)

왕이 그렇게 말하자 일관(日官)이 아뢰었다.

"두 사람이란 일반 백성이요, 한 사람이란 왕입니다."

왕도 그럴 것 같아 뜯어보게 하였다. 거기에는 "거문고의 갑을 쏘라"라고 쓰여져 있었다.

왕이 궁으로 돌아와 거문고의 갑을 쏘게 하였다. 그랬더니 내전의 분수승(焚修僧)과 궁주가 몰래 정을 통하고 있는 것이었다. 두 사람은 참형을 당하였다.

노인이 편지를 들고 나와 바쳤다고 해서 '서출지(書出池)'라고 부르는 연못은 지금도 경주 남산 밑 피리촌에 있다. 사실 이 이야기는 무척 괴이하다. 표면적으로는 도덕적으로 타락한 승려와 궁주를 처단한 슬기로운 왕의 이야기처럼 보이지만, 다르게 해석할 수 있는 여

이 곳은 통일전 앞에 있는 서출지다.(경주 서출지)

지가 넓다. 그 가운데 하나가 바로 '내전의 분수승'으로 대표되는 불교에 대한 고위 관료들의 적대감이 표현되었다는 점이다. 편지를 바친 노인의 존재가 전통적인 세력을 대표한다고 보면 더욱 그렇다.

그러나 법흥왕을 이은 진흥왕대의 꾸준한 노력이 차차 새로운 분위기를 형성해 간다. 특히 진흥왕이 즉위할 때 나이가 15세여서 태후가 대신 정치하였는데, 태후는 곧 법흥왕의 외손자 입종갈문왕(立宗葛文王)의 부인으로, 세상을 마칠 때 머리를 깎고 승복을 입었다고, 일연은 '진흥왕' 조에 적고 있다.

황룡사가 지어진 것도 장륙존상이 만들어진 것도 진흥왕 때다. 일연은 「탑상」편의 '황룡사의 장륙〔黃龍寺丈六〕' 조에서 즉위한 지 14년(553년) 2월, 용궁의 남쪽에 자궁(紫宮)을 지으려 하는데 황룡이 그 곳에 나타나, 이에 고쳐서 절을 삼고 '황룡사'라 이름지었다고 하였다. 황룡사 건립은 17년이 걸린 역사(役事)였다.

그리고 얼마 있지 않아 큰 배 한 척이 울산에 이르러 정박하였다. 한 부처님 그리고 두 보살상과 함께 이런 편지가 실려 있었다.

"서천축국(西天竺國)의 아육왕(阿育王)이 황철 5만 7,000근과 황금 3만 분(分)을 모아 석가 삼존상을 만들려 하였지만, 이루지 못하고 배에 실어 바다로 띄워 보내노라. 인연 있는 나라, 거기 가서 장륙존상이 이루어지기를 축원한다."

아육왕은 아쇼카왕을 말한다. 석가모니가 열반한 다음 인도에 최고의 불교 국가를 세운 왕이다. 그런 그가 이루지 못한 일을 신라 사람들이 단번에 마치고 황룡사에 모셨다. 이는 신라가 불교에 대해 자신감을 갖게 된 최초의 사건이라 할 수 있다.

오늘날 우리가 본지수적(本地垂迹) 또는 불국토 사상(佛國土思想)이라 부르는, 토착화한 신라 불교의 모습은 이렇게 만들어져 갔다. 그리고 그것은 통일의 힘을 쌓는 일이기도 하였다.

토착 신앙, 불교 그리고 화랑

그러나 신라 불교의 힘은 무엇보다 먼저 있었던 토착 신앙을 버리지 않고 포용해 간 데서 더욱 커진다. 불교가 먼 나라에서 전래된 이방 종교가 아니라, 이미 전세에 인연을 마련한 우리 종교라고 생각한 신라인들의 본지수적·불국토 사상은 바로 토착 신앙을 저버리지 않는 밑바탕이었다.

우리는 그 같은 모습을 「탑상」편의 '미륵선화와 미시랑 그리고 진자사〔彌勒仙花未尸郞眞慈師〕' 조에서 보게 된다. 이 조의 첫 부분에서 일연은 진흥왕 때 만든 화랑(花郞)의 연원을 설명하였다. 처음은 원화(原花)였다. 왕은 타고난 성품이 풍류를 즐기고 신선을 높여, 백성들 집안의 여자 아이 가운데 아름다운 이를 골라 원화로 세웠다. 요컨대 무리들을 모아 가르치되, 효제(孝悌)와 충신(忠信)으로 하였으니 또한 나라를 다스리는 요체였다. 이에 남모낭(南毛娘)과 교정낭(姣貞娘)을 뽑아 무리 300~400명을 모아 주었다.

이 같은 기록을 보건대 원화는 불교적인 제도라기보다 유교적이거나 도교적인 데 가깝다. 그런데 이 제도는 다음과 같이 비극적으로 끝나고 만다.

교정낭은 남모낭을 질투하였다. 술을 많이 가져다 놓고 남모낭에게 마시게 하고, 남모낭이 취하자 슬그머니 북천(北川)으로 데리고 가서, 돌을 들어 거기에 묻고 죽였다. 남모낭의 무리들이 간 곳을 알지 못해 슬피 울다 흩어졌다. 어떤 사람이 이 사실을 알았다. 노래로 지어 동네 어린 아이들을 꾀어 거리에서 부르게 하였다. 남모낭의 무리들이 듣고 시신을 북천에서 찾아낸 다음 교정낭을 죽였다. 이에 왕이 원화를 폐지하라고 명령했다.

진흥왕의 뜻은 순수했으나 이 제도가 자리를 잡는 데에 뭔가 부족한 점이 있었다. 왕은 몇 년 후, "풍월도를 앞세워야겠다고 생각하고, 좋은 집안의 남자 가운데 행실이 바른 자를 뽑고 화랑이라 하도록 했다"고 하였다. 거기 처음 추대된 국선이 설원랑(薛原郎)이다.

무리의 우두머리를 여자에서 남자로 바꾼 점이 눈에 띠지만, 기본적인 취지나 수련 방법은 원화와 그다지 달라 보이지 않는다. 여기에 불교가 스며들면서 큰 변화가 일어났다. 일연이 보이고자 했던 대목은 이것이다.

진지왕 때 흥륜사에 진자(眞慈)라는 스님이 있었다. 늘 절에서 모시는 미륵상 앞에 가 소원을 빌며 맹서했다.

"바라옵건대, 우리 부처님께서 화랑으로 이 세상에 태어나게 해주십시오. 제가 늘 가까이 모시고 받들어, 두루 시중을 들겠나이다."

그 정성이 매우 간절하고 기도하는 마음이 날마다 더해, 하루 저녁에는 꿈을 꾸는데, 어떤 스님이 나타나 말했다.

"너는 공주의 수원사(水源寺)로 가라. 미륵선화를 만나볼 수 있을 것이다."

진자가 깨어나서는 기쁘고도 놀라 그 절을 찾아가는데, 열흘을 가면서 발걸음마다 예불을 드렸다. 그 절 문 밖에 이르자, 탐스럽고 겉으로 꾸민 데가 없는 청년 하나가 맞이하며, 작은 문으로 들어가 손님이 묵는 방에 모셨다. 진자가 올라가 머리를 숙이며 말했다.

"그대와 평소 알고 지내지 않았는데, 어찌 접대가 이처럼 정중합니까?"

"저 또한 서울 사람입니다. 스님께서 머나먼 길을 오신 것을 보고, 와서 챙겨 드린 것뿐입니다."

조금 있다 문 밖으로 나갔는데, 어디 있는지 알 수 없었다. 진자는 우연이라 생각하고 그다지 이상하게 여기지 않았다. 다만 절의 스님에게 지난날의 꿈과 일어나서 오게 된 뜻만 말했다. 그러면서,

"잠시 저 아래 자리에 머물며 미륵선화를 기다리는 것이 어떻겠습니까?"

하고 말했다. 절의 스님은 속마음을 숨기면서도 그의 조심스런 모습을 보며 말했다.

"여기서 남쪽 마을로 가면 천산이 있소. 예로부터 현철(賢哲)하신 분이 살고 있어, 깊은 느낌이 많다오. 그 거처로 가 보시지 않겠소?"

진자가 이 말을 따라 산 아래에 이르자, 산신령이 노인으로 변해 나와 맞으며 말했다.

"여기에 무엇 하러 왔는가?"

"미륵선화를 보고 싶어섭니다."

"저번에 수원사 문 밖에서 이미 보지 않았는가? 다시 와서 무얼 찾아?"

진자가 듣고 놀라 식은땀을 흘리며, 급히 본사로 돌아와 한 달 남짓 지냈다.

이야기의 전반부다. 진지왕은 진흥왕의 다음 대이고, 앞서 소개한 혼령이 되어 도화녀를 만나 비형랑을 낳았다는 바로 그 왕이다. 이 왕 때 진자가 미륵상 앞에서 '부처님을 화랑으로 태어나게 해달라'고 기원했다는 대목이 중요하다. 이것은 전형적인 미륵하생신앙(彌勒下生信仰)인데, 화랑도에 자연스럽게 불교가 접맥되는 순간인 것이다.

그런데 진자가 찾아가는 부처님이 구체적으로는 미륵선화다. 석가모니가 열반하고 64억 7,000만 년 뒤에 오신다는 부처님이 미륵이다. 이른바 후세불을 기다리며, 때에 따라서 바로 지금 내려와 달라고 비는 하생신앙은 중국으로부터 무르익어, 이 때 이미 백제에서는 미륵반가사유상(彌勒半跏思惟像) 같은 걸출한 불상이 만들어질 만큼 널리 퍼져 있었다. 진자가 백제의 수도였던 공주의 수원사로 가는 것도 사실은 그런 데서 연유한다. 다만 미륵이 미륵으로 끝나지 않고 그 다음에 '선화'라는 칭호를 더 붙인 것이 화랑과의 연계를 추정하는 단서다.

공주까지 가는 길에 발걸음마다 예불을 드렸다는 진자, 정성이 지극하기만 하다. 어떤 일본 사람이 인도까지 성지 순례를 가는데, 오직 걸어서 그리고 한 걸음마다 절 한 번씩 하면서 간다는 이야기를 들었다. 히말라야의 성지를 오르는 순례자들이 한 걸음마다 오체투지(五體投地)하는 모습을 본 적도 있다. 이미 우리 신라시대에 진자가 실행했던 정성이다.

그러나 그 같은 정성에도 불구하고 진자의 첫 시도는 실패로 끝나고 말았다. 보고도 보지 못하는, 눈에 씌운 아상(我相)은 그토록 완고한 법이다. 진자가 식은땀을 흘리며 돌아왔다는 심정을 이해할 만

화랑들이 수련했던 곳으로 알려진 경주 단석산에는 7세기 초반의 것으로 추정되는 미륵불상이 있다. 'ㄷ'자 형태의 마치 석굴과 같은 특이한 바위에 새겨진 거대한 미륵불상은 단석산의 화랑과 관련이 있는 듯하다.(경주 단석산)

하다. 그런 그를 뜻밖에 구원해 준 이가 진지왕이다.

진지왕이 이를 듣고 불러들여, 그 까닭을 묻고는 말했다.

"청년이 스스로 서울 사람이라 했다면서? 성인이 빈말을 하겠느냐, 성안을 찾아보면 되지 않겠는가?"

진자가 왕의 가르침을 받들어, 무리들을 모아 마을을 두루 돌아다니며 샅샅이 찾았다. 그런데 한 소년이, 곱게 차려 입은 모습이 수려한데, 영묘사의 동북쪽 길가 나무 아래서 팔짝거리며 놀고 있었다. 진자가 그를 보고 놀라며 말했다.

"이 이가 미륵선화다."

그리고 나아가 물었다.

"그대는 집이 어디인가? 성씨도 좀 알고 싶은데?"

"내 이름은 미시(未尸)입니다. 어린 아이 때 부모님 모두 돌아가셔서 성이 뭔지는 모릅니다."

이에 가마에 태우고 들어가 왕에게 뵈었다. 왕은 공경하며 추대하여 국선으로 삼았다. 여러 무리들과 화목하며 예의와 의리를 펼치는 모습이 일반 사람들과는 달랐다.

힌트는 어디선가 주어져 있는 법이다. 그것을 찾고 못 찾고는 지혜의 눈을 가지고 있는가 그렇지 못한가에 달렸다. 어떤 점에서 진지왕은 영민한 사람이다. 비록 행실이 나빠 왕위에서 쫓겨났다고 하나, 비형랑을 낳는 일에서도 보듯이, 타고난 바 영성(靈性)이 특이한 사람이다. "청년이 스스로 서울 사람이라 했다면서? 성인이 빈말을 하겠느냐, 성안을 찾아보면 되지 않겠는가?"라는 한마디는 심상한 듯하면서도 정곡을 찌른다.

기대했던 대로 미시는 국선의 모범을 보여 주었다. 화랑 제도가 자리를 잡아갈 무렵, 그 같은 모범을 보인 국선이 있었다는 것은 곧 그 제도의 성패를 좌우할 뿐만 아니라, 신라로서는 하나의 행운이었다. 이런 경과를 거쳐 굳게 뿌리내린 화랑이 신라의 삼국 통일에 절대적인 공헌을 했음은 두말 할 나위 없다.

일연은 어떤 이의 말이라 하면서, "미(未)는 미(弥)와 소리가 서로 가깝고 시(尸)는 력(力)과 모양이 서로 가깝다. 그렇게 매우 닮은 것을 응용해 헤매게 한 것이다. 부처님이 유독 진자의 정성에만 감은하신 것은 아니다. 오히려 이 땅에 인연이 있기에 자주 나타나 보이셨다"는 설명을 덧붙인다. 이는 미시를 분명히 불교적 존재로서 미륵으로 보려는 뜻일 것이다. 그런 한편, "지금 나라 사람들이 신선을 '미륵선화'라고 부른다"는 말도 함께 붙여 놓아, 도교적 민간 신앙의 흔적을 지우지 않았다.

미시는 복합적인 성격을 지닌 존재다. 그만큼 신라의 화랑이, 더 나아가 신라의 불교 수용 후의 역사가 복합적임을 말해 준다.

신라의 호국 불교적 성격

우여곡절 끝에 자리잡은 신라 불교가 어떤 양상으로 전개되는가를 설명하기란 너무 많은 지면을 차지하게 될 것 같다. 앞서 미륵선화의 미륵 사상에 대해서도 멀리 중국으로 그 연원을 거슬러 올라가야 하지만, 여기서는 그 또한 번거롭기에 피하기로 한다.

다만 한 가지, 신라가 불교를 받아들인 것이 늦었기에 오히려 선진적으로 나갈 수 있었다는 점만 적어 두기로 하자. 마치 오늘날 선진 기술을 받아들여 공업화를 이루려는 개발도상국가들이 중간 과정을 생략한 채 첨단의 그것으로 건너뛰는 모습과 유사하다고 할까? 그러나 신라의 경우, 비록 수용이 늦었다손 치더라도 그것이 철저히 자기화 되어 정착되었으므로, 생경한 외래 사조에 휘둘리지 않았다.

나는 앞서 불국토 사상·본지수적 등의 용어로 신라 불교의 성격을 설명했다. 이 같은 성격은 자연스럽게 호국 불교 쪽으로 흘러간다.

원광이 화랑들을 위해 지어준 세속오계(世俗五戒)는 이런 관점에서 설명이 가능하다. 일연은 원광의 전기인 「의해」편의 '원광의 중국 유학〔圓光西學〕' 조 가운데 이 부분을 『삼국사기』에서 인용해 실어 놓고 있다. 귀산(貴山)과 추항(箒項)이라는 화랑이 원광과 나눈 대화다.

"저희들은 꽉 막혀서 아는 바가 없습니다. 한 말씀 주셔서 죽기까지 계를 삼기를 바랍니다."

"불교에는 보살계가 있고 따로 열 가지가 있다. 자네들은 남의 신하가 된 몸으로 감당할 수 없을 듯 싶다. 그래서 세속오계를 주노라. 첫째, 임금을

아홉 오랑캐를 물리치기 위해 선덕여왕 때 만들었다는 황룡사 구층탑은 일연이 살아 있을 때까지도 남아 있었지만, 몽고의 침입 때 완전히 불탄 후 지금은 그 터만 남아 있다.(경주 황룡사 터)

섬기되 충성으로 할 것이요, 둘째, 부모를 섬기되 효성스럽게 할 것이요, 셋째, 친구와 사귀되 믿음으로 할 것이요, 넷째, 싸움에 나가서는 물러서는 일이 없을 것이요, 다섯째, 산 것을 죽이되 가려 해야 할 것이다. 자네들은 이를 행하고 소홀히 하지 말라."

원광은 본디 귀족 출신이므로 유학에도 소양이 깊은 사람이었다. 그가 만든 세속오계에서 유교의 오륜과 비슷한 분위기가 느껴지는 것은 이 때문이지만, 승려의 입장으로 실생활에 필요한 인륜 법칙을 만들어 낸다는 것 자체가 본디 불교적이라고 할 수 없다. 그러나 이런 것을 부자연스럽게 생각하지 않은 것이 신라 불교다.

원광 이후 신라 불교를 일으킨 삼총사라면 역시 자장(慈藏)·원효(元曉)·의상(義湘)이다. 이들에 대한 자세한 소개는 뒤로 미루자. 다만 여기서는 이들에게서 보이는 호국 불교적 면모를 간단히 소개한다.

자장은 황룡사 구층탑을 짓는 데 결정적인 역할을 한 사람이다. 중국의 오대산에서 만난 문수보살이 "황룡사의 호법룡은 내 큰아들입니다. 석가모니의 명령을 받아, 거기 가 절을 지키고 있지요. 본국에 돌아가거든 절 가운데 구층탑을 지으시오. 이웃 나라들이 항복해 오고, 구한(九韓)이 조공을 바칠 것이며, 왕실이 영원히 평안하리다"라고 말한다. 한편 원효는 보다 직접적으로 신라의 삼국 통일 전쟁에 참여한 듯하다.

또 군사를 일으켜 당나라 군사와 만나려고 김유신이 먼저 연기(然起)와 병천(兵川) 두 사람을 보내 만날 기일을 물었다. 당나라 장수 소정방이 종이에다 난새와 송아지를 그려 돌려보냈다. 신라 사람들이 그 뜻을 알지 못해 사람을 시켜 원효법사에게 물어 보았다. 원효는 "빨리 군사를 돌려보내시오. 송아지와 난새를 그린 것은 둘이 끊어졌음을 말한 것이오"라고 풀었다. 이에 김유신이 군사를 돌려 대동강을 건너면서, "뒤 처진 자는 목을 베겠다"라고 군령을 내렸다. 그랬더니 군사들이 앞을 다투어 건넜다.

절반쯤 건넜을 때에 고구려 군사가 공격해 와 미처 건너지 못한 자들을 죽였다. 이튿날 유신이 고구려 군사를 도로 추격해 몇 만 명을 잡아 죽였다.

「기이」편 '태종 춘추공' 조에서 고구려와의 전쟁 중 김유신이 원효의 도움을 받아 위기를 모면하는 장면이다. 그리고 의상은 삼국 통일 후 계속되는 당나라의 신라 간섭기에 유학승으로 있다가, 당나라의 신라 침공 계획을 급히 알려 주기도 한다.

신라의 고승 세 사람이 모두 국가의 중대사에 참여하고 있다. 신라인의 사상적 무장은 이들을 통해 이루어지고, 그것은 곧 국력의 신장으로 이어졌다.

외교가 중요하다는 사실

한반도의 한 쪽에 치우쳐 농토도 넓지 않을 뿐만 아니라, 바다 건너서는 일본으로부터 안으로는 고구려와 백제로부터 끊임없는 침공에 시달려야 했던 신라. 시련 속에서 연단되는 것일까, 그같이 불리한 조건이었기에 살아나갈 보다 구체적인 방법을 찾아 몸부림쳤는지도 모르겠다.

일연은 진흥왕에 대해 쓰면서 오직 다음의 기사 하나를 부각시킨다. 「기이」편 '진흥왕' 조에서다.

승성(承聖) 3년(554년) 9월, 백제 군사가 진성(珍城)에 쳐들어왔다. 그들은 남녀 3만 9,000명과 말 8,000필을 빼앗아 갔다. 이보다 앞서 백제는 신라와 함께 연합군을 만들어 고구려를 치고자 했다. 진흥왕은 이렇게 말했다.

"나라의 흥망은 하늘에 달린 것이오. 만약 하늘이 고구려를 버리지 않는

선덕여왕릉이 있는 낭산 신유림(神遊林)은 '신선들이 노는 곳' 답게 경주의 아름다운 소나무 숲 중에서도 으뜸이다.(경주 낭산)

'모란' 하면 선덕여왕을 떠올릴 정도로 선덕여왕이 당태종에게 받았다는 모란 그림 이야기는 널리 알려져 있다. 선덕여왕은 모란꽃에 향기가 없을 것이라고 했지만 늦은 봄 경주에 피어나는 모란꽃은 아찔할 정도로 향기가 진하다. 하지만 선덕여왕의 모란과 지금의 모란은 다른 종류일 수도 있겠다.(경주 남산)

다면 내가 어찌 감히 넘보겠소."

이 말은 이내 고구려 쪽에 전해졌다. 고구려는 이 말에 감동하여 신라와 좋은 관계를 맺게 되고, 백제는 이를 원망하였다. 백제의 침공에는 이런 까닭이 있었던 것이다.

사실 백제와의 싸움이 이것 한 번만이 아니며, 고구려와 늘 친하게 지냈던 것도 아니다. 『삼국사기』의 본기(本紀)를 읽어나가건대, 세 나라는 얼키고 설키는 원근(遠近)의 관계를 되풀이했다.

그런 가운데서 일연이 이 사건만을 유독 내세운 데는 까닭이 있다. 진흥왕이 구사한 외교적 수완으로, 이후 신라가 삼국 통일까지 걸어가면서 변함 없이 지켰던 어떤 대원칙 같은 것이 있었기 때문이다. 백제와 일본이 가까워지면서 신라로서는 협공을 받는 입장이 되었는데, 거기서 고구려까지 적이 된다면 그야말로 사면이 포위되는 결과를 낳고 만다. 백제나 일본과는 오랫동안 좋지 않은 관계였다. 이제 그런 관계를 개선하기보다 고구려와 가까워지는 것이 더 쉽고 좋겠다는 결론을 내렸을 법하다. 고구려는 남진 정책을 써도 주로 백제 쪽을 노리고 있었다.

백제는 친하자고 말을 걸어와도 껄끄럽고, 고구려는 가끔 쳐들어와도 치명적일 것 없었다. 지리적으로 볼 때 백제의 침공은 수도 경주의 안위(安危)와 직결되지만, 고구려는 변방에서 변죽만 울리는 꼴이었기 때문이다.

신라는 거기서 한 발 더 나아가 당나라를 생각했다. 당나라가 중원의 새 주인이 된 해는 618년, 신라 진평왕 40년이었다. 그보다 30여 년 전, 수나라가 중국을 통일했지만, 오랜 싸움의 끝이었기에 그랬을까, 국가로서의 기반을 갖추기도 전에 쇠약한 기미를 보였고, 결국 당나라로 넘어가고 말았다. 중국이 안정된 통일 국가를 이루면 한반도에 미치는 영향도 달라진다. 다만 신라로서는 고구려나 백제에 비해 당나라와의 거리가 멀다는 점이 이득이었다. 일단 침공으로부터 직접적인 위협도 없고, 당나라와 화친하면 고구려와 백제를 견제할 수 있다는 이중의 장점을 가지게 되었다.

신라의 외교는 본격화된다. 사신으로 가는 먼 길을 해마다 거르지 않고 이어 나갔다. 더러 당나라의 조정에 나아가 고구려가 길을 막는다고, 투정 섞인 호소를 하기도 하였다. 물론 백제나 고구려도 당나라에 사신을 보냈다. 그러나 당의 건국이래 신라가 취한 발걸음에 비한다면 두 나라는 뒤떨어지는 느낌이다.

진평왕을 이어 선덕왕과 진덕왕이 내리 여왕으로 왕위에 오르면서, 여왕으로서의 이점 또한 십분 살리는 인상을 받는다. 일연은 「기이」 편에서 두 여왕을 나란히 소개한다. '선덕왕이 절묘하게 알아차린 세 가지 일〔善德王知機三事〕' 조에서는 저 유명한 당 태종이 보낸 모란꽃 그림 이야기를 쓰고 있다.

    처음에 당나라 태종이 붉은색·자주색·흰색의 세 가지 색깔로 된 모란을 그린 그림과, 그 씨앗을 세 되 보내 주었다. 왕이 꽃을 그린 그림을 보더니,
  "이 꽃은 분명 향기가 없을 것이오"
하고, 뜰에 씨앗을 심어라 하였다. 꽃이 피고 열매 맺기까지 기다려보니 과연 그 말과 같았다.

  신하들이 그것을 어떻게 알았느냐고 묻자, 왕은 "꽃을 그리면서 나비가 없으니 거기 향기가 나지 않음을 알지요. 이는 곧 당나라 황제께서 내가 배우자 없이 지냄을 놀린 것입니다"고 답한다. 꽃에 냄새가 있고 없음을 따지기 전에 이런 에피소드를 보고 있자면, 선덕왕이 여성이기에 좀더 부드럽게 당나라와의 교유를 이어 나갈 수 있었겠다 싶다.
  그것은 진덕왕도 마찬가지였다. '진덕왕(眞德王)' 조에서 일연은 왕이 '태평가'를 손수 지어 비단을 짜 무늬를 새기고, 사신을 시켜 당나라에 가 바친 일을, 그 시의 전문을 인용하며 소개한다.
  신라와 당나라의 밀월 관계는 여러모로 분위기를 잡아 나가는 모습이다. 거기에 외교의 달인 김춘추의 시대가 기다리고 있었다.

문희, 그 아름다운 여자의 이름

추억의 영화 「미워도 다시 한 번」

초등학교에 들어갈 무렵이었을까, 어머니 손을 잡고 읍내 극장에 가서 처음 본 영화가 「미워도 다시 한 번」이었다. 흔히 그 때를 떠올리는 사람들의 말처럼, 60년대 후반까지도 극장 분위기는 지금과 많이 달랐다. 아직 텔레비전이 보급되기 전, 특히 지방 소도시 사람들의 가장 큰 오락거리가 영화 관람이었고, 거기 외화보다는 방화가 단연 압도적인 인기를 차지했었다. 그 중에서 「미워도 다시 한 번」은 관객의 심금을 여지없이 울려버린 명작 가운데 하나였다.

그러나 입장료도 안 내고 어머니 치마폭에 감겨 묻어 들어갈 정도의 어린 나이였던 나에게는 영화보다 내 주위의 다 큰 아주머니들이 손수건에 흥건히 밸만큼 눈물을 쏟아내는 광경이 더 감동적이었다. 그러나 한 가지, 주인공 여자 배우의 포근한 듯 우수에 찬 듯 여린 얼굴은 오래도록 뇌리를 떠나지 않았다. 그 배우의 이름이 문희(文姬)였던가? 영화의 내용에 상관없이 분명 내게 아름다운 여성의 근원은 거기서 만들어졌다.

문희라는 이름을 다시 본 것이 『삼국유사』에서다. 김유신의 동생이요 김춘추의 부인이 문희다. 삼국 통일 과정에서 역사의 문면에 드러나지 않지만, 아마도 이 삼각의 한 축을 감당해야 했던 여자의 표정 또한「미워도 다시 한 번」의 문희와 그다지 멀어 보이지 않는다.

영화 속에서 문희는 유부남을 사랑하는 가련한 처녀로 나온다. 둘 사이에 아들까지 생긴 다음 남자의 본처가 나타나면서부터 이 기구한 여성의 비극은 시작된다. 할 수 없이 아들을 본댁으로 들여보내는데, 이 철부지는 식구들에게 박대만 받고, 결국 생모인 문희가 제 아들을 데리고 나와 어디론가 떠난다. 플랫폼을 떠나는 기차의 기적 소리에 맞춰, 당대 최고의 인기 가수였던 남진이 부르는 주제가가 울려 퍼지면, 극장 안은 난 데 없이 박수 소리로 뒤덮이는데.

얼마 전, 연세대학교 학생회가 주최하는 '한국영화명작선'이라는 행사에서「미워도 다시 한 번」이 상영된 적이 있었다. 그나마 띄엄띄엄 앉은 학생들 사이에서는 울음과 박수 소리 대신 깔깔거리는 웃음소리만 들릴 뿐이었다. '시대가 달라졌으니' 싶으면서도 그렇게 달라졌나 놀라웠지만, 한편으로 어른이 되어서 다시 보는 그 영화에 물론 유치한 구석이 없지 아니 발견되는 터라, '개방적인 이즈음 학생들 눈으로야 오죽하랴' 이해하고 말았다. 그러나 다시 어둠 속에서 언제인 듯 어린 시절로 돌아간 나는 때때로 눈물을 찔끔거려도 보고 남진의 노래를 따라 불러보기도 하였다. 무엇보다 문희라는 배우를 어린 눈으로도 잘 보았다고, 내 심미안의 깊이를 경탄하면서 말이다.

그런 영화 배우 문희가 김유신의 동생이요 김춘추의 부인인 문희와 자꾸만 오버랩 되는 까닭은 무엇일까? 바야흐로 삼국 통일의 숨막히는 결전이 벌어지는 현장을 가며, 나는 뜻밖의 이 질문에 대답을 해야겠다고 생각했다.

통일의 운명을 타고난 사나이

역사는 충신들이 만들어 낸 역사인지 모른다. 신라의 전반기가 박제상과 이차돈이라는 충신이 만들어 낸 역사라면, 그 중반기가 김유신이라는 충신이 만들어 낸 역사라고 말해도 과언이 아니다. 거기 김유신의 이름은 더욱 크게 빛난다.

일연이 「기이」 편에 59조를 배치하면서 오직 그 이름 하나로 제목 삼기는 '김유신' 조가 유일하다. '수로부인' 조가 있다 해도 그것은 어디까지나 설화일 뿐 역사의 인물과 견주기는 어렵다. 무언가 특별한 대우가 김유신에게는 따른다.

특별한 대우는 『삼국사기』에 가면 더 심해진다. 「열전」이 '김유신' 조로 시작하거니와, 전부 열 권 중에 세 권이 김유신에게 바쳐져 있다.

삼국시대를 정리한 두 권의 책에서, 김유신은 그렇게 당당히 주인공의 자리를 차지하고 있다. 영명한 왕들이 많았고, 충성스런 신하가 끊이지 않았건만, 그에게 맞춰지는 역사의 서치라이트는 밝기만 하다.

일연은 '김유신' 조 또한 자신의 특유한 필법으로 써 내려갔다. 간단한 출신 배경만 남기고 번거로운 이야기는 『삼국사기』 쪽으로 돌리면서, 거기에 없는, 그 자신 어디서 들었는지 정확히 출전을 밝히지 않았지만, 흔히 알려져 있지 않은 한 이야기에 거의 전면을 할애했다. 바로 백석(白石)이라는 고구려 첩자와의 사이에 일어난 일이다.

그 때 백석이라는 자가 어디서 왔는지 모르지만, 무리 가운데 속해 몇 년을 지냈다. 유신은 고구려와 백제를 치려는 일로 밤낮 계획을 세우는 데 몰두해 있었다. 백석이 그 같은 사실을 알고 유신에게 아뢰었다.

"제가 공과 함께 은밀히 먼저 저쪽을 탐색해 본 다음에 시행하는 것이 어떻겠습니까?"

유신은 흔쾌히 백석을 데리고 밤에 길을 나섰다. 마침 고갯마루에서 쉬려 하는데, 두 여자가 유신을 따라와 가다가 골화천에 이르러 유숙하였다. 또 한 여자가 홀연히 이르러 유신은 세 낭자와 함께 즐거이 이야기를 나누었는데, 여자들이 좋은 과자를 바치자 유신은 받아서 먹고, 서로 마음으로 받아들이며 정을 나누었다. 여자들이 말하였다.

"공께서 하시는 말씀을 이미 들었습니다. 바라건대 공께서는 백석을 물리치고 함께 숲으로 들어가소서. 다시 진짜 이야기를 아뢰겠습니다."

이에 여자들과 함께 들어가니 문득 신의 형상으로 나타나 말하였다.

"우리는 나림(奈林)·혈례(穴禮)·골화(骨火) 등 세 군데의 호국신이다. 지금 적국 사람이 그대를 꾀어 이끌었으나, 그대가 모르고 나아가므로, 우리가 그대를 머물게 하도록 여기에 이르렀느니라."

말을 마치자 사라졌다. 유신은 이를 듣고 놀라 엎드려 두 번 절하고 나와 골화관에서 잤다.

이야기의 전반부다. 세 군데 호국신에 대해서는 다음 장에서 좀더 자세히 말하고자 하나, 어떻든 김유신은 신들의 가르침을 받아 백석을 신문하고, 그에게서 놀라운 자백을 받아 낸다. 이야기의 후반부는 그가 자백한 내용이다.

"나는 본디 고구려 사람이오. 우리 나라 여러 신하들이 이렇게 말하였소. '신라의 김유신은 우리 나라의 점술가 추남(楸南)이었다. 국경 부근에서 물이 거꾸로 흐르자 점을 치게 하였는데, 대왕의 부인이 음양의 도리를 거슬러서 그 단서가 이와 같다고 하였다. 대왕은 놀라고 괴이하였으나, 왕비는 크게 화를 내며 이는 요사스런 여우의 말이라 하고, 왕에게 다시 다른 일을 가지고 시험 삼아 물어 보아, 헛소리를 하였다면 중형을 더하자 아뢰었다. 이에 쥐 한 마리를 상자 속에 숨겨 두고 이것이 어떤 물건이냐고 물었더니, 그 사람이 이는 틀림없이 쥐이려니와 그 숨쉬는 것이 여덟이라 하자, 이를 가지고 헛소리라 하여 참형에 처하도록 하였다. 그 사람은 죽은 다음 대장이 되어 반드시 고구려를 멸망시키겠다고 다짐하는 것이었다. 곧

삼국 통일의 선봉에 섰던 김유신은 죽어서 흥무대왕이라는 시호를 얻는다. 살아서의 그의 업적만큼 김유신의 무덤은 여느 왕릉보다 크고 화려하다.(경주 김유신 무덤)

참형에 처하고 쥐의 배를 갈라 보니 새끼 일곱 마리를 배고 있었다. 그래서 앞서 한 말이 맞았음을 알았다. 그 날 밤에 대왕이 꿈을 꾸었는데, 추남이 신라 서현공(舒玄公) 부인의 배 안으로 들어가는 것이었다. 이 일을 여러 신하에게 알리자, 모두들 추남이 마음에 다짐하고 죽어 과연 그렇게 된 것이라고 하였다'

그리하여 나를 여기에 보내 일을 꾀하게 된 것이오."

결국 이야기는 김유신의 탄생 설화로 매듭된다. 전체적으로는 환생 설화로 불교가 가진 인연의 법칙에 따른 구조이고, 다른 예가 『삼국유사』 안에서도 더러 보인다고 하나, 왠지 불교적으로만 보기에는 괴이하기 짝이 없다. 김유신을 구해 준 세 군데 호국신은 신라의 민간 신앙과 관련되기 때문이다.

이 이야기 끝에 일연은 김유신의 집안에 내려오는 전설과 후일담을 싣고 있다. 그러나 앞서 말한 대로 주요한 내용은 백석과의 사이에 일어난 이 이야기가 거의 전부다. 그렇다면 일연이 보이고자 한 김유신의 생애에서 가장 큰 특색이 여기에 담겨 있다고 보아야 한다. 김유신은 호국신이 지켜 주는 존재이고, 삼국 통일의 선봉에 설 수밖에 없는 운명을 타고났음을 암시하자는 것일까? 보다 정교하고 치밀한 해석은 김춘추와의 대비를 거쳐 내려보자.

꿈을 사서 얻은 행운

김춘추는 김유신보다 여덟 살이 아래였다. 김유신이 진평왕 17년(595년)생, 김춘추는 같은 왕 25년(603년)생이다. 두 사람의 만남은 곧 신라의 삼국 통일이라는 역사적 사건을 이루어 내는 드라마의 시작이다. 그런데 거기에는 문희라는, 두 사람을 굳게 묶어 주는 제3의 인물이 매우 중요한 배역으로 등장한다.

태종 무열왕은 김유신과 더불어 백제를 무너뜨리고 삼국 통일의 초석을 놓는다. 선도산 남쪽 아래에 무열왕릉이 있다.(경주 무열왕릉)

그래서일까, 일연은 「기이」편의 '태종 춘추공(太宗春秋公)' 조를 이 세 사람의 만남으로부터 쓴다. 꿈을 사고 팔았다는 이 이야기를 『삼국사기』에서는 문무왕(文武王)의 탄생담에 잠깐 언급하고 있을 뿐이다. 그러나 한 시대의 역사를 일궈 낸 주인공들이 한 자리에 등장하는 흥미진진한 순간을 일연은 놓치지 않고 있다.

처음에 문희의 언니 보희가 꿈을 꾸었다. 서쪽 산에 올라 오줌을 누었는데, 서울 성안을 가득 채웠다. 동생에게 꿈 이야기를 해주었더니, 문희가 이를 듣고 말하였다.
"내가 이 꿈을 살까?"
"어떤 선물을 줄래?"
"비단 치마를 팔면 되겠어요?"

문희, 그 아름다운 여자의 이름 · 165

"좋아."

동생은 옷깃을 풀어 주었다. 그러자 언니가 말했다.

"어젯밤 꾼 꿈을 네게 붙여 주마."

동생은 비단 치마로 값을 치렀다.

열흘쯤 지난 다음이었다. 김유신이 김춘추와 정월의 오기일(午忌日)에 유신의 집 앞에서 축국(蹴鞠)을 하였다. 춘추의 치마가 밟혀 옷깃 여민 곳이 찢어지자 유신이, "우리 집에 들어가 꿰매자"라고 하였다. 춘추가 따라 들어가니, 유신이 보희에게 바느질을 하라고 시켰다.

"어찌 자잘한 일로 귀공자에게 함부로 가까이 갈 수 있겠어요."

보희는 극구 사양했다. 그러자 문희에게 시켰다. 춘추는 유신의 속뜻을 알아차리고 드디어 가까이 했는데, 그 후 자주 내왕을 하였다.

오줌을 누는 꿈 이야기가 왜 좋은 것인지 잘 모르겠지만, 이런 이야기는 사실 여기에만 실린 독점물이 아니다. 『고려사』의 첫 부분, 왕건(王建) 집안의 내력을 소개하는 대목에 뜻밖에도 이와 똑같은 이야기가 실려 있다.

고려의 국조(國祖)로 불리는 보육(寶育)에게는 두 딸이 있다. 둘째 딸의 이름은 진의(辰義), 바로 이 딸이 15세가 되었을 때, 그의 언니가 산꼭대기에 올라가 오줌을 누었더니 온 세상에 넘치는 꿈을 꾸었다. 진의는 비단 치마를 주고 그 꿈을 산다. 얼마 후 당나라의 황제가 천하의 여러 곳을 다니다가, 두 자매가 사는 마을에 이르렀다. 황제는 두 자매를 보고 기뻐하며, 자신의 옷에서 터진 곳을 꿰매 달라고 부탁한다. 보육은 큰딸에게 그 일을 시킨다. 그런데 이 딸은 문턱을 넘다가 넘어져 코피가 흐르므로 할 수 없이 둘째 딸에게 시킨다. 그래서 두 사람 사이에 인연이 맺어지고, 여기서 낳은 아들이 작제건(作帝建)이다.

작제건은 왕건의 할아버지이며 이 책의 뒷부분 '지는 해 뜨는 해'에서 다시 자세히 언급할 거타지(居陀知) 바로 그 사람이다. 여기서는 보육과 두 딸의 꿈 이야기로 한정하자. 보육 또한 삼한의 산천에 오줌이 넘쳐흘러 문득 은빛 바다로 변하는 꿈을 꾸었다고 한다. 대단한 오줌 이야기들이다.

오줌싸개 지도를 그린 아침이면 채이고 소금이나 얻으러 다닌 이야기야, 산천을 적시는 영웅들의 오줌과는 격이 다르겠으나, 그럼에도 불구하고 성안 가득 오줌을 누었다는 여자들의 꿈이 왜 좋은 것인지, 그리고 비단 치마로 값을 치르고 꿈을 샀기에 김춘추 같은 귀공자나 중국의 황제를 가까이하게 될 기회를 얻었는지에 대해서도 잘 모르겠다. 사실은 앞 이야기의 경우, 춘추나 문희는 서로가 서로를 알아 볼 눈을 가지고 있었으며, 더욱이 그 중간에서 둘을 연결시키고자 하는 유신의 뜻을 알아차릴 눈치가 있었다고 해야 실제에는 더 부합할 것이다.

그러나 사실이 무슨 상관이랴. 사실을 더 그럴듯하게 해주는 이야기가 배경에 깔리면 그 사실은 더 힘을 얻는 법이다.

다만 두 사람의 결혼은 그다지 간단한 문제가 아니었다. 일연은 묘사하지 않았지만, 『삼국사기』에서는 문희의 용모를 "옅은 화장과 가벼운 옷단장에, 빛나는 아름다움은 보는 이를 눈부시게 하였다"고 적고 있다. 춘추가 단번에 문희에게 푹 빠질 만도 하건만, 그래서 두 사람이 야합을 한 것까지는 순조로웠으나, 정식 결혼에는 한 가지 장애가 놓여 있었다. 춘추와 문희의 신분 때문이었다.

민족의 결혼

일제말기에 활동하여 근대적 문학 평론의 개척자라 평가받는 최재서(崔載瑞)는 친일 문학자의 오명 또한 뒤집어 쓴 채 생애를 마쳤다. 그

봄, 가을이면 무열왕릉은 수학 여행 온 학생들로 항상 붐빈다. 무열왕릉 비석을 받쳤던 살아 있는 듯한 거북이를 보러 오는 것인데, 비석은 없어지고 무열왕릉임이 적힌 비석 머리와 거북이 받침돌만 남아 있다. (경주 무열왕릉)

가 했던 대표적인 친일 행적은 총독부의 지원을 받아 일본어로 만드는 잡지, 『국민문학』을 주재한 일이었다.

여기서 최재서의 친일을 따질 겨를은 없다. 주목할 것은, 본업이 평론가인 그가 『국민문학』에 네 편의 소설을 발표하고 있는데, 그 가운데 세 편이 신라를 무대로 했고, 다시 그 가운데 두 편이 김유신을 주인공으로 하는 역사 소설이었다는 점이다. 물론 일본어로 쓴 소설이다. 본업에서 떠나 소설을 써야 했던 저간의 사정도 여기서 장황히 설명할 수 없다. 다만 그가 왜 김유신에 그다지 집착했던가가 의문으로 남는다.

주지하다시피 김유신은 가야 출신이다. 가야가 구형왕을 마지막으로 신라에 복속된 것은 법흥왕 19년(532년)의 일이다. 김유신이 태어나기 60여 년 전, 유신의 증조부 구해(仇亥)는 수로왕의 후손이었는데, 가야가 신라에 병합되자 가족들을 데리고 경주로 와서 살았다. 그래서 유신은 신라에서 태어났고, 그의 아버지가 신분이 높은 집안의 여자와 결혼하고 관직에 올랐지만, 그럼에도 불구하고 망국민에다 이민 4세의 신분적 제약은 좀체 지워지지 않았던 것 같다. 유신에게는 치명적인 콤플렉스였다.

일제시대 때 최재서가 그린 김유신의 모습이란 바로 망국민의 콤플렉스를 안고 살아가는 번민에 찬 지식인이다. 그것은 곧 최재서 자신의 의식이 투영된 분신이었다.

김유신을 주인공으로 하는 두 편의 소설 중에 하나가 「민족의 결혼」이다. 최재서는 이 소설에서 김유신이 의도적으로 자기 동생을 김춘추와 결혼시키려 한 것으로 그려 나갔다. 그것은 분명 앞에서 소개한 일연의 기록을 참고할 때 사실에 기초했다 할 수 있다.

그 곳에서 신분상의 차이 때문에 결혼이 불가능할 것을 안 유신의 아버지 서현공과, 그것을 극복하려는 유신의 갈등이 매우 확대되어 자세히 묘사된다. 사실 김춘추가 신라의 그렇고 그런 귀족으로 머물 사람이면 두 사람의 결혼이 크게 문제될 것 없었다. 그러나 춘추는 여자인 선덕과 진덕으로 명맥을 이어 나가는 당시 성골(聖骨) 왕실에서 다시 남자 왕을 추대하고자 할 때, 가장 유력시되는 후보였다. 그런 그가 본래 신라 사람도 아닌 가야 출신 지방 관리의 딸과 결혼한다면 스스로 왕위를 포기하는 것이나 다름없었다.

하지만 유신의 생각은 달랐다. 춘추의 왕위를 포기하자는 것도 문희의 결혼을 말리자는 것도 아니었다. 그는 두 가지를 모두 이루고 싶었다. 왕이 될 만한 이로 춘추 밖에 없었고, 문희와의 결혼이 이뤄졌을 때라야만 신라와 가야는 진정한 한 나라가 된다는 생각이 그 밑에 깔려 있었다. 그것이 최재서가 말하는 '민족의 결혼'이었다.

김유신은 마지막으로 하나의 꾀를 쓴다. 그것은 다음과 같은 방법이었다.

유신은 동생이 임신한 사실을 알고 꾸짖었다.
"네가 어찌 부모에게 알리지도 않고 임신을 하였다는 말이냐?"
그러고서 온 나라 안에 그 누이를 불태우리라고 말을 퍼뜨렸다. 하루는 선덕왕이 남산에 행차하여 노는 날을 기다렸다가, 뜨락에 나무를 쌓아 불을 피우니, 연기가 피워 올랐다. 왕이 멀리서 보고 신하들에게 물었다.
"웬 연기인가?"
"아마도 유신이 누이를 불태우려는 것인가 합니다."
"왜 그러지?"
"누이가 지아비도 없이 아이를 가졌다 합니다."
"이게 누구 짓인고?"
그 때 춘추가 곁에서 모시다 왕 앞에서 얼굴빛이 크게 변했다. 왕이 말했다.
"이것이 네 짓이로구나. 급히 가서 구하여라."

춘추가 명을 받들어 말을 달려 왕의 명령을 전하면서 막았다. 그 후 혼례를 치렀다.

최재서는 '번제(燔祭)'라는 소제목으로 이 대목을 묘사하면서 내용도 약간 달리하고 있다. 딸이 임신한 사실을 안 아버지 서현공이 죄를 씻을 제물로 화장을 한다는 것이다. 그 때 유신이 왕 곁에 있다가 이 같은 사실을 아뢰며 선처를 빈다. 일견 합리적인 최재서의 각색이다.

그러나 이보다 더 큰 차이는, 최재서가 왕을 선덕왕이 아닌 진평왕으로 설정했다는 점이다. 역시 그래야 사실에 가깝다는 최재서의 생각이었을 것이다. 왜 그런가? 춘추와 문희 사이에서 태어난 아들이자 나중 문무왕이 되는 법민(法敏)은 626년생이다. 춘추가 24세인 이 해는 바로 진평왕 48년이다. 최재서의 설정에 일견 수긍이 간다.

진골 출신 왕의 탄생
처남 매제간으로 맺어진 김춘추와 김유신 콤비는 이후 거칠 것 없이 자신들의 뜻을 펼쳐 간다. 김춘추가 왕실 내에서 강력한 입지를 굳혀가는 동안 김유신은 군부를 장악한다. 특히 김춘추는 당나라와의 외교에서 발군의 실력을 발휘한다. 일연은 그것을 다음과 같은 짤막한 삽화 하나로 부각시켜 놓았다.

동궁에 있을 때였다. 고구려를 정벌하고자 군사력을 빌리려 당나라에 들어갔다. 당나라 황제가 그 풍채를 칭찬하면서 신성한 사람이라고 추켜세웠다. 굳이 머물러 곁에서 지내라 하였으나 애써 청하여 돌아왔다.

김춘추는 자신뿐만 아니라 아들 법민, 인문 등도 기회가 있을 때마다 당나라에 보내 그 곳의 주요 인사들과 안면을 익히게 하였다.

그러나 왕위는 그렇게 쉽게 다가오지 않았다. 선덕여왕이 15년 진덕여왕이 7년을 하는 동안 춘추는 기다려야 했다. 더욱이 이미 성골의 혈통을 깬 다음이므로 춘추에게는 다른 명분이 필요했다. 거기서 나오는 것이 진골(眞骨)이다. 그 때까지는 두 집안이 모두 왕족이어야만 왕이 되는 신라 왕실에서, 이제 한 쪽만이어도 가능하다는 새로운 규칙을 만든 것이다. 사실 진골은 편협한 신라 왕실이 한층 더 개방적으로 나가는 데 크게 공헌한 제도이기도 하다.

드디어 춘추의 나이 51세, 진덕여왕이 승하하자 기회는 그에게 돌아왔다. 자신의 오른팔 김유신은 이제 누구도 거역 못하는 군부의 최고 실력자가 되어 있었다. 유신은 신이(神異)에 가까운 사람이었다. 당나라 소정방(蘇定方)이 사비강에 이르렀을 때의 일 하나를 일연은 다음과 같이 소개한다.

군사를 전진시켜 두 나라가 힘을 합한 다음, 강나루 어구에 닿아 강가에 주둔시켰다. 갑자기 까마귀가 소정방의 병영 위를 날아다녔다. 사람을 시켜 점치게 했다.

"반드시 소 원수가 다칠 것입니다."

소정방이 두려워서 군사를 끌어들이고 싸움을 그만두려 했다. 그러자 유신이 정방에게 말했다.

"어찌 나는 새 한 마리의 괴이한 짓거리를 가지고 하늘이 준 기회를 어길 수 있겠소. 천명에 응하고 인심에 따라, 지극히 어질지 못한 자를 치는 마당에, 어찌 상서롭지 못한 일이 있겠소."

곧 신검을 뽑아 그 새를 겨누었다. 그러자 새가 찢어져 그들 앞에 떨어졌다. 그제야 소정방이 왼쪽 기슭으로 나가, 산을 둘러 진을 치고 싸웠는데, 백제 군사가 크게 패했다.

그런 그가 춘추를 왕위에 앉히자고 제안했을 때 성골의 누구도 거역하지 못했다. 이제 진골의 시대가 열린 것이다.

화려한 무대 뒤의 여인

사실 김유신의 나라에 대한 충성은 누구에게도 견줄 바 아니다. 힘으로 안 되면 지략으로, 지략으로 모자라면 신술(神術)을 써서라도 주어진 일을 해내고야 마는 그였다. 그런 만큼 태종 무열왕에서 문무왕에 이어지는 삼국 통일의 역사(役事)에서 김유신의 활약은 눈부시다. 그래서 「기이」편 '태종 춘추공' 조의 다음과 같은 대목은 앞선 '김유신' 조의 속편으로 읽히기까지 한다.

신라에서 청한 당나라 군사가 평양 교외에 주둔하고, "급히 군량을 보내라"고 통고했다.
왕이 여러 신하들을 모아 놓고 물었다.
"적국에 들어가 당나라 군사가 주둔한 곳까지 이르려면 그 형세가 위태로울 것이다. 그렇다고 해서 우리가 청한 천자의 군사에게 군량이 떨어졌다는데 보내 주지 않는 것 또한 마땅치 못한 일이다. 어찌하면 좋겠는가?"

【 김유신가의 전설 】
김유신가의 근거지로 지금까지 재매정(財買亭)을 꼽는다. 이에 대해 일연도 간단한 기록을 남겨 놓고 있다.
"김씨의 시조 재매부인(財買夫人)이 죽어 청연(靑淵) 위 골짜기에 장례를 지냈으므로 재매곡이라 이름을 붙였다. 매년 봄, 집안의 남녀가 그 골짜기의 남쪽 시내에서 모여 연회를 가졌다. 그 때 온갖 꽃이 화창하게 피고, 송화 가루가 골짜기에 가득했다. 부림곡의 입구에 축대를 쌓아 암자를 지어 송화방(松花房)이라 하고, 대대로 전해 원찰로 삼았다."

김유신의 집터로 추정되는 곳에 우물이 남아 있다. 김유신이 배후조종해서 김춘추가 문희와 엮인 곳이기도 하다. 둘 사이에서 태어난 문무왕은 마침내 삼국 통일을 이룬다. (경주 재매정)

김유신이 아뢰었다.

"신들이 군량을 수송하겠으니 대왕께서는 염려하지 마소서."

이에 유신과 인문 등이 수만 명을 거느리고 고구려 국경에 들어가 군량 2만 섬을 보내 주고 돌아왔다. 왕은 크게 기뻐하였다.

당나라 군사가 백제를 평정하고 돌아간 뒤에, 신라왕이 여러 장수들에게 백제의 잔적들을 쫓아가 잡도록 명했다. 신라 군사가 한산성에 주둔했는데, 고구려와 말갈 두 나라 군사들이 와서 에워싸고, 5월 11일부터 6월 22일까지 번갈아 공격하며 풀지 않아 매우 위급해졌다. 왕이 듣고서 여러 신하들과 의논했다.

"장차 어찌해야 좋겠는가?"

머뭇거리며 결단치 못하고 있는데, 김유신이 달려와 아뢰었다.

"일이 급해져 사람의 힘으로는 할 수 없습니다. 오직 신술(神術)로나 구할 수 있을 것입니다."

그래서 곧 성부산(星浮山)에 단을 짓고 신술을 닦았다. 그랬더니 갑자기 큰 항아리만한 광채가 단 위로부터 나타나 별처럼 북쪽으로 날아가 버렸다. 한산성에 있는 군사들은 구원병이 오지 않는다고 원망하면서, 서로 바라보며 울고 있을 뿐이었다. 적병이 그들을 치려고 하자, 갑자기 광채가 남쪽 하늘로부터 와서 벼락을 내려, 30여 군데의 포석(砲石)을 때려부쉈다.

적군의 활과 화살 그리고 창은 부서지고 모두 땅에 쓰러졌다. 얼마 뒤에 적군들이 깨어나자 모두 분주히 달아나고 신라 군사는 돌아왔다.

이만한 활약을 했으니, 나중 그에게 흥무대왕(興武大王)이라는 시호가 내려지기까지 했겠으나, 살아서 영화도 그에 못지 않았다. 태종무열왕 2년 왕은 3월에 세자 법민을 태자에 책봉하고, 9월에는 자신의 셋째 딸 지소부인(智炤夫人)을 김유신에게 시집보낸다. 유신의 나이 이 때 60세였다. 매제에 이어 공들인 조카가 태자에 올랐을 뿐만 아니라, 자신은 왕과 처남 매제간이 아니라 장인 사위간이 되었다. 물론 지소부인은 문희와의 사이에 낳은 딸은 아니었을 것이다. 이 일련의 일들은 김유신이 살아 생전 누릴 수 있는 영화의 극치를 보여준다.

그래서일까, 두 남자 뒤에 숨은 한 여인의 그림자는 그만큼 짙어만 간다. 물론 이 여인은 문희다. 화려한 것을 받쳐줘야 하기에 속으로 인고하는 뭔가 찜찜한 구석이 있다.

김춘추의 이력을 자세히 살펴보면, 문희가 그에게 처음 여자는 아닌 것 같다. 선덕여왕 11년(642년) 대야성(大耶城)의 도독 품석(品釋)이 백제와의 싸움에서 죽었다. 그의 아내 또한 함께 죽었는데, 이 아내는 바로 김춘추의 딸이며, 춘추가 이에 백제를 집어 삼켜 원한을 갚겠다고 맹서하는 말이 『삼국사기』에 나온다. 이 때 김춘추의 나이

능이나 탑 둘레에 십이지신을 장식하는 것은 삼국 통일 후에 나타난 양식이다. 흥무대왕 김유신의 무덤에는 아름답게 조각된 십이지신이 아직까지도 잘 남아 있다. 사진에 보이는 것은 닭이다.(경주 김유신 무덤)

는 40세. 그러면 품석의 아내는 춘추가 문희와의 사이에 낳은 딸일까? 결론부터 말하자면 그럴 가능성은 적어 보인다. 법민이 626년생인데, 문희에게서 딸을 보았다 해도 그보다 뒤일 것이고, 그렇다면 이 딸이 죽은 나이는 많아야 15세다. 도독의 아내 치고 너무 어리다.

일연도 '태종 춘추공' 조에서 "태자인 법민 각간 · 인문 각간 · 문왕(文王) 각간 · 노차(老且) 각간 · 지경(智鏡) 각간 · 개원(愷元)을 모두 문희가 낳았다. (중략) 서자는 개지문(皆知文) 급간 · 차득령(車得令) 공 · 마득(馬得) 아간과 딸까지 다섯 사람"이라고 하였는데, 문희가 딸을 낳았다는 말도 없지만, 그런데도 도독의 아내가 된 장성한 딸이 있으니 아마도 법민 이전에 다른 여자에게서 낳은 자식으로 보인다. 그 여자가 춘추의 첫 부인일 것이다.

문희는 오라비의 어떤 계획에 따라 춘추와 맺어진 사이가 아닐까?

어쩌면 법민을 낳고도 정식 결혼을 하기까지는 많은 시차가 있지 않을까?

　김유신이 동생 문희를 불태워 죽이겠다고 벌인 해프닝을, 일연은 선덕왕 때의 일로 들었다 하고, 최재서는 진평왕 때라고 고쳐 놓았다. 문희의 뱃속에 법민을 품고 있을 때 이 일이 벌어지고 곧 결혼했다면 최재서의 정정이 옳다. 그러나 후처로 들어앉아 상당한 시간이 흐른 다음, 이제 웬만큼 힘을 얻은 유신이 끝내 처량한 동생의 처지를 참지 못하겠다고 나선 일이라면, 일연의 기록이 맞다. 상당한 시간이란 10년 남짓한 세월이다.

　동생의 처지가 처량해서만 그랬을 리 없다. 일은 제가 벌여 놓고 길길이 날뛰는 유신의 노한 목소리에 묻혀 한 여자의 여린 일생이 가려 있다.

만파식적 만만파파식적

문무왕 법민

신라의 삼국 통일을 말할 때면 언제나 태종 무열왕 김춘추와 태대각간 김유신을 들지만, 실질적인 통일의 주역은 문무왕 법민이라 해야 옳을지 모른다. 백제가 멸망한 663년이 문무왕 3년이요, 고구려가 멸망한 668년이 문무왕 8년이다.

물론 통일을 위한 모든 기반을 김춘추와 김유신이 마련했으므로, 문무왕은 다만 그것을 이어 마무리한 정도로 볼 수 있지만 말이다. 그러나 태자 시절에도 문무왕이 아버지 못지 않은 활약을 벌이는 데다, 20년간 왕위에 있으면서 통일 후의 마무리 작업 특히 당나라와의 외교 관계를 해결해 낸 점 등은, 통일을 위한 전쟁보다 더 어려웠던 일로 보인다.

문무왕 법민은 김춘추와 문희 사이에 태어난 아들이다. 앞서 잠시 그런 분위기를 내비쳤으나, 문희 이전에 춘추에게 자식이 있었던 것으로 보이고, 가야국 출신의 어머니에게 뿌리를 두고 태어난 아들이 왕위에 오르기란 쉽지 않았던 것 같다. 법민은 줄곧 당나라에 머물며 외교적인 업무에 종사하는데, 이는 국내에서 당할 정치적 견제를 피하고, 당나라 조정과의 친분을 쌓아 왕으로 등극하는 데 도움을 받고자 하는, 김춘추나 김유신의 뜻도 들어 있지 않았을까 한다.

법민이 당나라에 들어간 해는 650년, 아직 아버지 김춘추가 왕위에 오르기도 전이었다. 그로부터 4년 후 아버지가 왕위에 오르고, 본격적인 통일 전쟁이 시작되는 660년, 그러니까 당나라에 머문 지 11년째 되던 해, 백제 원정에 나선 소정방(蘇定方)의 군대를 따라 귀국한 것으로 보인다. 그리고 그 해 아버지가 죽고 법민은 이듬해 왕위에 오른다.

신라가 당나라를 끌어들여 벌인 통일 전쟁이 한민족의 영토를 축소한 결과만 초래했다고 비판받지만, 기록을 자세히 살피자면 당나라에 전부 뺏기지 않은 것만도 다행이었다는 생각이 없지 않다. 한반도 땅 전체를 집어삼키자는 것이 당나라의 속셈이었기 때문이다. 문무왕 법민은, 좀더 적극적으로 평가한다면, 그런 당나라와 맞서 최대한의 땅을 지켜 낸 사람이다.

사천왕사로 지켜 낸 땅

그런 방법 가운데 하나가 사천왕사(四天王寺)의 건립이었다. 「기이」편의 '문무왕 법민' 조는 이 기사부터 시작한다.

총장(總章) 무진년(668년)에 신라와 당 연합군이 고구려를 멸망시켰는데, 평양에 온 당나라의 군사 일부가 돌아가지 않고 진영에 머물렀다. 기회를 보면서 신라를 습격하려고 꾀하는 것이었는데, 문무왕이 이를 알고 선수를 쳤다. 그러자 이를 빌미로 설방(薛邦)을 장수로 삼아 50만 명의 대군이 신라를 치려고 하였다.

이 때 마침 당나라에 유학 중이던 의상(義湘)이 급히 귀국하여 그 사실을 알리고, 방어책으로 마련한 것이 명랑(明朗)의 비법이었다. 명랑은 "낭산 남쪽 기슭에 신유림(神遊林)이 있으니, 이 곳에 사천왕사를 창건하고 도량을 열면 좋을 것"이라고 하였다.

그러나 이 절이 완성되기도 전에 사태는 급하게 돌아가는데, 이에

사천왕사 터는 낭산 남쪽에 있다. 사천왕사가 이 곳에 세워짐으로써 낭산이 도리천이라고 한 선덕여왕의 예언이 적중했다고 하지만, 선덕여왕이 낭산을 도리천이라고 했기에 사천왕사를 이 곳에다 세웠다고 볼 수도 있겠다.(경주 사천왕사 터)

명랑은 물들인 비단을 가지고 임시로 절을 짓자 하고, 그를 필두로 밀교 승려 12명을 동원하여 문두루(文豆婁)의 비법을 썼다. 그랬더니 갑자기 바람과 물결이 거세게 일어, 당나라 배가 모두 침몰되었다. 이런 일은 3년 뒤인 671년, 조헌(趙憲)이 장수가 되어 5만 명의 군사가 쳐들어왔을 때에도 한 번 더 일어난다.

다분히 믿지 못할 기이한 일이다. 그래서인지『삼국사기』에서 이 같은 기사는 전혀 보이지 않는다. 다만 668년과 671년 사이에 신라와 당나라 사이에 심각한 외교 문제가 일어났었음을, 여러 가지 사건을 통해 전해 주고 있을 뿐이다. 특히 670년, 당나라가 그동안 잡아두었던 김흠순을 돌려보내고 대신 김양도를 가둔 일 같은 것이 그렇다. 신라왕이 멋대로 백제 땅과 유민을 차지했다 하여, 당나라 황제가 문책한 것이었다. 그러나 여기서도 고구려와의 관련성은 없다.

그런데 671년에 당나라와 신라 사이에 오고 간 장문의 외교 문서는 두 나라 사이의 갈등을 보다 더 분명히 보여 준다. 7월 26일, 황제의 이름도 아닌 총관 설인귀(薛仁貴)의 이름으로 온 글은 신라를 은혜도 모르는 반역자로 매도하고 있다. 이에 대해 문무왕이 보낸 답신은 지난 10년 동안 백제와 고구려를 멸망시키는 오랜 전쟁에서 신라와 당나라가 맺은 협약이며 합동 작전을 자세히 기술하고, 그 과정에서 당나라 군대가 무리하게 요구한 것들이며 위약(違約)을 자세히 들어, 문제의 책임은 결코 신라에 있지 않음을 완곡하나마 강하게 말하고 있다.『삼국사기』에 전문이 실린 이 답신을 읽다 보면 문무왕의 당당한 면이 잘 드러난다.

사실 그 이후로도 문무왕은 끝까지 당나라와 살얼음을 밟는 듯한 관계를 계속했다. 싸움은 거의 그칠 날이 없을 정도다. 삼국 통일 이후 신라가 자기 나라를 지키기 위해 얼마나 고투했는가가『삼국사기』에서는 사실적으로 기술되어 있다.

사천왕사 터 맞은 편에 망덕사 터가 있다. 논둑길을 따라 가면 작은 소나무 숲이 나오는데, 그 안에 당간지주와 일부 주춧돌만이 남아 있다.(경주 망덕사 터)

그에 비한다면 일연의 기술은 다분히 낭만적이기까지 하다. 사천왕사를 짓고 밀교승들의 문두루 비법으로 간단히 쳐부순 것처럼 되어 있으니 말이다.

두 번이나 크게 패한 황제는 당나라에 잡혀 있는 신라 사신들에게 까닭을 묻는데, 이 대목도 『삼국사기』에는 전혀 나오지 않으나, 일연다운 기술이어서 재미있다.

"너희 나라에 무슨 비법이 있길래, 두 차례나 대군을 보냈는데도 살아 돌아오는 자가 없느냐?"

"저희 같은 것들은 웃나라에 온 지 이미 십여 년이나 되어, 본국의 일을 잘 알지 못합니다. 다만 한 가지 일을 멀리서 들었을 뿐입니다. 웃나라의 은혜를 두터이 입어 삼국을 통일했으므로, 그 덕을 갚기 위해서 새로 천왕사를 낭산 남쪽에 창건하고, 황제의 만년수를 빌며, 여러 날에 걸쳐 법회를 열었다고 합니다."

고종이 듣고 크게 기뻐하여, 곧 예부시랑 악붕귀(樂鵬龜)를 신라에 보내 그 절을 살피게 했다. 문무왕은 이제 당나라 사자가 올 것이라는 소식을 듣고, 이 절을 보여 주는 것이 마땅하지 않다고 생각했다. 그래서 그 남쪽에다 따로 새 절을 창건하고 기다렸더니, 사자가 이르러 말했다.

"먼저 황제를 축수하는 천왕사에 가서 꼭 향불을 올리고 싶습니다."

그를 인도해 새 절을 살펴보게 했다. 사자는 문 앞에 서서,

"이것은 사천왕사가 아니오"

라고 하더니, 덕요산(德遙山)의 절을 바라보면서 끝내 들어가지 않았다. 신라 사람들이 황금 1,000냥을 주자, 사자가 돌아가서 이렇게 아뢰었다.

"신라에서 천왕사를 창건하고, 새 절에서 황제의 장수를 빌고 있을 따름이었습니다."

당나라 사자의 말에 따라 그 절을 망덕사(望德寺)라고 불렀다.

뇌물은 그 옛날부터 필요악(必要惡)이었던 모양이다. 사천왕사를 끝내 보여 주어서는 안 될 것 같아 이렇게까지 했으나, 그것은 신라가 당나라와 벌이고 있는 신경전이 얼마나 심했던가 알 수 있게 하는 대목이다.

사천왕사가 낙성된 해를 『삼국사기』는 문무왕 19년(679년)으로 적고 있다. 죽기 1년 전의 일이다.

죽어서는 나라를 지키는 용으로

다시 말하거니와 왕위에 있었던 20년 동안 문무왕은 당나라와의 투쟁을 계속한다. 당나라는 고구려와 백제의 유민을 꾀어 신라를 괴롭히게 하고, 문무왕은 그것을 역으로 이용하여 당나라 군사를 쳐부순

다. 당나라에 정면으로 대항하는 것이 아니라, 고구려와 백제의 반란군을 제압한다는 명분으로 싸움을 일으키되, 실제로 주적(主敵)은 당나라 군사로 삼았던 것이다. 문무왕의 이런 행적은 크게 평가받아 마땅하다고 여겨진다.

그런 까닭에 문무왕은 한시도 편할 날이 없었다.『삼국사기』에 실려 있는, 왕이 죽을 때 남긴 조서에는 "풍상을 무릅쓰다 보니 마침내 고질병이 생겼으며, 정무에 애쓰다 보니 더욱 깊은 병에 걸리고 말았다"고 적고 있는데, 이는 결코 과장이나 빈말이 아니리라 본다. 앞서 쓴 대로라면 문무왕은 626년생, 죽은 해의 나이 겨우 56세다. 고질병이나 깊은 병이 구체적으로 무엇인지 알 수 없으나, 요즈음으로 치면 암 같은 것이 아니었을까? 한시도 편할 날 없는 왕의 자리에서의 20년은 그의 수명을 단축시켰을 것이다.

한편 그의 조서에는 다음과 같은 구절도 눈에 띈다.

옛날 만사를 아우르던 영웅도 끝내는 한 무더기 흙더미가 되고 말아, 꼴 베고 소 먹이는 아이들이 그 위에서 노래하고, 여우와 토끼가 그 옆에서 굴을 팔 것이니, 분묘를 치장하는 것은 한갓 재물만 허비하고 역사서에 비방만 남길 것이요, 공연히 인력을 수고롭게 하면서도 죽은 혼령을 구제하지 못하는 것이다. 가만히 생각하면 마음이 쓰리고 아픈 것을 금치 못하겠으되, 이와 같은 것은 내가 즐겨하는 바가 아니다.

그러면서 화장을 하라고 유언한다. 이 대목은 다분히 김부식의 손에 의해 유교적으로 치장된 것이다. 결국은 불교식 장례를 명한 것인데, 일연은 문무왕의 최후를 이렇게 적고 있다.

왕이 나라를 다스린 지 21년 되던 영융(永隆) 2년 신사년(681년)에 돌아

'감포 바닷가에 있는 대왕암이 문무왕의 수중릉일까' 하는 궁금증을 풀겠다고, 얼마 전 TV 프로그램에서 대왕암의 물을 양수기로 다 퍼내고 조사한 결과, 능의 흔적은 아무것도 발견되지 않았다. 낭산 서쪽 십이지신상이 둘러진 특이하게 생긴 이 탑 자리에서 문무왕을 화장했고, 그 뼈를 대왕암에 뿌린 것이라고 한다. (경주 능지탑)

가셨다. 왕이 유언하신 말씀에 따라 동해 가운데 있는 큰 바위 위에 장사지냈다. 왕이 평소 지의(智義) 법사에게 이렇게 말했다.

"짐은 죽은 뒤에 나라를 지키는 큰 용이 되겠소. 그래서 불법을 높이 받들고 나라를 지키겠소."

"용은 짐승인데 어찌 하시렵니까?"

"나는 세상의 영화를 싫어한 지 오래 되었소. 만약 악한 업보 때문에 짐승으로 태어나더라도 짐이 평소에 가진 생각과 맞는다오."

살아서는 사천왕사를 지어 나라를 지킨 문무왕은 죽어서는 용으로 태어나 그 일을 계속하겠다고 한다. 용으로 태어나는 것은 축생도(畜生道) 곧 지옥이나 다를 바 없는 곳에 떨어지는 일이다. 지의 법사가 이를 걱정해서 한마디 거들지만, 왕의 신념은 비록 축생도에 떨어진

들 변함 없어 보인다.

　문무왕의 이같이 거룩한 생각은 그 아들 신문왕에게 이어져 더욱 아름답게 꽃 핀다. 문무왕의 이름이 법민인 데 비해 신문왕의 이름은 정명(政明)이다. 두 이름을 합쳐보면 법정(法政) 민명(敏明), 두 왕에 걸쳐 정치와 법이 밝고도 바르게 이루어지기를 이름에 넣어 소망한 것이지만, 실제 신라 천 년의 역사에서 두 왕대가 그 전성기를 구가한 것으로 보아 틀림없을 때, 이름은 이름 값을 하고 있다.

　아들 신문왕은 왕위에 오르자 부왕을 위해 동해 가에 감은사(感恩寺)를 짓는다. 「기이」편의 '만파식적(萬波息笛)'조 첫머리에 나오는 이야기다. 일연은 절의 기록이라고 하면서, 다음과 같이 주석을 달아 놓고 있다.

　　문무왕이 왜병을 무찌르고자 이 절을 짓기 시작하였는데, 다 마치지 못하고 돌아가셔서 바다용이 되었다. 그 아들 신문왕이 개요 2년(682년)에 일을 마치고, 금당의 아래를 밀어 동쪽으로 구멍 하나를 뚫었거니와, 이는 용이 절에 들어와 돌아다니게 마련한 것이다. 유언대로 뼈를 묻은 곳을 대왕암이라 이름하고, 절은 감은사라 하였다. 뒤에 용이 나타난 모습을 본 곳을 이견대(利見臺)라 이름하였다.

　문무왕과 신문왕 그리고 감은사와 대왕암·이견대의 관계가 명백히 나타난 부분이다. 금당 아래의 동쪽에 구멍을 낸 감은사. 용더러 다니라는 통로를 만들어 준 것이라니, 나는 이 부분을 읽을 때마다, 참으로 즐겁고 소중한 느낌이 가득해진다. 부자간의 짝짜꿍이 잘 맞아도 이렇게 잘 맞을 수 없다.

　지금은 터만 남은 감은사에 다행히도 동서에 세운 두 탑은 건재해 있다. 아마도 한반도에 남은 절의 탑 가운데 이만큼 기품 있고 의젓

한 것이 없으리라.

더할 수 없는 선물, 만파식적

사천왕사가 당나라 군대를 쳐부술 무슨 힘이 있으리라 믿지 못한 김부식은 피리 한 자루가 나라를 지킬 보배라고도 생각하지 않은 듯하다. 만파식적, 이 신기한 요술 피리에 대해서 그는 심히 믿지 못하겠다는 투다. 『삼국사기』「잡지(雜誌)」의 '삼죽(三竹)' 조에 『고기』의 기록을 인용하여 소개하고 있기는 하나, "괴이쩍어 믿을 수 없다"고 결론짓는다.

그러나 일연은 다르다. 절이며 피리며, 이성적으로 생각해서 믿을 수 없는 일들을 그는 떳떳이 쓰고 있다. 일연도 정말로 믿지 못할 구석이 없기야 했겠는가? 다만 그는 이 모든 일들을, 요즈음 말로 하면, 상징으로 받아들였을 터다.

신문왕 2년(682년), 5월 그믐의 일이다. 감은사 가까운 바닷가에 작은 산이 떠서 오간다는 희한한 보고가 올라왔다. 일관은 바다 용이 된 문무왕과 33천의 하나가 된 김유신이 큰 선물을 주려는 징조라고 풀이했다. 신문왕에게 두 사람은 아버지와 외할아버지였다.

　왕은 기뻐하며, 그 달 7일 가마를 타고 이견대로 가서 그 산을 바라보고, 신하를 시켜 살펴보도록 하였다. 산의 모양새가 마치 거북의 머리 같은데, 그 위의 대나무 한 그루가 낮에는 둘이 되고 밤에는 하나가 되었다. 신하가 와서 아뢰자 왕은 감은사에 가서 잤다.
　다음 날 정오, 대나무가 합쳐 하나가 되자 천지가 진동하고 바람과 비로 어두워지는데, 7일간이나 갔다. 그 달 16일에 이르러서야 바람이 자고 파도가 잠잠해졌다. 왕이 바다를 건너 그 산에 들어가니, 용이 검은 옥대를 받쳐들고 나오는 것이었다. 왕은 영접하고 함께 앉아 물었다.

푸른 달빛 아래 대왕암을 보게 되었다. 잔잔한 파도에 부서지는 달빛을 받으며 길게 누운 대왕암을 보는 순간 "아~" 하는 작은 탄성이 저절로 흘러 나왔다. (경주 대왕암)

"이 산이 대나무와 함께 쪼개지기도 하고 오므라지기도 하니, 어쩐 일입니까?"

"비유컨대 손바닥 하나로는 소리가 나지 않고, 두 손바닥으로 치면 소리가 나는 것과 같습니다. 이 대나무라는 물건도 오므라진 다음에야 소리가 나지요. 훌륭한 임금이 이 소리를 가지고 천하를 다스리게 될 상서로운 징조입니다. 왕께서 이 대나무를 가져다가 피리를 만들어 불면 세상이 화평해질 것입니다. 지금 돌아가신 왕은 바다 가운데 큰 용이 되어 있고, 유신은 다시 천신(天神)이 되어서, 두 분 성인이 한 마음으로 이런 값으로 칠 수 없는 큰 보물을 내어놓고, 날더러 바치라고 하였습니다."

왕은 놀라 기뻐하며, 다섯 가지 색깔이 칠해진 비단이며 금과 옥으로 제사를 드렸다. 신하를 시켜 대나무를 잘라 바다에서 나오자, 산과 용은 어느덧 사라지고 보이지 않았다.

상징의 핵심은 고장난명(孤掌難鳴)이었다고 해야 할까? 천하를 상서롭게 다스리고 화평해지기를 바라는 것은 누구나 같다. 그런 소망의 결정(結晶)이 피리로 상징되어 나오는 것이다. 문무왕은 바다를 지키는 용이, 김유신은 하늘을 지키는 별이 되어, 신라와 거기 사는 백성을 영원토록 평안히 해준다는 믿음 또한 거기 가세한다.

그것이 믿을 수 없는 괴이한 일인들 어떠랴. 당대의 사람들이 그렇게 믿고, 그런 믿음 위에서 마음을 하나로 하여 살아가는 일 자체가 중요할 뿐이다. 그것이야말로 '값으로 칠 수 없는 큰 보배'인지 모른다. 일연은 마지막에 이렇게 첨가한다.

이 피리를 불면 적병이 물러나고 병이 치료되며, 가뭄에는 비가 내리고 홍수 때는 맑아지며, 바람이 자고 파도가 잔잔해지는 것이었다.

유홍준 교수의 『나의 문화유산 답사기』 표지 모델이 되며 갑자기 유명해진 감은사 탑을 처음 찾은 것은 1991년이었다. 그 때는 유명해지기 전이어서, 동네 아이들이 모여 노는 정겨운 곳이었다.(경주 감은사 터)

어느 해인가, 대학 입시 시험에 이 문장의 원문을 주고 번역하라는 문제가 난 적이 있다. 특히 이 가운데, "旱雨雨晴 風定波平"이라는 부분이었다. 한문의 문장 구조를 잘 알고 있지 않으면 쉽게 번역할 수 없기에 잘 낸 문제였지만, 이 문제를 푸는 학생들이 문장 구조가 아니라 거기 담긴 만파식적의 상징성을 잘 이해해 주면 더 좋겠다고 생각한 적이 있다.

만파식적은 어디로 갔을까?

더할 수 없는 보배인 만파식적의 그 뒤 소식을 일연은 두 번 더 쓰고 있다. 곧 만파식적이 어떻게 되었는지 알 수 있는 기록들이다.

먼저 「탑상」편의 '백률사(栢栗寺)' 조에서 나온다. 신문왕의 바로 다음 왕인 효소왕 2년(693년)의 일이다. 왕위에 오른 다음 대현(大玄) 살찬의 아들 부례랑(夫禮郎)을 국선(國仙)으로 삼았는데, 안상(安常)과 특히 가까이 지내며 무리를 이끌고 금란에 놀러가던 그는 말갈족에게 포로가 되었다. 모두들 도망 나오고 오직 안상만 뒤쫓아 갔다.

이 때가 3월 11일이며, 부례랑의 소식은 곧 왕에게 전해졌다.

왕이 이를 듣고 놀라움을 이기지 못한 채 말했다.

"아버님께서 신령스런 피리를 받아 내게 전해 주셨다. 지금 현묘한 가야금과 함께 궁궐 안 천존고(天尊庫)에 간직되어 있는데, 어떤 이유로 국선이 적에게 포로가 되었단 말이냐? 이를 어떻게 할꼬?"

그 때 상서로운 구름이 천존고를 뒤덮었다. 왕이 또 깜짝 놀라 창고 안을 살펴보라 했더니, 가야금과 피리 두 보배가 없어졌다.

"내 어찌 이다지 챙기지 못하여, 국선을 잃더니 또 가야금과 피리를 잃어 버렸단 말이냐."

토함산으로 지는 노을을 배경으로 우람한 석탑의 실루엣이 모습을 드러내고, 그 위로 길게 뻗은 날카로운 철주가 팽팽하게 긴장하고 있는 모습을 보기 위해 해질녘 감은사 터를 자주 찾았다. (경주 감은사 터)

이에 창고지기 김정고 등 다섯 사람을 가두었다. 4월에 전국적으로 사람을 모으며 말했다.

"가야금과 피리를 찾는 자에게 상으로 1년 치 세금을 주겠다."

5월 15일, 낭의 두 부모가 백률사의 대비상(大悲像) 앞에 가서 정성 들여 여러 날을 기도하였다. 그러자 홀연히 상 위에 가야금과 피리가 나타나고, 낭과 안상 두 사람이 불상 뒤에 와서 섰다. 두 부모가 엎어질 듯이 기뻐하며 오게 된 경로를 물었다.

"제가 잡혀가서 저 나라 대도구라(大都仇羅) 집의 목사가 되어 내오라니(大烏羅尼) 들에서 짐승을 쳤습니다. 그런데 갑작스레 스님 한 분이 모습도 단정하게 나타나 손에 가야금과 피리를 들고, '고향을 생각하느냐'면서 위로하였습니다. 제가 저도 모르게 꿇어앉으며, '임금과 어버이를 생각하는 마음 지극하기가 어찌 말로 다 하겠습니까'라고 했지요. 그러자 스님이 '그렇다면 나를 따라 오너라'라고 하였습니다. 그래서 바닷가에 이르렀는데 안상을 만났습니다. 거기서 이 피리가 둘로 나뉘져 두 사람이 각각 하나씩을 타고, 스님 자신은 가야금을 탔지요. 바다에 둥둥 떠서 돌아오는데, 얼마 안 있어 여기에 이르렀습니다."

이에 이 일을 자세히 왕에게 달려가 아뢰었다. 왕은 크게 놀라며 낭을 맞아들이고, 가야금과 피리를 안으로 들였다.

이 이야기는 본디 백률사의 대비상이 영험 있음을 말하자는 데서 나왔다. 효소왕 때까지 국선 제도가 살아 있었음을 알게도 되거니와, 국선이 적군의 포로가 되자 대비상의 도움으로 피리가 날아가 구해 왔다는 데서, 어느 결에 만파식적과 불교가 습합되었음을 알게 된다.

효소왕은 백률사에 많은 시주를 하고, 여러 사람들에게 벼슬과 상금을 주었는데, 신령스런 피리를 일컬어서는 만만파파식적(萬萬波波息笛)이라 했다. 벼슬이 높아져 더 이상 오를 데가 없으면 한 글자씩

이견대는 대왕암이 내려다보이는 언덕 위에 있다. 신문왕이 용으로 변하는 문무왕을 본 곳이며, 만파식적을 얻은 곳이다. (경주 이견대)

　덧붙이는 신라의 관습이 있다. 예컨대 김유신은 각간이었지만, 더 공을 세우자 대각간이라 했고, 다시 더 공을 세우자 태대각간이라 한 것이 그렇다. 만파식적이라는 이름만으로도 더할 데 없는 보배이나, 거기에 공을 더 세우니 글자를 하나씩 더 붙여 주었던 것이다.
　만파식적의 이야기는 원성왕(785~798년) 때 한 번 더 나온다. 왕의 아버지 효양 대각간이 만파식적을 아들에게 넘겨 주었는데, 이것을 얻었으므로, "하늘의 은혜를 두터이 받았고, 그 덕이 멀리 빛났다"는 대목이다. 왕은 일본 사람들이 이 피리를 보자고 많은 금은보화를 가져와 간청해도, 이런저런 핑계를 대며 물리쳤다. 이에 대해서는 뒤에 다시 자세히 쓰기로 하겠지만, 그런 다음에 만파식적은 더 이상 소식이 없다.

권력의 끝

토사구팽(兎死狗烹) 그 비정한 원칙

얼마 전, 우리 나라의 정치인들 사이에서 '토사구팽'이라는 말이 유행했었다. 사마천(司馬遷)의 『사기(史記)』에 '교토사주구팽(狡兎死走狗烹)' 곧 토끼를 잡고 나면 사냥개를 요리해 먹는다는 말에서 유래한, 권력의 비정한 뒤통수치기를 나타내는 이 말은 이미 비유도 아니다. 권력을 잡은 자의 마무리 과정에서 밀려날 수밖에 없었던 사람들은 모두 이 한마디에 쓸쓸한 제 인생을 깊은 한숨과 함께 무상한 세월로 돌려보냈다.

그것이 어찌 어제오늘의 일이겠는가? 이미 사마천의 시대부터 변함없는, 비정의 극치를 달리는 원칙이다. 권불십년(權不十年)이라, 거기서 예외가 될 사람 또한 없다. 최소한 그 권력을 좋아하고, 함께 쫓아다닌 사람이라면 어느 순간 사냥개 신세로 바뀔지 아무도 모른다.

『삼국유사』에서 토사구팽의 첫 비극적 주인공은 뜻밖에도 김유신이다. 아니다. 삼국시대를 살다간 사람들 면면 가운데 왕 이상의 권력에 올라선 대표적인 인물이라는 점에서 그는 첫번째 순번을 받을 충분한 자격이 있는지도 모른다. 「기이」편 '미추왕과 죽엽군[味鄒王竹葉軍]'조에 나오는 이야기다.

한참 뒤 37대 혜공왕 때였다. 대력(大曆) 14년은 기미년(779년)인데, 4월에 갑자기 회오리바람이 김유신의 무덤에서 일더니, 거기서 장군과 같은 모습을 한 사람이 말을 타고 나타났다. 뒤따라 갑옷에다 무기를 든 40여 명이 좇아 나와 죽현릉(竹現陵)으로 들어갔다. 얼마 있다 능 안에서 크게 우는 소리처럼 울리고 호소하는 듯한 소리가 들려왔다. 그 말은 이랬다.

"제가 살아서는 신하로 일하며 어려움을 이겨 내고 통일을 이뤘으며, 죽어 혼백이 되어서는 나라를 지키고 재앙을 물리치며 환난에서 구하려는 마음이되, 조금이라도 넘보지 않았습니다. 그런데도 경술년(770년)에 제 자손들이 죄 없이 가혹한 벌을 받았습니다. 임금과 신하가 저의 공과 충성심을 생각하지 않으시니, 저는 멀리 다른 곳으로 옮겨 다시 수고로운 일을 하지 않으려 합니다. 왕께서는 허락하여 주소서."

김유신의 말이었다. 왕은 대답했다.

"오직 내가 그대와 더불어 이 나라를 지키지 아니하면 백성들은 어디로 가란 말이오? 그대는 다시 이전처럼 힘을 다해 주시오."

김유신이 세 번을 청했으나 왕은 세 번 모두 들어 주지 않았다. 그러자 회오리바람이 잠잠해졌다.

김유신은 문무왕 13년(673년)에 죽었다. 삼국 통일의 위업이 달성된 5년 뒤의 일이다. 그로부터 100년쯤 뒤에 이 사건이 벌어졌다.

죽어서도 100년 동안 김유신의 자손들은 그 영화를 누렸으되 언제나 가시방석이었다. 물론 김유신은 문무왕과 외삼촌간이고, 신문왕에게 외할아버지가 되며, 이후 효소왕·성덕왕·효성왕·경덕왕·혜공왕이 그 자손으로 이어지니, 김유신과 그 후손들로서야 처음만 같지는 못해도 섭섭한 대우는 받지 않았을 것이다. 문제는 마지막 혜공왕대에서 일어났다. 혜공왕이 재임한 16년 동안 다섯 번의 반역 사건이 일어나고, 결국 그것으로 왕도 죽임을 당할 뿐만 아니라, 왕위 계

한가하기 그지없는 김유신 무덤이다. 이런 고요를 뚫고 김유신과 40여 명의 무사들이 뛰쳐 나올 정도였다면 무언가 참지 못할 큰 일이 일어났던 것 같다. (경주 김유신 무덤)

승이 태종 무열왕 후손에서 떨어져 나간다. 왕실의 비극은 그 외척의 비극을 수반했을 것이다. 김유신이 죽현릉을 찾아 울분을 호소한 바로 다음 해의 일이다.

혜공왕과 관련된 이 이야기는 다음으로 미뤄 두자. 여기서는 김유신이 찾아갔다는 죽현릉의 주인공이 누구인지 알아보는 쪽으로 말머리를 돌리겠다.

김씨 성을 가진 첫 왕

같은 '미추왕과 죽엽군' 조의 첫 부분으로 돌아간다. 일연은 "제13대 미추 닛금은 김알지의 7세손이다. 대대로 빛나는 집안의 전통을 잇고 두루 성덕(聖德)을 갖추었다. 이해왕(理解王)에게서 물려받아 비로소 왕위에 올랐는데, 23년간 자리에 있다가 죽었다. 왕릉은 흥륜사(興輪寺) 동쪽에 있다"고 하였다. 미추왕이 '비로소 왕위에 올랐다' 함은 김씨로서 처음 왕이라는 사실을 강조하기 위해서다.

『삼국사기』는 물론 일연 또한 신라의 왕실 세 성 가운데 김씨를 가장 중요하게 여긴다. 물론 미추왕 이후 신라 왕실이 김씨 집안으로 들어찼으므로 당연한 이치이고, 누가 시비를 걸 일도 아니다. 그런데 탈해왕 때의 김알지 탄생을 비중 있게 싣는다든지, 미추왕이 즉위하자 그 사이 이어진 세계(世系)까지 일일이 적어 둔 것은 왠지 과잉이라는 느낌이 든다. 마치 정통성을 확보하려는 어느 후손의 끈질긴 조상 찾기처럼 말이다.

흔히 『삼국사기』와 『삼국유사』가 삼국시대를 신라 중심으로 기술했다고 하지만, 좀더 엄밀히 말하면 신라의 김씨 왕 중심이라고 말할 수 있다. 김부식과 일연이 다같이 경주 출신에 김씨여서였을까?

그런데 거기서 일연은 미추왕에 대해 좀더 적극적이다. 『삼국사기』가 그 특유의 메마른 문체로 미추왕대의 사건을 나열해 간 데 비해, 일연은 이 왕과 관련된 두 가지 일을 매우 극적으로 소개하고 있다.『삼국사기』가 그 중 한 가지만 소개하고 있는 것과도 비교된다. 계속되는 '미추왕과 죽엽군' 조의 이야기인데, 앞서 소개한 김유신의 죽현릉 방문 이전에 써 있다.

> 제14대 유례왕(儒禮王) 때에 이서국(伊西國) 사람들이 금성으로 쳐들어왔다.
> 신라 쪽에서 힘을 다해 막았으나 버티지 못하였는데, 갑자기 기이한 병사들이 달려와 도와주었다. 그들은 모두 귀에 대나무 잎사귀를 꽂고, 신라군과 힘을 합하여 적을 쳐부쉈다.
> 군사들이 물러간 다음 어디로 갔는지 알 수 없었다. 다만 대나무 잎사귀가 미추왕의 능 앞에 쌓여 있는 것이었다. 그래서 선왕의 음덕이 공을 이루었음을 알았다.
> 이 때문에 죽현릉(竹現陵)이라 불렀다.

미추왕 이야기 두 가지 가운데『삼국사기』에도 실려 있는 한 가지다.『삼국사기』에서는 이 사건을 유례왕 14년의 일로 기록하고 있다. 유례왕이 죽기 1년 전의 일이다. 그러나 미추왕의 능을 왜 죽현릉이라 했는가를 설명하는 일연의 붓끝은 이처럼 기승전결의 극적인 구조로 전개된다.『삼국유사』의 기술 체제가『삼국사기』와 다른 점, 그리고 그 장점을 충분히 활용하고 있음을 극명히 보여 주는 대목이기도 하다.
어쨌건 죽현릉의 주인공이 바로 미추왕임이 드러났다. 그런데 김유신의 혼령은 왜 미추왕릉을 찾아가고 있을까?

김유신과 미추왕
미추왕의 살아 생전 업적은 사실 그다지 자세하지 않다.『삼국사기』

와 일연 쪽 모두 그렇다. 자세하지 않다는 것은 그만큼 큰 업적이 없다는 것의 반증이겠는데, 그런 그가 죽은 다음에 일어난 두 가지 이적으로 그의 영향력이 사실 만만치 않았음을 짐작할 뿐이다.

그것은 어떤 영향력일까? 앞서 우리는 그가 김씨 성의 첫 왕이라는 사실을 확인했는데, 이후 신라 왕실이 김씨 성으로 이어졌다는 점에서 첫번째 이유를 찾을 만하다. 물론 미추왕 이후 다시 석씨가 왕위를 이어, 유례·기림·흘해가 70여 년 동안 계속된다. 그러나 내물왕이 들어서서 신라 말기 가까이까지 김씨 계승이 끊이지 않아, 어쨌거나 미추왕은 그같이 화려한 김씨 집안의 대부가 될 수 있었다. 석씨인 유례왕 때 이서국의 침입을 혼령의 힘으로 막았다는 이야기는, 미추왕에 대한 미화로도 해석된다. 죽은 김씨가 살아 있는 박씨보다 낫다는 이야기인 셈이다.

한편 김유신은 가야 이주민 출신이지만 왕실이나 다름없는 지위를 확보했었다. 그런 그가 자손들이 당하는 토사구팽의 억울한 광경을 보면서, 혼령으로 나라를 구했다는 김씨의 대부 미추왕을 찾아가고 있는 것이다. '미추왕과 죽엽군' 조의 마지막에 일연은, "미추왕의 영령이 아니면 무엇으로 김유신의 분노를 막았겠는가? 왕이 나라를 지키는 공덕이 크다 아니할 수 없다"고 적는다. 사람들은 이 때문에 "그 덕을 가슴에 품고 삼산(三山)과 함께 제사지내기를 빠트리지 않았다. 서열을 박혁거세의 다섯 왕릉 위에 놓아 대묘(大廟)라 불렀다"고까지 한다. 삼산은 신라의 종묘 제도 가운데 가장 큰 제사 곧 대사(大祀)를 올리는 세 곳, 내림(奈林)·골화(骨火)·혈례(穴禮)다. 미추왕의 존재는 이렇듯 죽어서 더 진가를 발휘했다.

미추왕을 대사와 함께 제사지냈다는 사실은 김유신이 미추왕릉을 찾아간 데에 어떤 관련이 있다. 김유신도 이 세 곳 신들의 도움을 받은 적이 있기 때문이다. 앞서 김유신과 삼국 통일을 말하면서 소개하였듯이, 백석(白石)의 꾀임에 넘어간 김유신이 멋모르고 그를 따라가려다, 세 곳의 신이 나타나 깨우쳐 준 일이다. 여자로 나타난 이들은 백석을 따돌리고 진짜 이야기를 꺼내는데, "우리는 내림·혈례·골화 등 세 군데의 호국신이다. 지금 적국 사람이 그대를 꾀어 이끌었으나, 그대가 모르고 나아가므로, 우리가 그대를 머물게 하도록 여기에 이르렀다"고 했다. '호국'이라는 한마디로 세 곳의 신 ― 미추왕 ― 김유신은 자연스럽게 연결된다.

그러나 미추왕의 진가가 올라가면 갈수록 토사구팽의 당사자들은 쓸쓸할 뿐이다. 김유신이 미추왕의 죽현릉에 찾아가 한바탕 넋두리를 풀어 놓은 다음, 이런 기이한 일 때문에 마음 약한 혜공왕은 잠시 혼비백산했을 것이다. 그래서 다음과 같은 조치를 취한다.

> 왕이 이를 듣고 두려워하며, 대신 김경신(金敬信)을 보내 김유신의 능 앞에 가서 사과하고, 그를 위해 공덕보전(功德寶田) 30결로 취선사(鷲仙寺)에서 명복을 비는 데 쓰도록 했다. 이 절은 곧 김유신이 평양을 토벌한 다음 복을 빌기 위해 세운 연고가 있다.

이로써 본다면 어지간한 한풀이가 되었을 법도 하다. 그러나 쫓겨난 자식들의 행방에 대해서는 끝내 아무런 소식이 없다. 명복을 빌었다는 취선사도 실은 오래 전 김유신을 위해 지은 절이었으나, 이 기록의 이면을 들여다보면, 그동안 제사마저 끊기고 버려져 있었다는 말 아닌가?

앞서 미추왕의 혼령이 처음 나타난 유례왕 14년은 그 왕이 죽기 1년 전이다. 이제 두 번째 나타난 혜공왕 15년 또한 그 왕이 죽기 1년 전이다. 이 절묘한 공통성. 더욱이 혜공왕으로 김춘추 직계 후손의 왕위 계승은 종지부를 찍는다.

석탈해왕 시절 계림에서 난 김알지의 7대손 미추왕은 신라 최초의 김씨 왕이다. 신라 왕들이 박·석·김 세 성씨로 이어졌지만 대부분은 김씨 왕이었다. 미추왕릉이라고 전해오는 능은 경주 시내 대릉원 안에 있다.(경주 미추왕릉)

　김춘추와 김유신 두 사람을 축으로 하는 이 기간은 역시 신라의 전성시대였다. 이웃한 당나라가 그 전성기를 구가한 것과, 일본이 나라(奈良)시대라고 하는 그들의 첫 문화시대를 열었던 것과 시대를 같이한다. 신라는 안정된 구도 속에서 많은 문물을 받아들이고 또 전해주었다. 그래서였을까, 일본의 한 사학자는 이 시기를 신라의 중대(中代)라고 명명했다.

효소왕대의 죽지랑

김유신가의 몰락은 100여 년의 시차를 두고 서서히 진행되지만 토사구팽의 비정함은 여기저기서 목격된다. 전쟁이 끝나 시대가 안정되자 사람들의 관심은 자연히 다른 데로 흘러갔다. 그 가운데 가장 걸리는 존재가 전쟁 영웅들이었다. 그들은 전쟁 때에 절대적이면서 평화가 돌아오면 껄끄럽기만 하다. 토사구팽의 칼은 바로 그들을 겨누고 있었다.

김유신 또한 전쟁 영웅이다. 다만 그의 집안이 100년을 유지할 수 있었던 것은 왕실과 맺은 사돈 관계 덕분이었다. 그렇지 못한 대부분의 영웅들에게 갈 길은 정해져 있었다.

최근 학계에서 『화랑세기(花郎世紀)』라는 책의 진위(眞僞) 여부와 그 역사적 가치를 두고 많은 논쟁이 있었다. 이 책이 전해 주는 화랑의 모습이 부분적으로나마 우리를 당혹하게 만들었기 때문이다. 그것은 신라 통일 후의 화랑들이 걸어갔던 비참한 말로인데, 세간을 떠나 승려가 되는 경우는 차라리 점잖은 은거이기에 무상한 세상의 인정을 훌훌 털어 버릴 수 있었거니와, 한편에서는 그들이 지닌 재주를 파는 광대에 버금갈 예인(藝人)이나, 급기야 귀족 부인들의 노리개감으로 전락한 남창(男娼)이 되었다는 데에서, 우리들의 눈은 실상 당혹을 넘어 경악에 어지럽다. 그것이 정말일까? 너무나 어이없기에, 이는 분명코 위서(僞書)며, 이 책의 출처인 일본 쪽의 어딘가에서 신라 화랑을 욕보이려고 조작한 것이라 주장하게도 된다.

화랑은 바로 전쟁 영웅 그들이다. 앞서 살펴본 대로 '신라 통일의 8할'은 화랑이 차지해 마땅하다. 그런 그들이 예인이며 남창이라니?

믿지 못할 일이지만 통일 이후 화랑 출신들이 걸어갔던 쇠락의 길을 하나하나 찾아보면 한편 수긍이 가기도 한다. 화랑 가운데 우두머리는 실권을 잃은 종이 호랑이로, 무리들은 주인을 잃은 처량한 신세로 이리저리 내쳐졌다. 철저한 토사구팽이다.

죽지랑 또한 그런 화랑 가운데 한 사람이었다. 「기이」편의 '효소왕대의 죽지랑[孝昭王竹旨郎]' 조에 소개된 그는, "공직에 나가 김유신과 함께 부수(副帥)가 되어 삼국을 통일하였다. 진덕왕·태종왕·문무왕·신문왕 4대에 걸쳐 재상을 지내며 나라를 발전시켰다"고 하

부산성은 경주 건천의 서쪽에 있는 부산 꼭대기에 위치한 산성이다. 부산의 북동쪽 골짜기는 선덕여왕 이야기에 나오는 여근곡이고, 남동쪽으로 단석산이 마주보고 있다. 화랑들의 주된 수련처였던 단석산에 오르면 바로 앞의 부산성을 비롯하여 경주일대가 다 보인다.(경주 단석산)

였다. 그의 아버지 술종공(述宗公)은 신라의 중요 정책을 결정짓는 최고의 자리에 있었던 사람이다. 그런 집안 출신에다 또 그만한 업적을 쌓은 죽지랑마저 노년에는 쓸쓸한 뒷방 신세를 면치 못했다. 그 이야기는 그의 부하 득오(得烏)와 관련해서 다음과 같이 나온다.

제32대 효소왕 때에 죽지랑의 무리 가운데 득오 급간이 있었다. 이름을 화랑의 명부에 올리고 날마다 나오더니, 열흘이 넘도록 보이지 않았다. 죽지랑이 그 어머니를 불러 물었다.

"아들이 어디 있는가?"

"당전(幢典) 모량의 익선(益宣) 아간이 제 아들을 부산성의 창고지기로 발령했습니다. 서둘러 가야 할 길이 급해, 낭께 사직 인사를 드릴 겨를도 없었지요."

경주에서 울산 방향으로 35번 국도를 따라 차로 약 30분쯤 가면 천전리가 나온다. 시작 부분에서 보여 준 석기인들의 그림이 있는 바위가 바로 여기에 있는데, 신라 법흥왕(525년) 때 이 곳에 놀러 온 왕실의 사람들이 바위에 새겨 놓은 글씨가 남아 있을 뿐만 아니라, 이 곳에 놀러 왔는지 수련하러 왔는지는 모르지만 화랑들의 낙서도 잔뜩 남아 있다. (울산 천전리)

"네 아들이 만약 개인적인 일로 그 곳에 갔다면 찾아볼 필요가 없겠으나, 이제 공적인 일로 갔다고 하니 가서 위문이나 해야겠다."

이에 죽지랑은 떡 한 바구니와 술 한 병을 가지고, 아랫사람을 거느리고 갔다. 낭도 137인이 또한 의식을 갖춰 따르며 부산성에 이르러 문지기에게 물었다.

"득오가 어디 있느냐?"

"익선의 밭에서 순서에 따라 일을 하고 있습니다."

죽지랑은 밭으로 가서, 가지고 온 술과 떡을 먹이려고 익선에게 시간을 달라 하면서, 함께 돌아가려는 계획까지 세웠다. 그러나 익선은 완강하게 막으면서 내주지 않았다.

마침 사리 간진(侃珍)이 퇴화군에서 세금 30석을 거두어 서울로 옮기다가, 낭이 낭도를 귀중히 여기는 모습을 아름답게 그리고 익선의 꽉 막힌 태도를 답답하게 여겨, 가지고 가던 30석을 익선에게 주고 도와달라고 부탁했다. 그러나 들어 주지 않았다. 사지 진절(珍節)이 타고 가던 말에서 안장을 풀어 주자 그 때서야 허락을 했다.

득오가 지은 향가 「모죽지랑가(慕竹旨郎歌)」의 배경 설화로도 유명한 이야기다. 득오가 새로운 자리에 전출되어 임지에 가서 일하는데, 옛 상관으로서 죽지랑이 면회를 갔던 일 정도, 거기서 좀더 나간다면 비뚤어진 관리가 사람 속을 썩인 일 정도로 보면 그만일 수 있는 일화에 불과하다. 그러나 이 일화의 내면에는 한낱 종이호랑이로 변해 버린 화랑 출신들의 쓸쓸한 노년이 숨어 있다.

익선의 벼슬은 아간이다. 신라의 17단계 벼슬 가운데 여섯 번째, 이른바 육두품이다. 그러나 1에서 5까지는 성골·진골만이 임명되는 귀족 계급이므로, 아간은 일반 관리가 올라갈 수 있는 가장 높은 자리였다. 익선이 꽤 높은 자리에 있었던 것만은 사실이다. 그에 비해 득오의 벼슬인 급간은 아홉 번째 단계다.

하지만 육두품과 성골·진골이라는 귀족 계급 사이에는 건널 수 없는 강이 놓인, 그야말로 하늘과 땅의 차이가 있다. 육두품은 아무리 뛰어난 자라도 더 이상의 진급이 불가능하다. 성골·진골의 피를 타고나지 않으면 말이다. 더욱이 죽지랑은 성골·진골 귀족 가운데서도 특별한 집안 출신일 뿐만 아니라, 삼국 통일의 전쟁터를 숱하게 누빈 역전의 영웅이다. 그런 그에게 아간 벼슬아치가 대들고 있다. 더욱이 은퇴한 노장군이 옛 부하를 찾아와 위문이나 하자는, 어떤 무리한 요구를 하고 있지도 않은데 말이다. 죽지랑의 나이 이 때 80세 어름으로 짐작된다.

그런 광경이 조금은 안 돼 보였을까, 하급 관리 두 사람이 뇌물을 먹여 난처한 상황을 모면하고 있다. 신라 계급제 사회가 고착되어 병통을 보이는 후기에 이르면 급기야 육두품들의 반발로 나라가 바뀌게도 되지만, 효소왕 때라면 아직 제도와 기강이 튼튼한 전성기였다. 그런데 이런 일이 벌어질 수 있을까?

상식적으로 이해가 가지 않는 일을 설명하자니 이면을 더듬게 된다. 그것은 바로 화랑 출신들의 토사구팽이다. 신라 통일을 완성한 문무왕과 그의 아들 신문왕을 지나 효소왕에 이르면 이는 더욱 노골적으로 나타난다. 우리는 그런 사회적 분위기의 한 단면을 죽지랑의 이 사건으로 읽게 되는 것이다.

또 한 가지는, 익선이 모량의 당전이었다는 점이다. 신라 화백 제도의 근간을 이루는 여섯 부족 가운데 하나가 모량부다. 신라의 제도가 정비되면서 6부소감전(六部少監典)이 생기는데, 이는 여섯 부족의 지역을 관리하는 일종의 특별 부서로 보인다. 비록 화백 제도가 진흥왕 때를 지나며 유명무실해졌다고 하지만, 그래도 국가 권력의 중심으로서 특권적인 지위를 누리고 있었거나, 진흥왕 이후 득세하는 왕실 세력에 대한 견제력을 잃지 않았던 것 같다. 익선은 바로 6부소감전 가운데 하나인 모량부의 관리 책임자였다. 그의 거만한 행동의 배후에는 상층 귀족 사회의 묘한 힘겨루기가 깔려 있는 듯하다.

임 그리는 마음이 가는 길

물론 이 일이 조정에 알려지자 익선은 호된 질책을 받는다. 특히 화랑의 책임자로 보이는 조정의 화주(花主)가 익선을 잡아 그 더럽고 추악한 때를 씻어 주라 하였는데, "익선이 도망가 숨어 버리자 큰아들을 잡아다, 추위가 극심한 날, 성안의 연못에서 목욕을 씻겨 얼려 죽였다"고 일연은 쓰고 있다. 게다가 "왕이 이를 듣고, 모량리 출신으로 관직에 있는 자들을 모두 쫓아내면서 다시는 공직에 들지 못하게 하고, 승려가 되지도 못하게 했다. 승려가 된 자에게도 제대로 된 절에는 들어가지 못하게"까지 하였다.

그러나 이 또한 김유신의 경우처럼 사후약방문(死後藥方文)에 불과할 뿐이다. 이미 사회에 흐르는 분위기는 저만치 먼저 가고 있고, 조정의 권력자 또한 그것을 암암리에 조장하면서, 슬슬 여론의 눈치나 보려는 계산된 엄벌에 지나지 않는 것이다.

득오의 「모죽지랑가」는 인생의 무상함을 그리고 있다. 그것은 보편적인 인간의 감정인 동시에 삼국 통일 후 당해야 했던 화랑 출신들의 비극을 떠올리게 한다.

    가 버린 봄을 그리워하자니
    모든 것이 울어야 할 슬픔
    아름답게 빛나시던
    그 모습 갈수록 스러져 가도다.
    눈 돌릴 사이

만나보기 어찌 이루랴

님 그리는 마음이 가는 길

다북쑥 구렁에서 잘 밤 있으리.

가 버린 봄을 돌이키자니 울고 싶을 따름이다. 더불어 심신을 수련하고, 죽을 각오로 누비고 다니던 전장의 피비린내와 말없는 산천이 떠오르기도 했을 것이다. 님 그리는 마음은 다북쑥 구렁에서 잠을 자야하는 현실의 고단함, 또는 이 생을 마치고 돌아가면 한줌 흙 위에 피어날 풀과 꽃들만도 못한 무상함 앞에서 슬픔만 더할 뿐이다.

수로부인, 미시족의 원조

왕비를 둘 두었던 왕

『삼국유사』의 맨 처음에 실린 「왕력」 편에는 왕과 왕의 부모 그리고 왕비가 비교적 소상히 적혀 있다. 그것은 대체로 『삼국사기』와 일치한다.

이 가족 관계에서 눈길을 끄는 것은 왕비 쪽이다. 대부분의 왕에게 한 사람의 왕비만 기록되어 있다. 왕이 거느린 여자가 왕비 한 사람만일 리 없지만, 고려시대에 들어 편찬된 두 책의 저자가 모두 정실로서 왕비의 격을 중요하게 보았기 때문이다. 후궁이 여럿이었을 텐데도 기록한 것은 왕비 한 사람이다.

그런데 신라 왕실의 경우, 일곱 명 정도의 왕에게 두 명의 왕비가 적혀 있음을 확인하게 된다. 물론 동시에 두 사람을 둔 것은 아니다. 경문왕 한 사람만 제외하면, 나머지는 처음 왕비에게 어떤 사고가 있어 다음 왕비가 들어서고 있다. 흥미로운 것은 '어떤 사고'의 내용이 무엇이냐는 것이다.

첫째, 왕비가 왕보다 먼저 죽은 경우다. 진평왕의 첫 부인은 마야(摩耶)인데 왕 36년에 죽었다. 이는 『삼국사기』의 기록이다. 그런데 『삼국사기』가 그 이후 소식을 전하지 않고 있는 데 반해, 일연은 「왕력」 편에서 다음 왕비를 승만부인(僧滿夫人) 손씨(孫氏)라고 적고 있다. 손씨라면 여섯 부족 가운데 모량부 출신일 가능성이 크다. 진평왕이 마야부인 사후 20여 년을 더 살았으므로, 그 사이에 책봉된 왕비일 것이다.

둘째, 뒤늦게 왕비에 오르는 경우다. 자기가 낳은 아들이 왕이 되었기 때문이다. 헌강왕은 그가 살아 있는 동안은 의명(懿明)부인 한 사람 뿐이었다. 그런데 죽은 지 13년 뒤, 정강왕과 진성여왕을 거쳐 그의 서자 요(嶢)가 효공왕이 되었다. 새 왕은 자신의 어머니 김씨를 높여 의명왕태후(義明王太后)로 삼았다. 두 왕비는 '의명'이라는 발음이 같지만 한자가 다르고, 효공왕이 서자라 했으므로, 헌강왕 재위 당시에는 왕비 소리를 듣지 못하던 효공왕의 어머니 김씨가 따로 있는 것이다. 어쨌건 헌강왕은 뒤늦게 두 명의 왕비를 둔 왕의 대열에 낀 셈이다.

셋째, 조금은 특이한 경우가 경문왕이다. 그는 헌안왕의 사위로, 그의 딸 둘까지 고스란히 물려받아 두 사람의 왕비를 둔 경우인데, 이는 다음에 자세히 밝히기로 한다.

넷째, 특별한 이유를 알 수 없이 왕비가 둘인 경우다. 혜공왕은 첫 부인이 신파(神巴), 다음 부인이 창창(昌昌)이다. 『삼국사기』에서는 첫 부인을 신보(新寶)라 하였고, 두 번째 부인은 이찬 김장(金璋)의 딸이라고만 밝혔는데, 언제 궁궐에 들어왔는지 모르겠다고 하였다. 이것이 의문이다.

의문을 풀자면 이제 소개할 세 왕이 왕비 두 명을 두는 과정을 먼저 살펴볼 필요가 있다. 신문왕과 그의 아들 성덕왕 그리고 손자 경덕왕이다. 3대에 걸쳐 그들은 나란히 첫 왕비를 대궐에서 내보내고 있다. '출궁(出宮)'이라 표현된 이런 사건은 어떻게 일어난 것일까? 혜공왕도 첫 왕비를 출궁시킨 것이라면, 그가 경덕왕의 아들이므로, 이는 무려 4대에 걸친 사건이다. 신라가 삼국을 통일하고 바야흐로 전성기를 누리고 있을 때였다. 영화를 누리기는커녕 왕궁은 무슨 소용돌이에 휘말려 있었다는 것일까?

3대에 걸친 출궁 사건

손자인 경덕왕의 경우부터 살펴보자. 『삼국사기』의 기록에 의하면, 첫 왕비의 이름은 밝히지 않은 채 이찬 순정(順貞)의 딸이라고만 되어 있다. 왕이 되었을 때 이미 결혼한 상태로 보인다.

경덕왕은 성덕왕의 둘째 아들이다. 형인 효성왕이 6년간 재위했지만 아들이 없어 동생에게 왕위가 이어졌다. 그런데 효성왕이 태어난 것은 성덕왕 20년 무렵으로 추정되고, 경덕왕도 뒤이어 태어났을 것으로 본다면, 경덕왕이 왕위에 오를 때 나이는 20대 초반쯤이었을 것이다.

그런데 즉위 2년에 각간 김의충(金義忠)의 딸을 맞아 왕비로 삼는다. 두 왕비의 이름과 교체 이유를 『삼국사기』에서는 밝히지 않았다. 일연이 「왕력」편에, "첫 왕비 삼모부인(三毛夫人)을 궁에서 내보냈는데 후사가 없었다"라고 적어, 그 궁금증을 풀 수 있다. 「기이」편 '경덕왕과 충담사 그리고 표훈대덕' 조에서는 "사량부인(沙梁夫人)이 아들을 두지 못하자 폐위하고 후비로 만월부인(滿月夫人)을 봉했다. 시호가 경수태후(景垂太后)이며, 의충(依忠) 각간의 딸이다"고 하여, 이유를 분명히 밝혔다. 사량부인은 삼모부인의 다른 말이고, 의충은 한자가 다르지만 같은 사람이다.

그렇다면 삼모부인은 아들을 낳지 못했다는 것이 '출궁'의 큰 이유로 보인다. 그러나 만월부인도 궁에 들어온 지 15년 만에야 아들을 낳았다. 그것도 못난이 반편이 혜공왕이다. 어찌 경덕왕은 삼모부인에게만 그다지 인색했을까? 「탑상」편의 '황룡사 종과 분황사 약사 그리고 봉덕사 종' 조에서는 "삼모부인이 시주하여 황룡사 종을 만들었다"고 적고 있다. 경덕왕 13년, 곧 삼모부인이 출궁 당한 11년 뒤의 일이다. 출궁의 설움을 불교에 귀의해 달래고 있었던 것일까?

여기서 경덕왕의 할아버지인 신문왕과 아버지인 성덕왕 때의 출궁 사건으로 거슬러 올라가 보자.

신문왕은 16년간 태자로 지냈고, 그 기간에 소판 김흠돌(金欽突)의 딸을 맞아 결혼을 했다. 그런데 흠돌이 신문왕이 즉위한 그 달, 더욱이 한 달 전 세상을 떠난 문무왕의 상중이었는데, 반역을 꾀하다가 처형을 당했고, 왕비 또한 그에 연루되어 왕비가 되자마자 궁을 떠났다. 앞서 경덕왕에 비하면 그 이유가 분명하지만, 3대에 걸친 비극적인 출궁 사건은 이렇게 출발하였다.

이 첫 왕비에게는 아들이 없었다. 2년 후, 신문왕은 일길찬 김흠운(金欽運)의 어린 딸을 부인으로 삼고, 그로부터 만 4년 후에 큰아들 효소왕을, 그리고 얼마 후에 둘째 아들 성덕왕을 낳았다. 흠돌과 흠운이 인척 관계였다면, 그들은 한 쪽의 반역 사건에도 불구하고 꿋꿋이 살아 남은, 통일된 신라의 첫 외척 세력으로 성장했다고 보인다.

이제 두 번째 출궁 사건, 곧 성덕왕 때의 일이다. 성덕왕 또한 경덕왕과 비슷한 상황 아래 왕위에 올랐다. 형인 효소왕이 11년간 재위했지만 아들이 없어 동생에게 왕위가 이어졌다. 그 때 성덕왕은 몇 살쯤 되었을까? 효소왕이 태어난 것은 신문왕 7년, 부왕이 12년 동안 재위했으므로 겨우 여섯 살에 왕위에 올라 열일곱 살에 죽었다. 그렇다면 성덕왕은 왕위에 오를 때 열다섯 살 안팎이었을 것이다.

성덕왕은 왕 3년에 소판 김원태(金元泰)의 딸을 맞아들여 왕비로 삼았다. 거기서 아들을 얻고, 왕 14년에 태자로 책봉까지 하였다. 그런데 바로 다음 해, 뜻밖에도 왕비를 궁에서 내보내고 있다. 거기에는 아무런 이유도 밝혀져 있지 않다. 비운은 거기서 그치지 않았다. 다시 한 해 지나 태자가 죽는다. 역시 어떤 이유인지 알 수 없다.

3대에 걸친 왕비 출궁 사건의 시작이 된 신문왕릉은 낭산 사천왕사지 남쪽에 있다. 그런데 이 능을 두고 그 주인공이 효소왕릉이라 추정하는 학자들도 있다. 망덕사 동쪽에 효소왕릉이 있다는 『삼국유사』의 기록 때문이다. (경주 신문왕릉)

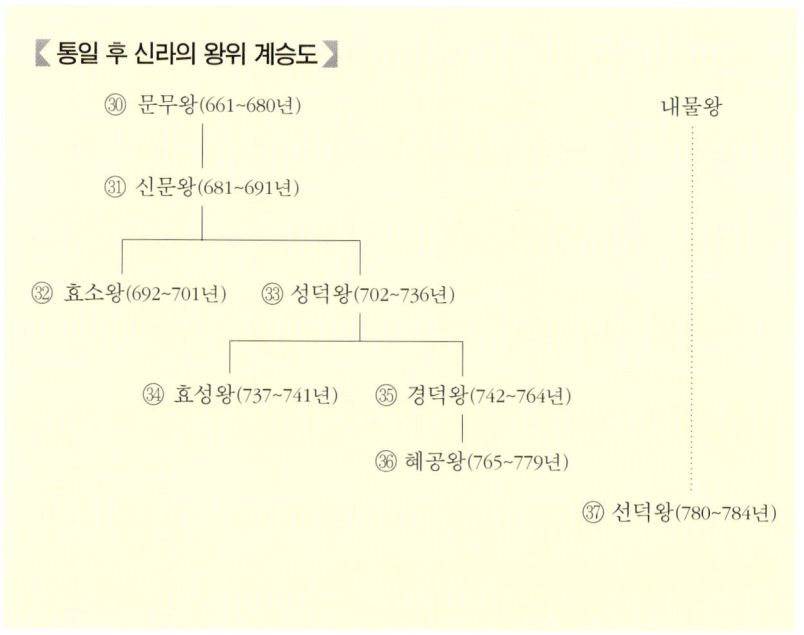

성덕왕 때의 이 출궁 사건은 그 아들 경덕왕의 그것보다 아버지 신문왕 쪽에 더 닮아 있지 않나 싶다. 태자로 책봉된 아들까지 둔 왕비를 내보낼 때의 이유란 반역 사건에의 연루 외에 무엇이 더 있을까 해서다. 다음 해 태자의 죽음도 여기서 멀지 않은 까닭이었을 터다.

사실 처음에 살펴보았던 경덕왕의 첫 왕비 삼모부인의 출궁 사건에도 왠지 반역의 냄새가 난다. 아무리 아들이 없다 한들 그토록 재빨리 갈아 치워버릴 수 있을까? 만월부인에게는 15년씩이나 말미를 주면서 말이다.

신문왕으로부터 시작하여 성덕왕과 경덕왕에 이르는 3대의 출궁 사건은 진골 세력들 사이에 벌어진 끊임없는 권력 투쟁이 그 배경을 이루고 있을 것이다. 신라의 진골은 대체로 진흥왕부터 시작된다고도 하지만, 역시 본격적인 출발은 김춘추가 태종 무열왕에 오르면서부터다. 삼국 통일의 전쟁을 치르는 동안 진골은 양과 질에서 많은 발전을 한다. 전쟁을 수행하다 보면 거기 공로자가 나오게 마련이고, 승리한 다음에 전리품을 놓고 다툼을 벌이게 될 것은 불을 보듯 뻔하다. 그나마 태종과 문무왕대에는 강력한 왕의 힘으로 무마되었다. 그러나 문무왕이 죽는 순간부터 노골화된 이 권력 투쟁은 반역과 반역의 악순환이었다. 그것은 왕실과 가까운 최고 권력층에서 터졌다. 신문왕이 즉위하여 아직 부왕의 장례도 치르지 못했는데 반역 사건이 일어났다. 그 주모자는 다름 아닌 바로 왕의 장인이지 않았던가?

신문왕에서 출발한 출궁 사건은 중간에 일찍 죽은 효소왕과 효성왕을 제외하고 3대에 걸쳐 내리 일어났다. 공을 다투는 이는 많고, 새로운 통일 국가의 이념은 아직 잡히지 않은, 몸집만 비대해진 신라의 허둥대는 모습이다. 끝내 경덕왕의 아들 혜공왕은 바로 그 반역의 칼날에 목숨마저 잃는다. 신문왕 즉위년에서 시작해 혜공왕 폐위에 이르는 동안 그치지 않은 반역의 칼날, 그것은 김춘추 직계 후손의 쓸쓸한 종막을 불러 왔다.

왕의 이혼 위자료는 얼마?

그런데 성덕왕의 출궁 사건에서 우리는 재미있는 기록을 하나 발견한다.『삼국사기』「신라본기」의 '성덕왕' 조 15년에는 다음과 같은 기사가 실려 있다.

> 성정(成貞)왕후를 내보내면서 비단 500필, 밭 200결, 조(租) 1만 석, 집 한 채를 내려 주었는데, 집은 강신공(康申公)의 옛 저택을 사서 주었다.

성정왕후는 엄정(嚴貞)왕후라고도 한다. 일연은 「왕력」편에서, 그것이 시호이고 배소(陪沼)왕후이며 원대(元大)의 딸이라고 적었는데, 『삼국사기』의 기록과 약간 차이가 난다. 이 왕비는 중경(重慶)이라는 아들을 낳아, 자신이 출궁 당하기 전 해에 태자로 책봉시키기까지 하였다.

그런 왕비를 왜 내보냈을까? 앞서 나는 모종의 반역 사건에 연루된 것이 아닌가 추정했지만, 반역이라면 삼족을 멸할 중대한 죄인데, 형벌을 내리기는커녕 위자료를 준 이유는 무엇인가?

여기 나온 위자료가 요즈음 값으로 어느 정도가 될까? 비단 500필도 엄청난 양이려니와, 밭 200결이라면 최소한 지금의 20만 평이고, 쌀 1만 석을 세금으로 거둘 권한까지 곁들였으니, 얼른 계산이 되지 않는다. 요즈음 웬만한 재벌가의 위자료가 이만큼 따라올까 싶다. 더욱 재미있는 것은 거기에 딸려 집을 한 채 내리는데, 강신공이 살았던 옛 집을 사서 주고 있다. 세심히도 배려하는 듯한 느낌이 든다.

이런 정도라면 왕비가 반역 사건에 연루되어 쫓겨나는 분위기는 아니다. 그러나 다른 이유를 딱히 댈 수 없는 상황에서, 앞서 살핀 대로 신문왕으로부터 시작된 진골 귀족들의 권력 투쟁이 곧 왕비의 간택과 폐위에 긴밀히 연결되는 점을 감안한다면, 반역까지는 아니라 할지라도 그에 준하는 어떤 싸움과 관련되었다는 추측을 할 수 있다. 다만 왕비 일가의 실권(失權) 정도에서 끝나는 데다, 태자의 어머니이므로 그만한 예우를 해주지 않았을까.

그러나 바로 다음 해, 태자의 급작스런 죽음은 문제를 복잡하게 했을 것이다. 성덕왕 16년 6월의 일이다. 그리고 왕은 만 3년 뒤인 19년 6월에 새 왕비를 책봉하고 있다. 나중 효성왕과 경덕왕의 어머니가 되는 소덕(炤德)왕후다. 그런데 이 왕비의 아버지 순원(順元)이 문제의 인물이다.

순원은 일찍이 효소왕 7년에 중시(中侍)가 되었다. 이 때의 직급은 대아찬, 진골의 마지막인 다섯 번째다. 아마도 젊고 패기만만한 때였을 것이다. 그런데 2년 뒤 경영(慶永)의 반역 사건에 말려 파면된다. 전도양양한 정치가에게 닥친 뜻밖의 낙마(落馬)였다.

다시 2년 뒤 효소왕이 죽고 성덕왕이 자리에 오른다. 왕은 첫 해에 중시로 원훈(元訓)을 임명하고, 다음 해에 원문(元文)으로 잇는다. 게다가 다음 해에 김원태의 딸을 첫 왕비로 삼았다. 원태는 일연이 적은 바 원대인 듯하고, 이 왕비가 바로 성정왕후다. 세 사람은 원(元)자 돌림의 일가로 보이는데, 그렇다면 이들이야말로 신문왕대의 외척 김흠돌·흠운을 잇는 두 번째 외척 세력이다. 바로 이들의 득세에 순원의 복직은 멀기만 해보였다.

12년의 세월이 흘렀다. 앞서 소개한 대로, 무슨 연유인지 모르지만 왕비가 출궁을 당하고, 태자가 죽는 사건이 이어진다. 그리고 뜻밖에도 순원의 딸이 둘째 왕비가 되어 궁으로 들어간다. 『삼국사기』에서는 그동안 순원이 어떻게 지냈는지 아무런 소식을 전해 주지 않지만, 이 일련의 소용돌이 속에서 그가 딸의 왕비 자리를 거저 얻었을 리

만무하다. 경영의 반역 사건에 연루되어 파면된 지 21년 동안, 웬만한 절치부심(切齒腐心)이 아니고는 이루지 못할 일이었을 것이다. 직급은 제2급인 이찬이 되어 있었다. 순원의 화려한 재기다.

순원은 다음 왕인 효성왕의 왕비로도 자신의 딸을 들여보냈다. 그러니까 효성왕은 이모와 결혼한 셈이다. 순원이 처음 왕의 장인이 된 20년 후의 일이다. 다음 왕인 경덕왕의 첫 부인은 순정(順貞)의 딸이다. 그 또한 순원과 일가가 아닐까? 그렇다면 이제 세 번째 외척 세력으로 김순원·순정 일가를 상정할 수 있다.

그러나 순원과 일가의 그 같은 권세도 경덕왕 2년, 순정의 딸 곧 삼모부인이 출궁 당하면서 끝났다. 경덕왕은 순원의 외손자요, 순정 또한 그 일가일 것이며 왕의 장인인데도, 그들이 시작할 때와 똑같은 상황에서 이제는 마침표를 찍었으니, 세월과 권력은 무상한 것이다. 그 때까지 순원이 살아 있었는지는 모를 일이다.

꽃과 여인 그리고 사랑의 노래

싸움 끝의 전리품을 놓고 치열한 쟁탈전이 끊이지 않는 성덕왕 때, 우리는 그것과 거리가 먼, 아니 오히려 그러기에 더 상큼해 보이는 한 사건을 전해 듣는다. 바로 수로부인이라는 개성적인 여자와 거기에 따라오는 아름다운 노래다.

사실 성덕왕은 36년이라는 긴 세월 동안 왕위에 있었다. 비록 왕비마저 바꿔야 하는 권력 투쟁의 한가운데서 몸살을 앓았지만, 그만한 기간을 왕위에 있자면 나름대로 제왕의 철학과 덕망을 갖추었기에 가능한 일이었을 것이다. 일연은 「기이」편의 '성덕왕' 조에서 다음 세 가지로 그의 36년간을 정리했다.

제33대 성덕왕 때인 신룡(神龍) 2년 병오년(706년)에 벼가 알곡을 맺지 않아 백성들의 굶주림이 심했다. 정미년(707년) 정월 첫날부터 7월 30일까지 백성들을 구하려 세곡을 풀었는데, 한 사람 당 하루 3되씩을 기준으로 삼아 나누어 주었다. 일이 끝나 계산해 보니 합계 30만 500석이었다. … ①
　성덕왕은 태종대왕을 위해 봉덕사(奉德寺)를 짓고, 인왕도량(仁王道場)을 7일간 베풀면서, 대사면을 내렸다. … ②
　성덕왕 때 처음 시중(侍中)직을 만들었다. … ③

①은 성덕왕 5년의 일이다. 그러나 이 왕 때에 백성들을 구휼한 일은 여러 차례 보이고, 이렇게 구체적으로 기술된 선정이 베풀어진 해를 『삼국사기』에서는 왕 6년의 일이라고 하였다. ②에서 봉덕사 창건은 『삼국사기』쪽에 기록이 없으나, 사면령을 내리기는 재위중 여러 차례 있었다. ③은 『삼국사기』에서는 경덕왕 6년에, 중시라고 부르던 것을 시중이라고 바꾸었다고 기록해, 약간의 차이를 보인다.
　어떻든 일연이 이 세 가지 사건으로 성덕왕대를 그렸다면, 성덕왕이 왕으로서 덕을 베풀기 힘쓰고, 정치적 안정을 꾀하고자 노력했던 인물이었으리라 생각된다. 왕비를 궁 밖으로 내보내며 보인 그 자상한 마음씀을 생각해 보라.
　그런 왕의 시대에 멋진 여자가 하나 나타난다. 바로 수로부인이다. 수로부인은 『삼국유사』에 나오는 여느 여인과는 다른 특이한 매력을 풍긴다. 그것은 약간 '공주병'에 걸린 듯한 풍수 끼가 보이면서도, 왠지 미워할 수 없는 행동을 하는 강한 개성 때문이다.
　지방 관리로 부임해 가는 남편을 따라 수로부인은 길을 나섰다. 거기서 크게 두 가지 일이 일어난다. 다음은 그 첫번째 이야기다.

　성덕왕 때였다. 순정공(純貞公)이 강릉 태수로 부임해 가다가 해변에서 점심을 먹었다. 곁에 바위 절벽이 마치 병풍처럼 바다를 보고 서 있는데,

높이가 1,000 길이나 되었다. 철쭉꽃이 활짝 피어 있어, 공의 부인인 수로가 그것을 보고 주위 사람들에게 일렀다.

"꽃을 꺾어 바칠 사람 누구 없니?"

"사람의 발로는 다가갈 수 없는 곳입니다요."

종들이 그렇게 말하고 모두들 손을 내저었다. 곁에 한 노인이 암소를 몰고 가다가, 부인의 말을 듣고 그 꽃을 꺾어서는 노래까지 지어 바쳤다. 그 노인이 누구인지는 아무도 몰랐다.

순정공은 구체적으로 어떤 인물인지 알 수 없다. 본문에서 강릉 태수로 부임하는 길이라 하였으나, 성덕왕 때는 강릉이 하서주의 주도로서 명주로 불리고, 고을 책임자가 도독이었으니, 신라의 지방 관직으로 보건대 9급의 급벌찬에서 2급의 이찬까지 임명될 수 있거니와, 공(公)이라 호칭한 것으로 5급 이상의 진골 귀족이 아니었던가 한다. 아무려나 이 이야기는 설화에 가까우므로 실제 인물인가를 따지는 일은 부질없다.

이야기의 주인공은 어디까지나 수로부인이다. 그의 아름다운 용모는 구체적으로 묘사되어 있지 않지만, 이 조의 마지막에 "수로부인의 자태와 얼굴이 너무도 뛰어나, 매번 깊은 산과 큰 연못을 지날 때면, 여러 차례 신물(神物)들에게 끌려갔다"고 적은 데서 어느 정도인지 짐작할 수 있다. 이처럼 미색을 갖춘 여자였으니 혈기왕성한 청장년만이 그녀에게 반하는 것은 아니었다. 시골에 사는 초라한 노인까지도 어떻게 하든 그에게 잘 보여 점수 좀 따려고 설친다.

그런데 기회가 왔다. 바닷가 깎아지른 벼랑에 어여쁜 철쭉이 피었는데, 부인은 자신의 미모를 닮은 이 꽃을 갖기를 원했다. 마음만큼 몸이 따라 주지 않는 시종들이 모두 주저하고 있을 때, 노인은 과감히 벼랑을 오른다. 경험 많은 슬기로운 노인에게 꽃을 따는 일은 힘

병풍처럼 서 있는 벼랑 끝에 진달래가 피어 있었다. 수로부인이 꺾어 달라던 꽃이 이런 벼랑에 핀 꽃이었을까? 이름도 예쁜 '수로부인 이야기'는 『삼국유사』에 나오는 흥미로운 이야기 가운데 하나다. (경주 단석산)

으로 하는 것이 아니었다.

이야기의 하이라이트는 꽃을 꺾어 바치는 노인의 다음 행동이다. 자긍심을 가지고 부인 앞에 선 노인은 꽃만큼이나 아름다운 노래를 함께 지어 바쳤다.

> 자줏빛 바위 가에
> 잡은 손 암소를 놓게 하시고
> 나를 아니 부끄러워하신다면
> 꽃을 꺾어 바치오리라

자연이 준 최고의 선물이 꽃이라면 인간이 만든 최고의 선물은 노래이다. 손에 잡은 암소도 놓고 그렇게 정중히 꽃을 바치는 노인의 태도야말로 헌신하는 자의 상징이다. 꽃을 탐내는 여자의 마음도 아름답지만, 모름지기 자기가 가진 모든 것을 버려 바꾸는 사랑이라면 최고의 가치를 지니지 않겠는가?

함께 부르는 노래의 힘

이야기는 여기서 끝나지 않는다. 이번에는 괴이한 일이 벌어진다. 수로부인의 아름다움을 탐낸 신물들이 그녀를 잡아갔다고 했는데, 그 중에 한 가지를 소개하고 있다.

> 이틀쯤 길을 간 다음이었다. 또 바다 가까이 있는 정자에서 점심을 먹고 있는데, 바다 용이 잽싸게 부인을 끌어다 바다로 들어가 버렸다. 공은 뒹굴며 땅을 쳤건만 뾰족한 수가 없었다. 또 한 노인이 나타나 말했다.
> "옛 사람의 말에, '뭇입은 쇠라도 녹인다'라고 했습니다. 지금 저 바다의 방자한 놈이라도 어찌 뭇사람의 입을 두려워하지 않겠습니까? 마땅히 이

용의 우리 옛말은 '미르'이고, '미르'는 '물'과 같다. 용은 물에서 살며 바다의 왕은 용왕이다. 그래서 『삼국유사』에서도 숱하게 나오는 용은 항상 바다, 연못, 천둥번개 등 물과 관련되어 있다.(포항 오어사)

마을 사람들을 모아다가 노래를 지어 부르면서, 지팡이로 해안을 두드리면, 부인을 만날 수 있을 것입니다."
　공이 그대로 따랐더니, 용이 부인을 받들고 바다에서 나와 바쳤다.

　너무 아름다운 여자와 살아도 억울하다. 아름다운 이의 자태는 언제나 '눈 도둑'들에게 노출되어 있어서, 훔쳐가도 잃은 줄 모르기 때문이다. 그렇다고 감춰 놓고 있겠는가? 훔쳐간들 닳지 않는 것이라면 적선하는 마음으로 살아야지.
　그런데 순정공은 그 이상의 일을 당했다. 아예 부인을 빼앗긴 것이다. 여기에 한 노인이 나타난다. 그가 앞서 수로부인에게 꽃을 바치던 노인인지 알 수 없다. 다만 세상을 살며 경험해 터득한 지혜를 갖춘 사람이라는 점이 같다. 그가 알려 준 방법은 '강원도의 힘'이 아니라 한마디로 '여론의 힘'이었다. '뭇입은 쇠라도 녹인다'는 말은 원문에서 '중구삭금(衆口鑠金)'이라 표현되어 있다. '중구'란 곧 오늘날의 여론, 또는 민중의 소리라고나 할까? 사람들의 일치된 생각과 거기서 나오는 힘이 저 신물의 가공할 위세를 쳐부술 수 있다는 것이다. 노인은 그렇게 힘을 모을 방법으로 노래를 권하였다.

　　　거북아 거북아 수로부인을 내놓아라
　　　남의 부인 앗아간 그 죄 얼마나 큰가
　　　네 만일 거슬러 내놓지 않는다면
　　　그물을 쳐서 끌어내 구워서 먹을 테다

　일연은 노래의 제목을 「해가(海歌)」라고 붙여 놓았다. 전체적인 구조는 수로왕(首露王)의 탄생담에서 나오는 「구지가(龜旨歌)」와 흡사하다. 노래가 끝나자 용이 부인을 들고 나와 바쳤다는 결말도 수로

왕이 출현하는 과정과 어느 정도 일치한다. 이는 수로왕을 다룰 때 자세히 보기로 하자.

이것은 무엇을 의미할까? 「구지가」로부터 「해가」까지 사이에는 이미 700여 년의 세월이 가로놓여 있다. 그렇듯 긴 세월을 두고도 비슷한 상황에서 비슷하게 불리는 노래가 전승되었다는 것이다. 물론 「구지가」의 시대에 이 노래는 신이 중심인 신화에 속한 신가(神歌)였다. 그런데 여기서는 인간을 중심으로 한 인간의 삶 속에 노래가 자리한다. 전체적인 틀은 유지하면서도 700년의 세월이 가져다 준 주목할 만한 변화다.

노인은 지팡이로 땅을 두드리면서 노래하라 하였다. 실제적으로 노래는 여러 사람의 행동을 일사분란하게 통일시키는 데도 필요했을 것이다. 다시 다음 시대, 본격적으로 인간의 삶이 노동을 통한 생산물로 유지하는 시대에 노래는 민요가 되었고, 민요가 노동 현장에서 불렸을 때 노래의 제의적 성격이 감소되는 대신 기능적 성격은 충분히 살아 있게 된다. 「해가」는 신가에서 민요로 넘어오는 중간 과정을 보여 주는 중요한 자료다.

동해 바다 그리고 국도 7호선

나는 이 편을 성덕왕과 그 전후시대의 답답한 정치 이야기로 시작하였다. 그리고 대개 『삼국사기』의 기록을 인용하여, 그 권력 투쟁의 와중에 애꿎게 희생된 왕비라는 이름의 가련한 여자들을 소개하였다. 정치란 예나 이제나 같은 모양이고, 그것이 팝진한 현실임을 누군들 부인하랴.

거기에 비해 수로부인은 얼마나 다른 여자인지 모른다. 이야기를 마무리하는 마지막 장면은, 속 태우고 있었을 남편은 아랑곳 않고, 용에게 받은 극진한 대접을 능청스럽게 늘어놓는 수로부인을 클로즈

검푸른 동해 바다는 언제 봐도 시원하다. 내가 지금 보고 있는 동해 바다와 수로부인이 강릉까지 가며 보았던 그 바다는 크게 다르지 않으리라. (강원도 속초)

업시키고 있다.

공이 부인에게 바다에서 있었던 일을 물었다.
"일곱 가지 보물로 장식된 궁전에서, 마련된 음식들은 달고 매끈하며 향기롭고 끼끗하여, 사람 사는 세상에서 지어진 것이 아니었습니다."
부인의 옷에 묻어 풍기는 향기가 특이하여, 세상에서 알고 있는 것이 아니었다.

꽃을 사랑하는 여자 수로부인, 그리고 자기가 갖고 싶은 것을 천연덕스럽게 요구하던 여자 수로부인, 그가 잡혀 들어간 바다 속은 바닷가에 남아 있던 사람들이 아우성 치며 발을 굴러야 할 위험한 곳이 아니었다. 아니 정반대였다. 용이 데리고 나오지 않았으면 부인이 자원해 살겠다고도 했을 법하다.

그렇다면 이쯤에서 부인을 잡아간 용과 용이 사는 바다의 의미를 생각해 볼 만하다. 너무 정치적으로 풀지는 말자. 앞서 연오랑 세오녀를 이야기하면서도 같은 입장이었지만, 동해를 바라보며 살았던 한반도의 동쪽 사람들에게 바다는 무엇이었을까 정도에서 소박히 생각하자.

동해 바다를 끼고 올라가는 국도는 7호선이라고 번호가 매겨져 있다. 번호는 홀수선이 남북을, 짝수선이 동서를 잇는 국도에 붙여진다. 여기서 1·3·5·7호선이 남북을 잇는 가장 중요한 국도인데, 1호선이 목포에서 서울을 지나 신의주까지 이어지는 서쪽선이고, 7호선은 부산을 출발해 원산까지 이어지는 동쪽선이다. 3과 5는 그 중간에 놓인다. 7호선은 1·3·5호선이 모두 태백산맥의 서쪽에 놓인 데 비해, 오직 관동 지방의 유일한 길이라는 점 때문에 매우 중요하다.

그 같은 입장을 떠나서도 이 길만큼 아름다운 국도는 없어서 더욱 소중하다. 검푸른 바다를 보고 가는가 하면, 어느새 우뚝 솟은 산맥의 허리 허리를 한눈에 담게 되고, 아예 한 눈을 산 쪽으로 한 눈을 바다 쪽으로 두고 가기도 한다.

경주에서 출발한 순정공과 수로부인 일행은 분명 이 길을 따라 강릉으로 가고 있었을 것이다. 거기 철쭉꽃 핀 병풍 같은 벼랑은 어디였을까? 용에게 잡혀 갔다 태연히 나와 용궁 자랑을 늘어놓던 데는 어디였을까? 정동진에서 강릉으로 들어오는 바닷가 마을 어디쯤일까? 수로부인은 한 번 산 쪽으로 눈을 돌려 꽃을 보았고, 한 번 바다 쪽으로 눈을 돌려 용궁을 보았다.

어디인들 수로부인에게 이 여행은 아름다운 것이었다. 예쁜 꽃과 함께 노래를 선물 받았는가 하면, 용궁에 들어가 진기한 경험을 하고 나왔다. 수로부인처럼 아름답고 천연덕스럽게 살아가는, 거기서 세상의 지혜를 터득하고 살아가는 사람들에게 산과 바다는 그런 곳이다. 동해 사람들에게 산과 바다는 그런 곳이다.

첫 성전환증 환자

일연이 그리는 경덕왕의 존재

『삼국유사』에서 일연은 경덕왕을 꽤 자주 등장시킨 편이다. 「기이」 편의 '경덕왕과 충담사 그리고 표훈대덕〔景德王忠談師表訓大德〕' 조는 신라의 왕대를 기술하는 과정에서 자연스레 잡혔다 할 수 있으나, 「감통」 편의 '월명사의 도솔가〔月明師兜率歌〕' 조에는 주인공으로 다시 한번 나오고, 다른 여러 조에서는 그 왕대에 일어난 사건으로 그의 이름이 관형(冠形)되어 있다.

이렇듯 자주 등장하는 데에는 경덕왕보다 사건 또는 사건에 등장하는 인물의 중요성에 그 이유가 있을 것이다. 물론 앞서 살펴본 대로 경덕왕의 재위 무렵은 신라 사회가 전성기인만큼 여러 가지 문제적 사건이 많이 일어나긴 했다. 그래서 경덕왕인지 모른다.

경덕왕을 전후로 한 왕대에 벌어진 사건을 기록한 『삼국유사』의 이야기들은 오늘날 우리에게 매우 중요하게 읽힌다. 특히 그 가운데서도 경덕왕 때 인상적인 일들이 줄을 잇는다. 실명한 딸을 위해 향가를 지어 간곡히 기도하는 희명(希明), 자기 손바닥을 뚫어 새끼줄에 꿰고는 필사적으로 염불하는 욱면(郁面)이 그 시대 사람인가하면, 땅 속에서 사방불(四方佛)을 캐내고, 황룡사에 종을 만들어 건 이가 경덕왕이다.

거기에다 한 가지 더 이유를 붙이자면, 경덕왕 때 두 사람의 뛰어난 향가 시인이 존재했었다는 점이다. 두 사람은 물론 충담사와 월명사다.

오늘날 우리들이 신라 향가의 전모를 볼 수 없다는 아쉬움 속에서, 그나마 『삼국유사』를 통해 전해진 14수의 극히 제한된 편수만 가지고 따진다 해도, 충담과 월명은 향가 시인의 첫자리를 차지해 부족함이 없다. 지금은 전해지지 않는 향가집 『삼대목(三代目)』이 어느 날 문득 출현한다 할지라도 마찬가지일 것이라고 생각한다. 그런데 그들이 같은 시대를 산 사람이었고, 경덕왕과는 향가를 지어 바친 일에서 또한 같은 인연을 맺고 있다. 경덕왕이 자주 등장하는 것 같은 분위기는 여기서 말미암는다.

요컨대 역사서의 기준으로 본다면 그다지 비중 있게 그려지지 않았을 이 왕이 일연에게는 각별히 다가온다. 경덕왕을 다루는 일련의 양상을 들여다 보면, 일연이 어떤 인물의 무엇을 선호했는가가 짐작된다.

아들을 바랐던 왕

경덕왕에게는 비원(悲願)이 있었다. 아들을 얻어 자신의 뒤를 이을 일이었다. 아들을 낳지 못한다는 이유로 첫 왕비를 출궁시키고 두 번째 왕비까지 맞았건만, 경덕왕은 10년이 넘도록 아들을 두지 못하였다.

직접적으로 김춘추로부터 이어진 왕의 계통은 앞서 살펴보았듯이, 두 번의 위기를 넘기며 근근히 이어지고 있었다. 효소왕이 일찍 죽자 동생 성덕왕이 뒤를 이었고, 효성왕이 일찍 죽자 동생 경덕왕이 뒤를 이었던 것이다. 그나마 효소·성덕의 아버지 신문왕과, 효성·경덕의 아버지 성덕왕이 두 아들을 두었기에 가능한 일이었다. 경덕왕에게는 아들은커녕 왕위를 물려줄 마땅한 동생도 없었다.

경덕왕이 백률사에 놀러 가다가 땅 속에서 나는 염불 소리를 듣고 파냈다는 사방불(四方佛)이다. 이 곳에 절을 지어 굴불사라 했었는데, 지금은 사방불만 남아 있다.(경주 굴불사 터)

경덕왕이 표훈(表訓)대덕을 찾은 것은 그 때였다. 표훈은 의상(義湘)의 10대 제자 중 한 사람이며, 나중에는 신라 열 분 성인 가운데 든 큰스님이다. 「탑상」편의 '동경 흥륜사의 금당 십성' 조에서 일연은 동쪽 벽에 아도(阿道)·염촉(厭觸)·혜숙(惠宿)·안함(安含)·의상이, 서쪽 벽에 표훈·사파(蛇巴)·원효·혜공(惠空)·자장의 소상(塑像)이 안치되어 있다고 서술하였다. 이들이 바로 열 분 성인이다.

표훈은 이 가운데 시기상 마지막 성인이 된다. 그가 신라의 마지막 성인이 된 데에는 바로 경덕왕과 관련된 다음 같은 사연이 있기 때문이다. '경덕왕과 충담사 그리고 표훈대덕' 조의 한 대목이다.

왕이 하루는 표훈 대사를 불러 명을 내렸다.

"짐이 복이 없어 후사를 얻지 못하고 있으니, 바라건대 대사께서 하늘님께 청하여 자식을 가졌으면 하오."

표훈이 하늘님께 아뢰고 돌아와 왕에게 답했다.

"하늘님께서 딸은 되지만 아들은 마땅치 않다고 말씀하십니다."

"딸을 바꾸어 아들이 되게 해주시오."

표훈이 다시 하늘님께 이를 청하자 말하였다.

"한다면 할 수 있노라. 그러나 아들이 되면 나라가 위태로워져."

표훈이 내려가려 하자 하늘님이 다시 불렀다.

"하늘과 사람은 어지러워져선 안 되느니. 지금 그대가 마치 이웃 마을처럼 오가면서 천기를 누설하였노라. 이제 이후로는 다시 통하지 못할 것이야."

표훈이 와서 하늘님의 말씀을 깨우쳐 아뢰자 왕이 말하였다.

"나라가 비록 위태로워진다 한들, 아들을 얻어 뒤를 잇는다면 충분하오."

이 때에 만월왕후가 태자를 낳았다. 왕은 무척 기뻤다.

표훈이 하늘님과 만나는 곳이 토함산이었다. 그는 하늘님과 직접 대화를 나눌 만한 세상의 단 한 사람이었기에 경덕왕은 무리한 부탁을 하고 있다. 비록 나라가 위태로워진다 한들 아들을 얻겠다는 경덕왕의 비원은 차라리 비극에 가깝다. 더욱이 표훈으로서는 억울하게도 하늘님에게 중대한 경고와 처벌까지 받으면서 말이다.

만월왕후가 아들을 낳은 때를 『삼국사기』에서는 경덕왕 17년 7월 23일이라 적고 있다. 일연은 왕이 무척 기뻐했다고만 했으나, 다시 『삼국사기』 기록을 보면 만 두 돌만에 왕은 아들을 태자로 책봉했다. 그가 아들을 얼마나 기다리고 있었는지 실감된다.

재앙을 극복하는 길

나라의 위태로움은 아들 대까지 기다리지 않고 찾아왔는지 모른다. 우리는 그것을 경덕왕이 다시 주인공으로 등장하는 「감통」편의 '월명사의 도솔가' 조를 읽으며 확인한다.

경덕왕 19년은 경자년(760년)인데, 4월 초에 해가 둘 나타나더니, 열흘이 지나도록 사라지지 않았다. 일관(日官)이 왕에게, "인연 있는 스님을 불러 산화공덕(散花功德)을 베풀면 물리칠 수 있습니다"라고 아뢰었다. 그래서 조원전(朝元殿) 앞에 단을 깨끗하게 만들고, 왕은 청양루(靑陽樓)에 나가 인연 있는 스님을 기다렸다.

그 때였다. 월명사(月明師)라는 이가 여러 군데를 다니다가 마침 남쪽 길을 가고 있었다. 왕은 신하를 시켜 불러오게 하고, 단을 열어 기도문을 짓도록 했다. 월명이 아뢰었다

"저는 다만 국선의 무리에 속해 있던 사람이라, 향가만 할 뿐 산스크리트 말로 하는 염불은 잘 모릅니다."

"이미 인연 있는 승려로 정해졌으니 향가라도 좋다."

왕이 그렇게 말하자 월명은 「도솔가」를 지어 바쳤다. 그 노랫말은 이렇다.

오늘 여기서 산화가를 불러
솟아나게 한 꽃아, 너는
곧은 마음이 시키는 대로
미륵좌주 모셔 서 있어라

경덕왕 19년이라면 바로 태자가 책봉된 해다. 책봉이 7월에 이루어졌으니, 해가 둘 나타난 이 사건을 해결한 석 달 뒤다.

물론 위의 사건은 『삼국사기』에서는 나오지 않는다. 해가 둘 나타났다는 현상을 과학적 사실로 볼 것인가 아니면 상징적 사건으로 볼 것인가는 다른 문제다. 오히려 『삼국사기』에서는 바로 다음 왕인 혜공왕 2년에 해가 둘 나타났다는 사건을 기록하고 있다. 약 10년 후의

토함산은 예로부터 경주를 감싸고 있는 가장 중요한 산 가운데 하나다. 불국사와 석굴암을 보러 많은 사람들이 찾지만, 그 안에는 또 하나의 감춰진 보물이 있다. 바로 토함산 동쪽 자락에 있는 장항리 절터다. 불국사나 석굴암처럼 번듯한 탑이나 불상이 남아 있는 것도 아닌데, 꼭꼭 숨겨 두고 혼자만 보고 싶은 그런 곳이다. 반쯤 부서진 오층탑에 새겨진 인왕상. 내 사진으로는 이 인왕상의 아름다움을 모두 담아낼 수 없다.(경주 장항리)

일이다. 그다지 흔치 않은 사건이 10년의 사이를 두고 『삼국사기』와 『삼국유사』에 실려 있는 점에서, 어느 쪽이든 기록상의 착오가 있지 않았나 의심해 볼 뿐이다. 그러기에 역사적 사실로 받아들여 해석하기가 무리일지도 모른다. 그러나 사실과 상징을 따지기에 앞서 이 조는 오늘날 우리들에게 많은 문제를 던져 주고 있는 중요한 부분이다.

첫째, 월명사의 정체다. 그는 자신을 '국선의 무리에 속해 있었다'고 말한다. 화랑이었다는 것이다. 그런데 승려가 된 것은, 통일 후의 화랑들이 신분 변화를 보이는 예 가운데 하나다.

둘째, 월명사는 산화공덕에 필요한 노래를 향가로 밖에 지을 수 없다고 말하는데, 이는 화랑이 향가를 지어 부르는 주 작가층이었다는 사실과, 승려가 된 다음 굳이 인도식 염불을 외우지 않고도 승려 생활을 할 수 있었다는 사실을 알려 준다. 향가가 신라 이후에도 승려층에 의해 전승된 것은 고려 초의 스님 균여(均如)가 향가를 남기고 있는 점을 통해 입증되지만, 같은 스님인 일연이 『삼국유사』 속에 공들여 향가를 모아 놓은 점을 설명하는 데도 유용하다.

일연은 이 이야기 끝에 「산화가」가 따로 있다고 밝힌다. 아마도 그것은 좀더 불교적인 의례에 맞는 노래였을 것이다. 그런데 굳이 향가로 새로운 노래를 만들어 부르고, 그것이 효과를 나타냈다는 점에서, 우리는 신라 불교의 주체적 면모를 엿볼 수 있다. 이것이 세 번째 중요한 점이다.

경덕왕은 재앙을 극복하는 한 가지 방법을 여기서 얻는다. 특히 호국 불교적 특징이 미륵 신앙과 긴밀히 만나는 장면이다. 계속 읽어 보자.

어쨌건 해 하나가 사라져, 왕이 좋아하며 좋은 차 한 바구니와 수정염주 108개를 주었다. 문득 모습이 깔끔한 어린 아이 하나가 무릎을 꿇고 차와 염주를 받더니, 궁전 서쪽 작은 문으로 나가는 것이었다. 월명은 궁 안에서 일하는 아이려니, 왕은 스님이 부리는 아이려니 생각하였다. 그러나 아무도 부르지 않았다.

왕은 매우 이상스럽게 여기고 사람을 시켜 따라가 보게 했다. 아이는 궁 안 절의 탑으로 들어가더니 숨어버렸다. 차와 염주는 미륵보살을 그린 남쪽 벽 앞에 두었다. 그제야 월명의 지극한 덕과 지극한 정성이 미륵보살을 불러 모셨음을 알았다.

죽은 누이를 위해 부르는 노래

여기서 잠깐 월명사 이야기를 하나 보태고 가자. 그를 말하자면 「제망매가(祭亡妹歌)」를 빼놓을 수 없다. 이 노래는 서정 시가로서 신라 향가 최고의 명편이다. 월명사는 죽은 누이를 위해 재를 올리면서 이 시를 썼지만, 일견 평범해 보이는 표현의 내면에 속 깊은 울림이 있다. 구태여 요란을 떨지 않는 것이 진정성에 가까운 법이다.

생사의 갈림길
여기 있으니 두려움고
"나는 갑니다" 말도
못하고서 갔는가
어느 이른 가을 바람 끝에
여기 저기 떨어지는 잎처럼
한 가지에 나고
가는 곳은 모르겠네
아, 미타찰 세상에 만날 나는
도 닦아 기다리리

다만 삶의 고통은 죽음이라는 운명적 환경이 만들어 준 것, 도 닦는 사람이라고 거기서 완전히 자유로울 수 없다. 가을 바람에 떨어지는 낙엽 한 잎에도 속절없는 인간의 생애를 비유한 솜씨가 비상하기만 하다. 바람은 다름 아닌 '이른 바람'이다. 아마도 이 대목이 시의 핵심이리라. 태어나는 데는 순서가 있어 형 아우가 정해지지만, 죽는 데는 순서가 없는 것이고, 언젠가는 누구나 죽음을 맞이한다 한들, 이다지 이르게 찾아온 죽음이 비록 생사를 넘어서려는 구도자에게라 할지라도 심금을 울릴 일 아니겠는가.

사실 이 시는 여덟째 줄까지 평범한 인간이 토로할 슬픔을 절제된 감정 속에서 마음껏 뱉어 놓고 있다. 한바탕 시원하게 울었다. 그런데 그것으로 끝이라면 승려의 신분으로 주책 맞을 일, 아홉 번째 줄에서 감탄사를 길게 뺀 다음 흩어진 감정을 추스린다. 이는 향가라는 시의 형식이 가진 특장(特長)이기도 하다.

다시 만날 것을 믿고 기다리는 마음이야말로 구도자이면서 시인으로서 월명사가 택할 최선의 길이다. 그 지점이 곧 한 편의 시로 완성되는 순간이다.

배경 설화인즉, 재를 마친 자리에 바람이 불어와 이 시를 적은 종이가 날아 갔다고 한다. 서쪽 방향이다. 서쪽이라면 당연히 불국토의 세계 곧 서방정토를 뜻할 것이다. 이 대목에서 일연은 "향가가 종종 천지와 귀신을 감동시켰다"는 기록을 일부러 적어 넣고 있다.

최후의 시도

다시 경덕왕 이야기로 넘어간다. 뒤를 이을 태자까지 책봉했지만 왕의 심기는 편안하지 못하다. 완연히 나라가 기울어 가는 모습이 여기 저기서 보인다. 더욱이 왕은 자신의 목숨이 이제 경각에 달려 있음을 알고 있었다. 그런데 아직 태자는 어리다. 그리고 억지를 부려 얻은 아들이어서 그런지 왠지 신통치 않다.

월명사를 불러 두 해가 나타난 변괴를 물리친 일이 기억났을까. 경덕왕은 비슷한 자리를 한 번 더 만들고 있다. 그것은 왕이 할 수 있는 마지막 일이었을지 모른다. '경덕왕과 충담사 그리고 표훈대덕' 조에서 충담사를 만나는 대목이다.

왕이 다스린 지 24년째였다. 5악(岳)과 3산(山)의 신들이 간혹 어전의 뜨락에 나타나곤 했다. 3월 3일, 왕이 귀정문(歸正門)의 다락에 올라 주위 신하들에게 말하였다.

"누가 거리에 나가 좋은 스님 한 분을 모셔올 수 있겠느냐?"

그 때 마침 큰스님 한 분이 위엄 있게 잘 차려 입고 서서히 걸어가고 있었다. 신하들이 그를 데려다가 왕 앞에 보였다.

"내가 말하는 좋은 스님이 아니야."

왕은 물리게 하였다. 다시 한 스님이 허름한 중 옷을 입고 앵통을 진 채 남쪽에서 왔다. 왕은 그를 보고 기뻐하며 다락 위로 불러오게 했다. 그 통안을 보니 다구(茶具)가 가득했다.

"그대는 뉘신가?"

"충담이라 하옵니다."

"어디 다녀오시는 겐가?"

"저는 매번 3월 3일과 9월 9일에 차를 달여 남산 삼화령의 미륵세존께 드립니다. 지금 막 바치고 돌아오는 길입니다."

"과인에게도 차 한 잔 주실 수 있는가?"

충담은 곧 차를 끓여 바쳤다. 차 맛이 특이했고, 찻잔에서는 기이한 향기가 자욱했다.

"짐은 일찍이 스님이 기파랑을 찬미한 사뇌가가 그 뜻이 매우 높다고 들었는데, 과연 그러한가?"

충담 스님이 차를 달여 바쳤다는 삼화령에 연꽃 무늬로 장식된 거대한 불상 대좌가 남아 있다. 천지를 압도하듯 이 곳에 놓여 있었을 불상을 머릿속으로 그려보면 신라인들의 호방함이 새삼 느껴진다. (경주 남산)

"그렇습니다."

"그렇다면 짐을 위해 백성을 편안히 잘 다스리는 노래를 지어 주실 수 있는가?"

충담은 곧바로 명령을 받들어 노래를 지어 바쳤다. 왕은 '좋다' 하고 왕사(王師)에 봉하였다. 충담은 거듭 절하고 굳이 사양하며 받지 않았다.

왕이 인연 있는 승려를 기다리는 곳이 청양루와 귀정문의 차이가 있을 뿐, 전체적인 분위기와 이야기 전개는 월명사를 만날 때와 너무 닮았다. 남쪽이라는 방향이나 미륵보살의 등장까지 그렇다. 경덕왕이 처음에 신하들이 데려온 '위엄 있게 잘 차려 입은 스님'을 물리는 데에는 어떤 기준이 있었을 것이다. 왕의 뇌리에는 월명사의 이미지가 선명히 남아 있었다.

경덕왕 24년은 그의 마지막 재위년이다. 왕은 그 해 6월에 죽었다. 5악과 3산의 신들이 어전 뜨락에 자주 나타났다는 기록이 의미심장하다. 5악은 경주를 둘러싼 다섯 개 산이요, 3산은 신라의 대사(大祀)를 지내는 신령스런 곳이다. 왕의 죽음을 예언하는 것이기도 했을까, 충담사를 만나「안민가」를 청해 들은 것이 죽기 불과 세 달 전이다. 노래는 다음과 같다.

임금은 아버지요
신하는 다사로운 어머니
백성은 어린 아이라고
하실진대, 백성이 다사로움을 알도다

구물구물 살아가는 물생(物生)
이들을 먹이고 다스리라

이 땅을 버리고 어디로 가리

하실진대, 이 나라 보전될 것을 알도다

아, 임금답게 신하답게 백성답게

한다면

나라는 태평하리니

  본디 열 줄짜리 시지만, 해석하면서 종장을 석 줄로 처리해 보았다. 충담사는 자기의 시에 대해 대단한 자부심을 가진 사람이다. 왕까지도 그가 향가를 잘 짓는다는 사실을 알고 있지 않은가? "스님의 시가 뜻이 매우 높다고 들었다"는 왕의 말에, 충담사는 태연히 "그렇다"고 대답할 정도다. 충담사는 같은 시대를 산 월명사와 함께 현재 전해지는 최고의 향가 시인이다.

  충담사는 왕을 아버지, 신하를 어머니, 백성을 어린 자식에 비유한다. 고대 왕권 국가였기에 나올 법한 비유였으나, 왕과 신하 곧 권력을 잡고 있는 자들이 백성 위에서 군림하지 않고, 부모처럼 자애로운 존재라는 설정은 미덥기만 하다.

  구물거리며 살아가는 이 세상의 모든 사람들은 그 삶이 보잘 것 없는 백성이로되, 다스리는 자의 따사로움을 알고 믿고 따른다면 그들이 어디로 가겠는가? 또한 백성이 없으면 나라의 근본이 흔들린다. 임금답게, 신하답게, 백성답게…. 이것 이외에 무엇이 더 필요할까?

여자 같은 남자

경덕왕이 충담사에게 청해 들은 노래 「안민가」는 곧 왕의 유언이었는지 모른다. 24년간을 왕위에 있으면서, 삼국 통일의 위업 아래 자랑스럽게 전해지는 김춘추 직계로서의 자부심도 있었지만, 다른 한편

차를 공양하는 것 같기도 하고, 목탁을 두드리는 것 같기도 한 스님의 모습이다. 남산 부처 바위에 조각되어 있다.(경주 남산)

격화되어 가기만 하는 진골 계급간의 암투와 반목이 왕위 계승만 아니라 자칫 나라의 흥망과도 연결되리라는 근심이 그를 짓눌렀다. 충담사의 충성스런 노래를 남기고 그는 불안스레 아들 혜공왕에게 왕위를 물려준다.

그러나 불안은 곧 현실로 드러났다. 이제 '경덕왕과 충담사 그리고 표훈대덕' 조의 마지막 대목을 보자.

　(태자가) 여덟 살이 되었을 때, 왕이 돌아가시고 태자가 자리를 이었는데, 이가 혜공왕(惠恭王)이다. 매우 어리므로 태후가 조정에 나가 있으나, 조리가 고르지 못하고 도적이 일어나니, 나라를 지킬 겨를이 없었다. 표훈의 말이 증명된 것이다.
　어린 왕은 여자 아이일 것이 남자가 되었으므로, 돌부터 왕위에 오르기까지 늘 부녀자들의 놀이를 하였고, 비단 주머니를 차기 좋아하였다. 도사 무리들과 놀았으므로 나라에 큰 변란이 일어, 마침내 선덕왕과 김양상에게 죽임을 당하였다.

표훈의 말이란 하늘님의 말이었다. 태후의 섭정이 어떤 양태였는지 구체적인 사실은 보이지 않지만, 나라가 어지러웠음은 『삼국사기』에 기록된 것처럼 재위 16년간 다섯 번의 반역 사건으로 대변된다. 일연도 이 조의 다음에 '혜공왕' 조를 놓고 있는데, 처음부터 끝까지 이러저러한 변괴만을 적었다. 여기에서는 『삼국사기』와 일치하는 내용이 실려 있는 반면 그렇지 않은 예도 보인다.

오히려 위 기록에서 우리가 흥미를 가지는 대목이 후반부다. 혜공왕이 태자 시절에는 부녀자들의 놀이를 하였고, 비단 주머니를 차기 좋아하였다는 것이다. 『삼국사기』에서는 "장성하자 음악과 여색에 빠져들어, 돌아다니며 노는 것을 절제하지 않았다"고 적고 있다. 일연은 이를 해석하여, '여자 아이일 것이 남자가 되었으므로' 그렇게 되었다 했으나, 오늘날의 관점으로 보건대 이는 성전환증을 가진 사람의 증세다.

사람은 누구나 남성과 여성 호르몬을 같이 가지고 있다 한다. 다만 남성은 남성 호르몬이, 여성은 여성 호르몬이 더 강할 뿐이다. 그런데 희귀한 경우지만, 남성의 몸을 타고났으면서도 여성 호르몬이 더 강한 사람이 있고, 반대의 경우도 있다. 그들이 겪는 육체적·정신적 장애를 성전환증이라 한다. 그들은 남성이면서 여성처럼 놀고, 성인이 되어서는 화장이나 옷차림을 아예 여성의 모습으로 바꾸어 버린다. 물론 여성은 반대다. 오늘날 이런 증세를 가지고 있는 사람에게 법적으로 성전환을 시켜주자는 주장까지 대두되어 있다. 양성화라고 할 수 있는데, 그러지 못해 불법적으로 수술을 감행하는 숫자가 한국에서도 암 수술 환자 다음으로 많다.

혜공왕은 성전환증 환자였을 것이다. 그는 정식 왕비만 둘이었는데, 16년간 재위하였으므로 24세에 죽었지만, 아들을 두었다는 소식도 없다. 물론 재위 마지막 해의 반란 사건 때, 왕을 포함한 전 가족이 몰살당했을 가능성은 있다. 혜공왕의 성전환증은 신라 왕실이 오랫동안 근친혼을 했다는 데서 그 원인을 찾아볼 수도 있지만, 한 직계가 6대에 걸쳐 8명의 왕을 내었으니 할만큼 했다고도 하겠다. 이후 신라 왕실은 김양상(金良相)과 김경신(金敬信) 등 내물왕계 후손이 다시 왕위에 오르고, 김춘추 직계는 어찌 되었는지 알기 어렵다. 쓸쓸한 종막이다

한편 일연은 "혜공왕이 선덕왕과 김양상에게 죽임을 당했다"고 썼는데, 여기에 약간 문제가 있다. 우선 선덕왕이 김양상이므로 이는 분명한 착오다. '선덕왕 곧 김양상'이라 하든지, '선덕왕과 김경신'이라 했어야 맞다. 김경신은 김양상의 동생이다. 그리고 그들이 혜공

왕을 죽였다고 했지만, 『삼국사기』의 기록은 조금 다르다. 정리해 보면 이렇다.

처음에 김지정(金志貞)이 반란을 일으켰다. 그러자 "상대등 김양상과 이찬 김경신이 군사를 동원해 지정 등을 베어 죽였다. 왕과 왕비도 난병에게 살해되었다"고 『삼국사기』는 쓰고 있다. 이 애매한 대목에서 해석이 갈렸다. '난병'이란 과연 누구를 지칭하는 것이냐. 문맥으로는 분명 김지정으로 보이지만, 정황상 김양상과 김경신일 수도 있기 때문이다. 그들이 왕을 지키기 위해 일어섰는가, 이 기회에 왕위를 차지하기 위해 일어섰는가? 바로 다음 왕에 김양상이 들어서고, 이어 김경신이 왕위에 오르는 것으로 보아, 후자의 가능성도 충분하다.

일종의 역반란을 일으킨 그들은 김춘추에게 왕위를 뺏겼던 내물왕계의 후손이다. 양상은 10세손으로 선덕왕이, 그리고 경신은 12세손으로 원성왕이 되었다.

그래서였을까, 일연은 혜공왕을 죽인 이로 김양상을 지목한 것 같다. '선덕왕과 김양상〔宣德與金良相〕'에서는 '과〔與〕'만 빼면 된다.

왕이 되는 자

야심가의 등장

끊이지 않는 반란과 혜공왕의 난정을 틈타 새로 왕이 된 김양상 곧 선덕왕은 재위 6년 만에 병으로 죽는다. 일연은 그에 대해서 따로 특별한 기록을 남기지 않는다. 바로 그 다음 왕 김경신 곧 원성왕으로 넘어가고 있는 것이다.

그런데 짧은 재위 연수에다, 선덕왕이 죽으면서 남겼다는 유언을 같이 생각해 볼 때, 혜공왕 시절 이른바 김양상과 김경신의 역반란이 두 사람 중에 누구의 주도로 이뤄졌었는가 돌이켜보게 된다.

선덕왕은 죽음을 앞두고, "내가 본래 재주와 덕이 얇고 가벼워 왕위에 마음을 두지 않았으나, 여러 사람의 추대를 피하기 어려워 왕위에 오르게 되었던 것"이라고 회고한다. 비록 겸사(謙辭)로 볼 수 있으나, 그 이면에는 일정한 사실도 숨어 있다. 당시 김양상은 국무총리격인 상대등이었고, 김경신은 별다른 직책을 가지지 않은 이찬(伊湌)이었다. 양상은 왕이 되어서도 5년 만에 자리에서 물려나려 했다. 그러나 여러 신하들이 말리므로 뜻을 이루지 못하였는데, 결국 다음 해 몸져눕고 만 것이다. 어쨌건 그는 늙은데다 그다지 패기만만한 사람처럼 보이지 않는다.

그러나 경신은 야심찬 왕족의 아들이었다. 「기이」편 '원성대왕'

조의 중간에 나오는 기록을 먼저 살펴보자.

왕은 진실로 잘 되고 못 되는 변화를 잘 알았으므로 「신공사뇌가(身供詞腦歌)」를 지었다. 왕의 아버지 효양 대각간은 조정의 만파식적을 전하여 왕에게 넘겨 주었다. 왕이 이것을 얻었으므로, 하늘의 은혜를 두터이 받았고 그 덕이 멀리 빛났다.

앞서 만파식적을 소개하면서, 그 소식이 마지막으로 보인다는 곳이 여기다. 다만 아버지 효양 대각간이 아들 원성왕에게 만파식적을 건네준 시점이 즉위 이전인지 이후인지 불분명하다. 그것이 언제이건 일찍부터 아버지는 아들이 왕위에 오르는 꿈을 꾸고 있었음이 분명하다. 혼란이 겹치는 시대에 그 때가 점점 다가온다는 사실도 알았을 것이다. 아들은 총명했다

그러나 가벼이 움직일 수 없다. 성공하면 충신이요 실패하면 역적인 것이 쿠데타다. 그런데 마침 같은 집안의 김양상이 상대등이 되었다. 경신은 그를 부추겨 내세웠을 것이다. 그러니까 양상은 '얼굴 마담' 역할이었을 뿐이다. 쿠데타는 성공했고, 경신은 양상이 선덕왕으로 즉위한 다음 이벌찬 곧 각간(角干)으로 승진하면서 상대등이 된다.

왕이 되느냐 죽느냐

자연스럽게 다음 왕위는 김경신에게 이어질 법했다. 그러나 거기에는 김주원(金周元)이라는 라이벌이 있었다. 일연은 그가 이찬으로 재상이 되고, 경신은 그 다음 자리에 있었다고 했으나, 『삼국사기』에서는 족자(族子) 곧 집안의 아들이라고 했다. 전반적인 분위기는 주원에게 쏠려 있었다.

그러기 앞서 경신은 괴이한 꿈을 꾼다. '원성대왕' 조의 첫머리를

장식하는 꿈 이야기는 다음과 같다.

왕이 두건을 벗고 흰 갓을 쓰고 십이현금을 끼고 천관사의 우물 안으로 들어가는 꿈을 꾸었다. 깨어나 사람을 시켜 점을 쳐보았다.
"두건을 벗은 것은 직위를 잃는 조짐이고, 십이현금을 낀 것은 형틀을 차는 징조입니다. 우물에 들어간 것은 옥에 갇히는 징조이고요."
왕은 이를 듣고 매우 두려워하며 문을 닫고 바깥출입을 하지 않았다. 그때 아찬 여삼(餘三)이 은밀히 왕을 뵙고자 하였으나, 아프다는 핑계로 나가지 않았다. 다시 통지가 오기를 "한 번만 뵙고자 합니다"하니, 왕이 응낙하였다.
"공께서는 무슨 일로 그다지 꺼리십니까?"
왕은 꿈을 점친 전말을 자세하게 설명했다. 아찬이 일어나 절을 하고 말하였다.
"이는 매우 좋은 꿈입니다. 만약 공께서 왕위에 오르시고 저를 버리지 않으신다면, 공께 맞는 해몽을 해드리지요."
이에 왕은 주변 사람들을 물리고 오지 못하게 한 다음, 해몽을 부탁했다.
"두건을 벗은 것은 사람 가운데 아무도 그 위에 없음이요, 흰 갓은 면류관을 쓸 징조입니다. 십이현금을 낀 것은 열두 손대(孫代)까지 이어질 징조이고, 천관사 우물로 들어간 것은 궁궐로 들어갈 상서로움입니다."
"위로 주원이 있는데 어찌 윗자리를 잡을 수 있는가?"
"청컨대 은밀히 북천(北川)의 신에게 제사지내면 됩니다."
왕은 그의 말에 따랐다.

같은 꿈을 놓고도 정반대의 해석이 나왔다. 그러나 그것이 같은 뜻인지는 모른다. 어차피 왕위를 다투는 마당에 결과는 왕이 되거나 죽거나 어느 하나로 맺어질 것이기 때문이다. 그렇다면 사는 길을 찾는 수

원성왕의 능으로 알려진 괘릉이다. 이 곳에 능을 만들 때 작은 연못이 있던 것을 메웠는데, 능 내부에 물이 고이므로 바닥에 관을 놓지 못하고 허공에 걸어 놓았다고 하는 데서 괘릉이란 이름이 유래되었다고 한다.(경주 괘릉)

밖에. 여삼의 해몽이란 결국 살길을 찾으라는 말 이상 아무것도 아니다.

북천은 알천이라고도 한다. 신라의 화백 제도 시절, 부족장들이 모여 회의를 하던 곳이다. 혁거세의 신이한 탄생을 목격한 곳도 알천의 언덕 위였다. 그러므로 북천의 신에게 지내는 제사는 왕위를 바라는 자가 해야 할 조상에 대한 알림 곧 고유(告由)의 의미가 있을 것이다.

얼마 되지 않아 선덕왕이 돌아가셨다. 사람들이 주원을 왕으로 삼고자 궁 안에 맞이하려 하였다. 그의 집이 북천 너머에 있었는데, 갑자기 물이 불어나 건너지 못하고, 왕이 먼저 궁궐로 들어와 즉위하였다. 주원의 부하들이 모두 다 와서 복종을 하고, 새로 등극한 임금께 축하 인사를 드렸다. 이 이가 원성대왕이다. 이름은 경신이고 김씨인데, 대개 좋은 꿈이 현실로 나타난 것이었다.

경신은 왕이 되었고, 여삼의 말대로, 이후 신라 왕실은 그로부터 후손들이 계승하였다. 자신을 포함해 8대에 걸쳐 15명의 왕이 나왔다. 여삼의 해몽이 틀린 것은 12대까지 이어진다는 그 하나 뿐이었다.

꼼꼼하면서도 과감했던 왕
왕의 자리에 오른 것이 어찌 북천의 물 때문 만이었을까? 명분을 중요시 여기던 시절의 한 삽화일 뿐 왕의 자리에 오르는 자의 치밀한 계산은 늘 그 밑에 깔려 있다.

사실 원성왕이 어떤 일에 부닥쳐 얼마나 꼼꼼하고 때로 과감했는가는, 일연이 '원성대왕' 조에서 덧붙인 다음의 두 가지 이야기로 짐작할 수 있다. 먼저 꼼꼼한 모습.

정원(貞元) 2년은 병인년(786년)인데, 10월 11일에 일본의 문경왕(文慶王)이 군대를 일으켜 신라를 치고자 하였으나, 신라에 만파식적이 있다는 말을 듣고 물러갔다. 그러면서 사신을 시켜 금 50냥을 내고 그 피리를 보자고 하였다. 왕은 사신에게 말했다.
"짐도 웃대의 진평왕 때 있었다고 들었을 뿐이오. 지금은 어디 있는지 모르오."
다음 해 7월 7일, 다시 일본 왕은 사신에게 금 1,000냥을 보내며 청하였다.
"과인이 신기한 물건을 보고 돌려 주려 합니다."
왕은 저번처럼 사양하면서 은 3,000냥을 그 사신에게 내려 주었다. 금은 돌려 주고 받지 않았다. 8월에 사신이 돌아가자 피리를 내황전(內黃殿)에 보관하게 하였다.

원성왕은 여기서 두 가지 거짓말을 하고 있다. 첫째, 만파식적이 처음 만들어진 때와, 둘째, 만파식적의 존재 여부이다.

괘릉에는 흔히 문인상과 무인상으로 부르는 석상이 있다. 외국인을 모델로 한 이 석상들은 그 당시 활발했던 외국과의 교역을 상상할 수 있게 한다.(경주 괘릉)

왕은 이 피리가 진평왕 때 만들어졌다고 했으나 실은 신문왕이 그의 아버지 문무왕의 해중능 곧 대왕암에서 받아 가지고 나온 것이었다. 문무왕은 왜적을 물리치기 위해 스스로 바다 가운데 능을 쓰도록 유언한 사람이다. 일본을 경계하는 뚜렷한 의지가 거기에 담겨 있고, 그것은 만파식적이라는 피리를 통해 구체화되어 나타났다. 원성왕은 그 같은 사실을 애써 은폐하고 있다.

원성왕이 아버지로부터 만파식적을 받았다는 이야기는 앞서 나왔다. 그런데도 왕은 두 번씩이나 시치미를 떼고 있다. 금을 싸들고 찾아오는 사신들을 도리어 은을 주며 돌려세운다. 왕이 한 선의의 거짓말은 국보를 지키겠다는 뜻으로 이해되지만, 거절하되 어떤 다른 외교적 분쟁이 야기되지 않도록 섬세히 배려하는 태도가 인상적이다. 그의 조심스런 성격을 읽을 수 있는 대목이다.

어쨌건 우리는 여기서 만파식적이 이 때까지도 전승되고 있었다는 반가운 소식을 듣는다. 신문왕 때 처음 만들어지고 100여 년이 지난 다음이다.

왕이 즉위한 지 11년째인 을해년(795년)이었다. 당나라 사신이 서울에 왔다가 보름을 머물다 돌아갔다. 그런 다음 하루는 두 여자가 궁 안에 들어와 아뢰었다.

"저희들은 동지(東池)와 청지(靑池)에 있는 두 용의 마누라입니다. 당나라 사신이 하서국(河西國) 사람 둘을 데려와서, 우리 남편 두 용과 분황사 우물 용 등 세 용에게 주문을 걸어 작은 물고기로 바꾼 다음, 통에 넣고 돌아갔습니다. 바라건대 폐하께서는 두 사람을 붙잡아 주소서. 우리 남편들은 나라를 지키는 용입니다."

왕은 쫓아가 하양관(河陽館)에 이르러, 손수 잔치를 베풀면서 하서국 두 사람에게 말하였다.

"너희들은 어찌하여 우리 세 마리 용을 잡아 여기까지 이르렀느냐? 만약 사실대로 이르지 않으면 극형에 처할 것이야."

그러자 물고기 세 마리를 꺼내 바쳤다. 세 곳에 풀어 주니 물살을 한길 남짓 튀기면서 기뻐 뛰며 갔다. 당나라 사람들이 왕의 명석함에 탄복하였다.

당나라가 중반을 넘어가면서 도교에 경도되는 사실은 잘 알려져 있다. 고구려의 경우, 연개소문이 도교에 심취하면서 불교가 상대적으로 왜소해져 버린 것도 당나라의 영향이었다. 삼국 통일 후에는 신라에도 도교를 전하고자 노력한 흔적을 여기저기서 보게 되는데, "당나라 사신이 『도덕경(道德經)』 등을 보내와 왕이 예를 갖추어 받아들였다"는 '경덕왕과 충담사 그리고 표훈대덕' 조 모두(冒頭)의 기록은 그 한 예에 불과하다. 사신으로 오고 가는 국가의 공식적인 교류에서 도교가 전면에 등장한다는 점이 중요하다.

위의 이야기에도 당나라 사신이 등장한다. 그런데 사신이 데려온, 그래서 동지와 청지의 용을 잡아간 하서국 사람들이 쓴 방법은 도교적인 주술이다. 사실 도교가 이렇듯 무슨 사이비 종교처럼 도술이나 부리는 것은 그 본디 사상과 거리가 멀다. 민간 신앙과 습합되면서

【 원성왕 때의 재미있는 이야기 하나 】

왕이 하루는 황룡사의 승려 지해(智海)를 안으로 불러들여 50일 동안 『화엄경』을 강의하게 하였다. 승려 묘정(妙正)이 매번 금광정(金光井)에서 바리때를 씻는데, 우물가에 자라 한 마리가 떴다 잠겼다 하는 것이었다. 묘정이 그 때마다 남은 음식을 먹이며 놀았다. 자리가 끝나자 묘정이 자라에게 말했다.

"내가 너에게 덕을 베푼 지 여러 날인데 무엇으로 갚아주겠니?"

며칠이 지나 자라가 작은 구슬 하나를 마치 주려는 것처럼 뱉어냈다. 묘정이 그 구슬을 가져다가 띠 끝에 달고 다녔는데, 이후로 대왕이 묘정을 보고 매우 아껴 내전에 불러들여 곁에서 떠나지 않게 하였다. 그 때 잡간(匝干) 한 사람이 당나라에 사신으로 가게 되자, 그 또한 묘정을 아껴 함께 가도록 청하였다. 왕은 허락하였다.

같이 당나라에 들어가자 당나라 황제 또한 묘정을 보고 총애하니, 주변의 정승들이 우러러마지 않았다. 점을 치는 신하 한 사람이 아뢰었다.

"이 승려를 살펴보니 하나도 좋은 관상이 없습니다. 그런데 남들에게 존경과 믿음을 받으니 반드시 특이한 물건을 가지고 있을 것입니다."

사람을 시켜 검사해 보자 띠 끝에 작은 구슬이 보였다. 황제가 말했다.

"짐이 여의주 네 낱을 가지고 있다가 지난 해 한 개를 잃어버렸다. 지금 이 구슬을 보니 곧 내가 잃어버린 것이로구나."

황제가 묘정에게 물었다. 묘정은 그 일을 모두 갖추어 설명드렸다. 황제가 구슬을 잃어버린 날과 묘정이 구슬을 얻은 날을 가만히 맞추어 보니 같은 날이었다. 황제는 그 구슬을 두고 가라고 하였다. 다음부터 사람들이 묘정을 믿고 아끼는 일이 없어졌다.

세 마리 용을 물고기로 바꿔서 잡아갔다는 우물이 분황사에 남아 있다. 1992년에는 이 우물에 물을 퍼 올리는 관을 꽂아 두고 있어서 볼썽 사나웠는데, 지금은 모두 치워 깨끗해졌다.(경주 분황사)

달라진 부분이라 할 것이다. 어쨌거나 이런 일을 당한 원성왕이 취하는 다음 행동을 유심히 볼 필요가 있다. 직접 그들의 뒤를 쫓아가 잔치를 베풀어 회유하면서도, 말을 듣지 않을 경우 극형까지 내릴 수 있다는 단호함을 동시에 보여 준다.

사실 원성왕은 기울어 가는 신라를 되살리고자 애쓴 마지막 왕이 아닌가 한다. 비록 피비린내 나는 왕족간의 싸움 끝에 등극하였다고 하나, 그것이 곧 야심찬 젊은 왕족의 나라를 위한 충정이었다면 더욱 그렇다. 왕 즉위 4년에 실시된 독서삼품과(讀書三品科)는 그 대표적인 업적으로 볼 수 있다.

경전을 읽고 공부해 그 성취도에 따라 상·중·하의 3급으로 나누어 관직에 임명하는 이 제도는, 나중 고려시대에 와서 본격적으로 시행한 과거제의 출발이나 다름없다. 골품제의 엄격한 신분제 사회인 신라는 집안의 신분에 따라 품계가 정해지고 관직에 나갔다. 그렇지 않으면 활 솜씨 하나로 사람을 선발했다고, 『삼국사기』에서는 말한다. 이러한 체제가 기득권 층의 자기 이익에 따라 흘러가다 보니, 관직에 있는 자들은 갈수록 무능해질 뿐이어서, 왕은 제도의 혁신 없이 나라가 바로 설 수 없으리라 생각한 것 같다.

그러나 실제 이 독서삼품과는 그다지 널리 활용되지 못하였다. 역시 기득권 층의 반발이 만만치 않았던 것이다. 기울어 가는 나라를 바로 세우기란 차라리 새로운 나라를 열기보다 더 힘든 일이다. 우리는 그 같은 예를 고려조에 와서 공민왕, 조선조에 와서 영·정조 같은 이에게서 다시 확인한다. 신라의 원성왕은 그들과 비슷한 처지의 왕이었다.

왕이 되는 자의 금도

원성왕 사후 신라 왕실은 걷잡을 수 없는 혼란기에 빠진다. 왕의 자리를 놓고 벌인 피비린내 나는 싸움이란 결국 정권을 잡고자 하는 진골 귀족 계급간의 골육상쟁(骨肉相爭)이었는데, 특히 소성왕부터 헌안왕까지 9대 60여 년이 지나는 동안 세 명의 왕이 살해되면서 혼란은 극도에 달한다. 여삼의 말대로 원성왕의 자손들이 대를 이어 왕이 된 것까지는 좋았으나, 형제간에 죽고 죽이며 오른 왕위가 그 무슨 영화였을까?

그런 싸움 때문에라도 헌안왕은 자신의 대에서 비극을 끝내야 한다고 생각했는지 모른다. 그는 무엇보다 덕을 갖춘 후사(後嗣)를 세우리라 결심했고, 그래서 왕이 된 이가 경문왕이다.「기이」편의 '48대 경문대왕' 조를 읽어 보자.

왕의 이름은 응렴(膺廉)인데 열여덟 살에 국선(國仙)이 되었다. 스무 살이 되자 헌안대왕(憲安大王)이 불러 궁중에서 연회를 베풀어 주며 물었다.

"낭(郎)이 국선이 되어 사방을 돌아다니며 어떤 재미있는 일을 보았느냐?"

"좋은 일 세 가지를 보았나이다."

"그 이야기를 들어 보자."

"높은 자리에 있으면서 낮은 사람들보다 겸손하게 사는 이가 첫째요, 큰 부자이면서 검소하게 옷을 입는 이가 둘째요, 본디 귀하고 힘이 있으면서 그 위세를 쓰지 않는 이가 셋째이옵니다."

왕은 그 말을 듣고 그의 어진 성품을 알았다. 눈물이 떨어지는 것도 모른 채 일렀다.

"내게 딸이 둘 있거니와 그들이 수발을 들도록 하겠노라."

경문왕은 원성왕의 손자인 희강왕의 다시 손자다. 희강왕은 사촌간인 민애왕에게 죽임을 당했고, 민애왕은 신무왕에게 죽임을 당했다. 모두 6촌간의 가까운 형제들이었다. 이런 처참한 살육극을 목도했을 헌안왕이나 그 피해자의 한 사람인 경문왕이나, 모두 덕치(德治)를 펴야할 필요성을 절실히 느끼고 있었을 것이다. 아직 스무 살도 되지 않은 어린 왕족에게서 그 같은 가능성을 발견한 헌안왕은 대뜸 그를 사위로 삼겠다고 선언한 것이다.

그런데 문제는 두 딸 중에 누구를 택해야 하는가? 여기서부터 재미있는 이야기가 시작된다.

응렴은 자리를 벗어나 절하고, 머리를 조아리며 물러 나와 부모에게 아뢰었다. 부모는 놀라 기뻐하며, 자제들을 모아 놓고 의논하였다.

"위 공주는 얼굴이 매우 못생겼고, 둘째 공주는 매우 아름다우니 그를 맞아들이면 좋겠다."

응렴의 무리 가운데 우두머리인 범교사(範敎師)가 소문을 듣고 집에 와서 그에게 물었다.

"대왕께서 공주를 공께 시집보낸다 하니 사실입니까?"

"그렇습니다."

"누구를 맞아들이려 하십니까?"

"두 분 부모님께서 동생을 말씀하십니다."

"낭께서 동생을 맞으신다면 저는 반드시 낭의 앞에서 죽을 것이로되, 언니를 맞으신다면 반드시 세 가지 좋은 일이 있을 것입니다. 명심하세요."

"새겨듣겠소."

얼마 지나지 않아 왕이 날을 가려 응렴에게 사람을 보냈다.

"두 따님이 그대의 명대로 따를 것이오."

사신이 돌아와 응렴의 뜻을 아뢰었다.

"큰따님을 맞겠답니다."

얼마 후, 한 달 보름쯤 지난 다음, 왕이 큰 병에 걸렸다. 신하들을 불러

모아 말했다.

"짐에게는 대를 이을 아들이 없소. 장례를 치른 다음 마땅히 큰딸의 남편 응렴이 잇도록 하시오."

다음 날 왕이 돌아가시자 응렴은 왕의 뜻을 받들어 왕위에 올랐다.

우리는 여기서 신라의 화랑 제도가 아직 근근히 이어지고 있음을 확인하는데, 경문왕을 따르는 부하 가운데 범교사는 그에게 목숨을 건 제안을 하고 있다. 결국 그것이 경문왕의 즉위를 가져왔다고 볼 수 있겠다. 나중에 범교사가 왕에게 와서 말했다.

"제가 말씀드린 세 가지 좋은 일이 지금 모두 나타났습니다. 큰딸을 맞아들였으므로 이제 왕위에 오른 것이 하나요, 예전에 미모에 끌렸던 동생을 이제 쉽게 얻을 수 있으니 둘째요, 언니를 맞아들였으므로 왕과 부인께서 기뻐하였음이 셋째입니다."

『삼국사기』에도 경문왕이 왕위에 오르는 이 일의 전말이 소개되어 있다. 약간의 차이가 있지만, 헌안왕 4년에 왕의 사위가 되는 과정과, 경문왕 3년에 범교사가 세 가지 좋은 일을 말하는 대목이다.

세상을 돌며 그가 본 바를 설명하는 대목이나, 부하의 말을 듣고 그에 따르는 대목이나, 두 가지 모두 경문왕이 무엇보다 덕을 가진 이였음을 보여 주는 데 부족하지 않다. 사실 경문왕이 재위한 15년간 그에게서 특별한 치적을 발견할 수 없음에도, 일연이 굳이 길게 '제48대 경문대왕' 조를 써나가는 이유란 이것 하나가 아니었을까? 그래서 왕이 되는 자가 가져야 할 금도(襟度)를 보여 주려는 것이다.

경문왕은 매일 밤마다 뱀을 끼고 잤다고 한다. 서양 동화로 알려진 「임금님 귀는 당나귀 귀」와 똑같은 이야기가 경문왕에 대한 『삼국유사』 기록에 전해온다. 그런데 나는 직접 『삼국유사』를 읽기 전까지는 우리 나라에 이런 이야기가 있다는 것을 전혀 들어 보지 못했다.(경주 김유신 무덤 십이지신상 가운데 뱀)

임금님 귀는 당나귀 귀

때로 까닭을 설명하기 힘든 일이 벌어지는 것이 사람이요 사람이 만들어가는 역사다. 경문왕은 무엇보다 그가 지닌 천부적인 덕을 배경 삼아 왕위에 오른 이였건만, 선왕의 딸 둘을 고스란히 맞아 왕비로 두기까지 하면서, 유복해 보이기만 하는 그에게도 겉으로 보아 뜻하지 않은 내면이 있었다. 일연은 그 같은 일을 두 가지 소개하고 있다.

왕의 침소에 저녁마다 뱀이 수없이 모여들었다. 궁인들이 놀랍고 두려워 쫓아내려 하자 왕이 말하길, "내가 뱀이 없이는 편안히 잠을 잘 수 없구나. 막지 말아라"라고 하였다. 매번 침상에서 혀를 날름거리며 가슴 가득 덮었다. 물론 이는 『삼국사기』에 없는 이야기다. 그래서 설화 이상으로 보기가 어려우나, 이렇듯 징그럽고 괴이한 이야기가 어쩌다 경문왕에게서 나왔을까?

징그럽지야 않지만 더 이상한 이야기는 다음에 이어진다.

왕위에 올라선 다음, 귀가 갑자기 커져 당나귀의 귀 같았다. 왕후와 궁인들 아무도 몰랐으나 오직 두건 만드는 기술자 한 사람만이 알았다. 그러나 평생 사람들에게 말하지 않았다. 그 사람이 죽을 무렵, 도림사(道林寺)의 대나무 숲 가운데 아무도 없는 곳에 들어가, 대나무를 바라보고 외쳤다.

"우리 임금님 귀는 당나귀 귀 같다네."

그 후 바람이 불면 대나무에서 소리가 '우리 임금님 귀는 당나귀 같다네'라는 소리가 들리자, 왕이 이를 싫어하여 곧 대나무를 베어버리고 산수유를 심었다. 그랬더니 바람이 불면 다만 소리가 '우리 임금님 귀는 길다네'라고 들렸다.

서양에서도 전해오는 동화 한 편과 너무나 닮았다. 이렇게 닮은 이야기가 『삼국유사』속에 있다는 사실에 조금은 놀라워 할 사람도 있을 것이다. 서양의 동화에서 이발사가 여기서는 두건 만드는 기술자로 바뀌었을 뿐이다. 물론 대나무를 베어버린 다음의 이야기도 조금 다르지만, 전체적인 구조는 똑같다.

  우리는 어려서부터 서양의 동화를 들으면서 컸다. 거기에 따르는 구구한 해석은 사람마다 각양각색이니 여기서 거들 일은 아니고, 설화가 지닌 우연한 일치성이 무엇을 의미하는지 말하고자 하는 자리도 아니어서, 다만 우리 이야기가 해석의 여지에서 더 넓은데 어찌 그다지 철저히 외면당했는가 그 아쉬움만 표명해 두기로 하자. 그것은 무엇인가? 경문왕은 겉으로 보기와 다르게 결코 순탄치 않은 왕 노릇을 했는지 모른다. 그 자신 아무리 덕을 갖추었다 한들, 이미 시대가 급격한 소용돌이 속에 빠졌는데, 늘 행운만 따르기를 바랄 수는 없었다. 대단한 능력을 타고나서 어떤 고난이라도 헤쳐갈 사람이라도 시대의 운이 뒷받쳐 주지 않으면 대체적으로 결과는 비극을 향해 간다. 그래서 운명적으로 소용돌이의 중심에 던져진 사람은 그 세계관이 비극적이다. 경문왕이야말로 그런 비극적 세계관의 주인공이다.

  뱀을 이불 삼아 자야했던 사람, 시중드는 내시들뿐만 아니라 부인조차 모르게 감추어야 했던 긴 귀를 가진 사람— 그것은 곧 자신의 고민을 오직 스스로 혼자 지고 가야하는 고독한 이의 슬픈 초상이다.

  이 조의 마지막에 다음과 같은 기사가 덧붙여 있다.

    국선 요원랑(邀元郞)·예흔랑(譽昕郞)·계원숙종랑(桂元叔宗郞) 등이 금란(金蘭)에 가서 놀다가, 적이 군주를 위하고 나라를 잘 다스리는 뜻을 담아, 노래 가사 세 편을 지었다. 심필(心弼) 사지를 시켜, 가사가 적힌 원고를 대구(大矩) 화상이 있는 곳에 보내, 세 노래를 짓도록 하였다. 처음은 「현금포곡(玄琴抱曲)」, 둘째는 「대도곡(大道曲)」, 세 번째는 「문군곡(問群曲)」이다. 왕에게 들어가 연주하니, 왕이 크게 기뻐하고 칭찬하였다.

경문왕 자신 화랑 출신이다. 앞에서 통일 이후 화랑의 존재가 미미해졌다고 밝혔거니와, 그와 더불어 화랑에 관한 기록조차 많지 않다. 여기서 우리는 이 무렵의 왕들 가운데 화랑 출신이 있음을 명백히 알 수 있는 희귀한 경우를 본 셈이다.

그러므로 여기서 나온 세 사람의 화랑은 그의 옛 동료쯤 될까? 그런 그들이 왕이 된 옛 동료를 위하여 노래를 지어 바친다. 비록 지금 이 노래들이 전해오지 않지만,「현금포곡」은 악기 이름을 그대로 쓴 데 비해 나머지 두 노래는, 군주가 나라를 잘 다스리는 뜻을 담았다는 설명으로나 제목만으로도 대충 어떤 내용인지 알겠다. 왕으로서 큰 정치를 하라는 뜻에서「대도곡」, 여러 사람들에게 의견을 물어 보며 정치를 하라는 뜻에서「문군곡」이리라.

왕은 기뻐하고 칭찬했다고 한다. 아마도 옛 친구들의 우정 어린 충언에 잠시나마 시름과 외로움을 덜었던 것일까?

나라가 망하는 징조

달도 차면 기운다

한 집안이 그렇고 사회가 그렇듯이, 나라도 흥하고 망하는 데 절대적 시간이 정해져 있지는 않을지언정, 한번 일어나면 한번 사그라지는 불꽃처럼 대체로 흥망성쇠를 유전하기 마련이다. 과학적 증명이나 운수소관을 따지기가 거기에 무슨 의미가 있을까?

백제 마지막 왕 의자왕 때의 다음과 같은 이야기가 「기이」편의 '태종 춘추공(太宗春秋公)' 조에 실려 있다.

귀신 하나가 궁중에 들어와 크게 외쳤다.

"백제는 망한다. 백제는 망한다."

그리고 곧 땅 속으로 들어가 버렸다. 왕이 괴이하게 여겨 사람을 시켜 땅을 파보게 했더니, 깊이가 세 자쯤 되는 곳에서 거북이 한 마리가 나왔는데, '백제는 둥근 달이요, 신라는 새로 돋는 달'이라는 글귀가 새겨 있었다. 무당에게 물었다.

"둥근 달은 가득 찬 것입니다. 찼으니 이지러지지요. 새로 돋는 달이라는 것은 차지 않은 것입니다. 차지 않았으니 점점 차 오르지요."

왕은 화가 나 그를 죽였다. 어떤 이가 말했다.

"둥근 달은 번성한 것이요 새로 돋는 달은 미미합니다. 아마도 우리 나라

백제는 의자왕 때 신라와 당의 공격으로 패망하는데, 그 당시 궁녀들이 부소산 북쪽 타사암(낙화암)에서 백마강으로 뛰어내려 죽었다는 이야기가 전해온다. 지금 여기서 뛰어내리면 강물에 빠지지 않고 바위에 머리가 깨져 죽을 것 같다. (부여 고란사)

는 번성하고, 신라는 매우 미미하다는 뜻이겠지요."

왕은 기뻐하였다.

무릇 세 치 혀를 함부로 놀려 죽음을 스스로 불러들인 이가 여기 무당 하나뿐일까? 딴에는 정직하고자 애쓴 보람 없이 비명횡사(非命橫死)하고 말았지만, 어련히 그렇게 진행될 일에 토를 단 것도 부질없어 보인다. 무엇이 올바른지 판단하지 못하는 자에게 옳은 충고란 쇠귀에 경 읽기도 아니다.

물론 이런 생각을 정리하자고 꺼낸 이야기라면 글머리와 맞지 않다. 백제의 멸망을 예언한 이 기사처럼, 백제를 멸망시킨 신라 또한 같은 처지에 다가와 있었다. 찼으니 이지러지는 달에서 우리가 읽는 역사의 유전이 감상적으로만 흘러서는 곤란하다 해도, 한 왕조가 들어서서 천 년 세월을 보냈다면 이제 끝을 보아도 되지 않았을까? 그럴 징조를 수없이 보여 주는 데도 알아차리지 못하는 권력자가 애꿎은 목숨만 앗아갈 때, 나라가 망한다는 사실보다 실로 더 억울한 일은 따로 있다. 백성이야 어차피 어떤 나라가 서도 백성, 제 정권 지키자고 혈안이 된 자들에게 당하는 백성의 희생을 우리는 진정 안타까워하는 것이다.

'이른 눈'으로 상징한 것

원성왕 이후 신라가 망하기까지 150년이다. 그 사이에 19명의 왕이 오르락내리락했다. 한 왕이 그저 8년 남짓 자리를 지킨 셈이나, 1~2년 만에 죽거나 죽임을 당한 왕도 여럿이다. 원성왕 후손이 자리를 이어나가다 마지막에는 신라 천 년의 수미쌍관(首尾雙關)을 장식하려 한 것일까, 아달라왕의 먼 후손이라는 박씨 세 사람이 차례로 즉위하는 데에서는 차라리 한 편의 코미디를 보는 심정이다. 정작 마지막에는 다시 원성왕의 후손이 왕위에 올라 먼지뿐인 사직을 마감하지만 말이다.

일연은 「기이」 편의 신라사를 마감하면서 이 혼란기의 신라 왕실을 착잡한 심경으로 써내려 가고 있다. 그 가운데 가장 먼저, 그리고 이채로운 제목을 달고 다가오는 조가 '이른 눈〔早雪〕'이다.

제40대 애장왕 마지막 해는 무자년(808년)인데, 8월 15일에 눈이 내렸다. 제41대 헌덕왕 원화(元和) 13년은 무술년(818년)인데, 3월 14일에 눈이 많이 내렸다. 제46대 문성왕 기미년(839년) 5월 19일에 눈이 많이 왔으며, 천지가 어둡고 깜깜해졌다.

여름이나 늦봄에 눈이 내렸다는 내용 이상 아무런 정보나 코멘트가 달려 있지 않은 평범하고 짧은 조다. 그런데도 이 조가 눈에 띄는 이유는 「기이」편에서 이런 형식을 보기 어렵다는 점 때문이다.

대개 「기이」편에서 조의 제목은 왕·나라 이름·사건을 중심으로 붙여진다. '고조선'·'신라의 시조 혁거세왕'·'하늘이 내려준 옥대' 등이 그렇다. 왕이 아닌 사람의 이름을 내세우는 경우엔 그가 살다간 왕과의 관련 속에서 벌어진 사건을 소개하는 과정에서 나오게 된다. '내물왕과 김제상'이나 '처용랑과 망해사' 같은 조가 그렇다. 그런데 '이른 눈'이라는 제목은 이것들과 전혀 다르다. 일찍 눈이 내렸다는 제재로 묶은 것이다.

게다가 한 왕대의 일이 아니라 여러 왕대에 걸쳐 있다. 같은 제재를 여러 군데서 찾아 한 자리에 묶었기 때문이다. 이는 어떤 메시지를 표면에 내세우기보다는 객관적 사실만 나열시켜 놓고, 읽는 이들에게 그 의미를 생각해 보게 하는, 일종의 상징적 기술임을 알 수 있다.

무엇을 상징하는가는 명약하다. 자연의 이상 변동을 기록하는 사관의 뜻은 그것이 사람의 잘못으로, 구체적으로는 정치의 불안정이겠지만, 사회가 어지러워지고 어려움이 닥친다는 경고에 있을 것이다.

일연이 한 조로 묶어 전하고 있는 이 왕대는, 헌덕왕에게 살해된 애장왕, 민애왕을 살해하고 왕위에 올라 1년도 재위하지 못한 신무왕과 같이, 혼란의 극치를 달리는 때였다. 문성왕 기미년 5월이란 실은 신무왕이 재위하고 있는 시점이다. 신무왕은 윤 정월에 즉위하여 7월에 병으로 죽었고, 아들 문성왕이 뒤를 이어 8월에 즉위하였다. 이 같은 사실들은 『삼국사기』의 기록을 통해 확인할 수 있다. 그러나 일연은 사건의 기록보다는 '이른 눈'이라는 이상 징후를 통해 한 사회의 종언을 증언하고 있다.

시절은 봄이 오고 여름이 왔으되, 어지러운 세상은 뜻밖에 펄펄 휘날리는 눈 속에 잠겨 간다.

권력다툼 속에 인재는 죽고

'이른 눈'이라는 조는 신라의 종말을 기술하는 『삼국유사』 「기이」 편 후반부의 전주곡이다. 이제 본격적이고 구체적인 사건들이, 그 자신 짝을 잃고 외로웠던 흥덕왕이 짝 잃은 앵무새를 보고 눈물을 흘리는 광경을 살짝 비켜가며 뒤를 잇고 있다. 그 비극의 주인공으로 장보고(張保皐)와 처용(處容)이 등장한다.

일연은 '신무대왕과 염장 그리고 궁파〔神武大王閻長弓巴〕' 조에서 장보고의 이야기를 다룬다. 궁파가 다름 아닌 장보고다. 『삼국사기』에 실린 내용과는 조금씩 다르게 기술된 부분들을 확인하며 읽어 보자.

> 제45대 신무대왕이 왕자였을 때, 데리고 있던 신하 궁파에게 말하였다.
> "내겐 함께 하늘을 같이하지 못할 원수가 있소. 그대가 나를 위해 제거해 주고 내가 왕위에 오르면, 그대의 딸을 맞아 왕비로 삼겠소."
> 궁파가 응낙하고, 마음과 힘을 함께 하여 군사를 일으키고 서울을 쳐서, 그 일을 이룩해 냈다. 왕위에 오른 다음 궁파의 딸로 왕비를 삼고자 했으나, 여러 신하들이 극렬히 아뢰었다.
> "궁파는 미미한 사람입니다. 왕께서 그 딸을 왕비에 앉게 하시는 것은 옳지 못합니다."
> 왕은 그 말에 따랐다.

신무왕이 말하는 원수란 43대 희강왕과 44대 민애왕을 가리킨다. 희강왕은 신무왕과 가장 가까운 종형제간이었다. 왕위를 놓고 형제 집안간에 싸움을 벌여 희강왕이 이겼는데, 이 와중에 신무왕의 아버지가 죽고 그 자신은 청해진으로 도망가, 장보고에게 의지해 연명하는 신세가 된다. 원수로 삼을 만하다.

그러나 희강왕은 불과 3년 만에 민애왕에게 죽임을 당하고 만다.

사실 원수를 죽여주었으니, 신무왕에게 민애왕은 은인이 되어야 하나, 본심은 다른 데 있었다. 바로 신무왕 자신이 왕이 되어야겠다는 생각이었다. 그 사이 많은 왕족들이 밑으로 들어왔고, 더욱이 장보고라는 튼튼한 배경이 생겼다. 결국 희강왕에게는 원수라는, 민애왕에게는 왕을 죽인 역적이라는 명분을 붙이고 군대를 일으킨다.

쿠데타는 성공했고, 신무왕은 드디어 왕위에 올랐다. 그러나 여기서 신무왕이 장보고에게 사돈을 삼자고 제의했다는 기사가 『삼국사기』 쪽에는 없다. 말이 있었다 한들 왕이 되고 7개월 만에 세상을 떠났으니, 신무왕에게는 실행할 겨를조차 없기도 했겠다. 일연이 위에 적은 결혼 건은, 『삼국사기』에서는 신무왕의 아들 문성왕 7년에 보

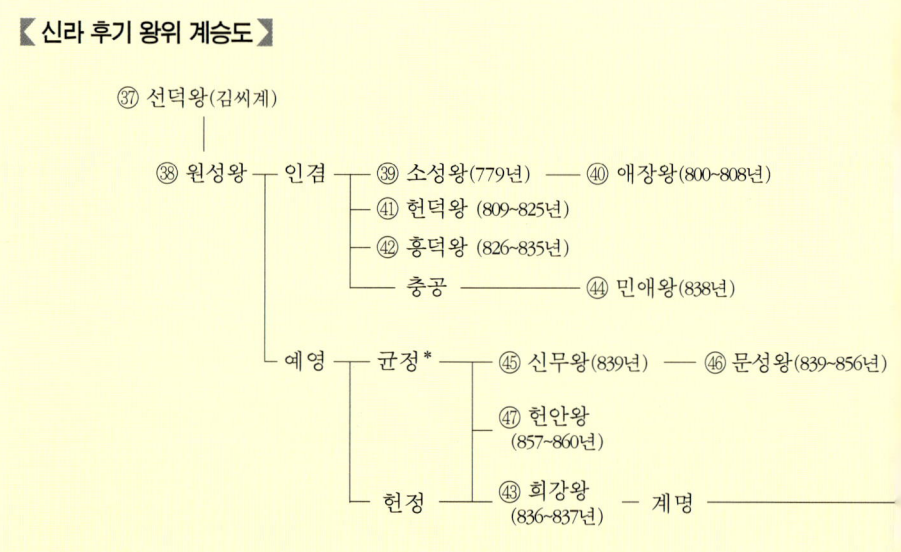

이고 있다. 약속이 있었는지 없었는지 모르겠지만 어쨌든 두 왕대에 걸쳐 일어난 일이었던 것이다.

아버지와 장보고 사이에 묵계(默契)가 있었다면, 문성왕으로서야 선대에 이루어진 약속을 지키고 싶었을지 모른다. 게다가 장보고의 힘이 자신의 자리를 지켜 주는 보증수표인 바에 더 말할 나위 없다. 신하들의 극렬한 반대란 곧 그런 왕의 심중을 파악한 견제라고 볼 수도 있다. 한편 왕의 입장에서는, 이제 효용 가치를 넘어 또 다른 위협 세력으로 떠오른 장보고를 다른 신하들이 견제해 주기를 은근히 기대하고 있었던 것 같기도 하다. 배반과 배반, 속임과 속임이 난무하는 어지러운 말년이다. 그것은 곧 실제 상황으로 벌어진다.

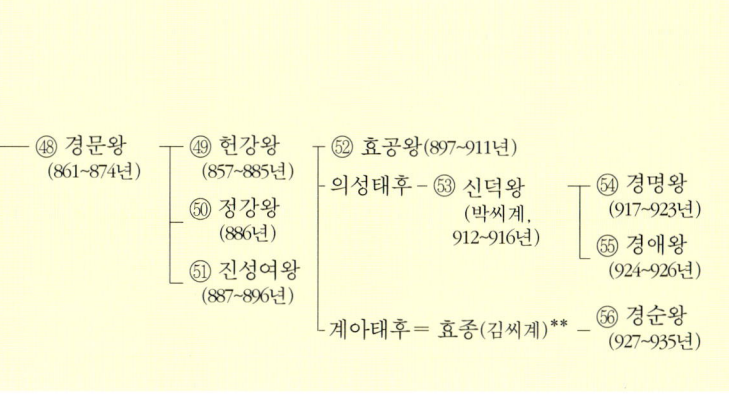

그 때 궁파는 청해진(淸海鎭)에서 군사를 이끌고 있었다. 왕이 말을 어긴 것을 원망하여 반란을 꾀하였다. 마침 염장(閻長) 장군이 이를 듣고 왕에게 아뢰었다.

"궁파가 불충을 저지르려 합니다. 제가 그를 제거하겠나이다."

왕은 기꺼이 허락하였다. 염장은 왕의 명령을 받들고, 청해진에 가서 비서를 통해 뵙자 하면서 말했다.

"저는 이 나라 왕에게 자그마한 원한이 있기에, 현명하신 그대에게 붙어 이 몸의 목숨을 보전코자 하나이다."

궁파가 이를 듣고 화를 내며 말하였다.

"그들이 왕에게 아뢰어 내 딸을 내쳤거늘, 무슨 염치로 나를 보려한단 말이냐?"

염장이 다시 말을 전했다.

"이는 여러 신하들이 말한 바이오. 나는 꾀임에 끼지 않았으니, 현명하신 그대는 혐의를 두지 마십시오."

궁파가 이를 듣고 사무실로 불러들였다.

"그대는 무슨 일로 여기에 왔는가?"

"왕에게 거스르는 짓을 했습니다. 장군께 붙어 해코지를 면해 보려 할 따름입니다."

"잘 왔군."

궁파는 술을 마시며 즐거이 놀았다. 술이 거나해지자 염장은 궁파의 긴칼을 뽑아 목을 베어버렸다. 아래 군사들이 놀라고 두려워하면서 모두 땅바닥에 엎드렸다. 염장은 그들을 이끌고 서울에 이르러 왕에게 보고하였다.

"궁파의 목을 베었나이다."

왕은 기뻐하며 상으로 아간(阿干) 벼슬을 내렸다.

염장은 한때 장보고와 같은 편으로 신무왕의 반란을 도운 사람이다. 그런 그가 장보고를 죽이는 일에 앞장선다. 거기에 입신양명을 꿈꾸는 자의 야심 밖에는 아무런 목적도 보이지 않는다.

장보고는 8~9세기에 걸쳐 청해진 곧 지금의 진도 · 완도 · 신안 지방을 근거로 해상 왕국을 일으킨 사람이다. 대체적으로 이 지역이 중국과 한국 그리고 일본을 연결하는 해상 요충지였으므로, 여기를 장악한다는 것은 바로 동지나해의 해상권을 갖는 것이나 마찬가지였으니, 장보고의 죽음도 죽음이려니와 그의 갑작스런 죽음이 가져온 해상 왕국의 붕괴는 여러모로 아쉬움을 남긴다. 그의 최후가 어이없게도 권력다툼의 일개 희생양에 불과했다는 데에서 더욱 안타깝다.

인재들이 죽어나가는 나라에 무슨 희망이 있겠는가?

〖 헌강왕대의 번성을 기록한 『삼국사기』 쪽의 기록 〗

『삼국사기』에서도 헌강왕대의 사치스럽기까지 한 경주의 풍경이 그려져 있다. 아마도 일연은 이 부분을 참고로 해서 헌강왕대의 사실을 썼겠지만, 분위기는 약간 다르다. 특히 헌강왕이 왕으로서의 금도를 지키려 무척 애쓴 사람임을 짐작하게 하는 대목이 끝에 나온다.

"9월 9일에, 왕이 여러 신하들과 함께 월상루(月上樓)에 올라 사방을 둘러보니, 수도의 민가들이 즐비하고, 노래와 음악소리가 그치지 않았다. 왕이 시중 민공(敏公)을 돌아보고 물었다.

'내가 듣기로 지금 민가에서는 집을 기와로 덮고 띠풀로 지붕을 이지 않으며 밥을 숯으로 짓고 나무를 쓰지 않는다고 하는데, 과연 그러한가?'

'저 역시 일찍이 그와 같은 이야기를 들었습니다. 주상께서 왕위에 오르신 이래, 음양이 조화롭고 비바람이 순조로워, 해마다 풍년 드니 백성들은 먹을 것이 풍족하고, 변경 지역은 잠잠하고 도시에서는 기쁘게 즐긴다 합니다. 이는 전하의 어진 덕이 불러들인 바이옵니다.'

'이는 그대들의 보좌에 힘 입은 것이지, 내게 무슨 덕이 있겠는가?'
왕은 기쁘게 말했다."

빛나는 조연, 처용

헌강왕은 아버지 경문왕을 이어 왕위에 올랐다. 앞서 소개한 것처럼, 경문왕은 여러모로 덕을 갖춘 사람이었고, 스러져 가는 신라 왕실에 잠시나마 빛을 보여 주었으므로, 헌강왕은 다소 안정된 상태에서 왕이 되었다고 할 수 있다. 그러기에 일연도 '처용랑과 망해사〔處容郎望海寺〕'조를 시작하면서, "서울부터 전국에 이르기까지 지붕과 담이 즐비하게 이어지고, 초가집이란 한 채도 없었다. 연주와 노래 소리 끊이지 않고, 사시사철 맑은 바람 불고, 비는 적당히 내려 주었다"고, 태평스런 시대의 배경을 그리고 있다.

그런데 그것은 촛불이 꺼지기 직전 마지막 한 번 타오르는 불길과 같았다. 이 구절은 실로 역설적으로 읽어야 제대로 그 뜻이 전해올 것이다. 일연은 '처용'이라는 특이한 사내의 이야기를 통해 그 역설을 증명해 가고 있다.

대왕이 개운포(開雲浦)로 놀이를 나갔다. 왕이 가마를 돌려 돌아오다 해변가에서 점심을 들려는 참이었다. 홀연히 운무(雲霧)가 가득하여 길을 잃었다. 괴이하게 여겨 곁에 있는 신하들에게 물으니 일관이 아뢰었다.

"이는 동해 용이 조화를 부린 것입니다. 좋은 일을 행해야만 풀리겠습니다."

이에 일 맡은 신하에게 명령하여, 용을 위해 가까운 곳에 절을 짓도록 하였다. 왕의 명령이 내리자 운무가 걷히며 흩어졌다. 그래서 이름을 개운포라 한 것이다. 동해 용은 기뻐하며, 일곱 아들을 데리고 왕의 가마 앞에 나타나, 덕을 칭송하면서 춤추고 음악을 타며 바쳤다.

그 아들 하나는 왕을 따라 서울로 들어가 왕정을 보좌하였는데, 처용이라 불렀다. 왕은 아름다운 여자로 아내를 삼게 하면서, 그의 마음을 붙잡아두고자 했다. 또 급간(級干) 자리를 내려 주기도 하였다.

1991년에 배를 빌려 타고 처용암에 오른 적이 있다. 온산공단 때문에 생긴 심각한 환경 오염으로 주민들은 벌써부터 이주하기 시작했고, 팔뚝만한 고기를 추억하던 어부 아저씨도 이제 이 곳을 떠났으리라. 배 뒤로 보이는 작은 바위가 처용암이다.(울산 처용암)

10년 동안 처용암을 서너 번 다녀왔다. 안타깝게도 처용암을 다시 찾을 때마다 오염은 더욱 심해져 갔다. 사람들도 모두 떠나 마을은 폐허가 되었고, 갈매기 하나 없는 바다는 이미 죽어 있었다.(울산 처용암)

개운포는 경주의 동쪽 곧 울산에 있다. 이야기는 이렇게 동쪽부터 시작하여, 헌강왕이 사방을 돌아다니는 것으로 전개된다.

헌강왕은 여기서 동해 용을 만난다. 이미 수로부인의 이야기에서 확인했듯이, 우리 옛 이야기 속의 용은 그다지 나쁜 역할을 맡지 않는다. 자신의 존재를 알리고자 이해할 수 없는 일을 저지를 뿐이다. 여기서도 왕의 행차를 가로막는 안개로 나타나 잠시 사람들을 놀라게 하지만, 자신을 위해 좋은 일을 베풀자 곧 보답하는 선물을 주고 있다. 거기에 음악과 무용까지 등장하니, 사실 이런 구조는 오늘날에도 굿에서 하는 차례와 매우 닮았다. 그래서 연구자들은 처용의 정체와 함께 이 이야기를 무속적으로 보는 견해가 지배적이다.

그런데 역사적으로 읽을 때 중요한 것은 역시 처용이라는 인물이다. 헌강왕을 따라 경주로 간 시골 출신의 이 젊은 청년이, 모두(冒頭)에 호사의 극치를 달리는 것으로 묘사된 도시에서 무엇을 보고 어떻게 생활했을까? 높은 벼슬에 어여쁜 부인까지 생겼어도 청년의 마음은 동해 바다 검푸른 빛에서 하나도 떠나지 못한 듯하다.

그의 아내는 매우 아름다웠다. 역신(疫神)이 이 여자에게 푹 빠져, 사람으로 변장을 하고 밤에 그 집을 들어와 남몰래 함께 자게 되었다. 처용이 밖에 나갔다가 집에 이르러, 침상에서 두 사람이 자는 것을 보고는, 노래 부르고 춤추며 물러났다. 노래는 이렇다.

    서울의 밝은 달밤
    밤늦도록 노닐다가
    들어와 자리를 보니
    다리가 넷이구나
    둘은 내 것인데

둘은 누구인가

본디 내 것이었던 것을

빼앗아 감을 어찌하리

이 때 역신이 모습을 드러내 앞에 나와 무릎 꿇고 말했다.

"내가 그대의 처를 탐내서 지금 일을 저질렀습니다. 그런데도 그대가 화를 내지 않으시니, 감복하고 탄복할 일입니다. 맹서컨대, 지금부터 이후로는 그대의 얼굴 모습을 그린 것만 보아도, 그 문안에 들어가지 않겠습니다."

이 때문에 나라안의 사람들이 문에 처용의 형상을 붙여, 사악한 것을 몰아내고 좋은 일을 맞아들였다.

유명한「처용가」와 그 배경이 되는 이야기 부분이다. 노래 자체는 평범하나 해석의 여지는 넓은 편이다. 그것은 처용의 정체가 무엇이냐에 따라 다양해진 것인데, 따지고 보면 낯선 서울 땅에 와서 헤매다, 제 처가 역신과 동침하는 현장을 목격해야 했던 불행한 사나이의 노래다.

처용은 정말로 용의 자식인가? 문면의 기록을 그대로 믿을 수 없어 갖가지 해석이 나왔는데, 앞서 말한 무속적인 것 외에도 지방 호족으로 보는 견해가 있다. 지방 호족의 자식을 서울에 볼모로 잡아두는 기인 제도(其人制度)가 신라에 있었거니와, 왕이 울산에 간 것이 모종의 정치적 사건 때문이라면, 일이 해결되고 난 다음 자식을 데리고 가는 것은 전형적인 기인 제도의 볼모다. 한편 아라비아 상인으로 보는 견해가 있다. 매우 독특한 이 주장은 당시 울산이 국제 무역항이었다는 배경 아래, 『삼국사기』「신라본기」의 '헌강왕' 조 5년에 나오는 다음과 같은 기록에 근거를 둔다.

헌강왕 때 세운 망해사는 울산에서 부산으로 가는 7번 국도 옆 청량면에 자리하고 있다. 망해사 터에서 바라본 개운포는 헌강왕이 만난 구름과 안개가 아니라 굴뚝에서 뿜어내는 연기로 뒤덮혀 있다. (울산 망해사)

3월에 왕이 나라 동쪽의 주·군을 순행했는데, 어디서 왔는지 알 수 없는 사람 넷이 왕 앞에 나와 노래하고 춤을 추었다. 그들의 형용이 해괴하고 옷차림도 괴이하여, 당시 사람들은 산과 바다의 정령들이라고 여겼다.

그러나 처용을 아라비아 상인으로까지 보기는 어려운 면이 있다. 대체적으로 처용과 그 집안이 무엇인가는 첫째와 둘째 견해를 뭉뚱그려 생각하는 것이 어떨까 한다. 헌강왕이 동해안을 순행한 데는 분명 이유가 있다. 동쪽부터 시작한 왕의 순행은 남쪽의 남산, 북쪽의 금강령, 서쪽의 동례전으로 이어진다. 그리고 거기서 늘 신이한 일을 맞이하게 되는데, 남산 포석정에서 남산신을, 금강령에서 북악신을, 동례전에서 지신(地神)을 만난다. 모두 동해 용, 또는 『삼국사기』에서 말한 정령을 만나는 것과 닮아 있다. 왕의 이러한 순행과 기이한

망해사 옛터에는 주춧돌과 통일신라시대의 부도탑만이 남아 있었는데, 10여 년 전부터 부지런히 불사를 일으켜 바로 아래에 번듯한 절을 새로 지어 놓았다. (울산 망해사)

만남에는, 헌강왕 나름대로 기울어 가는 나라를 바로잡을 어떤 방책을 구하자는 뜻이 숨어 있다. 헌강왕에게는 비범한 구석이 있었다.

그렇다면 '처용랑과 망해사' 조는 분명 헌강왕이 주인공으로 나오는 이야기다. 아버지 경문왕을 이어 어떻든 나라를 살려보자는 헌강왕의 고민과 수고가 적혀 있는 것이다. 그러기에 이 조의 마지막에다 일연은 『어법집(語法集)』에서, "그 때 산신이 춤을 추어 바치면서 노래하기를 '지리다도파도파(智理多都波都波)'라 한 것은 말뜻이 '나라 안에 지혜롭게 다스리는 자들이 알고서 다들 도망을 가 도읍이 무너질 것'을 이르는 바였다. 지신과 산신은 나라가 망하리라는 것을 알았으므로 춤을 추어 이를 경고했던 것이다. 나라 사람들은 이를 깨닫지 못하고, '상서로운 조짐이 나타났다'고 말하면서, 탐락에 극심하게 빠졌으므로 나라가 끝내 망하고 말았다"는 긴 글까지 인용해 놓고 있다.

그런데 동서남북의 순행을 쓰는 동안 어쩌다 처용 이야기가 불거져, 네 군데를 쓰는 분량의 비율이 맞지 않게 되었을 뿐 아니라, 주인공도 어느새 처용으로 바뀌어 버렸다. 때때로 조연으로 나온 배우가 더 인기를 끄는 경우가 있지 않은가? 처용은 빛나는 조연이다.

여기서 우리는 일연의 기술 의도를 읽을 수 있다. 신라 헌강왕대는 사치가 극성했지만 바야흐로 기울어 가는 시기였다. 그 같은 사회는 필연코 성적으로도 문란하기 마련, 엄연한 유부녀가 외간남자와 정을 통하는 이 장면에서 당시의 사회상을 읽을 수 있다. 처용의 노래와 춤은 그 같은 비극 앞에서 체념한 것일까, 에둘러 꾸짖은 것일까? 일연은 역사적 사실로서 광란스런 왕들의 혈전을 쓰는 것보다, 민간에 전해지는 이야기 한 토막으로 더 실감나게 당시 모습을 전해 준다. 그것이 『삼국유사』다.

어떻든 역신은 물러갔고, 처용의 힘을 믿는 민간에서는 처용 부적까지 생겨났다. 한 사나이의 희생으로 그 뒤 사람들이 입은 덕은 크다.

나라가 망하는 징조

꼭대기에서는 왕을 죽고 죽이는 혼란 속에 아래 백성들의 삶이 편안할 리 없었을 것이다. 신라는 막다른 길에 거의 다가와 있었다. 그런 분명한 징후들을 일연은 '효공왕' 조와 '경명왕' 조에서 다음과 같은 기사들을 통해 보여 주고 있다.

> 제52대 효공왕(孝恭王) 때인 광화(光化) 15년은 임신년(912년)인데, 봉성사 바깥문의 동서쪽 21칸에 까치가 집을 지었다. 또 신덕왕(神德王)이 즉위한 지 4년 된 을해년(915년)에, 영묘사 안쪽 행랑에는 까치집이 34개요 까마귀 집이 40개였다. 또 3월에 서리가 다시 내리는가하면, 6월에는 참포(斬浦)의 물과 바닷물이 사흘 간이나 서로 싸웠다.

제목이 '효공왕'이지만 실제 효공왕과 신덕왕 때의 기이한 사건을 함께 소개하였다. 효공왕은 원성왕 후손의 마지막 왕이고, 신덕왕은 박씨 문중이 왕위에 복귀한 첫 왕이다. 대개 사찰과 관련된 일들이어서, 그것이 더 일연의 관심을 사기에 족했겠지만, 왕조의 마감을 알리는 예고편 치고 섬뜩한 내용도 있다. 이는 '경명왕' 조에서 더욱 강화되어 나타난다.

> 제54대 경명왕(景明王) 때인 정명(貞明) 5년은 무인년(918년)인데, 사천왕사의 벽화에 그려진 개가 짖었다. 3일간이나 경전을 읽어 겨우 물리쳤으나, 반나절도 지나지 않아 또 짖었다.
> 7년은 경진년(920년)인데, 2월에 황룡사 탑의 그림자가 금모(今毛) 사지의 집 정원에 거꾸로 서 있기를 열흘 간이나 했다. 또 10월에는 사천왕사

오방신(五方神)의 활줄이 모두 끊어졌고, 벽에 그려진 개가 뜨락으로 나와 달리다가 벽 속으로 다시 들어갔다.

이상의 기록들은 『삼국사기』에 없거나, 있어도 약간씩 차이가 난다. 『삼국사기』에서는, 신덕왕 때의 참포 사건을 '서로 부딪혔다〔相擊〕'라고 표현한 데 비해, 일연은 '서로 싸웠다〔相鬪〕'라는 좀더 과격한 표현을 쓰고 있다.

그러나 이보다 더한 차이는 경명왕 때의 사천왕사 사건에 있다. 『삼국사기』는 경명왕 3년(919년)에만 "사천왕사의 소조상이 잡고 있던 활시위가 저절로 끊어지고, 벽화 속의 개가 짖어대는 것 같은 소리가 났다"고 기록하였다. 일연은 918년과 919년으로 나누어 훨씬 자세히 적었다. 게다가 '짖어대는 것 같은 소리'와 '짖었다'는 분명 다르거니와, 여기서도 『삼국사기』가 지키려는 합리적 사고 방식의 한 단면을 읽게 되는데, 기왕의 기이한 사건을 한층 극적으로 전하려는 데서 일연의 태도에 더 매력을 느낀다. 살아 있는 것 같은 실감 말이다. 짖는 정도가 아니라 뜨락으로 뛰쳐나와 달리기까지 했다는 것 아닌가?

나라가 망하는 징조를 무슨 신나는 일이라고 장황히 적었을 리는 없다. 그러나 기미(機微)를 보아 사리(事理)를 판단하는 법이다. 시절은 바뀌었어도 사람이 세상에 사는 한 언제든 잘 되고 잘못되는 징조가 따라다니기 마련이다. 거기서 기미를 읽어내라는 간절한 충정으로 보인다.

지는 해 뜨는 해

마지막 희생자

다시 말하지만 한 나라의 운명이 그렇게 되었다는 것뿐이지, 불난 집에 부채질하자는 것도 아니고, 일연이 신라의 멸망 과정을 그려나가는 『기이』편의 후반부를 신나게 읽을 일 하나 없다. 오히려 일연의 붓끝은 담담하면서도 상징적이다. 그가 누구보다 신라를 아끼는 사람이었음을 모르지 않기에 하는 말이다.

   신라의 멸망 원인 가운데 무엇이 선두에 설까? 나는 무엇보다 '골품제의 동맥경화 현상'을 내세우고 싶다. 중앙과 지방의 중요한 관직을 성골과 진골들로만 채우는데, 그들이 나라 일을 맡아 해낼 능력도 의지도 부족해졌을 때, 신라는 탄력성을 잃고 둔해지기 시작했다. 그렇다고 새로운 피가 수혈되지도 못했다. 원성왕의 독서삼품과가 실패로 돌아간 데서 우리는 그 같은 현상을 목격한 바 있다.

   수도인 경주가 통일된 한반도의 동남쪽에 치우쳐 있었던 것도 한 원인으로 들 수 있겠다. 통일 당시부터 대동강 이북을 내주어야 했던 당나라에 대한 정치적 보상말고도, 신라 안에서 중앙과 지방간의 원활한 교류가 이뤄질 어떤 대책조차 세워져 있지 않았던 것이, 영토상으로도 통일 이전보다 그다지 많이 나아가지 못하는 이유가 되지 않았을까? 통일이 되고도 신라는 늘 경주를 중심으로 한 영역에서 맴

돌고 있다. 통일을 하자마자 수도를 한반도의 중부로 옮겼다면 어땠을까? 문무왕이 해중능을 자원한 것은 일본의 침공을 막아 나라를 보전하려는 목적이 있었다. 사실 이는 수도인 경주를 지킨다는 정도로 의미가 축소될 혐의 또한 얼마든지 있다. 물론 서울이 떨어지면 전체 나라가 위태로운 것이기는 하지만.

그러나 돌이켜 보며 아쉬워한들 무엇하랴. 역사에는 가정(假定)이 없다고 하지 않았는가? 무엇보다 인재를 알아보지 못하고, 적재적소에 등용하지 못하였을 뿐만 아니라, 있는 인재마저 죽이는 상황이 반복될 때, 거기서 우리는 한 나라의 멸망을 명확하게 예언할 수 있을 뿐이다.

아마도 그 마지막 희생자로 기록될 사람은 왕거인(王居仁)이 아닌가 한다. '진성여대왕과 거타지〔眞聖女大王居陀知〕'조의 첫 부분을 읽어 보자.

제51대 진성여왕이 조정에 나간 지 몇 년 되었을 때였다. 유모 부호부인(鳧好夫人)과 그 남편 위홍(魏弘) 잡간 등 서너 사람이 신하로서 총애를 받고 권세를 마구 휘둘러 정치가 어지러워졌다. 도적까지 들끓자, 백성들이 이를 걱정하여 「다라니(陀羅尼)」로 은밀한 문장을 지어 길거리에 내붙였다. 왕과 못된 신하들이 이를 얻어 보고는 말했다.

"왕거인이 아니면 누가 이런 문장을 지었겠느냐?"

그러고는 왕거인을 감옥에 가두었다. 그가 시를 지어 하늘에 호소하였더니, 하늘이 감옥을 뒤흔들었다. 이 때문에 그를 풀어 주었다. 시는 이렇다.

연나라 단(丹)이 피 흘려 우니 무지개가 해를 뚫었고
추연(鄒衍)이 슬픔을 머금으니 여름에도 서리가 내렸네
이제 내가 길을 잃음이 예와 같으나

하늘은 어쩐 일로 좋은 소식 주지 않는가

일연은 위홍에 대해서『삼국사기』와 달리 그가 부호부인의 남편이라고 밝히고 있다. 유모의 남편이라면 여왕과 나이 차이가 상당히 날 터인데,『삼국사기』에서는 여왕이 위홍과 정을 통했다고까지 하고 있으니, 위홍은 꽤 매력적인 남자였다는 것인가? 대구(大矩)라는 스님과 함께 향가집『삼대목』을 편찬한 이도 바로 그다.

거리에 나붙었다는「다라니」는 일종의 '노가바(노래 가사 바꿔 부르기)'일 것이다. 우리 나라의 1980년대에, 혹독한 군사 정권을 비판하는 데 큰 몫을 했던 노가바의 출생 배경을 생각해 보면, 이 다라니의 유행 경위도 짐작할 수 있다.

문제는 거기에 엉뚱하게도 왕거인이 작자로 지목되었다는 것이다.『삼국사기』에서는 왕거인을 은거하는 사람이라고 말하고 있다. 결국 감옥에서 이런 시를 지어 억울함을 호소하였다고 하니, 왕거인이 진범은 아닌 듯한데, 정작 노가바를 누가 지었는가 알려 하기보다, "그가 아니면 누가 이런 문장을"이라고 단박에 지목하여 철창에 집어넣은 그 사회의 꽉 막힌 위정자들에게 문제가 있다는 이야기일 것이다.

하늘이 감옥을 흔들었다는 대목은 사족으로 밖에 보이지 않는다. 억울한 일을 당해 본 사람은 알겠지만, 단박에 하늘이라도 무너졌으면 좋겠다는 심정이 간절해도, 끝내 가슴에 묻어야 할 답답한 현실이 엄연하지 않던가? 사필귀정(事必歸正)이요 새옹지마(塞翁之馬)라 하나, 누구에게나 반드시 이르는 결과는 아니요, 다만 그 말대로 이뤄진 경험을 해본 사람은 참으로 행복한 쪽이다.

준비되는 새 나라

이쯤에서 일연이 거타지의 이야기를 집어넣은 것은 참으로 절묘한

나라가 열 번 일어나고 열 번 넘어져도 해는 매일매일 떠서 서쪽으로 지고, 매년 가을이면 어김없이 제자리에서 익모초는 피어난다.(경주 낭산)

수순(手順)이다. 한 편의 아름다운 드라마 같은 이 이야기에서 거타지는 사실 새로운 나라가 준비되고 있음을 알리는 상징적 인물로 등장하고 있다. 거타지는 『고려사』의 「세계(世系)」에 나오는 왕건(王建)의 할아버지 작제건(作帝建)과 닮은 인물이다.

이 왕 때에 아찬 양원(良員)은 왕의 막내아들이다. 당나라에 사신으로 가는데, 백제의 해적이 뱃길을 막고 있다고 들었다. 활 쏘는 병사 50인을 뽑아 따르게 하였는데, 배가 곡도(鵠島)에 이르자 바람과 파도가 크게 일었다. 열흘 가까이 머무르게 되자, 공이 근심스러워 사람을 시켜 점을 치게 하였다.
"섬 안에 신의 연못이 있습니다. 거기에 제사를 지내면 된다고 합니다."
그래서 연못 위에 제수를 갖추었더니, 연못의 물이 한 길 높이나 치솟아 올랐다. 그 날 밤 꿈에 한 노인이 공에게 일렀다.
"활 잘 쏘는 사람 하나를 이 섬 안에 남겨 두시오. 순풍을 만나 가실 게외다."
공이 깨어나 이 일로 주변 신하들에게 물었다.
"누구를 머물게 하면 될꼬?"
"나무 간자 50쪽에다 우리들 이름을 쓰고, 물 속에 던져 가라앉는 자로 합시다."
모두들 그렇게 말하자 공은 그대로 따랐다. 군사 가운데 거타지라는 이름이 물 속에 가라앉으므로 그를 남겨 두었다. 순풍이 홀연히 일어나니, 배가 나가는 데 아무런 장애가 없었다.

양원은 『고려사』에서 양정(良貞)으로 나온다. 양정이 누구인지는 정확히 모르겠으나, 원성왕의 손자대인 헌정(憲貞)·균정(均貞) 등과 같은 항렬로 보인다. 그렇다면 이 이야기는 진성왕으로부터 4~50

여 년쯤 올라간 문성왕 무렵 곧 850년 전후해서 나와야 하지 않을까 싶다. 왕건이 헌강왕 때인 877년에 태어난 사실과 견주어 보아도 그렇다. 사신을 호위하는 청년 군사로 뽑힌 왕건의 할아버지 이야기가, 왕건이 벌써 10대 소년인 진성왕 때 나온다면 앞뒤가 잘 맞지 않는다.

여기서 잠깐 왕건 집안의 족보를 살펴보자. 『고려사』의 첫 부분 「고려세계」는 작제건의 할아버지 호경(虎景)으로부터 소개하고 있다. 호경은 스스로를 성골장군이라 불렀으며 자식이 없다가 평나산에서 과부로 지내는 산신을 만나 이 산의 대왕이 된다. 우리 나라에서 무당이 어떻게 탄생하였는가를 말하는 무조 신화(巫祖神話)의 하나로 쓰이는 이야기다. 호경은 꿈속에서 옛 부인을 찾아가 교합하여 강충(康忠)을 낳고, 강충은 보육(寶育)을 낳는다. 보육이 두 딸을 두었다가 둘째 딸에게서 작제건을 얻는 이야기는 앞서 문희(文姬)의 꿈 이야기와 함께 소개한 바 있다. 그러니까 왕건의 가계는 그 할아버지 대에서 외가 쪽으로 방향을 틀어 있는 셈이다.

어느 때 이야기이건 거타지는 작제건이고, 작제건이 왕건의 할아버지라는 사실을 알고 읽어나가다 보면 재미있는 사실이 많이 나타난다.

거타지는 홀로 섬에 남았다. 그런데 갑자기 한 노인이 연못에서 솟아 나왔다.

"나는 서해의 신이오. 매일 사미승 하나가 해 뜨는 시각에 하늘에서 내려와 다라니를 암송하며 이 연못을 세 바퀴 도는데, 우리 부부와 자손들이 모두 물 위로 떠오르는 것이오. 그러면 사미승이 우리 자손을 잡아 간장까지 모조리 먹어치웠다오. 이제 남은 것은 우리 부부와 딸 하나 뿐이오. 내일 아침 반드시 또 올 터이니, 그대가 쏴 주시기 바라오."

"활 쏘는 일은 내가 잘 합니다. 시키는 대로 하지요."

거타지가 그렇게 말하자 노인은 인사를 하면서 사라졌다.

거타지는 숨어 엎드려 날이 밝기를 기다렸다. 해가 떠오르자 사미승이 과연 오는데, 이전처럼 주문을 외우면서 늙은 용의 간을 빼려고 하였다. 그때 거타지가 정확히 활을 쏘자, 사미승은 곧 늙은 여우로 변해 땅에 떨어져 죽었다. 그러자 노인이 나와 감사하며 말했다.

"그대의 은혜를 받아 내가 목숨을 부지하였으니, 내 딸로 아내를 삼기 바라오."

"대가(代價)가 있으리라 생각하지 않았으나, 그것이라면 바라는 바이올시다."

노인은 자기 딸을 꽃가지 하나로 변하게 만들어 품속에 넣어 주었다.

배를 타고 가던 일행이 풍랑을 만나자, 일종의 제비뽑기로 희생양을 만들었다는 이야기는 『구약성서』의 요나 이야기와 닮았다. 물론 배를 타는 계기는 다르지만, 배를 탄 본디 목적과 다른 행로를 밟게 된 이 사람이 결국 구원자의 역할을 하는 것은 비슷하다.

사미승으로 변한 늙은 여우는 거타지의 화살을 맞고 죽는다. 거타지가 쏜 화살은 곧 이 세상의 부조리를 향하여 날아가 박히는 것으로 읽히지 않는가? 그의 도움을 받은 이는 다름 아닌 서해의 신이다. 그 신이 자기 딸을 꽃송이로 만들어 거타지의 품에 넣어 주는 데에서 이야기는 절정을 이룬다. 그것은 새로운 나라를 열게 될 성군을 탄생시킬 씨앗이다. 여기서 바로 왕건의 아버지 용건(龍建)이 태어나는 것이다.

그리고는 두 마리의 용에게 거타지를 모시고 사신들이 탄 배까지 가도록 하였다. 게다가 그 배를 호위하며 당나라 국경에 이르자, 당나라 사람들이 신라 배가 두 마리 용의 지킴을 받으며 오는 것을 보았다. 이 일을 갖추어 위에 보고하니 황제가, "신라의 사신들은 반드시 비상한 사람들일 것이야" 하고, 여러 신하들의 윗자리에 앉혀 잔치를 베풀어 주고, 금과 비단으로 후하게 상을 주어 보냈다.

　귀국한 다음 거타지는 꽃가지를 꺼내 여자로 변하게 하고 함께 살았다.

　이야기의 끝은 늘 풍성한 법이다. 그러나 무엇보다도 품속의 꽃가지를 꺼내 아내로 맞는 마지막 줄은 기막히게 아름답다. 끝없이 이어지는 비극의 낱낱을 쓰기에 지쳤을 즈음에, 그 자신에게나 읽는 이에게나 한 가닥 희망 곧 새 나라 탄생의 빛을 실어 주려는 일연의 붓끝이 보이는 듯하다.

김부대왕이라는 칭호

일연이 경순왕(敬順王)에 대해 적는 것을 끝으로「기이」편에서 신라 관계 기사는 막을 내린다. 어느 왕조의 끝이 그렇지 않겠는가만, 신라 천 년 사직의 종언은 더욱 쓸쓸하고 비참하기만 하다.

　마지막 조의 이름은 '김부대왕(金傅大王)'이다. 일연은 이 조를 거의『삼국사기』에 전적으로 의존해 기술한다. 내용은 크게 네 부분으로 나눠진다. 첫 부분 곧 견훤이 경주를 침략하여 경애왕과 왕비들을 몰살하고, 김부를 다음 왕으로 세우는 대목은「신라본기」'경애왕'조 5년의 기록이다. 둘째 부분, 고려 태조 왕건이 경주를 방문하는 대목은 '경순왕' 조 5년의 기록이고, 셋째 부분 곧 경순왕이 태조에게 항복하는 대목은 같은 조 9년의 기록이다. 그리고 마지막으로 김부식이 쓴 사론을 인용한다.

　그런데 경순왕을 기록한 조의 이름을 '김부대왕'이라 한 데서 한 가지 의문이 생긴다. 일연은 「왕력」편에서는 경순왕이라 하였고, 『삼국사기』에서도 "효애왕(孝哀王)이라고도 한다"는 주석과 함께 공식적으로 경순왕이라 부르고 있는데, 조의 제목에서 왜 굳이 이 시호를 쓰지 않고 김부대왕이라 하였을까? 첫 부분을 읽고 생각해 보자.

신라의 마지막 왕은 김부대왕(경순왕)이지만 실질적인 패망은 경애왕 때다. 경애왕은 포석정에서 후백제의 견훤에 의해 죽임을 당하고, 경순왕은 견훤에 의해 왕위에 올랐다.(경주 포석정)

문무왕은 삼국 통일을 즈음하여 큰 연못을 만들었다. 지금의 안압지인데, 이 옆에 임해전이 있었다. 임해전은 왕의 연회 장소로 알려져 있는데, 경순왕이 고려 왕건을 초청하여 잔치를 베푼 곳이기도 하다.(경주 안압지)

천성(天成) 2년은 정해년(927년)인데, 9월에 백제의 견훤(甄萱)이 신라에 쳐들어와 고울부(高鬱府)에 이르자, 경애왕은 우리 고려의 태조에게 구원을 요청하였다. 태조는 날쌘 병사 1만 명을 보내서 구해 주라 하였다.

　이 구원병이 이르기 전, 견훤은 11월에 서울로 들이닥쳤다. 왕과 여러 부인 그리고 종친들은 포석정에서 흐드러지게 놀고 있었다. 군사가 코앞에 이르렀는데도 눈치채지 못하다가, 엄벙덤벙 어찌할 바를 몰랐다. 왕과 부인들은 후궁으로 달아나 들어가고, 종친과 크고 작은 벼슬아치들은 사방으로 흩어져 달아나다 적에게 잡혔다.

　귀천을 따질 것 없이 모두 엎드려 노비로라도 살려 주길 구걸했고, 견훤은 군사를 풀어 공사간 모든 재물을 약탈하였다. 왕궁으로 들어가서는 신하들에게 왕을 찾아내라 명하였다. 왕과 부인 그리고 첩 여러 명이 후궁에 숨어 있다가 군사들에게 끌려 나왔다. 왕은 스스로 목숨을 끊으라는 종용을 받았고, 왕비는 강제로 당했으며, 첩들은 그 아랫것들에게 수난을 입었다.

　견훤은 왕의 집안 동생 부를 세워 왕으로 삼았다. 그러니까 김부대왕은 견훤에 의해 자리에 오른 것이다. 경애왕의 시신이 서당(西堂)에 안치되자, 여러 신하들이 모두 통곡해마지 않았다. 우리 태조 임금이 사신을 보내 조문하였다.

　주지하다시피 경순왕의 이름은 김부다. 신덕·경명·경애의 3대가 박씨에게서 나왔으나, 경애왕이 견훤에게 비참한 죽음을 당한 후 다시 김씨 성을 가진 부가 왕에 올랐다. 그의 가계는 저 위로 문성왕(839~856년)에 이어진다. 그러나 김부의 즉위에 대한 『삼국사기』와 『삼국유사』의 기술은 실로 부정적이다. 전자에서는 견훤이 "임시로 나라 일을 맡겼다"고 적었고, 후자에서는 거기서 더 나아가 "왕은 견훤에 의해 자리에 오른 것이다"고 표현하였다. 신라가 이미 자주권을 잃었음을 나타내면서, 결국 경애왕으로 실질적인 신라의 멸망을 상정한 셈이 아닌가 한다.

　더욱이 이 때는 왕건이 고려를 건국하고도 10여 년이 지난 다음이다. 벌써 새로운 나라가 시작하여 새로운 기운이 뻗쳐나갈 때, 새 왕조에 편입되지 않은 두 세력 곧 신라와 후백제를 곱지 않게 볼 여지가 충분하거니와, 후백제 견훤에 의해 허수아비처럼 앉혀진 경순왕에 대해서는 더욱 그랬을 것이다.『삼국사기』는 정사의 입장을 견지하다보니 그나마 끝까지 공식 명칭을 쓰고 있지만, 상대적으로 일연은 여기서 자유로운 편이라 김부대왕이라는 멋쩍은 표현도 마다하지 않은 것일까?

　사실 '김부대왕' 조의 이 첫 부분에서부터, 구원병을 보내고 조문을 하고, 주인공은 왕건으로 바뀌어 있다 해도 과언이 아니다. 이는 두 번째 대목을 왕건의 경주 방문으로 설정한 데서 더 분명해진다. 견훤

포석정에 대하여

　신라 멸망의 상징으로 포석정 연회를 든다. 마치 박정희의 마지막 만찬처럼. 그러나 포석정은 그런 오명을 뒤집어쓰고 폄하되어야 할 곳이 아니다.

　포석정이 단순한 연회의 장소인지, 그보다는 하늘에 제사를 지내는 신성한 장소인지에 대해서는 의견이 분분하다. 헌강왕이 포석정에 와서 춤을 춘 이야기는 후자에 가깝고, 여기서처럼 경명왕이 연회를 벌이다 견훤에게 혼찌검을 당하는 이야기는 전자에 가깝다.

　그러나 대체로 포석정은 그 두 가지를 아우르고 있지 않나 싶다. 고대 왕권 국가에서 왕의 연회 장소가 곧 제사의 장소를 겸하고 있었음은 일본의 경우에서도 쉽게 발견된다. 특히 2000년 2월, 나라(奈良)시에서 발견된 거북이 모양의 석조물은, 그 모양새나 물을 흘려 보내는 구조가 포석정과 매우 닮아 있는데, 그 곳에서는 대체로 왕실과 나라의 평안을 비는 행사를 열었을 것으로 추측하고 있다.

　포석정의 기묘한 굴곡은 거북을 닮아 있고, 거북은 영생불사(永生不死)의 신선 사상(神仙思想)과 연결되며, 거기에 물을 흘려 보내는 구조는 단순한 오락을 넘어 세상의 어떤 순조로운 흐름을 기원하는 의미도 포함하고 있는 것처럼 보인다.

천 년을 이어온 신라는 경순왕이 고려 태조 왕건에게 나라를 바치면서 끝을 맺는다. 찬란하게 꽃피웠던 서라벌의 문화도 이제 쇠락의 길로 들어서게 된다.(경주 미탄사 터)

의 무자비한 침공과 대조되는 상황을 극명하게 부각시키는 것이다.

다음 해 무자년(928년) 봄 3월, 태조가 기병 50여 명을 데리고 서울 인근에 이르렀다. 왕은 뭇 신하와 함께 밖에까지 나와 영접을 하고 궁궐로 들어가 마주 대하는데, 정성스럽게 예를 갖추어 임해전(臨海殿)에서 연회를 베풀었다. 술자리가 무르익자 왕이 말하였다.

"나는 하늘의 뜻을 받지 못한 사람이오. 그러니 이런 화가 미치는 것 아닌가요? 견훤은 불의를 자행하여 우리 나라를 멍들게 했소. 참으로 고통이 이만 저만이 아니구려."

그러면서 옷깃을 적시며 눈물을 흘리니, 주변의 신하들이 울지 않는 이가 없었고, 태조 또한 눈물을 흘렸다. 몇 십 일을 머물다 돌아가는데, 아랫사람들이 모두 정숙하고 터럭만큼도 거스르는 짓을 하지 않았다. 모든 사람들이 칭찬하며 하는 말이, "예전에 견훤이란 자가 왔을 때에는 마치 이리나 호랑이를 만난 것 같더니, 왕공(王公)이 이르자 마치 부모를 만나 뵌 것 같구나"라고 하였다. 8월에 태조는 사람을 시켜 왕에게 비단 저고리와 말안장을 보내 주고, 여러 신하와 장수들에게 차등을 두어 선물을 내렸다.

일연은 왕건의 경주 방문을 928년의 일로 적었지만, 『삼국사기』에서는 그보다 3년 후라고 하였다. 문장으로 보아 거의 틀림없이 『삼국사기』를 인용한 부분인데, 어쩌다 햇수에서만 이런 차이가 생겼는지 알 수 없다. 어쨌거나 일연의 의도는 견훤과 왕건의 비교, 곧 그것은 새로운 나라의 주인이 될 수 있는 사람의 덕망을 보여 주려는 데 있었다고 보아도 무방하다.

비운의 왕자

어려서 들은 유행가 가운데 마의태자(麻衣太子)를 소재로 한 노래가 있었다. 송춘희(宋春姬)라는 여자 가수였던가, 애절한 목소리에 실린 가사 내용이 지금 모두 생각나지 않지만, 천 년 사직 버려 두고 금강산으로 들어가 승려가 되었다는 절정 부분에서 그 비극적 운명을 어렴풋이 느끼곤 했다. 내가 지금도 승려들을 볼 때면 먼저 떠오르는 아련한 감정의 저변에는 이 노래가 심어 준 선입견이 지배하고 있다.

그 마의태자가 바로 경순왕의 아들이다. 이광수(李光洙)는 소설로 그 슬픈 운명을 그렸고, 그것을 원작으로 한 영화가 만들어져 여인네들의 심금께나 울리기도 했지만, 역사서에서는 단 몇 줄로 그의 생애를 줄이고 있을 뿐이다. 그러나 거기에는 아버지와 아들의 명분과 실리를 둘러싼 첨예한 갈등이 잘도 그려져 있다.

청태(淸泰) 2년은 을미년(935년)인데, 10월에 사방의 토지가 모두 남의 것이 되고, 나라가 약해져 이제 더는 무엇으로 버틸 수 없게 되자, 여러 신하들이 나라를 태조에게 맡기자는 의견을 내놓았다. 신하들은 가부간의 결정을 내리느라 의견이 분분해마지 않았다. 태자가 말했다.

"나라가 서고 망하기는 반드시 하늘의 뜻에 달려 있습니다. 마땅히 충신과 뜻있는 선비들과 더불어 민심을 거두고 힘을 다한 다음이라야 그만둘 것이오. 어찌 천 년 사직을 그다지 가벼이 남에게 준단 말입니까?"

"위태롭기가 이 같으니 판세를 보아도 보전할 수 없는 지경이다. 이미 강해지지도 못하거니와 약해질 것도 없어. 무고한 백성들의 살이 으깨지는 것만은 내 차마 할 수 없구나."

왕은 그러면서 시랑 김봉휴(金封休)를 시켜 글로 갖추어 태조에게 항복하겠노라 전하였다. 태자는 크게 울며 왕에게 사직하고, 개골산으로 들어가 삼베옷을 입고 풀을 뜯어먹으며 생애를 마쳤다. 막내아들은 머리를 깎고 화엄종에 귀의해 승려가 되었는데, 법명은 범공(梵空)이었다.

결과만 놓고 본다면야 경순왕의 결정이 옳았다. 김부식도 그것을 의식해서인지 마지막 사론에서 "만약 죽을 힘을 다해 싸워 태조의 군사에 저항하다가 힘이 부치고 세력이 다했다면, 왕족이 몰살당하고 피해는 무고한 백성들에게까지 미쳤을 것이다"고 결론 내린다.

나 또한 앞서 비슷한 견해를 밝힌 적이 있다. 백성의 입장에서야 누구의 백성이 된들 무슨 상관이랴? 더욱이 넘쳐나는 새로운 힘으로 나라를 잘 이끌어 백성의 삶이 더욱 윤택해질 교체라면, 어느 개인의 사유물처럼 정권을 휘둘러 무고한 희생만 초래하는 것에 비길 수 없다. 오히려 그것은 하늘의 뜻이요, 왕조 사회에서 그렇게 표현하는 백성의 힘이다.

그러나 정녕 아쉬움은 있다. 태자의 이 간절한 한마디, '천 년 사직'이라는 말에서 우리는 실리(實利)에만 매달리지 못하는 어떤 다른 논리 아닌 논리가 있음을 어렴풋이 느낀다. 물론 그런 느낌일 뿐이다.

이 기록에서 정작 태자가 승려가 되었다는 말은 없다. 막내아들이 범공이라는 법명으로 화엄종의 승려가 되었다는 대목도 『삼국사기』에는 없고 일연만 적은 것이다. 경순왕이 항복할 때 향기롭게 장식된 마차가 30여 리에 길을 가득 메우고, 태조는 바깥까지 나가 맞이하여 동쪽 한 구역의 궁을 내려 주었으며, 큰딸 낙랑공주를 아내로 삼게 했다는 대목에 이르면, 두 아들의 출가는 한층 측은해 보이기까지 한다. 아버지인 경순왕은 새 나라 고려의 부마가 되어 40여 년을 더 살다가 죽었는데 말이다.

천 년 사직은 막을 내리고

일연은 '김부대왕' 조의 마지막에, 김부식이 쓴 사론을 인용하기 전, 경순왕에게 내려진 태조의 고(誥)를 전재(轉載)해 놓고 있다. 경순왕

신라는 사라졌고 새 나라가 섰다. 하지만 농사짓고 고기잡으며 살아가는 백성들이야 어느 왕이 통치하건 별반 상관없는 일이다. 눈비 피할 집 한 채 있고, 자식들과 하루 세 끼 밥먹고 지내는 데 불편함만 없다면 말이다.(경남 남해)

을 상보(尙父)에 책봉한다는 내용이다. 이는 『삼국사기』에 없다. 오늘날 이 기록은 『고려사』에서 볼 수 있지만, 일연이 이것을 어디서 얻어 전재했는지, 굳이 전재해야 할 이유가 무엇인지 분명히 대기 어렵다. 고려 왕조의 너그러운 마음씀을 나타내 보이려 했던 것일까?

　김부식의 사론으로 넘어가 보자. 조선조에 들어 김부식은 사대주의에서도 민족적 주체성에서도 모두 공격을 받았다. 완벽한 중국 중심에 빠져든 한편의 유학자들은 그를 얼치기 사대주의자 정도로 보았고, 실학의 바탕에서 우리 고대사를 새롭게 보려 했던 다른 한편의 유학자들은 민족의 주체성을 모르는 지식인 정도로 보았다. 살아 있다면 김부식의 처지는 참으로 난처하겠다. 특히 이런 사론에서 밝힌 자신의 견해가 집중적인 비판의 대상이 되었으니, 차라리 쓰지 않은 것만 못하게 되었다.

그러나 신라 왕조를 마감하는 김부식의 사론은 그가 감당하고자 했던 시대적 사명과 자신의 논리가 잘 들어가 있는 문장이다. 그에게는 그만의 고민이 있었다. 대체적으로 자신이 살고 있는 시대의 관점에서 내리는 평가란 또 하나의 주관적 주장이 될 뿐이다.

그런 면에서 일연은 오히려 올바른 김부식 팬이었다. 좋은 부분을 인용하면 그만이라는 태도가 엿보이고, 좋지 않은 부분을 놓고 비판한다거나 굳이 자기 관점에서 해석하지도 않았다. 김부식의 이 사론에서도 일연은 필요한 곳에 적절히 옮겨다 쓰고 있다. 곧 선도산 성모가 박혁거세와 알영부인을 낳았다는 대목은 그대로 도려내 다른 곳에 집어넣은 사실은 앞서도 말했다. 그러므로 여기서는 이 대목이 생략되어 있다.

그런가하면 신라 멸망의 원인으로 김부식이 제시한 불교 비판 부분을 그대로 옮겨 놓고 있다.

> 그러나 불교의 법을 섬기면서 그 폐단을 알지 못하였다. 마을마다 탑이 즐비하게 서고, 여러 백성들이 중의 옷을 입고 숨자, 군대와 농업은 점차 줄어들어 나라가 나날이 쇠약해졌다. 어찌 어지러워 망하지 않으리요.

이 같은 현상은 사실 일연이 살았던 고려 말과 무척 닮았다. 그 때 능수좌(綾首座)·나선사(羅禪師)라는 말이 유행했었다고, 『고려사』는 전한다. 충렬왕이 몽고군의 일본 원정을 도우려 경주에 내려와 있을 때였다. 일연은 왕의 부탁을 받아 일흔 줄의 노구(老軀)를 이끌고 측근에 있었다. 그런데 온갖 승려들이 승직(僧職)을 사려 비단과 보물을 짊어지고 고관들을 찾아다니는 것이었다. 그렇게 비단 주고 승직을 산 승려들을 비꼬아 사람들 사이에서 생긴 말이 능수좌·나선사다.

일연도 그런 광경을 목격했을 것이고, 김부식 사론의 이 대목을 옮겨 적으며 하나의 역사적 교훈으로 삼고자 했을는지 모른다. 자신이 비록 승려지만, 불교의 말폐(末弊)를 지적하는 것은 나라의 기강을 바로 세우는 일이면서 불교가 살아날 길이기도 하다.

저물어 가는 시대는 신라 말이나 일연의 생애에서나 마찬가지였다. 그런 슬픈 마음의 끝이었을까, 김부식의 사론을 다 적은 다음, 일연은 다음과 같은 짤막한 기사로 신라사를 끝맺고 있다.

이미 신라가 강토를 바치고 나라가 없어진 다음이었다. 아간 신회(神會)는 외직을 끝내고 돌아와 허물어진 도성을 바라보며, '서리리(黍離離)' 같은 탄식을 하다 노래를 지었다. 노래는 없어져 알 수 없다.

'서리리'는 『시경』 왕풍(王風)에 나오는 노래, 망한 주나라의 신하가 옛 서울을 지나다 그 곳이 메기장 밭으로 변해 버린 것을 보고 탄식하였다는 것인데, 신회의 노래는 그마저 없어졌으니, 천 년 사직은 말 뿐이요 무상하기만 하다.

《 경순왕과 관련된 고려 초의 왕 》

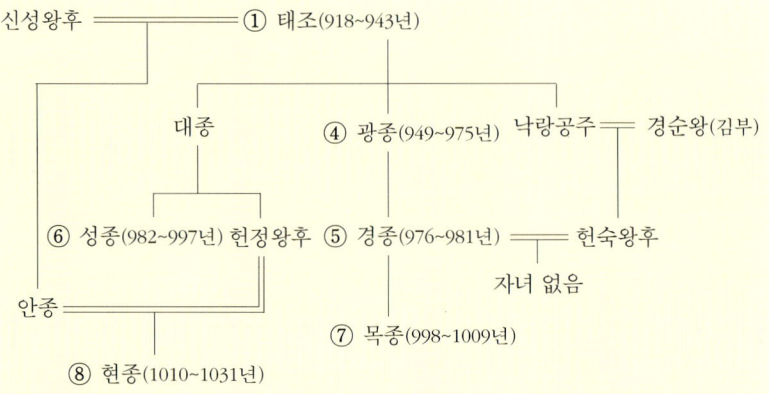

태조의 비가 된 신성왕후는 경순왕의 조카딸이다. 그녀가 낳은 안종은 헌정왕후와 결혼하여 8대 현종을 낳았다. 한편 헌정왕후는 자신의 사촌인 5대 경종과 결혼한 바 있었고, 경종은 역시 자신의 사촌인 헌숙왕후와 결혼한 바 있었다. 헌숙왕후는 경순왕이 태조와 사돈간을 맺을 때 결혼한 낙랑공주와의 사이에 낳은 딸이다. 고려 초기 왕실의 극심한 근친혼을 잘 보여 준다.

백제와 일본, 그 근친의 거리

아쉬운 백제의 역사

일연의 수고와 노력으로 그나마 우리가 알게 되는 삼국시대의 살아 있는 역사를 고마워하면서도 아쉬움은 분명 있다. 그것은 일연이 삼국의 다른 두 축을 이루는 고구려와 백제의 역사에 어찌 그다지 인색했는가다. 다만 시조 왕의 사적을 잠깐 언급한 다음, 나머지는 신라에 비해 옹색하기 그지없다.

한편 『삼국사기』가 비슷한 상황일진대, 고려시대 지식인들이 삼국의 적자로 신라를 인정했을 뿐, 그렇다면 다른 두 나라를 그 부속품 정도로 밖에 보지 않았다는 섭섭한 결론에 도달하고 만다.

여러 역사학자들이 마치 사금을 모으듯, 고구려와 백제의 잃어버린 역사를 여기저기 역사서에서 그러모아 짜깁기를 해놓고 있지만, 그것이 시원스레 당시를 재현해 주지는 못하는 듯하다. 정녕 충분한 자료가 갖추어졌다면, 고구려에 관련해서는 대륙 중국과의 밀고 당기는 과정을, 백제에 관련해서는 이웃 일본과의 교류를 자세히 알 수 있었을 것이다. 사실 고구려의 전성기만큼이나 우리 역사가 중국에 떳떳한 적이 드물었으며, 일본의 초기 왕실이 백제의 강력한 영향력 아래서 성립되었다는 사실을 상정했을 때 그 아쉬움은 커진다.

그나마 「기이」편에서 신라사를 마무리한 일연이 백제의 역사를 세

조에 걸쳐 기록해 주었다는 것으로 위안을 삼는다. 그것은 '남부여와 전백제〔南夫餘前百濟〕'·'무왕(武王)' 그리고 '후백제와 견훤〔後百濟 甄萱〕' 조다. 이로써 소략한 대로 백제사의 줄거리를 알 수 있다.

먼저 '남부여와 전백제' 조에서는 부여를 집중적으로 설명한다. 부여는 북부여·남부여와 같이 나라 이름으로 쓰이기도 하고, 도읍의 이름으로도 쓰인다. 여기서는 도읍으로서 부여다.

> 부여군(扶餘郡)은 전백제의 왕도이다. 소부리군(所夫里郡)이라고도 한다. 『삼국사기』를 살펴보면, "백제 성왕 26년은 무오년(538년)인데, 봄에 도읍을 사비성으로 옮기고 나라 이름을 남부여라 했다"라고 했으며, 그 주석에 "그 지명은 소부리이고, 사비는 지금의 고진성이다. 소부리라는 것은 부여의 다른 이름이다"라고 하였다. 또 『양전장적』을 살펴보면, "소부리군 전정(田丁)의 주첩(柱貼)"이라 했으니, 지금 부여군은 옛 이름을 되찾은 것이다. 백제왕의 성이 부(扶)씨였으므로 그렇게 부른다.
>
> 한편 여주(餘州)라고 부르기도 한다. 그것은 부여군 서쪽 자복사(資福寺)의 높은 자리 위에 수놓은 휘장이 있는데, 그 수놓은 글에 "통화(統和) 15년은 정유년(997년)인데, 5월 어느 날 여주 공덕대사(功德大寺)에 수놓은 휘장이다"라고 했기 때문이다. 또 옛날 하남(河南)에 임주자사(林州刺使)를 두었는데, 그 때의 지도책 속에 '여주'라는 두 글자가 있었다. 임주는 지금의 가림군이고, 여주는 지금의 부여군이다.

성왕의 사비성 곧 부여 천도는 슬픈 역사 속에 이루어졌다. 고구려와 싸우다 크게 진 성왕이 겨우 남은 병사를 추스려 재건의 의지를 다지며 옮겨 온 곳이다. 증조 할아버지대인 문주왕이 한강 유역에서 웅진 곧 공주로 천도한 지 63년 만의 일이다. 사실 한강 유역을 내주었다는 것은 삼국이 쟁패하는 가운데 주도권을 잃은 것이나 마찬가지였다. 다만 들이 넓고 비옥한 남쪽 땅에서 재기를 꿈꿀 수밖에 없었다.

부여를 '여주'라고도 부른다는 일연의 기록은 매우 값진 것이다. 일연 자신이 직접 자복사라는 절에 가 보았다는 느낌이 들기 때문이다. 거기서 본 글을 바탕으로 지명의 유래를 확실히 고증해 놓고 있는 이런 대목이 『삼국유사』가 지닌 매력 가운데 하나다.

백제 고도의 대표는 부여가 아니다

나는 중학생 때 부여에 처음 가 보았다. 무녕왕릉이 발굴된 지 얼마 안 되었을 때의 수학 여행이었다. 우리네 수학 여행이 늘 그렇듯이, 대충대충 견문과 불편한 잠자리가 원래의 목적을 대신하는 것이어서, 나에게 부여에 대한 인상은 결코 1,300년 전 찬란한 백제의 문화로 다가오지 못했다. 무녕왕릉 때문에 온통 백제 역사를 다시 찾은 듯 들떠 있던 때였는데도 말이다.

그런데 그러면서도 분명히 머리 속에 자리잡은 생각 하나는 있었다. 수학 여행의 제목이 그랬기에 '백제의 고도(古都)는 부여다'라는 것이었다. 거기서 사 온 조잡한 기념품들에도 빠짐 없이 '백제고도 부여 관광기념'이라 새겨져, 마치 바뀔 수 없는 정설 마냥 그 후로 오랫동안 나를 지배했다.

그러나 정말 백제의 고도가 부여일까? 물론 백제가 부여를 도읍으로 삼아 120년이나 지냈고, 거기서 나라의 최후를 맞이했으니 중요하기는 하겠다. 웅진에서 도읍했던 63년까지 합한다면 그 183년의 백제 역사는 파란만장한 한 편의 드라마다. 아무리 그렇다 한들 백제의 전 역사를 통틀어 보면 사실 이 기간은 전체의 3분의 1에도 미치지 못한다.

일연은 『백제지리지』·『북사』·『통전』·『구당서』·『신당서』 등을 인용해 백제의 강역을 설명한 다음, 도읍의 역사를 다음과 같이

올림픽공원 안에 있는 몽촌토성은 완만하게 경사가 이어지다가 가끔은 숨을 헐떡이며 오르락내리락 해야 하는 재미가 있어서 동네 사람들이 즐겨 찾는 산책로다. 목숨 바쳐 이 성을 쌓던 백제 사람들은 이런 모습을 상상이나 했을까?(서울 오륜동 몽촌토성)

정리해 놓는다.

옛 『전기(典記)』에서는 이렇게 말한다.

"동명왕의 셋째 아들 온조가, 전한 홍가 3년은 계묘년(기원전 18년)인데, 졸본부여로부터 위례성에 이르러 도읍을 세우고 왕이라 일컬었다.

14년은 병진년(기원전 5년)인데, 도읍을 한산으로 옮겨 389년을 지냈고, 제13대 근초고왕(近肖古王) 때인 함안(咸安) 원년(371년)에 고구려의 남평양을 얻고 북한성으로 도읍을 옮겨 105년을 지냈다.

제22대 문주왕(文周王)이 즉위한 원휘(元徽) 3년은 을묘년(475년)인데, 도읍을 웅진으로 옮겨 63년을 지냈으며, 제26대 성왕에 이르러 소부리로 도읍을 옮기고 나라 이름을 남부여라고 했다. 제31대 의자왕에 이르기까지 120년을 그 곳에서 지냈다.

당나라 현경 5년은 의자왕 재위 20년(660년)인데, 신라 김유신이 소정방과 함께 백제를 쳐서 평정했다."

일연은 한산을 지금의 경기도 광주, 북한성을 지금의 양주라고 주석을 달아 놓았다. 곧 한강을 끼고 북으로는 양주에서부터 가운데는 위례성 그리고 남으로 광주까지가 500여 년 동안 백제의 도읍지였다. 이만한 기간을 도읍으로 삼고 있었다면, 비록 그 기간이 아직 나라의 격을 제대로 갖추지 못한 초창기와, 한강을 놓고 벌인 삼국간의 쟁패 속에서 늘 불안정한 상태를 지속했던 중기의 역사라 해도, 백제의 무게 중심을 어디다 둘 것인가 다시 한번 생각해 보게 한다.

처음 불교를 전한 마라난타가 오자 한산주에 첫 사찰을 짓고 승려 열 사람을 배출했다고, 일연은 「흥법」편의 '마라난타가 백제 불교를 열다〔難陀闢濟〕' 조에서 적고 있다. 백제의 대표적인 도읍은 한강 유역 곧 지금의 서울이다.

분명코 이 도읍의 역사 속에서 읽어야 할 것이 있다. 백제가 한강 유역에다 도읍을 두었을 때는 북부여로부터 출발한 북방계 민족일 뿐이었다. 그 외교 관계의 중심점도 북쪽을 향해 있었다. 그러다 일본을 개척하기 시작한다. 고구려로부터 가중되어 오는 압박을 견디기에 백제는 너무 작은 나라였다. 그래서 그들의 천부적인 이동솜씨를 발휘해, 어느덧 배를 만들어 남쪽으로 일본열도를 발견해 내고 있는 것이다. 한강 유역을 고집하지 않을 바에야 일본에 이르기 가까운 곳으로 도읍을 옮기는 것이 더 낫다고 판단했을 것이다. 그것이 웅진으로 다시 부여로 도읍을 옮기는 속내로 보인다.

그러므로 웅진·부여 천도 뒤의 백제 역사는, 특히 그것이 왕실과 관련된 것일수록, 늘 일본과의 교섭 관계 속에서 보아야 한다.

고구려에 한강을 빼앗긴 백제는 또 다른 강을 찾아 떠난다. 그들이 새롭게 자리잡은 곳은 금강가의 웅진(공주)이었다. 웅진에서 또다시 사비(부여)로 옮겨 부흥을 꾀해 보지만, 660년 신라와 당나라의 연합군에 패해서 막을 내린다. (부여 백마강)

따뜻했을 것 같은 백제의 풍속

백제와 일본의 관계로 넘어가기 전 '남부여와 전백제' 조에서 일연이 그리고 있는 백제의 풍속도를 한 번 살펴보자. 비록 자세하거나 많은 분량이 아니라 할지라도, 기록된 한두 가지 속에서 발견하는 인정(人情)의 기미(機微)는 있다.

① 또 호암사에 정사암(政事嚴)이 있다. 나라에서 재상의 선임을 의논할 때에, 뽑힐 만한 사람 서너 명의 이름을 써서 함 속에 넣고 봉해 이 바위 위에 둔다. 얼마 뒤에 떼 보아서 그 이름 위에 도장이 찍힌 자를 재상으로 삼았다. 그래서 정사암이다.

② 또 부여군에는 산이 셋 있다. 일산(日山)·오산(吳山)·부산(浮山)이 그것이다. 백제의 전성기에 그 위에 각각 신인(神人)이 살고 있었는데, 서로 날아다니면서 아침저녁으로 왕래가 끊이지 않았다.

③ 또 사비수 언덕에 열댓 명이 앉을 만한 바위 하나가 서 있다. 백제 왕이 예불하러 왕흥사에 거둥할 때에 먼저 이 바위 위에서 부처를 바라보고 절하였다. 그러자 바위가 저절로 따뜻해졌다. 그래서 이 바위를 돌석이라 했다.

④ 또 사비수 양쪽 언덕에 그림 병풍 같은 곳이 있다. 백제 왕들이 늘 잔치를 베풀며 노래하고 춤추며 놀았던 곳이다. 지금도 대왕포(大王浦)라고 부른다.

①은 정사암에 얽힌 전설이다. 바위가 절에 있었다는 것으로 불교의 영향을 짐작하게 하지만, 함 속에 넣은 후보자 가운데 한 사람에게 도장이 찍힌다는 이야기는 사실 불교적이라 할 수 없다. 오히려 민간 신앙에 가까운 이 이야기에서 우리는, 복수로 후보자를 올리고 그 가운데 적임자를 골라낸다는, 민주적 절차의 한 단면을 읽는다.

②에서는 신인이 나온다. 거의 명백한 무속 신앙의 풍속이다. 신라의 경주에 오악(五岳)이 있다는 것과 비견되는 바가 있다.

그에 비해 사비수 곧 지금 백마강 가의 돌석에 얽힌 전설을 말하는 ③은 명백한 불교 풍속이다. 나는 이것이 지금의 부소산성에서 고란사로 내려가는 입구에 서 있는 바위로 보인다. 까마득히 아래로 백마강이 흐르고, 거기 백사장이 눈부시게 배경을 이루는 곳이다. 부처님을 바라보고 절을 하면 저절로 바위가 따뜻해진다는 이야기는 읽는 이의 마음까지 따뜻하게 만들지만, 다른 한편 우리가 온돌 문화를 가지고 있으므로 나올 법한 원형이 숨어 있다. 물론 바위를 신앙의 대상으로 여기는 민간의 풍속과도 연결된다.

④의 대왕포 또한 같은 장소가 아닌가 하는데, 왕들의 잔치가 지나쳐 나라를 망하게 했다는 뒷이야기를 감안하면 다소 찜찜한 구석이 있기는 하다. 거기에 삼천 궁녀를 생각할 때는 더욱 그렇다. 그러나 포석정이 원래 그런 곳이 아니었음에도 비운의 마지막 장소로 기억되듯이, 백마강과 대왕포도 역사의 사건과 더불어 오명(汚名)으로 기억되고 있음은 어쩔 수 없다.

네 이야기를 종합해 보면 어쩐지 백제의 풍속이 왕에서부터 민간의 그것에 이르기까지 '소박하고도 따뜻하지 않았을까'라는 생각이 든다. 왕이 절을 하는 넓찍한 바위가 저절로 따뜻해졌다는 이야기처럼 말이다.

곤지왕자로부터 시작하는 백제와 일본의 왕계

이제 다시 백제와 일본의 관계를 중심으로 이야기를 돌려보자. 앞서 신라와 일본의 관계를 '앙숙'이라는 한마디로 정의 내렸거니와, 백제와 일본은 그 반대라고 해야 맞다. 신라 쪽에서 그렇게 된 이유는 이미 말하였으므로 생략하고, 백제와의 관계만을 살펴보겠다. 그것은 곧 신라가 일본과 앙숙이 된 속사정을 밝히는 반증도 된다.

한반도에서 일군의 세력들이 일본열도로 건너가기 시작한 때는 멀리 기원전 3세기경으로 거슬러 올라간다고 한다. 지금 일본 왕의 가계(家系)가 기원전 660년의 신무(神武)왕부터 시작하지만, 그로부터 9명의 왕은 후대의 사가들에 의해 만들어졌다는 것이 학계의 통념이고, 있었다고 해도 '동네 왕' 정도였으리라 싶다. 아이누족 같은 선주민과 한반도에서 온 이주민이 복잡하게 얽히면서, 먼저 구주(九州)지방부터 마을을 만들고 점점 동쪽으로 넓혀 가는, 매우 완만한 일본열도 개발의 역사가 진행된다.

본격적인 역사시대는 기원전 97년에 즉위한 숭신(崇神)왕부터라고 말한다. 한반도에서 삼국이 정립하는 시기와 비슷하다.

숭신왕은 신무왕과 가계도 달리하는 새로운 왕이었다는 사실을 『일본서기』를 통해 짐작할 수 있으며, 이를 통해 한반도로부터 이주한 세력이 드디어 집권자로 등장했다는 가설까지 성립하게 해준다. 그러나 우리는 이 사실을 가지고 민족이나 국가의 정체성 문제로 비화해서는 곤란하다. 일본 특히 왕실의 뿌리가 한반도라고 해서, 우리는 같은 민족이라고 한다거나, 한국이 종주국이라고 하는 따위의 생각은 참으로 난센스다. 한반도니 일본열도니 하는 말은 모두 후세가 만들어 낸 관념이다. 그들은 먹고살기 좋은 곳을 찾아 끊임없이 이동했던 당대의 생활인일 뿐이었다. 그 무렵 사람이 지금 살아온다면 그는 한반도라는 말도 일본열도라는 말도 모를 것이다.

그런데 한반도 이주민 중에서도 백제계가 일본 왕실의 실력자로 들어서게 되는 것은 사정이 조금 다르다. 먼저, 서기 3세기 후반부터 4세기까지 120여 년 동안 곧 응신(應神)왕과 인덕(仁德)왕 때가 그렇다.

응신왕의 앞이 신공(神功)왕후인데, 이 여왕이 히미코를 모델로 한 가공 인물일 것이라는 학계의 추정을, 이미 연오랑 세오녀 이야기를

경주뿐만 아니라 부여에도 이런 왕릉이 남아 있다. 경주의 그것보다는 규모가 작지만 아담한 게 귀엽기까지 하다. 언뜻 보면 몇 년 전 어린이 프로에서 유행하던 텔레토비 집 같다.(부여 능산리)

능산리 고분의 석실(둥글고 높게 쌓은 무덤 안에 돌로 만들어 놓은 방)에서는 사신도 벽화가 발견되었다. 특히 천정에 그려진 구름과 연꽃 문양은 색과 형태가 빼어나다. 사진은 능산리 고분에서 발견된 석실의 모형이다.(부여 능산리)

하면서 소개한 바 있다. 히미코가 신라나 가야계일 가능성이 큰 데비해, 응신왕은 분명 백제계일 것으로 보고 있다. 그것은 백제의 근초고왕이 응신왕에게 보냈다는 저 유명한 칠지도(七支刀)의 명문(銘文)이나, 인덕왕의 무덤에서 발견된 청동거울 등으로 확인된다. 무엇보다 왕인(王仁)이 일본 왕실의 스승으로 가서 하는 행동은 단순한 글방 선생 정도가 아니다. 최소한 이 때부터 백제가 멸망하기까지 두 나라는 외교 관계 이상의 무엇을 우리에게 보여 주고 있다.

다만 5세기의 100년간은 어떤 이슈가 될 만한 사건이 없다가 6세기에 들어 문제는 커졌다.

밀레니엄의 열기가 가득했던 1999년 말, 일본문화사 전공의 홍윤기(洪潤基) 교수는 한일동족설(韓日同族說)을 주장하는 재미있는 글을 발표했다(『신동아』 10월호에 상, 12월호에 하가 실렸음).

동족설이라는 일반론으로 썼다면 또 비슷한 이야기이겠거니 할 수 있으나, 백제와 일본 왕실의 관계를 금석학 쪽의 자료를 가지고 매우 치밀하게 밝힌 것이어서 흥미롭다. 홍 교수가 논한 바를 중심으로 두 왕실의 관계를 살펴보자.

홍 교수는 먼저 815년 일본 왕실에서 만들어진 『신찬성씨록(新撰姓氏錄)』이라는 책의 한 기사에 주목하고 있다. 그것은 민달(敏達)왕이 백제의 왕족임을 밝히는 내용이다. 이 왕은 나라(奈良)에 백제궁을 짓기도 하였다. 왕실과 귀족들의 족보라고 할 수 있는 책에 왕의 출신지가 백제라고 분명히 밝힌 것은 여기 뿐이라고 한다. 이를 통해 민달왕의 아버지인 흠명(欽明)왕도 당연히 백제인이라고 추정해 볼 수 있는데, 최근 일본의 사학자 중에는 이 흠명왕이 실은 백제 성왕이라고 주장하는 사람이 나올 정도다. 고구려와의 전투에서 패한 성왕이 즉각 일본으로 건너가 흠명왕으로 즉위하였다는 것이다. 그동안의 일반적인 역사서에서도 성왕은 일본에 처음 불교를 전해 준 왕으로 기록되어 있다. 두 왕이 재위한 시기는 539년에서 585년까지로, 6세기의 한 중간이다.

그런데 여기서 좀더 위로 올라가 507년에 즉위하는 계체(繼體)왕이 다름 아닌 무녕왕과 형제간임을 밝히는 유물이 나왔다. 바로 인물화상경(人物畵像鏡)이다. 청동으로 만든 이 거울은 1914년 일본의 오사카(大阪) 근처 와카야마(和歌山)현의 한 신사(神社)에서 발견되었는데, 지금은 국보로 지정되어 도쿄(東京) 국립박물관에 소장되어 있다.

서기 503년에 만든 것으로 보이는 이 거울에 새겨진 글자 가운데 '남제왕(男弟王)'과 '사마(斯麻)'가 매우 중요한 단서가 되었다. 사마가 남동생인 왕을 위해 만들어 보낸다는 내용이다. 그런데 사마는 누구일까? 그가 누구인지 몰랐으므로, 거울이 발견되고도 오랫동안 이 거울의 참된 역사적 가치가 잠재워졌다.

백제의 마지막 도읍지 부여를 휘감으며 백마강이 흐른다. 왕궁이 있던 부소산은 백마강과 닿아 있고 낙화암과 고란사가 그 곳에 있다. 무왕이 예불하러 다녔던 왕흥사는 강 건너편에 있었다. (부여 고란사)

    수수께끼는 1971년에 와서야 풀렸다. 사마는 무녕왕의 이름이었다. 공주에서 발굴된 무녕왕릉에서 이 이름을 적은 묘지석이 나왔다. 그러니까 일본에서 청동거울이 나온 지 거의 60여 년 만에 사마라는 이름의 주인공을 알게 되었고, 그로서 계체왕이 무녕왕과 형제간임을 밝히는 증거가 되었던 것이다. 무녕왕이 즉위한 것은 501년, 그 2년 뒤에 아직 중앙 정부의 왕으로 오르지 않고 지방의 왕으로 있는 아우가 오래 살기를 바라는 염원을 담아 보낸 청동거울이었다. 무녕왕이 이토록 아우를 배려한 데는 까닭이 있었다. 무녕왕 자신이 일본의 왕실에서 아우와 함께 살다가, 아버지인 동성왕의 뒤를 이으려 고국으로 돌아왔었다. 아버지를 여의고 멀리 떨어져 고절(孤絶)한 세월을 보내야 할 형제였기에 우의는 두텁기만 했다.

    그렇다면 6세기 들어서서 즉위한 일본의 왕들은 줄줄이 백제 왕실과 한 집안이었음을 알게 된다. 백제 왕실뿐만 아니라 일본에서조차 왕실의 권력을 한 손에 쥔 결정적인 역할을 한 사람을, 홍 교수는 곤지왕자로 보고 있다. 개로왕의 둘째 아들인 곤지왕자는 일찍이 일본 왕실에 건너가 있다가, 자신의 형인 문주왕과 조카인 삼근왕 둘 다 2~3년을 넘기지 못하고 죽자, 아들을 보내 동성왕으로 손자를 보내 무녕왕으로 올리고, 그로부터 백제가 멸망하는 마지막 의자왕까지 후손들이 차례로 왕위에 앉을 수 있는 길을 연 사람이다. 더욱이 다른 손자인 계체왕은 일본에서 왕으로까지.

백제가 어떻게 일본 왕실을 지배할 수 있었을까

소문으로만 듣던 백제와 일본 왕실의 관계를, 여러 문헌과 유물 자료로 밝힌 구체적인 결과 앞에 서면서, 우리들의 마음에는 놀라움과 착잡함이 겹친다. 그토록 가까웠나, 그런데 그토록 남이 되어 있나?

사실 홍 교수의 연구 결과를 놓고도 몇 가지 의문점은 있다. 사실 우리 쪽의 역사 자료는 너무 빈곤하고, 이에 반해 일본 쪽은 너무 여러 가지가 섞여 있어, 자료에 따라서는 해석의 여지가 다양하게 나올 가능성도 얼마든지 있다. 물론 홍 교수의 연구를 전적으로 받아들인다 하더라도, 그 연구의 끝에 '한일동족'이라는 결론으로 마침표를 찍는 데 나는 선뜻 동의하기 어렵다. 그것은 어디까지나 왕실의 역사이기 때문이다.

우리는 일연이 '남부여와 전백제' 조에 인용해 놓고 있는 사료 가운데, 『구당서』의 다음과 같은 대목에서, 백제가 일본과 교류하고 있었다는 암시를 전해 받는다.

> 서쪽에는 바다를 건너 월주(越州)가 있으며, 남쪽으로는 바다를 건너 왜에 이르고

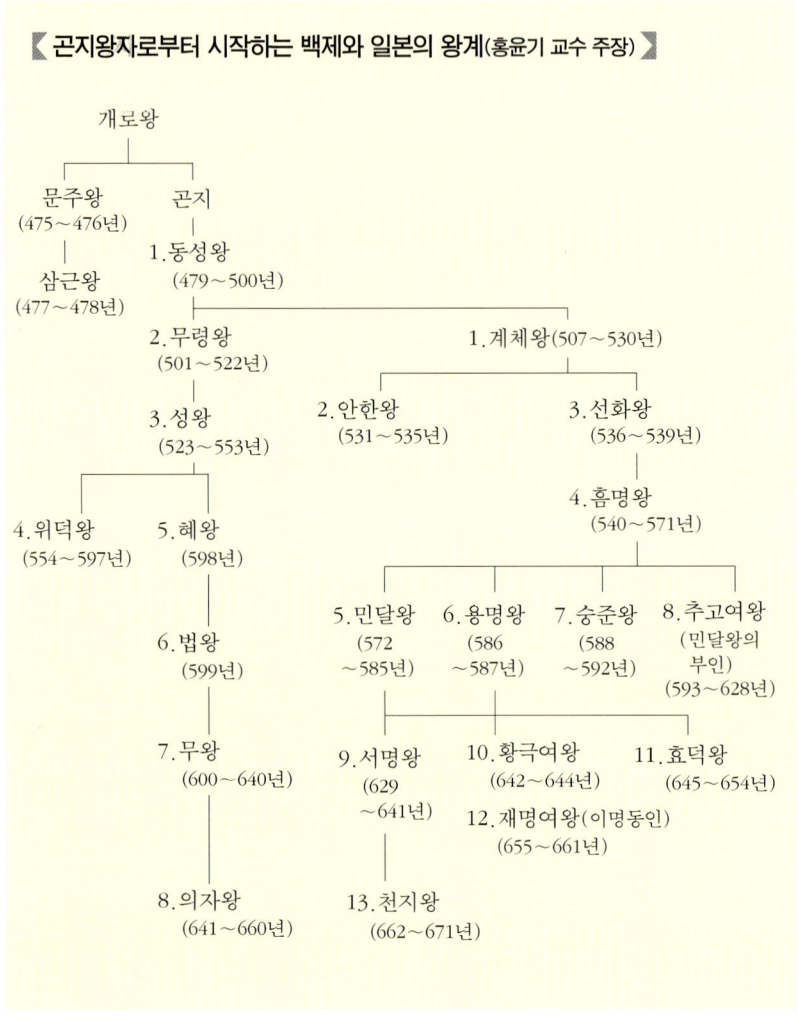

이것은 단순히 경계를 말하는 지리지만 아닌 것 같다. '바다를 건너 왜에 이른다'는 말을 좀더 적극적으로 해석해 보면, 실제 그 같은 교류가 빈번했음을 뜻하는 것이 아닐까? 백제를 세운 주축 세력이 북쪽에서 이주해 왔고, 그들은 이주의 달인(達人)이었음을 나는 여러 차례 말한 바 있다. 땅이 끝난 곳에서 배를 타고 바다를 개척해 나갔

으리라는 추측은 얼마든지 가능하다. 일본열도는 그 같은 이주민들에 의해 재편성되는 곳이었다.

홍 교수도 인용하고 있는 일본의 사학자 사카구치 안고(坂口安吾)의 말을 경청해 보자.

고대에 고구려·백제·신라 등 삼한과, 중국 대륙 및 남양 방면으로부터 끊임없이 씨족 단위로 집단 이주해 왔다. 그들은 동북 지방의 변경 지대며, 이즈(伊豆)의 7개 섬에 이르기까지 각지에 흩어져 토착해 살았다.

또한 그 당시는 아직 '일본'이라는 나라 이름도 없었던 시대였으므로, 이주해 온 사람들은 어느 특정한 나라 사람들이라기보다, 부락민 또는 씨족의 구성원으로서 다른 집단들과 뒤섞여 살게 되었다고 본다.

그런 가운데 그들 속에서 유력한 호족(豪族)이 나타나게 되고, 본국으로부터 유력한 씨족들이 계속해서 건너옴으로써, 차츰 중앙 정권을 이루기 위한 다툼이 생기게 되었다고 본다. 특히 바로 코앞에 있는 한국으로부터 이주해 온 사람들이 호족을 대표하는 중요한 존재가 되었다는 것은 틀림없다.

고구려가 중국 본토와의 밀고 당기는 신경전을 벌여야 하고, 신라는 일찍 북방 정책으로 영토를 확장해 가는 쪽의 방향을 잡았을 때, 고구려와 신라로부터 협공을 당해야 했던 백제가 갈 길은 자명했다. 일본이다. 그러므로 바로 코앞의 한반도 국가 가운데 왕실 차원에서 적극적으로 일본을 개척한 백제야말로 일본열도에서 우위를 잡는 데 적임자였다.

그러나 이는 다시 말하거니와 왕실과 호족에 한정한다. 그로 인해 다수의 인구가 백제인으로 채워졌다 한들 그것으로 한일동족을 말하자면 고구려와 신라 출신이 섭섭하고, 이미 선주민과 다른 지역에서 이주해 온 세력이 상당했을 것으로 보이는 마련해선, 어느 한 민족만

부소산에서 남쪽으로 10분 정도 걸어가면 정림사 터가 있다. '백제 고도'라는 수식어를 달고 다니는 명성답지 않게 볼 게 별로 없는 부여에서 그나마 이 터의 오층탑이 부여를 찾은 사람들의 실망감을 다소 달래 준다.(부여 정림사 터)

으로 특정하여 결국 그들의 출신지와 동족이 되게 했다는 설명도 곤란하지 않을까? 여기서 왕실의 근친으로 한정해 두면 이런 섭섭함과 곤란함을 면할 수 있다.

일본의 역사 사전들은 8세기경 일본열도의 인구를 560만 명이라고 적고 있다. 엄청난 숫자다. 이렇듯 많은 인구를 지배해야 하는데, 몇 명의 백제 왕실 출신자들이 가서 왕권을 잡기가 불가능했을 것 같다. 그런데, 9관(冠)까지 나눠진 일본의 관직에서 5관까지가 귀족이고, 왕이 임명하는 이 귀족의 숫자는 1백 수십 명밖에 안 되었다. 철저하게 소수정예화한 귀족층이다.

그러기에 가능했을 것이다. 200명도 채 안 되는 집권층이라면, 탁월한 문화를 지닌 소수가 가서 단번에 주도권을 잡을 수도 있었을 것이다. 그 소수가 바로 백제계였다.

일본의 독립 선언

일본의 왕실이 보다 튼튼한 체계를 갖춘 것은 역시 나라(奈良)시대였다. 한반도로부터 많은 문화를 받아들이고 드디어 자신들의 특성을 드러내는 시대, 이 때를 아스카(飛鳥)문화라 한다. 이 시기가 앞서 말한 백제계 왕들의 재위 연간이다.

왕실로만 놓고 본다면 일본은 분명히 백제의 식민지였다. 그런데 7세기 후반에 들어 종주국 백제가 멸망했다. 어느 정도 힘이 쌓이면 내심 독립할 요량이던 일본 왕실로서는 어쩌면 복음과 같은 소식이었을지 모른다. 백제가 망할 무렵, 일본의 구원군은 적시에 도착하지 않았고, 그렇게 늦장 부리다가 싸우려는 시늉만 하고 돌아가고 말았다.

거기서 그치지 않는다. 백제가 완전히 멸망한 7년 뒤, 곧 670년에 의자왕과 항렬이 같았던 일본의 천지(天智)왕은 당나라에 사신을 보내고 있다.

> 고구려를 평정한 것을 축하하였다. 그 뒤 차츰 중국의 말을 익히더니, 왜(倭)라는 명칭을 싫어해 국호를 일본으로 고쳤다. 그 나라 사신의 설명으로는, 나라가 해 뜨는 곳에 가까운 까닭에 일본으로 이름하였다고 한다.

『신당서』의 제220권에 나오는 「동이전」 '일본' 조의 기록이다. 『삼국사기』에서도 이 내용을 「신라본기」 '문무왕' 조 10년에 전재해 놓고 있는, '일본'이라는 국호의 최초 사용을 보여 주는 의미 있는 대목이다. 종주국 백제의 멸망 후 7년, 국호의 변경은 무엇을 의미하는가? 그것은 백제에 대한 일본 왕실의 독립 선언으로 보인다.

아마도 더 이상 도움 받을 수도, 받는다고 자처해 이로울 것도 없는 백제계였을 것이다. 그러기에 백제의 멸망은 백제 왕실 하나의 멸망으로 끝나지 않았다.

사실 그 이후 일본의 왕실에서 백제의 흔적 지우기는 끈질기게 계속되었다. 14세기에 나온 『신황정통기(神皇正統記)』에서는, 8세기 말 환무(桓武)왕이 일본과 삼한은 같은 종족이라고 적은 책들을 불태웠다고 썼다. 한일동족설을 연구한 홍 교수는 이 대목을 보고 놀랐다고 했지만, 흔적 지우기로 친다면야 이보다 더 한 일도 있었고, 지워질 것도 아닌 바에 저들이 줄기차게 되풀이하는 비슷한 일을 우리가 어떻게 해석하는가가 더 중요하다. 나는 그것을 일본의 자기정체성에 대한 부정이라기보다 독립의 비원(悲願)으로 본다.

　수도를 교토(京都)로 옮기면서 헤이안(平安)문화를 열었던 환무왕도 백제계였다고 한다. 200여 년 뒤, 지금은 일본의 중심인 관동 지방으로 처음 진출하여, 첫 막부(幕府) 카마쿠라(謙倉)를 만들고 쇼군(將軍)이 된 이도 백제계였다고 한다. 그러나 그들을 이제 모두 일본인이라고 말하지 백제인이라고 하지는 않는다.

서동은 정말 선화공주를 꾀었을까

맹랑한 눈에 맹랑한 자가 보인다

맹랑하기 그지없는 자가 새로운 역사를 만든다. 누구도 될 수 없다고 포기할 때 기상천외한 아이디어로 난국을 돌파하는 꾀는 맹랑한 자에게서 나온다. 그런 맹랑한 사람을 우대하는 사회가 발전한다.

서동(薯童)은 우리 고대사에서 만나는 맹랑한 사람 가운데 하나다. 서여(薯蕷)를 캐서 내다 팔아 홀어머니를 모시는 처지에, 더욱이 백제 사람으로, 신라의 공주 선화가 어여쁘다는 말을 듣고 그녀를 꾀어 내러 가는 출발부터가 맹랑하다. 마라고 부르는 서여는 요즈음으로 치면 군것질거리 음식이었다.

그러나 서동은 허무맹랑하지는 않았다. 아무도 실현 가능성 없다는 이 일을 돌파할 꾀가 그에게는 있었던 것이다.

서동이 쓴 방법은 노래를 통한 여론의 조성이었다. 노래에는 그 같은 힘이 있다. 민요에서는 그것을 참요(讖謠) 곧 예언의 노래 일종으로 보는데, 매스컴이 발달하지 않았던 옛 시절에 사람들의 입에서 입으로 전해지는 소문은, 사실이 어떤가와는 상관없이, 일의 흐름을 바꿔 놓기 십상이었다.

서동은 해괴한 노래를 지어 놓고 경주 거리의 아이들을 구슬렸다. 물론 그는 백제에서 가져간 마로 만든 과자 서여를 아이들에게 나눠 주며 소리 높여 부르게 한 것이다. 마치 선화공주가 벌써 서동과 그렇고 그런 사이가 된 것처럼 꾸민 노래다. 입에서 입으로 전해지는 소문의 위력은 대단했다.

그러나 우리는, 일연이 백제의 이야기 몇 편을 인색하게 배정하면서 하필 서동을 택하고 그가 곧 무왕이 되었다고 말하는, 이야기 속의 서동보다 더 맹랑한 행동 앞에서 망연자실한다. 도대체 역사적 사실과 하나도 맞지 않는 이야기를 짐짓 진지하게 마치 진짜처럼 올려놓은 그의 의도를 알아 맞추기가 쉽지 않기 때문이다.

하기야 엉뚱한 이야기를 진지하게 진짜처럼 둘러댄 게 어디 이 하나 뿐인가? 정말이지 서동만큼 맹랑한 사람은 일연 당신이다. 그러기에 그 눈으로 서동 같은 인물이 보였을 것이다.

한 편의 완벽한 드라마
먼저 서동 이야기부터 들어 보자. 만약 『삼국유사』 이야기 가운데 가장 널리 알려진 '베스트 10'을 뽑으라 한다면 당연히 들어갈 만큼 유명한 이야기이므로 새삼스런 느낌이 없지 않다. 그러나 몇 토막으로 나누어 다시 한번 꼼꼼히 읽어 본다.

이야기는 매우 정연한 기승전결의 구조를 지니고 있다. 먼저 서동의 출생이 가진 비밀이다.

> 제30대 무왕(武王)의 이름은 장(璋)이다. 어머니는 과부였는데, 서울의 남쪽 연못가에 집을 짓고 살다, 그 못의 용과 정을 통해 그를 낳았다. 어려서 이름은 서동인데, 재주와 도량이 헤아리기 어려웠다. 늘 마〔薯〕를 캐서 팔다 생활했으므로, 이 곳 사람들이 이름을 그렇게 부른 것이다.

전형적인 '영웅의 일생' 첫머리다. 기이한 출생, 특이한 능력의 소

연못을 메우고 지었다는 미륵사는, 건물의 하중을 견디게 하기 위하여 주춧돌을 이중으로 높게 쌓고 그 위에 건물을 올렸다. 사진 뒤쪽으로 용화산, 곧 미륵산이 보이고, 중턱에 사자사가 있다. '어마어마하다' 라고 밖에 표현할 수 없는 석탑이 있고, 경주 황룡사 터보다 규모에서 한수 위지만, 발굴한 다음 복원해 놓은 것이 마치 서울 삼각지의 전쟁기념관을 보는 듯해 머물고 싶은 따스함이 없었다. (익산 미륵사 터)

유자, 그 때문에 받는 고난 등의 배치가 그렇다.

『삼국사기』를 참조할 때 무왕의 아버지는 법왕(法王)이다. 살생을 금지하는 법을 공포할 만큼 독실한 불교신자였지만 재위 2년 만에 죽었다. 할아버지는 혜왕(惠王), 혜왕의 형이 위덕왕인데, 위덕이 45년을 왕 노릇한 데 비해 혜 역시 2년밖에 있지 못했다. 그나마 위덕왕에게 아들이 없어서 왕에 올라본 것이 다행일지 모르나, 혜왕이나 법왕 모두 자신들에게 왕의 자리가 돌아오리라 생각하지 못했거나, 그나마 늘그막이 다 되어서 올랐다.

일연이 적고 있는 '남쪽 연못가의 용'이 사실을 비유한 것이라면, 용은 왕위에 오르기 전의 법왕일 것이다. 왕족이긴 하나 장래가 보장된 것도 아닌 남자에게 몸을 허락한 여자는 떳떳이 자신을 드러내 놓고 살지 못했으리라. 더욱이 과부의 신분으로 말이다.

그녀는 용의 정기를 타고난 비범한 아들 하나를 믿고 신고(辛苦)의 세월을 견딜 뿐이었다.

어느 날 신라 진평왕의 셋째 공주인 선화(善花)가 세상에서 둘도 없이 아름답다는 소문을 들었다. 그는 머리를 깎고 신라의 서울로 갔다. 동네 여러 아이들에게 마를 나눠 주었더니, 아이들이 그에게 가까이 붙었다. 그래서 노래를 짓고는 아이들을 꾀어 부르게 했다.

선화공주님은
남 모르게 짝지어 놓고
서동 서방을
밤에 알을 품고 간다.

노래는 서울에 쫙 퍼졌고 대궐까지 들리게 되었다. 모든 신하들이 강력히 요청해, 공주를 먼 곳으로 유배 보내게 되었다. 결국 떠나게 되자 왕후가 순금 한 말을 여비로 주었다.

공주가 유배지에 도착할 즈음이었다. 서동이 길 위에 나타나 절하고는 모시고 가려 했다. 공주는 그가 어디서 온 사람인지 몰랐지만, 우연이라 믿고 기뻐하였다. 그래서 서동은 공주를 따라가게 되고 몰래 정도 통하였다. 그런 후에야 공주는 서동이라는 이름을 알게 되고, 노래대로 이루어지는 기묘한 체험에 흠칫했다.

영웅은 자기가 타고난 비범한 재주로 고난을 극복해 낸다. 서동은 이웃 나라 선화공주를 아내로 맞아들이려는 계획을 세우고 실행하는 것으로 그 첫발을 내딛고 있다. 첫발치고는 통도 크다.

여기에 「서동요」가 나온다. 물론 이 제목은 요즈음의 학자들이 만

익산에 있는 쌍릉은 무왕과 선화공주의 능으로 짐작된다. 쌍릉을 찾은 사람들은 하나밖에 없는 능을 보고 의아해 하는데, 능 옆으로 난 솔밭길을 따라 들어가면 또 하나의 능이 나온다.(익산 쌍릉)

든 것이다. 이런 종류의 노래를, 어린 아이들이 불렀다는 데에서 동요, 그리고 그 내용이 어떤 목적한 상황을 이미 이룬 것처럼 상정하고 있다는 데에서 참요 또는 예언요라고 한다. 우리 문학사에서 가장 먼저 등장하는 동요요 참요라고 할 수 있다.

신하들이 이를 사실로 알고 공주를 쫓아내라고 요구한 데에서 서동의 1단계 목표는 달성되었다. 어차피 중매쟁이를 세워 이루어질 결혼이 아니지 않았던가? 서동으로서는 공주가 천애고아나 다름없게 된 후에야 자신 있었다. 그 때는 인물 하나 보고 따라올 것이 아닌가? 그래서 2단계 목표도 달성되었다.

최종 목표를 달성한 서동은 느긋이 자신의 신분을 밝힌다. 그러나 불행의 원흉을 알고 나서도 공주는 그다지 앙탈을 부리지 않는 분위기다.

그들은 함께 백제로 갔다. 어머니가 준 금을 꺼내어 살아갈 길을 의논하려 하자, 서동은 크게 웃고 말았다.

"이게 무슨 물건이오?"

"이건 금인데, 100년은 부자로 살아갈 수 있습니다."

"내가 어려서부터 마를 캐던 곳에는 이런 것이 흙처럼 쌓여 있소."

공주는 그 말을 듣고 크게 놀랐다.

"이것은 세상에서 가장 큰 보물이랍니다. 당신이 지금 금이 있는 곳을 아신다면, 그 보물을 우리 부모님이 계신 궁궐로 실어 보내는 것이 어떨는지요?"

서동은 그러자 했다. 그래서 그 금을 모아 산더미처럼 쌓아 놓고는, 용화산(龍華山)의 사자사(師子寺)에 있는 지명법사(知命法師)에게 가서, 금을 나를 방법을 물었다.

"내가 신통력으로 보낼 수 있으니 금을 가져오시오."

공주가 편지를 써서 금과 함께 사자사 앞에 가져다 놓았다. 법사는 신통력으로 하룻밤에 신라 궁궐로 실어 보냈다. 진평왕은 신통한 조화를 기이하게 여기고 높이 받들어 주면서, 자주 편지를 보내 안부를 물었다. 서동은 이로 말미암아 인심을 얻어 왕위에 올랐다.

이야기는 이 세 번째 부분에 와서 본격적인 성공담으로 이어진다. 서동은 비범한 재주를 타고난 사람이지만 귀하고 중요한 것의 가치를 아직 모른다. 공주를 꾀어내는 꾀도 그가 선천적으로 타고난 동물적 감각에서 나왔을 것이다. 후천적인 교육의 중요성은 여기서 발휘된다. 공주는 가치를 발견하는 눈을 키워주었다. 그런 면에서 두 사람의 결합은 완전한 어떤 것을 지향하고 있다.

거기에 제3의 조력자(助力者)로 지명법사가 등장한다. 그의 도움은 서동과 공주 두 사람만의 조화에서 공주의 부모까지 아우르는 화

익산 출신의 무왕은 부여에서 익산으로 도읍을 옮기기 위한 준비 작업으로 미륵사를 세운 것은 아닐까? 익산 왕궁리에 남아 있는 오층탑 일대에서는 그런 가설을 세워 두고 발굴 조사가 한창이다.(익산 왕궁리)

해로 확대되고, 왕이 되었다는 마지막 대목은 이런 것들의 조화가 빚어내는 당연한 결과다. 우리는 여기서 등장 인물을 적절하게 배역시킨 한 편의 완벽한 드라마를 볼 수 있다.

하루는 왕이 부인과 함께 사자사로 거둥하는 길에 용화산 밑에 있는 큰 연못가에 이르렀다. 마침 미륵삼존이 나타나자 수레를 멈추고 절했다. 부인이 왕에게 말했다.
"이 곳에 큰 가람을 세우는 것이 제 소원입니다."
왕이 허락하였다. 지명법사에게 가서 못을 메울 일에 대해 묻자, 신통력을 써서 하룻밤 사이에 산을 무너뜨려 못을 메우고 평지로 만들었다. 그리고 미륵상 셋과 회전(會殿), 탑, 낭무(廊廡)를 각기 세 군데에 세운 다음 미륵사라는 편액을 달았다. 진평왕이 온갖 기술자들을 보내 도왔는데, 지금도 그 절이 남아 있다.

후일담이고, 이는 결론에 해당한다. 역시 일연답다는 생각을 하게 해주는 부분이다. 미륵사라는 절의 이름에서 이미 예상할 수 있지만, 이 이야기의 본문과 연결시키지 않고도, 완숙한 백제 불교의 미륵사상을 헤아리는 데 매우 중요한 부분이다.
자세한 설명은 조금 뒤로 미루자. '지금도 남아 있다'는 마지막 구절을 보건대, 일연은 이 절에 몸소 가 보았던지, 아니면 적어도 그 때까지 절이 남아 있었던 것만은 확실하다.

서동과 무왕 그 아슬아슬한 연결
역사적 사실과 결부하여 서동의 이 이야기를 어떻게 이해해야 할까? 이것은 사실일까, 아니면 옛날 이야기에 불과할까? 몇 가지 가능성을 나열해 본다.

일연이 쓴 '무왕' 조를 사실로 보아 무왕의 출생이나 왕위 등극의 과정을 설명하자면 얼마든지 가능하다. 법왕이 아직 왕자일 때, 그것도 등극과는 서열이 먼 상태에서 만난 여염집 여자 더욱이 과부에게서 얻은 아들을 떳떳이 자기 집 안으로 거두지 않았을 것이고, 왕위 계승은 큰아들이 아니라 누구든 뛰어난 왕자가 차지하는 당시 관례로 보아, 어떻든 왕족인데다 비범한 서동의 발군(拔群) 곧 그것으로 왕이 될 수 있었다는 점 인정된다.

다른 한편, '무왕' 조의 앞뒤 부분은 사실이고, 그 가운데 곧 선화공주와의 사건은 이런 비슷한 유형의 이야기가 들러붙었을 가능성도 없지 않다. 그런 가능성을 「바리데기 설화」와 견주어 가며 설명해 본다.

먼저, 선화공주가 공주의 신분으로 쫓겨난다는 점에서 「바리데기 설화」의 바리공주와 비슷하다. 설화 속에서, 아들을 바란 왕은 줄줄이 여섯 명의 딸을 낳고, 다시 일곱 번째 딸이 태어나자 내다 버리라고 한다. 그래서 바리공주다. 선화공주도 셋째 딸이다. 그가 선화공주라는 이름을 얻고 아버지가 진평왕으로 설정된 것은, 실제 진평왕에게 딸만 있었기 때문일 것이다.

그러나 진평왕에게 딸이 셋이고, 그 가운데 셋째 딸이 선화공주라는 말은 여기 서동 이야기에서만 나온다. 『삼국사기』에서는 첫째 딸이 덕만공주(德曼公主)로 아버지를 이어 선덕여왕(善德女王)이 되고, 다른 딸이 천명부인(天明夫人)으로 김춘추의 어머니라고만 전해 준다. 셋째 딸이 있었는지, 그 딸의 이름이 선화공주인지 사실적으로 확인하기는 어렵다. 이것이 선화공주가 설화적 인물일 가능성을 보여 주는 첫번째 이유다.

그런데 첫째 딸이 선덕여왕으로 왕위에 오르지만, 진평왕이라고 해서 아들을 바라지 않았을 리 없으며, 후사를 딸에게 물려줄 수밖에 없었던 처지가 이러쿵저러쿵 입방아에 오르지 말란 법은 없다. '무왕' 조의 선화공주가 딸만 있는 왕의 막내딸로 설정된 점이 어느 정도 이해가 간다. 그리고 그것이 바리공주와 비슷한데, 게다가 이 딸은 못된 스캔들에 휘말려 있다.

버림받은 처지였건만 바리공주는 병든 어버이를 위해 자기를 희생하고 약을 구해 온다. 선화공주가 좋은 남편을 만나 그에게서 많은 보물을 받고, 그것을 친정 어버이에게 보낸다는 이야기도 모티브 면에서는 닮았다. 박대 받았던 자식이 오히려 어버이를 더 챙긴다는 말은 요즈음도 하지 않는가?

그러나 실은 무왕 당시 신라와 백제의 관계는 이렇듯 우호적이지 않았다. 그것 또한 이 이야기가 설화일 가능성을 높여 주는 부분이다.

이런 유형의 이야기는 우리에게만 있는 것이 아니다. 일본에는 「숯 굽는 부자 이야기」가 있다.

등오랑(藤五郎)은 마를 캐서 근근히 입에 풀칠이나 하며 사는 가난한 사람이다. 마을의 큰 부잣집 딸에게 가서, 부처님의 명령이라고 속여 억지로 시집오게 하였다. 여자의 이름은 화오(和五)라고 한다. 이름이 그렇다면 이 집안의 다섯째 딸이라고 추정해 볼 수 있다. 그런데 등오랑은 마를 캐는 곳의 흙이 모두 황금이었는데도, 그것이 보물이라는 것을 전혀 알지 못했었다. 어느 날 부인이 아버지의 심부름꾼에게서 받아 온 한 보자기의 사금을 가지고 밭에 나간 등오랑은 기러기에게 뿌려 주고 돌아올 정도였다. 부인에게서 그것이 보물임을 알게 된 다음, 산에 들어가 엄청난 황금을 가지고 돌아와, 두 사람은 큰 부자가 된다.

한편 중국에는 자기 복을 자기가 타고났다고 말해 쫓겨난 공주의 이야기가 있다.

하루는 왕이 세 딸을 모아 놓고 누구의 덕으로 행복하게 사느냐고 물었다. 위의 두 딸은 아버지 덕이라고 말했으나, 막내딸은 자기가 타고난 복이라고 말해, 화가 난 왕에게 버림을 받았다. 공주는 가난한 남자를 만나 결혼했는데, 가난한 남자는 돈의 가치를 공주에게서 배워, 결국 두 사람은 큰 부자가 된다. 왕은 막내딸의 말이 맞았음을 알았다.

두 이야기는 서로 말하고자 하는 주제를 가지고 있지만, 크게는 서동 이야기의 모티브와 비슷하고, 두 이야기 가운데 필요한 요소만 따오면 그대로 서동과 선화공주다. 단지 다르다면 선화공주가 억울하게 버림 받았으면서도 끝내 어버이를 생각하는 착한 딸이라는 점, 그리고 그것은 바리공주 설화로 지금까지 전해오는, 한국인의 심성 깊은 곳에 자리잡은 한국인만의 특성을 반영한 점뿐이다.

재미있는 이야기는 어떤 경로를 통해서나 전파되기 마련이고, 자생적으로 생겨난 이야기가 서로 비슷한 경우마저 있기도 하다.

어쨌거나 서동과 무왕은 아슬아슬하게 연결되어 있다. 실제 그가 떠꺼머리 총각 시절에 신라의 공주 선화를 꾀어내 왔는지도 모른다. 그러나 이야기의 핵심은 그런 역사적 사실을 말하자는 데 있는 것 같지는 않다. 우리는 여기서 일연이 붙여 놓은 두 가지 주석을 유심히 볼 필요가 있다.

① 옛날 다른 책에는 무강(武康)이라 했으나 잘못이다. 백제에는 무강왕이 없다.

②『삼국사』에서는 이 왕이 법왕의 아들이라 하나, 이 전기에서는 과부의 아들이라 하니, 잘 알지 못하겠다.

①은「기이」편 '무왕' 조의 제목 밑에 적은 주석이다. '다른 책'이라는 말 속에서 지금 일연이 보고 인용하는 책은 또 따로 있음을 알 수 있다. 그러면서 무강왕이라는 사실을 부정한다. 하지만「왕력」편

에서는 "무강왕 또는 헌병왕이라고도 한다"는 기록을 살려 놓고 있어, 어느 쪽이 일연의 입장인지 분명하지 않다.

②는 '무왕' 조의 맨 마지막에 적은 주석이다. '이 전기'라 함은 지금 일연이 보고 인용하는 책일 것이다. 애써 옮겨 적어 놓고 주석에서 이렇게 말하는 것은 신중함일까, 김빼기일까?

나는 이 두 주석이 '무왕' 조의 처음과 마지막에 들어가 있는 점을 재미있게 본다. 이를 통해 분명코 일연은 '무왕' 조의 서사적 성격 곧 이것이 설화임을 암시하고 있지 않나 싶어서다. 『삼국사기』 같은 데서 역사적 사실로 나열된 무왕의 자취에 일연은 처음부터 그다지 관심이 없다. 「기이」 편의 기술을 일관되게 한 조에 한 왕대의 특징적인 사건 하나씩을 뽑아 그것으로 그 시대의 성격을 보여 준 일연은, 백제 말기 무왕의 40여 년에 걸친 파란만장한 생애를 설화로 남아 있는 이 이야기가 대변한다고 생각한 것은 아닐까? 그것의 사실 여부를 떠나서 말이다.

실제 무왕은, 설화 속에서는 장인인 진평왕과 피비린내 나는 전쟁을 치르며 백제를 지켜 낸 왕이다. 신라의 삼국 통일이 의자왕대로 늦추어진 것도 무왕의 강고(强固)한 힘 때문이었을 것이다.

미륵보살 쟁탈전 속의 선화공주

이야기의 사실성을 인정하는 쪽에 서다 보니, 삼국시대 말기에 발전하는 불교의 미륵 사상과 관련시켜, 서동의 선화공주 빼앗아 오기를 미륵보살 쟁탈전으로 해석하는 재미있는 견해도 나왔다.

미륵 사상은 백제 불교에서 먼저 피어났다. 사실 이 뿐만 아니라 불교의 전반적인 발전은 신라에 비해 백제가 언제나 한 발 앞서 있었다. 백제는 발전된 항해술을 이용해 중국 남북조시대의 불교를 그때그때 받아들이고, 그것을 자기화해서 토착시키고 있었다.

미륵사의 창건으로 절정에 이른 백제 불교의 큰 줄기는 미륵 신앙이다. 태안의 사면석불에도 미륵이 있고, 흔히 '백제의 미소'로 알려진 서산 마애불의 가운데 불상 옆에서 한 쪽 다리를 꼬고 앉은 불상도 미륵보살이다. (충남 서산)

서산 마애불에서 북쪽으로 걸어서 10분 정도 거리에 있는 보원사 터다. 서산 마애불과 관련이 있는 절이었겠지만, 이미 예전에 폐사되어 석물들만 남아 있다. 요즘은 이런 산골짜기 폐사지에서도 답사 온 아이들을 심심치 않게 만날 수 있으니, 다행스러운 일이다.(충남 서산)

그 대표적인 예가 충청남도 예산(禮山)의 사면석불(四面石佛)이다. 서는 미타불을, 동은 약사불을, 남은 석가불을, 북은 미륵불을 표현한 것으로 보이는 사면석불의 배치에서 우리는 백제의 독자적인 불교 사상을 읽을 수 있다. 일반적으로 서방은 아미타 정토이고 동방은 약사불이어서 그대로 따랐다. 그런데 남과 북은, 석가가 태어난 남쪽의 인도와 견주어 미래불인 미륵은 북쪽인 백제에서 태어나리라고 생각했던 것이다. 신라는 아직 유학승 하나 중국에 가지 못하고 있을 때, 백제는 벌써 많은 승려가 유학을 다녀오고 불상을 들여와, 거기에 자기들의 이름을 넌지시 하나 더 얹어 놓고 있다. 저 유명한 미륵반가사유상(彌勒半跏思惟像)이 그 뒤를 잇고, 절정에 와서 미륵사의 창건이 따른다. 불교의 백제화는 신라인의 자기화에 못지 않다.

미륵보살은 누구인가? 부처님 당시에 생존했던 미륵보살은 부처님에 의해 미래불로 지정 받았다. 미래불이 오시는 다음 세계를 그리고 있는 『불설미륵하생경(佛說彌勒下生經)』의 한 구절은 우리에게 잔잔한 미소마저 띄우게 한다.

대소 인민에 차등이 없고, 남녀간에 대소변을 보고자 하면 땅이 저절로 열렸다가, 보고 나면 문득 도로 합쳐지며, 껍질 없는 찹쌀이 저절로 달리는데, 지극히 향기롭고 아름다워 먹으면 병이 없다. 금은 진보와 차거·마뇌·진주·호박 등 각종 보배가 땅에 흩어져 있으나 거들떠보는 사람이 없고, 가끔 사람들은 이런 것들을 집어 들고 서로 이렇게 말한다.

"예전 사람들은 이런 물건 때문에 서로 해치고, 옥에 갇혀 무수한 고뇌를 받았다 하는데, 지금은 기왓장이나 돌과 같아서 아무도 지키려 하지 않는다."

미래불로 오시는 미륵보살의 세상이 이렇기에 시대가 혼란해질수록 사람들 사이에서는 그가 빨리 오기를 바라는 신앙이 만연하게 되었다. 이것은 중국에서 남북조시대의 혼란한 시기에 먼저 생겼고, 후백제의 견훤이 자신을 '미륵의 하생'이라 선전한 것도 같은 맥락에서다.

대체적으로 미륵불은 여성의 모습으로 형상화된다. 미륵이 본디 남자였지만 이렇게 바뀌는 것은, 미륵불이 자비와 영원불멸의 생산을 의미하는 여성적인 성격을 가진 데다 남성인 석가불에 대응하려는 사람들의 의지가 개입되었기 때문이다. 미륵은 자비의 부처다.

【 미륵보살은 누구인가? 】

미륵은 산스크리트어 마이트레야(matreya)의 음역으로, 자씨(慈氏)라고 의역하기도 한다. 『현우경(賢愚經)』의 권12 「바파리품(波婆梨品)」에 다음과 같은 이야기가 나온다.

중인도 바라나국의 바라마달왕에게 한 재상이 있어 아들을 얻었는데, 32상을 타고 났으며, 그 어머니가 아이를 가진 다음부터 마음이 자비롭게 변하였다. 점 치는 사람이 미륵이라고 이름지으라 했는데, 미륵은 곧 자비라는 뜻이다.

어려서부터 매우 총명하여 곧 바리불다라국의 국사(國師)였던 외숙부 바파리에게 가서 공부하였다. 오래지 않아 여러 경전을 꿰뚫어 알게 되자, 바파리는 다른 15인의 제자와 함께 미륵을 석가모니불에게 보낸다. 석가는 당시 세상에서 가장 이름을 떨치고 있었는데, 마침 왕사성의 기사굴 산중에 있다는 소문을 듣고, 그를 시험해 보려 한 것이다. 여기서 바파리의 16제자는 모두 석가에게 감화되어 불제자가 된다.

그런데 모두 아라한과(阿羅漢果)를 즉시 얻었지만, 미륵만큼은 장차 석가의 교화가 끝난 다음 이 사바세계에 다시 나타나 부처가 될 인연이 있으므로 일생보처불(一生補處佛)로 남게 된다. 일생보처불이란 중생을 모두 이끌고 대각을 이루기 위해 한 생만 더 후보의 자리에 머물러 있는 부타 곧 보살이다.

석가는 금루직성가사(金縷織成袈裟)를 미륵에게 전해 준다. 이 옷은 석가의 이모이자 계모인 마하파사파제가 조카에게 입히려고 오랜 세월 금실로 정성들여 짠 것이었다. 그러면서 이 지구상의 인간 수명이 8만 4,000세가 되는 56억 7,000만 년 뒤에, 미륵이 다시 태어나 성불하고, 용화수(龍華樹) 아래서 삼회(三會)의 설법을 하여, 널리 중생을 제도할 것이라고 예언한다.

백제의 난숙한 미륵 사상을 보여 주는데 일연도 한몫 거든 바 있다. 「피은」편의 '혜현이 고요함을 구하다〔惠現求靜〕'조에서다. 앞부분만 보자.

> 승려 혜현은 백제 사람이다. 어려서 출가하여 애써 마음과 뜻을 다해 『묘법연화경』을 외는 일을 하고 기도하여 복을 청하니, 신령스런 감응이 매우 많았다. 겸하여 삼론(三論)을 부지런히 닦아 신통력을 갖추기도 했다.
> 처음에 북쪽 지방의 수덕사(修德寺)에서 지냈는데, 사람들이 있으면 설법을 하고 없으면 염송을 했다. 사방 멀리까지 그를 흠모하여 오니, 문밖에 신발이 가득했다. 슬슬 번잡한 일이 싫어져 강남의 달라산(達拏山)으로 가서 지냈다. 산은 바위투성이라 험해서 오가는 이가 매우 드물었다. 혜현은 고요히 앉아 세상을 잊고 산중에서 생애를 마쳤다.
> 같이 수련하던 이들이 시신을 들어다 석실 안에 두었는데, 호랑이가 모두 뜯어먹고 오직 뼈만 남았지만, 혀는 그대로 있었다. 추위와 더위가 세 번 오갔건만, 혀는 그대로 붉고 부드러웠다. 그런 다음 마치 돌처럼 자줏빛으로 단단하게 변했다. 세상에서 그것을 공경하여 석탑에 보관했다. 세상에서 산 나이가 58세이니, 곧 정관(貞觀) 초년이었다.
> 혜현은 중국으로 공부하러 가지 않고 고요히 물러나 세상을 마쳤으나, 이름은 여러 중국의 나라에 퍼져 전기가 만들어졌다. 특히 당나라 때에 명성이 자자했다.

일연이 승려들 중에 드물게 다루고 있는 백제 승려가 혜현이다. 『묘법연화경』이나 삼론은 미륵 사상을 대표하는 경전이요 교리다. 삼론은 용수(龍樹)의 「중론」, 「십이문론」과 그 제자 제바(提婆)의 『백론』을 이르는 것이라고도 한다. 삼론종의 기본 경전이다. 벌써 정관 초년 곧 7세기 초에 백제는 이런 승려를 가지고 있었다. 그가 세상을 마쳤

서로 비슷한 시기에 만들어진 서산 마애불(339쪽)과 경주 단석산의 미륵불은 매우 닮았다. 본존불은 물론 그 옆에 새겨진 반가상도 거의 똑같다. 자동차도 인터넷도 없었던 그 시대에도 우리가 상상하는 것 이상으로 사람과 사상의 교류가 활발했음을 말해 준다.(경주 단석산)

다는 강남의 달나산은 백제가 아니라 중국인 듯하다.

백제에 주재하던 미륵보살을 신라에 빼앗기는 사건이 벌어진다. 나는 그 부분을 앞서 신라의 화랑 제도 성립과 관련하여 소개한 바 있다. 바로 '미륵선화와 미시랑 그리고 진자사' 조의 미륵선화다.

문제의 진지왕 때다. 흥륜사의 진자 스님이 공주 근처의 수원사에서 만나고 온 미륵선화는 경주의 영묘사 가까운 곳에 사는 미시랑으로 나타났다. 이것을 신라에 의한 백제 미륵보살의 탈취로 해석한 분은 최완수(崔完洙) 선생이다. 백제의 위덕왕 때다. 그로부터 약 20년 뒤 서동은 경주에 와서 선화공주를 빼앗아 가고 있다. 최 선생의 설명에 따르면, 선화는 진평왕이 자신의 딸들을 미륵의 현신으로 보고 키운 세 공주 중의 한 사람이다. 미륵은 다시 백제로 갔고, 서동은 그 덕분에 왕이 될 수 있었다고, 최 선생은 말한다.

이런 뺏고 빼앗기는 쟁탈전 속에 나라가 강성해지고 왕이 선다는 해석은 언뜻 보면 희극 같다. 그러나 당시 사람들에게 깊이 뿌리 박힌 미륵 신앙과, 그것에 국가적 명운을 걸던 분위기를 감안하면 수긍이 가기도 한다. 더욱이 선화공주가 미륵보살을 만나고 그의 발원으로 미륵사가 서는 데에 이르러 보면 문제는 단순하지 않다.

'미륵상 셋과 회전(會殿), 탑, 낭무(廊廡)를 각기 세 군데에 세웠다'는 미륵사의 가람 구조는 미륵 사상의 삼론(三論)을 그대로 반영한 것이다. 이 같은 구조는 황룡사의 조성으로, 다시 일본 나라(奈良)의 동대사(東大寺)의 조성으로 그대로 이어진다.

견훤, 비운의 영웅

백제 땅에서 나온 마지막 왕

일연이 「기이」편에서 쓰고 있는 '후백제와 견훤〔後百濟甄萱〕' 조는 내용의 대부분을 『삼국사기』「열전」의 '견훤' 조를 인용한 것이다. 한 조의 전부를 이처럼 몽땅 『삼국사기』에서 인용한 경우가 드물다는 점에서, 비슷한 인물로서 궁예(弓裔)는 빠뜨리고, 견훤 한 사람에다 상당한 분량을 바치고 있다는 점에서 웬지 야릇하다. 일연이 굳이 견훤에게 이만한 관심을 보인 이유는 무엇일까?

  실상 견훤은 백제 땅에서 나온 마지막 왕이다. 신라가 경순왕을 끝으로 왕의 역사를 마감했다고는 하나, 그의 외손자들이 고려조의 왕위에 올랐고, 경주 출신의 지식인들이 상당수 고려 왕실의 요직을 차지했던 것과 비교된다. 고구려 또한 고려로 그 정신사적 계승을 해주었고, 고려조 중반에는 묘청(妙靑)이 평양으로 천도할 것을 주장하며 반란까지 일으키지 않았던가? 그러나 백제는 견훤으로 모든 것이 깨끗이 끝나고 말았다.

  그런 마지막 왕으로서 백제 사나이의 한평생은 파란만장하기만 하다. 출생의 비밀은 복잡한데다, 후백제라 이름한 새로운 나라를 이끌어 가는 데에는 장애가 많았고, 결국 아들에게 몰려 뒷방 노인 신세로 몰락한 다음 그 아들을 원수로 삼아 이를 갈다가 등창에 걸려 비참한 죽음을 맞았다. 한때 그의 라이벌이었던 왕건(王建)이 뒤를 돌봐주지 않았던들 그보다 더한 비극이 기다리고 있었을지 모른다.

그래서만 일연의 관심을 산 것은 아닐 게다. 궁예는 이미 고려조의 사람으로 왕건에게 복속한 신하이니 굳이 그의 나라와 일생을 거론할 필요가 없었고, 신라가 막을 내리는 마지막 장면에서 왕건과 끝내 경쟁 관계에 섰던 견훤을 언급하지 않고는 마무리가 시원찮았을 터다. 그래서 견훤은 이 조의 사실상 주인공인 왕건을 빛내 주는 훌륭한 조연이나 다름없어 보인다.

사실 일연이 쓰는 견훤의 생애란 『삼국사기』 안의 전기가 거의 전부다. 그러나 이 책은 한때 그의 라이벌이었던 고려 쪽에서 만든 역사서가 아닌가? 그런 마련해선 전모를 알기가 쉽지 않은데, 더 나아가 긍정적인 쪽의 자료를 기대하기 어렵다. 그가 포악한 인물로 알려진 원인이 거기에 있다고 한다면, 견훤에 대한 평가는 전해오는 자료를 일단 한 번 접고 들어가는 유연성이 필요할 듯하다.

물론 그렇다고 견훤에 대한 인상이 정반대로 잡히리라 보이지 않는다. 하지만 포악하다고 말하는 것과, 투쟁적이었다고 말하는 것은 다르다.

그렇다고는 해도 일연의 이야기 솜씨는 여기서도 능숙하다. 『삼국사기』에서 거의 전적으로 인용했다고 하나, 어디서 인용했는지 모르는 몇 가지 삽화가 첨가되면서, 비극적 인물 견훤의 삶은 실감나게 살아나온다.

3대에 걸친 물고 물리는 불화

일연은 이야기의 첫 부분을 세 가지 책에서 인용하며 시작한다. 대체로 영웅들의 일생에 걸려 있는 복잡하기만 한 출생담이다.

첫째는 물론 『삼국사기』다. 견훤은 상주(尙州) 가은현 사람인데

논산에 있는 견훤의 능은 능이라기보다는 약간 큰 무덤 정도다. 비록 패자였지만 그래도 추억하는 사람이 있어, 능 주변에 무성한 개망초꽃을 뿌리채 뽑아 상석에 올려두었다.(논산 견훤릉)

본래 성은 이씨였지만 나중 견씨로 고쳤고, 아버지는 아자개(阿慈介), 농사꾼이라고 했다. 그런데 일연은 여기에다 견훤이 함통(咸通) 8년 정해년(867년)에 태어났으며, 그의 아버지가 광계(光啓) 연간 (885~887년)에 상주성을 점거하고 스스로 장군이라 불렀고, 네 아들을 두어 모두 세상에 이름이 났지만, 훤이 특히 걸출하고 지략이 많았다는 말을 추가하고 있다. 이 기록은 어디서 나왔는지 모르겠다.

다음은 이제(李磾)의 「가기(家記)」다. 이 책은 일연의 인용을 통해서 그 이름만 알 뿐 나머지는 잘 모르겠다. 여기서는 견훤의 집안을 진흥왕 때로 거슬러 올라가 소개한 다음, 왕의 5대손 원선(元善)이 바로 아자개라고 하였다. 견훤은 그의 맏아들이다.

마지막으로 『고기』다. 여기에 저 유명한 커다란 지렁이 설화가 나온다. 이 이야기는 이미 「밤에 찾아오는 손님」에서 소개한 바 있는

데, 『삼국사기』가 견훤의 출생지로 상주를 든 데 비해 여기서는 광주 (光州)의 북촌이라고 한 점이 특히 다르다.

　기이한 인물의 탄생에는 여러 가지 설화가 따라다니게 마련이라 해도 견훤의 이 경우는 그 가운데서 조금 심한 쪽에 속한다. '『삼국사기』의 본전에서 이렇게 말한다' 해놓고, 정작 거기 없는 내용을 추가해 놓은 것도 문제를 복잡하게 만든다. 『삼국사기』「신라본기」의 '경명왕' 조 2년(918년)에는 곧 왕건이 고려를 건국하던 해인데, 상주의 적당 아자개(阿玆蓋)가 왕건에게 항복했다는 기사가 있다. 한자는 다르지만 그가 견훤의 아버지 아자개라면 일연의 위 기록도 그에 연관시켜 이해해 볼 수 있다.

　이제의 기록은 왠지 갖다 붙였다는 느낌이 강하다. 진흥왕으로부터 5대손이 어떻게 신라 말기에 태어나 활동할 수 있겠는가?

　문제는 『고기』의 기록이다. 이것이 아무리 설화라 한들 한낱 옛이야기로 치부해 버리지 못할 요소가 있기 때문이다. 우선 견훤이 완산에 도읍을 정하고 후백제를 일으킨 점에서 출생지와 지리적으로 가깝다. 다른 한편, 설화 속에서 커다란 지렁이란 곧 여자가 남몰래 정을 통한 사내일 터인데, 서동의 경우처럼 용이 아닌 것으로 보면 그만한 지체는 아니지만 뭔가 남달랐을 사내의 영상이 떠오른다. 곧 농사꾼으로 출발하여 한 지역의 장군까지 올라 선 아자개의 총각 시절 모습이다. 그 다음은 적당한 이야기가 이어지지 않겠는가? 지위는 낮지만 걸출하게 생긴 사내와 정을 통한 부잣집 딸, 부모들은 소문을 두려워하여 한 재산 들려 주고 먼 곳으로 데리고 떠나 살게 하는, 어떤 영화의 한 장면 같은 것 말이다. 광주에서 상주는 그만한 거리가 된다. 그리고 거기서부터는 『삼국사기』의 기록과 맞아떨어진다.

　그런데 견훤이 성마저 바꾸고 완산에 와서 자리를 잡은 것은, 물론 『삼국사기』에서는 그의 부임지가 이 곳이어서 그랬던 것처럼 적고 있으나, 아버지와의 불화를 염두에 두었기 때문이다. 거기 어떤 사연이 개재되는지 모른다. 아버지는 부잣집 딸을 꾀어낼 만큼 걸출한 사내였지만, 아들은 그보다 더 불 같은 야망에 불타고 있었다. 아자개가 상주성을 차지한 5년 뒤, 견훤은 부모가 야반도주했었을 외가 쪽 완산으로 돌아와서, 후백제의 왕에 올랐다. 그 과정을 아버지가 도왔다는 낌새는 전혀 없다.

도리어 아자개가 왕건에게 항복을 한 시기는 고려와 후백제가 한창 싸움을 벌이는 와중이었다. 아들을 돕지는 못할망정 궁지에 빠뜨린 이 일을 두고 우리는 부자간의 불화 이외에 무엇으로도 까닭을 설명하기 어렵다.

불화는 거기서 끝나지 않는다. 그 똑같은 되풀이를 견훤과 그의 아들 신검(神劍)이 하고 있다. 그렇다면 아들이 아버지에게 끝없이 반항하다 망한 견훤 집안 3대. 식민지 치하, 아버지와 아들이 서로 다른 이념과 생활 방식을 가지고 살다 망해 버리는 집안을 그린 염상섭의 소설 『삼대(三代)』는 이미 천여 년 전을 무대로 삼아도 통할 이야기다.

호랑이가 키운 아이

탄생 이야기에서 기이한 전설이 추가된 다음 일연이 쓰는 견훤 전기는 거의 그대로 『삼국사기』를 옮겨 놓은 것이다. 다만 부분적으로 축약하거나, 새로운 이야기를 한두 가지 첨가할 뿐이다. 그런데 축약은 별문제려니와 첨가된 부분이 역시 일연만의 특성을 반영한 것이어서 주목의 대상이다.

기이한 인물에는 기이한 이야기가 따르는 법이다. 대체적으로 『삼국사기』가 그런 데에 애써 외면하는 편이지만, 호랑이가 젖을 먹여 키웠다는 다음 이야기는 실어 놓고 있다.

처음에 견훤이 아직 강보에 싸여 있을 때였다. 그의 아버지가 들에서 밭을 갈고 있어서 어머니가 밥을 나르러 갔다. 그동안 아기를 수풀 밑에 두었더니, 호랑이가 와서 젖을 먹였다. 마을 사람들이 그 이야기를 듣고 이상하게 여겼다. 그러더니 자라면서 체격과 용모가 웅대해지고 특이했으며, 기개가 호방하고 범상치 않았다.

「열전」의 '견훤' 조에 나오는 이야기다. 이 범상치 않은 인물은 창을 베고 적을 기다릴 정도로 기백이 항상 다른 군인들을 앞섰다. 신라 진성여왕이 왕위에 오른 지 6년 되는 해, 총애하는 신하들이 곁에서 국권을 농락해 기강이 문란해졌고, 게다가 기근까지 겹쳐 백성들이 흩어지고 도적들이 벌떼처럼 일어났다. 견훤은 이런 기회를 놓칠 수 없었다. 사람들을 모으고 민심을 얻게 되자, 드디어 완산에 도읍을 세우고 왕이 되었다. 892년, 그의 나이 26세 때였다.

'후백제(後百濟)'라고 이름 붙이기는 그보다 8년 뒤, 견훤은 부하들 앞에서 "당나라 고종이 신라의 청을 받고 장군 소정방을 보내 수군 13만 명을 거느리고 바다를 건너게 했으며, 신라 김유신이 군사를 몰아 황산을 거쳐 당나라 군사와 합쳐 백제를 쳐서 멸망하게 했다. 백제를 개국한 지 600여 년 만의 일이었다. 내 이제 어찌 도읍을 세워 묵은 울분을 씻지 않으랴"고 기염을 토했다. 백제가 망하고 240여 년 만의 일이다.

그러나 견훤에게는 망해 가는 신라보다 더한 강적이 있었다. 바로 북쪽의 왕건이었다. 918년, 왕건이 철원경(鐵原京)에서 고려를 세우고 왕위에 올랐다. 견훤은 소문을 듣고 사람을 시켜 축하하였으며, 공작부채와 지리산의 대살을 바치기도 했지만, 일연은 이 대목에서 "견훤이 우리 태조 임금과 친한 척했어도 속으로는 상극이었다"고 넌지시 한 쪽 편을 들어 주고 있다.

사실 초반전의 싸움은 견훤이 훨씬 우세했다. 견훤 자신이 싸움에 능할 뿐 아니라 휘하의 부하들도 뛰어났고 군사들은 잘 훈련되어 있었다. 왕건은 "임시방편으로 화친하는 척하고, 그의 군사들이 지치기를 기다리는 작전으로" 일관했음을, 『삼국사기』는 여기저기 적어 놓았다. 일연도 그 글들을 그대로 인용하였다.

그러나 오랜 싸움은 민심을 얻는 자가 이기는 법이다. 견훤은 제 힘만 믿고 오만스럽기 짝이 없어, 갈수록 민심을 잃는 편이었고, 왕건은 그렇게 떨어진 민심을 주워담아 자기편으로 만드는 데 능했다. 아마도 그 결정적인 사건은 견훤의 경애왕 살해일 것이다. 그 대목은 앞서 김부대왕을 쓰면서 소개했다.

이 일로 신라의 여론이 견훤으로부터 멀어진 것은 두말할 나위 없다. 견훤은 자신의 힘을 과시하고, 고려와 가까워지려는 신라를 확실히 눌러놓자는 계산이었지만, 도리어 등뒤의 적을 만든 셈이었다.

그러나 이 때는 왕건이 나라를 세운 지 10여 년이 지난 다음이지만, 형세는 여전히 견훤이 압도하고 있었다. 신라를 돕겠다고 뒤늦게 출동한 왕건은 정예 기병 5,000명을 거느리고 공산(公山) 아래에서 견훤을 만나 크게 싸웠는데, 김락(金樂)과 신숭겸(申崇謙)은 전사했고, 왕건 또한 겨우 몸만 빠져 나왔다. 결국 왕건은 견훤을 대적하지 못한 채 그가 하는 대로 내버려 둘 뿐이었다. 고려조에 예종(叡宗)이 지은 유명한 노래「도이장가(悼二將歌)」는 바로 이 싸움에서 죽은 두 장군을 추도하기 위해 지은 것이다. 그들만이 아니었다. 의성부(義成府)의 태수 홍술(洪述)이 죽자 왕건은 "내 오른팔을 잃었구나"라고 말했다 한다.

이 때가 견훤의 전성기였는지 모른다. 그러나 왕건이 연패하는 중인데도 신라에서는 고려와 화친하고 더 나아가 나라를 맡기자는 논의가 일어나고 있었다. 됨됨이가 견훤처럼 사나운 사람보다 온순하고

견훤은 대구 팔공산 일대에서 고려 왕건과 벌인 전투에서 대승을 거두고 한동안 승승장구한다. 백제의 유민 진표가 금산사에서 일으킨 점찰경과 미륵 신앙의 계보가 속리산 법주사를 거쳐 팔공산 동화사로 이어지는데, 이 지역에서 벌어진 싸움인 만큼 견훤에게 유리한 구석이 있었을 것으로 짐작된다.(대구 동화사)

정이 많기로, 왕건이 그들의 뒤를 잘 봐줄 것 같았기 때문이다.

편지로 싸운 한 판

절정의 순간에 보낸 견훤의 편지와, 예봉을 피해 가며 반격의 기회를 노리는 왕건이 보낸 답장에서 우리는 당시의 상황과 분위기를 한눈에 읽을 수 있다. 싸움터의 칼바람이 스산하게 묻어 있는, 그러면서 기(氣) 싸움에서 지지 않으려는 붓 놀림은, 그대로 칼 없이 겨루는 한 판이다.

먼저 견훤이 보낸 편지.

> 일전에 신라 재상 김웅렴(金雄廉) 등이 족하를 서울로 불러들이려 한다고 들었소. 이는 마치 작은 자라가 큰 자라의 소리에 응하는 것과 같고, 메

추라기가 새매의 날개를 펼치는 것과 같소. 분명 사람들이 도탄에 빠지고 종묘 사직이 폐허가 될 것이오.

그러므로 내가 먼저 채찍을 잡고 홀로 도끼를 휘둘러, 밝은 해와 같이 모든 신하들에게 맹서하고, 의리 있는 기풍으로 온 백성을 타일렀소. 그랬더니 뜻밖에 간신들이 달아나고 임금이 세상을 떠나, 경명왕의 표제(表弟)이며 헌강왕의 외손자를 받들어 권해, 높은 자리에 올라 위태로운 나라를 다시 세우게 했소. 임금 없는 나라에 임금이 있게 하려는 뜻이 바로 여기에 있었소.

그런데 족하는 이 충고를 자세히 살피지도 않고, 한갓 떠도는 말만 듣고서, 온갖 계략으로 넘보고 여러 방면으로 침략하고 있소.

그러나 아직 나의 말머리도 보지 못하고, 나의 쇠털 하나 뽑지 못했소. 초겨울에는 도두 색상(索湘)이 성산 싸움에서 손이 묶였고, 이 달에는 좌장군 김락이 미리사 앞에서 해골을 햇볕에 쬐었소. 죽이고 얻은 것이 많으며, 쫓아가 사로잡은 것도 적지 않음을 보아, 강약이 이와 같으니 우리의 승패도 알 수가 있을 것이오.

내가 바라는 것은 평양의 누각에 활을 걸고, 패강의 물을 말에게 먹이는 것이오.

한마디로 기고만장(氣高萬丈)한 글이다. 경주 침략의 이유를 나름대로 대면서, 자신의 쇠털 하나 뽑아가지 못한 주제에 어디를 넘보느냐고 깔본다. '해골을 햇볕에 쬐었다'는 표현에 이르러서는 그 살기에 흠칫 몸서리가 쳐지기도 한다. 결론은 분명하다. 이제 곧 북쪽을 평정하고야 말겠다는 것이다.

사실 이 편지는 당시 고려와 후백제에 함께 영향력을 행사하고 있던 중국 남쪽의 오월(吳越)이 두 나라의 화친을 권유한 편지를 받고 난 다음 써졌다. 견훤은 그 편지의 내용 일부를 인용하며, 이제 그만

자기 밑에 복속하는 것이 낫지 않겠느냐고 넌지시 타이른다. 그 말끝에 붙인 비유가 재미있다. "토끼와 사냥개가 둘 다 지치면 마침내 놀림을 받게 되고, 조개와 황새가 서로 버티다 보면 또한 웃음거리가 될 것이오."

이 글은 견훤 밑에 있던 문인 최승우(崔承祐)가 지었다고 한다. 앞서 이른 바 공격적인 말투며, 먼저 채찍을 잡았다는 진나라 맹장 조적(祖逖)과 유곤(劉琨) 사이에 있었던 일화나, 홀로 도끼를 휘둘렀다는 수나라 장수 한금호의 면모를 적절히 배치해 나가는 솜씨가 그답다.

그러나 왕건 또한 이에 질 수 없었다. 비록 싸움터에서 밀리고 있지만, 여기서마저 물러설 수 없었고, 여러모로 분위기는 자기 쪽으로 유리해지고 있다는 점을 감지하던 터였다. 여기에 격문(檄文)의 대가 최치원(崔致遠)이 나섰다.

"오월국 사신이 전한 조서 한 통을 받고, 아울러 족하께서 여러 일을 서술한 긴 글도 받았소. 화려한 수레를 탄 사신이 조서와 편지를 가져와, 좋은 소식과 아울러 족하의 가르침을 받았소. 조서를 받들어 감격이 더하긴 했지만, 화전(華牋)을 떼어보고 혐의를 씻어내기가 어려웠소. 이제 돌아가는 사신에게 부탁해 문득 괴로운 충정을 피력하겠소.

나는 위로 하늘의 뜻을 받들고 아래로 백성의 추대를 받아, 외람되나마 장수의 권위를 가지고 경륜의 모임에 참여해 왔소. 요즈음 온 나라가 액운을 만나 땅이란 땅은 나쁜 일만 생기고, 많은 백성들이 황건적에 붙은데다 논밭도 버린 땅 아닌 곳이 없으므로, 전란의 소요를 풀어 주고 나라의 재앙을 구하기 위해 먼저 선린(善隣)의 길을 취해 화친을 맺었었소. 그리하여 수천 리의 농민들이 편안히 생업에 종사하고, 7~8년 동안 군사들도 한가롭게 잠들 수 있었소. (중략) 이는 내가 남쪽 사람들에게 큰 덕을 베푼 것이오.

그런데 맹세한 피가 아직 마르기도 전에 흉포한 군사가 다시 일어날 줄이야 어찌 예상이나 했겠소. 벌과 전갈의 독소가 사람들을 해치고, 이리와 호랑이의 미친 짓이 경기 땅을 가로막아, 신라 서울을 곤궁에 몰아 넣고 왕실을 놀라게 할 줄이야 어찌 생각이나 했겠소? (중략)

나의 원한은 신라 왕이 돌아가시자 극에 달했소. 나는 해를 돌이킨 정성으로 매가 참새를 쫓듯이 달려갔으며, 개와 말 같은 충성을 펼쳐 다시 군사를 일으킨 지 두 해가 되었소. 육지에서 싸울 때엔 우레같이 내닫고 번개같이 빨랐으며, 바다에서 싸울 때엔 범같이 치고 용같이 뛰어 올랐기에, 움직이면 반드시 성공했고 일어서면 헛됨이 없었소.

윤경(尹卿)을 바닷가에서 쫓을 때에는 노획한 갑옷이 산더미처럼 쌓였고, 추조(雛造)를 성 언저리에서 사로잡을 때에는 죽어 넘어진 시체가 들판을 덮었소. 연산군 변두리에서는 길환(吉奐)을 군대 앞에서 목베었고, 마리성에서는 수오(隨晤)를 깃발 아래에서 죽였소. 임존성을 함락시키던 날에는 형적(刑積) 등 수백 명이 목숨을 잃었고, 청천현을 깨뜨릴 때에는 직심(直心) 등 너덧 명이 머리를 바쳤소. 동수에서는 깃발만 바라보고도 흩어졌고, 경산은 구슬을 머금고 투항했소. 강주는 남쪽에서 달려오고, 나부(羅府)는 서쪽에서 귀속해 왔소. 내 공격이 이와 같으니 수복이 어찌 멀겠소? (중략)

만약 족하가 오월왕의 뜻을 받들어 흉악한 병기를 모두 놓으면, 그것은 위 나라의 어진 은혜에 부합하는 일일뿐만 아니라, 동방의 끊어진 실마리를 이을 수도 있을 것이오. 그러나 허물을 알고도 고치지 않으면, 그 때 가서 후회해도 어쩔 수가 없을 것이오."

왕건이 보낸 답장은 훨씬 부드러우면서 자신의 의지를 충분히 설명하고 있다. 싸움에서도 성과가 없었던 것만이 아님을 예시해 보이고, 무엇보다 의리에 맞게 살아가고 있는 자신에게 신라 왕이 지지해 준 것처럼, 명분은 이미 결정된 것임을 강조하고 있다. 당대의 문장가들이 동원된 편지 싸움인 만큼, 중국의 고사들을 적절히 인용하면서 자기를 합리화하는 글 솜씨는 찬란하다. 어디 이만한 편지 싸움이 또 있을까 싶다.

어쨌든 이 편지 싸움을 정점으로 형세는 급격히 왕건 쪽으로 기울었다. 견훤의 부하들은 하나 둘 왕건에게 항복해 왔다. 그 중에 한 사람이 공직(龔直)이다. 그가 항복하자 견훤은 그의 두 아들과 한 딸을 잡아다, 다리의 힘줄을 불로 지져 끊어 버렸다. 배반에 대한 보복이겠으나, 그로 인해 인심만 더 사나와질 뿐이었다.

그것은 마치 초(楚) 항우(項羽)와 한(漢) 유방(劉邦)의 싸움을 보는 듯하다. 역발산 기개세(力拔山氣蓋世)라 한 항우 앞에 유방은 언제나 꼬리 감춘 쥐였으나, 민심의 향배(向背)가 그들의 운명을 가르지 않았던가?

가엾은 완산 아이

일연은 견훤의 늘그막을, 『삼국사기』에 없는 이야기 두 가지를 섞어 가며 보여 준다. 936년, 그의 나이 벌써 70세, 약관의 나이에 후백제를 세운 지도 40여 년의 세월이 흘렀다. 늙고 지친 아버지는 아들들에게 이렇게 말한다.

"늙은 아비가 신라 말년에 후백제 이름을 세운 지 이제 몇 년 되었다. 군사가 북군보다 갑절이나 되는데도 아직 승리하지 못했으니, 아마도 하늘이 고려에게 손을 빌려 준 듯하다. 북쪽의 왕에게 귀순해 목숨이나 보전하는 것이 낫지 않겠느냐?"

그러나 그 아들 신검 · 용검(龍劍) · 양검(良劍) 등 세 사람이 모두 듣지 않았다.

호랑이에게 젖을 얻어먹고 자란 용맹스런 장수도 세월 앞에서는 어쩔 수 없었던 것일까? 아니면 하늘의 명(命)을 알았다는 것일까? 그러나 이 삽화에는 사실과 부합하지 않을 것 같은 부분이 한두 가지 발견된다.

견훤에게는 자식들이 많았다. 앞서 잠시 인용한 이제의 「가기」에서는 아홉 자녀라고 하였고, 『삼국사기』에서는 열댓 명이라 하였다. 그 중 넷째 아들 금강(金剛)이 키가 크고 지략이 많아, 견훤은 그를 특별히 사랑해 왕위를 물려주려고 했다. 그렇다면 위에서 '북쪽의 왕'이란 왕건을 가리키겠는데, 일연이 따로 집어넣은 이 기록과 괴리감이 없지 않고, 연도에도 약간 문제가 있다. 어쨌건 큰아들 신검에게 왕위가 가지 않을 것임은 분명했다.

여기서 큰아들이 아버지를 절간에 가두는 반역 사건이 일어났다. 밑의 두 동생과 합작한 것이었는데, 모든 일의 계략은 이찬 능환(能奐)이 했다. 청태 2년 을미년(935년) 봄 3월의 일이었다. 견훤은 금산사 불당에 위리안치(圍籬安置)되었고, 금강은 죽임을 당했으며, 신검이 왕위에 올랐다.

일연은 다시 『삼국사기』에 없는 다음과 같은 삽화를 집어넣는다.

처음에 견훤이 잠자리에서 아직 일어나지 않았는데, 멀리 궁정에서 떠들썩한 소리가 들렸다. 견훤이 아들 신검에게 물었다.

"이게 무슨 소리냐?"

"왕께서 연로하셔서 군국 정사에 어두우시므로, 맏아들 신검이 부왕의 자리를 섭정하게 되었다고, 여러 장수들이 축하하는 소리입니다."

그러면서 신검은 견훤을 금산사 불당으로 옮기고, 파달(巴達) 등 장사 30명을 시켜 지키게 했다. 그 때 노래 하나가 유행했다.

후백제의 세력이 약화될 무렵 견훤은 아들에 의해 왕위에서 쫓겨나고, 자신의 활동 근거지였던 금산사에 갇히는 신세가 된다.(김제 금산사)

　　가엾은 완산 아이가
　　아비를 잃고 눈물 흘리네

　반역이 일어나던 당일 아침의 풍경을 그린 것이면서, 오늘날 우리가 「완산요(完山謠)」라고 부르는 노래의 출전이기도 하다.
　이 노래에서 '가엾은 완산 아이'가 뜻하는 바는 참으로 여러 가지다. 앞서 견훤을 가운데 둔 3대의 불화를 서술했지만, 완산 아이는 받아들이기에 따라 견훤일 수도 견훤의 아버지 아자개나 아들 신검 아니면 죽은 아들 금강일 수도 있다. 부자간에 벌어진 반역의 마당에 거기 가엾지 않을 이 누구이겠는가?
　짤막한 노래 하나 등장시켜, 견훤의 말년을 실감나게 그린 일연다운 솜씨를 또 한 번 느낄 수 있다.

라이벌에게 의지한 마지막 생애

반역을 당한 자는 비참하지만, 반역자가 아들인 경우엔 슬픔은 이중으로 겹쳐오고, 급기야 천륜을 팽개친 불구대천(不俱戴天)의 원수 삼기가 어디에도 없을 지경을 만들어 낸다.

악몽 같았던 봄날이 가고 한창 신록이 우거지는 초여름 4월이 왔다. 견훤은 후궁과 나이 어린 남녀 2명 그리고 시비 고비녀, 나인 능예남 등과 함께 갇혀 있었다. 술을 빚어 마시다가 감시하던 군사 30명을 취하게 만들고는 도망을 쳤다. 그리고 오랫동안 적이었던 왕건에게 더러운 목숨을 부지하러 갔다. 왕건은 그가 지닌 성품대로 부하들을 보내 맞아들였을 뿐만 아니라, 자식에게 당한 배신의 쓰라린 상처를 안고 온 이 노장이 도착하자, 자기보다 10년 위라고 해서 그를 높여 상보(尙父)라고 했다. 상보는 경순왕에게도 주었던 직함이다.

이 와중에도 살길을 찾는 이는 용케도 그 길을 간다. 그런 사람 중의 하나가 바로 견훤의 사위인 영규(英規)다. 장인이 왕건에게로 간 다음 해, 그는 슬그머니 아내에게 말하였다.

"대왕께서 40년 동안 부지런히 애써 공업을 이뤘다가, 하루아침에 집안 사람이 망치는 바람에 땅을 잃고 고려를 따르게 되었소. 대체로 깨끗한 여자는 두 지아비를 모시지 않고, 충신은 두 임금을 섬기지 않는 법이오. 만약 내가 임금을 버리고 반역한 아들을 섬긴다면, 무엇으로 천하의 의로운 선비를 보겠소? 더구나 내가 듣기로 고려의 왕공(王公)은 어질고 검소해서 민심을 얻었다고 하니, 이는 하늘이 열어준 것이라 반드시 삼한의 임금이 될 것이오. 그러니 내 어찌 글을 올려 우리 왕을 위안하고, 아울러 왕공에게도 은근한 정을 보내, 뒷날의 행복을 도모하지 않겠소?"

명분과 실리가 맞아떨어지는 지점이다. 아내는 그 말에 전적으로

뙤약볕 모래사장에서 자라난 풀잎 한 포기를 보며 견훤을 떠올린다. 아무것도 없이 의지 하나로 나라를 일으켰던 '가 없은 완산 아이'는 후백제 마흔다섯 해라는 짧은 기록만을 남기고 역사 속으로 사라진다.(부여 금강)

동의했다. 새파란 싹들이 돋아나는 초봄, 영규는 은밀히 사람을 보내 왕건에게 자신의 뜻을 전했다. 왕건은 자기에게 오는 이를 누구도 말리지 않은 사람이다. 형님으로 섬기고 누이로 높이겠다고 답장을 보냈다.

영규가 선택한 길은 곧 현실에서 이롭게 다가왔다. 그 해 늦가을 왕건은 대대적인 토벌 작전을 폈다. 이미 후백제 신검의 군사는 왕건의 적수가 되지 못하였다. 줄줄이 나와서 항복을 하고, 신검도 패해서 달아나다 황산과 탄현에 이르러 두 아우 및 능환 등 40여 명과 함께 항복했다. 왕건은 그들의 항복을 받아들였다. 다만 능환만은 "왕을 가두고 그 아들을 세운 것은 네 꾀다. 신하된 도리에 마땅히 이래야 한단 말이냐"하고 목을 베었다.

견훤이 울화가 나 등창이 생긴 것이 바로 그 때였는지 잘 모르겠다. 흔히 아들을 죽이지 못한 울분에 등창이 났다고 말하는데, 일연은 이 대목에서 "며칠 뒤 황산 절간에서 세상을 떠나니 9월 8일이었고, 나이는 78세였다 "고, 『삼국사기』에 없는 내용을 추가해 놓았다. 그 나이라면 신검이 항복하여 명실공히 고려의 천하가 시작되고도 10여 년 지난 다음이다.

그 때가 언제인들 무슨 상관이랴? 따지고 보면 자식을 원수로 여겨 죽이지 못하는 것을 분통해 하고, 치사한 목숨 부지하다 등창이 나서 제 명을 재촉한 사람의 생애다. 실제로 그 지경까지 되었을까 의아스러운 점이 없지 않지만 말이다.

신비의 왕조, 가야

인멸된 가야사

일연의 『삼국유사』에 실려 있기에 오늘날 소중한 자료로 남게 된 '베스트 3'을 꼽으라고 하면 무엇을 들겠는가? 내가 존경하는 어떤 선생님은 단군 신화 — 향가 — 가락국기 이 세 가지에다 점을 찍었다.

나는 처음과 두 번째의 자료엔 얼른 수긍하였지만 마지막 '가락국기'에는 고개가 갸우뚱해졌다. 일연이 나눈 제목만으로 『삼국유사』에는 140가지에 가까운 이야기가 실려 있다. 단군 신화야 누가 뭐라고 한들 첫손 꼽히겠으나, 향가만 해도 12개 조에 걸쳐 14편이 실려 있는 단체 경기인 데 비해, '가락국기'는 개인 종목에다 이른바 '주요 3국' 안에 끼지 못하는 나라의 간추린 역사에 불과하다. 번외 경기의 1등은 할 수 있을지언정 정식 경기의 동메달이라니, 조금 너무하다 싶었던 것이다.

그런데 왜 '가락국기'일까? 일단 표면적으로는, 지금까지 전하는 가야사에 관한 유일한 사료(史料)라는 점 때문일 것이다. 『삼국사기』에는 단편적인 소식이 신라사에 섞여 여기저기 흩어져 있을 뿐이요, 일본 쪽의 역사서에서 산견(散見)되는 자료는 일부 『삼국사기』와 중복되거나, 임나일본부설(任那日本府說)을 증명하자는 의도에서 왜곡된 듯한 인상을 주는 것뿐이다. 도대체 400년 가까이 존속된 나라의 역사치고는 철저히 외면되어 있다.

일연이 전가(傳家)의 보도(寶刀)처럼 여기는 『고기』도 사정은 마찬가지다. 그 시대의 이면사를 잘도 추려낸 이 책에서도 가야에 관한 기록은 매우 궁핍했음을, 우리는 일연의 다음과 같은 기록에서 추측해 볼 수 있다.

『고기』에서는 이렇게 말한다.
"만어산(萬魚山)은 옛 자성산(慈成山)이다. 또 아야사산(阿耶斯山)이라고도 한다. 그 곁에는 가라국(呵囉國)이 있다. 옛날, 하늘에서 알이 해변으로 내려와 사람이 되어 나라를 다스렸거니와, 그이가 바로 수로왕(首露王)이다."

「탑상」편의 '(만)어산의 부처님 모습〔魚山佛影〕' 조에 나오는 대목이다. 만어산은 지금 경상남도 밀양군에 있다. 밀양에서 낙동강을 건넌 지점 어디쯤을 가야라고 비정한 끝에, 수로왕의 신이한 탄생이 조금 언급되어 있다. 아마도 『고기』에서는 이 정도가 전부일 것이다.

그러나 가야를 그냥 건너뛸 수 없는 이유가 일연에게는 있었을 것이다. 허황옥(許黃玉)이라는, 불교의 발상지 인도로부터 멀리 시집온 여자, 이 땅에 불국토의 신성함이 서려 있다고 믿는 일연으로서 이 여자의 일거수일투족(一擧手一投足)은 소홀히 대하지 못한다. 그런 그에게 찾아든 좋은 자료가 바로 '가락국기'다.

'가락국기'는 「기이」편의 가장 마지막 조를 장식한다. 일연은 이 조의 제목에 주석을 달아, "문종 왕조 때인 대강(大康) 연간(1075~1084년)에, 금관주의 지사에게 딸린 문인이 지은 것이다"라고 설명하였다. "이제 간략하게 싣는다"는 말도 덧붙인다. 고려왕조가 시작한 지도 150여 년이나 지났고, 가야의 멸망으로부터는 더욱 먼 세월이

만어산의 너덜은 볼수록 신기하다. 집채만한 바위부터 작은 바위까지 골짜기를 따라 물 흐르는 것처럼 펼쳐졌는데, 『삼국유사』에는 이 바위들이 모두 동해 용과 물고기가 변한 것이고, 저마다 악기 소리를 냈다고 전한다. 일연도 이 곳을 방문한 소감을 『삼국유사』에 남겨 두었다. (밀양 만어산)

어렵사리 찍은 만어산 사진을 한 장만 보여 주기 아쉬워서 하나 더 싣는다. 11월에 내리는 찬비를 맞고 돌아다니려니 이빨 부딪히는 소리가 골짜기를 울릴 정도였는데, 만어산 너덜에 널린 바위 하나하나를 살펴보는 재미에 시간가는 줄 몰랐다. 이것도 그 가운데 하나로, 여린 나무 한 그루가 고래만한 바위의 배를 갈라놓았다. (밀양 만어산)

흘러 다음, 그런데도 가야의 사적을 적겠다는 사람이 있었다는 것이 지금 우리로서는 얼마나 고마운 일인지. 원 기록자는 스스로도 감격스러운 듯 이렇게 말한다.

건안 4년 기묘 (199년)에 처음 사당을 세운 다음부터, 지금 왕이 즉위한 지 31년 되는 대강(大康) 2년 병진(1076년)에 이르기까지, 무릇 878년이 지났다. 그러나 쌓아 올린 아름다운 흙이 무너지지 않았고, 그 때 심은 아름다운 나무도 말라죽지 않았다. 게다가 그 안에 벌려 놓은 수많은 옥 조각들 또한 부서지지 않았다.

당나라 때 충신 신체부(辛替否)는 이런 말을 한다.

"예로부터 지금까지 어찌 망하지 않은 나라가 있고, 무너지지 않은 무덤이 있겠는가."

그러나 가락국과 수로왕의 사당을 놓고 보라. 가락국이 옛날에 망한 것으로 보아 체부의 말이 맞았지만, 수로왕의 사당이 허물어지지 않은 것을 본다면 체부의 말도 믿지 못하겠다.

가야는 고대 한반도의 남부를 설명하는 데에 매우 중요한 열쇠를 쥐고 있다. 이 곳은 완충지였다. 신라와 백제가 그로 인해 힘의 균형을 이루었고, 일본열도에서 몰려온 또는 몰려갈 다수의 사람들에게 생활 거점이 되기도 하였다. 그런 가야의 역사가 하나도 남아 있지 않고, 오직 일연의 손에 의해 거둬들여진 이 짧은 기록 하나가 전부다.

그러기에 읽어 볼수록 중요성이 새겨지는 조가 '가락국기'다. 3등 안에 들 만하다. 일연이 수고한 김에 조금 더 넉넉히 마음을 써서, 간략히 줄이지 말고 모두 실어 주었다면 좋았을 것을, 마지막에는 그런 생각까지 든다.

다산과 풍요를 기원하는 노래 속에 내려온 왕

가야는 규모 면에서 작은 나라였다. 나라의 이름만 아니라 임금과 신하의 호칭 또한 없었으며, 다만 아홉 사람의 9간이 다스리는 100호에 7만 5,000명의 인구가 전부였다. '가락국기'의 시작과 끝은 작은 나라만큼이나 그렇게 소박하다.

이 작은 나라에 왕이 탄생하는 이야기부터 '가락국기'는 시작한다.

후한(後漢) 세조 광무제 건무(建武) 18년은 임인년(42년)인데, 3월 계욕일(禊浴日)에 그들이 살고 있는 북쪽 구지(龜旨)에서 이상한 소리가 들렸다. 마치 누군가를 부르는 것 같았다. 2~300명의 무리가 그 곳에 모여들자 사람의 말소리처럼 들렸다. 몸은 드러내지 않고 목소리 만이었다.

"여기에 사람이 있느냐?"

9간 등이 대답했다.

"우리들이 있습니다."

"내가 있는 곳이 어디냐?"

"구지봉입니다."

"하늘에서 내게 명하기를, '이 곳에 내려가 나라를 새롭게 하고 임금이 되라'고 하셨다. 그래서 이 곳에 내려왔다. 너희들은 모름지기 봉우리 위의 흙을 파면서 이렇게 노래하라.

거북아 거북아
머리를 내밀어라
내밀지 않으면
구워서 먹을 테다

이 노래를 부르면서 춤을 추어라. 그러면 곧 대왕을 맞아 기뻐 뛰게 될

「구지가」를 부르며 왕을 맞이했다는 가락국 구지봉에는 거북이와 여섯 개의 알을 조형물로 만들어 놓았으나 별로 볼품은 없다. (김해 구지봉)

것이다."

9간 등이 그 말과 같이 모두 기뻐하며 노래부르고 춤을 추었다. 얼마 뒤에 공중을 쳐다보았더니, 붉은 줄이 하늘로부터 내려와 땅에 드리워졌다. 그 줄의 끝을 찾아보았다. 붉은 보자기 속에 금합이 나타났는데, 열어보니 해같이 둥근 황금알 여섯 개가 들어 있었다. 사람들이 모두 놀라고 기뻐하며 100번이나 절을 하였다.

하늘로부터 내려온 여섯 개의 알, 이야기의 골자는 신라의 박혁거세나 김알지의 탄생을 알리는 대목과 매우 닮은, 남방계 그대로다. 다만 여기에 이색적인 것 한 가지가 노래다.

이 노래를 오늘날 우리는 「구지가」라 부른다. 이는 제정일치시대의 신을 맞이하는 의례에서 사용된 무가(巫歌)일 것이 분명하지만,

흙을 파면서 발을 구르며 불렀다는 기록에서 민요 가운데 노동요가 될 수도 있다. 자식을 많이 낳고, 농사가 잘 되는 일보다 더 중요한 것은 없다. 또한 앞서 소개한 '수로부인' 조에 나오는 「해가」와 비슷한데, 이러한 형식의 노래가 한반도의 남동해안으로부터 동해안까지 널리 퍼져 있었음을 짐작하게 한다.

노래에서는 맞이하려는 대상을 거북이로 상정하고 있다. 이 거북이는 용으로도 바꿔볼 수 있다. 상상의 동물로서 거북이는 왕왕 용의 다른 모습이거나 똑같은 역할을 한다. 분명 신성한 동물의 하나다. 그러나 존대보다는 위협을 가하면서, 심지어 구워먹겠다는 불경스런 표현을 서슴지 않는 데에서 우리 옛 노래의 특이성을 발견한다. 이것은 삶을 개척하는 매우 강한 의지나 다름없다.

이렇게 받은 알 여섯 개를 9간 중에 아도간이 집으로 가져갔다. 탑(榻) 위에 두고 사람들도 흩어졌는데, 이튿날 아침 금합을 열자 여섯 개의 알들이 헌칠한 모습의 사내아이로 바뀌는 것이었다. 불과 15일쯤 지나 사내아이들은 키가 9척이나 되어, 마치 은나라 탕왕(湯王)이나 한나라 고조 유방(劉邦)·요임금·순임금 같았다고 한다. 기록자는 중국의 좋다는 임금의 이름을 죄다 갖다 댔다.

그 가운데 처음 나타난 이를 수로(首露)라 했고, 나라 이름은 대가락 또는 가야국이라 불렀는데, 여섯 가야 가운데 하나다. 나머지 다섯 사람도 각기 찾아가 다섯 가야의 왕이 되었다.

왕의 밀월 여행은 4일간?

가야 사람들은 '질박하고 검소하게 살기를 좋아했다'고 하는데, 사실 이것은 그만큼 작은 나라가 가진 능력의 한계를 말하는 것으로 보인다. 그러나 수로왕은 어진 임금이었다. 백성들에게 부담을 지우는 무리한 토목 사업은 애초에 벌이지 않았다. 새로 궁궐을 지으면서도 농사가 한가한 틈을 기다렸다.

여기에 걸맞은 왕비가 나타난다.

왕비를 세워야 한다는 의견은 신하들이 먼저 내놓았다. 건무(建武) 24년 무신년(48년) 초가을, 9간이 자신들의 집에 있는 처녀 가운데 가장 훌륭한 아이를 골라 궁중으로 들여보내 배필을 삼자고 하였다. 그러나 수로왕은 무슨 생각에서인지 완곡하게 거절하고 있다. 하늘의 명을 받고 내려왔으니 왕비 또한 하늘의 명이 있을 것이라고만 말한다.

그러면서 9간 중에 유천간과 신귀간에게 명해 바닷가에 가서 기다려라 하였다. 왕비가 될 여인은 거기서 나타났다.

그 때였다. 바다 서남쪽으로부터, 붉은 돛을 달고 붉은 깃발을 휘날리는 배가 북쪽을 향해 왔다. 유천간 등이 먼저 섬 위에서 횃불을 들자, 사람들이 다퉈 건너와 땅에 내렸다. 그들이 달려오자, 신귀간이 바라보고 대궐로 달려가 아뢰었다. 왕이 그 이야기를 듣고 기뻐하며 9간 등을 보내, 난 꽃으로 꾸민 노며 계수나무로 만든 노를 저어서 그들을 맞아들이게 했다.

9간 등이 곧장 대궐로 모셔들이려 하자 왕후가 말했다.

"나는 그대들을 평소에 모르는데, 어찌 경솔하게 따라가겠소?"

유천간 등이 돌아가 그 말을 아뢰었다. 왕은 그렇다 생각하고, 일 맡은 관리들을 데리고 대궐에서 서남쪽으로 60보쯤 되는 곳으로 가서, 산기슭에 장막을 쳐 임시 거처를 만들고 기다렸다.

여자는 산 바깥쪽에 있는 별포(別浦) 나루에 배를 매어두고, 육지에 올라 높은 언덕에서 쉬고 있었다. 거기서 입고 있던 비단 바지를 벗어 산신령께 예물로 드렸다.

마치 한 폭의 그림 같지 않은가? 어디선지 모르는 남쪽 나라에서 찾아온 화사한 여인이다. 이육사의 시「청포도」에 나오는 하이얀 모시적삼에 담아 모셔야 할 것 같은 손님이다. 함부로 범접할 수 없는 기품을 지닌 채, 예를 갖추어 자신을 맞을 남자를 조용히 기다리며 쉬고 있다.

잘 갖춰진 예식 같은 절차가 이어진다. 여인은 왕이 있는 곳으로 차츰 가까이 갔다. 그러자 왕이 나와 맞아 함께 장막 안으로 들어갔으며, 가까이 모신 신하 이하 여러 사람들은 섬돌 아래에 나아가 왕을 뵙고 곧 물러갔다. 그리고 나서 침전에 들자 여인은 조용히 왕에게 말했다.

"저는 아유타국(阿踰陀國)의 공주입니다. 성은 허(許)이고 이름은 황옥(黃玉)이며 나이는 열여섯 살입니다. 본국에 있을 때인 올해 5월에, 부왕께서 황후와 함께 저를 돌아보며 이렇게 말씀하셨습니다.

'아비와 어미가 어젯밤 꿈에 하늘님을 함께 뵈었는데, 가락국의 임금 수로는 하늘에서 내려 왕위에 오르게 한 자이니 그야말로 신성한 사람이요, 게다가 새로 임금이 되어 아직 배필을 정하지 않았으니, 모름지기 공주를 보내 그의 배필을 삼으라고 하셨다. 말을 마치시고 하늘로 올라 가셨지. 꿈에서 깬 뒤에도 하늘님의 말씀이 귀에 사뭇 쟁쟁하구나. 너는 바로 부모를 하직하고 그 곳을 향해 가거라.'

저는 곧 바다에 떠 멀리 신선이 먹는 대추를 찾고, 하늘로 가서 신선이 먹는 복숭아를 좇으며, 하찮은 사람이 외람되게도 왕을 모시고 용안을 가까이 하게 되었습니다."

"짐은 나면서부터 자못 신성해서 공주가 멀리서 올 것을 먼저 알고 있었소. 그래서 신하들이 왕비를 들이자고 청했지만 함부로 따르지 않았소. 이제 훌륭한 이가 덤불을 헤치고 스스로 오시니 내게 큰 행운이오."

구지봉과 수로왕비 허황옥의 능은 원래 하나로 이어진 산능선이었다. 멀리서 보면 구지봉이 거북이 머리 부분이고, 수로왕비릉은 거북이 몸에 해당했다고 한다. 일제 때 구지봉과 수로왕비릉을 잘라 길을 냈는데, 지금은 길 위로 육교를 놓아 우습지만 다시 연결시켜 놓았다.(김해 수로왕비릉)

뭔가 두 사람이 앞뒤를 짜 맞춘 듯한 느낌이 드는 것도 사실이다. 왕이 처음 신부를 맞으러 나간 날이 7월 27일, 나흘을 보낸 다음 8월 1일에 궁궐로 돌아왔다고, '가락국기'는 전한다. 두 사람의 꿈같은 밀월 여행은 짧기만 하다.

바사석탑으로 풀어 보는 왕후의 정체

왕후가 들어선 다음 나라는 더욱 기틀을 잡아가게 되었다. 수로왕은 "9간 등은 모두 여러 관리들의 어른이오. 그런데 그 지위나 이름이 모두 소인이나 농부들의 칭호와 같아서 결코 귀족다운 이름이 아니오. 만일 외국 사람들이 전해 들으면 반드시 웃음거리가 될 것이오"라고 하며, 먼저 관직의 이름을 바꾸고 정비했다. 그 때의 광경을 '가락국기'는 이렇게 적고 있다.

이 때부터 나라를 다스리고 집안을 가지런히 하며 백성 사랑하기를 자식 같이 해서, 그 교화가 엄하지 않으면서도 저절로 위엄이 있고, 정치가 엄하지 않아도 저절로 다스려지게 되었다. 더욱이 왕후와 함께 거하는 것은 마치 하늘에 땅이 있고 해에 달이 있으며 양에 음이 있는 것과 같아서, 그 공로는 마치 도산(塗山)이 하(夏)나라를 돕고 당원(唐媛)이 교씨(喬氏)를 일으킨 것과 같았다.

도산은 하나라의 우임금이 제후를 만나 맹세한 곳이다. 도산씨의 딸이 우임금에게 시집을 가 도와주었다. 한편 요임금의 성은 당이다. 당원은 곧 요임금의 두 딸을 가리킨다. 두 딸은 아황과 여영, 순임금에게 시집을 가 이들의 자손이 교씨가 되었다.

도산씨나 당원 같은 허 왕후의 구체적인 공적을, 일연은 조를 달리해 소개하고 있다. 바로「탑상」편 '금관성의 바사석탑〔金官城婆娑石塔〕'조다.

왕후가 처음 자기 나라를 떠난 것이 5월, 가야까지는 두 달 반이 넘게 걸리는 먼 여행이었다. 왕후가 왕에게 그 과정을 설명할 때 빼놓은 사실 한 가지를, 일연은 여기 석탑의 유래를 설명하면서 첨가하였다.

처음, 공주가 부모의 명을 받고 바다에 나가 동쪽으로 가려던 참이었다. 파도 신의 노여움에 막혀 이겨 내지 못하고 돌아와 아버지에게 아뢰었다. 그러자 아버지는 이 탑을 싣고 가라 하였다. 과연 제대로 건너 남쪽 언덕에 와서 정박하였는데, 비단 돛에 붉은 깃발 그리고 붉은 구슬 같은 아름다운 물건이 함께 있었다. 지금 그 곳을 주포(主浦)라 한다. (중략)

탑은 네모나게 4면이요 5층인데, 조각한 모양새가 매우 기이하다. 돌에는 엷게 붉은색 반점이 있고, 바탕이 아주 부드럽다. 이 지역에서 나는 종

허황옥이 아유타국에서부터 가져왔다는 바사석탑이다. 이 탑이 험한 뱃길을 지켜 주는 영험이 있다고 여겨 뱃사람들이 탑을 조금씩 떼어 가다 보니 지금처럼 탑의 형태가 거의 남아 있지 않게 되었다고 전해진다.(김해 수로왕비릉)

류가 아니다.『본초』에 "닭 벼슬의 피를 찍어 징험한다" 함이 이것이다.

먼 뱃길을 지켜 주는 수호신으로서 석탑, 그것은 참으로 상징적이다. 우리는 인생을 항해(航海)에 비유하곤 한다. 바람과 파도 속에서, 또 때로 찬란한 태양과 밤하늘에 빛나는 별의 인도를 받으며 건너는 고해(苦海)가 있다. 그 길을 지켜 주는 석탑.

절에는 어느 곳에나 탑을 세운다. 그 탑의 의미가 여러 가지나, 절을 고해에 떠가는 배로 비유한다면 탑은 여기 왕후가 싣고 왔다는 그것과 하나도 다를 바 없다.

그런데 이 탑의 생김새와 자질이 특이하다. 네모나게 4면의 5층, 게다가 붉은색 반점을 가진 부드러운 돌로 만들어졌다고, 일연은 기록한다. 일연은 분명 이 탑을 보았다. 아마도 그의 나이 40대 중반쯤, 남해(南海)에 살았던 때였을 것이다. 지금 이 탑은 형태를 알아볼 수 없을 만큼 닳아서 없어졌는데, 일연 때는 정도가 그렇게 심하지 않았으리라. 어떻든 이 탑은 신라나 가야의 고유한 형태거나, 중국으로부터 영향 받은 북방계는 아니다.

물론 일연은 이 때 아직 불교가 들어오기 전이라는 사실을 들어, 당시에 만들어진 불탑으로서의 가능성을 약간 의심하고 있다. 역시 같은 '금관성의 바사석탑' 조에서 하는 말이다.

그러나 이 때까지도 우리 나라에는 절을 짓고 불법을 받드는 일이 없었다. 대개 불교가 이르지 않았고, 사람들이 기꺼이 믿지 않았기 때문에「본기」에도 절을 지었다는 기록이 없다. 제8대 질지왕 2년 임진년(452년)에 이르러 그 땅에 절을 지었고, 또 왕후사(王后寺)를 창건하여 지금까지 복을 빌고 있다.

여기 나온 「본기」란 '가락국기'를 말한다. 그런데 1970년대부터 가락국 허 황후의 비밀을 캐러 나선 호사가(好事家)들이 있었다. 그들이 주목한 두 가지는, 석탑의 자질을 분석하는 것과 왕후사의 불당 정면에 그려진 물고기 두 마리 그림의 근원을 캐는 것이었다. 결론적으로 말하자면, 그들은 이 두 가지가 남방계 특히 인도로부터 유래하는 돌이요 그림임을 증명해 냈다. 허 황후가 분명히 인도로부터 왔다는 것이다.

그렇다고 문제가 모두 해결된 것은 아니다. 어떤 절충론자는 인도의 아유타국이 중국의 남부 지방에 진출해 있었고, 허 황후는 여기서부터 출발한 것이 아니냐는 가설을 내놓기도 하였다. 허 황후의 바다 여행이 2개월 반 정도 걸렸다는 기록, 밀월 여행을 마친 왕과 왕후가 궁으로 들어가는데, '중국에서 가져온 여러 가지 물건들도 모두 싣고 갔다'는 기록이 그것을 증거한다는 것이다.

이 나라 최초의 국제 결혼은 그렇게 문제도 화제도 많다.

슬픈 수로왕의 그림자

왕후는 왕과 함께 150여 년을 살다가 죽었다. 서력 189년 3월 1일이라고, '가락국기'는 적었다. 나라 사람들이 마치 땅이 꺼진 것처럼 탄식하며, 구지봉 동북쪽 언덕에 장사지냈는데, 정작 가장 슬퍼한 사람은 수로왕이었다.

왕은 늘 베개 위에서 홀아비의 슬픔을 노래하며 오랫동안 탄식하였다. 결국 왕후가 죽고 꼭 10년이 지난 서력 199년 3월 23일에 죽었다.

'가락국기'의 본디 지은이는 마지막에 명(銘)을 지어 노래했거니와, 거기 이런 대목이 나온다.

수로왕릉의 문에 새겨진 두 마리의 물고기 문양이 인도 남쪽의 고유한 문양이므로 허황옥의 출신국이 인도 아유타국이 틀림없다는 주장도 있지만 확실하지는 않다.(김해 김수로왕릉)

기울지도 치우치지도 않고
오직 한결같이 정밀했네

길 가던 나그네는 길을 사양하고
농사꾼은 밭 갈기를 양보해
사방이 모두 편안해지고
모든 백성이 태평성대를 맞았네

이윽고 풀잎의 이슬이 마르는 것처럼
장수하던 나이를 보전치 못해
천지의 기운이 변해지고
조야가 모두 슬퍼했네

그 발자취 금과 같았고
그 명성 옥 소리처럼 떨쳤네

'가락국기'는 이어서 수로왕의 사당에 배향되는 제사를 소개하고 있다. 아들 거등왕부터 9대손 구형왕에 이르기까지 해마다 정월 3일과 7일, 5월 5일 그리고 월 5일과 15일이면 풍성하고도 깨끗한 제물을 차려 제사지냈는데, 대를 이어 끊어지지 않았다. 그러나 구형왕 때에 가야가 신라에 병합되고 난 다음은 사정이 달랐다. 제사는 소원해지고 사당은 폐허가 되어 갔던 것이다.

그러다가 문무왕이 이 제사를 일으켰다. 그가 왜 끊어진 제사를 이었는가? 문무왕에게 직접 들어 보자.

"짐은 가야국 수로왕의 9대손 구형왕이 본국에 항복할 때에 데려온 아들

세종(世宗)의 아들인 솔우공(率友公)의 아들 서현(舒玄) 잡간의 딸 문명황후가 낳았다. 그러므로 수로왕은 내게 15대 시조가 된다. 그가 다스리던 나라는 이미 없어졌지만 그를 장사지낸 사당은 아직 남아 있으니, 신라 종묘에 합해 계속해서 제사를 지내라."

앞서 소개한 바 김춘추와 문희의 '민족의 결혼'이 낳은 아들 문무왕. 삼국 통일을 완성한 그는 신라와 가야 두 민족간의 결합으로 태어났다. 그러기에 민족간의 결합에 의욕을 가지고 있었던 것일까? 민족간은 결합해야 하고 결합할 수 있다는 신념과 경험을 가진 그라면, 나아가 신라 — 백제 — 고구려의 세 나라를 한 나라로 만드는 데 가장 적합한 인물이었는지 모른다.

그러나 이런 이유로 김부식은 『삼국사기』에서 가야를 한반도의 고대사를 구성하는 주요 나라로 치지 않았던 것 같다. 신라의 변방으로 있다가 결국 신라에 병합된 지방 정도로 보자는 것이었으리라.

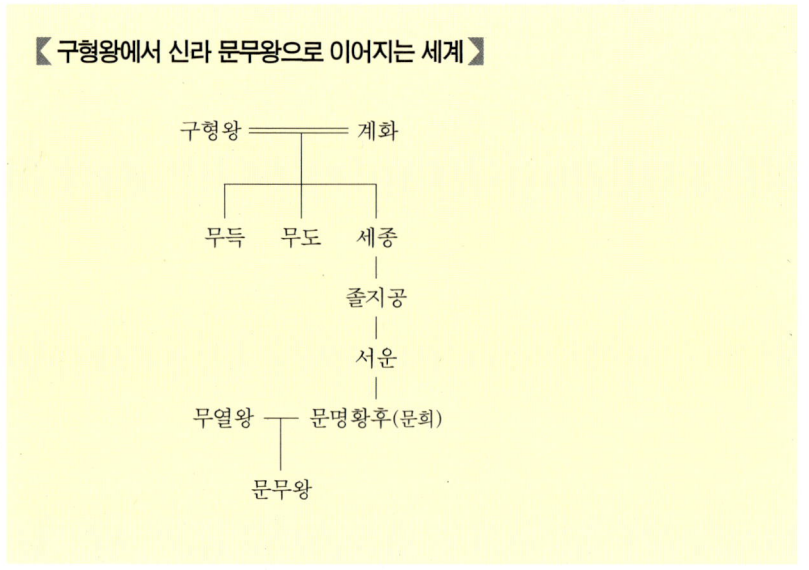

【 구형왕에서 신라 문무왕으로 이어지는 세계 】

가락국 2대 거등왕이 신선을 초대해서 바둑과 거문고를 즐겼다는 전설이 있는 김해 초선대에는 선으로 새긴 마애불이 있다. 이를 두고 어떤 사람들은 거등왕의 초상이라고 하고, 다른 사람들은 허황옥과 같이 온 장유화상의 초상이라고도 한다. 사실이야 어떻든 그 옛날 사람들 이름이 아직까지 회자되는 것만으로도 좋은 일 아닌가.(김해 초선대)

그런데 『삼국사기』에서의 가야 누락은 엉뚱한 문제를 일으켰다. 이른바 일본의 사학자들이 제기하는 임나일본부설(任那日本府說)이다. 이 시기에 가야 지방에는 왜(倭)의 식민지가 서 있었으며, 그 식민지의 이름이 임나일본부라는 것이다. 지난 20세기 전반부 40여 년 동안 한반도를 식민지 경영한 일본은 이 학설로 그들의 행위에 정당성을 부여했음은 널리 알려진 사실이다. 이런 설이 나오는 데는 이유가 있다. 섬진강과 낙동강을 경계로 그 중간 부분이 가야의 여러 왕조가 서 있었던 곳이라 하겠는데, 일본의 고대사 자료들에는 이 곳에 왜인들이 빈번히 출입한 것으로 기록되어 있고, 다른 한편 한국 쪽의 사료는 『삼국사기』에서처럼 빈약하기만 하다. 그러기에 일본의 학자들은 자기네 기록을 가지고 입맛에 맞게 해석한 것이다.

앞서 잠깐 언급했지만, 나는 섬진강과 낙동강을 경계로 하는 이 지역이 백제와 신라의 완충지였다고 본다. 거기에 서 있었던 가야국은 오랜 기간 이어졌어도 고대 왕권 국가로 발전했다고 평가하기가 미흡하고, 일찍이 일본열도 경영을 나선 백제에 비한다면 낙동강 유역을 차지하고 있었던 신라가 병합에 더 의욕적이어서 결국 그렇게 흘러갔다고 보는 것이 자연스럽겠다.

물론 왜인들이 들락날락했을 가능성 또한 충분히 있다. 완충지의 치안이 그다지 엄격하지 않았을 것이기 때문이다. 다만 그것으로 식민지 운운은 난센스다. 제 땅에 아직 제대로 된 나라도 갖추지 못하던 때에 무슨 식민지 경영이란 말인가?

사료가 부족한 쪽만 억울할 일이다. 거기서 우리는 김부식이 원망스러운 것이고, 일연에게 감사하는 것이다.

불교로 보는 역사

「흥법」 편의 성격

전반부의 「기이」 편이 끝나고 『삼국유사』의 후반부를 여는 첫 편은 「흥법(興法)」이다. 세 나라가 솟발처럼 선 다음 처음 불교가 어떻게 들어왔는가, 그리고 어떤 식으로 전개되는가를 설명한 부분이다.

전반부와 달리 여기서부터 후반부의 『삼국유사』는 완연히 불교적 성격을 띤다. 처음 불교가 전래된 일, 탑과 절을 만든 경위, 고승들의 전기 등이 누벼지는데, 일연 자신이 승려 출신이기에 그랬을까, 전반부에 비할 때 이야기도 다채로울 뿐만 아니라 인용한 책도 다양하다. 『삼국유사』의 본령이 여기로구나 싶은 마음이 저절로 들었다. 일각에서 『삼국유사』를 불교문화사라 정의 내리는 것은 바로 이런 점 때문이다.

내용도 내용이려니와 그것을 다루는 일연의 태도는 뭔가 자신감에 차 있다. 보고 들은 것과 몸소 체험한 것이 일체를 이루는 부분이기에 그랬으리라. 더 구체적인 이야기는 차차 하기로 하고 먼저 「흥법」 편의 성격부터 설명해 본다.

이 편은 모두 여섯 개 조로 이루어져 있다. 고구려 — 백제 — 신라의 순으로 불교가 처음 들어온 경위를 설명하는 조 세 개, 그리고 그 이후의 전개 과정 가운데 특이한 사례를 각각 하나씩 들어 놓은 세

개의 조가 그것이다.

숫자로만 본다면 세 나라에 공평히 배분한 것 같지만 실은 그렇지 않다. 순서대로 기술된 앞의 세 조가 끝나고 나면 후반부의 세 조는 그 무게 중심이 신라 쪽에 가 있다. 일연은 고대 삼국의 역사를 불교적 관점에서 바라보고 있다. 불교를 받아들여 어떻게 발전해 나갔는지가 나라의 흥망성쇠와 곧바로 연결된다는 생각이고, 그런 관점에서 본다면 비록 뒤늦게 불교를 받아들였으면서도 그 문화를 화려하게 꽃피운 신라가 역사의 주인공이 될 충분한 자격을 갖춘 나라라고 보는 것이다. 우리는 여기서 불교의 전래 경위만이 아니라 일연이 가진 역사 의식의 일단을 읽게 된다.

흥법은 곧 흥국(興國)이었다. 처음 불교를 받아들였으면서도 도교에 빠져 불교를 배척한 고구려는 멸망의 길을 걸었고, 우여곡절 끝에 불교의 세계에 접했으면서도 날로 번창한 신라는 그에 따라 나라도 번창해 갔다. 물론 일연은 이런 이야기를 직접적으로 쓰지는 않았다. 그러나 「흥법」 편의 여섯 가지 이야기에 숨어 있는 메시지야말로 거기서 크게 벗어나지 않는다. 나는 일단 이것을 일연이 지닌 '불교역사주의'라고 명명해 본다.

이 땅에 처음 온 승려 순도

그렇다면 이 땅에 가장 먼저 온 승려는 누구인가? 그는 바로 고구려에 불교를 전한 순도(順道)다. 이어서 아도(阿道)가 오는데, 일연은 「흥법」 편의 '순도가 고구려에 오다〔順道肇麗〕' 조에서, 『삼국사기』의 「고구려본기」를 인용해 순도와 아도를 소개하고 있다.

소수림왕이 즉위한 지 2년 되는 임신년(372년)은 곧 동진(東晉)의 함안(咸安) 2년으로 효무제(孝武帝)가 즉위한 해이다. 전진(前秦)의 부견(符堅)

모두 9개 편으로 이루어진 『삼국유사』 후반부는 「흥법」 편으로부터 시작한다. 삼국의 불교 전래 과정을 짧게 기록한 것인데, 불교를 받아들여 나름대로 잘 발전시킨 신라가 가장 흥할 수밖에 없었다는 점을, 일연은 이 편의 바탕에 깔고 있다. (경주 황오동)

이 사신과 승려 순도를 보내 불상과 경전을 보내왔다. 또 4년 갑술년(374년)에 아도가 진(晉)나라에서 왔다. 다음 해 을해년(375년) 2월에 초문사(肖門寺)를 짓고 그 곳에 순도가 있게 하였으며, 이불란사(伊弗蘭寺)를 짓고 그 곳에 아도가 있게 하였다. 이것이 고구려에서 불교가 비롯된 바이다.

일연은 『삼국사기』의 소수림왕 2년에서 5년까지 기록된 사실 가운데 불교 관계 기사만을 따로 떼 내어 이렇게 적고 있다.

그러면서 "승전(僧傳)에서 '두 사람이 위(魏)나라에서 왔다' 라고 한 것은 잘못이다. 실은 전진에서 온 것이다. 또 말하기를 '초문사는 지금의 흥국사이고, 이불란사는 지금의 흥복사' 라 한 것도 잘못이다"고 하여, 승전의 기록에서 잘못된 것을 『삼국사기』를 토대로 고쳐 놓고 있다.

당시 중국은 남북조시대이고, 북조는 5호 16국이 번갈아 세력을 잡고 있었다. 372년 무렵에는 전진이 장안(長安)을 수도로 삼아 바야흐로 세력을 떨치기 시작한 때였으므로, 일연이 『삼국사기』 쪽에 손을 들어 준 것은 옳다. 나아가 초문사와 이불란사의 위치를 비정(批正)하면서,

고구려시대를 살펴보자. 안시성, 다른 이름으로 안정홀(安丁忽)에 도읍을 정하였는데, 요수(遼水)의 북쪽에 있었다. 요수는 다른 이름으로 압록이고, 지금은 안민강이라고 한다. 어찌 개성의 흥국사를 이르는 것이겠는가?

고 한 것도 정확하다고 보인다. 일연의 역사서 편찬의 솜씨가 드러나는 대목이다.

어쨌거나 서기 372년은 이 땅에 처음 승려가 이른 해로, 초문사와 이불란사는 처음 만들어진 절로 특별히 기록될 만하다.

이 기록으로 놓고 보건대 고구려는 불교를 그다지 거부감 없이 받아들인 것 같다. 잠시 뒤에 소개할 신라와 비교한다면 커다란 차이를 보인다. 어떤 이유로 그랬을까? 그것은 아마도 고구려가 지닌 대륙적 기질에 바탕을 둔 것이 아닌가 한다. 고구려라고 해서 민간 신앙이 없었을 리 없고, 4세기 후반에 이르면 그것이 나름대로 뿌리깊게 자리잡고 있었을 법도 하다. 그러나 대륙과 연결된 큰 나라를 경영하는 고구려라면 어떤 새로운 종교가 들어오는 것을 굳이 막거나 감시할 만큼 자잘하지는 않았으리라.

나중 고구려가 도교를 받아들이는 것도 같은 입장에서 설명할 수 있다. 불교를 받아들였는데 도교라고 그러지 말라는 법 없고, 그것이 고구려 사회의 다양성을 형성하는 쪽으로 발전해 나갔을망정, 멸망의 빌미가 되리라고 보기는 어렵다. 비록 일연은 불교적 입장에서 이렇게 생각하지 않았지만 말이다.

백제에 이른 마라난타

고구려에 첫 승려가 온 지 꼭 12년 뒤, 백제에도 중국의 승려 마라난타(摩羅難陀)가 불교를 전하러 온다. 이 재미있는 이름의 뜻을 일연은 동학(童學)이라 풀어 놓고 있다. 그러나 백제에의 불교 전파에 대한 사실적 기록 또한 일연은 「흥법」편의 '마라난타가 백제 불교를 열다〔難陀濟闢〕' 조에 『삼국사기』를 빌려 적었다.

제15대 침류왕이 즉위한 갑신년(384년)에, 서역의 승려 마라난타가 진(晉)나라에서 왔다. 예의를 갖추어 궁중으로 맞아들여 머물게 했다. 다음 해인 을유년에 새 도읍지인 한산주에 절을 짓고 승려 열 사람에게 불교를 가르쳤다. 이것이 백제에서 불교가 비롯된 바이다.

공주에 있는 갑사는 백제에 불교를 전한 마라난타가 세운 절로 전해온다. 갑사로 올라가는 큰 길 오른쪽으로 난 샛길로 5분 정도 올라가면 당간과 당간지주가 거의 제모습으로 남아 있다. 절에서 큰 행사를 할 때 깃발을 걸던 당간은 요즘은 좀처럼 보기 힘들고, 당간지주만 남아 있는 것이 보통이다.(공주 갑사)

    5호 16국의 북쪽에 자리잡고 있던 전진과는 달리 백제에는 가장 남쪽의 진나라로부터 불교가 왔다. 이 같은 사실은 이후 백제 불교의 성격을 말하는 데 무척 중요하다. 백제에는 바다를 건너 중국 남방계의 불교가 이어지는데, 특히 법화 신앙(法華信仰)의 흐름은 이것을 타고 한층 뚜렷해진다.
    전해오는 이야기에 따르면 마라난타가 입국한 바닷가는 지금의 전라남도 영광의 어디쯤이라고 한다. 굴비로 유명한 법성포 항구를 끼고 나지막한 산들이 늘어서 있거니와, 거기 어디쯤에 마라난타는 첫 여장을 풀었다. 계룡산에서 유명한 절인 갑사(甲寺)는 마라난타가 창건했다고 전해진다. 법성포에서 한산주로 올라가는 여정에 그는 자신의 발자취를 절을 짓는 것으로 남긴 것일까?
    마라난타의 입국을 알리는 이 간단한 기사에서 고구려와 달리 눈

철당간에서 위쪽으로 조금 올라가면 돌계단을 올라 대적전(大寂殿)이 있다. 이 자리가 원래 갑사 금당이 있던 자리다.(공주 갑사)

에 띄는 것이 있다. 바로 열 명의 승려를 가르쳤다는 점이다. 기록에 없을 뿐 고구려에서도 사정은 같았겠으나, 이렇듯 명백히 이 땅의 첫 승려를 알려 주는 기사는 따로 없다. 거기에다 일연은 어디서 보았는지 모르지만, "또 아신왕이 즉위한 대원(大元) 17년(392년) 2월에 불교를 잘 믿어 복을 얻도록 하였다"는 기록을 추가하고 있다. 고구려보다는 뭔가 한 발 앞서나가는 느낌이다.

상상력, 사실 이상의 사실

그런데 고구려와 백제의 불교 포교를 적은 다음이 『삼국유사』에서는 더 중요하다. 본문은 간단할 뿐만 아니라 『삼국사기』에 전적으로 의존하고 있다. 하지만 일연은 여기서 그치지 않았다는 것이다. 찬(讚)이라고 하는, 『삼국유사』의 후반부를 장식하는 아름다운 시들이 드디어 나타나기 시작하는데, 바로 그 처음이 먼 길을 걸어 또는 세찬 바다를 헤치고 이 땅에 이른 순례자들을 위해 바치는 헌시(獻詩)다.

물론『삼국유사』에서 찬은「기이」편 '하늘이 내려준 옥대〔天賜玉帶〕' 조에 이미 한 편이 나와 있다. 진평왕의 이야기인데, 신라의 전성기를 열어갈 첫 왕인 진평에게 하늘이 준 옥대는 신라를 지키는 세 가지 보배 가운데 하나가 되었다. 이를 두고 쓴 일연의 시가 있는 것이다.

그러나「기이」편의 이 시는 어쩐지 돌출적으로 나온 느낌을 감출 수 없다.「기이」편에서는 단지 이 한 수밖에 보이지 않고,『삼국유사』의 각 편목이 편찬된 선후 관계가 어떻게 되는지는 몰라도, 연대순으로 본다면 진평왕 때의 이야기에 붙은 시를 굳이 일연이 쓴 첫 시라 말하고 싶지 않다. 이것은 어디까지나 내 느낌이다.

다만 불교가 처음 전래된 이 경이로운 사건을 두고, 정작 승려인 일연 자신은『삼국사기』의 기록만 옮겨다 놓기가 못내 아쉬웠을 것이다. 여기서 찬을 생각했다. 이것만은 분명하다. 그는『삼국사기』가 전해 주는 역사적 사실 이상의 것을 바라보고 있다. 사실 이상의 것이란 물론 상상이다. 그러기에 시의 형식을 택했다. 그러나 상상은 시간이라든가 구조라든가 어떤 기제(機制)에 실릴 경우 사실 이상의 사실이 된다. 한 덩어리의 이야기는 사실 이상의 사실이 넘어간 그 어디쯤에서 완성된다. 이런 생각을『삼국유사』전체로 확대시켜도 좋다.

고구려에 처음 불교가 전래된 것을,『삼국사기』에서 인용하고 난 다음에 쓴 찬을 보자.

鴨綠春深渚草鮮 압록강 봄 깊어 풀빛 고웁고
白沙鷗鷺等閑眠 백사장 갈매기 한가히 조는데

忽驚柔櫓一聲遠 노 젓는 소리에 깜짝 놀라 멀리 날으네

何處漁舟客到烟 어느 곳 고깃밴지, 안개 속에 이른 손님.

    7언 절구의 전형적인 형식으로 쓰여진 이 찬은 그래서 그냥 한 수의 한시다. 이는『삼국유사』에 실린 48편의 찬이, 일부 압운(押韻)에서 약간의 문제가 있다는 점만 제외하면, 모두 마찬가지다. 이런 한시는 대부분 앞의 1·2행이 풍경 묘사로, 뒤의 3·4행이 느낌이나 해석으로 이뤄진다.

    1·2행은 고요한 봄 풍경이다. 그것은 곧 문명이 전해지기 이전의 미명 상태요, 역사의 발전 단계로 치면 이제 시작을 알리는 처음이다. 굳이 계절을 봄으로 설정한 것 또한 같은 뜻이리라. 이 때 3행에서 노 젓는 소리와 갈매기의 비상은 고요함을 깨뜨리는 파각(破殼)이다. 새로운 세계가 열린다는 징조이며 신호. 신호의 주인공은 바로 배를 타고 오는 손님인데, 본문 기록대로라면, 그는 곧 고구려에 불교를 처음 전한 순도다. 4행에서 그렇게 암시하듯 끝을 맺었다.

    다시 한번 보자. 1행의 봄 깊어 풀빛 고운 강가는 어떤 분위기가 무르익었다는 정적 표현이다. 이런 정적인 면은 2행까지 이어진다. 원문에서 구(鷗, 갈매기)와 로(鷺, 왜가리) 모두 한가히 졸고 있다. 그러다가 3·4행에 이르면 시의 분위기는 동적으로 바뀐다. 홀연히 노 젓는 소리가 들리고 고깃배가 다가온다. 이 때 한가히 졸던 갈매기와 왜가리들이 놀라 깨어 일제히 비상했으리라는 것은 원시에서 '경(驚)'자의 쓰임으로 보아 상상이 가능하다. 이것은 매우 완만하면서도 일순간에 벌어지는 깨달음처럼 극적이다.

    한 소리가 멀리서부터 들려오고, 고깃배가 안개 속에서 가물가물 나타나는데, 시초는 그처럼 신비롭고 엄숙했다는 시적 표현이면서, 놀라서 나는 갈매기와 왜가리는 거기로부터 터져 나오는 돈오(頓悟)와도 같다. 동(動)과 정(靜), 상승과 하강이 잘 조화된 탁월한 시편이다.

이 시를 이렇게 해설해 놓고 나면 여러 가지 새로운 사실들이 담겨 있음을 알게 된다. 순도가 전진으로부터 오기는 왔으되, 어느 철에 어디를 통해 어떻게 왔는가는, 『삼국사기』에도 그것을 인용한 『삼국유사』의 본문에도 없다. 일연은 그것을 봄빛이 완연한 압록강이며, 고기 잡는 배를 빌려 타고 건넜다고 노래한다. 물론 상상이다. 이 같은 시적 상상은 그 선연한 형상력의 도움을 받아 우리를 사실 이상의 사실 어디로 데려가고 있다.

순례자의 길은 외교 사절의 화려한 행차가 아니다. 무기를 쥔 군대의 살벌한 행진도 아니며, 이익에 혈안된 장사꾼들의 잰걸음도 아니다. 어떤 깨달음의 숭고한 사명이 조용히 깃든, 세계와 인간이 하나되어 마침내 그 비밀에 눈뜨고야 말 두근거리는 첫 발자국이다.

시가 주는 상상력 이상의 사실은 백제의 마라난타에게도 이어진다. 지면 관계상 여기서는 생략한다.

큰 나무의 인고

신라는 앞선 두 나라에 비해 불교를 만만히 받아들이지 않았다. 어쩌면 우람한 줄기에 무성한 가지를 뻗는 나무는 쉽게 뿌리내리지 못하는지 모른다. 그렇듯 신라에 불교가 자리잡기까지는 말도 많고 탈도 많았다.

게다가 전해진 시기나 전한 사람의 이름마저도 기록마다 제각각이다. 일연은 그같이 복잡한 사정을 「흥법」편의 '아도가 신라 불교의 기초를 놓다〔阿道基羅〕' 조에서 하나하나 정리해 주고 있다. 그러기에 고구려와 백제 쪽에 비하면 글도 길어졌다.

이 조는 대충 묵호자의 이야기 — 아도의 이야기 — 일연의 정리, 이렇게 세 단계의 이야기로 전개된다.

먼저 묵호자(墨胡子)의 이야기다. 이는 『삼국사기』의 「신라본기」에서 인용하였다. 눌지왕(417~457년) 때 묵호자가 고구려로부터 신라의 일선군(一善郡)에 사는 모례(毛禮)의 집에 온다. 얼마 후 양(梁)나라에서 신라 조정으로 의복과 향을 보내오는데, 오직 묵호자만 그것을 알아보고, 공주의 병도 치료한다. 훗날 비처왕(479~499년) 때 아도가 시중드는 사람 셋을 데리고 모례의 집에 찾아왔다. 그 모습이 묵호자와 비슷했다.

다음은 아도(我道)의 이야기다. 이는 「아도본비(我道本碑)」에서 인용하였다. 아도는 고구려 사람인데 그 어머니는 고도녕(高道寧)이라 했다. 5세 때 어머니의 명령을 좇아 출가하고, 16세 때 위(魏) 나라의 현창화상(玄彰和尙)에게서 가르침을 받았다. 19세 때 돌아오자 어머니는 불교의 인연이 있는 신라로 가라고 했다. 미추왕 즉위 2년 계미(263년)였다. 그러나 막상 신라의 사정은 달랐다. 세상에서 일찍이 보지 못하던 것이라 하여 불교를 꺼리고, 심지어 아도를 죽이려 했다. 그는 속선현(續善縣) 모록(毛祿)의 집에 숨었다. 공주가 큰 병에 걸려 일어나지 못하자 아도가 나가 낫게 한다. 왕은 기뻐서 그에게 소원하는 바를 묻게 되는데, 그는 단지 천경림(天境林)에 절 하나 짓기가 소원이라고 말한다. 얼마 후 왕이 죽자 사정은 다시 원상태로 돌아가고 만다.

마지막으로 일연의 정리다. 일연은 이 두 기록 사이에 차이가 많음을 지적하고 의론을 시작한다. 불교가 삼국에 전파된 시기는 앞선 두 조의 기록을 신빙한다. 그러므로 아도가 비처왕 때 왔다든가, 미추왕 때 왔다든가 하는 것은 이치에 어긋난다. 비처왕 때라면 아도가 고구려에서 100년 이상을 산 다음이라야 가능하고, 미추왕 때라면 이는 고구려 불교 전파보다 100여 년을 앞서게 된다. 불교 전파가 고구려 — 백제 — 신라의 순이 정상임을 감안할 때 불가능한 일이다. 그래서 일연은 신라에 불교가 처음 소개된 시기를 눌지왕 때로 잡고 있다. 묵호자 이야기에 나오는 연대다.

그렇다면 묵호자는 누구인가? 일연은 이를 아도의 별명으로 보고 있다. 결국 아도는 374년에 고구려에 왔다가 3, 40년 뒤 신라까지 이르렀다는 말이 된다.

문제는 아도의 최후다. 고구려와 백제의 불교 전래와 가장 다른 부분이 여기 있다. 그 대목을 본문으로 읽어 보자.

때마침 성국공주가 병에 걸렸으나 무의(巫醫)가 고치질 못하자 사방으로 사신을 보내 의사를 찾았다. 스님은 스스럼없이 대궐로 나아가 그 병을 깨끗이 고쳐냈다. 미추왕은 매우 기뻐하며 바라는 바가 무엇인지 물었다.

"하찮은 중은 아무것도 얻고자 하는 것이 없습니다. 다만 바라건대 천경림에 절을 지어 불교를 크게 일으키고, 나라를 위해 복을 빌고자 할 따름입니다."

왕은 허락하였다. 명령을 내려 공사를 시작하였는데, 당시 풍속이 질박하고 검소하여 띠를 엮어 집을 세우고 살면서 가르쳤다. 때때로 하늘에서 꽃이 땅에 내리기도 하였다. 이름은 흥륜사(興輪寺)이다. 모록의 누이 이름은 사씨(史氏)인데, 스님에게 와서 비구니가 되었다. 삼천지에도 절을 짓고 살았다. 이름은 영흥사(永興寺)이다.

미추왕이 세상을 뜨자 나라안의 사람들이 아도를 해치려고 하였다. 스님은 모록의 집으로 돌아와 손수 무덤을 만들고 문을 닫고 자결했다. 다시 나타나지 않게 되자, 이 때문에 불교도 없어져 버렸다.

종교를 처음 전할 때 의술이 따라다닌 것은 동서의 고금을 두고 다르지 않은 모양이다. 이 대목에서 우선 그 점이 눈에 띤다. 하늘에서 꽃이 내렸다거나 처음 지은 절의 이름이 흥륜사라거나, 이 짧은 기록

"금교에 눈 덮여 아니 녹으니 / 계림의 봄빛은 아직도 먼데 / 영리한 봄의 신(神) 재주도 많아 / 모례네 집 매화꽃에 먼저 피었네."

에 불교사적으로 보면 적지 않은 중요한 사실이 포함되어 있지만, 우리가 참으로 놀라마지 않을 대목은 그런 아도가 마지막에 자결을 택했다는 것이다. 그 대목 다음에 일연은, 고구려와 백제에서 '이것이 불교의 처음이다'라고 썼던 자리에, '불교도 없어져 버렸다'고 비통히 마감하고 있다.

신라 불교는 처음부터 순교자를 부르고 있었다. 그리고 그 순교의 전통은 면면하다. 이로부터 뒷날 100여 년이 흐른 다음, 법흥왕이 불교를 세우자했을 때도 이차돈의 순교를 필요로 하지 않았던가? 불교의 큰 나무, 신라의 인고는 만만치 않았다.

완고한 신라 사회 속에 뿌린 불교의 씨
따지고 보면 아도의 신라 전도는 불발탄이었다. 그러기에 일연도 제목을 정하면서 '…기초를 놓다'라고 했는지 모른다. 그렇다면 무슨 기초를 놓았단 말인가? 그것은 모례라는 신도다.

모례는 모록이라고도 하였다. 고구려와 백제의 이야기에는 단지 승려만이 등장하는 것과 달리, 신라의 이 이야기에서 평신도인 여자의 존재는 이채롭다. 일연은 찬에서 바로 이 모례에게 주목하고 있다. 앞의 고구려와 백제에서 불교를 전한 당사자가 주인공이 되어 있는 것과 다른 점이다.

雪擁金橋凍不開 금교에 눈 덮여 아니 녹으니
鷄林春色未全廻 계림의 봄빛은 아직도 먼데
可怜靑帝多才思 영리한 봄의 신(神) 재주도 많아
先著毛郎宅裏梅 모례네 집 매화꽃에 먼저 피었네.

금교는 아도가 미추왕의 허락을 받아 첫 절을 지은 천경림에 있는

다리다. 이 곳이 눈에 덮여 풀리지 않았다는 1행의 표현은, 신라에 불교가 심어지기에 아직 분위기가 무르익지 못했음을 말한다. 게다가 봄빛이 아직 완연히 돌지 않았다는 2행의 표현이 이를 뒷받침해 준다. 압록의 봄 깊어 풀빛마다 곱다는 고구려의 시에서와는 분위기가 사뭇 다르다.

그러나 이런 암울한 상황에서도 희망은 있다. 그것은 3행 '봄의 신〔青帝〕'이 상징하는 바이니, 언젠가 오고야 말 그분은 어여쁘시고 재주도 많으시다. 추운 겨울은 언제까지 지속되는 것은 아니며, 자연의 이치에 따라 봄이 오듯이, 신라 땅에도 봄은 찾아오리라. 4행은 이를 극적으로 표현하고 있다. 모례의 집 매화나무에 먼저 도착한 봄이 있다는 것이다.

봄빛이 아직 두루 돌지 못했을 때 매화는 핀다. 이런 자연의 섭리는 곧 인간 세계의 그것으로 원용되고 있다. 눈 덮인 땅에 봄빛은 돌지 않았지만, 매화꽃과 같은 존재로 모례는 등장한다. 신불(信佛)이 생명을 걸어야 할 만큼 위험스런 상황에서 꿋꿋한 믿음을 지킨 그녀다. 이는 고구려나 백제에서 볼 수 없는 신라 불교의 독특한 면이면서, 완고한 신라 사회에 뿌린 불교의 첫 씨앗이었다.

순교의 흰 꽃 이차돈

법흥왕 이전에 불교는 없었는가

신라에 불교가 전파된 시기는 다른 두 나라에 비해 확실히 늦었다. 그러나 법흥왕(514~539년) 때에 와서야 비로소 불교가 들어왔다는 것은 좀더 따져 보아야 할 일이다. 그것은 전파와 공인(公認)의 차이를 그냥 지나쳐 버린 말이다.

이른 시기, 신라에 불교가 전파된 사실은 앞서 아도의 일로 얼마든지 증명된다. 비록 불발에 그치고 말았다 할지라도, 그 뿌려진 씨앗이 아주 말라 버리지는 않았다는 것이다. 일연은 그 시기를 의심했지만, 『삼국사기』에서 비처왕(479~499년) 때 아도가 이르자 시중드는 세 사람이 있었으며, 이따금 불교를 믿는 사람이 생겼다는 기록을 유심히 읽어야 한다. 많은 사람에게 퍼지지 않았으며, 나라에서 인정하지도 않는데, 민간에서는 조심스럽게 신불(信佛)의 분위기가 만들어져 가고 있었던 것이다.

좀더 분명한 증거는 『삼국유사』 안의 다른 데서 찾아 볼 수 있다. 「기이」편의 '거문고의 갑을 쏘라〔射琴匣〕' 조에 나오는 '내전(內殿)의 분수승(焚修僧)'이라는 존재다. 바로 아도가 왔다는 비처왕 때의 일이다.

내전은 왕비를 비롯한 궁궐의 여인네들이 거처하는 장소일 것이고, 분수승은 내전에 만들어진 불당의 향불을 피우고 관리하는 승려인 듯하다. 이로 본다면 여인네들이 먼저 불교에 적극적이었으며, 거기에 어떤 형태로나마 승려가 존재했음을 짐작하게 한다.

그런데 이 승려가 내전의 궁주(宮主)와 간통을 하다 죽임을 당한 사건이 위 조의 내용이다. 용서받지 못할 짓을 저지른 것은 사실이나, 정말로 그랬는지 의심스러운 한편, 안팎으로 늘어나는 신불의 분위기를 꺾기 위한 어떤 모략이 끼여들었을 가능성도 떠올릴 수 있다. 이른바 찬물 끼얹기 식의 훼방인 것이다. 불교에 대한 노골적인 적개심이라 하겠는데, 그렇다면 역으로 비처왕 때에 이르러 신라 사회에 퍼진 불교가 이미 만만치 않았음을 알 수 있다.

비처왕 다음은 지증왕이고 그 다음이 법흥왕이다. 그러나 비처왕과 법흥왕 사이가 불과 15년이다. 아마도 법흥왕의 불교 공인은 전적으로 그 개인의 신심(信心)에서 나온 것만은 아닐 터였다. 공인하지 않을 수 없는 분위기도 한몫 거들지 않았을까?

이차돈에 대한 일연의 관심

『삼국유사』의 후반부를 여는「흥법」편이 세 나라의 불교 전래를 나란히 소개하고, 그 이후의 전개 과정을 한 가지씩 덧붙여 이루어졌다는 설명은 이미 앞에서 언급했다. 이제 그 전개 과정에 속하는 세 이야기를 설명할 차례다.

불교 전래는 앞서고 뒤서는 순서에 따라 고구려 ― 백제 ― 신라로 이어지지만, 이후의 전개 과정은 거꾸로 되어 있다. 곧 신라를 먼저 그리고 백제와 고구려의 순이다. 이는 일연의 의도가 분명히 드러나는 매우 흥미로운 점이다. 전래된 순서야 이미 정해진 터여서 마음대로 바꿀 수 없지만, 그 다음의 일은 중요성에 따라 조정할 수 있으므로, 거기에 편찬자로서 일연의 의지가 반영된 것이다.

일연은 삼국의 역사에서 신라를 중심에 두었다. 왜 그랬는지 그 기준은 『삼국사기』와 비슷할 터이나, 한 가지 추가한다면 불교역사주의적 의식이 작용했다는 점도 앞서 지적했다. 신라의 불교는 신라 한 나라에만 그치지 않는 한국 불교의 화두다. 한국 불교라는 강물은 신라에서 물꼬를 터서 흘러 나왔다. 일연은 그 점을 중시하지 않을 수 없었을 것이다.

그렇게 물꼬를 튼 처음 사건, 이차돈의 순교는 그래서 일연의 관심을 사기에 족했다. 순교는 어떤 의미를 따지기에 앞서 순교 자체로 성스럽다. 거기에 신라 불교의 공인 그리고 한국 불교의 본격적인 출발이라는 의미를 보탠다면 더 이상의 군더더기 말이 필요하지 않다. 그런 이차돈을 일연은 어떻게 다루었는가?

이차돈의 순교는 '원종은 불교를 일으키고 염촉은 몸을 바치다〔原宗興法厭觸滅身〕' 조에서 다루고 있다. 원종은 법흥왕을 가리키고, 염촉은 이차돈의 다른 이름이다. 제목에서 원종을 앞세워 그가 '흥법'의 주인공인 듯하였지만, 역시 중심은 염촉 곧 이차돈에 가 있다.

이 조는 크게 『삼국사기』를 인용한 서론, 「촉향분예불결사문(髑香墳禮佛結社文)」을 인용한 본론, 「향전(鄕傳)」 등을 인용한 마무리, 이렇게 세 단락으로 이루어진다.

일연은 첫 단락에서 『삼국사기』의 인용을 극도로 제한하였다. 사실 『삼국사기』의 본문에서 이차돈의 순교는 꽤 자세히 쓰여져 있다. 거기에는 김대문의 「계림잡전(鷄林雜傳)」을 인용하였다고 밝혔는데, 이야기의 전체적인 흐름으로 보아 매우 정연히 쓰였음에도 불구하고, 왜 일연은 이 자료에 적극적이지 않았을까? 더욱이 인용한 부분마저 '법흥대왕이 즉위한 지 14년 되던 해'라고 해서, 『삼국사기』가 5년이라고 밝힌 것과 다르다.

거기에는 대체로 두 가지 이유가 있는 듯하다. 역사적 객관성에 근

"이차돈의 머리를 베었더니 흰 젖이 솟아나 한 길이나 되었다." 이차돈을 기리기 위해 세운 백률사의 종에 있는 그림이다. 이차돈이 순교할 당시의 모습을 묘사한 이 그림은 백률사에서 발견된 육각 기둥 모양의 '이차돈 순교비'에 있던 그림을 인용한 것이다. (경주 백률사)

거한다는 『삼국사기』의 기술이 마음에 차지 않았다는 점. 이에 비해 「촉향분예불결사문」이 너무나 극적으로 순교의 상황을 묘사했다는 점이다. 일연은 '인도에서 달마가 금릉(金陵)에 온 해', '낭지(朗智) 법사도 비로소 영취산에 머물며 법문을 연 해'라고 덧붙이면서, '불교의 큰 가르침이 반드시 멀고 가까운 데에서 서로 통하여 여기에 하나를 이루었음을 알 만하다'고까지, 들뜨다시피 흥분해서 의미 부여를 하고 있다. 그런 그의 눈에 『삼국사기』의 기술은 너무나 메말라 보였던 것일까?

순교자의 마음

순교의 동기나 과정은 그다지 다르지 않되 『삼국사기』와 「촉향분예불결사문」이 그리는 이차돈의 모습은 조그만 차이에서 비롯되어 뒤로 갈수록 커지기만 한다. 「촉향분예불결사문」은 817년 8월 5일에 남간사(南澗寺)의 승려 일념(一念)이 지었다고 하며, 일연은 이를 '대략 옮긴다'고 말한다. 전문이 아닌 점 유감스러우나 아마도 거의 전문에 가깝지 않은가 싶다.

특히 이 가운데 법흥왕이 불교 공인을 뜻하고 고민하는데, 그것을 알아 챈 이차돈이 왕을 찾아 이야기를 나누는 대목은 그야말로 압권이다. 이차돈은 그 때 나이 스물둘로, 사인(舍人)이라는 낮은 자리에 있었다.

"신은 듣건대. 옛 사람들은 나무꾼에게도 대책을 물었다 합니다. 바라건대 외람되이 죄를 무릅쓰고라도 말씀을 올릴까 합니다."

"사인이 할 만한 일이 아니다."

"나라를 위해 몸을 버림이 큰 절개요, 임금을 위해 목숨을 다함이 백성의 곧은 의리입니다. 그릇되게 말씀을 전했다 하여 신에게 목을 베는 형벌을

「촉향분예불결사문」을 지은 승려 일념이 있었던 남간사 터는 나정에서 남산쪽으로 5분 정도 걸어 올라가면 있다. 논 중간에 당간지주가 하나 남아 있고, 그 위로는 작은 저수지가 있다. (경주 남간사 터)

주시면, 온 백성이 모두 복종하고 감히 명령을 어기지 못할 것입니다."

"살을 베어 저울로 달아서라도 새 한 마리를 살릴 것이요, 피를 뿌려 목숨을 재촉할지라도 일곱 마리 짐승을 불쌍히 여길 것이다. 내 뜻이 남을 이롭게 하는 데 있는데, 어찌 죄 없는 이를 죽이리요. 네가 비록 공덕을 쌓고자 하나 내가 죄를 피하는 게 낫지."

"뭐라 해도 제 목숨만큼 버리기 어려운 것은 없을 것입니다. 그러나 제가 저녁에 죽어 커다란 가르침이 아침에 행해지면, 부처님의 날이 다시 설 것이요, 임금께서 길이 평안하시리다."

"난새와 봉새의 새끼는 어려서도 하늘을 솟구칠 마음을 가지고, 기러기와 고니의 새끼는 나면서도 파도를 헤쳐 나갈 기세를 품는다 했지. 네가 이와 같구나. 큰선비의 행실이라 할 만하도다."

이미 몸을 버리기로 한 순교자의 절개는 눈물겹거니와, 이를 말리는 왕의 애정 또한 깊다. '살을 베어 저울로 단다'는 말에는 다음과 같은 고사가 있다. 시비왕(尸毗王)이 고행을 할 때였다. 메추라기가 매에게 쫓겨 시비왕의 품으로 들어왔다. 왕은 메추라기도 살려야겠고 매도 굶길 수 없으므로, 자기 살을 메추라기의 몸만큼 베어서 저울에 달아 매에게 먹였다. 정녕 법흥왕의 마음이 그랬을 것이다.

그런데 여기서 이차돈이 무엇을 잘못해 목을 베는 형벌을 받게 된다는 것인지 분명하지 않다. '그릇되게 말씀을 전했다'는 그 구체적인 내용은 무엇일까? 이 대목에서『삼국사기』와 차이가 난다.『삼국사기』에서는 불교를 받아들이자 주장하는 이차돈과 그에 반대하는 다른 신하들 사이에 언쟁이 벌어지는데, 법흥왕이 할 수 없이 이차돈에게 형벌을 주는 쪽으로 결론 내린다고 적었다. 그러나「촉향분예불결사문」의 위 대목과 다음 대목을 가만히 읽어 보면 사정이 다르다.

이에 왕은 짐짓 위의를 갖추고, 동서로는 풍도(風刀)를, 남북으로는 상장(霜仗)을 벌려 놓고, 여러 신하들을 불러들여 물었다.

"그대들은 내가 절을 지으려 하는데 일부러 늦추려 하는가?"

이에 여러 신하들은 전전긍긍하며 수선스레 맹서하고 여기저기 손가락질만 하는 것이었다. 왕은 사인을 불러 나무랐다. 사인은 얼굴빛을 잃고 어떤 말로 대꾸도 하지 않았다. 대왕이 크게 화를 내며 목을 베라 명령을 하니, 형리가 묶어 관아 밖으로 나갔다.

그렇다면 왕이 절을 지으라는 명령을 내렸고, 이차돈은 이 명령을 잘못 전달했다는 것이 된다. 왕은 자신의 결연한 의지를 보여 주려고 이차돈의 목을 베라 하는데, 이 서슬 푸른 모습에 다른 신하들도 꼼짝하지 못한다는 시나리오다. 기왕에 왕과 이차돈이 짜낸 일이라면 이것이 『삼국사기』보다 더 그럴듯해 보인다.

그런데 이 대목에다 일연은 「향전」에 전하는 말이라 하면서, "염촉이 거짓으로 왕명이라 하여 아래에 절을 짓는다는 뜻을 내렸다. 여러 신하들이 와서 따지자, 왕이 이에 염촉에게 화를 내고 책망하며, 왕명을 거짓으로 전한 데 대해 형벌을 내렸다"는 주석을 붙여 놓고 있다. 이것은 또 다른 상황 전개다.

무엇이 사실에 가장 가까울까? 이야기는 김대문과 일념과 향전 등 여러 가닥으로 전해 내려왔다. 거기서 『삼국사기』는 김대문을 택했고, 일연은 일념의 것에다 향전을 아우르는 쪽에 섰다. 오늘 우리는 사실을 따지는 것이 중요할까, 사실이 무엇이건 거기 실린 순교한 자의 마음을 고이 받아들이는 것이 중요할까?

아도의 본마음을 이룬 성자

어떤 자료를 받아들였는가의 차이는 여기서 그치지 않는다. '이차돈의 머리를 베었더니 흰 젖이 솟아나 한 길이나 되었다'는 대목은 어디에나 있다. 붉은 피가 아니라 흰 젖이었다는 이적이 이 이야기의 절정 부분이며, 흰 젖은 부처님의 감응을 말하는 것이다.

그런데 일연은 여기서 다시 「향전」을 인용하여 주석을 달아 "이 때 그의 머리가 날아가서 금강산 마루에 떨어졌다"고 하고, 북산의 서쪽 마루에 장사를 지냈다는 대목에서는 "머리가 날아와 떨어졌기에 그 땅에 장사지냈다고 한다. 여기서는(일념의 결사문 — 필자 주) 그 일을 말하지 않고 있으니 무슨 까닭일까?"라고, 넌지시 일연을 나무란다. 금강산은 북산 곧 경주의 북쪽에 있는 산이다. 이쯤 되면 「향전」이 누구의 기록인지 몰라도, 일연은 일정 부분 거기에 더 마음이 끌려 있었던 것 같다. 특히 일념의 결사문을 본론으로 끝내고 난 다음 마무리에서는 본격적으로 이 「향전」을 거론하고 있음에랴.

신라 최초의 절이었던 흥륜사 터는 지금은 텃밭이 되었다. 여기에서 불법을 위해 목숨을 버린 이차돈의 모습을 찾을 수는 없지만, 어차피 모든 것은 변한다는 것이 불교의 진리라면 그리 서운해 할 일도 아니다. (경주 흥륜사 터)

그럼에도 불구하고 일연이 일념의 결사문을 본론에다 놓은 것은 무엇 때문이었을까? 『삼국사기』의 딱딱하고 메마른 문체를 싫어해서 서론에서 잠깐 언급하고 말았다면, 「향전」은 부분 부분 극적인 이야기를 담고 있음에도 자료로서의 가치를 전적으로 인정하기 어렵다는 나름대로의 판단이 섰던 것일까?

일념의 결사문을 인용한 본론을 읽어 가다 보면 끝 부분에서 다음과 같은 대목을 만난다. 아마도 일연이 일념의 결사문을 중요하게 본 데는 이 대목이 있어서가 아니었을까 한다.

춘궁(春宮)에서 같이 일하던 동료는 피눈물을 흘리며 쳐다보기만 하고, 월정(月庭)에서 같이 뛰놀던 친구들은 애끊듯 서러운 이별을 했다. 관을 쳐다보며 우는 소리가 마치 제 부모를 잃은 듯했다. 그러면서 모두들 "개자추

경주에 있는 수많은 절터와 무덤의 원래 이름을 밝히는 데에도 『삼국유사』의 기록이 기준이 된다. 지금 흥륜사 터라고 하는 곳이 사실은 영묘사 터라고 주장하는 근거도 바로 『삼국유사』다. 지금 흥륜사는 새로 지은 절이다. (경주 흥륜사)

(介子推)가 허벅지 살을 베었다 한들 이 엄청난 절개에는 비하지 못할 것이요, 홍연(弘演)이 배를 갈랐다 한들 이 장렬함과는 견주지 못할 것이다. 이가 곧 임금의 믿음에 의지해, 힘써 아도의 본 마음을 이룬 성자이다"라고 했다.

아도의 본 마음을 이룬 성자. 바로 이차돈이 아도의 순교를 이었다고 본 일념의 혜안에 일연은 손들어 준 것이다. 이는 앞서 잠깐 언급했었다. 신라 불교가 뿌리내리는 데에 치른 값진 희생의 전통, 그것은 곧 아도와 이차돈의 순교다.

다시 한번 돌이켜보자. 『삼국사기』에서는 비처왕 때 신라에 온 아도가 "몇 년 동안 살다가 아무 병도 없이 죽었다"고 적었다. 그런 편찬자의 입장에서는 아도와 이차돈이 한 줄로 이어지지 않았을 것이

이차돈의 머리가 날아간 금강산은 경주 시내 바로 옆에 있다. 산 아래에 경덕왕 때 찾았다는 사방불이 있고, 15분 정도 오르면 백률사가 나온다. 대웅전 바로 앞 바위에는 마애탑이 희미하게 남아 있다.(경주 백률사)

다. 그에 비한다면 일연은 아도와 법흥왕 그리고 이차돈을 묶어 세 분 성인이라고까지 지칭하였다. 앞서 일연은 비처왕 때 아도가 신라에 이르렀다는 『삼국사기』의 이 대목을 부정한 바 있다. 그 부정에는 아도가 '아무 병도 없이 죽었다'는 대목도 포함된다. 일연은 아도가 자진(自盡)했다는 「아도본비」의 기록을 채택하였는데, 거기에는 이차돈의 순교와 연결하려는 분명한 의도가 담겨 있다.

『삼국사기』는 이와 반대로 「아도본비」의 기록을 믿지 못하겠다는 투였다. 그러기에 이차돈의 순교를 기록하면서도 김대문을 인용했었다. 이렇듯 한 가지 일을 두고 바라보는 차이는 뜻밖에 크다.

일연이 이차돈의 죽음을 노래한 찬에서 우리는 일연의 속생각을 읽을 수 있다.

徇義輕生已足驚 의에 죽고 삶을 버림도 놀라운 일이거니
天花白乳更多情 하늘의 꽃과 흰 젖이여, 놀란 가슴을 치는구나
俄然一釰身亡後 어느덧 한 칼에 몸은 사라진 뒤
院院鍾聲動帝京 절마다 쇠북소리는 서울을 흔든다.

시인은 결연히 노래한다. 사라진 것은 오직 몸일 뿐이요, 쇠북소리에 실린 그의 자취는 세상을 바꾸어 놓았다고.

그 후, 백제와 고구려의 불교

지리적으로 유리한 위치에 있었거나, 사회가 좀더 유연했거나 어떤 이유로든지 이르게 불교를 접한 고구려와 백제의 그 다음 상황은 신라만 같지 못하다. 백제는 그나마 제자리라도 지키지만 고구려는 아주 다른 길로 빠져 버리고 만다. 물론 이것은 일연의 관점이다.

일연은 백제의 그 다음 상황을 보이면서 법왕을 들고 있다. 제29대

법왕은 599년에 왕위에 올라, "살생을 금하고, 집안에서 기르는 매 같은 새를 놓아 주며, 천엽질하는 도구를 모두 불살라 사냥을 일체 못하게"하는 명령을 내렸다. 법왕이 이같이 한 것은 살생을 금지한 불교의 가르침에 따른 자비의 실천이었다. 일연은 이를 앞세워 제목도 '법왕이 살생을 금하다〔法王禁殺〕'라고 잡았다.

법왕의 불법행은 여기서 그치지 않았다. 승려 30명에게 도첩을 내리고, 그 때 도읍지인 부여의 사비성(泗沘城)에 왕흥사(王興寺)를 짓기 시작하였다. 이 절은 앞서 한 번 소개한 바 있다. 따뜻했을 것 같은 백제의 풍속을 말하면서, 사비수 언덕에 열댓 명이 앉을 만한 바위 하나가 서 있는데, 왕이 예불하러 왕흥사에 거둥할 때에 먼저 이 바위 위에서 부처를 바라보고 절하면 바위가 저절로 따뜻해졌다는 이야기에서다. 왕흥사는 법왕이 먼저 삽을 들었던 왕실의 원찰(願刹) 같은 것이었을까 한다.

왕흥사는 무왕(武王)이 아버지를 이어 완성하였는데, "산을 등지고 앞에 물이 흐르며, 꽃나무가 빼어나 사계절의 아름다움을 두루 갖추었다"고, 일연은 쓰고 있다.

이 절과 무왕에 대해서는 이론의 여지가 있다. 그러기에 무왕은 법왕의 아들이며, 왕흥사를 미륵사라고도 한다는 데에 대해, 일연은 주석을 달아 그 의문점을 표시해 놓았다. 바로 서동 설화를 염두에 둔 것이다. 마 캐는 가난한 청년 서동이 왕이 되고, 그 부인 선화공주와 함께 창건한 것이 익산의 미륵사다. 이는 앞서 백제와 일본의 근친적 성격을 말하면서 설명했기에 반복을 피하기로 한다.

다만 이 시기 백제의 불교가 실제로 신라 못지 않은 자리에 있었던 데 비해, 일연의 백제에 대한 평가는 다소 소극적이지 않았나 싶다. 일본에 전해진 백제 불교의 유적을 더듬어 볼 때 이는 더욱 분명해지는데, 삼국 통일 후 불교는 신라의 그것으로 하나 되어 가 버리고, 13

세기의 일연으로서 백제에 관한 자료는 쉬 얻지 못할 형편이었음을 이해해야겠다. 법왕이 "늘 배를 타고 강물을 따라 절에 들어가자 했으며, 매우 아름다운 경치를 감상했다"고, 이 멋진 왕의 또 다른 일면을 부연해 적은 일연의 심중을 헤아리면서 말이다.

백제에 비한다면 고구려에 대한 일연의 태도는 노골적으로 비판적이다. 도교를 신봉하면서 상대적으로 불교가 쇠퇴해진 데 대한 아쉬움이 컸겠지만, 굳이 그것만으로 이유를 댈 수야 없다. 보덕(普德)이라는 큰스님이 제 나라에 있지 못하고 피신해야 했던 것을, 일연은 나라가 기우는 혼란스런 상황의 상징적인 사건으로 보고 있다.

이런 상황을 적고 있는 조가 '보장왕이 노자를 섬기고 보덕이 암자를 옮기다〔寶藏奉老普德移庵〕' 이다. 『삼국사기』를 인용하여 일연은 다음과 같이 정리하고 있다.

① 고구려 말 무덕(武德)과 정관(貞觀) 연간(618~649년)에, 나라 사람들이 다투어 오두미교(五斗米敎)를 믿었다.

② 당나라 고조가 이를 듣고 도사를 보내서 천존상(天尊像)을 주고 『도덕경(道德經)』을 강의하게 했다. 나라 사람들이 이를 들었으니 곧 제27대 영류왕이 즉위한 지 7년 되는 무덕 7년 갑신년(624년)이다.

③ 다음 해, 사신을 당나라로 보내 불교와 노자를 배우겠다고 하자, 당 황제가 이를 허락하였다.

④ 보장왕이 즉위한 해에 이르러 삼교(三敎)를 함께 일으키고자 하니, 총애 받던 신하 개소문(蓋蘇文)이 왕을 설득하기를, '유교와 불교를 함께 키우다 보면 도교가 번성하지 못한다'고 하였다. 특별히 당나라에 사신을 보내 도교만을 배워 왔다.

⑤ 그 때 보덕 화상이 반룡사(盤龍寺)에 있다가, 그릇된 길이 바른 길에 맞서 나라가 위태로워질까 고민하여, 여러 차례 호소했지만 왕은 들어

주지 않았다. 이에 신통스런 힘으로 거처를 날려 남쪽 완산주의 고대산(孤大山)으로 옮겨 가 살았다. 이 때가 영휘(永徽) 원년인 경술년(650년) 6월이다.

⑥ 얼마 있지 않아 나라가 망했다. 지금 경복사에 있는 날아온 방장(方丈)이 그것이다.

이 내용은 『삼국사기』를 인용했다고 하나 여러 군데 일연의 손질이 가해졌다. 특히 ①과 ⑥은 『삼국사기』에 없는 내용이다. 서론과 결론으로 일연이 붙인 것이다. ②와 ③은 영류왕 7년과 8년의 일에서 따왔고, ④와 ⑤는 보장왕 즉위년과 9년의 일에서 따왔는데, 문장을 고쳐 명백히 달라진 곳이 있다. 보장왕은 삼교를 같이 일으키려 했으나 연개소문의 반대로 도교만 배워 왔다든지, 보덕이 신통스런 힘으로 거처를 날려 옮겨 갔다는 부분이다. 이는 다른 기록을 참조하며 정리했기 때문이다.

고구려의 후반기에 도교가 번성한 것은 사실이다. 그러나 이 사실을 적는 일연의 태도는 현저히 불교와 상대적으로 비교하는 입장이다. 나라가 망한 이유가 불교를 멀리하고 도교를 가까이 한 것 때문이라는 결론에서 그 의도는 명백해진다. 물론 그것은 일연만의 생각은 아니었다. 일연은 대각국사 의천(義天)이 1091년 경복사에서 쓴 다음과 같은 시를 덧붙여 놓고 있다.

열반의 무릇 평등한 가르침이
우리 스님에게서 전해 받았네
애달프다, 방이 날아온 다음
동명왕의 옛 나라 위태로워졌네

삼국의 흥망을 불교역사주의적 관점에서 보려했던 일연의 태도는 의천의 이 같은 입장과 더불어 결론 내려지고 있다.

【 연개소문의 탄생 설화 】

연개소문이 어떤 사람이었는가를 일연은 『삼국사기』를 인용하여 소개하고 있다.

수나라 양제가 대업(大業) 8년 임신년(612년)에 30만 명의 군사를 이끌고 바다를 건너 쳐들어 왔다. 10년 갑술년(614년) 10월에 고구려 왕이 표문(表文)을 올려 항복하기로 했다. 그 때 한 사람이 몰래 품속에다 작은 활을 품고 갔다. 표문을 가진 사신이 양제의 배에 이르렀다. 양제가 표문을 받들어 읽으려 하자 활을 쏴 가슴에 정확히 맞추었다. 양제가 군사를 돌리면서 신하들에게 말했다.

"짐이 천하의 임금이 되어 몸소 작은 나라를 치러 왔다가 봉변을 당하니, 두고두고 웃음거리가 되겠구나."

그 때 우상 양명이 아뢰었다.

"신이 죽어 고구려의 대신이 되어 반드시 나라를 멸망시키고 제왕의 원수를 갚겠나이다."

양명이 죽은 다음 고구려에서 태어났다. 열다섯 살에 총명하고 신기한 무술을 갖추었다. 그 때 무양왕이 뛰어나다는 소문을 듣고 불러들여 신하로 삼았다. 스스로 성을 '개'라 하고 이름은 금(金)이었다. 지위가 소문(蘇文)에 이르렀으니 곧 시중(侍中)의 자리이다.

신라의 중심 세계의 중심, 황룡사

황룡사의 돌무더기

경주를 여행하고도 황룡사가 어디 있는지 알거나 그 곳에 가 보았다는 사람은 드물다. 그도 그럴 것이 황룡사는 눈에 보이는 실체로 남아 있지 않기 때문이다. 월성과 안압지가 모여 있는 곳에서 분황사사이의 허허벌판, 그 곳이 황룡사다. 아니 정확히 말하면 황룡사 터다. 그래서 대부분 그냥 지나치고 만다.

　세기말의 여름, 일본에서 몇 분의 손님이 왔다. 일본 고대 문학을 연구하는 대학 교수들이었는데, 『삼국유사』와 한국의 고대 문학에 관심을 가지고 공부하는 분들이었다. 그들은 몇 차례 한국을 방문한 적이 있었고, 경주에도 가 보았다. 내가 황룡사 터로 안내했더니, 여기가 황룡사냐고 놀라워하며 다들 처음 와 본다고 말했다.

　그럴 만도 했다. 통상적인 관광 코스에서 황룡사 터는 별로 인기가 없다. 아무것도 없는 허허벌판에 데려다 놓으면 좋아할 사람이 누가 있을까? 뭐라도 눈에 보이는 실물이 있어야 구경했다는 기분이 날 터인데.

　황룡사 구층탑 자리로 복원된, 황룡사 터의 한가운데 서서 그들은 고개를 끄덕였다. 옛 경주의 모습이 상상된다는 것이었다. 그것이야말로 그럴 만했다. 일본에서도 옛 수도 그러니까 나니와(難波)나 나라(奈良) 그리고 교토(京都)를 두루 여행해 본 그들로서는, 옛 경주의 한가운데 서니 그 놓인 자리를 그것들과 비교해서 얼마만큼 머리에 그려볼 수 있었으리라.

그렇다. 황룡사는 옛 경주의 한가운데 자리잡고 있었다. 아니 신라의 한가운데였고, 지리상으로만 아닌 마음 속에서는 신라인이 상상하는 세계의 한가운데였다.

그러기에 경주를 여행하는 사람은, 비록 지금은 허허벌판일지라도, 황룡사 터에 한 번쯤은 서 보아야 한다. 거기서 남산으로부터 내려오는 완만한 능선이나, 명활산성으로 구획된 동쪽의 방벽이나, 천마총으로부터 시작하는 서쪽의 고분군을 한눈에 넣어 보아야 한다. 그 분지에 지상의 낙원을 이루고 살았던 서라벌 천 년의 사람들을 떠올려 보아야 한다.

그런데 그것만이 아니다. 지금 겨우 남아 있는 황룡사 구층탑을 지탱했을 돌들이나, 금당과 회랑 등을 놓았을 돌들이 무어라 외치는지 들어 볼 만도 하다.

그 때 동행했던 후배 한 사람이 금당의 돌무더기 위에 올라가더니 한참을 누워 있는 것이었다. 여름 해가 어느덧 서쪽으로 넘어갈 무렵이었지만, 따가운 햇볕은 아직 꼬리가 남아 있는 시간이었다. 모자로 얼굴을 덮고, 나중에는 오른발을 왼발 위에 턱 올려놓은 아주 편안한 자세였다.

여행에서 돌아온 다음 후배는 이런 편지를 보내왔다.

하루해를 온전히 받아 모신 신라의 돌에 등을 기대었을 때, 그 돌이 소근거리는 말을 저는 잊지 못할 겁니다. 너의 등을 덮여 주려고, 너의 영혼을 위로해 주려고 천 년을 기다렸단다.

경주에 갈 때마다 황룡사 터를 찾았다. 황룡사 터는 커다란 주춧돌들만 점점이 박혀 있는 빈 터지만 사람을 끄는 묘한 매력이 있다. 예전에는 황룡사 구층탑이 있던 자리를 잘 볼 수 있도록 둔덕을 만들어 놓았는데, 지금은 없어졌다.
(경주 황룡사 터)

이 사람이야말로 황룡사를 제대로 보고, 제대로 느끼고 돌아갔구나. 나는 속으로 경탄해마지 않았다.

황룡사는 어떤 절이었는가

신라의 중요한 사찰이 어떻게 만들어지게 되었는가를 설명하려면 처음 전도자 아도(阿道)의 이야기로 거슬러 올라가게 된다. 아도의 어머니는 아도에게 신라로 갈 것을 명하면서 다음과 같이 말한다.

이 나라는 이제껏 불교를 모르고 있다. 지금부터 3,000여 달이 지난 다음 계림국에 성왕이 나타나 불교를 크게 일으킬 것이다. 서울 안에 일곱 군데의 가람 터가 있거니와, 첫째는 금교 동쪽의 천경림(天鏡林), 둘째는 삼천기(三川歧), 셋째는 용궁의 남쪽, 넷째는 용궁의 북쪽, 다섯째는 사천(沙川)의 끝, 여섯째는 신유림(神遊林), 일곱째는 서청전(婿請田)이다. 모두 전생의 부처님 때 가람 터요, 불법의 물이 길이 흐를 땅이다. 너는 거기에 가서 큰 가르침을 널리 퍼뜨려, 마땅히 동쪽에서 부처님 앞에 목탁 두드리는 소리가 울려 퍼지게 해야 할 것이다.

앞서 소개한 「흥법」 편의 '아도가 신라 불교의 기초를 놓다〔阿道基羅〕' 조에 나오는 말이다. 아도가 와서 처음 지었다는 절이 바로 천경림의 흥륜사와 삼천기의 영흥사다. 나머지 다섯 절은 차례로 황룡사·분황사·영묘사·천왕사·담엄사다. 그러니까 황룡사는 용궁의 남쪽이라 계시된, 신라 7대 사찰의 후보 가운데 하나였던 셈이다.

이 절에 대한 일연의 관심은 각별하였다. 지금 남아 있는 신라의 사찰 가운데 가장 인기 있는 불국사도 경주에 있건만, 일연은 한 불심 깊은 사람의 효성으로 이룩된 아름다운 사찰 정도로 기술할 뿐이다. 그에 비한다면 『삼국유사』의 「탑상」 편에서 일연이 심혈을 기울이고 있는 부분은 단연 황룡사다. '황룡사의 장륙' 조를 필두로 '황룡사의 구층탑' 조에서는 절정을 이루며, 황룡사 종에 대해서는 몇 개의 대표적인 종을 소개하는 조 가운데 포함시켰다. 무려 세 조에 걸친 집중적인 기술이다.

그러나 정작 황룡사 자체에 대해서는 간략하게 적고 말았다. 황룡사에 있었던 불상과 탑 그리고 종을 소개하는 데 집중했을 뿐이다. '황룡사의 장륙' 조를 시작하면서, "신라 제24대 진흥왕이 즉위한 지 14년 곧 계유년(553년) 2월의 일이었다. 용궁의 남쪽에 자궁(紫宮)을 지으려 하는데 황룡이 거기 나타났다. 이에 고쳐서 절을 삼고 '황룡사' 라 이름지었다"는 정도다. 이는 『삼국사기』의 「신라본기」 '진흥왕 14년' 조에서 인용한 데 불과하다. 다만 "기축년(569년)에 이르러 주위에 담을 쌓고 17년 만에 마쳤다"는 말만 덧붙이고 있다.

왜 그랬을까? 절의 구조라든가, 전체적인 규모라든가, 오늘날 황룡사가 완전히 사라져 버린 터에 우리가 궁금해 하는 부분이 이것인데, 좀더 자세한 소개가 없는 점 무엇보다 일말의 아쉬움으로 남는다.

굳이 이유를 찾으면 「탑상」 편의 성격상 그랬을 수도 있다. 이제부터 본격적으로 소개할 「탑상」 편은 기본적으로 탑과 불상에 관한 이야기를 모은 부분이고, 거기에 경전과 사리가 추가된다. 이것들은 불교의 신앙 대상으로 만들고 떠받들어졌다. 그에 비한다면 절 자체에 대한 소개는 무척 미미하다. 절도 신앙의 대상이 될 수 있지만, 여기처럼 어떤 까닭으로 절이 만들어졌는지 연기담(緣起談)을 소개하는 정도에 그치고, 그 규모와 구조에 대한 자세한 설명은 빠진다. 이는 황룡사만이 아닌 다른 절의 경우도 마찬가지다.

연기담을 참고하건대, 별궁을 지으려다 절로 바꾸었다면, 이는 황룡사를 나라의 원찰(願刹)로 삼았다는 말이 될 것이다. 물론 원찰의 개념이 이 때부터 생겼다고 할 수는 없으나, 의도적이건 그렇지 않건 결과를 두고 볼 때 내릴 수 있는 개념 규정이다. 이는 장륙존상을 만들어 이 절에 모셨다든지, 금당 앞에 구층탑을 만든 까닭을 통해 충분히 증명된다.

인도의 아육왕도 이루지 못했던 일

일연이 첫손 꼽으며 소개한 것은 장륙존상이다. 장륙존상은 높이가 1장(丈) 6척(尺)이라는 데서 나온 말이다. 한 길 여섯 자라면 지금 계산으로 어느 정도가 될지 궁금하다. 이는 석가모니시대 인도인의 평균 신장 8척의 두 배에서 나왔다는 말이 있다. 후대의 불교도들이 석가모니에게 바치는 존경의 표시이겠는데, 이제 신라에서의 장륙존상은 크기도 크기려니와 그 만들어진 배경담에서 많은 의미가 따라 붙는다.

황룡사가 완성되고 2~3년이 지난 후였다. 『삼국사기』는 그 때를 진흥왕 35년(574년)의 일로 기록하였다. 바다 남쪽에 큰 배 한 척이 하곡현의 사포에 이르러 정박하였다. 일연은 이 곳이 울주의 곡포라고 주석을 달았는데, 지금의 울산 앞 바다 어디쯤일 것이다. 『삼국사기』는 이 정도로 끝나지만, 『삼국유사』 쪽은 이제부터 본격적인 이야기가 시작된다.

배 안에서 발견한 쪽지에는 이런 글이 쓰여 있었다.

　서천축국(西天竺國)의 아육왕(阿育王)이 황철 5만 7,000근과 황금 3만 분(分)을 모아 석가 삼존상을 만들려 하였지만, 이루지 못하고 배에 실어 바다로 띄워 보내노라. 인연 있는 나라, 거기 가서 장륙존상이 이루어지기를 축원한다.

그리고 거기에 부처님과 두 보살상의 모델을 함께 실어 놓았다. 관

인도의 아육왕이 보낸 황금과 철로 만들었다는 장륙존상이 있던 자리다. 돌 하나의 크기가 어른이 누워도 남을 정도다. (경주 황룡사 터)

리가 이를 갖추어 왕궁에 보고하자, 경주로 옮겨 장륙존상을 만드는데, 단번에 이뤄 냈다고, 일연은 신나는 듯한 필치로 적고 있다. 그러면서 다른 데 있는 기록을 인용하여 부연 설명을 붙여 놓았다.

  아육왕은…(중략)…세 번이나 불상을 만들려 했으나 공덕을 이루지 못하였다. 그 때 왕의 태자가 혼자 이 일에 참예하지 않으므로 왕이 그를 나무랐다. 태자는 왕에게 "힘만으로 공덕이 이뤄지지 않는 것이니, 일찍이 되지 않으리라 알았습니다"라고 아뢰었다. 왕은 "그렇다"하고 배에 실어 바다에 띄워 보냈다.
  그러나 남염부제의 16곳, 큰 나라 500곳, 중간 크기 나라 1만 곳, 작은 나라 8만 곳의 마을들을 두루 돌지 않은 데 없었지만 이루지 못하였다. 마지막으로 신라에 이르러 진흥왕이 문잉림(文仍林)에서 만들어 냈다. 불상이 완성되자 부처님의 얼굴 모습이 빠짐없이 갖추어졌다. 아육은 번역하면 '근심이 없다〔無憂〕'라는 말이다.

뒷날 자장(慈藏) 스님이 중국에 유학을 가서 오대산에 이르렀을 때이다. 문수보살이 나타나더니 비결을 주면서 부탁하는 것이었다.

"네 나라의 황룡사는 곧 석가와 가섭불이 가르침을 베풀던 곳이다. 연좌석이 아직까지 있으므로, 천축국의 무우왕이 황철 약간 근을 모아 바다에 띄웠는데, 1,300여 년을 지난 뒤에야 너희 나라에 이르렀으니, 완성하여 그 절에 모셨다. 이는 크나큰 인연이 그리 시켜서이다."

인도의 아육왕도 이루지 못했던 일, 그것은 힘만으로 공덕이 이뤄지지 않는다는 태자의 말에 함축된 의미이다. 오직 인연 있는 땅에서만 가능하다면 신라는 바로 그런 인연을 갖춘 곳이라는 자부심이 은근히 배어 있다. 우리는 이것을 신라가 가진 불국토사상(佛國土思想) 또는 본지수적사상(本地垂迹思想)이라 부른다. 일연은 이 같은 의식을 고스란히 반영해 이 불상의 건립 과정을 쓴 것이다.

찬에서 일연은 이렇게 노래한다.

塵方何處匪眞鄕 티끌 세상이 도리어 진향(眞鄕) 되네만
香火因緣最我邦 향화(香火) 드릴 인연이야 우리 나라가 으뜸이었던 게지
不是育王難下手 아육왕이 손대기 어려워 보냈겠나
月城來訪舊行藏 필시, 월성 옛터 제자리 찾아온 것이니.

정말 아육왕이 보낸 것일까

그러나 이 연기담은 얼마나 사실과 가까운 것일까? 그것은 불교 역사에서 불상이 출현하는 시기상의 문제 때문에 생기는 의문이다.

아육왕이라면 기원전 4세기경 인도의 마우리아 왕조를 이끌던 아

쇼카왕을 이른다. 아쇼카왕의 할아버지 찬드라굽타가 알렉산더의 침공을 막기 위해 마가다 왕국을 중심으로 구성된 연합군의 총대장이 된 것은 기원전 325년. 보병만 200만 대군인 상대를 보고 알렉산더는 회군하고 마는데, 찬드라굽타는 기왕 주어진 군대를 가지고 정권을 잡고 마우리아 왕조를 세운다. 차차 세력을 넓혀 가다 손자인 아쇼카에 이르러 인도 전역을 통일하는 대왕국이 건설되었던 것이다.

이 아쇼카왕이 어쩌다 불교신자가 되었는가에 대해서는 재미있는 이야기가 전해온다. 아쇼카는 지독히도 못생겼다. 그의 형 수사마 태자가 준수한 용모로 아버지의 뒤를 이을 준비를 하고 있을 때, 아쇼카는 행여 질투심에 딴 짓을 저지를지 모른다는 아버지의 노파심 때문에 차라리 죽기를 바라고 전쟁터에 내보내지는 처지가 되었다. 그러나 그에게는 지략이 있었다. 싸움에 이기면서 백성들의 신임까지 듬뿍 받았다. 반면 태자는 거만하기 이를 데 없는 사람. 점점 여론은 아쇼카 쪽으로 기울고, 드디어 아쇼카가 온갖 어려움을 무릅쓰고 부왕에 이어 왕이 된다.

그러나 아쇼카는 콤플렉스가 많은 왕이었다. 못생긴 얼굴에 형의 자리를 빼앗았다는 죄책감마저 가득했다. 그것은 이상한 형태로 뻗어 나와 결국 가상 지옥을 만들어 놓고 잘생긴 사람을 들여보내 죽이는 해괴한 짓을 저질렀다.

그가 자신의 죄를 뉘우친 것은 독실한 불교신자인 한 신하를 만나면서다. 신하는 부처님의 예언서라 불리는 『잡아함경(雜阿含經)』의 한 대목을 들려 준다. 부처님이 왕사성(王舍城)으로 들어가려는데, 길가에 두 어린 아이가 놀고 있었다. 부처님의 훤한 모습에 반한 아이들은 자신들이 소꿉장난하면서 보릿가루라고 가지고 놀던 모래를 공양하였다. 부처님은 아이들의 귀여운 행동에 방긋이 미소지었다. 거기서 부처님은 "내가 죽은 100년 후, 이 나라에 성은 마우리아요 이름은

늦가을 해질 무렵, 깨며 콩 등을 거둬들이는 할머니들의 몸놀림으로 고요하기만 하던 황룡사 터가 잠시 분주해졌다. 봄·여름·가을·겨울, 작으나마 요즘 사람들의 숨소리를 느낄 수 있기 때문에 내 발걸음은 항상 황룡사 터로 향한다. 저녁놀을 받고 있는 남산이 아스라하다.(경주 황룡사 터)

아쇼카라는 아이가 태어날 것이다. 그는 왕이 될 것이며, 온 세계에 8만 4,000개의 탑을 세워 내 이름을 알릴 것이다"라고 예언했다.

신하는 이 예언의 당사자가 바로 아쇼카왕 당신이라고 말해 주었다. 아쇼카왕은 참회하고 불교를 전파하는 데 총력을 기울인다. 그 가운데 한 가지가 사자나 황소 또는 코끼리의 모습을 새긴 기둥을 세우는 일이었다. '아쇼카의 기념주(紀念柱)'라 불리는 이 유명한 조각 기둥은 불교 미술의 출발이라는 매우 큰 의미를 지니고 있다.

그러나 이것은 불상이 아니다. 석가모니가 열반한 다음 불교신자들은 매우 오랫동안 어떤 그림 속에서도 석가모니의 모습을 그려 넣지 않았다. 얼굴을 직접 그린다는 것은 신성한 일이 아니었기에 대신 그 자리에 아쇼카의 기념주처럼 사자 같은 동물이나 성수(聖樹)로 불리는 나무들을 새겨 넣곤 하였다. 그리고 마우리아 왕조가 막을 내리고 승가 왕조가 들어서는 기원전 2세기 무렵에 와서야 탑이 출현하지만, 부처의 얼굴로 나타나지 않기는 거기에서도 마찬가지였다.

불교미술사학자들은 불상의 출현을 서기 1세기경의 쿠샨 왕조 때로 보고 있다. 석가모니 열반 후 500여 년이나 지났을 무렵이다. 이 왕조는 중국의 돈황에서 출발한 월지족이 서북인도의 간다라 지방에 진출, 그리스 원정군의 식민지로 있던 박트리아 왕조를 멸망시키고 자리를 잡았다. 그러기에 그들은 본디 가지고 있던 동방의 문화에 그리스로부터 전해진 서방의 문화를 붙여 무척 세련된 새로운 문화를 만들 수 있었다. 이 곳은 아쇼카왕 때 벌써 불교가 전해졌고, 그리스 조형 예술의 기술도 들어와 있었다. 거기서 불상은 탄생했다.

이 무렵의 불교는 소승 불교에서 대승 불교로 나아간다. 대승은 대중을 상대로 전도해야 하므로, 사람들에게 구체적인 신앙의 대상을 만들어 주어야 할 필요가 있었다.

다소 설명이 장황해졌다. 결론은 아쇼카왕이 보냈다는 불상은, 이 같은 불교의 역사로 볼 때 믿기 어렵다는 말이 된다. 아직 불상이 나오자면 500여 년을 더 기다려야 하는 시점이다.

그렇다면 인도에서 왔다는 배와 그 편지의 실체는 무엇일까? 다시 인도의 역사로 눈을 돌려 보자. 서기 4세기의 인도에는 굽타 왕조가 들어선다. 마가다국의 찬드라굽타1세(320~335년)가 세운 이 왕조는 아쇼카왕의 마우리아 왕조를 이었다고 하겠는데, 사무드라굽타(335~375년)·찬드라굽타2세(375~414년)·쿠마라굽타(414~455년)로 계승되면서 인도 문화의 전성기를 누렸다. 물론 이 때의 중심 종교는 힌두교였고 힌두 문화가 전성기를 누렸지만, 불교 문화도 더불어 발전하고 인도 불상의 전형이 완성된다.

신라 땅에 이르렀다는 인도 배는 이 굽타 왕조의 불상 문화를 실어 온 것이 아닐까? 아육왕은 인도의 불교를 키운 상징적인 인물이다. 그 정신을 계승한다는 굽타 왕조가 불교와 관련된 어떤 일에는 아육왕을 내세웠거나, 인도의 속사정을 잘 모르는 먼 동방의 나라에서 불교를 지킨 왕이라면 아육왕을 먼저 떠올리는 관습이었거나, 아니면 이 두 가지가 함께 작용해 배를 띄운 주인공으로 아육왕을 지칭한 것은 아니었을까?

중국에도 아육왕의 불상을 바다에서 건져냈다는 기록이 있다. 동진(東晉)의 명제(明帝) 때인 태녕(太寧) 3년(325년), 한 어부가 남쪽의 바다에서 그물로 금상(金像)을 걸어올렸다. 무창(武昌)의 한계사(寒溪寺)로 가져갔다가, 태원(太元) 9년(384년), 여산(廬山)의 서상전(瑞像殿)에 모셨다는 것이다. 이 때라면 바로 굽타 왕조다. 이 왕조 동안에 인도에서는 배에다 불상을 실어 바다에 띄워 보내는 행사가 있었던 것은 아닐까?

고구려에 처음 온 전진의 승려 순도 또한 불상을 가져왔다고 했다. 그러나 그 불상은 불교가 중국으로 들어온 다음 그에 따라 중국화한 것으로 볼 수 있다. 그에 비해 장륙존상은 인도에서 직수입된 모델을 가지고 만들었다.

순도의 불상도 장륙존상도 모두 없어져 버린 지금, 한반도라는 작은 공간에 함께 머물렀던 세계 불교 문화의 두 중심을, 우리는 안타까운 마음으로 그리워할 뿐이다.

황룡사 구층탑의 경우

구층탑은 장륙존상에 비하면 만들어진 경위가 좀더 자세하다.「탑상」편의 '황룡사의 구층탑' 조에 나온다. 그러나 여기서도 이 탑에 대해 구체적인 규모를 알려 주지 않고 있다. 다만 「찰주기(刹柱記)」를 인용하여, "철로 된 받침대부터 높이가 42척이고, 그 아래로 183척이다"고 적었을 뿐이다. 전체 높이가 225척이라는 것인데, 학계에서는 요즈음의 단위로 70m 정도라고 추정한다.

불가사의한 높이이다. 과연 얼마만한 건축 기술을 가졌기에 20층 아파트 높이의 탑을 세울 수 있었을까?

만들어진 경위부터 살펴보자. 중국에 유학을 간 자장 스님이 오대산에서 문수보살을 만난 것은 신라 제27대 선덕여왕 5년(636년)이었다. 그 때 중국은 당나라 문화의 전성기 정관(貞觀) 연간이었다. 문수보살은, 신라의 왕이 인도의 크샤트리아 계급 곧 왕족이었다고 하면서, "그러나 산천이 매우 험하고, 사람들의 성품이 촌스러워 사악한 미신을 많이 믿고 있으니, 하늘의 화를 받을지 모르겠다. 하지만 도가 높은 스님들이 나라 안에 있으니, 이 때문에 군신간에 평안하고 모든 백성이 화평할 것이다"라고, 알 듯 말 듯한 말을 남기고 사라졌다.

어쨌든 대성(大聖)을 만난 감격에 피눈물을 흘리며 물러 나와 두루 나라를 돌았는데, 대화지(大和池)라는 연못가에서 신인(神人)을 만났다. 여기서부터가 본격적인 구층탑의 유래담이다. 다음은 둘 사이

황룡사 구층탑의 높이는 약 7, 80m쯤 되었다고 한다. 이 정도라면 20층 아파트보다도 높은 셈이니, 그저 서라벌 어디에서도 훤히 보였을 것 같다는 정도로 밖에는 상상이 되지 않는다. 황룡사탑을 세우면서 사리함을 넣고 기둥을 세웠던 심초석의 크기도 내 키보다 크다. (경주 황룡사 터)

의 대화다.

"무엇 하러 이 곳에 이르렀나요?"
"부처님의 마음을 얻고자 하는 까닭입니다."
신인이 절하고 나서 물었다.
"그대의 나라에 어떤 어려움이 남았나요?"
"우리 나라는 북쪽으로 말갈과 이어졌고, 남쪽으로 왜인들과 붙었으며, 고구려와 백제 두 나라가 번갈아 국경을 침범하는 등, 인근의 적들이 설칩니다."
"그대의 나라는 여자가 왕 노릇을 하고 있어서, 덕은 있으되 위엄을 갖추지 못했으므로 이웃 나라들이 건드리는 것이오. 빨리 당신 나라로 돌아가야 하오."
"고향에 돌아가 무엇을 해야 좋겠습니까?"
"황룡사의 호법룡은 내 큰아들입니다. 석가모니의 명령을 받아, 거기 가 절을 지키고 있지요. 본국에 돌아가거든 절 가운데 구층탑을 지으시오. 이웃 나라들이 항복해 오고, 구한(九韓)이 조공을 바칠 것이며, 왕실이 영원히 평안하리다. 탑을 세운 다음 팔관회를 설치하고, 죄인들을 사면해 준다면, 외적이 해치지 못할 것이오. 그런 다음 나를 위해 서울 근처 남쪽 강가에 자그마한 절을 지어 나의 복을 빌어 주면 나 또한 덕을 갚아 주리다."
말을 마치자 신인은 구슬을 받들고 나와 바치고는 홀연히 숨어 나타나지 않았다.

자장이 본국을 돌아온 것은 643년이었다. 처음 문수보살을 만난 때로부터 7년 뒤의 일이다. 자장은 원래 왕족이었다. 곧 선덕여왕을 만나 탑을 지을 일에 대해 아뢰었다. 그렇다면 구층탑의 기본적인 모델은 중국에서부터 왔다고 할 것이다. 일연은 자장이 신인을 만나는 부분에다 절의 기록을 인용해 주석을 붙이기를, "종남산의 원향선사(圓香禪師)에게서 탑을 지은 연유를 들었다"고 했다. 자장이 중국에 있는 동안 모델이 될 만한 탑을 두루 찾아보았다는 증거다.

이 때 이미 황룡사의 금당에는 장륙존상이 모셔져 있었다. 황룡사의 착공이 553년, 완공이 569년 그리고 장륙존상의 조영이 574년이다. 인도 모델의 불상 앞에 중국 모델의 탑이 서려는 순간이다. 절은 본디 왕궁으로 쓰려고 지었던 화려한 건물, 그야말로 신라 건축 문화의 총합이 여기 있다.

그러나 신라의 기술로는 부족했던 모양이다. 신하들이 백제의 기술자를 불러오자 해서 아비지(阿非知)라는 이름난 기술자를 정중히 초청했다.

이 부분에서 우리는 왕비의 말에 따라 백제 무왕이 만들었다는 미륵사를 떠올리게 된다. 왕비는 다름 아닌 선화공주, 진평왕의 딸이요 선덕여왕의 누이다. 이 때 이미 무왕은 죽고 난 다음인데, 미륵사와 그 탑을 만들어 본 경험을 가진 백제는 그만한 기술을 축적하고 있었고, 신라와 백제의 왕실이 가장 가까운 인척 관계를 맺고 있을 때니만큼, 불탑을 만들자는 일에 그만한 부탁쯤이야 들어 주었으리라.

물론 그것이 처음부터 순조롭지만은 않았을 터다. 다음과 같은 삽화가 그것을 간접적으로 보여 준다.

처음에 절의 기둥을 세우던 날이었다. 아비지의 꿈에 자기 나라 백제가 멸망하는 모습이 나타났다. 그는 의아한 마음으로 일손을 멈추었다. 그러자 갑자기 온 땅이 진동하며 어두컴컴해지는 가운데 홀연히 한 노스님과 장사가 나타나, 금전문에서 나와 그 기둥을 세우고는 사라져 보이지 않는 것이었다. 이에 마음을 고쳐먹고 탑 짓는 일을 마무리지었다.

자장이 돌아온 것이 643년, 이 해에 바로 구층탑을 만들기 시작했다면, 바로 의자왕 3년이요 백제의 멸망 20년 전이다. 신기(神技)를 가진 이에게는 20년 후의 일도 먼저 보였던 것일까?

어쨌거나 신라를 가운데 두고, 중국과 인도의 불교 문화 그리고 가까이는 백제로부터 들어온 기술까지 모두 한 자리에 모인 곳이 황룡사다.

그 안타까운 최후

장륙존상과 구층탑은 신라를 지키는 세 가지 보배 중 두 가지에 해당된다. 나머지 하나는 진평왕이 하늘로부터 받았다는 옥대(玉帶)다.

특히 구층탑은 주변 아홉 외적의 침입으로부터 안전을 비는 뜻에서 만들어졌으므로 더욱 신라 사람들의 사랑을 받았을 것이다. 안홍(安弘)의 『동도성립기(東都成立記)』를 인용한 일연은, 아홉 외적이 1층으로부터 일본·중화·오월(吳越)·탁라(托羅)·응유(鷹遊)·말갈·단국(丹國)·여적(女狄)·예맥이라고 하였다. 지금 잘 모르는 나라도 있지만 고구려와 백제가 빠져 있는 것 또한 의아스럽다.

일연 자신은 "탑을 건립한 이후 천지가 매우 태평하고, 한반도의 세 나라가 하나로 통일되었으니, 어찌 탑의 영험한 도우심이 아니겠는가"라고 하고, "옛날 주(周)나라에 구정(九鼎)이 있어 초(楚)나라 사람들이 감히 북쪽을 넘보지 못했다는데, 바로 그런 종류의 일"이라는 고사까지 원용한다. 그러나 일연은 구층탑의 의미를 그렇게 좁게만 보고 있지 않다. 구층탑을 찬한 시에서,

登臨何啻九韓伏 이에 올라 보라, 어찌 구한(九韓)만의 항복을 보겠는가
始覺乾坤特地平 비로소 천지가 특별히 평화로움을 깨닫겠네

해도 사람도 모두 떠나고 이제 황룡사 터에는 달과 나 뿐이다. 흙을 밟았다가 돌에 올라섰다가 하며 어슬렁거리는 내가 떠나면 달만 남는다. 아니다. 황룡사 장륙불상도 구층탑도 모두 사람이 이룬 일이니 사람이 남아 있는 셈이다.
(경주 황룡사 터)

라고 노래한다. 싸움이나 싸움에서의 승리가 아니라 천지가 평화로워지는 꿈, 그것은 일연이 구층탑을 보며 꾼 것이다.

장륙존상과 구층탑은 일연 당대까지 있었고, 일연도 친견(親見)했던 것 같다. 그런데 그들의 최후는 불행히도 일연 당대에 왔다. 일연은 장륙존상의 최후를 "지금 전쟁을 겪은 이래 큰 불상과 두 보살상은 모두 녹아 없어지고 작은 석가상만이 남았다"고, 구층탑은 "고종 16년 곧 무술년(1228년) 겨울, 몽고와의 전쟁통에 탑과 절 그리고 장륙존상과 건물들이 모두 불에 탔다"고 알려 주고 있다. 1228년이라면 일연의 나이 23세 때이고, 전쟁이란 바로 몽고의 2차 침입을 말한다.

그 때까지 구층탑은 여섯 번이나 개보수를 거치면서 꿋꿋이 서 있었다. 파손된 이유는 대체로 낙뢰(落雷)였다. 이 멋진 탑을 만든 기술자들도 피뢰침에 대한 지식은 없었다. 특히 세 번째 벼락을 맞고는 크게 불이 났던 것 같은데, 고려 광종 5년(953년)에 일어난 이 불로 "돌솥의 동쪽 면에 처음으로 큰 얼룩이 생겼다"는 말이 나올 정도였다. 여기서 돌솥은 부처님의 사리를 보관하던 사리구를 말한다. 여섯 번째로 보수한 해는 고려 숙종 1년(1096년)이었다.

한 탑의 역사를 이렇듯 자세하게 남긴 것은 『삼국유사』에서 이 구층탑밖에 달리 없다. 일연의 이 탑에 대한 애착을 잘 보여 주는 대목이다.「탑상」편의 '여러 차례 가져온 사리〔前後所將舍利〕' 조에서 인용한 다음의 시는, 일연과 같은 시대를 살았던 선배 승려 무의자(無衣子)가 쓴 것이다. 아마도 이것이 자신의 마음이라 생각했던 것은 아닐까 한다.

나는 들었네 황룡사 탑이 불타던 날
번지는 불길 속에서 한 쪽은 무간지옥을 보여 주더라고

문수 신앙의 근거지, 오대산

일연과 오대산 그리고 문수보살

일연이 「탑상」 편에서 오대산(五臺山)과 월정사(月精寺)의 사적을 집중적으로 다루고 있는 데에는 그 생애와 관련해 나름대로의 까닭이 있다. 그 까닭으로부터 왜 일연이 황룡사를 다룬 것과 버금가게 월정사에다 심혈을 기울였는지 알게 된다.

먼저 「탑상」 편에 오대산을 무대로 한 이야기는 다음과 같이 모두 네 조에 걸쳐 있다.

    오대산의 오만 개 진신〔臺山五萬眞身〕
    명주 오대산 보천태자 전기〔溟州五臺山寶叱徒太子傳記〕
    (오)대산 월정사의 다섯 성중〔臺山月精寺五類聖衆〕
    오대산 문수사의 석탑기〔五臺山文殊寺石塔記〕

이 가운데 앞의 세 조가 월정사, 그리고 마지막 조가 문수사에 관한 것이다. 그렇다면 오대산을 무대로 한 이야기는 월정사에 집중되어 있다고 볼 수 있다. 그런데 월정사의 이야기를 다루는 세 조 중에 뒤의 두 조는 별다른 가감 없이 직접 인용을 한 것인 데다, 그 내용이 첫 조에 거의 들어가 있으므로 '오대산의 오만 개 진신'이라는 조가 오대산을 배경으로 한 월정사 이야기의 대표격이라 할 수 있다. 이 이야기 하나면 족할 것을 왜 이렇게 중복해 가며 늘어놓았을까? 그 이유를 캐는 데서부터 설명해 보기로 하자.

일연의 생애를 잠시 살펴보자. 1206년 생인 일연이 강원도 양양의 진전사(陳田寺)에서 구족계(具足戒)를 받고 출가한 것은 1219년 곧 14세 때였다. 그리고 22세에 승려들의 과거 시험인 선불장(選佛場)에 나가 합격할 때까지 이 절을 떠나지 않았다. 우리는 이 시기를 전해 주는 일연 비문의 기사를 읽어 볼 필요가 있다.

> 여기에서 여러 사찰을 돌며 공부하는데 명성이 대단했다. 같은 도반들은 구산사선(九山四選)의 우두머리가 되리라고 예상했다.

나는 이 가운데 '여러 사찰을 돌며'라는 대목에 특히 주목한다. 여러 사찰 중에는 틀림없이 오대산의 월정사가 끼어 있으리라 보인다. 이에 대해서는 양양의 낙산사(洛山寺)와 관련해 다시 한번 쓰겠지만, 14세에서 22세에 이르는 호기심 가득한 청소년기를 강원도 영동 지방에서 온전히 보낸 일연이, 자기가 살았던 곳 주변의 이야기를 자세히 듣고 간직했던 흔적은 『삼국유사』 곳곳에서 드러난다. 월정사에 대한 『삼국유사』의 기록들은 그 가운데 하나에 불과하다.

다시 일연의 생애를 한 군데 더 살펴보자. 일연이 깨달음을 경험한 때를, 비문은 1236년 그의 나이 31세였다고 알려 주고 있다. 그 한 해 전 가을, 일연은 마침 대대적으로 침공해 들어와 전국을 유린하는 몽고군의 말발굽을 피해 경상도 달성군의 비슬산(琵瑟山)에서 수행하고 있었다. 그 피해가 가장 컸다는 몽고의 3차 침입 시기였다. 일연은 문수 신앙의 수행법의 하나인 문수오자주(文殊五字呪)를 염송하며 감응이 있기를 기다렸는데, 과연 벽 사이에서 문수보살이 나타

일연은 열네 살 때 양양 진전사에서 구족계를 받고 출가한다. 『삼국유사』에 나오는 강릉을 중심으로 한 강원도 얘기들은 그의 진전사 시절에 보고 들은 경험이 바탕이 되었을 것이다. 지금은 탑 하나만 남은 진전사 터는 설악산 남쪽 자락에 있다.(양양 진전사 터)

나 피난처를 알려 주었다.

　문수보살의 가르침을 따라 수행하여 깨달음을 얻기는 다음 해 여름이었다. 우리는 이 같은 기록을 통해, 일연의 불교 사상이 문수 신앙으로부터 시작한 것은 아닌가, 잠정적인 이정표를 세울 수 있다.

　청소년기의 월정사 경험과 장년기의 문수보살 체험, 이것이 오대산의 문수 신앙을 『삼국유사』에 남기고 싶은 개인적인 사연이 아니었을까, 나는 그렇게 생각한다.

중국의 오대산과 한국의 오대산

오대산이 왜 문수 신앙의 근거지인가. 좀더 나아가 문수 신앙이 무엇인가를 조금만 거론하고 넘어가자.

　문수보살을 흔히 출가(出家)의 보살이라 한다. 저 유명한 『화엄경』의 이야기에서, 문수 스스로 남쪽을 두루 돌며 깨닫고 동쪽으로 오는데, 거기서 만난 선재동자(善財童子)에게 남쪽으로 갈 것을 권하는 대목이 있다. 곧 선재의 출가를 뜻할 뿐만 아니라, 깨달음의 길에 동기를 부여하는 상징으로 읽힌다. 누구든 수행의 첫 길은 문수보살로부터 시작한다.

　또는 문수보살을 비유해서 세상의 어린 아이에게 부모가 있는 것처럼, 문수는 불도(佛道)를 닦아나가는 데 부모라고도 한다. 부모는 자식이 홀로 설 수 있도록 돕는 자다. 문수도 성불(成佛)의 그 같은 절대적 조력자라는 뜻이리라. 나아가 문수 신앙은 대체로 이런 문수보살의 성격에서 형성된 것이라고 할 수 있다.

　그런데 문수보살은 그가 죽은 다음 동북방의 나라에 봉우리가 다섯 개인 산, 청량산(淸凉山)이라 부르는 거기에 머물 것이라고 예언하였다. 문수 신앙은 불교의 본토인 인도에서도 발견되지만, 4세기 이후 곧 중국의 남북조시대부터 중국의 불교에서 본격적으로 번성하게 되는 바, 중국인들은 문수보살이 예언한 산이 바로 산서성(山西省)의 오대산(五臺山)을 가리킨다고 믿었다. 남북조시대에 북위(北魏)의 문제(文帝)가 이 산에 가서 절을 세우고 보살상을 모셨다. 문수 신앙과 오대산의 공식적인 탄생이다.

우리 나라의 오대산은 바로 이 같은 배경을 가진 오대산이 그대로 넘어온 것이다. 그러나 일연의 기록이 늘 그렇듯이, 그것이 단순한 수입만이 아님을 여기서도 힘차게 주장한다.

오대산과 월정사에 관해 쓴 세 조에서 일연은 네 가지 자료를 인용하고 있다. 첫째, 산중에 있는『고전(古傳)』. '오대산의 오만 개 진신' 조를 시작하면서, "이 산을 문수보살이 머문 곳이라고 처음 적은 이는 자장(慈藏)법사이다"라고 한 짧막한 인용이다. 그러나 이 조의 전반적인 내용은 바로 이 자료에 의지했을 것으로 보인다. 그리고 이 조의 마지막에 "보천이 입적하던 날에 기록을 남겼다"고 하고, 그 내용을 직접 인용의 형식으로 적어 놓았다. 둘째 자료다. 셋째는 보천태자 전기인데, 이 자료는 그대로 다음 조인 '명주 오대산 보천태자 전기' 조를 이루면서, 두 조가 많은 부분 중복되고 있다. 넷째는 절에 전하는『고기(古記)』. 이 또한 '(오)대산 월정사의 다섯 성중' 조를 이루는 직접 인용이고, 역시 '오대산의 오만 개 진신' 조와 중복되는 부분이 많다.

그렇다면 이런 결론을 내려볼 수 있다. 오대산과 월정사에 대해 쓴 세 조를 나란히 두었지만,『고전』· 보천태자 전기 ·『고기』를 자료로 '오대산의 오만 개 진신'이라는 조를 먼저 완성하고, 이에 조금 모자란다고 생각했을까, 뒤의 두 자료를 보충하는 식으로 부분적으로 남겼다. 어떤 의도이건 일연이 구해 볼 수 있는 자료는 모두 망라된 것이다.

오대산과 오만 진신이 된 까닭

이제 '오대산의 오만 개 진신' 조로 들어가 보자. 자장이 중국에 간 일은 황룡사 관련 기사에서 이미 나왔고, 「의해」편의 자장 전기에 다시 나오지만, 여기서는 그 두 군데에서 소개되지 않은 '그가 어떻게 문수보살을 만나게 되는가'에 대한 사실을 적어 놓고 있다.

자장이 문수보살을 만나려고 기도를 드렸는데, 문득 꿈에 부처가 나타나 4구(句)로 된 게(偈)를 주었다. 꿈에서 깨어난 그는 생시처럼 선명하게 기억되는데 게는 모두 산스크리트어로 써 있기에 어떻게 해독할지 몰랐다. 거기서부터 본격적인 이야기는 시작된다.

다음 날 아침, 홀연히 한 승려가 나타났다. 그는 붉은 비단에 금점이 박힌 가사 한 벌과 부처의 바리때 하나, 부처의 머리뼈 한 조각을 가지고 법사의 곁으로 와서 물었다.

"무슨 일로 그렇게 멍하니 계시는가?"

"꿈에 4구 게를 받았으나 산스크리트어라 해석하지 못하고 있소이다."

승려는 다음과 같이 번역해 주었다.

"가라파좌낭시(呵囉婆佐曩是)는 '모든 법을 알았다', 달예치거야(達嚇哆㖿)는 '본디 성품은 아무것도 가진 게 없다', 낭가희가낭(曩伽呬伽曩)은 '이와 같이 법성(法性)을 풀면', 달예노사나(達嚇盧舍那)는 '곧 노사나불을 보게 되리라'는 뜻이오."

그러면서 가지고 왔던 가사 등을 주면서 부탁했다.

"이것은 본디 우리 스승 석가모니께서 쓰신 도구들이오. 그대가 잘 지키시오."

또 말했다.

"그대 나라의 북쪽 명주 경계에 오대산이 있소. 1만 명의 문수보살이 거기에 늘 계시지. 그대는 가서 뵙도록 하시오."

월정사 입구의 전나무 숲은 한낮에도 볕이 거의 들지 않을 만큼 울창하게 이어져 있다. 오만 개나 되는 진신이 있다는 오대산에서, 세속의 때가 두텁게 쌓인 나로서는 진신 옷자락 끄트머리도 보지 못했다. (강원도 오대산)

월정사 적광전은 문수보살이 모시고 있다는 비로자나불에서 유래한다. 그런데 지금 적광전에 있는 불상은 비로자나불이 아니고 석가모니불이다. 불상에 깊은 관심이 있지 않고서야 법당에 있는 불상이 다 같은 부처님으로 보일테지만, 부처님께 절 한 번 올리고 마음 한 번 씻는다면 그 부처가 어느 부처인지는 몰라도 될 것 같다.(오대산 월정사)

말을 마치자 보이지 않았다. 두루 찾아보았으나 빈 자취뿐이었다. 동쪽으로 돌아오려 할 때, 대화지의 용이 나타나 재를 올리기를 청하므로, 7일간 공양하였더니 알려 주었다.

"지난번 게를 번역해 주던 승려가 곧 문수진신입니다."

대체로 성인을 만나는 장면은 이렇게 전개되는 경우가 대부분이다. 성인이 성인인 줄 알고 만난다면 오죽 좋으련만, 우리는 본질을 두고도 늘 외곽만 맴돌며, 손에 잡은 진리를 진리인 줄 모르고 버리는 경우 또한 허다하다. 나는 그것을 '우연히 스치는 듯한 만남'이라고 말한다.

자장은 그 말대로 한국의 오대산에 들어와 암자를 짓고 정진하여 문수보살을 만나고, 그것이 뒷날 범일(梵日)과 범일의 제자 신의(信

義)로 이어져, 오늘날의 월정사가 자리잡게 된다.

 그렇다면 왜 오대산인가? 앞서 중국 오대산의 경우를 잠시 설명했지만, 한국의 오대산도 같은 양상을 보여 준다. 여기에 '오대산의 오만 개 진신' 조의 진짜 이야기와 주인공이 등장한다. 바로 정신왕의 태자 보천(寶川)과 효명(孝明) 두 형제다. 일연은 여기서 주석을 달아 정신왕은 정명왕이라고 불렸던 신문왕, 효명은 효소왕(孝昭王)의 잘못이라고 설명하였다.

 두 형제는 은밀히 이 세상에서 벗어날 뜻을 약속하더니, 다른 사람이 알지 못하게 빠져 나와 몰래 오대산으로 들어갔다. 산의 남쪽과 북쪽에 각각 암자를 짓고 사방을 두루 찾아 예불을 드리는데, 그 봉우리가 오대산이라 이름 붙인 것처럼 다섯이었다. 다섯 봉우리는 무엇을 상징하는가.

 동대(東臺)는 만월산인데 1만 명의 관음진신이 나타나고, 남대(南臺)는 기린산인데 여덟 분 큰 보살을 우두머리로 1만 명의 지장보살이, 서대(西臺)는 장령산인데 무량수여래를 우두머리로 1만 명의 대세지보살이, 북대(北臺)는 상왕산인데 석가여래를 우두머리로 500명의 대아라한이, 중대(中臺)는 풍로산 또는 지로산인데 비로자나불을 우두머리로 1만 명의 문수보살이 있었다. 이와 같은 5만 명의 진신에게 일일이 예불을 드렸다.

 동서남북으로 관음보살·대세지보살·지장보살 1만 명씩과 아라한 500명이고, 가운데가 비로자나불(毘盧遮那佛)을 우두머리로 하는 문수보살 1만 명이 있다고 하였다. 오대산의 중심이 문수보살임을 나타내는 것이다. 지금도 월정사에 가면 금당 자리에 대웅전(大雄殿)이 아닌 대적광전(大寂光殿)이 있다. 대적광전은 바로 비로자나불을 모시는 금당에 붙이는 이름이다.

월정사의 부도밭을 보면 선덕여왕 때부터 지금까지 이르고 있는 월정사의 오랜 역사를 더듬어볼 수 있다. 모양도 가 기가지이고 크기도 제각각인 부도들은 한데 모여 아름다운 리듬을 만들고 있다.(오대산 월정사)

그런데 다음 조의 보천태자 전기에는 동서남북이 각각 푸른색·흰색·붉은색·검은색, 가운데가 노란색이라고 하여 색깔을 추가해 놓고 있다. 아마도 이런 점이, 사소하다면 사소할지 모르나 필요하다고 생각해서, 전체적인 내용은 앞 조와 중복되고 있지만 굳이 수록한 이유인 것 같다.

한편 문수보살은 매일 아침 서른여섯 가지의 모습으로 나타난다고 하면서, 다음과 같이 일일이 나열한다.

어떤 때는 부처의 얼굴로 나타나고, 어떤 때는 보배스런 구슬로, 부처의 눈 형태로, 부처의 손 형태로, 보배스런 탑의 형태로, 부처의 머리 형태로, 온갖 등의 형태로, 금빛 나는 다리 형태로, 금빛 나는 북의 형태로, 금빛 나는 종의 형태로, 신통한 모습으로, 금빛 나는 누각의 형태로, 금빛 나는 바퀴의 형태로, 금강저(金剛杵)의 형태로, 금빛 나는 옹기 형태로, 금빛 나는 비녀의 형태로, 다섯 빛깔의 광명 형태로, 다섯 빛깔의 원광 형태로, 길상초(吉祥草)의 형태로, 푸른 연꽃의 형태로, 금빛 나는 밭의 형태로, 은빛 나는 밭의 형태로, 부처의 발 형태로, 번개 치는 형태로, 여래가 솟아오르는 형태로, 지신(地神)이 솟아오르는 형태로, 금빛 나는 봉황의 형태로, 금빛 나는 새의 형태로, 말이 사자를 낳는 형태로, 닭이 봉황을 낳는 형태로, 푸른 용의 형태로, 흰 코끼리의 형태로, 까치의 형태로, 소가 사자를 낳는 형태로, 어린 돼지의 형태로, 푸른 뱀의 형태로 나타났다.

오늘날 우리가 오대산에 가서 이런 모습을 볼 수 있을까? 오대산과 오만 진신은 신비롭기만 하다.

눈물의 태자

보천과 효명 두 태자는 어떻게 되었을까? 세속에서는 고귀한 몸으로

문수보살은 매일 아침 서른여섯 가지의 모습으로 나타난다고 한다. 그 중 하나인 '보배로운 구슬'이 바로 이런 모습일 것 같다. 이끼 낀 담장에 내려 앉은 주목 열매다.(태백 정암사)

태어났건만 그들에게 그 같은 부귀영화는 눈앞에 보이지 않는 모양이다. "두 사람은 매번 계곡의 물을 떠다 차를 끓여 공양을 바치고, 밤에는 각자 암자에서 수련했다"고, 일연은 적고 있다.

그러나 두 태자의 이 같은 생활도 끝을 내야 할 때가 닥쳤다. 다시 왕궁으로 돌아가야 할 처지가 된 것이다. 그 장면을 일연은 이렇게 그렸다.

> 정신왕의 동생이 왕과 자리를 다투니 나라 사람들이 쫓아냈다. 장군 네 사람을 보내 산에 이르러 (보천과 효명을) 맞아오려 했다. 먼저 효명의 암자에 이르러 만세를 부르자, 다섯 빛깔의 구름이 7일 동안 드리워져 덮였다. 나라 사람들이 구름을 찾아 모여들어, 왕의 의장을 벌여 놓고 두 태자를 모셔 가려 했다. 보천은 울면서 사양했다. 그러자 효명을 모시고 돌아가 왕위에 오르게 했다.

보천이 흘린 눈물은 서러움의 눈물이 아니리라. 도의 경지에 맛을 본 이가 세속으로 돌아가기 싫어했을 뿐이니, 신하들을 따라 왕궁으로 가야 하는 효명이 못내 아쉬운 발길을 돌렸을 것이다.

그러나 효명은 왕이 되어서도 이 곳을 잊지 못한 듯 몸소 와서 절과 불상을 짓고, 공양할 쌀이며 기름 등을 보내기를 잊지 않았다.

눈물을 흘리며 돌아가기를 마다한 보천은 "늘 영험스런 골짜기의 물을 길어다 마셨으므로, 늘그막에 육신이 공중으로 날아가 유사강(流沙江) 밖 울진국(蔚珎國)의 장천굴에 이르러 멈추었다"고 하는데, 그 굴의 신이 나타나 보살계를 받겠다고 자청하기도 하였다. 영험은 그것으로 끝이 아니었다. 다시 오대산으로 돌아와 50년을 더 수도하였거니와,

도리천(忉利天)의 신이 하루 세 번에 걸쳐 설법을 들었고, 정거천(淨居

天)의 무리들이 차를 끓여 바쳤으며, 40명의 성인들은 10척쯤 공중에 떠서 언제나 지켜 주었다. 가지고 있는 지팡이가 하루에 세 번 소리를 내며 세 번씩 방을 둘러싸고 돌아, 이것을 종과 경쇠로 삼고 때를 따라 수련했다. 어떤 때는 문수보살이 물을 길어 보천의 이마에 붓고, 「성도기별(成道記 莂)」을 주었다.

는 대목에 이르러, 일연의 붓끝은 아예 종이 위를 나는 듯하다. '성도기별'에서 별(莂)이란 승려들이 쓰는 글을 총칭하는 말인데, 여기서는 부처가 제자들에게 성불할 것을 예언한 일과 관련되는 것 같다. 수도한다고 누구나 문수보살을 만나는 것도 아닌 터에, 보천은 문수보살과 함께 생활했다고 해도 지나친 말이 아니다.

보천이 입적하던 날에 기록을 남겼다고 앞서 밝힌 바 있다. 그 가운데 동대에 관음방을 두고 원통사(圓通寺)라 부르고, 남대에 지장방을 두고 금강사(金剛寺)라 부르고, 서대에 미타방을 두고 수정사(水精寺)라 부르고, 북대에 나한당을 두고 백련사(白蓮寺)라 부르며, 중대의 진여원을 화엄사(華嚴社)라 부르라는 대목은 앞의 기록에 없는 색다른 내용이다.

지금 오대산에는 이런 절들이 다 남아 있지 않다. 오직 월정사와 상원사만이 사람들에게 널리 알려져 있을 뿐이다. 나는 가끔씩 강릉 쪽에 가는 일이 생기면, 특히 내가 직접 운전을 해서 갈 때는, 영동고속도로의 상진부 톨게이트에서 빠져 나가 월정사를 들러가곤 했다. 상진부에서 월정사로 들어가는 길도 길이려니와, 월정사의 전나무숲은 세간에 널리 알려진 대로이고, 월정사 뒤편으로 상원사 가는 길은 더욱 호젓하고 아름답다. 오대산에서 내려오는 물은 어찌 그리 맑고 차가운지.

그리고 다시 고속도로를 타지 않고 진고개를 넘어 주문진으로 가는 길이 마지막 코스다. 그렇게 태백산맥을 한 번 넘어서면 폐에 가득한 먼지가 깨끗이 씻어나가는 듯하다.

학의 깃털이 가르쳐 준 것

월정사에 대해 쓰고 있는 세 조 가운데 마지막인 '(오)대산 월정사의 다섯 성중'에는 역시 앞에서 나오지 않은 이야기 하나가 소개되어 있다.

주인공은 신효(信孝)거사. 충청도 공주 사람인 그는 유동보살(幼童菩薩)의 화신이라 불리었는데, 세속에서는 어머니를 정성스레 모시는 효자였던가 보다. 어머니는 고기가 아니면 먹지를 않았으므로 고기를 구하러 나가는 데서 이야기는 시작된다.

들에서 학 다섯 마리를 보고 쐈다. 그 중 한 마리가 깃털 하나를 떨어뜨리고 가 버렸다. 거사가 그 깃털을 집어 눈을 가리고 사람을 보니, 사람이 모두 짐승들로 보였다. 그런 까닭에 고기를 얻지 못하고, 자기 허벅지 살을 베어 어머니에게 드렸다.

허벅지 살을 베어 부모를 봉양했다는 에피소드는 웬만한 효자 이야기에 단골로 등장하지만, 다섯 마리 학이 뜻하는 것, 그리고 깃털을 눈에 대니 사람이 짐승으로 보이더라는 에피소드는 뭔가 이야기의 흐름을 다른 데로 돌리고 있다는 느낌이 든다.

결국 신효는 출가를 하고 자신의 집을 내놓아 절을 만들었는데, 아마도 이 때는 어머니가 돌아가신 다음이었으리라. 그는 본격적인 수행에 들어갔다.

거사는 경주 근방에서 하솔(河率)까지 가면서 많은 사람을 보았는데, 이

우리 나라에는 대표적인 적멸보궁이 다섯 군데 있다. 모두 자장이 당에서 가져온 진신사리를 모신 곳인데, 그 가운데 하나가 오대산 중대에 있고, 또 하나는 태백 정암사에 있다. 정암사도 자장이 세운 것으로 전해온다.(태백 정암사 적멸보궁)

제는 사람의 모습이었다. 그래서 머물 마음이 생겼다. 길에서 늙은 아낙을 만나 물었다.

"살 만한 곳이 있습니까?"

"서쪽 고개를 넘으면 북쪽을 바라보는 골짜기가 있어요. 살 만합니다."

말을 마치자 보이지 않았다. 거사는 관음보살이 가르쳐 준 바임을 알고서, 성오평을 지나 자장법사가 처음 띠를 엮었던 곳으로 들어가 살았다. 잠깐 사이에 다섯 비구가 나타나 말했다.

"그대가 가져온 가사 한 벌은 지금 어디 있소?"

거사는 멍멍해졌다.

"그대가 집어서 사람을 본 깃털이 바로 가사라오."

거사가 내보이자 비구가 곧 가사의 떨어진 폭에다 깃털을 대보았다. 딱 맞았다. 깃털이 아니라 베였던 것이다. 거사가 다섯 비구와 헤어진 다음, 비로소 이들이 다섯 성중(聖衆)의 화신임을 알았다.

하솔은 지금의 강릉을 가리키는 옛 지명이다. 공주 사람인 신효가 왜 경주를 거쳤는지는 모르지만, 어쨌건 마지막에 오대산 근처까지 이르렀다는 말이 될 것이다.

눈에 대면 사람이 아니라 짐승으로 보이게 했다는 학의 깃털은 곧 그를 출가로 이끄는 방편이었다. 그리고 그 깃털의 진짜 주인은 오대산의 다섯 성중이요, 그 가운데서도 문수보살이었으리라. 처음부터 그에게는 문수보살의 계도(啓導)가 걸려 있었다.

이것은 하나의 인연이다. 도를 이루려고 해도 이루려는 자의 의지만으로 되지 않음을 우리는 이런 이야기에서 확인할 수 있다. 도를 이루려는 일만이 아니다. 무릇 의지만으로 하는 사람의 일이란 얼마나 고달픈가. 저절로 그렇게 되는 것, 그렇게 되는 것에 몸과 마음을 맡기는 것, 인연은 그렇게 오는 게 아닐까?

작은 절들에 서린 삶의 애환

금대암에서 보낸 하룻밤

아내와 아이들과 함께 암자에서 하룻밤을 잔 적이 있다. 지리산이 한눈에 들어오는 금대암은 덕유산의 끝자락에 있는 암자다. 팔만대장경을 시디-롬으로 만들어 대장경 연구의 획기적인 발판을 마련한 종림(宗林) 스님이 자주 들르는 곳이라 한다. 그 날도 종림 스님과 그를 좋아하는 몇몇 시인이 모인다는 소식을 듣고, 나는 염치 불구하고 식구들 모두 데리고 암자에 올랐던 것이다.

나는 사실 불교신자가 아니다. 그런데도 불교와 가까워진 것은 전적으로 『삼국유사』 연구 때문이었는데, 신자이건 아니건 오랜 전통 속에 우리들의 피와 살이 된 불교의 뿌리는 암암리에 깊다. 더욱이 절은 성소(聖所)이면서도 낯익은 우리 건축의 한 틀을 고스란히 간직한 것이라, 특히 조그만 암자에 들렀을 경우, 마치 고향 마을의 옛집에 찾아온 듯한 포근한 느낌으로 다가온다.

일본에서 온 지인(知人)들이 나와 함께 몇 군데 절을 돌아보고 난 다음, 산과 물과 절이 어울린 전체의 풍광이 특히 인상에 남았노라고 말하는 것을 들은 적이 있다. 그들에게 낯선 풍경으로서 각인되는 인상은 더 강했겠지만, 늘 보는 우리에게도 그것은 우리 마음 속에 '익숙한 옛집'의 하나로 오롯이 자리잡았다. 절은 그 익숙함의 풍경에서 그 자체로 안식의 공간을 우리에게 주는 듯하다.

내가 존경하는 선배 시인이 쓴 「절」이라는 시가 있다. 다음은 그 전문이다.

내 마음 오늘
절에 가서 절을 한다
잎 한 장 한 장 만들어지는 동안
온기가 없어 차가운
오랜 그 옛 마룻바닥에 엎드려

일어난다 다시 쳐다본다
즐겁고 깨끗하고 늘 있는 나는
지난 봄이 사라진 숲 속에
가을의 마지막 시간 속에
덧없음만 항상하고 아름다워라

나 이 길로 다시 돌아오라고
새싹의 아픔으로 돌아가라고
잎 한 잎 한 잎 떨어지는 동안에도
모든 것 향해 절할 수 있도록
내 마음 오늘
절하며 간다

시의 끝에 나는 이렇게 메모를 했다. "마음이 찾아갈 정처(定處)가 있는 사람은 행복하다. 우리는 질투와 미움의 화신(化身), 누구도 한 마음으로 즐겁고 깨끗하게만 살 수 없다. 치밀어 오르는 질투와 걷잡

그저 떠오르는 대로 이 생각 저 생각 마음대로 하며, 절까지 이어진 호젓한 길을 홀로 걷는 것만의 즐거움은 드물다.
걷다 보면 절이 나오고, 다시 그 길을 되짚어 나오며 700년 전 이 길을 걸었을 일연을 가끔 떠올린다.〈경주 함월산〉

지 못할 미움, 그것이 기실 누구에 의한 것이 아니고 나에게서 생긴 문제일진대, 미움도 질투도 피가 끓는 젊음이라 변명하는 동안 영혼 깊은 데에서는 상처만 커간다. 그래, 찢어진 마음이 찾아가 덧없음을 깨닫고 아름답게 치료받을 곳이 있는 사람은 행복하다."

나에게 절은 그랬다. 금대암에 다녀온 후, 나이 드신 보살님이 차려준 정갈한 절 밥을 맛있게 먹던 아내와 아이들이, 가끔 그 암자를 이야기하는 것을 듣는 즐거움이라니.

여러분은 어떠한가, 그리고 저 천 년 전, 이 나라의 '보통 사람'들은 절에 가서 무엇을 했는지, 「탑상」편의 기록을 통해 살펴보자.

의지할 데 없는 이들에게 주는 위로와 안식

분황사는 작은 절이 아니다. 신라의 일곱 군데 성지 가운데 하나로 당당히 자리잡고 있을 뿐만 아니라, 원효가 그 생애를 마감한 절로, 그리고 아들 설총이 아버지의 유골을 빻아 소상(塑像)을 만들고 걸어 둔 절로, 일연은 여러 군데서 이 절을 소개하고 있다.

그 가운데서도 읽는 이의 마음 깊이 찾아와 애타게 하는 이야기는 저 열네 편의 향가에 들어가는 「천수대비가」가 실린 '분황사 천수대비, 맹인 아이가 눈을 뜨다〔芬皇寺千手大悲盲兒得眼〕' 조가 아닌가 한다.

    무릎이 헐도록
    두 손바닥 모아
    천수관음 앞에
    빌고 빌어 두노라
    일천 개 손 일천 개 눈
    하나를 놓아 하나를 덜어

둘 없는 내라

한 개사 적이 헐어 주시려는가

아, 나에게 끼치신다면

어디에 쓸 자비라고 큰고.

　세상에 모정만큼 깊은 것이 어디 있겠는가. 희명(希明)이라는 여자의 딸아이는 눈이 멀어 앞을 못 보았다. 차라리 자신이 당한 일이라면 참고 말겠지만, 여섯 살 한창 재롱을 부릴 딸아이가 갑자기 눈이 멀자, 어머니는 천지가 무너지는 슬픔에 한없이 떨어야 했다.

　어머니는 눈 먼 딸을 데리고 분황사 좌측 전각 북쪽에 그린 천수관음 앞으로 갔다. 일천 개의 손과 일천 개의 눈을 가지고 중생을 구제한다는 관세음보살님이었다. 이 보살에게 빌면 모든 소원이 이루어진다는 믿음이 어머니에게는 있었다. 어머니는 노래를 지어 아이와 함께 간절히 불렀다. 마침내 눈을 뜨게 되었다는 그 다음 이야기는 차라리 사족처럼 들린다. 이만한 정성 앞에 감동하지 않는다면 어디 부처님이랴. 경덕왕 때의 일이었다.

　천 개의 눈에서 하나만이라도 내 주어 소원을 들어 주기 바라는 지극한 마음이 노래에 스며 있다. 그러면서 짐짓 희명은 엄포처럼 마지막 줄을 맺는다. '어디에 쓰실 자비이기에 여기서 들어 주지 않으시려는가' 라고.

　사실 지금 분황사는 옛 모습 그대로가 아니다. 고쳐 짓기를 몇 번이나 했을지 모르는 금당이 하나 있지만 그것으로 옛날을 상상하기란 어렵고, 벽돌모양을 만들어 쌓아올린 희귀한 모전석탑이 그나마 반도 남아 있지 않다. 희명이 기도했다는 좌측전각이나, 거기 그려진 천수관음 앞에 피눈물 흘리며 기도했을 희명 같은 숱한 사람들의 사연과 함께, 저 끝 모를 억겁의 인연 속으로 사라졌을 뿐이다.

분황사의 요즘 모습은 무척이나 초라하다. 발굴된 옛날 석재들을 담장 옆에 모아 두었지만, 이것으로 신라 칠대 성지 중의 하나였다던 모습을 그려보기에는 부족하다. 희명의 소원을 들어 준 천수관음 벽화도 원효의 소상도 전설로만 전해온다.(경주 분황사)

의지할 데 없는 가난한 이들의 위로와 안식을 주기는 민장사의 관음보살에 얽힌 이야기도 마찬가지다. 「탑상」편의 '민장사(敏藏寺)'조다.

우금리에 가난하게 사는 보개(寶開)라는 여자에게는 장춘(長春)이라는 이름의 아들이 있었다. 희명과 마찬가지로 경덕왕 때의 일이었다. 장춘은 바다로 다니는 상인을 따라 나갔다가 오래도록 소식이 없었다. 어머니가 민장사의 관음보살 앞에 가서 7일 동안 힘껏 기도를 드렸더니 장춘이 홀연히 이르렀다. 그간의 일들을 묻자 이렇게 말했다.

"바다 한가운데서 큰바람을 만났지요. 배가 깨져 같이 탄 사람들이 모두 빠져 나오지 못했는데, 나는 작은 판때기를 타고서 오(吳)나라 해변에 이르렀습니다. 오나라 사람들이 저를 데려다 들판에서 밭을 갈게 했지요. 그런데 우리 마을에서 온 것 같은 이상스런 스님이 나타나 위로해 주시더니, 나를 데리고 함께 갔습니다. 앞에 깊은 도랑이 나오자 스님은 나를 옆구리에 끼고 건너뛰었구요. 어둑어둑한 사이에 우리 마을 말씨와 우는 소리 같은 것이 들렸습니다. 살펴보았더니 벌써 이 곳에 도착하였어요."

일연은 이 말 끝에다 "해가 질 때 오나라를 떠났는데, 이 곳에 이른 것이 겨우 밤 일곱 시쯤이었다"고 덧붙였다. 믿거나 말거나 하자면 황당한 이야기일지언정, 그 속에 숨은 절절함마저 앗아가지 못한다.

중생사에 얽힌 이야기

지금 소개하는 보살은 모두 관음이다. 앞서 황룡사와 월정사처럼 「탑상」편에서 문수보살과 그 신앙도 중요하지만, 역시 관음보살과 그 영험에 대한 이야기가 가장 많고 중심에 서 있다.

중생사(衆生寺)에도 관음보살상이 있었다. 어떻게 이 보살상이 그

10여 년 전과 비교하여 요사이 절에서 유행하는 것이 있다면 '우리 꽃 가꾸기'다. 분황사에도 경내 한 쪽에 꽃밭을 만들어 놓아서 봄부터 가을까지 내내 우리 꽃을 볼 수 있다. 이 날은 할미꽃이 다소곳이 피어 있었다.(경주 분황사)

려졌는지, 유래담부터가 재미있는 옛날 이야기 한 토막이다. 『신라고전(新羅古傳)』에 실려 있다고 하면서 일연은 '세 곳의 관음과 중생사〔三所觀音衆生寺〕' 조를 시작한다.

　　당나라 천자가 대단히 예뻐하는 여자가 있었다. 아름다움이 절로 흘러 누구와 견줄 데 없으니, '예로부터 이제까지 그림에서도 이 같은 여자는 드물다'라고 할 정도였다. 이에 그림을 잘 그리는 이에게 초상화를 그리도록 하였다.
　　그 사람이 명령을 받들어 그림을 완성했는데, 붓을 잘못 떨어뜨려 배꼽 아래가 붉은 자국으로 더럽혀졌다. 그것을 고치려 했지만 할 수가 없었다. 마음 속으로 붉은 표시가 분명 날 때 생겼으리라 생각하며, 일을 마치고 바쳤다. 황제가 그것을 가리키며 말했다.
　　"겉모습은 매우 그대로이구나. 그런데 배꼽 아래 표시는 안에서만 아는 비밀인데, 어찌 알고 함께 그렸는가?"
　　황제는 크게 화를 내며 옥에 가두고 벌을 주려 하였다. 승상이 아뢰었다.
　　"그 사람은 마음이 아주 곧습니다. 용서해 주시지요."
　　"그렇게 현명하고 곧다면 지난밤 내 꿈속의 모습을 그려내거라. 어긋나지 않다면 용서하리라."
　　그 사람이 곧 11면 관음상을 그려냈다. 꿈과 맞으니 황제는 의심이 풀려 용서해 주었다.

　　재주가 화를 부른다고 했던가, 화공은 마치 그런 처지에 빠졌지만 그의 재주로 겨우 목숨은 건졌다. 그러나 이미 자기 나라에 진저리가 쳐졌다. 그는 불교를 깊이 믿는다고 알려진 신라로 가자 마음먹고, 중생사에 이르러 대비상을 만들었다는 것이다.
　　이 대비상에 기원하여 이룬 기적이 한 둘이 아니지만, 그 가운데 대표적인 세 가지 이야기를 일연은 이어서 적고 있다.

첫번째는 고려 초의 이름난 재상 최승로(崔承老)가 갓난아이 적에 겪은 이야기다. 그의 아버지 최은함(崔殷誠)은 저물어 가는 신라의 관리였는데, 견훤이 한창 기승을 부릴 무렵, 오랫동안 자식이 없다가 이 절의 부처님 앞에 기도하여 아들을 얻었다. 그러나 기쁨도 잠시, 경주는 백제군의 공격으로 혼란스럽기 그지없고, 목숨마저 부지하기 힘든 지경이 되었다. 최은함은 피난길에 백일도 지나지 않은 아이를 안고 중생사의 대비상 앞에 와서 빌었다. "이웃 나라 군사가 쳐들어 오니 일이 급하게 되었습니다. 갓난아이가 거듭 중하오나 함께 살아날 수 없습니다. 진실로 대성(大聖)께서 주신 아이라면, 바라건대 부처님의 힘을 빌려 이 아이를 키워 주시고, 우리 부자가 다시 만날 수 있게 해주십시오."

눈물을 쏟으며 비통하게 세 번을 울면서 세 번을 아뢰고, 강보에 싸서 부처가 앉은 자리 아래 감추고 하염없이 돌아보며 갔다고, 일연은 적고 있다. 보름이 지났다. 사태가 진정되어 아이를 찾으러 와 보니, "피부가 마치 새로 목욕한 아이 같고, 몸이 반들반들하며, 입 언저리에서는 아직 우유 냄새가 나고 있었다"고 한다.

이 선연한 광경들을 어떻게 글로 다 그릴 수 있을까? 비통함과 놀라움이 교차하는 곡진한 장면 장면들이다.

고려까지 이어지는 중생사의 이야기

두 번째 이야기는 고려 초로 넘어간다. 통화(統和) 10년(992년) 3월, 이 때 절의 주지는 성태(性泰)라는 스님이었는데, 시주도 별로 없고 가진 땅도 없어서 절 살림을 해나가기 어려운 지경이 되었다. 성태는 할 수 없이 중생사를 포기하고 다른 곳으로 가려 했다. 그러자 꿈에 관음보살이 나타나 말렸다.

살림은 비록 어려웠지만 꿈에서나마 대성을 뵈었다는 기쁨에 성태는 머물기로 했는데, 열흘쯤 지나 웬 사람 둘이 소와 말에 가득 시주를 싣고 오는 것이 아닌가. 성태와 두 사람 사이에 대화가 시작되었다.

"어디서 오십니까?"
"우리들은 김주(金州) 땅 사람들입니다. 저번에 한 비구 스님이 우리에게 와서, '내가 서울의 중생사에서 머문 지 오래 되었다. 공양드릴 일이 어려워 시주를 받으러 왔다'고 하였소. 그래서 우리가 인근 마을에서 시주를 모으되, 쌀 6석(石)과 소금 4석을 지고 왔습니다."
"이 절에서는 시주 받으러 나간 사람이 없어요. 여러분이 잘못 들었는가 싶소."
"지난번 비구 스님이 우리를 데리고 와서 이 신견정(神見井)가에 이르러, '절까지가 멀지 않다. 내가 먼저 가서 기다리겠다'라고 하였습니다. 우리들이 그대로 따라 절에 온 것입니다."
스님이 이끌어 법당으로 들어갔더니, 그 사람들이 대성에게 예를 갖추고 서로 말했다.
"이것은 시주를 거두던 분의 얼굴입니다!"

시주나 걷자고 나온 이야기는 결코 아닐 것이다. 자신들이 믿어마지 않는 어떤 절대자에 대한 꾸밈없는 흠모는 이런 기적을 낳게 한다. 일연은, 이 시대의 사람들이 이 같은 세계 속에서 살았음을, 우리에게 조용히 전해 주고 있을 뿐이다.

좀더 소박하지만 더 많은 생각을 하게 해주는 이야기가 마지막으로 나온다. 때는 훌쩍 뛰어 대정(大定) 13년 계사년(1173년)으로 넘어간다. 이 때라면 일연이 『삼국유사』를 쓰기 시작한 시기로부터 불과 100년 정도 앞선다.

중생사는 낭산 서쪽 기슭에 있다. 낭산이야 작은 둔덕에 지나지 않지만 『삼국유사』에 자주 나오는 중요한 산이다. 선덕여왕릉에서 북쪽으로 10분쯤 걸어가면 중생사가 나오는데, 그저 마당 넓은 시골집 같다.(경주 중생사)

절 마당 한 쪽으로는 탑 머리돌이며, 석등 받침돌 등 이 곳에 본디 있었던 신라 때의 석재들이 쌓여 있어서, 그나마 이 곳에 옛날부터 절이 있었음을 알 수 있게 해준다.(경주 중생사)

중생사 옆 바위에는 심하게 마모되어 볕이 한 쪽으로 잘 들어올 때라야 간신히 볼 수 있는 마애불이 새겨져 있다. 가운데 본존이 지장보살상이라고 하고, 좌우로는 무기를 든 신장상이 앉아 있다.(경주 중생사)

그 때 중생사에는 점숭(占崇)이라는 스님이 살고 있었다. 그는 글을 알지 못했지만 "성품이 본디 순수하고 향불 피우기를 무척 부지런히 하는 사람"이었다. 다른 한 스님이 이 절에 들어오려고 친의천사(襯衣天使)에게 "이 절은 나라에서 은혜와 복을 비는 곳입니다. 그러니 마땅히 글을 읽을 수 있는 자를 뽑아 지키도록 해야 할 것입니다" 하고, 짐짓 진중하게 건의했다. 여기서 친의천사란 어떤 역할을 하는 이인지 잘 모르겠지만, 건의에 마지못해 천사는 다음과 같이 점숭을 시험해 본다.

천사가 그렇다 하고, 그 사람을 시험해 보려 문서를 거꾸로 주었는데, 점숭은 펼쳐서 유창하게 읽는 것이었다. 천사는 탄복하며 방안에 돌아와 앉았다가 다시 한번 읽어 보라고 하였다. 점숭은 입을 다문 채 한마디도 못하였다.

"이 사람은 진실로 대성이 지키고 있구나."

천사는 그렇게 생각하고 끝내 빼앗지 않았다.

불성(佛性)은 대체로 마음에 이미 자리잡고 있는 법이다. 그 불성은 어떤 지식보다 나으며, 때로 기적을 나타내 보이기도 하는 것이니, 무엇이 값어치 있는가는 이런 이야기를 통해 분명히 드러난다.

일연의 생애와 그 반영으로서『삼국유사』

개인사의 그늘에 놓일 책이 아니라는 것을 잘 알지만,『삼국유사』는 때로 일연의 생애와 견주었을 때 보다 맑게 이해되기도 한다. 일연에게서 평생의 화두를 하나 들자면 어머니다. 세속의 인연에 너무 연연해한다고 탓하지 말라. 일연의 어머니는 열아홉 살 아직 꽃 피지 않을 나이에 아들 하나를 낳고, 아흔 살 넘어 세상을 마칠 때까지 평생을 혼자 산 사람이다. 그 어머니에 대한 어떤 향념(向念)이『삼국유사』에 더러더러 묻어 잠겨 있음을 찾아내기란 그다지 어려운 일이 아니다.

그것은 앞서 장춘과 그의 어머니 보개를 통해서도 나타났다. 홀연히 사라진 아들을 찾고자, 애끓는 마음을 부처님 앞에 가 빌고 비는 어머니는, 다름 아닌 일연과 그 어머니의 대역(代役)들이다. 이런 관계에 대해서는 앞으로도 기회가 있을 때마다 반복하고자 한다.

그것은 인간 세계에서의 일만이 아니다. 미물(微物)이라는 짐승에게서도, 일연은 끊지 못할 어떤 인연과 정을 발견한다.

영취사는 지금 울산에서 부산으로 내려가는 5번 국도의 울산 경계를 막 벗어난 곳 어디쯤에 자리잡고 있던 절이다. 이 절에서 전해오는 다음과 같은 기록을, 일연은 '영취사(靈鷲寺)' 조에서 소개하고 있다.

신라의 진골인 제31대 신문왕 때이다. 영순(永淳) 2년은 계미년(683년)인데, 재상 충원공(忠元公)이 장산국(萇山國)의 온천에 목욕을 갔다 집으로 돌아올 때였다.

굴정역(屈井驛)의 동지(桐旨) 들에 이르러 잠시 쉬었다. 문득 한 사람이 매를 날려 꿩을 쫓게 하는 것을 보았다. 꿩은 금악향(金岳香)으로 날아 지나가더니 자취가 없었다. 매의 방울 소리를 듣고 찾아갔다. 굴정현의 관청 북쪽에 있는 우물가에 이르자, 매가 나무 위에 앉아 있고, 꿩은 우물 안에 있는데 온통 핏빛이었다.

꿩은 두 날개를 펼쳐 두 마리 새끼를 감싸고 있었다. 매도 불쌍히 여기는지 잡지 않는 모양이었다. 충원공이 이를 보고 측은히 여기면서 느낀 바 있어 이 땅을 살펴보라 하니, 절을 지을 만한 곳이라고 하였다.

서울로 돌아와 왕에게 아뢰었다. 관청 건물을 다른 곳으로 옮기게 하고 그 땅에 절을 지었다. 이름을 영취사라 하였다.

장산국은 지금의 동래다. 온천으로 유명하기는 벌써 그 때부터였는가 보다. 충원공이 어떤 사람인지는 자세히 알지 못하겠으나, 느긋이 온천을 즐기고 돌아오는 길에, 아직도 몸에 남은 훈훈함이 마냥 느껍기만 했을 터이고, 게다가 매사냥이라니 한바탕 호쾌한 남자들의 놀이가 무르익었을 것이다. 방울소리를 따라가 본 곳에서 핏빛으로 물든 우물을 보기 전까지는 말이다.

더욱이 거기에서 자신은 죽더라도 새끼들은 지키겠다는 어미 꿩의 애타는 모습이 충원공의 마음을 흔들었다. 더 이상 공격을 하지 않는 매의 모습이 더욱 감동적으로 겹쳐졌을 것이다.

나는 이 대목이 모두 놀라웠다. 한낱 짐승으로도 자비를 아는 짐승이며, 욕심을 내자면 한없을 인간으로도 깨우침의 무릎을 꿇을 줄 아는 사람이 어우러진 장면 장면들이다. 꿩이나 그 새끼 몇 마리를 살렸다는 데 의미가 있는 것이 아니다. 그들을 살린 어떤 메커니즘이 중요한 것이다. 신라시대에 우리 조상들은 그런 메커니즘을 가지고 있었다. 나는 그것이 자랑스럽다.

20세기가 저물어 가는 2000년 가을, 중동의 예루살렘에서는 피비린내 나는 싸움이 다시 벌어졌었다. 그 현장을 전하는 텔레비전 뉴스에 눈길이 머물렀던 사람들은 날아오는 총탄에 두려워 떨고 있는 한 소년과 소년을 지키려고 온몸으로 막고 있는 아버지, 그러나 사격을 중지해 달라는 아버지의 외침에도 불구하고 결국 배에 총을 맞고 아버지의 품에서 숨져가는 소년을 보았을 것이다.

그 두려운 눈빛을 보고도 총을 쏜 자들은 인간이 아니다. 짐승도 아니다. 정작 누가 총을 쏘았는지 서로가 서로에게 책임을 전가했지만, 양쪽 모두 열렬히 신을 섬긴다는 사람들이 도대체 그 신은 무엇을 가르치길래 그토록 매몰찬 짓들을 하는 것인지, 나는 그것을 도대체 이해할 수 없었다.

굴정현의 꿩 모자가 마치 소년 부자의 이런 표정이었을 것이다. 그 꿩 식구들을 살린 조상을 가진 후손으로 우리는 그나마 착한 사람들일까.

노힐부득과 달달박박

흰 달이 비추는 산

만약 『삼국유사』에 실린 150여 가지가 넘는 이야기 중에 가장 뜻 깊은 것을 뽑으라고 한다면, 나는 여기 '노힐부득과 달달박박'의 이야기를 대는 데 주저하지 않겠다. 「탑상」편의 '남백월산의 두 성인 노힐부득과 달달박박〔南白月二聖努肹夫得怛怛朴朴〕'조다. 학위 논문을 쓰면서 나는 이 조가 일연과 일연의 문학 그리고 『삼국유사』를 이해하는 데 무엇보다 중요한 자료라고 주장한 바도 있다.

먼저 이 조의 내용을 대강 정리해 보면 다음과 같다.

백월산 연기 설화로 시작하는 이 조는 부득과 박박이 각각 미타불과 미륵불을 근실히 구하다 함께 왕생하는 이야기다. 두 사람은 본디 아내를 데리고 살다가 역외가상(域外假想)이 있어 속세의 인연을 버리고 산중으로 숨는다.

어느 날, 해는 저물어 가는데 나이 스물에 가깝고 얼굴이 아리따운 한 낭자가 산중 박박의 처소를 찾는다. 그러면서 하룻밤 자고 가기를 청한다. 박박은 일언지하에 거절한다. 절은 깨끗해야 하는 것이니, 여자가 가까이 할 곳이 아니라는 것이다. 낭자는 피곤한 심신을 이끌고 부득의 처소를 찾는다. 부득은 머뭇거리면서 이 밤중에 어디서 오는가 묻는다. 부득은 "이 곳은 여자와 함께 있을 곳이 아니나, 중생

(衆生)을 따르는 것도 역시 보살행(菩薩行)의 하나일 것이오. 더구나 깊은 산골짜기에 날마저 어두웠으니, 어찌 소홀히 대접할 수 있겠오"라고 말하며 여자를 들인다. 게다가 부득은 여자를 자고 가게 했을 뿐만 아니라, 밤이 깊어 여자에게 산기(産氣)가 있자, 이 난처한 경우에도 정성스레 시중을 들어 준다. 이 때도 '불쌍히 여기는 마음이 지극해서'였을 뿐이다. 그런데 낭자의 출산을 위해 준비해 준 목욕물이 금빛으로 변한다. 낭자는 스스로 자기가 관음보살이라 밝히고, 스님의 대보리(大菩提)가 이뤄지도록 돕겠다고 말한다.

간밤 계를 더럽혔으리라 생각하고 비웃어 주려 부득의 처소를 찾아온 박박은 막상 도착해 부득을 보자 자신의 부족함을 깨닫는다. '나는 마음 속에 가린 것이 있어서' 성인을 만나고도 알아보지 못했다고 시인한다. 변통 없는 원리원칙은 득도의 순간을 막고 말았던 것이다. 부득의 도움으로 남은 목욕물에 몸을 담근 박박도 함께 금빛 보살이 된다.

사실 이렇게 요약해 버리고 나면 이야기는 그저 단순한 득도담(得道談)처럼 들리고 만다. 그러나 그 속에 담긴 하나하나의 의미를 따져 보고, 시와 산문을 적절히 섞어가며 쓴 일연의 붓끝을 따라가다 보면, 쏠쏠한 재미가 한두 가지 아니다.

백월산의 유래를 "옛부터 노인들이 이렇게 말했다"라고 소개한 부분은 마치 대하 소설의 서장 같다.

"옛날에 당나라 황제가 연못을 하나 팠지. 매달 14일에 달빛이 환하게 밝을 때, 사자처럼 생긴 산의 바위 하나가 꽃 그림자 사이에 은은히 비추며 연못 가운데 나타나는 것이야. 황제가 화공더러 그 모습을 그리게 하고, 사신을 시켜 천하를 돌며 찾게 했어. 우리 나라에 이르러 이 산을 보니 커다란 사자암이 있고, 산 서남쪽 2보(步)쯤에 산이 셋 있는데, 이름이 화산(花

창원에 들어서서 수시로 지도를 펼쳐보며 백월산을 찾아가는 길가, 눈이 확 뜨이는 반가운 이름을 만났다. 레스토랑 '달달박박'. 이 곳에서 마을로 들어가 감나무 밭을 따라 난 길로 한 시간 반 정도 올라야 정상에 갈 수 있다. 멀리 보이는 산이 백월산이다.(창원 백월산)

山)이야. 그림과 아주 비슷했지. 그러나 진짜인지 가짜인지 몰라 신발 한 짝을 사자암의 정상에 걸어 놓고 사신들은 돌아가 아뢰었지. 신발의 그림자가 연못에 나타나는 것이야. 황제가 기이하게 여겨 이름을 내려 주기를 '백월산'이라 했어. 그런 다음에 연못에는 그림자가 사라졌어."

지금의 경남 의안(義安)에 있는, 이렇듯 아름다운 산에서 그 산만큼이나 아름다운 이야기는 시작한다.

노힐부득과 달달박박이라는 사람

이름마저 재미있는 노힐부득과 달달박박, 그들은 어떤 사람이었으며 어떻게 살고자 했는가?

두 사람은 처음 산에서 동남쪽의 선천촌(仙川村)에 살았다. 둘 다

풍채가 평범하지 않고 이 세상 밖의 뜻을 품으며 친구 사이로 가까이 지냈다. 나이가 스물쯤 되어 마을의 동북쪽 고개 너머 법적방(法積房)에 가서 머리를 깎고 승려가 되었고, 얼마 지나지 않아, 서남쪽 치산촌(雉山村) 법종곡(法宗谷)의 승도촌(僧道村)에 오래 된 절이 있는데, 머무를 만하다는 말을 듣고 함께 가서, 대불전(大佛田)과 소불전(小佛田) 두 마을에 각각 살았다.

그런데 그 때까지도 그들에게는 아내가 있었고, 일상의 생계를 스스로 일하며 꾸려나가고 있었다. 그러니까 계를 받고 정식으로 출가한 비구는 아니었던 셈이다. 실제로 신라시대에는 이 같은 재가승(在家僧)이 많았던 것으로 보인다. 유명한 향가 「원왕생가」를 지은 광덕도 아내를 데리고 살지 않았던가?

그러나 저 멀리 극락 세상에 대한 뜻이 커지면 커질수록 세상에서 한 몸이 얼마나 무상한 것인가를 보게 되었다. 그들은 서로 다음과 같이 말했다.

"기름진 밭에 풍년이 들어 무척 남는다 해도, 옷과 밥이 생각하는 대로 이르러 저절로 배부르고 따스함만 같지 못할 것이요, 부인과 집이 진정 좋다 하나, 연꽃 핀 연못가와 꽃밭에서 천성(千聖)들과 함께 놀며 앵무새며 공작과 어울려 함께 즐김만 같지 못할 것이네. 하물며 부처님을 배우면 마땅히 부처가 되어야 하고, 진리를 닦으면 반드시 진리를 찾아야지. 지금 우리들은 이미 머리를 깎고 승려가 되었으니, 세상에 묶인 끈을 벗어 버리고 더할 수 없는 도를 이루어야 하네. 먼지 날리는 세상에 코를 박고서야 어찌 세상의 무리들과 다름이 있겠는가?"

도를 이루려면 이만한 결단력 정도야 당연한 것 아닐까? 그러나 그것은 마음이 저절로 시켜서 된 것이지 억지가 끼여들 수 없다. 언젠가 수도를 하는 데 방해가 된다고 자기 양물(陽物)을 잘라 버린 사람의 이야기를 신문에서 읽은 적이 있다. 그것도 결단력은 결단력. 그러나 왠지 억지스러워 보여, 차라리 수도를 하지 않음만 못하였겠다고 생각했었다.

'부처를 배우면 마땅히 부처가 되어야 하고, 진리를 닦으면 반드시 진리를 찾는다'는 말은 평범 속의 비범이다. 그들은 드디어 완전한 출가를 이루기로 작정하였는데, 그렇게 하자고 약속한 밤에 꿈을 꾸니, 흰 터럭 같은 빛이 서쪽에서 오고 그 빛 가운데서 금빛 팔이 드리워져 두 사람의 이마를 만졌다고 한다. 두 사람이 똑같이 꾼 이 꿈에서 흰 터럭은 곧 부처님을 상징하는 것이다.

그들의 결심에 부처님이 감응하신 것일까, 끝내 그들이 찾아 들어간 곳이 바로 백월산이었다.

박박이 산 곳은 판옥(板屋), 부득이 산 곳은 뇌방(磊房)이었다. 판자때기 몇 개로, 돌무더기 여남은 개로 지은 초라한 집이었던 것이다. 수행에 무슨 더 화려한 곳이 필요하랴. 그러나 이 대목에서 "부득은 열심히 미륵보살을 찾고, 박박은 한마음으로 미타보살에게 예불을 드렸다"는 기록이 연구자들 사이에 논란을 일으킨다. 다같이 미타보살이 아니냐는 것이고, 다르다면 박박은 미타보살이며 부득은 미륵보살, 이렇게 바뀌어야 할 것이라는 지적이다. 그 문제는 문제대로 놓아 두자.

저물 무렵에 나타난 아리따운 여인

3년쯤 세월이 흘렀다. 3년이라면 수행에 꽤 진전이 있을 기간이다. 군대 3년을 경험해 본 사람들은 그 때서야 총 쏠줄 알 만하니까 제대하더라고 말한다. 우리는 중학교도 3년을, 고등학교도 3년을 다닌다. 3년이라는 시간은 묘한 의미로 우리에게 다가온다.

물론 중·고등학교도 안 다니고 군대도 갔다오지 않았을 부득과 박박이 그런 시간의 의미 속에 살았다는 말은 아니다. 어떤 하나의 매듭이랄까, 3년은 그런 경험을 보편적으로 주지 않는가 싶을 따름이다.

그런 산중에 한 아리따운 여자가 나타났다. 그 때를 일연은 "경룡(景龍) 3년 기유년(709년)의 4월 8일은 성덕왕이 즉위한 지 8년"이라고 적었다. 하필 4월 8일일까? 뭔가 암시하는 바가 있다.

여자는 먼저 박박이 사는 곳에 이르렀다. 그리고 이런 노래를 지어 바쳤다.

가다 보니 해는 떨어지고 온 산이 저물어
길은 끊어지고 마을은 멀어 사방이 막혔다오
오늘 밤 몸을 맡겨 암자 아래 자려 하니
자비로운 스님께선 화내지 마세요

아리따운 여자의 입에서 이런 시가 나오는데 그런 부탁을 거절할 사람이 어디 있을까? 우리 같은 속인으로서는 불감청(不敢請)이나 고소원(固所願)이다.

그러나 박박은 수행자다. 그것도 매우 바른, 어찌 보면 융통성이라곤 하나도 없는 모범생이다. 박박은 "절이란 깨끗이 지키는 것을 일삼는 곳이오. 그대를 받아들일 수 없으니, 빨리 떠나시고 이 곳에 머물지 마시오"라고, 그답게 거절한다. 거절도 아닌 내치는 것이나 다름없다. 저문 산길이건, 인가 없는 산중이건, 그래서 연약한 여자가 무슨 봉변을 당하건 그것은 문제가 아니었다.

매정히 문을 닫고 들어가 버리는 박박을 뒤로 하고 여자는 부득의 처소를 찾는다. 부득에게도 같은 부탁을 했더니, 부득은 우선 묻기부터 한다. "그대는 어디서부터 밤을 헤치고 오시는 것이오?" 그러자 여자가 대답한다. "맑기가 태허(太虛)와 한 몸이니 어디 오고감이 있나요? 다만 현명하신 스님께서 뜻이 매우 깊고 덕행이 높다 하여 보리를 이루는 데 돕고자 합니다."

4월 8일 밤에 나타난 여자의 이 같은 말은 또 한 번 의미심장하다. 물론 아예 말조차 걸지 않았던 박박과는 없었던 대화다. 그러면서 게(偈) 하나를 바치는데, 이 또한 박박에게 준 것과는 다르다.

날 저문 산길에
가는 곳마다 사방이 막혀 있네
소나무 대나무 숲은 그늘이 짙어 가고
골짜기 시냇물 소리는 낯설기만 한데
자고 가기를 바라는 것은 길을 잃어서만 아니요
스님께 계율을 일러 주려 함이네
내 청을 들어만 주실 뿐
어떤 사람인가는 묻지 마오

부득이 바보가 아닌 이상 아닌 밤중에 찾아온 이 여자를 그저 평범한 아낙으로 볼 리 없었겠으며, 이미 세속을 떠나 3년을 수도하며 근실히 서방정토를 갈구하는 마당에 속인의 욕정만으로 대하지 않았던 듯하다.

부득은 놀라며 말했다. "이 곳은 여자가 와서 더럽힐 곳은 아니오. 그러나 중생을 따르는 것도 보살행(菩薩行)의 하나이지요. 하물며 깊은 산골에 날마저 저물었으니 어떻게 소홀히 대하리요." 부득과 박박이 갈라지는 극명한 지점이다. 박박은 하나만 생각했다면 부득은 최소한 둘 이상을 생각한 것이다. 수행자의 초심을 흔들지 않으려는 박박의 태도도 뜻이 있지만, 거기서 더 나아가 상황의 옳고 그름을 판

구름 사이로 언뜻 보이는 바위가 사자바위라고 한다. 달달박박이 수행했다는 판방이 저기 어디쯤 있었을 것이다. (창원 백월산)

단하는 부득의 태도는 차원이 달라 보인다. 박박의 교조적(教條的) 외통수와 부득의 현실적 융통성이라고나 할까?

그래서 부득은 여자를 암자 안으로 맞아들여 머물게 했다. 밤 깊도록 맑은 마음을 지키며 등잔불 아래 벽을 바라보고 부지런히 염불을 외웠다고, 일연은 조심스럽게 쓰고 있다.

밤부터 아침까지 무슨 일이 일어났을까

한밤중의 뇌방은 스님의 염불소리와 곤히 잠든 여인네의 숨소리뿐이었으리라. 4월 8일, 달은 백월산 위에서 반쯤 얼굴을 내밀어 쳐다보고 있었을지도 모르고.

그런데 밤을 맞을 무렵 여자가 불렀다. 여자는 부득에게 "제가 하필 아이를 낳으려나 봅니다. 스님께서 거적때기를 좀 준비해 주시지요"라고 부탁하는 게 아닌가? 딱한 노릇이다. 외딴 암자에 여자를 들인 것도 쉽지 않았는데, 게다가 출산을 돕자니 경험도 없을 뿐더러 알몸의 여자를 가까이 하는 일.

그러나 사안이 사안이다. 부득은 어떻게 하였을까? 그리고 무슨 일이 벌어졌을까? 본문을 직접 읽어 본다.

부득은 애처로운 마음 가눌 길 없어 등불을 가만히 피워 놓았다. 여자는 아이를 낳더니 목욕물을 부탁했다. 노힐부득은 두려운 마음이 엇갈렸으나, 어여삐 여기는 마음은 더할 나위 없었다. 항아리 욕조를 마련해 여자를 거기 앉히고, 새로 물을 끓여 씻겼다. 그러자 욕조 안의 물이 향기를 가득 피우면서, 금빛의 즙으로 변하는 것이었다. 노힐이 크게 놀라자 여자가 말했다.

"우리 스님도 여기서 씻으시지요."

노힐은 굳이 권하자 이에 따랐다. 문득 정신이 상쾌하고 맑아지면서, 피부가 금빛이 되었다. 그 곁을 보았더니 어느새 연대(蓮臺)가 하나 나타났다. 여자는 거기 앉으라고 권하며 말했다.

"나는 본디 관음보살이오. 스님이 대보리(大菩提)를 이루도록 와서 도운 것이라오."

말을 마치자 보이지 않았다.

여자의 정체는 여기 와서야 밝혀졌다. 바로 관음보살의 화신으로, 뚜렷한 목적을 가지고 시험삼아 두 사람을 방문했던 것이다. 거기에 박박은 보기 좋게 나가떨어졌지만, 부득은 합격한 셈이다.

성불(成佛)을 돕기 위해 나타나는 관음보살이 흔히 여자의 모습인 것은 『삼국유사』 안에 여기 말고도 여러 군데에서 볼 수 있다. 그런데 왜 여자의 모습인가는, 일연이 결론 부분에서 "여자는 부녀자의 몸으로 나타난 섭화자(攝化者)라 할 만하다. 『화엄경』에서 '마야부인(摩耶夫人) 선지식(善知識)이 열한 군데에 살면서 부처를 낳아 해탈문을 환상했다'는 것과 같다. 이 이야기에서 여자가 아이를 낳은 숨은 뜻이 여기에 있다"고 말한 데서 답을 찾을 수 있다. 자비롭고 희생적인 어머니의 정성과 같은 성격을 가진 이가 관음보살이다. 이는 불교가 중국으로 전해진 다음 더욱 강화된 생각이라고 한다.

중생의 뜻을 따르자고 박절히 내쫓지 못한 것, 맑은 마음을 지키며 벽을 바라보고 부지런히 염불을 외운 것, 아이를 낳으려는 여자 옆에 애처로운 마음으로 가만히 등불을 피워 놓은 것, 두려운 마음 한편 가득했으나 새로 물을 끓여 산후의 여인을 씻긴 것 등 부득의 행동 하나하나에서 우리는 비록 관음보살이 도와주지 않았더라도 이미 도를 이룬 자의 마음씀을 확인할 수 있다. 어쩌면 그의 행동 하나하나 그 자체가 관음보살의 현신인지도 모른다.

날이 밝았다. 박박은 '노힐이 지난밤 분명 계를 더럽혔을 것이야. 가서 비웃어 주어야지' 하며, 부득의 처소로 득달같이 들이닥쳤다. 그러나 웬걸, 부득을 보니 연대에 앉아 미륵존상이 되어 밝은 빛을 내고 있지 않은가? 앞서 의문을 제기한 것처럼 이것이 미타존상이 되어야한다고 말하는 학자도 있다.

박박은 저절로 고개를 숙이고 예를 갖추어, 어떻게 된 일인지 듣고 나서 이렇게 말한다. "내가 눈에 씌운 것이 있어 대성을 만나고도 바로 모시지 못했구먼. 그대는 지극히 인자하여 나보다 먼저 이루었네. 바라건대 옛날의 약속을 잊지만 말아주시게. 부디 함께 가야지?"

옛날의 약속이란 함께 성불하자는 것이었다. 부득은 욕조에 남은 물로 몸을 씻으라고 일러 준다. 박박은 무량수 불상이 되고, 두 불상이 우뚝 마주보고 앉았다.

발톱 하나 칠하지 못한 만큼의 차이

1980년대 중반, 지금 백월산 아래 어느 마을에서 조사한 설화 가운데 이 노힐부득과 달달박박의 이야기가 보고된 적이 있었다. 대강의 줄거리는 같으나 그 끝이 조금 달랐다.

관음진신을 알아보지 못하고 게다가 친구를 면박 주러 왔던 박박은 사실을 다 알게 되자 오히려 부탁하는 처지가 되었다. 부득은 남은 물에 목욕하라고 일러 주었다. 여기까지는 같다. 그런데 몸을 씻어내려 가던 박박이 물이 조금 모자라 엄지발가락 부분을 칠하지 못했다. 두 분 불상이 선 다음 마을 사람들이 와서 보니, 부득은 온 몸이 완벽한데 박박은 엄지발가락만 금빛이 아닌 채였다. 여기가 다른 부분이다.

마을 사람들은 그것이 부득에 비해 박박의 수행이 모자랐기 때문이라고 생각한다는 것이다. 재미있는, 정말 민간 설화다운 변형이다.

현지를 답사하며 느낀 것이지만, 마을에서 채록하는 어떤 이야기는 『삼국유사』와 관련 없이 자기대로 내려왔다기보다, 『삼국유사』에 실려 있다가 민간에 퍼져 나간 것으로 보이는 경우가 있다. 이 이야기도 그렇다. 아마도 『삼국유사』의 이 부분은 어떤 경로인가를 거쳐 민간으로 다시 흘러 들어갔을 것으로 보인다. 그러면서 구술자의 실수이거나 사람들의 마음이 반영된 변이 현상이, 위와 같이 나타난 것은 아닐까?

구술자의 실수란 이런 것이다. 일연은 이야기의 마지막 대목에, 마을 사람들이 구경을 왔으며 두 성인은 설법을 베풀고 온몸을 들어 올려 구름을 타고 사라졌다고 하였다. 거기에 박박의 발톱 이야기는 전혀 나오지 않는다.

다만 마지막에 일연은 경덕왕 때의 백월산 남사(南寺) 창건과 그 곳의 불상을 소개하고 있다. 부득과 박박이 사라진 지 50여 년쯤 뒤의 일이다. 절이 완성되자 미륵존상을 만들어 금당에 모시고, 미타상

『삼국유사』 이야기 가운데는 그 무대가 되는 절이나 절터가 어디인지 정확하게 알 수 없는 곳들도 많다. 더듬거리며 근처까지는 가지만 사진에 담을 것도 별로 없다. 노힐부득과 달달박박 이야기도 마찬가지로, 그저 백월산 아래 지천에 깔린 감나무만 찍었다. (창원 백월산)

을 만들어 강당에 모셨는데, "남은 즙이 모자라 두루 칠하지 못했다. 그래서 미타상에는 얼룩 같은 흔적이 남았다"는 대목이 나온다. 구술자는 아마도 이 이야기를 앞에다 갖다 붙여 버린 것 같다.

그것은 실수였을까, 의도적이었을까? 실수라고 보아도 무방하고, 의도적이라 해도 말이 안 되는 것은 아니다. 부득과 박박의 수행의 차이는 그들이 이 땅을 떠난 다음에도 사람들의 입 속에 오래도록 남아 있었을 터이니 말이다. 그들을 기념하여 만든 불상에서, 유독 박박의 것만 금칠을 다하지 못했다는 데에서, 우연이 아니라 거기 어떤 필연이 끼여들어 있었으리라고 생각하는 민중의 소박한 신심을 읽게 된다. 발톱 하나만큼의 차이로 말이다.

시(詩)로 완성되는 『삼국유사』

찬을 말하면서 나는 『삼국유사』 안의 기능이나 의미를 자주 반복하였다. 그럴 만한 이유가 충분히 있기 때문이다. 여기 두 사람의 행적을 두고 쓴 일연의 찬 또한 마찬가지다.

  滴翠巖前剝啄聲 푸른 빛 떨어지는 바위 앞, 문 두드리는 소리
  何人日暮扣雲扃 날 저문데 누가 구름 속 빗장 문을 당기는가
  南庵且近宜尋去 남쪽 암자 가까운데 그리로 갈 것이지
  莫踏蒼苔汚我庭 푸른 이끼 밟고서 내 뜰을 더럽히지 마오.

달달박박을 두고 쓴 시다. 여자를 암자에 들여놓지 않겠다는 것은 일편 계를 지키는 출가자의 바른 행동인 것처럼 보인다. 그런데 그 속에는 이기적인 심성이 도사리고 있다. 이기심은 독선만 키울 뿐이요 자비심이란 찾을 수 없게 한다. '남쪽 암자로 가라' 든지, '푸른 이끼 밟은 발'이라고 낭자를 몰아친 것이 그 증표다. 계율이 인간보다

앞서는, 그래서 매정하게 보이기만 하는 도의 낮은 차원을 일연은 이렇게 표현했다.

> 谷暗何歸已暝煙 골짜기 날은 이미 어두웠는데 어디로 가리
> 南窓有薄且流連 남창에 자리 나니 머물다 가오
> 夜闌百八深深轉 밤 깊어 백팔 염주 염불도 깊어만 가는데
> 只恐成喧惱客眠 이 소리 시끄러워 길손의 잠 깰까 두려워라.

노힐부득을 두고 쓴 시다. 일연은 부득의 높은 도를 이중의 굴절을 통해 보여 준다. 아무리 급박하다지만 출가승이 암자 안에 젊은 여자를 들여놓는다는 것은 여간한 결심으로는 불가능한 일이다. 계를 저버렸다는 오해의 소지가 너무 크기 때문이다. 그러나 사태의 본질을 꿰뚫는다면 사람들의 눈이 두려워 참 보살행을 외면할 수는 없을 것이다. 참 보살행이란 중생의 곤고한 처지에 동참한다는 것에서 멀리 벗어나지 않는다. '수순중생(隨順衆生)'의 뜻을 저버리지 않은 부득의 행위는 이 같은 참 보살행의 소치임이 분명하다. 일연은 1·2행에서 이를 표현하고 있다.

그러나 굴절은 여기서 그치지 않는다. 여자를 외딴 암자에 들인 부득의 마음이 어떠했겠는가? 부동심(不動心)만의 그것은 아니었으리라. 자꾸만 갈라지는 생각과 흔들리는 마음을 가라앉히려 염불소리는 밤 깊을수록 높아갈 수밖에 없다. '심심전(深深轉)'이라는 표현은 이를 여실히 드러낸다. 그러나 문득, 곤한 몸을 누이고 잠을 청하고 있을 가련한 여자를 생각하니, 염불도 한낱 시끄러운 소리에 불과함을 깨닫는다. 염불로 공덕을 쌓는다고는 하나, 이럴 때의 염불은 손님의 곤한 잠만 방해할 뿐인 것이다. 일연은 부득의 그런 마음을 읽어내고 있다.

일연이 쓴 찬시 속에서 이런 절묘한 표현을 얻는다. 또한 편찬자로서 모아 놓은 시들, 곧 향가(鄕歌)·한시(漢詩)·민요(民謠) 등은 모두 일정한 문학적 수준을 유지하고 있고, 이야기의 맥락 속에서 중요한 역할을 한다. 사람살이의 고통이 무엇이며 역사의 바른 방향이 어디로 가는지 고민하고, 그것은 뜻밖에도 그가 쓴 찬이나, 인용해 놓은 다른 시와 민요에서 결정적으로 드러난다.

『삼국유사』야말로 이러한 시로 인해 완성되는 책이 아닌가.

낙산사의 힘

담으로 쌓아서라도 지켜야 할 곳

어줍잖게 관광 산업을 일으킨다고 버린 것이 절이다. 이름 좀 났다는 절마다 어디를 막론하고 그 앞에는 여관과 음식점, 정체불명의 노래방이며 디스코장이 어우러져 있다. 절 구경은 그저 형식일 뿐, 대낮부터 술 한 잔 걸친 관광객들의 고성방가는 그칠 줄 모르고, 삽시간에 광란의 도가니로 이어진다.

사람들의 노는 모습이란 시대마다 모습을 달리하겠으며, 모처럼 시간을 낸 바에야 이왕지사(已往之事) 신나게 놀 일이지만, 언제부터 우리들의 여가가 이렇게 막무가내가 되었는지 모를 일이다.

70년대 중반, 강릉까지 영동고속도로가 뚫리면서 동해안은 여름철 피서지로 각광받기 시작하였는데, 그나마 고적하게 절의 풍취를 간직하고 있던 강원도의 몇 개 절은 그로 인해 시쳇말로 '박살'이 났다. 낮에는 해수욕장에서 놀고, 밤에는 디스코장에서 춤을 추는 일거양득(一擧兩得)의 오락.

그런 아수라장 속에서도 살아남은 곳이 낙산사(洛山寺)인가 한다. 낙산해수욕장이 있고, 설악산이 가깝고, 낙산사야말로 사람의 손때를 타기 쉬운 모든 조건을 갖추었음에도, 본디 절이 지닌 고아한 품위를 잃지 않고 서 있다. 여간 다행이 아니다.

물론 낙산사 앞도 여느 관광지 못지 않게 수많은 시설이 들어섰고, 동해 바다가 한눈에 바라보이는 쪽으로는 고급 호텔마저 제가 주인인 양 자리를 잡았다. 여름은 물론이거니와 이제는 사시사철 사람들의 발길이 끊이지 않는다. 그러나 일단 낙산사의 경내로 들어서면 주변의 유흥과는 아무 관계없다는 듯, 절은 차분하고 고요하기 이를 데 없다. 가끔 이 곳으로 발길을 옮기는 관광객들도 웬일인지 경건한 모습이다. 낙산사에는 사람들을 그렇게 만드는 묘한 힘이 있는 모양이다.

무슨 힘일까? 비밀의 열쇠는 다름 아닌 담에 있다고 본다.

본격적인 낙산사의 경내라고 할 사천왕문부터 금당까지는 담이 둘러쳐 있다. 특이한 공법으로 무척 정교하게 만들어진 이 담은, 옛 모습 그대로 전해지는 금당 뒷부분이 문화재로 지정되었을 정도다. 다른 큰 절에 비해 그다지 넓지 않은 경내가 이 담으로 인해 아늑한 분위기를 만들지 않는가 싶다.

'담을 쌓다'라고 말하면 흔히 좋지 않은 뜻으로 쓰인다. 뭔가 외부 세계와 단절된 고립의 의미를 넘어, 제 주장에만 골똘한 고집쟁이를 연상시키는 말이다. 그러나 절 주변에 쌓은 담은 고집쟁이의 그것이 아니다. 속된 것으로부터 지키는 어떤 성스러움의 의지라 할 수 있다.

그러나 담 때문만은 아닐 것이다. 낙산사는 그렇게 성스러움의 정화를 느낄 많은 이야기를 가지고 있다. 담이 둘러쳐 있지 않은들, 그래서 세속의 시끄러움이 여지없이 몰아쳐 온들 결코 변함 없을 터이지만, 고요하고 아늑한 경내의 정원을 둘러보자면 더욱 그윽해지는 이야기들이다.

진신의 친견담과 조신

낙산사의 이야기를 담고 있는 조는 「탑상」 편의 '낙산의 두 성인 관음과 정취 그리고 조신〔洛山二大聖觀音正趣調信〕'이다. 여기에는 크

원효, 의상, 범일. 이름만 들어도 누구나 알 수 있는 쟁쟁한 스님의 일화를 간직한 낙산사는 생각보다 작은 절이다. 사천왕문을 지나 본당인 원통보전까지 기껏해야 백보 정도밖에 되지 않는다.(양양 낙산사)

게 네 가지 이야기가 나온다.

첫째, 의상 스님이 관음진신을 직접 뵙고, 그가 정해 준 자리에 낙산사를 세우다. 낙산사의 창건 연기 설화라 할 수 있다. 원효 스님이 그 소식을 듣고, 자신도 관음진신을 뵈러 왔다가 엉뚱한 경험을 하다.

둘째, 범일(梵日) 스님이 중국에서 만난 소년을 인연으로 낙산사 가까운 곳에서 정취보살의 석상을 캐내다.

셋째, 의상과 범일 스님이 남긴 관음과 정취보살의 불상 등이 일연 당대까지 전해진 경위.

넷째, 이 지역 사찰의 관리자로 와 있었던 조신이 특이한 꿈을 꾸고, 세상의 허무함을 느낀 뒤 오로지 수행만 하다 세상을 마치다.

제목을 따른다면 이 가운데 중심적인 내용은 첫째와 둘째다. 요약컨대 낙산사로 인하여 나타난 두 분의 큰 성인인 관음보살과 정취보살의 이야기다. 관음보살과 정취보살은 흔히 아미타보살의 좌우에 놓이므로 이를 합쳐 아미타 삼존이라 한다. 이 때 정취보살을 대세지(大勢至)보살이라고도 한다. 셋째는 그렇게 해서 생긴 낙산사와 보물들의 후일담이니, 그것 자체로 흥미로운 방계 자료지만, 어쨌거나 첨부의 성격을 지닌다 할 것이다.

문제는 마지막 조신의 이야기다. 낙산사가 배경이 된 것만은 틀림없고, 그 가운데 슬프디 슬픈 사연의 석상이 하나 등장하니 「탑상」편에 들어갈 자격도 있지만, 굳이 이렇게 한 조에 넣어야 할 필요가 있었나 의문스럽다. 제목을 그대로 놓고 본다 해도 약간 어색하다. '낙산이대성관음정취 부(付) 조신'이라 했으면 어땠을까? 본격적인 본문인 관음과·정취 두 보살 다음에 부록으로 조신의 이야기를 붙인다는 식으로 말이다.

'부'라는 글자가 없다 해도 뜻은 그러리라 보인다. 의상과 원효의 이야기가 7세기 중반, 범일의 이야기가 9세기 중반을 무대로 하고 있는 데 비해 조신의 이야기는 그저 신라시대라고만 하였을 뿐이다. 다만 범일 이후 곧 9세기 중반을 넘어선 신라 멸망 직전이라 보기는 어려우니, 아마도 의상·원효와 범일 사이 200년간의 어느 때일 성싶다. 그러므로 일연은 이 조를 때를 따라 순서대로 쓴 것이 아니라, 서로 묶일 수 있는 성격에 따랐음을 알 수 있다. 그 성격대로라면, 같은 낙산사를 배경으로 삼았다지만, 조신의 이야기는 일단 제쳐둘 수밖에 없었을 것이다. 앞의 두 이야기는 진신을 친견(親見)하는 것으로 하나의 성격을 이루기 때문이다.

문제는 그런데도 앞의 두 이야기보다 조신의 이야기가 더 널리 사람들의 입에 오르내렸다는 점이 재미있다. 어느 조의 부록처럼 실린 이야기가 주인공을 제치고 앞서나가는 것은, 마치 어떤 영화가 주연보다 조연 때문에 더 빛나는 경우를 연상하게 하지만, 조신의 경우 충분히 그럴 소지가 있어 보인다.

자세한 설명은 뒤로 돌리기로 하자. 한마디로 조신의 이야기는 그것대로 따로 떼어 한 조를 이룰 수도 있던 것이었다.

사실 일연이 여러 이야기를 한데 모아 낙산사를 이렇듯 자세하게 소개한 데는 나름의 까닭이 있다. 그 까닭이란 앞서 월정사를 소개하면서 한 번 말하였다. 14세 때, 낙산사 가까운 진전사에서 정식으로 계(戒)를 받고 승려가 되었으며, 22세까지 이 곳에서 머물렀다. 낙산사와 진전사의 거리는 그 사이에 고개도 하나 없는 이삼십 리 정도. 이웃해 있다고 해도 지나친 말이 아닌 두 절이 일연에게는 바로 한 절이나 마찬가지였을 것이다. 그렇기에 거기 낙산사에서 전해오는 이야기를 소중히 건사하고, 끝내 『삼국유사』에까지 거두어들였을 것이라는 추측은 추측도 아니다.

더욱이 이 이야기들은 일연이 승려로 살아가는 동안의 어떤 지남(指南)과도 같은 역할을 하지 않았을까. 마땅히 승려가 가야 할 길, 그러면서도 세속의 인연이 주는 모진 시련, 허망한 세상을 저버릴 수 없다면 그나마 뜻 있게 살아가는 방법 — 그런 이야기들이 관음과 정취보살의 친견 그리고 조신의 꿈에 잘 나타난다.

의상과 원효의 거리

첫번째 이야기부터 풀어가 보자. 의상 스님이 관음보살을 친견하고 낙산사를 세우며, 그 곳에 원효 스님도 찾아드는 이야기다. 먼저 의상의 경우.

> 옛날 의상 법사가 처음으로 당나라에서 돌아왔을 때, 부처님의 진신이 이 곳 동해안 해변 굴 안에 계시다는 말을 들었다. 이 때문에 낙산(洛山)이라 불렀다. 대개 이는 서역에 보타락가산이 있는데, 소백화(小白華) 내지 백의대사(白衣大士)의 진신이 계시는 곳이라 하여, 이 이름을 빌린 것이다.
>
> 의상은 7일 동안 재계(齋戒)하였다. 좌구(座具)가 새벽녘 물위로 떠올라와, 용천팔부(龍天八部)의 시종이 굴 안으로 이끌어들여 공중에 예를 갖추고, 수정으로 된 염주 한 관(貫)을 내어 주었다. 의상이 머리 숙여 받고 물러나는데, 동해 용이 또한 여의보주 한 과(顆)를 바치자, 법사가 나가 받들었다.
>
> 다시 7일 동안 더 재를 올렸다. 이에 진신이 모습을 드러내며 말했다.
>
> "앉아 있는 곳 위의 산 정상에 대나무 두 그루가 솟아 있을 것인즉, 그 곳에 절을 지어야 좋겠다."
>
> 법사가 그 말을 듣고 굴에서 나오자, 과연 대나무가 땅에서 솟아 나와 있어, 금당을 짓고 불상을 만들어 모셨다. 불상은 둥싯한 얼굴과 미려한 바탕이었으며, 위엄이 하늘에서 낸 듯 하였다. 그러자 대나무가 없어졌으니, 바

관음보살이 의상에게 일러 준 '대나무 두 그루가 솟아 있는 곳'이 원통보전 자리라고 한다. 원통보전을 둘러싼, 황토와 기와를 번갈아서 쌓다가 중간 중간에 둥근 돌을 하나씩 박아 넣은 꽃담이 인상적이었다.(양양 낙산사)

의상이 관음진신을 친견한 해변가 굴위에 지은 법당이 홍련암이다. 바닷물 위에 지은 홍련암의 마루에는 작은 구멍을 뚫어, 바닷물이 드나드는 것을 볼 수 있게 해놓았다. (양양 낙산사)

로 이 곳이 진신이 계셨던 곳임을 알겠다. 그래서 그 절의 이름을 낙산사라 지었다.

    법사는 받아온 두 보물을 성전에 잘 모셔두고 갔다.

    의상은 치밀한 분이다. 그가 지닌 성격이나 불교적 업적에 대해서는 다음에 다시 자세히 말하기로 한다. 다만 이 이야기에서 의상과 진신과의 만남을 어떻게 볼까만 살펴보자.

    의상은 이 곳에 진신이 계신다는 사실을 알고 있었고, 직접 뵙고자 정성 들여 재를 올린다. 7일간의 첫 정성에 감응한 것은 부처님을 모시는 시종들과 동해 바다의 용이었다. 의상은 그들에게서 수정 염주와 여의주를 받았다. 그러나 그것으로 목적을 달성했다고 할 수 없다. 의상의 본디 목적은 진신을 직접 뵙는 것이었기 때문이다. 다시

7일간 재를 올리는 것은 이 때문이다. 그런 다음에야 비로소 진신을 뵙고, 그로부터 어떤 일을 해야 하는가 명령받는다.

참으로 치밀하고 정성들인 노력 후에 얻은 만남이다. 그런 노력으로 얻지 못할 무엇이 있겠는가 웅변하는 듯하다. 나는 이것을 '치밀하고 정성스런 만남'이라고 명명한다.

그에 비해 원효는 어땠는가? 원효에 대한 자세한 이야기도 다음을 기약하거니와, 왠지 그는 의상과 달리 조금은 조급하고 매사에 덤벙대는 듯한 모습을 보여 준다.

처음에 남쪽 교외에 이르렀는데, 흰옷을 입은 한 여인이 논에서 벼를 베고 있는 것을 보고, 원효법사는 희롱조로 그 벼를 좀 달라고 하였다. 그러자 여인은 말라붙은 벼를 희롱조로 주었다. 또 가다가 다리 아래 이르렀는데, 한 여인이 서답 빨래를 하고 있었다. 법사는 물을 좀 달라고 하였다. 여인은 더러운 물을 길어 주었다. 법사는 엎어버리고 다시 개울물을 떠서 마셨다.

그 때 들 가운데 소나무 위의 파랑새 한 마리가 이렇게 울었다.

"휴제 화상(休醍 和尙)"

그러더니 홀연히 사라지고 보이지 않았다. 그 소나무 아래에는 갖신 한 짝만이 놓여져 있었다.

절에 도착하여 법사는 관음상이 앉은 자리 아래 다른 갖신 한 짝이 있음을 보았다. 그 때서야 알 만했다. 앞서 만난 여자들이 바로 성녀(聖女)이며 진신(眞身)이라는 사실을. 이 때문에 그 때 사람들이 (들 가운데 소나무를) '관음송(觀音松)'이라 불렀다.

법사가 굴에 들어가 진신의 모습을 보고자 했으나, 풍랑이 크게 일어 들어가지 못하고 갔다.

문면으로만 놓고 보건대 원효의 완전한 실패담이다. 진신을 만나러 간다는 사람이 길가다 마주친 여인들에게 희롱이나 일삼고 있으니 될 일도 안 될 판이다. 서답이란 여인네들이 월경을 할 때 입는 속옷이다. 속옷인 것만도 남정네들에게 보이기 민망하려니와, 더욱이 월경 때 묻은 피를 빨러 나온 터에, 거기 다가가 물을 달라 하는 스님이 속절없어 보인다.

소나무 위에서 그 광경을 지켜본 파랑새 한 마리가, "휴제 화상"이라 했다 한다. 가운데 빈 자리에 '호(醐)'를 넣으면 될까 한다. '제호'의 본디 뜻은 뛰어난 스님이다. 아마도 이 새울음은 "제호화상은 그만두시라"는 뜻일 것이다. 제호화상은 원효를 가리키지만, "잘난 스님은 그만두시오"라는, 약간 비아냥거리는 조라고나 할까? 진신을 만나는 데 실패할 것이라는 암시가 들어 있다.

일의 전말을 깨닫기는 낙산사 금당에 도착해서다. 파랑새가 앉아 울던 소나무 아래서 보았던 갖신의 다른 한 짝이 금당의 관음보살 앞에 놓인 것을 보고서다. 관음보살이 여성으로 변신하는 경우는 앞서도 보았지만, 원효는 보살의 시험에 여지없이 나가떨어진 것이다. 실패만이 아니라 낭패(狼狽)다.

그러나 이것이 그저 실패일까? 원효는 톡톡히 낭패만 당한 것일까?

이야기를 뒤집어 보면 그렇지만은 않다고 나는 생각한다. 그가 관음보살인줄 알았건 몰랐건 만나기는 했다. 노힐부득과 달달박박의 이야기에서 박박의 경우와 비슷하다고 할까, 만났으면서도 만난 줄 몰랐을 뿐이다. 그런 뜻밖의 만남이 곧 보살과의 만남임을 영원히 모르고 지났다면 사정은 다르지만, 다른 경로를 통해 나중에 알게 되는 이 우연의 메커니즘. 사실 우리들의 만남은 대부분 이렇다.

의상이 치밀하고 정성스럽게 진신을 만나는 과정은 하나의 전범을

관동팔경으로도 유명한 낙산사 의상대에 관음송이 있다. 사진 오른쪽에 홀로 툭 튀어나와 있는 소나무인데, 원효가 스치듯 만난 관음진신의 신발 한 짝이 놓여 있던 곳이라고 한다. 본디 관음송인 것 같지는 않고, 『삼국유사』 기록에 따라 후대에 이름지은 것인 듯하다. (양양 의상대)

보여 주지만, 세상에 사는 보통 사람으로서 우리는 그 같은 경지에 오르기도 어렵고, 그럴 계기도 쉽게 만들어지지 않는다. 그러나 도의 경지는 참으로 높은 데에만 있지 않고, 우리들의 일상 곳곳에 숨어들어 있음 또한 사실이다. 거기서 우연히 스치는 수많은 만남이야말로 우리들이 흔히 경험하는 바이다. 다만 끝내 그 정체를 모르고 지나쳐 버리는 경우와 어느 순간 깨닫는 경우로 갈라질 뿐.

나는 이것을 '우연히 스치는 듯한 만남'이라 명명하였다. 이런 만남은 오히려 지극히 인간적이다. 더러 이 이야기를 가지고 의상이 원효보다 한 수 위라거니, 의상 계통의 후손들에게서 제 스승을 원효보다 더 낫게 보이려고 만들어진 이야기라거니 설왕설래(說往說來)한다. 그러나 현실감 넘치는 이야기의 주인공에 늘 원효를 배치하는 일연의 일관된 기술을 염두에 둔다면, 누구를 편들거나 깎아내리자는 것은 아님이 분명하다. 무릎을 칠 일, 거기서 애석해 하는 동네 아저씨 같은 분위기, 원효는 그렇게 인간답게 다가오는 매력이 있다.

더 나아간다면, 이런 정도? 의상이건 원효이건 어떤 하나의 삶의 방식대로 살다 간 무수한 사람들을 대변하는 모델일 뿐이다.

어머니, 그 먼 나라를 아십니까

진지하게 그러면서도 다소 익살스럽게 써 내려간 의상과 원효 두 라이벌의 관음보살 만나기를 넘어가면, 범일 스님과 정취보살의 이야기는 완연히 다른 색깔을 띠고 우리에게 다가온다. 거기에는 통상적인 진신친견만이 아닌 그 무엇이 있다.

먼저 일연이 승려로 입문했다는 진전사를 좀더 소개하기로 한다. 이 절은, 아니 좀더 정확히 말하자면 이 절터는 지금 강원도 양양군 강현면 둔전리에 있다. 속초에서 강릉으로 해안도로를 달리다 속초 비행장을 끼고 들어서는, 피라미드처럼 벌어진 설악산 대청봉을 품속으로 파고들 듯 한가롭게 뻗은 국도를 8km쯤 가면 이 마을이 나온다. 마을에서 걸어 얼마쯤 올라간 평평한 밭 위에 삼층석탑이 덩그러니 놓여 있다. 이 곳이 진전사의 터임을 알려 주는 유일한 표지다.

그렇다. 진전사는 지금 자취를 찾을 수 없다. 아마도 조선 중기 이전에 폐사가 된 듯한데, 해방 이후 이 지역이 38선 이북으로 들어가는 바람에 손도 대지 못하고 있다가, 전쟁이 끝나고도 한참 지난 1965년 문화재관리국이 대대적인 조사를 벌여 절터라도 찾게 되었다. 절 아래 마을에서는 예로부터 '탑골' 또는 '진전터' 라는 이름이 전해 내려왔다고 하니, 비록 기록으로 그 지점을 입증하지 못했지만 심증은 있어 왔다. 그러다 발굴 당시 '진전(陳田)'이라 새겨진 와편(瓦片)이 발견되어 이 곳이 진전사의 터임은 확증되었다.

처음 진전사를 연 분은 도의(道義) 스님인데, 그는 우리 나라 선종

(禪宗)의 효시인 가지산문(迦智山門)을 열었다. 중국에 유학하였다가 돌아온 해가 헌덕왕 13년(821년), 각고면려의 종장에 그러나 도의를 기다리는 무대는 유감스럽게도 넓지 못했다. 그가 수행한, 오늘날 우리가 선종이라 부르는 불교의 한 방식은 당대에 이단이나 마찬가지였다. 선종 초기 중국 쪽 사정과 마찬가지로 신라 땅에서도 금기시 되거나 폄하 받기 일쑤였다. 이러한 상황 속에서 도의가 때를 기다리며 깊은 산골로 숨은 곳이 바로 진전사다.

다음은 범일(梵日, 810~889년) 스님에 대하여 살펴보자. 그가 중국에 유학하고 돌아온 것은 문성왕 8년(846년), 처음에 충청도 백달산에서 수행하다, 강원도 명주〔江陵〕 도독의 요청으로 굴산사로 옮기고, 여기서 선종의 하나인 사굴산문(闍堀山門)을 연다. 문성왕 12년(850년), 그의 나이 마흔한 살 때였다.

굴산사가 있는 지금의 명주군 구정면 학산리는 다름 아닌 범일의 고향이었다. 여기 재궁마을의 우물가 학 바위에서 처녀가 아이를 낳았는데, 이 여자는 표주박에 해가 담긴 물을 마시고 와서 잉태를 했다고 한다. 이렇게 태어난 아이가 바로 범일이다. 처녀가 남자와 관계하지 않고 아이를 낳은 이야기는 『신약성서』만의 독점물이 아니다.

이제 『삼국유사』에서 정취보살과 만나는 이야기는, 범일이 아직 중국에서 공부하고 있을 때, 왼쪽 귀가 잘린 한 사미승을 만나는 것으로부터 시작된다. 명주(明州)의 개국사(開國寺)에서 만난 사미승은 자신 또한 스님과 같은 고향 사람이니, 뒷날 돌아가거든 자신의 집을 찾아 달라 한다. 무슨 이유로 어린 나이에 귀까지 잘려 이 먼 곳까지 와 있는지에 대해서는 아무 소식이 없다.

고국으로 돌아온 범일이 정취보살을 만나는 본격적인 이야기는 그 다음에 펼쳐진다. 어느 날 밤, 일연은 그 때를 헌안왕 2년(858년) 2월 보름이라 적었는데, 꿈에 사미승이 나타나 이렇게 말한다. "지난날

굴산사 터는 강릉 관동대학교에서 그리 멀지 않은 학산 마을에 있다. 학산 마을에 들어서면 나라 안에서 가장 큰 당간 지주가 멀리서도 눈에 들어오는데, 우람한 남근석이 쌍으로 서 있는 듯했다.(강릉 굴산사 터)

명주 개국사에서 스님과 약속하였습니다. 기꺼이 응낙을 하시고도 어찌 이렇게 늦으십니까?" 깜짝 놀란 범일은 서둘러, 익령 근처, 일러 준 곳으로 가서 여자를 만난다. 여자에게는 아들이 하나 있었다. 그런데 그 아들이 시냇가에서 금색동자와 함께 논다고 말하는 게 아닌가. 다시 발길을 옮겨 그 자리를 파보니, 왼쪽 귀가 잘린 석불이 나오는데, 모습은 정취보살의 상이나 그것으로 예전에 만난 사미승이 바로 정취보살임을 알게 된다.

한 쪽 귀가 잘린 미천해 보이기만 하는 사미승을 주의 깊게 기억해 두지 않은 것은 범일의 잘못이었다. 귀국한 다음 여러 곳에서 바쁘게 활동해야 했던 범일의 행적을 놓고 보면 한 소년과의 약속을 잊어버린 점 수긍이 간다. 꿈속에 사미승이 다시 나타난 것도 범일이 귀국한 지 12년이 지난 다음이다.

깜짝 놀라 잠에서 깨어났을 때까지도 범일은 다만 가련한 아이의 소망을 들어 주지 못한 데 대한 죄스러운 마음뿐이었을 것이다. 그런데 사미승이 일러 준 곳 곧 익령현 덕기방에 이르러 만난 여자와 그의 아들에게서 뜻밖의 사태와 마주쳤다. 마을의 남쪽 시냇가 돌다리 아래에서 금빛 나는 어린 아이와 같이 논다는 여자의 아들. 비로소 범일에게는 가슴을 치는 깨달음이 닥쳐왔다. 본문에서 일연은 이 대목에 '놀라 기뻐했다'고 적고 있다.

그렇다면 익령에 사는 여자와 그의 아들은 누구일까? 이 두 사람은 범일이 중국에서 만난 사미승과 어떤 관계일까?

여자가 홀로 키우는 아들의 전신을 범일은 벌써 12년도 더 전에 만났으며, 그것으로 정취보살의 친견이 예약되었다고 보아 무방할까? 이야기의 흐름상 그렇다.

그렇다면 익령의 시냇가에서 발견된 돌부처는 정취보살상이고, 한 쪽 귀가 잘린 점으로 미루어 범일이 그 옛날 중국에서 만난 사미승임을 입증하는데, 이 극적인 재회가 뜻하는 바가 무엇일까? 요컨대 범일이 정취보살을 만나기까지의 이 같은 이야기 전개는 실로 일연의 신라 불교에 대한 강한 주체성이 작용되어 있다. 중국에서 수행하던 중에 만난 성인을 정작 성인으로 알아보기는 제 나라에 돌아와서였다. 이것은 앞서 의상의 경우도 마찬가지였다. 다만 그 전개 과정이 조금 다를 뿐인데, 범일의 이 같은 경우를 나는 '현실과 신이(神異)가 하나된 만남'이라 명명한다. 사미승이 꿈에서까지 나타나 길을 인도했던 범일의 '성인 만남'은 의상이나 원효와도 다른 특이한 모습이기 때문이다.

그러나 여기서 본문의 기술 목적을 넘어 이 기록을 대하고 적는 일연의 또 다른 의중을 헤아려 본다.

10대 후반, 아직 감수성 예민한 청소년기를 보내고 있던 일연은 어느 날 이웃 절 낙산사에 전해오는 이 이야기를 들었을 것이다. 그 자신이 직접 익령의 덕기방과 시냇가도 한 번쯤 찾아보았을지 모를 일이다. 이 때 일연은 지난날의 한 스님이 성인을 어떻게 만났는가를 곱씹는 데 그치지 않았던 것 같다. 그의 뇌리에 불현듯 고향이 다가오고, 아홉 살에 떠난 고향 땅의 산천이 눈앞에 어른거리고, 드디어 어머니의 얼굴이 환하게 다가오며 사무치는 그리움에 떨었던 것 같다. 이국 땅 먼 하늘 아래서 고국의 승려를 만나 간절한 부탁을 하던, 그리하여 무심한 스님의 꿈속으로까지 찾아오던 한 쪽 귀가 잘린 소년 사미승과 그를 기다리는 어머니는 인생의 모진 인연의 실체이고 숙명이다. 거기에다 소년 일연은 자신과 어머니의 얼굴을 겹쳐 보았을 터이다.

아홉 살에 어머니를 떠나 구도의 길을 걸어간 사람, 일연에게는 귀 하나가 없는 사미승의 이야기가 그렇게 가슴 깊이 아로새겨졌다. 한 귀가 잘린 채 먼 이역에서 고국의 스님을 만나 고향에 돌아가거든 자

굴산사 터 당간지주 가까이에 서면 위세에 압도당한다. 5m가 넘는 웅장한 크기며, 꺼무튀튀한 색도 색이려니와, 거칠게 다듬은 바위 덩어리에서 느껴지는 야성미까지, 범일도 아마 이런 분위기의 사람이었을 것 같다는 생각을 해본다.
(강릉 굴산사 터)

강릉 지방에서 범일의 위치는 신격이다. 언제부터인가 대관령 성황신으로 모시고 있는데, 영험있기로 소문이 자자하여 범일을 모신 성황당에서는 전국에서 모여든 무당들의 굿판이 일 년 내내 끊이지 않는다. (대관령 국사성황당)

기 어머니를 찾아가 달라고 말하는 소년은 정취보살이기에 앞서 일연 자신인지 모른다. 어머니를 떠나 머나 먼 강원도 산골에 와 있는 소년 일연의 마음이 그랬을 터이니 말이다. '아, 어머니. 저 먼 나라를 아십니까?'

익령현 덕기방은 낙산사에서 가까운 마을이었다. 그래서 범일은 한 쪽 귀가 잘린 정취보살상을 낙산사에 모셨다.

수고로운 인생, 일순간의 꿈
세상살이의 헛됨을 비유하는 말은 많다. 가장 대표적인 것이 한단지몽(邯鄲之夢), 중국의 한단이라는 동네에서 나온 이야기다. 밥이 끓는 솥단지 앞에서 따뜻한 불을 쬐다 잠깐 잠이 든 사이, 온갖 영화와 패배를 맛보는 꿈을 꾸고 깨어보니 밥이 되어 있었다는데, 한 세상

사는 온갖 영고성쇠(榮枯盛衰)가 한솥밥 끓는 사이에 불과하더라는 이 절묘한 비유.

그에 못지 않은 것이 이 조신의 꿈이다. 이야기의 틀은 비슷하다. 다만 주인공이 승려요, 그래서 불교적 의미가 더욱 강화되어 있다는 것이 다를 뿐이다.

조신은 승려이기는 하지만 수행을 본업으로 삼는 이판승(理判僧)이 아니라 행정적인 업무를 보는 사판승(事判僧)으로 보인다. 그가 강릉 쪽에 부임했을 때의 일이다.

마침 강릉 태수의 딸을 보고 조신은 한눈에 반하고 만다. 여러 번 낙산사의 부처님 앞에 나아가 은근히 빌었건만, 야속히도 태수의 딸은 배필을 정하고 말았다. 어쩌면 그 딸은 조신이 자신을 사모하는지, 아니 그런 존재가 있는지조차 모르고 있었을지 모른다. 어쨌거나 상심한 마음에 다시 낙산사의 부처님 앞에서 눈물을 흘리다 저물 무렵이 되었는데, 언뜻 선잠이 들었다. 거기서부터 뜻밖에 나타난 꿈은 시작된다.

꿈에도 그리던 아가씨는 진정 꿈으로 왔다. 일찍이 그대를 훔쳐보며 사모했노라고, 부모가 억지로 다른 사람에게 시집가게 하자 도망을 나왔노라고, 어쩌면 그렇게 마음으로 바라는 말만 하는지, 황홀한 기분이 되어 사판승이고 뭐고 다 때려치우고 함께 고향으로 돌아가 40여 년을 살았다. 인간으로 누릴 행복은 그 정도면 충분했으리라.

그러나 그들의 말년은 비참하게 다가왔다. 식구는 불어 자식만 다섯인데 살림은 갈수록 궁해지고, 드디어는 이 마을 저 마을 떠돌며 구걸이나 하는 신세가 되었다. 명주의 게고개를 넘다 열다섯 살짜리 큰아이는 굶주리다 못해 죽어 길가에 묻었고, 구걸 나갔던 열 살짜리 딸은 마을에서 개에게 물려 고통을 호소했다. 부모는 그저 눈물만 줄줄 흘렸다.

조신의 가족이 이 마을 저 마을 떠돌며 구걸하는 장면이 이랬을까? 이생의 고통을 그린 탱화 가운데서 찾아낸 한 부분이다.(상주 남장사 감로탱, 사진 고운기)

10여 년을 거지로 구르다 드디어 이런 기막힌 일까지 당하자 먼저 결심을 한 것은 부인이었다. 부인은 눈물을 닦으며 다음과 같이 말했다.

"제가 처음 당신을 만났을 때에는, 얼굴색이 곱고 나이도 어렸으며, 입은 옷도 예뻤습니다. 좋은 음식이 있거든 당신과 나누고, 얼마 안 되더라도 따뜻한 옷이면 당신과 함께 입었지요. 이렇게 살아온 지 50년, 정들어 가까워졌으며 사랑하기 그지없어 도타운 인연이라 할 만했습니다.

하지만 요 몇 년 사이, 쇠약하고 병들기 해마다 심하고, 춥고 배고프기 날마다 곽곽하기만 합니다. 곁방에 장종지 하나 구걸하자 해도 사람들은 받아들여 주지 않고, 집집마다 돌며 부끄러움의 무게가 산과 언덕만큼이나 되었습니다. 아이들은 얼어 죽고 굶어 죽으니 살아나갈 겨를도 없는데, 부부간에 사랑이며 즐거운 마음이 들거나 하겠습니까?

　고운 얼굴 아름다운 미소도 풀 위의 이슬이요, 지란(芝蘭) 같은 약속도 바람에 날리는 버드나무 꼴입니다. 당신은 내가 있어 걸림돌이 되고 나는 당신 때문에 근심만 쌓일 뿐, 지난날의 기쁨은 적이 근심과 고통으로 자리를 내주었군요. 당신이나 나나 어찌 이다지 극심한 지경에 이르렀단 말입니까? 뭇 새가 함께 주리기보다 차라리 외짝 난새가 마주볼 거울을 가지는 게 낫겠지요.

　별 볼일 없으면 버리고 됐다 싶으면 들러붙는 것이 사람 마음으로 감당 못할 일, 그러나 가고 말고 사람의 뜻대로 안 될 일이요, 헤어짐과 만남 또한 운수가 있으니, 청컨대 이쯤에서 헤어지자 합니다."

강하기는 여자가 더할까? 냉정히 현실을 판단하고 실행에 옮기기도 여자가 더 빠를까? 구구절절이 가슴을 친다. 조신은 조목조목 올바른 말을 하는 부인 앞에서 "기뻐했다"고, 일연은 적고 있다. 속없기는 그저 남자다.

　아이들을 둘씩 나누어 서로 다른 길을 향해 손을 놓고 가려다 조신의 눈이 떠졌다. 그리고 그것은 꿈의 끝이었다.

　희미한 등불만 빛을 토하는데 밤은 완연 깊어 있었다. 아침이 되어 수염이며 귀밑머리가 하얗게 샌 것을 알게 되었다. 망망히 세상사는 뜻이 없어지고, 이미 수고로운 인생에 지쳐 마치 백년 고생을 다한 기분이었다. 그러나 탐욕스런 마음이 얼음 녹듯 사라지는 것이었다. 잠잠히 부처님의 얼굴을 바라보았다. 참회하는 마음 끝이 없었다.

이즈음 어느 소설의 한 대목을 보는 것 같은 마지막 대목이다. 그런데 조신에게는 한 가지 일이 남아 있었다. 꿈에 게고개에 묻은 아이 생각이 났던 것이다. 행여나 싶어 가서 파보니 돌 미륵상이 나와, 물로 깨끗이 씻어 가까운 절에 모셨다.

불교적인 이야기다. 그런 이야기의 끝이기에 일연의 시가 붙지 않을 수 없다. 다른 조와 달리 특별히 두 편을 썼는데, 그 가운데 한 편만 소개한다. 일연이 임종을 한, 지금 경상북도 군위군의 인각사(麟角寺) 앞에 일연 시비를 세운 것은 지난 1985년, 거기 이 시가 새겨졌다.

> 좋은 시간 금세, 마음은 어느새 시들고
> 근심은 슬며시 늙은 얼굴에 가득
> 이제 다시 메조 밥 짓다 깨닫던 이야기 들추지 않아도
> 수고로운 인생 일순간 꿈인 걸 알겠네.

그러나 어찌 하겠는가? 허망한 줄 모르면서 이전투구(泥田鬪狗)하고, 알면서도 뭔가 이뤄보려 악착을 부리는 게 우리네 평범한 사람이다.

운문사 이야기

「의해」 편에 들인 공력

지금부터는 「의해」 편의 이야기들을 다섯 제목으로 나누어 소개하려고 한다. 이 편에는 원광을 비롯하여 고명한 승려들의 전기를 담고 있는데, 우선 그 성격을 간단히 정리해 보자.

먼저, '의해'라는 말을 어떻게 번역해야 좋을까? 중국에서 나온 승전(僧傳)에도 한 편(編)의 제목으로 이 말을 쓰고 있고, 일연도 그것을 그대로 본떠 『삼국유사』의 「의해」 편을 만들었다고 보아야 하겠는데, 승전에서나 『삼국유사』에서나 이 편의 내용은 모두 고승(高僧)들의 전기다. 그러므로 의역하건대 '고승의 삶' 정도일까?

그런 의미에서는 승전에서 다른 여러 가지 부분이 있지만 적어도 「의해」 편이 그 책의 본령임은 말할 필요도 없다. 승전의 애초 목적이 고승들의 전기를 엮는 것이기 때문이다. 승려들에 얽힌 단편적인 일화나 불교 문화의 유산으로서 절과 탑 등을 소개하는 다른 편에 견주어 볼 때, 고승의 전기를 쓰려면 먼저 편찬자 자신이라 할 수 있는, 적어도 분신이라 할 수 있는 선배 승려들에 대해 인간적 친밀감이 작용할 터다. 그로부터 한 번 손이 갈 곳도 한 번 더 갈 것이요, 그렇게 가장 신경을 써서 마무리한 곳이 「의해」 편이라고 보아 무방하다.

물론 『삼국유사』야 승전은 아니다. 그러나 불교 관계 기사가 집중

운문사를 처음 찾은 것은 『삼국유사』 답사를 시작하던 1991년 봄이었다. 답사의 첫번째 목적지였는데, 이른 아침 길게 늘어진 소나무 그림자를 밟으며 걷던 운문사 입구 솔숲길에서 시작된 『삼국유사』 답사가 어느덧 10년을 넘겼다.(청도 운문사)

되는 이 책의 후반부에서 고승들의 삶을 적는 「의해」편이 나오는데, 누가 보든 편찬자의 두터운 사랑을 받았음을 한눈에 짐작케 한다. 일연은 최소한 이 부분만큼 본격적인 승전이라 생각했을 수도 있다. 이는 이 편이 다른 8개 편에 비해 잘 단장되어 있는 점, 먼저 그 제목을 보아서도 알 수 있다.

「의해」편에 실린 이야기는 모두 열네 가지다. 이 가운데 두 가지만 빼면 나머지 열두 가지의 제목이 모두 사자성어로 만들어져 있다. 예를 들어 원광서학(圓光西學), 귀축제사(歸竺諸師), 원효불기(元曉不羈), 의상전교(義湘傳敎)와 같은 꼴이다. 번역해 보면 '원광의 중국 유학', '인도로 간 여러 스님들', '원효는 무엇에도 얽매지 않다', '의상이 화엄을 전하다' 등이 된다. 물론 중국 승전의 영향을 어느 정도는 받았다. 그러나 주인공의 생애를 나타낸 이같이 적절한 조어(造語)를 보자면, 일연이 「의해」편의 내용은 물론이려니와 제목부터 얼마나 섬세하게 한자 한자 다듬었는가 짐작하게 된다.

물론 사자성어의 제목이 「의해」편에만 등장하는 것은 아니다. 「기이」편의 천사옥대(天賜玉帶), 「흥법」편의 순도조려(順道肇麗)와 「신주」편의 밀본최사(密本摧邪)를 비롯한 전부, 「감통」편의 진신수공(眞身受供)을 비롯한 세 군데, 「피은」편의 신충괘관(信忠掛官)을 비롯한 두 군데, 「효선」편의 빈녀양모(貧女養母) 등, 「왕력」편은 예외로 치더라도 「탑상」편을 제외한 전 편에서 같은 예가 자주 나온다. 그러나 「흥법」과 「신주」가 「의해」편과 그다지 성격을 달리하지 않는다는 점에서, 일연은 직접적으로 승려의 생애와 관련된 기사의 제목을 같은 방식으로 매겼음을 알 수 있다. 다른 편에서도 마찬가지다.

내용으로 들어가면 사정은 더 확연히 드러난다. 참고할 수 있는 모든 자료를 죄다 동원했다는 느낌, 인용과 자기 기술간의 매끄러운 연결 등은 다른 편에서 볼 수 없는 점이다. 『삼국유사』의 문장이 난삽한데다 바르지도 않다는 비판은 「의해」 편에서만큼 일단 유보되어야 할 일이다. 더욱이 원효의 경우처럼, 중국의 승전은 아예 뒤로 밀쳐 두고 자신이 독자적으로 수집한 이야기를 중심으로, 한 인물이 매우 구체적으로 드러나게 엮은 경우도 있다.

「의해」 편에다 들인 일연의 이 같은 노심초사(勞心焦思)가 승려로서 팔이 안으로 굽은 결과만은 아니다. 우리는 『삼국사기』의 「열전」에 승려가 단 한 사람도 채택되어 있지 않다는 점을 그다지 거론하지 않는다. 원효도 의상도 없다. 아마 일연에게는 이것이 못내 아쉬운 한 가지였으리라. 삼국시대를 특히 신라 중심으로 기술한다고 했을 때, 몇몇 승려들의 역할과 업적은 불교의 그것을 떠나서도 결코 무시할 수 없다는 점에서, 우리에게도 아쉬움은 크다. 기록자가 자기 시대의 이념만을 고집해 당대의 생생한 자취를 남겨 주지 못한 점, 『삼국사기』는 거기서도 비판받을 여지가 있다.

그러므로 「의해」 편의 여러 기록들은 『삼국사기』의 이런 단점을 보완한다는 측면에서도 일정한 의미를 가지고 우리에게 다가온다.

원광부터 시작한 까닭

불교는 우리 사회에서 막강한 영향력을 지닌 종교다. 무릇 2천 년을 바라보는 오랜 역사에다, 거기 누벼진 사연이 많기도 많아, 불교야말로 이성으로만 받아들이는 어떤 형식으로서가 아닌 우리들 심성 깊숙이 내린 튼튼한 뿌리다.

그같이 누벼진 사연 가운데 무엇보다 중요한 것은 아무래도 좋은 승려들이 많이 나왔다는 점이다. 우리가 불교의 큰 세 가지를 불법승(佛法僧)이라 하지만, 일반인들에게 직접적으로 영향을 미치기로야 그 가운데서도 승이 가장 으뜸 아닐까? 「의해」 편에는 그런 승려들

우연인지는 모르겠지만 일연이 머물렀던 절들은 대부분 평지에 있으면서 물가에 자리잡고 있다. 진전사(터)·인흥사(터)·오어사·운문사·인각사까지 예외가 없다.(청도 운문사)

의 이야기로 가득하다.

일연은 그 선두에 원광(圓光)을 두고 있다. 거기에는 나름대로 이유가 있다. 일연은 원광의 이야기를 마무리하는 자리에 의론을 붙였는데, 그 첫 문장에 "원종(原宗) 곧 법흥왕이 불교를 일으킨 다음 비로소 나루와 다리는 놓았으나 진리의 집을 지을 겨를이 없었다"고 하였다. 그렇다면 진리의 집을 가장 먼저 지은 이는 누구인가? 일연은 그를 원광이라 생각한 것이다.

그것은 어떤 근거에서였을까? 결론부터 말한다면 그가 중국에 유학하여 불교의 진수를 체득해 온 해동의 처음 사람이었기 때문이다. 원광 전기의 제목을 '원광서학' 곧 '원광의 중국 유학'이라고 지은 데서 그 취지는 잘 드러난다. 의론을 마무리지으면서도, "진나라와 수나라 때 우리 나라 사람으로 바다를 건너 불교를 배우러 간 이가 드물다. 설사 있더라도 크게 떨치지 못했는데, 원광의 다음에는 발꿈치를 밟으며 서쪽으로 공부하러 간 이가 휘날렸다. 곧 원광이 길을 연 것이다"고 못박고 있다.

일연이 쓴 이 원광의 전기에는 크게 네 가지 자료를 이끌어 왔다. 첫째 중국에서 나온 『속고승전』의 원광 전기, 둘째 원광의 제자인 원안(圓安)의 기록, 셋째 『고본수이전』의 원광 전기, 넷째 『삼국사기』에 실린 저 유명한 세속오계(世俗五戒)다. 이 가운데 중심은 역시 첫째와 셋째의 원광 전기다.

그런데 중국과 신라에서 각각 편찬된 이 두 책 사이에는 여러 가지 차이점이 있다. 이름, 출가의 경위, 생몰 연대, 마지막으로 주석(住錫)한 절의 이름 등에서 그렇다.

먼저 『속고승전』의 기록을 따라 정리해 보자. 원광의 성은 박(朴)이고, 본디 유학과 도학을 배웠으나 좀더 깊은 공부를 위해 중국 남북조시대의 남쪽 진(陳)나라에 왔다가 불교를 만난다. "평소 세상의 경전에는 익숙해 이치를 궁구하는 데는 신통하다는 말을 들었지만, 불교 공부를 하자 도리어 썩은 풀 같았다. 헛되이 유교를 공부하는 것이 실로 생애의 두려움으로 다가와" 드디어 출가한다. 곧 중국에 와서 승려가 되었다는 말이다.

그가 얼마만큼 수행의 도가 높아졌는지는 다음 이야기가 잘 보여준다. 남북조시대가 마감되고 수나라가 통일할 무렵이었다.

진나라의 운세가 다해 수나라의 군사가 양도(揚都)에 들어와 원광도 붙잡혔다. 군사들은 죽이려고 들었다. 마침 대왕이 멀리 절의 탑이 불길에 휩싸인 것을 보고 달려가 끄려 했더니 불길은 온 데 간 데 없었다. 다만 원광이 탑 앞에 서 있는 것만 보였다. 잡아다가 죽이려고 했으나 대단히 괴이한 일이라 풀어 주었다. 위험한 일에 닥쳐 나타나는 감응이 이와 같았다.

승가대학 현판이 붙어 있는 범종루를 들어서자 삼삼오오 모여 수다를 떨고 있는 비구니 스님들이 눈에 들어온다. 나를 가리키며 "저기 사진찍는 애는 뭐냐?" 하며 또 웃는 학인 스님들은 영락없이 대학 캠퍼스의 학생들이다.(청도 운문사)

그런 원광이 귀국한 것은 개황(開皇) 9년(589년)을 수나라 서울에서 보낸 다음이었다. 고국 신라 땅에서는 불교와 관련된 일만 아니라 나라의 중대한 정책에도 그의 의견이 받아들여졌고, 중국으로 가는 중요한 문서를 작성하는 일 또한 그에게 맡겨졌다.

원광은 건복(建福) 58년(636년) 황룡사에서 생애를 마쳤는데, 그때 나이가 99세였다고, 『속고승전』 마지막 부분에 기록되어 있다.

이에 비한다면 『고본수이전』의 기록은 여러 가지가 다르다. 먼저 그의 성이 설(薛)씨라고 한 데서부터 차이가 나기 시작하는데, 30세에 수도하려 삼기산(三岐山)에 홀로 살았고, 여기서 문득 신을 만나 중국으로 들어가는 길을 알았으며, 진평왕 22년 경신년(600년)에 귀국하였다고 하였다. 또 "누린 나이 84세로 입적하니, 명활성(明活城) 서쪽에 장사지냈다"고 한 부분도 다르다.

늦은 나이에 출가를 했다거나, 중국에 유학하고 돌아와 많은 공을 세웠다는 기본 줄거리는 같되, 이렇듯 세세한 부분에서 서로 차이가 있다. 일연은 이런 점 때문에 두 기록을 나란히 인용하면서, 분명히 정할 수 없어 두 가지를 다 둔다고 하였다. 일연다운 필법이 잘 드러나는 대목이다.

원광과 신

그런데 일연이 굳이『고본수이전』을 인용한 본디 목적은 어디에 있었을까 다시 생각하게 된다. 서로 다른 부분을 보여 주기 위함 만이었을까? 그렇다고 하기에는 미심쩍은, 원광에게 일어난 특이한 일 하나가 여기에는 실려 있다.

원광이 삼기산에 들어간 다음 4년쯤 흘렀는데, 가까운 곳에 암자를 짓고 한 비구가 찾아든다. 그러나 그는 왠지 수행과는 거리가 멀어 보이는 사람이다. "사람됨이 매우 사나우며 주술(呪術)만을 닦았다"고 한다. 그래도 원광은 괘념치 않고 자기 할 일만 하는데 문득 신(神)이 나타난 것이다. 신은 원광을 격려하며 비구의 행동을 나무라고, 가서 타일러 줄 것을 부탁한다. 원광의 중국 행의 계기가 되는 이 이야기는 이렇게 시작하여 다음과 같이 이어진다.

"내가 어젯밤 신의 소리를 들었소. 비구께서는 다른 곳으로 옮겨 가시는 것이 좋겠소. 그렇지 않으면 어떤 재앙이 닥칠 것이오."

"지극히 수행한 사람도 마귀의 현혹에 걸리는군. 법사는 어찌 여우 귀신의 소리에 걱정하시는가요?"

그 날 밤 신이 또 와서 말했다.

"나에게 낮의 일을 알려 주시오. 비구가 뭐라 답하든가?"

법사는 신이 크게 화낼 것을 두려워하며 답했다.

"아직 이야기를 끝내지 못했습니다. 허나 좀더 강하게 말하면 어찌 감히 듣지 않겠습니까?"

"내가 이미 다 들었네. 법사는 어찌 두둔해 말하는가? 이제 가만있으면서 내가 하는 것만 보시게."

그러더니 작별을 하고 갔다. 밤중에 벼락같은 소리가 나더니, 날이 밝아 살펴보자 산이 무너져 내려 비구가 살던 암자를 덮어 버렸다. 신이 다시 와서 말했다.

"법사가 보니 어떠시오?"

"보기에 매우 두렵습니다."

"내가 산 지 거의 3천 년이요 신령스런 술법은 한창인데, 이 정도야 작은 일에 불과할 뿐, 어찌 놀랄 일이나 되겠소. 앞으로 올 일을 모르는 게 없고, 천하의 일에 이루지 못할 것 없소. 이제 법사를 생각하니 오직 이 곳에 있을 만하오. 그러나 자리(自利)만 행하고 이타(利他)의 공이 없으면, 지금에는 높은 이름을 떨치지 못할 것이요, 나중에는 좋은 결과를 얻지 못할 것이오. 어찌 중국에 들어가 불법을 얻어 이 나라의 미혹한 백성들을 인도하지 않으시오?"

"중국에 들어가 도를 배우는 일은 본디 제가 바라는 바입니다. 바다와 육지가 가로막고 있어 제 힘으로 통과하지 못하고 있을 뿐입니다."

신은 자세히 중국으로 들어가는 방법을 가르쳐 주었다.

원광에게 나타난 이 신의 정체는 무엇일까? 불교의 보살일까? 원광더러 중국에 들어가 본격적인 불교의 수행을 하라고 권하는 대목에서는 그렇다. 그러나 그렇게만 보기에 왠지 다른 분위기가 있다. 어쨌건 신에게서 중국으로 들어가는 방법을 들었다는 부분만 유념해 두자. 당시 신라 사람들이 중국에 들어가기가 만만치 않았음을 알 수 있는 대목이다.

신라의 삼기산을 떠나 중국에서 11년 동안을 수행한 원광이 다시 돌아온 해는 앞서 적었다. 그로부터 앞 이야기의 후반부는 이어진다.

법사가 신에게 감사를 드리러 예전에 살던 삼기산의 절에 이르렀다. 밤중에 신이 와서 이름을 부르며 말했다.
"바다와 육지 길로 오가는 일이 어떻던가?"
"신의 크신 은혜를 입어 평안히 이르렀나이다."
"내 또한 법사에게 계를 주고 싶은데."
그래서 윤회하는 세상에서 서로 구제해 나가자는 약속을 하였다. 그런 다음 법사가 청했다.
"신의 진짜 모습을 뵐 수 있을는지요?"
"법사가 만약 내 모습을 보고 싶거든 아침에 동쪽 하늘가를 보라."
법사는 다음 날 그 곳을 바라보았다. 거기에는 커다란 팔이 구름을 뚫고 하늘가에 닿아 있었다. 그 날 밤 신이 와서 말했다.
"법사는 내 팔을 보았는가?"
"보았습니다. 너무나도 기이하고 뜻밖이었습니다."
이 때문에 세상에서는 비장산(臂長山)이라 부른다.
"비록 이런 몸을 가졌더라도 무상(無常)의 고통은 벗어나지 못하오. 그래서 내가 어느 달 어느 날에 그 고개에서 몸을 버리니, 법사는 와서 영원히 가는 혼을 송별해 주시오."
약속한 날을 기다렸다가 가서 보았다. 거기에 한 늙은 여우가, 검기는 옻칠을 해놓은 것 같은데, 헉헉거리며 숨을 쉬지 못하다가 얼마 있지 않아 죽었다.

원광에게 계를 주겠다는 것으로 보아 신은 역시 불교적 존재처럼 보인다. 그러나 팔 하나가 하늘에서 땅까지 드리울 만큼 거인이라든

운문사 절 마당은 아침마다 진공청소기로 청소를 한 듯 티 하나 없다. 운문사 전체가 이런 분위기다. 오백전 댓돌 위에 가지런히 신 벗어 놓고, 무릎 꿇고 예불 올리는 스님도 그대로 조각이었다. 그 앞에 앉은 오백나한처럼.(청도 운문사)

지, 그 때문에 비장산 전설이 생겼다든지, 무상의 고통은 벗어나지 못한다고 말한다든지, 끝내 3천 년 묵은 여우로 판명되는 것으로 보건대 신은 오히려 민간 전승의 설화적 주인공과 닮았다. 이 이야기가 본디 『수이전』에 실렸었다는 점에서도, 기이한 옛 이야기를 전하는 이 책에서 원광은 민간 전승의 어떤 신앙과 만나는 주인공으로 그려져 있는 것은 아닌가?

좀더 확대해석해 본다면 이 이야기는 신라의 불교 신앙이 토착화하는 과정에서 민간 신앙과 어떻게 결합하는가를 잘 보여 주고 있다 할 것이다.

중요한 점은 여기에 있다. 『수이전』은 본디 그런 책이니 그렇다 치더라도, 일연의 입장에서 이를 만약 불순하다고 여겼다면 싣지 않았을 것이다. 그런데 일연은 원광의 전기 속에, 그것도 가장 공을 들였다는 「의해」편의 첫 글에 당당히 넣고 있다. 물론 일연으로서는 이야기의 주인공이 원광이기에 어떤 자신감을 가질 수 있었다. 막 나가는 비구 같은 이와 달리 원광은 중국에까지 유학하고 수행에 높은 경지를 이룬 사람이다. 그런 그가 생경한 외국 이론으로 무장하여 어려운 말로 떠들지 않고 이 땅의 토착 신앙과 만나고 있다. 일연은 그런 원광을 받아들이고 있는 것이다. 그래서 원광을 신라의 원광으로 고스란히 그려낸 이 대목을 읽는 일이란 참으로 신난다.

일연은, 이미 13세기에, 이 땅에 뿌리내린 불교의 모습을 주체적으로 인식한 이였다고 보아 무방하리라.

세속오계와 운문사

기실 원광은 오늘날의 일반인들에게 세속오계를 지은 승려로 더 널리 알려져 있다. 세속오계는 다분히 유교의 삼강오륜(三綱五倫)에서 오륜과 닮아 있다. 원광이 승려이기에 앞서 유학을 공부했던 사람임을 감안한다면 왜 그렇게 되었는지 짐작할 만하다.

그런데 세속오계가 그저 오륜을 베낀 데 지나지 않는다고 말해서는 안 된다. 거기에는 일상적인 생활을 해나가는 사람들이 지킬 수 있는 범위의 불교의 계율이 잘 스며들어 있다. 처음에 귀산(貴山)과 추항(箒項)이라는 사람이 원광을 찾아왔을 때 원광은 먼저 이렇게 말한다. "불교에는 보살계가 있고 따로 열 가지가 있다. 자네들은 남의 신하가 된 몸으로 감당할 수 없을 듯 싶다. 그래서 세속오계를 주노라."

'남의 신하가 된 몸'이란 곧 현실 정치 속에서 살아가야 하는 처지임을 가리킨다. 그들이 승려와 똑같은 계를 지니고 그것을 지키며 살아가기란 어렵다는 점을 원광은 이미 알고 있었다. '그들'의 입장에서 생각하는 속 깊은 배려다.

그 세속오계가 무엇인지는 앞서 소개한 바 있다. 거기서 왕과 부모를 섬기는 도리나 친구를 사귀는 의리를 말하는 대목은 오륜과 거의 같다. 그러다 마지막에 두 가지가 달라진다. 싸움에 나가서 물러서는 일이 없을 것이요, 산 것을 죽이되 가려 해야 한다는 것이다. 전자는 그들이 화랑이므로 주어야 했던 말이라면, 후자는 유일하게 직접적인 불교의 계율을 담은 말이다. 그런데 두 말이 마치 서로 어긋나는 것처럼 들린다. 싸움에 나가 용맹을 떨치자면 적도 죽여야 하는데 가려서 죽이라니, 이는 대체 무엇을 말하려는 것일까? 가려 죽이다가 살벌한 전쟁판에서 내가 먼저 죽겠다. 아마도 두 사람은 그런 의문이 들었던 모양이다.

두 사람이 "다른 것이라면 얼마든지 받아들이겠습니다. 그러나 '산 것을 죽이되 가려 해야 한다'는 말만은 깨닫지 못하였습니다"고 솔직히 묻자, 원광은 이렇게 대답했다.

"육재일(六齋日)과 봄과 여름에 죽이지 않는 것, 이는 때를 가림이다. 기르는 동물 곧 말·소·닭·개를 죽이지 않는 것과, 자잘한 동물 곧 한 번 저미지도 못할 것을 죽이지 않는 것, 이는 대상을 가림이다. 이 또한 오직 필요한 만큼만 하고, 너무 많이 죽이지 말아야 하리니, 이것이 세속에서 좋은 계이다."

육재일이란 한 달에 여섯 번 있는 재일로, 8·14·15·23·29·30일을 가리킨다고 한다. 마치 유대인들이 지키는 유월절 같은 느낌이 든다.

그런데 귀산과 추항이 원광을 찾아갔다는 곳이 가슬갑(嘉瑟岬)이다. 가슬갑은 지금 경상북도 청도군의 운문사(雲門寺) 바로 옆에 있었다. 원광과 가슬갑과 운문사에 관련한 이야기를 일연은 '원광의 중국 유학' 조에 이어 '보양이목(寶壤梨木)' 곧 '보양과 이목' 조에 자세히 실어 놓고 있다. 그 가운데 한 토막.

신라시대 이래 이 군의 절들로는 작갑(鵲岬) 이하 크고 작은 절들이 있었지만, 세 나라가 싸우는 동안 대작갑·소작갑·소보갑(所寶岬)·천문갑(天門岬)·가서갑 등 다섯 갑이 모두 부서졌다. 다섯 갑의 기둥은 모두 대작갑에 모아 두었다.

'세 나라가 싸우는 동안'이란 후삼국시대의 여러 분쟁을 말한다. 다섯 갑 가운데 가서갑이 가슬갑의 다른 이름인데, 원광이 처음 가슬갑에 자리를 잡은 다음 차례로 다른 절들이 만들어졌다는 것이다. 그러나 대작갑과 소작갑으로 나뉜 작갑이 대표적이고, 지금 운문사가 있는 자리다. 이 작갑은 어떻게 만들어졌던가?

보양이 땅에서 캔 벽돌로 다시 쌓았다는 탑에 쓰였을지도 모르는 사천왕 석주이다. 작갑전에 있다.(청도 운문사)

　조사(祖師) 지식(知識)이 중국에서 불법을 전수 받아 돌아오던 때였다. 서해 바다 속 용이 용궁으로 맞아들였다. 스님이 경을 외우자 용은 금빛 비단 가사 한 벌을 시주하였다. 아울러 이목(璃目)이라는 아들을 바쳐 시봉(侍奉)으로 딸려 보내면서 부탁하는 것이었다.

　"저번에 세 나라가 시끄러이 싸울 때는 불교에 귀의하는 왕이 없었소. 내 아들과 함께 그대 나라의 작갑(鵲岬, 까치 허구리)에 가서 절을 세우고 지내시오. 그러면 도적을 피할 수 있을 뿐만 아니라, 몇 년 지나지 않아 반드시 불교를 지키는 현명한 왕이 나와 세 나라를 평정할 것이오."

　말을 마치자 서로 헤어져 돌아왔다. 이 골짜기에 이르니 문득 스스로 원광이라 하는 노스님이 궤짝을 안고 나타나 주더니 사라졌다. 이에 보양 스님은 무너진 절을 세우려 북쪽 마루에 올라가 살펴보았다. 뜰에 누런빛의 5층탑이 보여 내려와 찾아보니 자취가 없었다. 다시 올라가 보자 여러 마리

까치가 땅을 쪼고 있었다. 문득 바다 용이 작갑 곧 까치 허구리라고 한 말이 떠올랐다. 찾아가 파보았더니 과연 남겨진 벽돌이 셀 수 없이 나왔다. 모아서 하나하나 맞춰 보자 탑이 되는데, 남는 벽돌이 없어 비로소 앞 시대의 절터였음을 알았다. 절을 다 짓고 살면서 이름을 작갑사라 했다.

조사 지식은 곧 보양 스님을 일컫는다. 원광으로부터 300년 이상 지난 다음, 신라는 이미 기울었고 북쪽에서 고려가 창건되어 세력을 넓혀 갈 때였다. 그러므로 이 이야기 속에서 원광이 나타났다는 것은 아마도 그의 영혼일 것이라고, 일연은 조심스럽게 주석을 달아 놓고 있다. 바다 용을 만나 작갑이라는 지명을 들은 것과 일치하는 여러 징조를 보자 보양은 거기에 절을 세운 것이었다. 작갑사가 탄생하는 순간이다.

작갑사가 운문사로 이름을 바꾼 것은 청태(淸泰) 4년 정유년(937년)이다. 고려 태조 왕건이 절을 유지할 밭을 충분히 내려 주고, 손수 현판까지 써서 보냈다.

그런데 보양과 함께 왔다는 서해 용의 아들 이목은 누구일까? 용의 아들이라니 같은 용이겠지만, 이목이라는 이름을 우리 발음대로 한다면 '이무기'처럼 들린다. 지금은 용이 되려다 뜻을 이루지 못한 뱀을 이무기라고 하지만, 옛날에는 아직 어린 용을 이무기라고 불렀던 것일까? 어쨌거나 이목의 이야기가 그 다음에 이어진다.

이목은 늘 절 옆의 작은 연못에 있으면서 조용히 포교를 거들었다. 그러던 어느 해 가뭄이 들어 밭의 채소들이 메말라갔다. 보양은 이목에게 비를 내리게 하라 했다. 단번에 흡족하게 내렸다. 하늘님은 제 할 일이 아닌데 했다 해서 죽이려고 하였다. 이목은 급히 보양에게 알렸다. 보양은 침상 밑에 숨겼다. 잠깐 사이에 하늘에서 사자가 뜰에 내려와 이목을 내놓으라고 했다. 법사가 뜰 앞의 배나무〔梨木〕를 가리켰더니 벼락을 치고는 하늘로 올라갔다. 배나무는 말라 비틀어졌다. 용이 이를 어루만지자 살아났다.

이 나무는 얼마 전 땅에 엎어져 어떤 사람이 빗장 몽치를 만들어 선법당(善法堂)과 식당에 들여놓았다. 그 몽치 자루에는 글씨를 새겨 놓았다.

동해 용의 아들이라는 처용이 헌강왕을 따라와 경주에서 산 것이 880년경, 그로부터 50여 년 뒤 서해 용의 아들도 들어왔다. 동서의 바다에 사는 용들은 한결같이 이 나라를 지키자고 애쓰는 존재들이다. 든든하지 않은가?

재미있는 것은, 법사가 배나무를 가리키며 이목이라 했다는 것인데, 한자어로 같은 발음이 나는 두 단어 사이의 언어유희다. 그것은 전설이 만들어지는 하나의 원리이기도 하다. 그럼에도 마치 사실인 것처럼 마지막에 빗장 몽치를 만들었다느니 자루에 글씨를 새겨 놓았다느니 운운은, 한겨울밤 누가 더 흥미진진한가 내기하듯 옛 이야기로 밤을 지새우는 저 전설 같은 고향의 풍경 속으로 우리를 데려다 놓는다.

운문사, 그 아름다운 이름

일연이 운문사를 기록하는 데 심혈을 기울이는 데는 까닭이 있다. '원광의 중국 유학' 조의 가슬갑부터 운을 뗀 뒤, 바로 이어 '보양과 이목' 조를 놓고 매우 자세히 이 절의 내력을 소개한다. 이것은 사실 보양의 전기를 싣자고 하기보다 운문사를 소개하자는 데 더 의미가 있는 듯하다. 청도군의 여러 문서를 샅샅이 뒤진 듯, 인용 또한 장황하다. 거기 무슨 사정이 있는 것일까?

일연은 71세가 되던 해 마치 자신의 마지막 거처로 삼으려는 듯 왕명을 받는 형식으로 이 절에 이른다. 그 때 운문사는 일연이 속한 가지산파의 절이었다. 일연보다 100여 년 전, 왕사에 책봉되었던 학일(學一) 스님이 머물렀던 곳, 학일도 가지산파의 승려였다. 거기서 일연은 5년의 세월을 보냈다. 뜻밖에 몽고군이 일본원정을 감행하고, 왕은 경주에 차려진 행재소에서 몸소 원정을 도와야 할 형편이었는데, 고단한 왕의 곁에서 마음의 안식을 주어야 하는 일이 일연에게 떨어지지 않았다면, 운문사는 끝내 일연의 마지막 거처로 기록되었을 터다.

대체로 『삼국유사』의 편찬이 이 절에서부터 시작되었음은 이론의 여지가 없을 듯하다. 『삼국유사』 안에서 그 같은 심증을 갖게 하는 기록이 많이 보이지만, 결정적인 것은 바로 이 두 조에 걸치는 운문사 기록으로 분명해진다. 자신이 거처했을 뿐만 아니라 『삼국유사』 편찬의 첫발을 내디딘 곳으로서 운문사는 일연에게 다른 어느 절보다 깊이 각인되어 있다.

나는 운문사를 여러 차례 방문했었다. 새 천년이 시작한다는 요란스럽던 해 여름, 나는 일본에서 온 손님들과 함께 이 절에 가서 하룻밤을 묵으며, 산사의 새벽과 새벽과 함께 오는 개명(開明)의 순간을 만끽한 바 있다. 그동안 보지 못했던 그 풍경 속에서 나는 원광과 보양과 학일과 일연으로 이어지는, 이 절을 세우고 지킨 이들의 숨소리를 들었다.

운문은 구름의 문, 아마도 운수(雲水)의 숙명을 안고 살아가는 이들이 잠시 머무는 곳인가, 참으로 아름다운 이름이다.

지금 운문사는 비구니 사찰이다. 거기에는 승가대학이 설치되어, 우리 나라에서 가장 크고 짜임새를 갖춘 비구니 학당으로 운영되고 있다. 절의 이름에 걸맞다. 그리고 내가 처음 운문사를 가 보았던 1990년에 비해 10년 사이에 법당이며 강당 등이 많이 만들어졌지만, 흔히 개선이 개악을 부르는 요즈음 사찰의 중건공사들과 달리, 본디

1992년 여름날 운문사에서 하룻밤을 지낸 적이 있다. 아침공양을 하라며 잠을 깨우던 유난히 눈이 크고 예뻤던 지객 (知客) 스님의 미소가 잊혀지지 않는다. 스님의 미소도, 아침공양도, 북대암에서 바라본 운문사의 전경도 한결같이 정갈하다.(청도 운문사)

절의 풍취를 잃지 않으면서 새 건물은 새 건물대로 옛 건물은 옛 건물대로 서로 어울리며 조화롭게 서 있는 것을 보고 적이 안심했었다. 절의 살림을 꾸려 나가는 스님들의 안목과 노고의 결과이리라.

  그 곳 승가대학의 교수인 영덕(永德) 스님은 내가 아는 어느 후배 시인에게는 세속의 언니다. 나는 그가 시에서 가끔 언니인 영덕 스님을 노래하는 것을 들은 적이 있다. 동생의 소개로 염치불구 신세를 진 그 여름이었다. 여기 적어 자그마하나 고마움을 표한다.

원효, 해동 불교의 자랑

무엇에도 얽매지 않는 사람, 원효
세상에는 너무 커서 들리지 않는 것과 너무 커서 보이지 않는 것이 있다. 지구는 자전을 하면서 소리를 낸다고 하는데, 그 소리가 너무 커서 우리 귀에 들리지 않을 뿐이다. 그런 식으로 따지면 원효는 너무 커서 보이지 않는 인물이다.

보이더라도 부분만 보인다. 그가 그린 어느 한 부분만 보이고, 그가 한 말의 어느 한 부분만 들린다. 그래서 원효에 대해서는 가지가지 이야기가 난무한다.

일연은 원효의 생애를 한마디로 요약했다. '무엇에도 얽매지 않은 사람'이라고. 「의해」편에서 원효의 전기를 쓰며 지은 제목 '원효불기(元曉不羈)'를 풀어보면 그렇다. 한 가지 더 있다면, 본문을 시작하는 첫머리에 원효를 관형(冠形)하기를 '성사(聖師)'라 한 것이다. 같은 「의해」편에서 일연은 의상에게 법사(法師)라 하고, 자장에게 율사(律師)라 했다. 세 분은 신라 불교를 대표한다. 일연이 그런 세 분을 평가하는 첫마디는 그들의 이름 앞에 붙인 관형어에서 들을 수 있다. 의상의 관형어가 화엄을 전한 분, 자장이 계율을 정한 분이라고 해석해도 좋다면, 성사는 무슨 뜻일까? 무엇에도 얽매지 않는 불교의 최고 경지를 이룬 분이라 해야 할까?

최고 아름다운 칭찬이다. 일연은 무슨 근거로 이런 칭호를 붙이고 있는가?

우리 근대 문학의 개척자라고 불러야 할 이광수(李光洙)는 1942년 봄부터 장편 소설『원효대사』를 매일신보에 연재했다. 남의 전쟁터로 이 나라의 젊은이들을 몰아세우던 춘원이 친일의 극점에 다다랐을 때의 일이다. 연재를 시작하며 춘원은 말한다.

원효는 신라가 낳은 가장 큰 사람이오 고승(高僧)이오 성승(聖僧)이다. 그의『대승기신론소(大乘起信論疏)』와『화엄경소(華嚴經疏)』는 불교가 전하는 동안 전할 것이다. 원효는 세계적 위인이다. 그러나 원효는 요석공주로 하여 파계하야 설총을 낳았다. 그는 어찌하여서 파계를 하였던가. 성승의 파계 그것은 큰 사건이다. 오늘날까지 해답 못 된 문제다. 인성(人性)의 근저에 관련된 문제다. 나는 이 (중략) 인간으로서의 고로와 성자로서의 수행을 그려보고 싶다.

신라뿐만 아니라 세계의 위인이라 치켜세운 원효에게 결정적인 흠이라면 파계요 그것은 인간적 고뇌라 말하는 춘원의 저변에는 사실 자신의 모습을 투영하려는 의도가 없지 않았을 것이다. 원효에게 파계라면 이광수에게는 변절이 있다. 그러나 원효말고도 역사상 위대한 인물들을 차례차례 소설화하던 춘원이 여기 이르러 관형하는 말 가운데 '성승'은『삼국유사』의 그것에서 따왔음을 쉽게 짐작할 수 있다. 게다가 '오늘날까지 해답 못 된' 성승의 파계를 춘원은 자기 나름대로 해석해 보겠다는 것인데, 인간적 고로와 성자로서의 수행 사이에, 또는 그것의 역학적 관계 속에서 해답이 나올 것이라고 예상하고 있다. 성승은 그 예상의 구체적인 단어다.

나는 원효를 현실주의 신앙의 구현자로 설정한다. 현실주의란 현

경북 경산시 압량면에는 삼성산이 있다. 원효·설총·일연이 모두 이 동네에서 태어났기 때문에 삼성산이라는 이름을 얻었다고 전한다. 가뭄이 몹시 심했던 1992년 여름, 삼성산 아래 저수지에 마을 사람들이 모여 저수지를 파내며 물을 찾고 있었다.(경산 압량면)

실에 매달린다는 말이 아니다. 범박하게 풀어보자면, 현실의 첨예한 문제를 피해가지 않고, 사람의 생애에서 부딪칠 수밖에 없는 문제를 불교의 틀 속에서 이해하고 실천한다는 뜻이다. 원칙은 무너지기 쉽고 오해는 따르기 쉽다. 그러나 미로를 헤매지 않으며 오해를 무릅쓰면서, 사람이 살다 보면 당할 문제 속으로 자신을 내던지기란 쉽지 않다. 원효는 그것을 감당했고, 그 같은 전범을 뒷사람에게 남기고 보여 준 사람이다.

성사란 거기서 붙여진 이름일까? 사실 여부는 본문을 읽어가며 하나하나 확인할 일이다.

일연이 가장 잘 알았던 사람

다른 승려의 전기와 달리 원효에서 일연은 기존의 승전을 거의 인용하지 않고 있다. "살아온 내력과 학문이며 업적은 모두 당나라 승전과 행장에 실렸으니 갖출 필요가 없겠다"고, 아예 처음부터 담을 쌓는다. 그래서인지 원효와 의상이 중국을 가다 경험했다는 저 유명한 '해골바가지 이야기'는 『삼국유사』에 나오지 않는다.

그렇다면 어디서 자료를 가져온단 말일까? 해답은 일연 스스로 말한 바, "이 나라에서 전하는 한두 가지 특이한 일을 적어 두려 한다"는 데 있다. 일연은 원효와 같은 고향 사람이다. 압량군, 지금은 경상북도 경산군 압량면이다. 이 곳에 삼성산(三聖山)이라 불리는 산이 있는데, 아직까지도 마을 사람들은 여기서 원효와 설총 그리고 일연이 태어났으므로 그렇게 이름지어졌다고 믿는다. 유래담의 근거를 따지는 일은 부질없다. 적어도 일연은 『삼국유사』 안의 곳곳에서, 다른 사람은 몰라도 최소한 원효야 내가 알만큼 안다는 식이다.

압량군 불지촌(佛地村)의 밤골에는 사라수(沙羅樹)라는 나무가 있다. 거기 얽힌 이야기로부터 원효의 전기는 시작한다.

스님의 집안은 본래 이 골의 서남쪽에 살고 있었다. 어머니가 임신하여 달이 찼는데 마침 이 골 밤나무 아래를 지나다 갑자기 해산 끼가 보여 집으로 돌아올 겨를이 없었다. 그러자 남편의 옷을 가지고 나무에 걸고 그 가운데 누울 곳을 마련하였다. 이 때문에 나무를 사라수라고 불렀다. 그 나무의 열매 또한 보통 것과 달라 지금까지 사라율이라 이른다.

마구간의 거친 짚단 위에서 태어났다는 아기 예수를 연상해도 좋겠다. 거기는 스스로의 노력이 들어가지 않고도 이르는 민중의 자리 그것과 다르지 않다. 어느 성인이건 그 민중의 자리로부터 위대한 생애를 펼치지 않았던가?

그러나 이상한 별이 나타나 동방 박사를 베들레헴의 마구간으로 이끌었던 것처럼, 원효를 가질 때 그 어머니는 꿈에 유성이 품속으로 파고드는 모습을 보았단다. 밤나무 아래서 그가 태어난 해를 승전에서는 진평왕 39년(617년)으로 적고 있다. 부처님이 열반한 곳에 서 있었다는 나무가 사라수였는데, 원효는 부처님이 세상의 인연을 다한 곳에서 세상의 인연을 시작한 셈이다.

일연이 말하는 특이한 일은 두 가지다. 물론 두 일은 서로 인과 관계처럼 연결되지만, 원효의 생애를 그려야 하는 이광수를 고민하게 만들었던 바로 그 부분이다.

하루는 스님이 거리에서 소리질러 노래불렀다.

누가 자루 빠진 도끼를 주려나
내가 하늘 괴는 기둥을 자를 터인데

사람들은 뜻을 알지 못했다. 그 때 태종 임금이 듣고는 말했다.

"이것은 스님이 아마도 귀부인을 얻어 현명한 아들을 낳겠다는 말일 게야. 나라에 큰 현인이 있으면 이보다 더 큰 이익이 있을라구."

때마침 요석궁에는 과부로 지내는 공주가 있었다. 임금은 궁궐 관리에게 원효를 찾아 데려오라 명하였다.

궁궐의 관리가 원효를 찾아 나섰다. 이미 원효는 남산에서 내려오다 문천교를 지나는데, 관리를 만나자 거짓으로 물 속에 떨어졌다. 위아래 옷이 몽땅 젖었다. 관리는 스님을 궁으로 데려가 옷을 갈아 입히고 빨아 말리게 하였는데, 그러자니 자고 가게 되었고, 이어 공주는 태기가 있었으며, 설총(薛聰)을 낳게 되었다.

자루 빠진 도끼라는 비유야말로 얼마나 기이한지. 여성을 상징함과 아울러 본디 자루가 있었음을, 그러니까 지금 혼자되어 사는 여성임을 동시에 말한다. 이미 이 노래 속에는 어느 특정한 인물이 암시되어 있다. 그러나 거기서 끝이라면 파계를 무슨 자랑으로나 여기는 덜된 승려에 지나지 않았으리라. 하늘 괴는 기둥을 만들리라는 두 번째 줄에서 우리는 그가 지닌 속뜻을 짐작할 뿐만 아니라, 그것으로 원효의 품격을 지켜 주자는 사람들의 배려를 읽을 수 있다. 전설은 대체적으로 주인공과 전승자 사이에 합작으로 만들어진다.

그러나 맨 먼저 그 뜻을 알아 챈 이는, 혼자되어 살고 있는 딸을 가진 태종 임금이었다. 원효가 노래한 두 줄을 그는 정확히 읽어 준다. 자루 빠진 도끼를 달라함은 다름 아닌 과부인 요석공주를 가리키지만, 그 주인공이 승려이기에 꺼림칙한 기분은 나라의 이익으로 명분을 세운다. 그만한 여유와 융통성이 신라를 신라이게 했던 것은 아닐까?

원효가 드디어 요석공주가 사는 궁 안으로 들어가는 과정은 한 편의 드라마를 연상케 한다. 이번에는 원효가 다리 아래로 떨어짐으로써 그를 데려가려는 이들에게 명분을 제공한다. 앞뒤로 짝짜꿍이 잘

내가 원효였다면 해저물녘 요맘 때 문천교에서 뛰어내려 물에 빠졌을 것이다. 그래야 옷을 말린다는 핑계로 요석궁에서 하룻밤을 지낼 수 있을 테니까. 다리만 건너면 바로 남산으로 이어지는 문천교는 지금 남아 있는 기초만 보아도 상당히 큰 다리였던 것 같다.(경주 문천교 터)

도 맞는다.

원효가 일부러 빠졌다는 문천은 지금 남천이라 하고, 문천교는 석재(石材)만 남아 개천 여기저기 흩어져 있다. 바로 그 옆 요석궁은 고려시대부터 향교로 썼던 듯한데, 지금은 그 자리에 우람한 한옥이 들어서 있고, 얼마 전까지 경주 최씨의 집으로 대물림해 왔다고 한다.

원효와 요석공주 사이에 낳은 아들이 설총(薛聰)이다. 설총은 이두(吏讀)를 지은 이로 알려져 있지만, 『삼국유사』에서도 "나면서 영리하고 밝아 경전과 역사에 널리 통해 신라의 열 분 현인 가운데 한 사람이 되었다. 우리말을 가지고 중국과 우리 나라의 세간 풍물과 이름을 통하게 하였으며, 육경(六經)과 문학을 뜻풀이하였다"라고, 그의 활약상을 전해 준다. 과연 나라를 괸 기둥답다.

두 번째 이야기는 바로 이어지는 후일담이다.

원효가 이미 계를 범한 이후 속인의 복장으로 갈아입고, 스스로 소성거사(小姓居士)라 불렀다. 어느 날 우연히 배우들이 가지고 노는 커다란 박을 얻었는데, 모양이 괴이하여 그 형상을 따라 도구를 만들었다. 『화엄경』에 "모든 것에 거침없는 사람은 한 가지 길〔道〕로 나고 죽는다"는 대목을 가지고 무애(無碍)라 이름짓고, 노래를 지어 세상에 유행시켰다. 일찍이 이것을 지니고 모든 마을 모든 부락을 돌며 노래하고 춤추면서 다녔는데, 노래로 불교에 귀의하게 하기를, 뽕나무 농사짓는 늙은이며 독 짓는 옹기장이에다 원숭이 무리들까지 모두 부처님의 이름을 알고 나무아미타불을 외우게 되었으니, 원효의 교화가 크다.

속과 성의 경계를 마음대로 드나들고자 했던 원효도 요석공주와의 사랑이며 설총을 낳은 일에 초연할 수만은 없었던가 보다. 스스로 파계를 인정하고 새로운 길을 찾아 나선다. 그런데 그것은 지금까지의 그를 부정(否定)하는 것이면서 동시에 그것을 바탕으로 극복되는 초월의 단계다. 원효가 오늘날의 원효가 된 것은 바로 이 같은 변증법적 정반합의 발전이 있었기 때문이다.

이미 의상과의 중국 행에서 원효는 큰 깨달음을 얻어 돌아왔었다. 그 때 벌써 원효는 원효였다. 그러다 요석공주와의 만남, 불교적으로는 용납할 수 없는 파계다. 하지만 원효에게 그것은 이미 원효인 자신을 부정하는 일이었다. 그 부정 다음에 원효는 원효 아닌 원효로 거듭난다.

원효 아닌 원효는 무애의 원효였다. 무애의 원효가 지향하는 바는 관념이나 치장으로서의 불교가 아닌 현실 속에서 살아 움직이는 불교였다. 배우들이 노는 도구란 일반 민중들에게 익숙하고 재미있는 것이었으니, 거기에 빌려 어려운 불교의 교리를 쉽게 풀고, 누구나 가까이 하는 불교를 만들었다. 1980년대 운동권의 현장에서 '노가바'

가 한참 유행한 적이 있었다. 사람들이 잘 아는 유행가 곡조에다 가사만 바꿔 부르는 운동권 노래다. 쉽게 부를 수 있을 뿐더러 재미도 있었다. 그 때 뜻밖에 탈춤이며 풍물이 대학생들 사이에 유행하기도 하였다. 본디 쓰임새가 그러했지만 운동을 주도하던 사람들은 탈춤과 풍물에 민중적인 정서의 고갱이를 집어넣었고, 그것으로 자연스럽게 의식화의 도구로 썼다. 이 같은 방법의 창안자는 다름 아닌 벌써 1,400년 전의 원효라고 할 수 있다. 농사꾼에다 하급 기술자, 나아가 저 짐승들에게까지 부처님의 이름이 퍼졌다는 이 놀라운 광경, 그것은 원효가 만들어 낸 절묘한 전파 방법 덕이었다.

일연이 발견한 원효는 이런 원효였다. 고고한 학승만으로, 폐쇄적인 선승만으로 아닌 모두의 승려, 무엇에도 얽매지 않았던 인간 원효를 가장 잘 바라본 이는 아마도 일연이 처음 아니었을까?

바보 같은 원효

그러나 『삼국유사』의 곳곳에서 등장하는 원효는 어쩐지 그렇게까지 잘난 원효가 아니다. 멍청한 짓 아니면 실수나 저지르는 조역만 그에게 주어져 있다.

앞서 낙산사의 이야기를 말하면서 의상과 대비된 원효의 부주의한 행동을 소개한 적이 있다. 나는 애써 그의 행동 저변에 있는 의미를 민중적 신앙의 한 단면으로 해석하였지만, 실수도 한 번으로 족하지, 비슷한 일이 계속되면 변명도 궁색해지는 법이다. 어째서 원효는 그가 이룬 높은 경지와 다르게 늘 낮은 자리에만 나오는 것일까?

그 가운데 하나가 혜공(惠空) 스님과 벌어지는 내기다. 혜공은 남의 집 노비로 사는 과부의 자식이었다. 신령스런 이적이 드러나자 주인이 면천(免賤)을 해주었는데, 출가하여 승려가 되고 이름을 혜공이라 하였다. 그가 "늘 한 작은 절에 머무르며 미친 듯이 크게 취해 삼

일연이 주석했던 오어사는 역시 아름다운 개울가에 있는 절이다. 바로 이 개울에서 혜공과 원효가 물고기를 잡아 먹고 서로 장난을 벌였고, 일연은 그 이야기를 『삼국유사』에 담았다. 오어사는 '신라의 열 분 성인' 중 의상·원효·혜공·자장이 수도했다고 하는 이름난 절이기도 하다. (포항 오어사)

태기를 지고 거리에서 노래를 불러댔다"는 대목은 금방 원효와 닮은 사람임을 직감케 한다. 그래서 사람들이 부궤화상(負簣和尙)이라 불렀다는데, 부궤란 삼태기의 점잖은 말이다. 다음은 「의해」편의 '혜숙과 혜공의 삶[二惠同塵]' 조에 나오는 이야기다.

늘그막에는 항사사(恒沙寺)로 옮겨 머물렀다. 그 때 원효가 여러 경소(經疏)를 찬술하면서 매양 스님에게 와서 의심나는 곳을 물었다. 간혹 서로 장난을 치기도 하였는데, 하루는 두 분이 시냇물을 따라가다 물고기를 잡아 구워 먹고는 돌 위에 똥을 누었다. 스님이 그것을 가리키며 희롱하듯이, "자네는 똥인데 나는 물고기 그대로야"라고 외치는 것이었다. 이로 인해 오어사(吾魚寺)라 이름지었다. 어떤 이들은 여기서 원효의 이야기라기에는 외람되다고 하기도 한다.

일연은 미리 항사사를 오어사라고 주석을 달아 놓았다. 그 자신도 거처한 적 있는 이 절의 이름이 어떻게 오어사로 바뀌었는가를 설명하는 데에 혜공과 원효 사이에 벌어진 이야기를 적은 것처럼 보인다. 그런데 거기서 원효는 철저히 조연이다.

오어사는 지금 경상북도 포항시 항사동에 있다. 얼마 전까지는 영일군이었고, 지금도 한 번 찾아가기가 쉽지 않은 두메산골에 자리잡고 있는데, 나는 내가 다닌 『삼국유사』의 유적지 답사 가운데 가장 마음에 드는 곳을 고르라면 이 절을 빼놓지 않는다. 절 뒷산을 출발해 재잘거리며 흘렀을 개천은 지금 절 입구쯤에 저수지가 만들어지면서 커다란 호수로 바뀌었다. 바로 절 앞에 호수가 생긴 것이다. 아마도 1,400여 년 전 어느 여름날, 그 개천 어디쯤에서 내기를 했을 혜공과 원효 두 스님이, 지금이라도 장난을 치면서 나타날 듯한 착각에 빠지기도 한다. 똥을 눈 원효가 머쓱하게 서 있을 표정과, 껄껄거리며 한바탕 웃음소리와 함께 절로 올라가는 혜공의 뒷모습.

지금 사람들은, 원효는 똥으로 나오고 말았지만 혜공은 물고기가 그대로 살아나와 헤엄쳐 갔다고 말한다. 조연으로 나오는 해동 불교의 좌장 원효의 완벽한 한판패다.

또 다음 이야기는 같은 「의해」편의 '말을 못하던 사복〔蛇福不言〕'조에 나온다. 사복은 한 과부가 남편 없이 잉태하여 낳은 아이인데, 열두 살이 되도록 말을 하지 못하고 걷지도 못했다고 한다. 그래서 사람들이 사동(蛇童)이라 불렀다. 사람들의 악구(惡口)가 좀 심하다.

어느 날 그 어머니가 죽었다. 그 때 원효는 고선사(高仙寺)에서 지내고 있었다. 원효가 그를 보고 예를 갖춰 맞았다. 사복은 답례도 하지 않고 말하였다.

"그대와 내가 옛날에 경전을 싣고 다니던 암소가 이제 죽었소. 함께 장례를 치르는 것이 어떤가요?"

"좋다."

그래서 함께 집에 이르렀다. 원효더러 보살수계(布薩授戒)를 해달라 했다. 시신 앞에서 축원하였다.

태어나지 말 것을, 죽음이 괴롭구나.
죽지 말 것을, 태어남이 괴롭구나.

사복이 "글이 번거롭군요" 하더니, 고쳐서 말했다. "죽고 남이 괴롭구나."

혜공은 미친 중이라고 하나 특이한 이적을 수없이 보인 바 있는 원효의 적수가 될 만한 사람이었다. 여기서 사복은 사생아에 불과한 소년, 예를 갖출 줄도 모르는 아이로 그려져 있다. 그러나 원효와 더불

고선사 터는 알천(북천) 상류 암곡동에 있다. 보문단지에서 무장사 터로 가는 중간쯤인데, 덕동호수가 생기면서 물에 잠겼다. 그 곳에 있는 탑은 경주박물관에 가면 볼 수 있다. (경주 덕동호)

어 나누는 이 선문답 속에 벌써 원효는 나가떨어진다. 물론 불교의 경지란 나이나 교육의 유무를 떠나 있다. 사복이 결코 평범한 아이가 아닌 것은 원효에게 자기 어머니를 '그대와 내가 옛날에 경전을 싣고 다니던 암소'라고 말한 데서 미루어 짐작할 수 있다. 두 사람은 전생의 연(緣)을 가진 어떤 특이한 관계다.

그러나 이야기의 본디 모습으로 들어가 보자. 사복은 사생아요 일찍 부모를 여읜 불쌍한 아이다. 그것을 세속의 인연일 뿐이라고만 말하지 않는다면, 원효의 손길이 미치는 넓은 세계를 우리는 그려보게 된다. 사동이라 놀림받는 불쌍한 소년의 처지를 함께 한 이는 원효 같은 심성을 가진 사람이 아니고서 불가능할 것이다.

이 건방진 소년의 언행에도 불구하고 원효는 장지까지 동행한다. 물론 소년이 반드시 불쌍한 사생아만이 아님을 알아보았기 때문이었을까, 원효는 "지혜로운 호랑이를 지혜로운 숲 속에다 묻음이 마땅치 아니한가?"고 말한다. 그리고 거기서 그는 놀라운 경험을 한다.

사복이 이에 게를 지었다.

지난날 석가모니 부처가
사라수 사이에서 열반에 드셨도다
이제 또한 그와 같은 이가 있어
연화장(蓮花藏) 세계에 들어가려 하네

말을 마친 뒤 띠 줄기를 뽑아내자 그 아래 한 세계가 열렸다. 휘황하면서 맑게 비어 있고, 칠보로 장식된 난간이며 누각은 장엄했다. 정말로 인간 세상이 아니었다. 사복은 시신을 메고 같이 그 곳으로 들어가 홀연히 함께 묻혔다. 이에 원효는 돌아갔다.

참으로 신비롭기 그지없는 광경이 아닌가? 원효가 살다 간 생애, 그가 본 세계가 이렇다.

다음에 소개할 「감통」편의 '광덕과 엄장(廣德嚴莊)'조에서, 광덕의 처에게 꾸지람을 들은 엄장이 대오각성하고 찾아가는 사람이 원효다. 원효는 대체로 낮은 자리에 사는 사람들의 친구였고, 우리는 이런 장면들에서 바보 같은 원효가 진정 바보가 아님을 확인하는 것이다.

문 닫힌 분황사에서 추억하는 원효

원효의 전기를 적어 내려가던 일연은 그 마을에서 전해오는 특이한 한두 가지만 적는 것으로 아쉬웠던가 보다. 그의 이름에 얽힌 내력이며, 불교적으로 거둔 여러 가지 성과를 정리해 놓고 있다. 예컨대 그

답사를 가서 안 사실이지만, 일연과 원효는 같은 동네에서 태어났다고 한다. 그 때문만은 아니겠으나 『삼국유사』 곳곳에는 원효 이야기가 자세하게 나온다. 원효가 입적한 후 아들 설총은 원효의 뼈를 갈아 얼굴 모양을 만들어서 분황사에 안치했는데, 설총이 예불하러 오면 얼굴상이 돌아보았다고 한다. (경주 분황사)

와 관련된 이름에 대해 이렇게 설명한다.

> 그 태어난 마을의 이름이 '불지(佛地)'이고, 절의 이름이 '초개(初開)'이며, 스스로 '원효'라 부른 것이 모두 부처님의 날을 처음 떨쳤다는 뜻이다. 원효 또한 이 지역 말이다. 그 때 사람들이 모두 방언으로 그를 '첫 새벽(始旦)'이라 불렀다.

아들 설총이 이두를 창안했다는 것이 단순히 우연만은 아니다. 이 무렵 신라는 향가의 시대를 맞고 있었다. 흔히 향가를 지을 때 쓰는 향찰이라는 표기법은 이두에서 더 발전된 것으로 본다. 이두가 하급 관리들이 쓰는 문서 작성용의 간단한 표기법이라면, 향찰은 시를 적을 수 있을 만큼 섬세해진 언어다. 이것은 한두 사람만의 노력으로 가능했던 것은 아니며 전반적인 사회의 분위기가 신라 식의 표기법에 관심을 가지게 했으므로 이뤄질 수 있었을 것이다. 원효와 관련된 여러 명칭에 방언의 기록이 자주 눈에 뜨이는 것은 원효 자신이 거기에 관심이 많았다는 것이고, 그것은 그의 아들 설총에게 자연스레 전승되었을 것이다.

한마디로 말하면 원효는 이 나라 불교의 '첫 새벽'이다. 그로 인해 한국의 불교가 만들어지고 전승되었다는 것이다.

원효의 불교적 업적을 일연은 요령껏 정리해 놓고 있다. "분황사에 거처하며 『화엄경소』를 편찬하는데 「제40 회향품」에 이르러 마치고 이내 붓을 꺾었고, 일찍이 송사 때문에 백 그루 소나무에 몸을 나투기도 하였다. 그래서 모두들 위계 가운데 초지(初地)라고 불렀다. 또한 바다 용의 권유를 받아 길 위에서 임금의 명으로 『금강삼매경소』를 찬술하는데, 붓과 벼루를 소의 두 뿔 위에 놓았으므로, 그 책을 '각승(角乘)'이라 불렀다. 이는 본각(本覺)과 시각(始覺)이라는 은

미한 뜻을 표상한 것이다. 대안법사(大安法師)가 와서 종이를 붙인 것도 서로 알고 화답한 일이었다"는 것이 그렇다. 각각에 대해서는 많은 설명이 필요하지만, 원효 사상에 관한 많은 연구서에 미루면서 줄이기로 하겠다.

분황사는 만년의 원효가 거처한 곳이다. 그런 인연에서일까, 지금 경주의 분황사 정문에는 '원효사상연구소'라는 간판이 걸려 있다.

스님이 입적하신 다음 설총은 유해를 잘게 부숴 얼굴 모양 그대로 만들어 분황사에 안치하였다. 경모하며 생애를 마치겠다는 의지를 표명한 것이었다. 설총이 때로 예불을 드리러 오매 얼굴상이 홀연 돌아보아 지금도 바라보는 모습 그대로이다. 원효가 거처하던 토굴로 된 절 옆에는 설총이 살던 집의 터가 있었다고 한다.

일연이 쓰는 원효 전기의 마지막 대목이다. 아들은 늙은 아버지를 끝까지 곁에서 지켰던 모양이다. 그러다 세상을 뜨니 다비를 마친 뼈를 모아 그것으로 얼굴상을 만들었다는 것인데, 이런 일들을 함께 아울러서 일연은 다음과 같은 시를 쓴다.

角乘初開三昧軸 각승을 지어 처음 삼매의 요점을 열었고
舞壺終掛萬街風 뒤웅박 들고 춤추니 온 거리에 유행하였다네
月明瑤石春眠去 달 밝은 요석궁 봄 잠은 옛일이니
門掩芬皇顧影空 문 닫힌 분황사 고영(顧影) 자리만 비었구나

이 시에 대해 쓴 나의 학위논문 한 구절을 옮겨 놓는 것으로 원효 이야기를 맺으려 한다.

"시인은 원효의 소상이 있는 분황사를 찾아 왔다. 원효가 요석공주

설총이 빚어서 분황사에 모셨다는 원효의 소상은 없어진 지 이미 오래다. 지금은 다만 원효의 영정만이 있다. (경주 분황사)

와 인연을 맺어 낳은 아들 설총이 죽은 아비의 유해를 부수어 만들었다는 그 소상 앞이다. 문득, 거추장스런 교의(敎儀)의 탈을 벗어 버리고, 하늘을 괼 아들을 얻으려 세속의 인연도 마다 않은 원효의 큰 뜻을 생각하는데, 아들 설총마저 아비 따라가 버린 분황사는 문만 굳게 닫았을 뿐 이젠 아무도 없다. 오직 그들을 추억하는 시인만이 서 있을 뿐이다.

현실과 역사를 관조하는 일연의 태도가 드러나 보인다. 인생의 제무상(諸無常)은 원효라고 다를 수 없다. 그들의 치열했던 한 시대를 생각하는 시인의 심상은 비관으로서가 아니라 인생의 숙명으로 수놓아진다."

【 밤골에 얽힌 또 다른 이야기 】

원효의 탄생지로 알려진 밤골에는 다음과 같은 이야기가 전한다고 일연은 소개하고 있다.

"이 마을 절의 주지가 노비들에게 한 사람 앞에 하루 저녁 반찬으로 밤 두 낱씩을 주었다. 노비는 관청에 송사를 걸었다. 관리가 이상히 여겨 밤을 가져다 검사해 보니, 한 낱이 바랑 하나에 가득 차는 것이었다. 이에 도리어 한 낱씩만 지급하도록 판결하였다. 이 때문에 밤골이라 하였다."

일연이 이런 이야기를 채록할 수 있었던 것도 그 자신이 밤골 가까운 마을 출신이었기 때문이다.

의상, 화엄의 마루

해골바가지도 무섭지 않은 사람

의상이 원효와 대비되어 자주 등장한다는 말은 앞서도 했다. 같은 시대를 살았을 뿐만 아니라, 두 사람을 중심으로 한국의 불교가 큰 두 흐름을 이루는 등, 여러모로 대비할 구석이 많기 때문이다.

『삼국유사』에 나오지 않지만, 원효와 의상이 중국 유학 길에 겪었다는 해골바가지 이야기는 너무나 잘 알려져 있다. 거기서부터 두 사람은 때로 라이벌로 때로 동업자로 한 길을 가는 것이니, 오늘날까지 절이면 절마다 원효가 세웠다느니 의상이 세웠다느니 그 유래담을 말할 때 두 사람을 걸고넘어지지 않는 경우가 드문 데에서 그 깊고 오랜 관계를 실감한다.

그럼 해골바가지 이야기는 어떻게 된 것일까? 사실 이 이야기는 『송고승전(宋高僧傳)』의 의상 전기에 나온다. 일연은 이에 대해 아무런 언급을 하지 않고 있는데, 의상의 전기인 '의상이 화엄을 전하다〔義湘傳敎〕' 조의 첫 대목에서는 해골바가지 이야기는 없이 두 사람이 함께 중국 행을 감행했었음만 밝히고 있다.

나이 스물아홉에 서울의 황복사(皇福寺)에 몸을 맡겨 머리를 깎았다. 얼마 있지 않아 서쪽으로 가서 가르침을 받고자 했다. 드디어 원효와 길을 나

의상이 출가한 황복사 터는 경주 낭산 동편에 있다. 보문 들판을 바라보며 삼층석탑이 하나 서 있는데, 이 근처가 황복사 터로 전해온다.(경주 황복사 터)

서 요동으로 나갔는데, 변방을 지키는 군인들에게 첩자로 오인 받아 갇히게 되었다. 수십 일이 지나 겨우 풀려나 돌아왔다.

의상이 스물아홉이라면 653년이다. 영휘(永徽) 4년에 해당한다. 그런데 뒤에 다시 자세히 다루겠지만, 두 차례에 걸쳐 시도한 것으로 알려진 의상의 중국 행에서 이 해가 어느 차례인지, 원효와의 동행은 두 차례 다 인지 한 차례만인지, 한 차례라면 둘 가운데 언제 적 이야기인지, 여러모로 의문 나는 구석이 많다.

우선 나는 위의 대목을 이렇게 이해한다. "나이 스물아홉, 서울의 황복사에 몸을 맡겨 머리를 깎고 얼마 있지 않아, 서쪽으로 가서 가르침을 받고자 했다"라고. 곧 스물아홉이라는 나이는 출가한 해가 아니라 '서쪽으로 가서'에 걸리는 것이다.

어느 쪽이든 여기서는 변방의 군인들에게 첩자로 오인 받아 돌아오고 말았다고 끝내고 마는데, 다시 서른일곱 살의 의상은 중국을 향하였고, 『송고승전』이 말하는 해골바가지 사건은 두번 가운데 딱히 어느 쪽인지 분명치는 않다.

어쨌거나 『송고승전』에 따르면, 두 사람은 당주(唐州)의 경계에 이르렀다. 배를 얻어 타고 바다를 건너려 하는데, 큰비를 만나 길가의 토굴에 겨우 몸을 숨겼다. 아침에 일어나 보니 그 곳은 무덤이요, 그들이 자고 난 옆에는 해골바가지가 뒹굴고 있지 않은가? 목마른 원효가 그 해골바가지에 괸 물을 마셨다는 말은 아무래도 첨가된 것일 뿐 기록에는 없다. 또 흔히들 거기서 원효가 깨달았다고 말하지만 이야기는 여기서 끝이 아니고 이제 중간이다.

날이 밝았으나 비는 계속 내리고 길에는 물이 가득 고여 나갈 수가 없었다. 그래서 이번에는 헌 집을 한 채 물색해 잠을 청했다. 그러나 밤이 깊어도 원효는 종내 잠을 이룰 수 없었다. 지난밤의 일이 자꾸 떠오르고, 눈앞에 귀신의 환영(幻影)이 오갔기 때문이다. 그렇게 날이 샌 다음 원효는 탄식하면서 의상에게 말한다.

"지난밤 잘 때는 토굴이라도 편안하더니, 오늘은 잠들 자리를 제대로 잡았어도 귀신들 사는 집에 걸려든 것 같았네. 아, 마음에서 일어나 여러 가지 법이 생기고, 마음이 사라지면 토굴이나 무덤이나 매한가지. 또 삼계(三界)가 오직 마음이요, 모든 법이 오직 앎이니, 마음의 밖에 법이 없는 걸 어찌 따로 구하리요. 나는 당나라에 들어가지 않겠네."

원효는 바랑을 메고 발길을 돌렸다. 앞서 나는 원효를 쓰면서, 그가 중국 행을 그만두고 돌아올 때 원효는 이미 원효였다고 했다. 바로 이 유명한, '마음의 밖에 법이 없는 걸 어찌 따로 구하리요' 라는 구절 때문에 그랬던 터였다.

　그러나 의상은 "한 그림자에 외로이 싸우며, 죽음을 무릅쓰고 물러나지 않았다"라고, 『송고승전』의 마지막 대목은 적고 있다. 의상은 그런 사람이다. 원효가 감성적이라면 의상은 이성적이다. 귀신 따위로 마음을 흩뜨릴 사람이 아닌 것이다. 여기서부터 원효와 의상은 서로 가는 길이 분명히 달라졌다.

의상이 중국에 간 해에 걸린 수수께끼

앞서 말한 바 의상과 원효의 중국 행에는 풀지 못할 수수께끼가 있다. 이것은 『삼국유사』와 『송고승전』을 함께 읽었을 때 나타나는 문제다.

　먼저, 국경에서 첩자로 잡혀 옥에 갇혔다는 때는 언제일까? 『삼국유사』의 기록을 보건대, 『송고승전』에 나오는 바 해골바가지 사건이 있기 전인 것은 분명하다. 옥에서 풀려나 두 사람 모두 바로 돌아왔다고 했기 때문이다.

　두 책의 기록을 종합해 보면 의상과 원효가 함께 길을 떠난 것은 두 번이 된다. 한 번은 첩자로 오인되어 잡히는 바람에 돌아와야 했고, 두 번째는 해골바가지 사건이 일어나 원효는 돌아오지만 의상은 그 길로 중국까지 갔다. 그러나 여기에도 문제는 있다. 『삼국유사』에서는, 의상의 두 번째 중국 행은 당나라 사신이 돌아가는 배를 얻어 타고 갔고, 이 때 원효가 동행했다는 말을 남기고 있지 않다.

　결국 옥에 갇힌 사건과 해골바가지 사건 가운데 일연은 전자를 취하고 후자는 버렸다는 말이 된다. 일연은 해골바가지 사건을 심히 믿지 못해 한 것은 아니었을까?

　『송고승전』에서는 해골바가지 사건이 일어난 때를 의상의 나이 약관(弱冠)이었을 때라고 하였다. 20대 때의 일이라는 말이겠는데, 그렇다면 첫번째 중국 행을 가리키는 것일 터다. 그러나 일연은 이 때 두 사람이 모두 돌아왔으므로 맞지 않다고 생각했다. 두 번째 중국 행에서 일어난 일이라고 한다면 원효의 나이 이미 45세, 요석공주와의 로맨스도 지나고 파계승을 자처하며 무애희(無碍戲)의 전파를 한참 펼쳐나가던 때다. 이미 자득한 나이에 무슨 중국 유학이겠는가?

『송고승전』에도 실리고 함축한 바 의미도 매우 깊은데, 일연이 『삼국유사』의 어디서도 해골바가지 이야기를 채택하지 않은 데는 이 같은 사정이 깔려 있었던 것은 아닐까? 물론 원효의 전기를 쓰면서 일연은, 웬만한 사적은 중국의 고승전에 실렸으니 그 쪽을 보라고 미룬 적이 있다. 그 가운데는 해골바가지 이야기도 포함된다고 본다. 그러나 이토록 중요한 이야기를 그냥 밀어 놓기는 좀 아깝지 않은가? 『삼국유사』의 여러 군데에서 의상과 원효가 등장하고, 일연이 그린 두 사람의 모습은 바로 해골바가지 이야기가 상징하는 의미와 이미지를 그대로 가지고 있는데 말이다. 그런데도 채택하지 않은 것은 이 이야기를 그다지 믿지 못하겠다는 입장말고는 다른 이유를 대기 어렵다.

일연은 의상의 중국 행을 영휘 초라고 했다. 그러면서 "처음에 양주(楊州)에 이르렀는데, 그 곳의 장수 유지인(劉至仁)이 자기 관내에 머물 것을 청하고 공양을 풍성히 해주었다"라고 첨부하였다. 영휘 초라면 바로 의상의 20대 후반이다. 그러나 이 기록에도 약간의 문제가 있다.

「탑상」편에 '여러 차례 가져온 사리〔前後所將舍利〕' 조가 있다. 이 조의 끝에는 일연의 제자 무극(無極)이 첨부해 놓은 기록이 있다. 무극은 스승이 편찬한 『삼국유사』를 간행한 당사자로 알려져 있는데, 몇 군데 자신의 견해를 밝히는 기록을 남겼거니와, 이는 그 가운데 하나다. 그는 의상 전기에서 스승의 기록이 잘못되었음을 조심스럽게 지적하면서, 부석사(浮石寺)에 남아 있는 의상의 비문(碑文)을 옮

당에 유학을 하고 돌아온 의상은 관음진신을 만나기 위해 동해안 이 곳으로 찾아오고, 끝내 이 굴에서 관음진신을 만난다. 관음굴 위에 있는 것이 홍련암인데, 새로 짓기 전의 모습이다.(양양 홍련암, 사진 허종태)

겨 놓았다. 거기에는 의상의 출생 연도가 625년이라 한 다음,

> 영휘 원년은 경술년(650년)인데, 원효와 함께 중국으로 가고자 고구려에 이르렀지만 어려움이 있어 돌아왔다. 용삭(龍朔) 원년은 신유년(661년)인데, 당나라에 들어가 지엄(智儼)에게 배웠다

고 하였다. 아마도 이 기록이 맞을 듯하다.

일연이 어느 기록을 참고하여 의상의 전기를 썼는지 확실하지 않다. 부석사의 비문을 인용하지 않았기에 제자가 나중 그 기록을 옮겨 놓았을 것이고, 『송고승전』에서는 의상이 입당(入唐)한 해를 총장(總章) 2년(669년)이라 적었으니, 여기 의존한 것도 아님을 알 수 있다. 의상의 스승 지엄이 668년에 타계한 것을 놓고 보면 그 기록은 믿을 만하지 못하다고 판단했겠다.

결국 우리로서는 부석사의 비문에 나오는 것처럼 의상이 두 번 중국 행을 결행했고, 두 번째 의상의 입당 연도는 661년이 가장 근사하지 않은가 생각할 수밖에 없다.

다만 처음에 원효와 함께 간 해가 비문에서처럼 650년인지 일연이 적은 바 653년인지는 잘 모르겠다. 여기서 653년 곧 의상의 나이 스물아홉을 택한다면, 첫 시도에서 실패한 8년 뒤 그러니까 서른일곱이 되는 해인 661년에, 끈질긴 사나이 의상은 끝내 당나라에 들어간 것이다. 묘하게도 서른일곱이라면 의상과 원효가 동행하던 때 원효의 나이다.

의상도 이미 의상이었다

의상이 도착한 곳은 앞서 소개한 종남산의 지상사다. 종남산은 지금 중국의 협서성(陝西省) 서안시(西安市) 곧 옛 당나라의 수도인 장안

(長安)의 남쪽에 있다. 의상은 이 곳으로 지엄(602~668년)을 만나러 간 것이었는데, 그는 이미 27세에 『화엄경수현기(華嚴經搜玄記)』를 지은 중국 화엄종의 제2조였다.

37세가 되도록 의상이 구체적으로 무슨 일을 했는지 자세하지는 않다. 김씨 성을 가진 신라의 귀족 출신이라는 것과, 앞서 정리한 것처럼 20세에 출가하고 29세에 중국 유학을 한 번 시도했다는 소식 정도가 전부다. 그러나 의상이 종남산에 도착했을 때 그는 스승으로부터 단박에 인정을 받고 있다. 먼저 '의상이 화엄을 전하다' 조에 나오는 삽화 하나를 소개한다.

> 지엄이 전날 저녁 꿈을 꾸었다. 큰 나무 한 그루가 바다 동쪽에서 솟아나는데, 가지와 잎이 널리 퍼져 온 땅을 덮었다. 그 위에 봉황의 둥지가 있었다. 올라가서 보니 마니보주(摩尼寶珠) 하나가 밝은 빛을 멀리서 비추었다.
> 깨어나 놀랍고 경이로와 깨끗이 치우고 기다렸더니, 곧 의상이 이르렀다. 특별히 예를 갖추어 맞으면서 조용히 말했다.
> "내 지난밤의 꿈이 그대가 와서 내게 맡겨질 징조였구나."
> 그리고 방으로 들어오는 것을 허락하였다.

마니보주란 여의주를 일컫는 다른 말이다. 첫눈에 알아본다는 말은 선종(禪宗)의 일화에 자주 나오지만 이 때는 아직 교종의 시대였다. 그러나 이순(耳順)의 나이를 맞은 큰스님 지엄의 눈에 의상은 준비된 큰 재목이었다. 그에게 부지런히 화엄의 묘의(妙意)를 가르쳤다는 그 다음 구절은 오히려 거추장스럽다.

종남산에 있는 동안에 있었던 다른 삽화 하나는 「탑상」편의 '여러 차례 가져온 사리' 조에 소개되어 있다.

2001년 3월 28일 새벽 2시. 눈이 내리기 시작한다. 눈이 올 것을 예감하고 지난밤에 부석사로 달려왔고 나의 예감은 맞아 떨어졌다. 뜻하지 않은 봄눈 덕분에 더욱 아름다운 부석사를 볼 수 있게 되었다. 부석사의 창건 연기 설화를 간직한 부석(浮石)이다.(풍기 부석사)

    옛날 의상법사가 당나라에 들어가 종남산 지상사의 지엄 스님이 계신 곳에 이르렀다. 가까운 곳에 선율(宣律) 스님이 있었는데, 늘 하늘에서 공양을 해주었다. 재(齋)를 올릴 때면 하늘에 있는 주방에서 음식을 보내 주는 것이다. 하루는 선율이 의상을 초청해 함께 재를 올렸다. 의상이 앉아 오래 지났는데 하늘에서 줄 때가 지나도 이르지 않았다. 그래서 의상은 바리때가 빈 채 돌아왔다. 그제서 천사(天使)가 이르니 선율이 물었다.
    "오늘은 무슨 까닭으로 늦었습니까?"
    "온 골짜기에 신병(神兵)이 서서 막고 있으니 들어올 수 없었습니다."
    이에 선율은 의상에게 신의 호위가 있음을 알았고, 그 도가 뛰어난 것에 감복했다. 그래서 바리때를 두고 다음 날 지엄과 의상 두 스님을 불러 그 까닭을 설명했다. 의상이 조용히 선율에게 말했다.
    "스님은 이미 하늘님이 경배하는 바를 입었습니다. 일찍이 듣기에 제석

궁에는 부처님의 마흔 개 치아 중에 하나가 있다고 합니다. 우리들을 위해 세상에 내려보내 복을 받게 한다면 어떻습니까?"

뒷날, 선율은 천사에게 그 뜻을 하늘님께 전하도록 하였다. 하늘님은 7일 동안만 보내 준다 하니, 의상이 경배를 드리고 궁궐로 들여보내 모셨다.

다소 괴이쩍은 이야기지만 의상의 도가 높았음을 설명하는 데는 적절하다. 이 같은 삽화는 사실 37세의 의상이 중국에 이르렀을 때, 물론 그는 화엄의 진수를 배우고자 갔지만, 벌써 높은 수준에 이르러 있었음을 반증하기도 한다. 지상사의 그 엄격한 훈련이 의상에게는 아무 문제가 되지 않았다고 한다. 그런 정도의 훈련은 저 궁벽한 신라 땅 산 속에서 경험할 대로 경험한 바였다. 원효가 그랬던 것처럼, 의상 또한 이미 의상이었다.

의상과 동문수학한 제자 가운데 법장(法藏)은 스승을 이어 중국 화엄종의 제3조가 된다. 그런 그가 자기 나라로 돌아간 의상에게 보낸 편지에서, 우리는 의상이 화엄에 얼마나 정통해 있었는가를 미루어 짐작한다. 그래서였을까, 일연은 장황함을 무릎쓰고 편지의 전문을 소개하고 있다.

서경 숭복사의 승 법장(法藏)은 해동 신라의 화엄법사(華嚴法師) 가까이에 글을 보내나이다.

한 번 헤어진 다음 20여 년이라, 기대어 바라는 정성이 어찌 마음과 머리에서 떠나리까? 더욱이 안개구름 만리에 가득하고, 바다와 육지로 천 겹이나 쌓여, 이내 한 몸 다시 만나지 못함을 한스럽게 여기나이다. 가슴속에 그리는 마음 어찌 말로 하리까?

아마도 저 세상에서 인연을 맺어 이 세상에서 같은 길을 가는 것이리니, 이런 업보를 만나 함께 크나큰 말씀에 몸을 씻었지요. 특별히 선생님을 만

'봄눈 녹듯이' 란 '겨우내 내린 눈이 봄이면 금방 녹듯이'가 아니고, '봄에 내린 눈 녹듯이'를 뜻함을 봄눈 맞은 산수유를 보고 알게 되었다. 10cm도 넘게 눈이 왔지만 경내를 한바퀴 돌고 나니 어느새 산수유는 비맞은 것처럼 되어 있었다. (풍기 부석사)

나 오묘한 말씀을 받았구요.

우러러 들건대 상인(上人) 스님께서는 고향으로 돌아가신 다음, 화엄을 열고 세상의 가없는 인연의 법칙으로 불법의 세계를 널리 펼치며, 겹겹의 제망(帝網)으로 부처님의 나라를 새롭게 하셨습니다. 세상에 끼친 이로움이 넓고도 넓으며, 넘치는 기쁨이 더욱 깊어졌으니, 이로써 부처님이 돌아가신 다음 부처님의 날을 빛내고 법륜을 다시 굴림을 알겠나이다. 오래도록 이 땅에 법을 머물게 할 사람 오직 법사(法師)이십니다.

저 법장은 앞으로 나아간다 하나 이루지 못하고 두루 갖춘 것도 적습니다. 이 책을 생각할 때 선생님께 부끄럽고 짐만 됩니다. 처지가 그러니 가지고 있으면서 버리지는 못하고, 이 일에 의지해 다음 세상 인연을 맺는 데 쓰려 합니다.

다만 선생님의 『장소(章疏)』는 뜻이 풍부하면서도 문장은 간결하여 뒷사

의상, 화엄의 마루 · 559

람들이 쉽게 이해하기 어려운 곳이 많으므로, 선생님의 은미한 말씀과 묘한 뜻을 적어 겨우 『의기(義記)』를 만들었나이다. 이즈음 승전(勝詮)법사가 베껴서 고향으로 돌아가 그 곳에 전할 것이니, 바라건대 상인께서 자세히 살피시고 잘잘못을 일러 주시면 다행이겠습니다.

　엎드려 바라건대, 마땅히 닥칠 내세에 몸을 버리고 다시 태어나 함께 노사나불에 들어, 이와 같이 다함 없는 묘법을 들어 받아들이고, 이와 같이 무량한 보현(普賢)의 세계를 수행하고 싶습니다. 그러나 악업이 남아 하루 아침에 지옥에 거꾸러뜨리거든, 바라건대 상인께서는 지난날의 인연을 버리지 마시고, 여러 가지 가야할 길 가운데 바른 길을 보여 주십시오.

　인편이나 편지를 통해 때때로 안부 여쭙겠나이다. 이만 줄입니다.

　스승 지장의 책에 주석을 달아 새로운 책을 내고 그것을 신라 승려 승전을 통해 보내면서 쓰는 편지다. 승전은 「의해」편의 '승전과 해골〔勝詮髑髏〕'조에 나오는 바로 그 사람이다.

　편지는 참으로 정중하게 쓰여졌다. 특히 법장은 의상을 부르면서 여러 가지 용어를 쓰고 있다. 가장 갖춘 말이 '화엄법사'이고, 법사·상인·화상 등을 두루 사용하였는데, 그 중에서도 '법사'라는 호칭이 가장 두드러져 보인다. 일연이 이 조의 첫머리에서 의상을 '법사'라고 관형한 것도 여기서 받은 영향으로 보인다.

의상이 화엄을 전하다

의상이 귀국한 해가 670년인지 671년인지 불확실하다. 여기에는 그럴 사정이 있다. 668년에 스승이 돌아가시자 의상은 귀국할 준비를 하고 있었던 것 같다. 그 해는 바로 신라가 고구려를 멸망시키면서 삼국을 통일했을 때다.

　첫번째 중국 행에서 고구려의 감옥에 갇힌 경험도 있었던 의상이

겨울 부석사보다 유명한 건 단풍드는 가을, 부석사 일주문에서부터 이어지는 은행나무 길이다. 딱 열흘 정도인 이 무렵이면 부석사 입구 주차장이 새벽부터 붐빈다.(풍기 부석사)

새벽 3시에 도량석으로 시작한 새벽예불이 끝난 새벽 5시, 부석사 경내는 적막하기 그지 없었다. 뚫어진 창호지 구멍으로 새어 나오는 무량수전의 불빛마저도 고요했다. 날이 밝은 후 선묘 낭자의 그림을 모신 선묘각을 보았지만, 이야기에서 느낄 수 있는 낭만은 찾아볼 수 없었다.(풍기 부석사)

다. 그런 마련해선 통일을 이룬 조국에 당당히 귀국할 꿈에 부풀어 있었을지도 모른다. 그러나 신라를 원조했던 당나라와의 사이에 아직 해결 안 된 갈등이 남아 있었다. 당나라는 고구려와 백제 땅에 도독부를 두고 식민 통치를 하고자 했다. 신라는 이에 반발하고 나섰는데, 그러자 당나라는 내친김에 신라마저 칠 계획을 세운 것이다.

『삼국사기』에서는 670년의 일로, 신라에서 김흠순(金欽純)을 사절단으로 보냈는데, 당나라 조정은 그를 감옥에 가둬 버렸고, 얼마 안 있어 김양도(金良圖)를 대신 붙잡아 두고 흠순은 돌려보냈다고 적었다. 김흠순은 김유신의 동생이다. 그런데 이 일을 일연은 의상의 전기에서 다음과 같이 쓰고 있다.

　　신라의 승상 김흠순과 양도 등이 당나라에 갔다가 옥에 붙들려 들어갔다.

고종은 군사를 크게 일으켜 동쪽을 치려 하고 있었다. 흠순 등은 몰래 의상에게 소식을 보내 먼저 신라로 가도록 유도했다. 그 때는 함형(咸亨) 원년 경오년(670년)이었다. 고국에 돌아와 조정에 사정을 알렸다. 신인종(神印宗)의 대덕 명랑(明朗)에게 시켜 밀교의 제단을 임시로 세우고 법력(法力)을 내서 물리치게 하였다. 나라는 위기에서 벗어났다.

여기서 보건대 의상이 귀국한 해는 670년이다. 그러나 부석사의 의상 비문에서는 671년이라 하고 있다. 『삼국사기』에는 의상을 몰래 보내 소식을 전했다는 말은 없다.

일연이 어디서 참고하고 썼는지 알 수 없지만 의상의 귀국은 다분히 정치적으로 보인다. 본디 의상은 김씨 집안의 귀족 출신이다. 김흠순이나 김양도와 알고 지내는 사이였을 것이고, 조국의 위기에 조금이나마 도움이 되자고 했을 것이다. 그러나 귀국한 다음 의상이 어떤 정치적 활동을 했는지는 전혀 알 수 없다. 다만 「기이」 편의 '문무왕 법민(文武王法敏)' 조에서 의상은 다음과 같이 한 번 등장한다.

또 서울에 성곽을 쌓으려고 이미 명령이 관리들에게 내려졌는데, 의상법사가 듣고 글을 올렸다.
"왕의 정치와 교화가 밝으면, 비록 풀이 가득 덮인 언덕에 금을 그어 '이게 성곽이다'라고 하더라도 백성들이 감히 함부로 넘지 못할 것이고, 재앙을 소멸시키며 복을 나눌 수 있습니다. 그러나 왕의 정치와 교화가 밝지 못하면, 아무리 장성이 있더라도 재해가 사라지지 않을 것입니다."
왕이 곧 성 쌓기를 중지시켰다.

이 이야기는 『삼국사기』에서도 「신라본기」의 '문무왕 21년(681년)' 조에 나온다. 예를 든 것이 이뿐이지 의상의 위치라면 웬만한 정치 문제에 조언을 하는 것이 이상스럽지는 않다.

그러나 역시 그가 한 활동의 본령이라면 불교의 포교였다. 사찰을 짓고 제자를 가르치며, 특히 화엄의 오묘한 진리를 펼치는 데 그의 생애를 전부 바쳤던 것 같다. 일연이 그의 전기를 쓰며, '의상이 화엄을 전하다'고 한 것은 이 때문이리라. 그 구체적인 증거를 일연은 다음과 같이 일일이 들어 놓고 있다.

의봉(儀鳳) 원년(676년)에 의상은 태백산으로 들어가 조정의 명령을 받들어 부석사를 세웠다. 대승(大乘)을 널리 펼쳐 신령스런 감응이 자못 드러났다. (중략)

의상은 이에 열 군데 사찰에 가르침을 전했다. 태백산의 부석사, 원주의 비마라사(毘摩羅寺), 가야의 해인사, 비슬산의 옥천사(玉泉寺), 금정의 범어사, 지리산의 화엄사 등이 그 곳이다. 또 『법계도서인(法系圖書印)』과 「약소(略疏)」를 지어, 만물이 모두 성불(成佛)하는 요체를 묶어 냈다. 이 책들은 오랜 세월을 두고 귀감이 되었으며, 다들 다투어 소중하게 여겼다.

나머지 찬술한 것들은 없지만, 솥 안의 국 맛은 한 점 고기로도 충분한 것이다.

비슬산은 지금 경상북도 달성군에 있지만 옥천사는 자취가 없고, 원주의 비마라사는 어디를 가리키는지 모르겠다. 혹 치악산의 구룡사를 말하는지 모르겠다. 그러나 나머지 절들은 지금까지 건재할 뿐만 아니라, 한국 불교를 대표할 만한 것들이다. 여기에다 일연은 의상의 10대 제자를 열거해 놓고 있는데, 그 가운데 진정(眞定)이나 표훈(表訓)은 『삼국유사』의 다른 조에서도 나오는 승려들이다. 원효와 다른 점은 이런 데서도 발견된다.

종남산과 태백산이 똑같은 봄

일연이 원효를 성사(聖師)라 관형하는 한편 의상을 법사(法師)라고 했다는 말은 앞서 했다. 중국에서 동문수학하던 법장이 그를 불러 화엄법사라 한 데서도 그 까닭을 찾아보았다. 일반적으로 승려를 높이는 말 가운데 법사가 쓰이지만 이 「의해」편에서 그것은 특별한 뜻을 가지고 나오고 있다.

그렇다면 왜 법사일까? 원효가 현실주의라면 의상은 교조주의(敎條主義)다. 원효의 현실주의를 앞서 소개했거니와 의상의 교조주의 또한 오해하지 말기 바란다. 결코 부정적인 의미에서 하는 말이 아닌 까닭이다.

일편 딱딱하기만 한 그의 생애에서 자못 낭만적으로 보이는 선묘(善妙)의 이야기는 『송고승전』에 실려 있다. 두 번째 중국 행, 산동반도의 등주(登州)에 발을 디딘 의상은 생계를 꾸릴 탁발길에 선묘라는 아가씨를 만난다. 선묘는 수려한 의상의 모습을 보고 한눈에 반해 뜨거운 정을 품는다. 그러나 의상의 마음은 철석같다. 끝내 선묘는 의상의 불심으로 감동되고, 불법에 귀의하기로 한다.

선묘를 의상이 다시 만난 것은 공부를 마치고 귀국하는 길에서였다. 등주의 선묘 집을 찾자 그녀는 단 앞에 무릎을 꿇고 일심으로 합장 공경 예불하고 있었다. 의상은 선묘의 뒷모습을 가만 바라만 보다 발길을 돌린다. 뒤늦게 그 사실을 안 선묘는 선창가로 달려나가 보지만, 배는 이미 떠나고, 멀리 의상의 모습은 아스라하기만 하다. 이 때 선묘는 몸을 바다로 던진다. 그런데 순식간에 용으로 바뀌어 의상이 탄 배를 호위해 신라까지 이르렀다.

의상은 부석사를 지은 다음 거기 우물을 하나 만들어 용이 된 선묘가 머무르게 했다. 1950년대에 나왔던 어느 연구자의 논문에는 그 우물을 선묘정(善妙井)이라 부르며, 최근까지도 우물이 남아 있었다고

"솥 안의 국 맛은 한 점 고기로도 충분하다"고 일연은 의상의 저술을 평했다. 무량수전에서 바라본 눈맞은 석등과 안양루야말로 부석사를 맛볼 수 있는 '한 점 고기'다.(풍기 부석사)

의상, 화엄의 마루 · 567

쓰여 있다.

　국난을 구하고, 부석사 같은 큰절을 지으며 화엄종을 전한 의상의 활동은 실로 눈부시다. 불도(佛道)를 닦기로 맹서한 이후 그는 단 한 번의 실수도 없이 원칙대로 정진한 사람으로 보인다. 세상 사람들은 그를 부처의 화신이라고 했다. 일연이 의상을 법사라고 부른 까닭도 이에 있을 것이다. 그리고 이 법사란 말속에는 의상의 교조적 신앙 태도가 함의된다.

　그가 얼마나 원칙적이며 정통적이었나를 보여 주려는 듯, 일연은 의상의 전기 마지막에 다음과 같은 삽화를 붙인다.

　　의상이 황복사에서 지낼 때였다. 제자들과 함께 탑돌이를 하는데, 매번 허공을 딛고 올라갈 뿐 계단으로 오르지 않았다. 그래서 그 탑에는 돌 사다리를 놓지 않았다. 제자들도 계단에서 세 자쯤 떠서 허공을 밟고 돌았다. 의상이 이에 제자들을 돌아보며 말했다.
　　"세상 사람들이 이를 보면 반드시 괴이하다 할 게야. 세상 사람들에게 가르쳐 줄 만한 일이 아니지."

　부석사 의상의 비문에서는 "장안 2년 임인년(702년)에 돌아가시니 나이가 78세였다"고 적고 있다. 일연이 그를 찬한 시에서 "무성한 꽃들 고국에 심었으니 / 종남산과 태백산 똑같은 봄이로다" 한 것은 참으로 적절한 표현이다. 무성한 꽃들이란 화엄의 세계를 말한다. 지상사가 있는 종남산이나 부석사가 있는 태백산이나, 의상의 전교로 인해 같은 화엄의 세계가 펼쳐 있음을 노래한 것이다.

순례자를 위해 부르는 노래

인도에 대한 상념

인도로 떠나는 여행이 유행한 지는 그리 오래되지 않았다. 잘 나가는 미국이나 동화 같은 유럽이 아니라, 먼지 구덩이나 다름없는 길과 불결한 호텔과 무엇 하나 볼 것 없는 막막한 광야가 전부인 인도를 누가 돈 들이고 시간 들여 애써 가 보고자 했겠는가? 그런 인도가 언제부턴가 사람들의 입에 오르내리더니 이제는 그 곳으로의 여행이 꽤 붐이다.

나는 아직 인도에 가 보지 못했다. 다녀온 사람들을 통해 귀동냥이나 하며 막연히 상상하고 있을 뿐이다. 그런 귀동냥 가운데 어떤 공통점을 발견했다. 인도의 자연과 인도인의 성품에서 강렬하게 인상을 받는 그 천연스러움 또는 한가로움 같은 것이다. 할리우드 영화 스타일의 충격, 아니 그보다 더 심한 한반도의 살아 있는 액션 영화만 보다가, 오히려 그 정반대의 상황이 역으로 충격적이었다고들 했다.

그럴 것이라고 생각하다가 그것만 일까 싶었다. 힌두 문화의 오랜 전통 속에서, 이 세상의 영화보다 저 세상의 부귀를 더 갈망하는 그들의 심성 속에서는 헛된 세상의 욕심을 버린 지 오래고, 심지어 고통스럽게 사는 이 세상을 더 달가워한다는 것이 머리로는 이해된다. 그렇지만 거기라고 사람 사는 세상인 바에야 왜 호사를 바라지 않고 다툼이 없겠는가 의문스러워 해본 것이다. 가난한 백성들을 쉽게 다스릴 목적으로 혹시 그렇게 길들여 놓지나 않았을까?

사실 인도를 어느 한 가지 잣대로 말하기는 어렵다. 그 많은 인구에다 다양한 종족들, 지금까지도 소수 민족의 울타리를 만들고 독자적인 문화를 가지고 살아가는 집단들이 널려 있는데, 주마간산(走馬看山) 격에 장님 코끼리 만지기 식으로 어느 하나만 보고 와서 말하는 것도 믿기 어렵다. 다만 한 가지, 힌두 문화라는 큰 틀에서 그것이 길들여진 것이건 아니건 지금 그들이 사는 그대로를 받아들인다면, 그래서 거기 부러운 부분이 있었다면 아마도 우리와 정말로 달리 사는 모습에 대한 문화적 충격이었으리라. 우리가 지금 너무 모질게 살고 있어서 그것은 더욱 선명했겠고.

내가 인도에 대해서 가장 구체적으로 들은 정보는 두 권의 책을 통해서였다. 하나는 일본 사람 후지하라 신야(藤原新也)의 『인도방랑』이고, 다른 하나는 김수남(金秀男)의 『변하지 않는 것은 보석이 된다』이다. 전자가 보다 일반적인 인도 견문록이라 해도 좋겠는데, 사진과 그 글이 앞서 말한 인도에 대한 귀동냥에서 크게 벗어나지 않는다는 점 때문이다. 그에 비해 김수남의 글과 사진은 철저하게 소수 민족에 초점이 맞춰져 있다. 인도 남부에서 북부까지, 그리고 그 북부 가운데서도 티벳에서 자유를 찾아 옮겨 온 사람들까지. 그러기에 그의 사진도 인도 전부를 보여 준다고 말하기는 어렵지만, 두 권을 같이 보면 거기서 인도에 대한 전체적인 그림이 희미하게나마 그려져 나온다. 나는 그 그림에서 귀동냥으로만 듣던 인도가 아닌 다른 인도를 생각한다.

특히 김 선생은 우리 나라에서 인도를 가장 구체적으로 풍부하게 보여 준 사람일 것이다. 지금까지 나온 이러저러한 기행문보다 이 책이 더 매력적이었던 것은 바로 사진의 구체성 때문이다. 다큐멘터리 사진의 그 투박함으로 가급적 현장을 현장 그대로 잡아낸 한 장 한 장이 진실에 가장 가깝다고 생각하는 버릇이 내게는 있다.

나는 거기서 참으로 모질게 살아가는 사람들의 모습을 본다. 그것은 우리가 모진 것과 다르다. 우리가 자본주의적 욕심에 버려져서 모질다면 그들은 원초적 자연 속에서 몸으로 그것을 이해하고 적응하고 생존하려는 데서 생긴 모짐이다. 인류가 가장 인류다운 모습, 아마도 문명 이전에 인류는 저렇게 살았을 것 같은 모습을 그들은 지금 그대로 우리에게 보여 준다. 진실로 두려워 할 줄 알고, 진실로 견뎌 낼 줄 아는 사람들이다. 나는 그것이 참으로 성스러워 보였다.

어디서 그런 용기가 생겼을까

그 성스러운 땅에 일찍이 우리 조상들이 발을 디뎠다는 사실을 『삼국유사』는 우리에게 고스란히 전해 준다. 바로 「의해」편의 '인도로 간 여러 스님들〔歸竺諸師〕'조다.

예컨대 신라 사람 아리나발마(阿離那跋摩)는 처음에 불교의 본디 모습을 보러 중국에 들어갔는데, 용기가 더욱 솟아 결국 오천축국까지 이르렀다. 오천축국이란 인도 북부 지방에 있었던, 부처님이 나신 나라를 비롯하여 다섯 천축국을 말한다. 중천축국과 동서남북의 넷, 그래서 오천축국이다.

이 같은 이야기를 일연은 중국 승려 의정(義淨)의 『구법고승전(求法高僧傳)』에서 전적으로 인용하고 있다. 이 책은 인도까지 구법의 여행을 한 승려들의 전기를 실은 것인데, 모두 60인이 나온다. 손오공으로 유명한 『서유기』의 현장(玄奘)도 이 가운데 한 사람이다. 그런데 여기서 동국인이 무려 9명이나 되고 있다. 산술적으로만 계산해도 15%에 달한다.

한편 각훈(覺訓)의 『해동고승전(海東高僧傳)』에는 의정의 승전에 없는 현조(玄照)와 현대범(玄大梵)이란 이름이 보인다. 의정의 승전에 나오는 현태(玄太)와 구본(求本)이 이들일 가능성은 있지만, 그렇지 않다면 숫자는 더 불어난다. 그런가하면 『왕오천축국전(往五天竺國傳)』으로 유명한 대표적인 입축고승(入竺高僧) 혜초(彗超)는 어느 기록에도 보이지 않는다. 이로 보건대 기록에 나타나지 않은 승려들은 더 있을 것 같다.

그 길이 얼마나 험했던가? 혜초의 『왕오천축국전』에 실린 그의 시 한 편을 소개해 본다.

차디찬 눈은 얼음과 엉기어 붙었고
찬바람은 땅을 가르도록 매섭다
넓은 바다 얼어서 단을 이루고
강은 낭떠러지를 깎아만 간다

사실 이 책은 그 전부가 남아 있지 않아 그의 여행 경로며 보고 들은 자세한 것을 다 알 수 없다. 돈황석굴의 깊은 곳에 묻혔다가 세상의 빛을 다시 본 것이 겨우 100여 년 전, 그것으로 신라 출신이라는 사실말고는 고향이며 죽은 곳도 알 길 없지만, 719년 열다섯 살의 나이에 중국에 들어가 5년 동안 수학한 다음 결행한 4년간의 인도 여행을 어렴풋이 전해 준다.

겨울날 투카라국에 있을 때 눈을 만나 그 느낌을 읊은 이 시에서 우리는 무시무시한 고행의 한 단면을 읽을 뿐이다. 시는 다음과 같이 이어진다.

용문(龍門)엔 폭포조차 끊기고 말았으며
정구(井口)엔 뱀이 서린 듯 얼음이 얼었다

세계 지도를 펼쳐 놓고 보니 인도와 중국을 히말라야가 가로막고 있고, 중국에서 파밀고원을 거쳐 인도로 가는 관문에 해당하는 곳이 라다크 지방이다. 인도차이나 반도를 거쳐 인도로 들어왔던 혜초도 이 곳을 거쳐 파밀고원을 넘어 당나라로 돌아갔다.〈인도 라다크, 사진 김수남〉

불을 들고 땅 끝에 올라 노래부르리
어떻게 저 파밀고원 넘어 가리오

  뱀이 서린 듯 얼어붙은 얼음길을 오르는 그의 가슴 속에는 불같은 열정이 가득 차 있다는 뜻일까? 그럼에도 파밀고원은 멀기만 하고 생사를 오가는 여행길은 불안하기 그지없었으리라. 그런데도 두려운 마음을 때로 기도하며 때로 노래하며 풀어내고, 사막과 얼음 구덩이로 발걸음을 옮긴 그들에게 도대체 어디서 그런 용기가 생겼다는 것일까? 같은 길을 따라 거슬러 왔던 전도자들을 생각하며 걸었던 것일까?
  이런 이야기를 하려고 하면서 비행기 타고 인도 갔다 온 요즈음 사람들의 이야기를 앞에 꺼낸 것이 황망(慌忙)스럽기만 하다.

순례자를 위해 부르는 노래 · 573

라다크의 겨울 기온은 영하 30°C 아래까지 내려간다. 이런 데서도 살아가는 사람들이 있다는 것이 놀랍다. 추위에 적응하며 염소의 털도 길어진 것 같다.(인도 라다크, 사진 김수남)

해동의 작은 나라 신라에서 출발한 순례자들이 아리나발마처럼 처음에는 중국까지만 가려다가 인도까지 가게 된 것인지, 아니면 애당초 인도 여행을 목적으로 출발한 것인지 알 수는 없다. 그러나 모두 한 번 가서 돌아오지 못했음은 분명하다. 아니 돌아오지 못해도 좋다는 각오가 서 있었을 것이다.

그렇기에 일연이 제목에다 '귀축제사(歸竺諸師)'라 한 귀(歸)는 깊은 의미를 지닌다. 가고서는 끝내 돌아오지 못한 사람들이다. 그러나 결국 그 곳이 진정 돌아갈 곳이 아니겠는가.

인도로 간 여러 스님들

일연이 쓴 이 조의 전문을 옮겨 놓아 본다. 그다지 많은 분량도 아니고, 의정의 『구법고승전』에서 따 와 요령껏 추려 놓은 것이기에 달리 정리할 필요도 없을 듯하다.

광함(廣函)의 『구법고승전(求法高僧傳)』에서는 이렇게 말한다.

"아리나발마 스님은 신라 사람이다. 처음에 바로 불교를 배우고 싶어 어려서 중국에 들어왔다가 성인들의 자취를 생각하며 참배했다.

용기가 더욱 솟아나자 정관(貞觀) 연간에 장안을 떠나 다섯 천축국에 이르렀다. 나란타사(那蘭陁寺)에서 지내며 율론을 많이 보고, 패협(貝莢)에다 간추려 적었다. 돌아가고 싶은 마음 간절했으나 기약한 바를 이루지 못하고, 어느 날 절에서 생애를 마쳤다. 나이는 70이었다.

이를 이어 혜업(惠業)·현태(玄泰)·구본(求本)·현각(玄恪)·혜륜(惠輪)·현유(玄遊)가 왔고, 다시 이름이 없어진 두 사람의 스님들이 모두 제 몸을 버리고 법을 따라 중천축국에 와서 부처의 가르침을 배웠다. 어떤 이는 오는 길에 죽고, 어떤 이는 살아 그 곳 절에서 지냈지만, 끝내 다시 계귀(雞貴)나 당나라로 돌아오지 못했다. 오직 현태 스님만 모질게 헤쳐 당나라로 돌아왔으나, 어떻게 죽었는지는 모른다.

천축 사람들은 해동 사람들을 구구탁예설라(矩矩吒䃜說羅)라 불렀다. 구구탁은 닭(雞)이라는 말이고, 예설라는 귀(貴)라는 말이다. 저들 나라에서 '그 나라는 닭의 신을 경배해 존귀하게 여기기 때문에 깃을 머리에 꽂고 장식을 한다'라고 전한다."

여기서 '광함'이란 팔만대장경의 책 번호를 나타낸 것이다. 일연은 『삼국유사』에서 팔만대장경의 어떤 경전을 인용하는 경우 이렇듯 책 번호를 적어 놓았다. 『구법고승전』은 앞서도 소개했지만, 본명이 '대당서역구법고승전'으로, 당나라 승려 의정이 7세기 말에 스스로 인도 순례를 하며 지은 책이다.

여기서 구체적인 행적이 보이는 사람은 아리나발마 스님이다. 그가 나란타사에 머물며 "율론을 많이 열람하고 패협에다 베껴 썼다"는 기록으로 미루어 웬만한 학문적 성취를 이루어 낸 모양이다. 패협은 패엽(貝葉)이라고도 쓰며, 경전을 기록하는 기다란 나뭇잎이다. 좀 더 정확히 말하면 나뭇잎을 재료로 한 고급 종이인데, 살생을 금한 불교의 법칙에 따라 동물 가죽 대신 썼던 것이다. 지금도 남아 있는 패협을 보면 무척 고급스럽게 보인다. 가난한 순례자들은 제 몸의 치장 대신 이 종이를 사는 데 재물을 모두 바쳤던 것일까? 나란타사는 중인도 마갈타국에 있던 절인데, 5세기에서 12세기까지 불교를 가르치던 대학이 있었던 곳으로 유명하다. 『서유기』로 유명한 현장 스님도 이 절에서 5년간이나 머물며 공부했다.

아리나발마는 '돌아오고 싶은 마음 간절했으나〔痛矣歸心〕' 끝내 뜻을 이루지 못하고 그 절에서 죽는다. 그의 나의 70세였다. 현태는 그나마 중국까지는 돌아온다. 그러나 그 역시 어디서 죽었는지는 전해지지 않는다.

순례자의 마음인들 범인의 그것에 조금이나 가까운 것이 있다면 집으로 돌아가고 싶은 수구초심(首邱初心) 하나일까? 혜초는 다른 시에서 이렇게 노래한다.

> 내 고향은 하늘 끝 북쪽
> 땅 한 모서리 서쪽은 남의 나라
> 남천축 해 떠도 기러기 한 마리 없어
> 누가 내 집으로 돌아가리

기러기 발목에 편지를 묶어 날렸다는 고사가 있거니와, 그런 기러기조차 보이지 않는 곳에서의 막막한 심정이 잘도 그려져 있다.

한편 인도인들이 해동 사람들을 일컬어 '계귀'라 한다는 재미있는 구절이 마지막 부분에 있다. 이는 본디『구법고승전』에서 본문이 아니라 아리나발마의 전기 끝에 붙인 주석이었다. 그것을 일연은 본문으로 끌어올린 것인데, 문제는 의정이 본디 '고(구)려'라 한 것을 '해동'으로 바꿔 놓았다는 사실이다. 왜 그랬을까? 아리나발마가 신라 사람인데 고구려 풍속이 소개된 것은 잘못이라 여겼기 때문일까?

고구려 사람들이 꿩의 꼬리털을 모자에 장식하는 그림은 고분의 벽화에서 보인다. 또『일본서기』에서는 "신라 땅에 머물고 있는 고구려 병사를 쫓아낼 때, 신라왕이 '집안에서 기르는 숫탉을 죽여라'고 영을 내렸다. 그 뜻을 알아챈 사람들이 나라 안에 있는 고구려 사람들을 죽였다"는 기록이 나온다. 신라는 자비왕이요 고구려는 장수왕 때인 464년의 일이다.

그러나 계림이라는 신라의 본디 이름이나, 김알지가 계림에서 태어날 때 닭의 울음소리를 들었다는 것, 경주 김씨의 토템이 닭이라는 학설 등을 고려한다면, 계귀는 그대로 계림이나 마찬가지다. 어떤 학자는 "구구탁은 산스크리트어의 닭이고, 예설라는 중요하다는 Visala 또는 귀중하다는 issala의 음역(音譯)이 아닌가 한다"라고 말한다.

확실한 답은 모르겠다. 닭의 신을 경배했다느니 하는 부분은 더욱 그렇다. 그래서 일연도 고구려나 신라가 아닌 해동이라는 애매한 표현으로 고쳐 놓은 것은 아니었을까?

순례자를 위해 부르는 노래

일연이 이 조에 부친 찬은 추도시에 가깝다. '자신을 잊고 불법에 따르는〔亡身順法〕' 이들의 위대했던 개척 정신을 추모해 마지않고 있다.

天竺天遙萬疊山 천축 길 하늘 너머 만첩 산인데
可憐遊士力登攀 가련타 순례자들 힘써 오르네

일연은 순례자들에게 시를 한 수 바쳤다. "천축 길 하늘 너머 만첩 산인데 / 가련타 순례자들 힘써 오르네 / 외로운 배 달빛 타고 몇 번이나 떠나갔건만 / 이제껏 구름 따라 한 석장 돌아옴을 보지 못했네." 산꼭대기에 있는 것은 우리로 치면 절에 해당하는 라다크의 사원 '꼼빠'다. (인도 라다크, 사진 김수남)

幾回月送孤帆去 외로운 배 달빛 타고 몇 번이나 떠나갔건만
未見雲隨一杖還 이제껏 구름 따라 한 석장 돌아옴을 보지 못했네.

'천축'과 '천요'가 묘한 대조를 이루면서 인도 행의 먼 길을 실감나게 표현하고 있다. 수없이 첩첩한 산을 오르고 또 올라가는 모습을 일연은 '가련타'고 표현하였지만, 여기에서의 가련은 그들에 대한 시인의 한없는 애정의 표현으로 보인다.

3·4행의 대구(對句)는 더욱 눈부시다. 끝없는 사막 길에 외롭게 순례하는 승려는 마치 망망대해에 뜬 조각배와 같을 것이다. 그것을 달이 떠가는 것에 이중으로 비유를 했다. 달은 때때로 극락왕생을 비는 간절한 마음이 의탁되는 비유물이기도 하다. 여기서의 달도 서쪽으로 가는 스님들을 일컫지만, 캄캄한 밤하늘에 홀로 떠가는 달처럼, 외롭지만 묵묵히 발걸음을 옮기는 순례자의 간절한 마음이 표현된 것에 다름 아니다.

그런데 4행에 가면 구름이 나온다. 여기서 구름은 승려들을 가리키는 또 하나의 비유물이다. 앞의 달이 외로운 배와 동격인 것처럼, 여기서 구름은 한 석장 곧 스님과 동격이다. 달과 구름, 외로운 배와 한 석 장이 대조되면서, 떠가는 마음과 언젠가는 돌아오고자 하는 마음이 대조되어 있음을 발견할 수 있다.

인간의 강인한 의지와 용기도 엄청난 자연의 힘 앞에 맥없이 스러진다. 그러나 그것을 마다 않았던 순례자들을, 일연은 아름답고도 슬프게 추도하는 것이다.

스승에서 제자로 이어지는 어떤 것

삼대에 걸쳐 이어지는 계보

「의해」편에 실린 여러 승려들의 전기 가운데 진표(眞表)의 일은 여러 가지 면에서 특이한 데가 있다. 진표가 「의해」편에서 유일한 백제 지역 출신이라는 점, 『점찰경(占察經)』을 통한 지장보살(地藏菩薩) 신앙을 보여 주고, 나아가 미륵 신앙을 본격적으로 추구한 승려라는 점 등이 그렇다.

진표가 태어났을 때는 신라가 삼국을 통일한 지 벌써 50여 년이나 흘러 있었다. 그 정도 시간이라면 이제 어느 정도 통일 국가의 분위기가 정착되었을 법하다. 그러기에 진표는 백제 지역 출신일 뿐 이미 신라 사람이고, 통일된 덕분에 속리산을 거쳐 금강산까지 갈 수 있었으며, 거기서 더 넓은 수행을 했었음은 부정하지 못한다. 「의해」편을 장식하고 있는 신라 일색의 승려들 가운데 유일한 백제계 출신이 낀 것도 그 같은 연유에서라고 말하면, 편찬자 일연을 너무 편협한 인물로 몰고 가는 것일까? 그러나 사실은 사실이다.

미륵 신앙의 경우, 신라보다는 백제가 먼저 받아들인 듯하다. 백제가 불교의 역사도 깊을 뿐만 아니라, 중국의 남방 불교 영향을 강하게 받아 일찌감치 미륵 신앙이 바다 건너 들어오고 있었던 것은, 저 충청남도 태안과 홍성의 마애미륵불상 등을 통해 증명된다. 무왕이 미륵사를 창건한 일은 그 꽃이라 할 것이고.

『삼국유사』 안의 다른 기사들에서 미륵 신앙의 편린은 여기저기 보이지만, 진표를 통해 본격적으로 보여 주는 것만은 못하다. 비록 통일된 나라로서 신라 사람이 되었다고 하나, 진표는 제 땅의 본디 불교 아래 강한 영향을 받고 있음을, 그래서 아직 살아 있는 백제를 희미하게나마 전하는 인물로서 역할하고 있음을 보게 된다.

더 나아가 진표와 『점찰경』 그리고 지장보살 신앙은 참으로 이채롭다. 사실 지금도 연구자들 사이에서 일반적으로는 이 경을 정식 경전으로 받아들여야 할지 의문스러워 한다. 중국에서 만들어진 위경(僞經)이라는 것이다. 그런데도 일연은 이 경에 대해 매우 자세히 설명하면서, 정식 경전으로서 가치가 충분하다고 주장하고 있다. 그것은 일연 개인의 어떤 관심사였다. 그는 진표에게도 관심이 있었지만 진표가 추구해 나간 『점찰경』의 신앙에 더 흥미를 느낀 듯하다.

그러나 이런 모든 것을 떠나 내게는 진표로부터 시작하여 영심(永深)과 심지(心地)로 이어지는 사제간의 계보에 더 눈이 뜨인다. 일연은 이 세 사람을 그리는 데 세 조나 할애하고 있다.

이 세 사람의 손으로 지금 전라북도를 대표할 금산사(金山寺), 충청북도를 대표할 법주사(法住寺), 경상북도를 대표할 동화사(桐華寺)가 만들어지거나 커졌다. 다시 말하거니와 그들은 사제간이다. 이른바 삼남(三南)이라 일컫는 이 지역의 중요한 사찰이 한 사제간의 계보에 의해 이룩되었다는 점을 해석해 들어가다 보면, 뜻밖의 여러 가지 재미있는 사실들이 밝혀진다.

전쟁이 끝난 어수선한 시점이다. 호남 출신의 스승은 충청 출신의 제자를 키우고, 다시 그는 영남 출신의 제자를 키우는 이 3대. 이 3대를 묶었던 것은 『점찰경』과 간자(簡子)지만, 그 이상의 다른 의미는 없을까? 민족과 전쟁과 화합—이런 말들이 내 머리 속에는 오가고 있다.

백제 불교의 진수는 미륵 신앙이다. 진표는 옛 백제 땅 김제 금산사에서 미륵 신앙을 다시 한번 일으킨다. 지금도 금산사는 미륵 신앙의 성지로 수많은 사람들의 발길이 끊이지 않는다.(김제 금산사)

두 가지로 실린 진표의 전기

일연이 쓴 진표의 전기는 '진표가 간자를 전하다〔眞表傳簡〕' 조다. 이 전기를 어떤 자료로 바탕 삼아 썼는지 알 수 없다. 중국에 유학한 적이 없으나, 『송고승전』에는 진표의 전기가 실렸는데, 이것을 가장 많이 참고한 듯하다.

그리고 '관동 풍악산의 발연사 비석의 기록〔關東楓岳鉢淵藪石記〕' 조가 이어진다. 발연사(鉢淵寺)는 진표가 세상을 마친 절로 알려져 있고, 이 비석은 고려조에 들어와 1197년 형잠(瑩岑)이라는 사람이 쓰고 세웠다. 그런데 이를 『삼국유사』에다 옮겨 적은 사람은 일연이 아니라 그의 제자 무극이다.

두 기록의 줄거리는 비슷하되 세밀한 데서는 많이 다르다. 일연은 처음부터 비석의 기록을 무시한 것이었을까, 아니면 알지 못한 것이었을까?

먼저 전기의 기록부터 살펴보자. 진표의 출신은 완산주의 만경현이라 했고, 열두 살이 되자 금산사의 숭제(崇濟) 법사의 문하에 들어가 머리를 깎고 가르침을 청했다고 하였다. 스승은 일찍이 당나라에 들어가 선도(善導, 613~681년)에게 가르침을 받았으며, 오대산의 문수보살에게서 5계를 받았다고 하였다. 스승은 진표에게 본격적인 수행을 권했다.

진표는 스승의 말을 듣고 이름난 산들을 두루 돌아 다녔다. 선계산(仙溪山)의 불사의암(不思議庵)에 머물면서 몸과 마음과 뜻을 모아 닦고, 제 몸은 돌보지 않은 채 뉘우치며 계를 얻어냈다.

처음에 7일을 기약하고, 온 몸을 돌에 두들겨 무릎과 팔뚝이 부서지니, 피가 비오듯 바위에 뿌려졌으나 성인은 감응이 없었다. 뜻을 굳건히 하여 몸을 버릴 각오로 다시 7일을 기약하였다. 그래서 14일이 지나자, 마침내 지장보살이 나타나 정계(淨戒)를 받았다. 개원(開元) 28년 경진년(740년) 3월 15일 진(辰)시였다. 그 때 나이는 스물셋 정도.

10여 년간 스승 아래 있다 홀로 수행에 나선 셈인데, 그 방법이 자못 과격하다. 곧 자신의 몸을 학대해 가며 도를 이루려는 것인데, 이는 진표를 이은 제자 심지나, 「신주」편에 나오는 혜통(惠通)으로 이어진다. 『점찰경』의 탑참법(搭懺法)이나 박참법(撲懺法)을 통해 보인 자신의 죄업을 씻어내기 위해서, 또는 밀교 계통의 승려가 나타나면서 보이는 특이한 현상이다.

거기서 지장보살이 나타난 것은 그 결과였다. 그런데 그는 거기서 그치지 않았다.

그러나 미륵보살에게 뜻이 있었으므로 중간에 그만두지 않고 영산사(靈山寺)로 옮겨 갔다. 또 처음처럼 용맹정진했다. 과연 미륵보살이 나타나 『점찰경』두 권과 더하여 간자 189개를 주면서 말했다.

"이 가운데 제8간자는 새로 얻은 묘계(妙戒)를, 제9간자는 더 얻은 구족계(具足戒)를 비유한다. 이 두 간자는 곧 내 손가락뼈다. 나머지는 침향(枕香)과 전단향(栴檀香) 나무로 만들어 여러 번뇌를 비유한 것이다. 너는 이것을 가지고 세상에 법을 전하고, 나루터와 뗏목을 만들어 사람들을 건너게 하라."

진표는 성인의 글을 받아 금산사에 와서 지냈다.

영산사와 불사의암은 지금의 전라북도 변산에 있었다. 여기서 우리는 진표가 미륵 신앙을 적극적으로 추구했음을 보거니와, 거기에 『점찰경』과 간자가 더 들어가고 있음을 알게 된다. 이것이 미륵 신앙과 얼마나 긴밀히 연관되는 것일까? 조금 뒤에 다시 이야기 해보자.

금산사로 돌아온 진표는 가르침을 펼치다 강릉에까지 이르렀고, 거기서는 사람만이 아니라 "물고기와 자라가 다리를 만들어 바다 속으로 모시고 가, 법을 들으며 계를 받았다"고 하였다. 놀라운 풍경, 마치 원효의 가르침이 저 짐승들에게까지 미쳐 부처님의 이름을 불렀다는 대목을 연상시킨다. 752년 곧 진표의 나이 35세 무렵의 일이다.

이렇게 명성이 자자해지자 경덕왕이 궁궐로 맞아들여 보살계를 받고 엄청난 시주를 했는데, 이를 받아 불사(佛事)를 널리 일으키게 되었다.

일연은 이 전기에서 진표가 언제 죽었는지 밝히지 않고, 다만 사리탑이 발연사에 있다고만 하였다. 그리고 그의 제자들로 영심·보종(寶宗)·신방(信芳)·체진(体珎)·진해(珎海)·진선(眞善)·석충(釋忠) 등이 있는데, 특히 영심에게 간자를 전해 주며 대를 잇게 했다고 하여, 그가 수제자임을 간자의 전승으로 증명해 보이고 있다. 영심은 속리산에서 살았다.

일연이 지닌 점찰 신앙에 대한 애착

진표의 전기를 읽으며 그동안 나오지 않은 몇 가지 생소한 용어를 보게 된다. 먼저 『점찰경』이다. 이 경의 본디 이름은 '점찰선악업보경'이며, 중국의 수나라 때 보리등(菩提燈)이 번역하였다고 한다. 지장보살이 말세의 중생을 위해 지은 것으로, 자신의 업보가 어떤지 점치는 방법 등을 설명하고 있다. 그러므로 이 경은 지장보살 신앙과 깊이 연관된다.

그렇다면 지장보살은 누구인가? 지장은 대지의 태(胎), 곧 땅 속에 묻어 있는 어떤 것이다. 땅이 지닌 덕을 의인화하였다고도 하는데, 지장보살은 현세의 이익을 가져다 주는 것과 함께, 죽은 이들의 구제자가 된다. 특히 죽은 이들을 천도하기 위해서는 이 보살에게 빌어야 한다. 지금도 절에 가면 명부전(冥府殿)이라는 불당이 있는데 거기서 바로 이 지장보살을 주불(主佛)로 삼는다.

한편 『점찰경』에서 말하는 점치는 방법이 탑참법이니 박참법이니 하는 것들이다. 6세기 후반부터 중국의 광주(廣州)를 중심으로 이를 행하는 점찰법회가 유행하였다고 한다. 일연은 진표의 전기를 끝낸 다음 이 같은 사실을 당나라 승전을 인용하여 소개해 주고 있다.

개황(開皇) 13년(593년)에 광주에 탑참법을 하는 승려가 있었다. 가죽으로 첩자(帖子) 두 매를 만들어 선(善)과 악(惡) 두 글자를 쓴다. 사람들에게 던져 보라 해서 '선'이 나오면 좋은 것이다. 또 박참법을 해서 죄를 없앤다고 했다.

그러니까 탑참법을 통해 바라본 자신의 죄업을 씻기 위해 박참법의 수행을 한다는 것이다. 이 박참의 수행이 자신의 몸을 학대하는 것이다.

점찰법회를 신라에 처음 소개한 이는 원광(圓光)이다. 원광이 중국에 유학했을 때 바로 점찰경을 바탕으로 만든 점찰법회가 유행하고 있었다. 귀국한 다음 가서사(嘉栖寺) 곧 지금의 운문사에 법회를 운영하는 기금인 점찰보(占察寶)를 설치하고, 이 법회가 정기적으로 열리도록 하였다.

원효에게 죽은 어미의 장례를 부탁했던 사복(蛇福), 그의 신이로운 죽음에 감동한 사람들이 금강산에 도량사(道場寺)를 만들고 거기서 점찰회를 가졌다는 기록이며, 보질도태자가 오대산의 남대를 지장방(地藏房)이라 하여 낮에는 『지장경』을, 밤에는 점찰예참을 염불했다는 기록 등은 이미 앞에서 소개한 바 있다.

이렇듯 일연은 『점찰경』과 점찰 신앙에 상당한 관심을 보이고 있

개펄 너머로 변산반도의 여러 봉우리가 펼쳐져 있다. 진표가 수행하던 불사의암은 변산반도의 가장 높은 봉우리인 의상봉 바로 아래 깎아지른 암벽에 있었다. (전북 변산)

다. 그것은 이 진표의 전기를 통해 전면적으로 드러난 셈인데, 앞서 잠시 언급한 대로 일반적인 관점에서 『점찰경』은 중국에서 만들어진 가짜 경전으로 여기고 있다. 그 같은 점을 의식해서였을까, 일연은 이에 대한 변호를 장황히 이어 나간다. 사실 중국의 광주 지방을 중심으로 점찰법회가 인기를 끌고, 이어 청주(淸州)까지 퍼져 나가자, 나라에서 이에 대한 실태를 조사했다는 것이며, 최종적으로 "『점찰경』은 제대로 된 이름과 번역한 사람 그리고 때와 장소가 없다. 탑참법은 여러 경전과 다르므로 행하게 할 수 없다"는 결론이 나오고 만다. 이에 대한 일연의 입장은 이렇다.

어떤 사람은 '『점찰경』이 번역한 사람 그리고 때와 장소를 모르니 의심스럽다'고 하지만, 이 또한 삼베를 붙들고 황금을 버리는 것이다. 왜 그런가?
저 경문을 자세히 살펴보면 곧 부처님의 가르침이 깊고 정밀해서, 더럽고 흠난 것을 깨끗이 하고 게으른 사람을 분발시키기로 이만한 경전이 없다. 그래서 이름도 대승참(大乘懺)이고, 또 육근(六根)이 모인 데서 나왔다고도 한다. 그래서 개원(開元, 713~741년)과 정원(貞元, 785~805년) 사이에 나온 두 석교록(釋敎錄)에 정장(正藏)으로 편입되었다.

'삼베를 붙들고 황금을 버린다'는 말은 『중아함경(中阿含經)』에 나오는 비유다. 두 사람이 함께 길을 가고 있었다. 길가에 삼이 무성히 자란 것을 보고 캐서 돌아오는데, 이번에는 은이 널려 있었다. 한 사람은 삼베를 버리고 은으로 바꾸어 들었다. 또 가다 보니 금이 널려 있자, 은을 들고 있던 사람은 금으로 바꾸었다. 그러나 다른 한 사람은 처음의 삼베를 버리지 않고 끝까지 들고 돌아왔다. 좋은 것을 보고도 취하지 않는 바보스런 사람을 비유한 이야기다.
일연은 여기서 『점찰경』을 금에 해당한다고 생각한 것이다. 두 석교록『개원석교록』(730년)과『정원석교록』(800년) 같은 정장에 들어가기도 하였으니 객관적으로 증명된 것이 아니냐고 하면서, 마지막에는 "하물며 이 경전이 가짜이고 망녕된 것이라면 미륵보살이 왜 진표 스님에게 친히 주었는가"라고 반문한다. 그렇듯 일연의 의지는 확고했다.

그러나 한 가지 의문이 남는다. 앞서 전기에 나온 것처럼, 두 번째 수행을 마친 진표가 미륵보살을 만났을 때 받은 것이『점찰경』과 간자였다.『점찰경』은 미륵보살과 어떤 관련이 있다는 말인가?

두 번째 전기에서 구체화되는 미륵보살

이 부분을 명확히 하려면 우리는 두 번째 전기를 살펴보아야 한다. '관동 풍악산의 발연사 비석의 기록' 조다. 앞서 밝힌 바 이 조를『삼국유사』에 실은 이는 일연의 제자 무극이다. 그리고 두 기록 사이에는 몇 가지 차이점이 있다.

우선 그가 태어난 해가 일연의 기록보다 대충 15년 정도 뒤진다. 예컨대 앞서 스승을 떠나는 해가 23세 곧 740년으로 적은 데 비해 여기는 27세로 760년이다. 이로 보면 일연은 진표를 717년생으로, 무극은 733년생으로 비정한 것이다. 고향도 조금 다르고, 수행을 묘사한 대목 대목은 무극 쪽이 더 구체적이다. 스승의 기록을 보충할 목적이었다면 좀더 믿을 만한 것이기에 실었을 것이고, 그런 마련해선 무극의 기록에 더 신빙성의 무게가 실리지 않나 싶다.

『점찰경』을 언제 처음 대하는가에 대해서도 두 기록 사이에는 차이가 나는데, 무극은 진표가 스승 숭제법사로부터 받아 나와 수행에 들어간 것으로 적었다.

쌀 스무 말을 쪄서 말려 양식 삼아, 보안현(保安縣)으로 가 변산의 불사의암에 들어갔다. 다섯 홉 쌀이 하루치 먹을 양인데, 거기서 한 홉은 덜어 내 쥐를 먹였다.

스님은 미륵상 앞에서 부지런히 계법을 얻으려 했으나, 3년이 지나도록 수기(授記)를 받지 못했다. 더욱 분발해 제 몸을 버려 바위 아래로 던졌다. 문득 푸른 옷을 입은 어린 아이가 나타나 손으로 받아 바위 위에 올려놓았다. 스님은 다시 힘을 내 21일을 기약하고 뜻을 이루고자 하였다. 밤낮으로 부지런히 수행하며 바위에 몸을 부딪치며 참회하자, 3일째 손과 팔이 부러졌다. 7일째 밤에 지장보살이 손에 금석장(金錫杖)을 흔들며 와서 지켜 주자, 손과 팔이 예전처럼 되었다. 게다가 보살은 가사와 바리때를 주었다. 스님은 그런 신령스런 응답을 느끼며 배나 더욱 정진했다.

21일을 다 채웠다. 문득 온 세계를 보는 눈이 열려 도솔천의 여러 성인들이 의식을 갖추고 내려오는 모습이 보였다. 이어 지장보살과 미륵보살이 앞에 나타났다.

두 기록 사이에 나는 연대의 차이는 무시해도 좋을 듯하다. 그로 인해 큰 변화는 없기 때문이다. 그러나 이 대목은 앞의 그것과 많이 다르므로 주의 깊게 살펴볼 필요가 있다.

스물일곱부터 시작한 수행은 3년을 걸쳐 끝을 보게 된다. 수행 방법은 그야말로 박참법의 그것이다. 스승으로부터 『점찰경』을 받아 나왔으므로 그렇게 될 것은 당연하다. 지장보살은 진표의 다친 몸을 고쳐 주기도 하는데, 최종적으로 미륵보살과 함께 진표의 앞에 나타난다. 이 곳은 불사의암이다.

앞서 일연은 진표가 먼저 불사의암에서 지장보살을 만나고, 다시 영산사에 들어가 미륵보살을 만난 것으로 적었다. 『점찰경』과 간자를 받은 것은 미륵보살에게서다. 그런데 여기서 무극은 수행 장소가 불사의암 한 군데였고, 지장보살과 미륵보살이 함께 나타났으며,

『점찰경』은 이미 스승으로부터 받았을 뿐 미륵보살에게서는 간자만을 받은 것으로 적었다.

어느 쪽이 사실에 더 가까울까? 진표의 수행 방법이 박참법의 그것과 가깝다면 이미 스승에게서 『점찰경』을 받았다는 무극의 기록 쪽이 더 그럴듯하지만, 지장보살과 미륵보살을 다른 곳에서 만났다는 점에서는 일연의 기록에 더 믿음이 간다. 두 보살이 함께 나타날 수 있지만 일반적으로 긴밀한 관계를 가진다고 보지 않기 때문이다. 다만 미륵보살이 도솔천의 여러 성인들과 함께 내려왔다는 대목은 무극의 기록이 더 상세하다.

진표는 그런 미륵보살을 만난 것이다. 다만 거기서 지장보살과 겹쳐지는 모습은 이 시기 미륵 신앙의 한 특색이라 할 만하다. 그러나 진표에게 미륵 신앙이 중심이라는 점 분명하다. 금산사로 돌아온 진표가 절을 다시 짓고 불상을 만들 때 미륵보살이 또 한 번 도솔천으로부터 내려온다.

오늘날 금산사가 미륵 신앙의 중심지가 된 것은 바로 여기서 연유한다. 무극의 기록에서는 금당과 불상이 완성된 날짜를 766년 5월 1일이라고 적고 있다. 진표의 나이 불과 33세 때 일이다.

뼈를 묻은 자리에 솟아난 소나무

진표는 금산사에서만 머물러 있을 수 없다고 생각했는지 모른다. 무릇 그의 바램은 온 세상을 교화하는 데 있었을 것이다. 금산사에서 첫 번째 목표를 이루었으니 이제 세상으로 더 널리 나가려 했던 것이다.

이후부터의 행적은 일연이 쓴 것과 크게 다르지 않다. 다만 좀더 상세할 뿐이다. 예컨대 다음과 같은 대목이 그렇다.

스님은 금산사를 내려와 속리산으로 향하였다. 도중에 소가 끄는 수레를 타고 가는 사람을 만났다. 그 소들이 스님 앞에서 무릎을 꿇더니 우는 것이었다. 수레에 탔던 사람이 내려서 물었다.

"어인 까닭에 이 소들이 스님을 보고 우는 것입니까? 스님은 어디서 온 분이시오?"

"나는 금산사의 진표라는 중이오. 내가 일찍이 변산의 불사의암에 들어가 미륵보살과 지장보살 앞에서 친히 계법과 간자를 받았소. 새로운 절을 짓고 오래도록 수도할 만한 곳을 찾아올 밖에요. 이 소들이 겉은 우둔하나 속은 밝은 모양이오. 내가 받은 계법이 매우 중요함을 알기 때문에 무릎을 꿇고 우는 것이지요."

그 사람이 듣다가 곧 말했다.

"짐승도 믿는 마음이 이럴진대 하물며 내가 사람이 되어서 어찌 무심할꼬?"

그러더니 손으로 낫을 집어 스스로 머리카락을 잘랐다. 스님이 자비스런 마음으로 머리를 깎아주며 계를 주었다.

강릉 바닷가에서 물고기들에게 설법을 했다는 사실은 앞서도 밝혔지만 진표의 전도는 대체로 이렇게 이어진다. 속리산에서는 골짜기 깊숙한 곳에 길상초(吉祥草)가 자라는 곳을 보고 표시해 두었다. 이곳은 나중 그의 제자들에 의해 길상사 지금의 법주사가 서는 자리다. 무극의 기록에서는 그것으로 그치지 않는다.

그 때, 명주 근방에 곡식이 여물지 않아 백성들이 굶주림에 시달렸다. 스님이 그들을 위해 계법을 설명하니, 사람마다 받들어 모시며 삼보(三寶)에 정성을 다했다. 얼마 있다가 고성 해변에 셀 수 없이 많은 고기들이 죽은 채 떠올랐다. 백성들은 이것을 팔다가 먹을 것을 장만해 죽음을 면했다.

진표의 제자 영심이 세운 속리산 법주사 바위에는 미륵불과 지장보살이 새겨져 있다.(보은 법주사)

마애미륵불이 있는 바위에는 암각화가 있다. 벽면 아랫부분에 그림이 더 있었던 것 같은데, 미륵불을 새기면서 일부는 없어진 것 같다. 어떤 이는 선사시대 것이라고 하지만, 실은 진표에게 법을 구했다는 소 그림이 아닌가 싶었다.(보은 법주사)

무릇 미륵 신앙이란 민중들의 삶에 더욱 밀착되는 법이다. 그들의 어려운 삶 속에 동참하는 데서 이 신앙의 진수가 드러난다. 고성 해변의 고기가 그 전에 진표의 설법을 들었던 그 고기들일까? 따져보는 일은 무의미하다.

40세쯤 되었을 때 진표는 고향으로 돌아가 아버지를 모신다. 어머니를 모시는 일은 『삼국유사』안에 종종 나오지만 아버지의 경우는 드물다. 후에 금강산으로 다시 들어갈 때는 거기까지 모시고 가는데, 일연이 그랬던 것처럼 진표에게도 불심과 효심은 서로 다른 것이 아니었으리라.

그러나 이 무렵 진표에게는 몇 사람의 제자가 생기는데, 이들이 다음에 나오는 심지(心地)로 맥을 이어주는 중요한 역할을 한다.

그 때 속리산의 영심(永深)과 융종(融宗)·불타(佛陁) 대덕 등이 스님이 있는 곳으로 와서 부탁을 털어놓았다.
"저희들이 천리를 멀다 않고 와서 계법을 얻으려 하나이다. 바라건대 법문(法門)을 주시옵소서."
스님은 묵묵히 대답을 하지 않았다. 세 사람은 복숭아나무 위에 오르더니 땅에다 몸을 거꾸로 처박았다. 그렇듯 용맹스럽게 정진하며 참회하였다. 그제야 스님은 교법을 베풀고, 이마에 물을 부어 주며, 가사와 바리때를 주었다.

세 사람이 수행하는 방법은 스승의 그것과 방불하다. 제 몸을 버리는 용맹스런 정진과 참회, 그것이야말로 진표가 한 수행의 핵심 아니던가? 진표는 자신이 스승으로 받았던 『공양차제비법』한 권과 『점찰선악업보경』두 권 그리고 89개의 간자를 주고, 아울러 미륵보살이 준 여덟 번째와 아홉 번째 간자까지 주었다. 확실한 제자로서 인정한 셈이다.

　제자들은 그 옛날 스승이 표시해 둔 길상초가 자란 곳을 찾아 절을 짓고, 스승을 불러 점찰법회를 열었다. 절 이름을 길상사라 했는데 지금의 법주사를 말한다.

　진표는 금강산의 발연사에서 아버지를 모시고 효도를 다하다 세상을 뜬 것으로 되어 있다. 절의 동쪽 큰 바위 위에서 숨을 거두었는데, 제자들은 그 시신을 옮기지 않고 뼈가 모두 삭아 내릴 때까지 공양했다. 거기에 흙을 덮어 무덤을 만들었다. 푸른 소나무가 생기더니 오랜 세월이 지난 다음 마르고 다시 한 그루가 자라났다. 뒤에 또 나무가 나오니 그 뿌리는 하나였다.

　무극이 옮겨 적은 비석은 그 자리에 세워졌다. 형잠이 그 비석을 세우던 때(1197년), 일부러 소나무 아래로 가 뼈를 모았더니 통에 가득 세 홉쯤 되었다고 한다.

심지가 스승을 잇다

심지는 헌덕왕(809~825년)의 아들이다. 태어난 해를 정확히 알 수 없지만 왕의 재위 연도와 비교해 보면 대충 9세기 전반기를 살았다고 하겠다.

　분명한 것은 그가 열다섯 살쯤 출가했을 때 진표는 이미 이 세상 사람이 아니었다는 점이다. 그는 팔공산에서 지내다 마침 속리산의 영심 스님이 진표 율사의 불골간자(佛骨簡子)를 전해 받아 과증법회(果證法會)를 연다는 말을 듣고 찾아갔는데, 본 집회장에는 들어가지 못하고 땅바닥에 앉아 마당에 머리를 박으며 여러 사람들을 따라 예불하고 참회했다. 그 모습을 일연은 다음과 같이 그리고 있다.

　　7일이 지났을 때, 하늘에서 큰 눈이 내리는데, 심지가 서 있는 곳 사방

열 자쯤에는 눈이 흩날리면서도 내리지 않았다. 여러 사람들이 그 신이한 모습을 보고 법당 위로 올라 오라 했다. 그러나 심지는 겸손히 사양하며 병을 핑계 대고 물러나왔다.

방안에 있으면서 법당을 향해 적이 예를 갖추었다. 팔꿈치와 이마에 피가 가득해 마치 진표가 선계산에서 있었던 일과 비슷했다. 날마다 지장보살이 와서 위로해 주었다.

심지의 전기를 쓰고 있는 「의해」편의 '심지가 스승을 잇다[心地繼祖]' 조에 나오는 이야기다. 심지가 영심을 찾아간 것은 영심 때문이 아니라 진표의 영험을 믿어서였고, 그 수행 방법도 진표와 닮았다는 데서 둘의 관련을 엿보게 된다.

신이한 일은 그 다음에 일어난다. 자리가 끝나고 집으로 돌아가는데 간자 두 개가 심지의 옷 속에 붙어 있는 게 아닌가! 심지가 가던 길을 돌려 영심에게 와서 저간의 사정을 설명했다. 영심이 살펴보자 함을 닫은 표시는 그대로인데 열어 보니 과연 간자 두 개가 없었다. 영심은 매우 이상하게 여기며 잘 싸서 보관했다. 그런데 가다가 또 처음처럼 심지의 몸에 간자가 붙어 있었다. 다시 돌아와 영심에게 알렸다. 그제야 영심은,

"부처님의 뜻이 그대에게 있는 것이구먼. 그대가 모시고 가라."
고 하였다. 심지는 그것을 받아서 이고 집으로 돌아갔다.

팔공산으로 돌아온 심지는 산신이 두 명의 신선동자를 데리고 마중 나오자,

"이제 땅을 골라 성스러운 간자를 모시고자 하오. 우리들이 정할 수 없으니 바라건대 세 분과 높은 곳에 올라가 간자를 던져 점을 칩시다."
고 하였다. 그래서 신들과 봉우리로 올라가 서쪽을 향해 던졌다. 간

동화사 조사전에는 역대 스님들의 영정을 모셔 두었다. 처음 동화사를 창건한 극달화상부터 근세의 스님들까지 있었지만 심지의 영정은 찾지 못했다.〈대구 동화사〉

자는 바람을 타고 날아갔다. 이 때 신들이 노래를 지어 불렀다.

    눈앞을 가리던 바위는 멀리 물러나
    숫돌처럼 평평해지네
    낙엽이 날아 흩어지니
    앞은 밝아지네
    부처의 뼈로 만든 간자를 찾아내
    정결한 곳에 모시고
    정성을 다하려 하네

  다 부른 다음 숲 속 샘에서 간자를 찾아내, 곧 땅에 법당을 짓고 모셨다. 이 법당 자리가 지금 대구 팔공산의 유명한 절 동화사(桐華寺)다.

동화사 대웅전 문창살을 장식하고 있는 예쁜 꽃무늬다. 동화사에서 그나마 예스러움을 느낄 수 있는 곳이다.
(대구 동화사)

이 같은 창건 설화 속에는 불교와 민간 신앙이 만나는 극적인 장면이 들어 있다. 사실 중국에서도 점찰이 도교적인 풍속과 어울려 유행했다고 한다. 이와는 별도로, 멸망한 백제의 유민 진표에 의해 전라도에서 출발한 『점찰경』과 점찰법회 그리고 미륵 신앙의 한 계보가, 손자뻘 되는 심지에 이르러 경상도에서 완성을 보고 있다는 점 자못 흥미롭다. 심지는 백제를 멸망시킨 신라, 그것도 왕실 출신이다.

1992년 여름, 나는 동화사에 처음 가 보았다. 유독 불교의 교세가 드높은 대구 지역에서도 가장 큰 사찰답게 웅장했다. 마침 여러 해 걸려 만든 '약사여래석조대불'이 준공식을 기다리고 있었는데, 들어간 돈이 몇 백억 원이라든가, 세계에서 가장 큰 석불이라고도 했다. 돈은 많이 들었으되 후세에 길이 물려줄 유산이라 생각하면 아깝지만 않다.

그러나 내가 관심을 가진 것은 바로 그 샘이다. 일연도 이 조에서 "지금 동화사 첨당(籤堂) 뒤쪽에 있는 작은 우물이 바로 그 곳이다"라고, 간자가 떨어진 자리를 밝혀 두고 있다. 이 샘이야말로 동화사가 동화사이게 한, 젖줄과 같은 의미를 지닌 존재다. 1980년대 초까지만 해도 샘이 있었다고 말하는 사람을 만난 적이 있었는데, 나는 그 말을 믿고 찾아간 것이었다.

샘은 없었다. 아니 본디 있기는 있었다고 했다. 절에서 만난 스님 한 분은, 수도가 들어오자 샘은 빨래터로 전락했고, 얼마 안 있어서 그나마 절 안팎에 콘크리트 포장을 하면서 묻어 버렸다고, 아무렇지도 않은 듯 설명했다.

사실 그 샘이 일연이 보았다는 그것 그대로인지는 알 수 없다. 아닐 가능성이 더 크지만 자리는 분명 그 자리일 테고, 샘은 이 절이 생겨난 유래와 성격을 설명하는 매우 중요한 상징물이다. 없던 것도 만들어 놓을 바에 있는 것마저 없애 버린 처사가 무작스러워, 속으로

'점찰법회 자리에 웬 약사여래람?' 이렇게 중얼거리며 산을 내려온 적이 있었다.

【 미륵보살과 도솔천 】

미륵 신앙은 크게 상생 신앙(上生信仰)과 하생 신앙(下生信仰) 두 가지로 나뉜다. 도솔천은 욕계(欲界)의 여섯 하늘 가운데 제4천(天)인데, 세상에 내려올 보살이 마지막으로 머무는 곳이다. 석가모니도 이 하늘에 있다가 마야부인의 태중으로 들어왔다고 한다. 지금 이 곳에는 미륵보살이 계신다. 그는 석가모니의 열반 이후 56억 7,000만 년 뒤 세상에 내려올 예정인 미래불이다. 그런데 때때로 미륵보살이 세상에 내려와 중생을 구원한다는 신앙이 하생 신앙이고, 근실히 수행하여 미륵보살이 계시는 도솔천으로 올라간다는 신앙이 상생 신앙이다. 상생 신앙은 미타 신앙에서 서방정토를 찾아 극락왕생한다는 것과 비슷하다. 그러므로 미륵 신앙에서의 본령은 상생 신앙보다 하생 신앙에 있다. 세상이 혼란스러울 때마다 미륵불입네 자처하고 나서는 사람들은 이 하생 신앙을 잘 이용한 것이다.

밀교의 한 자락

어떤 사람이 승려가 되었는가

삭발한 승려를 보면 뭔가 알 수 없는 슬픔부터 느껴진다고 말하는 친구가 있었다. 대개 그런 느낌은 같은 정도는 아니지만 누구나 비슷하게 느끼는 감정이 아닐까 한다. 왜 그럴까? 그것은 다만 삭발한 모습 때문만은 아닐 것이다.

조지훈(趙芝薰)의 시 「승무(僧舞)」는 중학교 시절에 배웠다. 승려들이 추는 아름다운 춤을 빼어난 언어 솜씨로 그려낸 시이건만 거기 흐르는 정조는 왠지 애상(哀想)을 띠고 있다. 이런 분위기는 「승무」만이 아니다. 승려를 소재로 한 많은 작품들이 대체적으로 인생의 번뇌와 그 번뇌 속에 시달리는 세속의 인간을 그리는 경우가 대부분이다. 출가는 그 번뇌로부터의 떠남을 의미한다. 그런데 그 자체가 슬픔이다.

시구렁창 같은 세속일지라도 거기서 뒹구는 것이 세상살이의 즐거움일까. 그러기에 출가는 번뇌로부터의 결별이면서도 오히려 슬프게 다가오는 것일까? '출가한 이는 누구에게나 사연이 있다'라는 선입견이 우리에게는 있다.

출가의 동기를 밝히는 가운데서도 가장 내 마음을 치는 이야기가 다음의 경우다. 주인공은 신라의 승려 혜통(惠通).

하루는 자기 집 동쪽 시냇가에서 놀다가 수달 한 마리를 잡았다. 살을 발라내고 뼈는 동산에다 버렸다. 아침에 보니 그 뼈가 없어졌다. 핏자국을 따라 찾아보자 뼈는 제 굴로 돌아와 새끼 다섯 마리를 안고 쭈그리고 있었다. 멍하니 바라보고 오랫동안 놀라워 하다가 깊이 탄식하며 머뭇거렸다. 문득 속세를 버려 출가하기로 하고, 이름을 바꾸어 혜통이라 했다.

곧이어 소개할 '혜통이 용을 항복시키다〔惠通降龍〕' 조의 첫 부분이다. 매에게 쫓긴 어미 까치가 피투성이가 된 채로 제 새끼를 지키는 이야기는 앞서 소개했다. 여기는 그보다 더 극적이다. 살이 발리고 뼈만 남은 채로 제 새끼가 있는 굴까지 돌아가다니!

그런 광경을 보고 느끼는 바가 없다면 사람도 아니겠지만, 출가로까지 이어진 혜통의 그 다음 행적은 놀라운 일들로 계속된다.

혜통은 다름 아닌 밀교(密敎) 승려다. 우리는 밀교에 대해 막연한 호기심과 경외로움을 가지고 있지만, 법통을 달리할 뿐 불승에서 다르지 않고, 어떤 면에서 그들이 민간의 생활 깊숙이 들어가 있다는 점에서 대중적이다. 운명적으로 인생의 신고(辛苦)를 겪었거나, 일부러라도 겪어서 밑바닥까지 내려가 보거나, 사람이 이를 수 있는 무상의 경지를 추구해 가자는 데 더 철저하다면 철저한 것이 밀교다. 그러기에 출가담도 그만큼 더 극적인 것일까?

다만 더 극적이어서 가치가 높다는 말은 아니다. 평범한 속에서도 진리는 엄연히 존재하고, 그래서 깨달은 무상의 존자(尊者)들은 얼마든지 있다. 불교의 출가자들 속에 연면히 내려오는 출가의 동기를 소중히 여기자는 것일 뿐이다. 어쩌면 그 동기 하나로 깨달음은 단박에 몰려올지도 모르기 때문이다.

신라의 밀교 승려

여기서 소개하는 여러 승려는 모두 밀교에 속한 이들이다. 『삼국유사』에서 일연은 밀교 승려 세 사람을 '신주(神呪)'라는 이름 아래 묶어 놓고 있다. 먼저 이 편의 특징을 설명한다.

전부 5권으로 이루어진 『삼국유사』의 마지막 권은 이 「신주」 편부터 시작한다. 신주라는 말은 밀교 신승(神僧)들의 사적을 뜻하겠는데, 일반적으로 다른 고승전에서 쓰이지 않는 용어다. 일연은 밀교승들이 '신령스런 주문(呪文)'을 외우기 때문에 그것을 특징 삼아 이렇게 이름짓지 않았나 싶다. 실제 「신주」 편에서 소개하는 밀본(密本), 혜통, 명랑(明朗) 세 사람의 밀교승들은 모두 주문을 외워 어떤 어려움을 물리치고 있다.

이 세 사람은 앞서 고승들의 전기인 「의해」 편에 넣어도 된다. 조의 제목을 짓는 방법이나 기술 방식이 같은 것도 일연이 이를 의식해서였을 것이라 보이고, 「의해」 편에서도 진표나 심지 같은 승려는 밀교적 요소가 다분한 승려로 보이기도 하는데, 굳이 편을 달리해서 묶은 것은 무슨 까닭일까?

밀교는 같은 불교이면서도 성격을 달리하는 것이 사실이다. 밀교의 기본 경전인 『대일경(大日經)』에 따르면, 수행의 10단계가 있는데, 거기서 9단계까지를 현교(顯教)의 세계 그리고 마지막 열 번째 단계를 밀교의 세계로 규정한다. 현교는 드러난 불교, 밀교는 숨어 있는 불교랄까, 누구나 쉽게 보이는 세계 속의 불교가 현교라면 깊이 숨어 은미한 세계를 간직하고 있는 불교가 밀교일 것이다. 어쨌건 밀교는 현교 곧 일반적인 불교의 세계를 거쳐 최후에 이르는 세계라고 그들은 말한다. 일반적인 불교를 포함하면서 거기에 넘어선 자기들의 세계를 구축한 것이다. 같으면서도 다르다는 말이 이 때문이다.

본격적으로 중국에 처음 밀교가 들어온 때는 8세기 초반이다. 중

사천왕사 터에 남아 있는 주춧돌이다. 밀교 스님 명랑이 사천왕사를 창건하고 문두루 비법을 써서 당의 군사를 물리쳤다는 이야기가 전해온다.(경주 사천왕사 터)

인도에서 태어난 선무외(善無畏) 삼장이 당나라의 수도 장안(長安)에 이른 것은 716년, 벌써 80세를 바라보는 노년의 때였다. 그는 홍복사·서명사·보리원 등에 살면서 『대일경』을 번역하는 등 중국 밀교의 시조가 되었다. 신라 출신의 대표적인 입축승려(入竺僧侶) 혜초(慧超)는 바로 선무외의 제자다.

그러나 중국에 밀교가 들어온 역사는 이보다 더 앞세워야 한다. 앞서 소개한 혜통이 출가하여 중국으로 유학을 가는데, 무외(無畏) 삼장에게 밀교를 배워 돌아왔다 하고, 이 때는 665년이었다. 여기서 무외는 선무외와 다른 사람으로 보인다. 그렇다면 선무외가 중국에 오기 최소한 50여 년 전에도 밀교는 있었다는 말인데, 다만 이는 정통 밀교가 아닌 밀교의 여러 교파 가운데 하나인 잡밀(雜密)일 것이다.

신라에 언제 처음 밀교가 들어왔을까 따져 보면 그 역사는 더 올라

간다. 일연은 「신주」 편의 첫 인물로 밀본을 들고 있다. 그는 선덕왕 (632~646년) 때의 사람이다. 밀본을 혜통이 잇고 혜통을 이어 명랑이 신인종(神印宗)을 창시하면서 신라의 밀교가 섰다고 일연은 보고 있다. 그렇다면 밀본이라는 이름을 '밀교의 근본'이라는 뜻으로 보는 것은 무리가 아니다.

한편 「신주」 편부터 시작하는 『삼국유사』 제5권에서 한 가지 설명해야 할 것이 있다. 바로 저자의 이름이 처음 나온다는 사실이다.

지금까지 남아 있는 『삼국유사』의 가장 오래된 인쇄본은 조선조 정덕(正德, 1506~1521년) 연간에 나왔다. 처음 출판되었을 때로부터 200여 년쯤 지난 후인데, 조잡한 부분이 적잖이 눈에 띄면서도 처음 모습을 잘 간직하고 있는 편이다. 이 가운데 제5권의 권두에서만 지은이의 이름이 나온다. 옛 책에서 흔히 권을 달리할 때는 지은이의 이름을 밝히는데, 제1권에서 4권까지는 이런 기명(記名)이 사라져 버렸고, 심지어 권 표시조차 제대로 되지 않은 곳도 있다. 그에 비한다면 제5권은 제대로 갖추어진 형식이다.

어쩌다 그렇게 되었는가는 해설을 통해 대충 설명하였으므로 생략하기로 하겠다. 다만 여기 단 한 번 나오는 지은이 이름을 통해 오늘날 우리가 『삼국유사』의 저자를 일연으로 비정(批正)하고 있다는 사실이 중요하다. 만약 이것마저 없었다면 이 책의 저자를 찾는 데 무척 애먹었을 것이다. 다른 역사 사료뿐만 아니라 일연의 생애를 기록한 비문에도 이 책의 이름은 나오고 있지 않기 때문이다.

세상에서 정말 중요한 일은 이렇게 버림받기도 하고 버려지기도 한다. 그래서 후세의 눈 밝은 사람이 필요한지 모른다.

첫 밀교 승려 밀본

나라를 위해 남의 나라에 가서 목숨을 바친 이는 박제상(朴堤上)만이

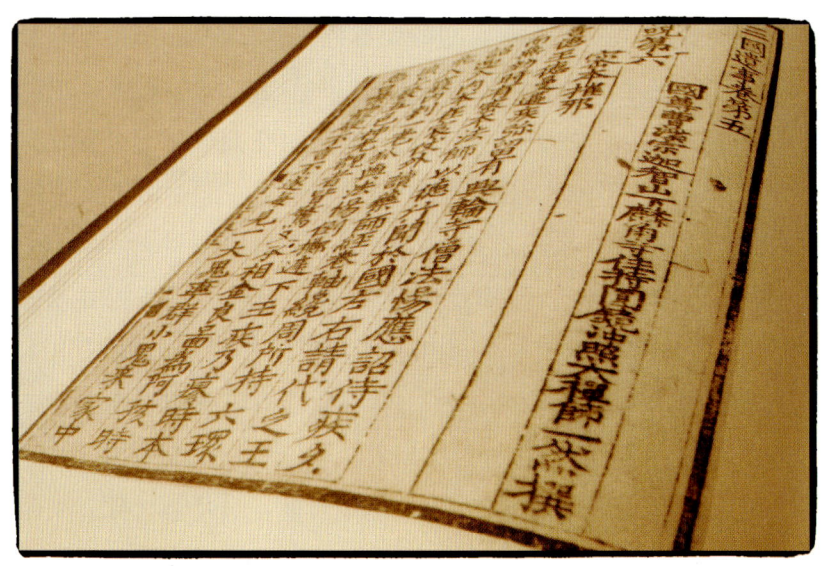

『삼국유사』 제5권

【 『삼국유사』 저자의 이름 】

제5권의 머리에 적혀 있는 저자의 이름은 무척 길다. 위 사진에서 보는 바, 오른쪽에서 두 번째 줄에 '국존 조계종 가지산하 인각사 주지 원경충조 대선사 일연 찬(國尊曹溪宗迦智山下麟角寺住持圓鏡冲照大禪師一然撰)'이라 되어 있다.

국존은 국사와 같은 말이다. 원나라 간섭 시기에 우리의 관직 명칭을 한 단계씩 낮추면서, 국사도 국존이 되었다. 조계종은 기실 조선조에 들어와 선종을 합친 종단의 이름이다. 지금의 조계종이 바로 이것을 잇고 있다. 가지산은 고려시대 아홉 개 선종 산문 가운데 하나로, 일연이 속해 있던 산문이다. 인각사는 일연이 마지막으로 주석했던 절이고, 원경충조는 일연이 죽은 다음 나라에서 내려 준 시호다. 대선사는 고려시대 승려의 위계 가운데 가장 높은 자리다.

아니다. 김양도(金良圖)는 제상의 충절을 이어 그것도 차디찬 옥방에서 숨을 거둔 순직자다. 그는 백제를 무찌른 다음 소정방(蘇定方)이 그 곳의 관할권을 주었어도 받지 않았던 사람이다. 나중 신라와 당나라 사이에 외교적 분쟁이 생겨, 김유신의 동생 김흠순(金欽純)이 당나라의 사절단으로 갔다가 붙잡히자, 그를 대신해 투옥되고 거기서 죽었다. 일신의 영달은커녕 도리어 목숨을 바친 아름다운 표본이었다.

양도가 어린 아이 때 이런 일이 있었다.

갑자기 입이 막히고 몸이 굳어 말도 못하고 움직이지도 못했다. 늘 큰 귀신이 작은 귀신들을 데리고 집안으로 들어와 상에 놓인 음식들을 모두 씹어 먹는다고 했다. 무당이 와서 굿을 하니 귀신들이 모여들어 톡톡히 창피를 주었다. 김양도가 비록 물러가라 하고 싶어도 입이 떨어지지 않았다.

아버지는 이름이 알려져 있지 않은 법류사의 승려 한 사람을 불렀다. 와서 경전을 펼치는데 큰 귀신이 작은 귀신에게 철퇴로 승려의 머리를 치라고 시켰다. 승려가 땅에 엎어지더니 피를 토하며 죽었다.

몇 일 있다 사람을 보내 밀본을 모셔오게 했다. 그 사람이 돌아와, "밀본 법사가 제 청을 받아들여 곧 온답니다"라고 하였다. 여러 귀신들이 이를 듣더니 모두 낯빛을 잃었다. 작은 귀신이 말했다.

"법사가 온다니 좋지 못한 걸. 피하는 게 어떨까?"

큰 귀신이 면박을 주며 거만하게 말했다.

"어떻게 해치겠느냐."

그런데 잠깐 사이였다. 사방에서 힘 센 신(神)들이 모두 쇠 갑옷을 입고 긴 창을 들고 오더니 여러 귀신들을 잡아 묶어서 가 버렸다. 그런 다음 셀 수 없는 천신(天神)들이 둘러서서 공손히 기다리자 곧 밀본이 이르렀다. 경전을 펴기도 전인데 병이 곧 나아, 말을 하고 몸이 풀렸다. 양도는 이 일들을 갖추어 설명해 주었다.

불국사 입구에서 울산 쪽, 차로 15분쯤 걸리는 경주 외동에는 신인종의 승려 안혜 등이 세운 것으로 전해오는 원원사 터가 있다. 절터가 명당이라고 생각해서인지 무덤들이 몇 개 들어서 있다. (경주 원원사 터)

이 때문에 김양도는 불교를 독실하게 믿고 일생 동안 게을리 하지 않았다.

「신주」편의 '밀본이 귀신들을 쫓아내다〔密本摧邪〕'조에 나오는 이야기다. 이런 감화가 있었기에 김양도는 나라를 위해 목숨을 바치는 것도 두려워하지 않았던 것일까?

여기서의 주인공 밀본은 사실 신분이 확실하지 않다. 어떤 출신이며 어디서 배웠는지 밝혀 놓지 않고 있다. 더욱이 그가 밀교승이라는 결정적인 증거도 비추지 않고 있는데, 신통력이나 행적이 그에 가깝다고 보일 뿐이다.

김양도의 병을 고친 것만 아니라 선덕왕에게도 비슷한 이적을 베풀었는데, 그 때는 『약사경(藥師經)』을 읽었다고 하였다. 물론 이것으로 밀교승이라는 증거가 되지 않는다. 아마도 밀본이 밀교승이라

원원사 터에 남아 있는 삼층석탑 기단에는 십이지신상이, 몸돌에는 사천왕상이 조각되어 있다. 특히 사천왕상은 돌에 새긴 것으로 보기엔 너무나 정교하고 화려하다. 사진은 남쪽을 수호한다는 증장천왕이다.(경주 원원사 터)

는 사실은 기정 사실로 해놓고 그의 신통력을 소개하고 있는 듯하다.

이 조에는 한 가지 에피소드가 더 나오는데, 이상한 것은 주인공이 '김유신이 아는 한 거사'라고만 하고, 밀본이라는 이름은 보이지 않는다는 점이다. 이야기는 이렇다.

김유신 공의 친척인 수천(秀天)이 오랫동안 악질에 걸려 있었다. 공이 거사를 보내 살펴보게 했다. 마침 수천의 친구 중에 이름이 인혜사(因惠師)라는 이가 있었는데, 중악에서 찾아와 거사를 보더니 면박을 주며 말했다.

"당신의 모습을 살펴보니 거짓된 사람이구먼. 어떻게 사람의 병을 낫게 하겠소?"

"김 공의 명을 받들다 보니 어쩔 수 없었을 뿐이오."

"당신은 내 신통력을 보라."

이내 향로를 받들고 불을 피우니, 곧 다섯 색깔의 구름이 이마 위로 둘러지고, 하늘에서 꽃이 떨어졌다.

"스님의 신통력은 생각지도 못할 정도시군요. 저도 못난 재주지만 보여 드리리다. 스님께선 잠깐 앞에 서 주시겠습니까?"

인혜는 그대로 따랐다. 거사가 손가락을 튀기며 한 번 소리를 지르자 인혜는 공중에 한길쯤 매달리는 것이었다. 한참 뒤에 거꾸로 선 채 서서히 내려와 땅바닥에 마치 나무를 심은 것처럼 꽂혔다. 옆 사람들이 뽑아내려 해도 움직이지 않았다.

거사는 나가 버리고 인혜는 거꾸로 선 채 새벽이 되었다. 날이 밝자 수천이 대신 가서 김 공에게 부탁했다. 김 공은 거사를 보내서 구해 달라고 하자 곧 인혜를 풀어 주었다. 다시는 재주를 팔지 않았다.

일연은 여기서 거사가 틀림없이 밀본이라 생각한 것 같다. 김유신의 친구로 이 시기에 이만한 신통력을 가진 이가 밀본 아니면 달리 없었기 때문이다.

그런데 일연이 이 이야기를 굳이 집어넣은 데는 나름대로의 뜻이 있는 듯하다. 신통력을 미끼로 헛된 이름을 팔거나 사람의 눈을 현혹하는 것은 밀교의 본령이 아님을 분명히 보여 주자는 것이다. 일연은 밀교에 대해 상당히 호의적이다. 『삼국유사』 전체를 통해 밀교에 관한 이야기는 매우 여러 번 나오고 있는데, 대부분 긍정적으로 그려져 있고, 그렇지 않다면 위처럼 재주나 파는 잘못된 승려들을 경계하기 위한 것일 뿐이다.

혜통과 용의 질긴 싸움

밀본을 이어 혜통이 나온다. 그가 어떻게 출가하였는지 앞서 소개하였지만, 출신은 평범한 집안이었던 듯하다.

이내 중국으로 간 혜통은 무외 삼장에게 가르침을 청하러 갔는데, "오랑캐 땅에 무슨 법기(法器)가 있겠냐"라는 핀잔만 들었을 뿐, 가까이 가기도 힘들었다. 그러나 혜통은 물러나지 않고 3년을 부지런히 수행했는데 대답은 마찬가지였다. 이제는 결단만 남았다. 일연은 그 대목을 '혜통이 용을 항복시키다' 조에서 다음과 같이 그리고 있다.

이에 혜통은 속에서 울컥했으나 말은 하지 못하고, 뜨락 앞에 서서 머리에 화로를 이었다. 잠깐 사이에 이마가 터지는 소리가 벼락처럼 났다. 삼장이 듣고 와서 이를 보더니, 화로를 치우고 손가락으로 찢어진 곳을 만지며 주문을 외웠다. 상처가 이전처럼 아물었는데, 왕(王)자 무늬 같은 자국이 남았다. 그래서 호를 왕 화상(王和尙)이라 했다.

이 정도 하는데 외면할 선생이 어디 있겠는가. 무외의 제자가 된 것은 물론 큰 신임을 받아, 당나라 황실의 공주가 병에 걸렸을 때, 스승은 자신을 대신해 혜통을 보낼 정도였다. 그런데 뜻밖에 여기서부터 혜통과 용의 질긴 싸움이 시작된다.

먼저 공주의 병을 낫게 하려 혜통은 흰 콩 한 말을 은그릇에 넣어 주문을 외워, 흰 갑옷을 입은 신병(神兵)으로 만들고 병을 쫓아내려 했으나 되지 않았다. 또 검은 콩 한 말을 금그릇에 넣어 주문을 외워, 검은 갑옷을 입은 신병으로 만들고, 두 가지 색깔의 신병을 합쳐 쫓아내게 하였다. 그러자 이무기 한 마리가 빠져 나왔다. 병의 원인은 못된 이무기였던 것이다.

그러나 이것이 화근이었다. 혜통에게 쫓겨난 이무기는 용으로 변해 신라 땅으로 가서 나쁜 짓을 거듭했다. 마침 정공(鄭恭)이라는 사람이 당나라에 사신으로 왔다가 혜통을 만나 보고 그 사실을 알렸다. 혜통이 귀국한 665년이 바로 이 해다. 혜통은 돌아오자 곧바로 용을 쫓아냈으나, 싸움은 여기서 끝나지 않았다.

용은 또 정공을 원망하며 버드나무로 몸을 바꿔 정씨 집의 문밖에서 자라났다. 정공이 이를 모르고, 그 잎이 무성한 것만 즐기며 무척 아꼈다. 신문왕이 돌아가시고 효소왕이 즉위하였다. 왕릉을 만들려 장지까지 가는 길을 닦는데 버드나무가 길을 막았다. 일을 맡은 관리가 베어내려 하자 정공이 성을 내며 말했다.

"차라리 내 목을 벨지언정 이 나무를 자르지 못한다."

관리가 왕에게 알리니, 왕은 크게 화를 냈다.

"정공이 왕 화상의 신령스런 힘을 믿고 불손한 짓을 꾀하며, 왕명을 거스르려 드는구나. 제 목을 베라 했으니 마땅히 바라는 대로 해 주어라."

이에 정공은 죽었고, 집마저 헐렸다. 뜻밖에 엄청난 재앙이 정공에게 미쳤던 것이다.

한편 조정에서는 "왕 화상과 정공의 사이가 매우 두터우니 분명 꺼림칙한 일이 있을 것이오. 먼저 해치워야겠소"라고 논의했다. 이에 군사를 모아 잡으려고 했다. 여기서 혜통의 또 다른 신통력이 나온다.

혜통이 왕망사에 있다가 군사들이 오는 것을 보고 지붕 위로 올라갔다. 사기병과 붉은 먹을 묻힌 붓을 들고 외쳤다.

"내가 하는 것을 보아라."

이내 병의 목에다 한 획을 그으며 말했다.

"너희들은 각자 자기 목을 쳐다보아라."

모두 목을 보니 붉은 획이 그어져 있었다. 서로 보며 놀라는데 또 소리쳤다.

"만약 병목을 자르면 마땅히 너희 목도 잘릴 것이다. 어떠냐?"

군사들은 황급히 달아나 붉은 획이 그어진 목을 왕에게 보여 주었다. 왕으로서도 더 이상 어쩔 도리가 없다 판단하고 이내 그만두었

석등이다. 비를 맞고 있는 모습이 운문사에서 만난 파르스름한 머리의 비구니를 닮았다. (경주 원원사 터)

다. 그런데 왕의 딸이 갑자기 병에 걸렸다. 혜통을 불러 치료하게 하자 곧 나았다. 왕이 기뻐하는 모습을 보면서 그제야 혜통은 정공이 나쁜 용의 해꼬지를 입어 죽음을 당했다고 말해 주었다. 왕은 이를 듣고 마음 속으로 후회하며 노비가 된 정공의 처를 놓아 주었다.

그러나 혜통에게는 아직 남은 일이 있었다. 정공에게 억울함을 갚은 용은 기장산(機張山)으로 들어가 곰 신이 되어, 여전히 백성들을 괴롭히고 있었다. 혜통은 산으로 갔다. 진중하게 깨우치고 불살계(不殺戒)를 주자 그제야 나쁜 짓을 그쳤다.

중국의 못된 이무기가 용으로, 다시 버드나무에서 곰으로까지 변하는 이야기의 구조가 무척 복잡한 만큼 이야기는 흥미를 더한다. 게다가 중국의 이무기가 무엇을 상징하는가에 대해서도 생각해 보게 된다. 환생담은 물론 기본적으로 불교적 발상이다. 그런데 거기에는 불교적인 요소만이 아닌 민간 신앙의 그것도 함께 들어 있다. 억울하게 죽었다고 생각한 악인이 상대편을 몰락시키기 위해 환생하는 이야기는 김유신에게서, 내세의 복락을 믿고 시주하여 정승의 집안에 태어나는 이야기는 김대성에게서 나오지만, 불교 설화와 민간 전승이 합해진 것들이다. 여기서도 마찬가지인데, 다만 무대가 중국으로까지 넓어졌다는 데 다른 점이 있다.

이야기를 통해 은근히 중국을 비판하는 듯한 기분이 드는 것은 『삼국유사』 찬술 당시가 몽고와의 오랜 전쟁 기간이었음을 감안할 때, 결코 억지로 갖다 붙인 것만은 아니리라.

일연의 혜통에 대한 평가는 극진하다. "이제 화상이 무외를 제대로 배워와, 속세를 두루 돌며 사람을 구하고 세상을 교화시킴은 물론 운명을 보는 밝음으로 절을 지어 원망을 씻어 주니, 밀교의 바람이 여기에서 크게 떨쳤다"는 논평은 물론이려니와,

산 복숭아 시냇가 살구가 울타리에 비쳤는데
오솔길에 봄이 깊자 양쪽 언덕에 꽃이 피었네
그대가 우연히 수달을 잡았던 인연으로
나쁜 용은 서울 밖으로 멀리 쫓게 되었네

라는 찬은, 뼈만 남은 수달이 제 새끼 있는 곳으로 가 있는 것을 보고 출가한 혜통의 인생에 불교가 어떻게 심어져 있는지 보여 주고, 살구 꽃 같은 그의 생애의 아름다움을 마음껏 찬미하고 있다.

명랑의 신인종

정체를 잘 모르는 밀본이나 평범한 집안 출신의 혜통과 달리, 명랑은 자장 법사를 외숙부로 하는 가문도 쟁쟁한 데다, 형제가 모두 큰스님이 된 불교 집안에서 태어났다.

명랑의 집안이 이렇게 불교로 크게 융성한 데는 그의 어머니의 영향이 절대적인 듯하다. 어머니의 이름은 남간부인(南澗夫人), 그러나 법화낭(法華娘)이라고 한 데서 알 수 있듯이 재가니(在家尼)가 아니었던가 한다. 남간부인의 오빠가 바로 자장 법사다.

명랑은 금광사(金光寺)에서 살았는데, 왜 그렇게 되었는지에 대해 일연은 '명랑의 신인종(明朗神印)' 조에서 다음과 같이 설명해 놓고 있다.

스님은 신라에서 태어나 당나라에 들어가 불교를 배웠다. 돌아오는데 바다의 용이 불러서 용궁으로 들어가자, 용은 비법을 전수해 주고 황금 1,000냥을 보시했다. 땅 속을 걸어 자기 집 우물 밑으로 솟아나왔다. 이에 집을 내놓아 절을 만들고, 용왕이 준 황금으로 탑과 불상을 꾸몄는데, 빛이 매우 특이했다. 그래서 금광사라 했다.

삼층석탑 바로 옆에는 산신각처럼 생긴 건물이 하나 있다. 특이하게도 그 안에는 우물이 있고, 용왕 그림과 용왕상이 있다.(경주 원원사 터)

명랑은 선덕왕 원년(632년)에 당나라에 들어갔다가 을미년(635년)에 돌아왔다. 땅 속을 걸어 자기 집 우물로 나왔다는, 이 신비로운 귀가를 어떻게 이해해야 할까?

명랑과 관련해서는 사천왕사의 건립이 가장 두드러지는 쓸거리일 것이다. 이에 대해서는 앞서 문무왕을 소개할 때 이미 나왔지만, 여기 명랑의 전기에서도 간단히 언급되고 있다.

총장(總章) 원년 무진년(668년)에, 당나라 장수 이적(李勣)이 대군을 이끌고 신라와 합쳐 고구려를 무찌른 다음, 나머지 군사를 백제에 남겨 두어 신라를 쳐서 무찌르려 하였다. 신라 사람이 이를 알고 군사를 내서 막았다. 고종이 이를 듣고 발끈 화를 내며, 설방(薛邦)에게 명령해 군사를 일으켜 토벌하려 하였다. 문무왕이 이를 듣고 두려워하며 스님에게 부탁하니 비법

원원사 터에서 내려오는데 다람쥐 한 마리가 앞서거니 뒤서거니 따라왔다. 이 책에 실리고 싶었나 보다.『삼국유사』 어디에도 다람쥐 얘기는 나오지 않지만 내가 다시 그리는『삼국유사』이니 다람쥐의 소원을 들어 주기로 했다.(경주 원원사 터)

을 써서 물리쳤다. 이로 인해 신인종(神印宗)의 창시자가 되었다.

명랑이 이 때 썼던 비법이 문두루(文豆樓)였던 것도 앞서 소개한 바 있다. 결국 그가 신인종의 창시자가 되었다는 대목은 신라에서 밀교가 공인되고 조직화되었음을 나타내는 중요한 자료가 아닐 수 없다.

신라의 밀교는 고려시대까지 이어진 듯하다. 명랑의 전기 끝에 일연은 고려의 태조 때 활약한 광학(廣學)과 대연(大緣) 등을 소개하고 있다. 그들은 안혜(安惠)와 낭융(朗融)의 후예이며, 비법을 써서 외적을 물리치고 진정시켰는데, 모두 명랑의 계통을 이은 사람들이라고 했다.

한편 일연은 돌백사(埃白寺) 주첩(柱貼)의 주각(注脚)에 실린 것이라고 하면서 다음과 같은 자료도 소개하고 있다.

경주 호장 거천(巨川)의 어머니는 아지녀(阿之女)이다. 그 어머니는 명주녀(明珠女)이고, 그 어머니 적리녀(積利女)의 아들 광학 대덕과 대연 삼중 형제 두 사람은 모두 신인종에 들어갔다. 장흥(長興) 2년은 신묘년(931년)인데, 태조를 따라 서울로 가서 왕을 모시고 향불을 피우며 수행했다. 그 노고에 상을 내리고, 두 사람 부모의 기일보(忌日寶)를 돌백사에 주었는데, 전답 몇 결(結)이다.

이는 한국의 밀교사를 정리할 때 크게 참조될 뿐만 아니라, 사실은 일연이 밀교에 상당한 관심을 가지고 있었음을 짐작하게 해주는 대목이다.

앞서 진표(眞表)나 심지(心地) 같은 점찰승들을 주의 깊게 살펴본 것과 함께, 일연이 관심을 가진 불교 사상이 매우 넓다고 하겠는데, 이것은 조선조에 들어와 뜻밖의 결과를 초래하지 않았나 한다. 노골적으로 불교를 배척하고 나선 조선조의 정치 이념에 따라 한국의 불교사는 잠시 주춤한다. 그런데 이 때 집중적으로 탄압을 받은 쪽이 밀교나 점찰법회 같은 것이었다. 이른바 사람들을 미혹시킨다는 부정적인 측면만 강조되었던 것이다. 일연도 이 같은 부류로 나눠지고, 그에 따라 일연에 대한 관심이나 사적이 인멸되지 않았나 추측하는 것이다.

평범한 사람들의 감동적인 이야기

불교적 정신이 바탕 된 사회

지금부터는 세 번에 걸쳐 「감통」편의 이야기들을 소개하고자 한다. 『삼국유사』의 9개 편 중에 일곱 번째인 「감통」편은 기본적으로 「의해」편과 성격이 비슷하다. '감통'이라는 용어도 중국의 고승전에 나오지만, 승려들이나 불교신자들의 이야기를 담았다는 데에서 그렇다. 다만 여기 나오는 승려나 신도들은 고승(高僧)이라기보다 다소 평범한 사람들이다. 더러 고승의 반열에 올릴 만한 승려도 전기로서 엮어져 있지 않다.

한마디로 말한다면 「감통」편의 이야기들은 신라 사회가 불교를 받아들인 다음 민간 대중들에게까지 얼마만큼 체화(體化)되었는가를 잘 보여 주고 있다. 전부 10조로 이루어진 이 편에서 그 같은 성격이 잘 드러난 이야기를, 나는 정수(正秀) 스님의 경우로 설명하곤 한다.

제40대 애장왕 때였다. 승려 정수는 황룡사에서 지내고 있었다.

겨울철 어느 날 눈이 많이 왔다. 저물 무렵 삼랑사에서 돌아오다 천암사를 지나는데, 문밖에 한 여자 거지가 아이를 낳고 언 채 누워서 거의 죽어 가고 있었다. 스님이 보고 불쌍히 여겨 끌어안고 오랫동안 있었더니 숨을 쉬었다. 이에 옷을 벗어 덮어 주고, 벌거벗은 채 제 절로 달려갔다.

누가 시키지도 않은 일이지만 이른 아침부터 아주머니 한 분이 남산 감실부처로 오르는 길을 쓸고 있다. 『삼국유사』 「감통」 편은 불심 가득한 이런 보통 사람들의 이야기로 채워져 있다.(경주 남산 감실부처)

거적때기로 몸을 덮고 밤을 지새웠다.

「감통」편의 맨 마지막에 나오는 '정수 스님이 얼어죽을 뻔한 여자를 구하다〔正秀師救氷女〕'조의 전반부다. 구차한 설명을 붙일 것도 없다. 원체 감동스러운 모습은 우리에게 바로 다가오는 까닭이다.

기독교의 『성서』에서 예수님은, 불쌍한 어린 아이에게 베푼 덕이 곧 내게 해준 일이라고, 세상에서 예수님을 위해 한 일이 아무것도 없다고 머리를 조아리는 사람에게 말한다. 아마도 예수님의 입장에서 그 사람을 위로하자는 차원의 말은 아니었을 것이다. 크건 작건 실천의 문제다. 이론으로서 받아들인 철학을 넘어 생활 속에서 움직이는 실천 원리로 불교가 신라 사회에 자리잡혔음을, 우리는 이 같은 짤막한 삽화에서 읽을 수 있다.

애장왕 때라면 9세기가 막 시작할 무렵이다. 저물어 가는 나라의 분위기가 여기저기 감지되고, 정치적으로는 더욱 혼란스러워지는 때였다.

그런 사회를 지탱해 주는 것은 저 잘난 사람들이 아니었다. 여분의 옷 한 벌 없이 살아가는 한 승려가, 돌아가 덮을 이부자리 하나 없는 처지에 입고 있던 옷을 몽땅 벗어 주고 알몸으로 달려가거니와, 그 순간이 바로 신라 사회의 고갱이였다고 말한다면 어떨까? 기록에 나타난 '우리 나라 첫번째 스트리퍼'라고, 나는 이 대목을 농담처럼 설명하곤 한다. 그러나 그 농담 속의 진담을 아는 사람은 다 알리라.

바로「감통」편은 이 같은 이야기로 누벼진다. 그런 면에서 나는 『삼국유사』9개 편 가운데 여기를 가장 즐겨 읽는다. 이름 없이 살다 간 평범한 사람들의 다양한 모습이 불교를 매개로 진하게 펼쳐져 있기 때문이다.

욱면이 염불해서 서방정토로 가다

경덕왕 때였다. 강주(康州)의 뜻 있는 선비 수십 명이 서방정토에 가기를 바라면서, 그 근처에 미타사를 세우고, 1만 일을 기약하는 계를 만들었다.

그 때 귀진(貴珎) 아간의 집에서 일하는 여종 중에 욱면(郁面)이라고 있었다. 자기 주인을 따라 절에 가서, 마당 가운데 선 채 승려들이 하는 대로 염불을 했다. 주인이 제 일을 하지 않는 것을 미워하여, 날마다 곡식 두 섬씩 주고 하루 저녁에 찧도록 했다. 욱면은 밤 8시쯤 다 찧고 나서 절에 와 염불을 했는데, 하루라도 게을리 하지 않았다.

마당 양쪽에 장대가 서 있었다. 욱면은 새끼줄로 양쪽 손을 뚫어 장대 위에 연결하고, 양쪽을 왔다갔다하며 있는 힘을 다했다. 그 때 천사가 공중에서 부르는 소리가 났다.

"욱면 처자는 법당으로 올라가 염불하라."

절에 모인 사람들이 이를 듣고 권하니, 욱면은 법당에 올라 순서에 따라 열심히 염불했다. 얼마 있다 하늘의 음악소리가 서쪽에서 울려오더니만, 욱면이 지붕을 뚫고 솟아올라 서쪽으로 향했다. 가다가 동네 밖에 이르러 몸을 버렸는데, 진신(眞身)으로 변해서 연대(蓮臺)에 앉아 밝디 밝은 빛을 뿜었다. 서서히 가는 동안 음악소리는 하늘에서 그치지 않았다. 그 법당에는 지금도 구멍 뚫린 자리가 있다고 한다.

'욱면이 염불해서 서방정토로 가다〔郁面婢念佛西昇〕' 조의 전반부인데, 이 이야기를 한 여자의 성불담(成佛談)으로만 보아 넘겨서는 안 된다. 한 사회가 지닌 여러 부면이 무척 복잡하게 얽혀 있기 때문이다.

경덕왕이 통치한 시기는 신라의 삼국 통일 이후 그 혜택을 가장 많이 누린 때라 해도 지나친 말이 아니다. 그것은 최고의 극점에 다다라 이제 내리막으로 꺾이는 갈림길이기도 하다. 그러기에 번성과 혼란의 기미가 함께 나타나지만 이에 대해서는 앞에서 소개했다.

여기서는 경덕왕 때의 극성을 엿볼 수 있다. 강주는 지금의 진주다. 이 곳의 유지들이 미타사를 세우고 서방정토에의 왕생을 빌었다는 대목은 곧 신라 불교의 미타 신앙을 그대로 보여 준다. 미륵 신앙과 대칭되는 점에 서 있는 미타 신앙의 정토왕생 신앙은, 현세에 복락을 누리고 있는 이들이 그것을 내세에까지 가져가고 싶은 마음의 소산으로 나타난다. 그래서 사실 정토 신앙은 번성기의 유복한 사람들에게 퍼지게 마련이다.

물론 미타 신앙을 이렇게 단순히 정의 내리는 것은 곤란하다. 번성기에도 현세의 복락을 누리지 못하고 있는, 이 글의 욱면 같은 여자도 있다. 그런 그들은 왜 미타 신앙을 믿으며 정토왕생을 빌고 있다는 말인가? 그러니까 미타 신앙에도 미륵 신앙에도 여러 부면이 있거니와, 그 가운데 뚜렷이 보이는 특징을 하나로 정리하자면, 전자가 평안한 시기의 부유한 층에, 후자가 혼란한 시기의 고통받는 층에 왕성히 퍼져나간다는 정도로 이해해 두자.

'평안한 시기의 부유한 층'에 의해 만들어진 미타사의 예불에 욱면이라는 여자도 참가한다. 그런데 그 집 주인 귀진은 자기 종이 함께 나와 있는 것이 못내 못마땅한 표정이다. 일거리를 잔뜩 주고는 하루 안으로 마치라 해놓고 자기는 절하러 절에 간다. '평안한 시기의 부유한 층'의 얄궂은 성격이 너무나도 잘 묘사된 대목이다.

아랑곳 않고 제 일을 마친 다음, 잠을 줄여가며 예불에 온 힘을 기울이는 욱면의 모습에서, 이 이야기의 진수는 나온다. 일연은 욱면을 소재로 찬(讚)을 남겨 놓고 있는데, 처음 두 줄이 이렇다.

　　西隣古寺佛燈明 서편 이웃 오랜 절엔 불등이 밝았는데
　　舂罷歸來夜二更 방아 찧고 오노라면 밤은 금새 이경

부석사 안양문 위에 있는 안양루다. 안양이란 곧 극락의 다른 이름이니, 안양문은 극락으로 가는 문이다. 극락에 계신 아미타 부처님을 모신 법당의 입구에는 이처럼 안양문을 세우기도 한다. 불국사에도 안양문을 지나 아미타불을 모신 극락전이 있다.(풍기 부석사)

2경은 9시부터 11시의 사이를 말하는데, 일연이 이런 시각을 제시한 것은 어디까지나 창작이다. 본문에서 1경 곧 밤 8시쯤 일을 마치고 절에 왔다고 했지만, 절까지의 거리가 1경 곧 두 시간 남짓 걸릴 정도 된다고 본 결과다. 절에 도착한 시간이 10시쯤 될까? 밤 깊은 시간에야 겨우 제 일을 마치고, 곤한 몸을 이끌고 밤길을 걷는 한 여자가 여기 있다. 게다가 하루도 빠지지 않고.

그러나 그것으로 끝이 아니다. 금당에 들어가 있는 이들은 '평안한 시기의 부유한 층'들이고, 욱면은 겨우 절 마당 한 편을 차지할 뿐인데, 제 손바닥을 뚫어 마당 양쪽에 가로 걸린 새끼줄에 끼워 넣고는, 오가며 염불을 했단다. 왜 그랬을까? 힘겨운 일에 지쳐, 절하면서도 쏟아지는 졸음을 참느라고? 그랬을지도 모르겠다. 어쨌건 목숨을 건 염불 앞에 신이로운 현상은 그 다음을 장식한다.

그것을 일연은 계속해서 다음과 같이 노래했다.

　　自許一聲成一佛 하늘에서 내린 소리 부처를 이루게 했네
　　掌穿繩子直忘形 손바닥을 줄로 꿰어 육신을 잊었으니.

거창하게 모임을 만들고 절을 짓고, 근엄한 예불을 올리는 이들에게 부처님은 찾아오지 않았다. 껍데기 미타 신앙이 가진 허위 의식을 통렬하게 비판하자는 목적이라기보다, 제 육신을 잊고 끝내 버리고만 욱면이라는, '평안한 시기의 부유한 층'의 계집종에게 초점을 맞춘 이야기에서, 우리는 더할 나위 없는 위안과 격려를 받는다.

한편 일연은 다른 승전에 실린 욱면의 기사를 이어서 소개하고 있다. 그것은 축생도(畜生道)에 떨어져 부석사의 소가 된 사람이 경전의 힘을 빌어 다시 귀진의 집 종으로 태어난 일, 지붕에 난 구멍이 세찬 비나 함박눈이 내려도 젖지 않았다는, 전생담과 후일담 등이다.

부석사 안양문을 지나면 아미타 부처님을 모신 무량수전이다. 무량수(無量壽). 수명이 끝이 없으니 이 또한 극락일까? 염불을 통해 극락에 이를 수 있다는 아미타불 신앙은 신라 사회에 널리 퍼진 대표적인 불교 신앙 형태였다. (풍기 부석사)

계집종의 성불에 자극을 받은 귀진은 자기 집을 내놓아 절을 만들었다고 하였다. 적어도 그것은 껍데기가 아닌 진짜를 볼 줄 아는 눈을 가지고 있었다는 말 아닌가. 신라 사회의 힘이다.

광덕과 엄장

'광덕과 엄장〔廣德嚴壯〕' 조는 향가인 「원왕생가(願往生歌)」와 더불어 많이 알려져 있다. 신라 문무왕 때, 분황사를 가운데 두고 남쪽과 서쪽 마을에 살던 두 친구 광덕과 엄장이 어떻게 성불하여 정토에 왕생하였는지 소개한 이야기다.

두 사람은 부지런히 서방정토를 염원하되, 먼저 이루는 사람이 알리고 가자 약속하였다. 약속은 아내를 두고 살았던 광덕이 먼저 이루었다. 햇빛이 붉게 지고 소나무 그늘이 고요히 드리운 저녁 참인데,

광덕은 엄장에게 자신이 먼저 가노라 알리는 것이었다. 구름 밖으로 하늘의 음악소리가 울리고, 밝은 빛이 땅에 깔리었다고, 일연은 그 신비스러운 광경을 묘사하고 있다.

이렇게 보면 광덕이 주인공인 것 같지만, 정말 사건은 그 다음부터 일어난다.

다음 날, 살던 곳을 찾아가 보았더니 광덕은 죽어 있었다. 이에 엄장은 광덕의 부인과 함께 시신을 거두어 장례를 치렀다. 일이 끝나자 부인에게 말했다.

"남편이 죽었으니 함께 지내는 것이 어떻겠소?"

"그러시지요."

그래서 함께 지내게 되었다. 밤이 되자 여자와 몸을 섞으려 했다. 그런데 부인이 꾸짖는 것이었다.

"스님이 서방정토를 찾는 것은 나무에서 물고기를 찾는 거라 하겠군요."

엄장은 놀라고 괴상스러워 물었다.

"광덕은 이미 그대와 지냈소. 그런데 나는 왜 안 된단 것이오?"

"남편이 나와 함께 10여 년을 살았습니다. 그러나 한 번도 저녁이면 같은 침상에 눕지 않았지요. 하물며 몸을 섞었겠습니까? 다만 밤마다 몸을 단정히 바로 앉아, 한 소리로 아미타불을 부르며 염불했지요. 때로 16관(觀)을 짓고, 관이 다 되어 밝은 달빛이 집안에 비쳐올 때, 그 빛을 타고 가부좌한 채 정성을 다했습니다. 이와 같았으니 비록 서방정토에 가고자 아니 해도 어디를 가겠습니까? 천리를 가는 사람은 첫걸음부터 알아보는 것이지요. 이제 스님을 보니 동쪽이라면 그렇다 하되 서쪽은 알 수 없겠습니다."

그러기에 이야기의 주인공은 엄장이다. 그리고 그는 엄벙덤벙 이 세상을 살아가는 우리 모두를 상징하는 인물일 것이다. 광덕은 치밀하고 정성스레 예불하여 목적한 바를 이룬 점에서 의상을 닮았다면, 엄장은 실수 투성이의 원효에 가까운 인물이다. 그래서 더 우리에게 친밀하게 다가오는지 모른다.

밝은 달빛이 집안에 비쳐올 때, 아마도 광덕은 「원왕생가」를 불렀으리라.

　　달아 이제
　　서방까지 가시거든
　　무량수 부처님 앞에
　　일러 주게 아뢰어 주시게
　　다짐 깊으신 세존 우러러
　　두 손 모두어 비옵나니
　　"원왕생, 왕생을 바랍니다"
　　그리워하는 사람 있다 아뢰어 주시게
　　아, 이 몸 버려 두시고
　　마흔여덟 가지
　　큰 소원 이루실까.

사실 광덕은 모진 사내다. 밤마다 아내를 제쳐놓고 단정히 앉아 한결같은 소리로 아미타 부처님만을 불렀으니 말이다. 밝은 달이 창에 비치면 광덕은 그 빛을 받으며 가부좌 틀고 오래도록 앉아 있곤 했다. 아내는 분황사의 계집종 출신, 그러나 아내를 미워해서가 아니라, 이루고자 하는 소원이 그만큼 깊었던 까닭이다. 그런 광덕을 부인은 옆에서 조용히 지켜볼 뿐이다.

엄장은 현실적인 사내다. 엄장은 광덕의 죽음을 알고 찾아가 장례를 치르고 그의 아내를 거두어 왔다. 밤이 되어 몸을 섞으려 하자, 여

아미타불은 사후의 극락 세계, 곧 서방정토를 나타내는데, 경주 남산 동편 보리사에 있는 석불도 아미타불로 본다. 이 불상의 광배 뒷면에 동방을 나타내는 약사여래가 새겨져 있기 때문이다.(경주 보리사)

늦은 가을 경주의 석양은 늘 아름답다. 매일매일 석양을 볼 수 있는 사람들의 마음은 서쪽 하늘을 물들이는 붉은 빛만큼이나 따뜻하다고 한다. 오늘 같은 날에 광덕은 그의 아내와 엄장을 남겨 두고 먼저 서방정토로 떠난다.(경주 남천)

자는 기쁘지 않은 표정으로, 광덕과 달리 세속의 인연만을 생각하는 엄장을 준엄히 꾸짖었다. 우리들의 주인공 엄장의 극적 전환은 여기서 이루어졌다.

광덕과 엄장 두 사람은 약속한 바가 있었다. 광덕이 그 약속을 지키는 사이 엄장은 한눈을 팔았다. 아미타 서방정토에 왕생하기를 바라기야 하지만, 이를 적극적으로 실천한 사람과 현실의 삶에 고단하게 매인 사람은 마지막의 자리가 서로 멀다. 그러나 엄장은 부끄러움을 아는 사내였다. 늦게나마 생각을 바꾸고 성실히 수행하여 마침내는 친구의 뒤를 따랐던 것이다.

그렇다면 광덕과 엄장의 성불은 한결같이 여자의 도움을 받은 셈이다. 앞서 소개한 '노힐부득과 달달박박'에서처럼 위 예의 여자도 관음보살의 현신이다. 『해동승전』에서는, 그 부인이 곧 분황사의 종인데, 관음보살이 몸을 드러낸 열아홉 분 가운데 하나일 것이라고 하였다.

우리는 노래의 첫 줄부터 달에게 의탁한 광덕의 간절한 소망을 읽을 수 있다. 한편으로는 그렇게 수행하는 자신에 대한 한없는 자존심이 넘쳐난다. 이런 나 아니고 누구를 극락왕생 시키시겠느냐는.

그러나 역시 이 조에서 매력적인 인물은 엄장이다. 그가 우리와 닮아 있기 때문일까, 실수와 무지투성이로 살아가는 것이 우리다. 그러나 어느 순간, 또는 어느 조력자를 만나 무지와 실수로 가득한 삶을 한 번 돌이킬 기회를 갖는 것, 그것 또한 우리의 모습이다.

회한과 눈물로 범벅이 된 엄장은 원효 스님에게 달려가 간절히 깨우침에 필요한 가르침을 물었다고 한다.

선율이 살아 돌아오다

『삼국유사』에서 죽은 것이나 다름없는 사람이 살아 돌아오는 경우는 종종 보이지만, 선율(善律)처럼 그렇게 확실히 죽었다가 무덤을 헤치고 깨어난 이야기는 없다. 그리고 저승에 가서 있었던 일이며, 거기서 만난 사람의 부탁까지 이 세상에다 전해 주는 데 이르면 더욱 흥미진진해진다. '선율이 살아 돌아오다[善律還生]' 조다.

선율은 망덕사에 사는 승려다. 돈을 시주 받아 『육백반야경(六百般若經)』를 만드는데, 갑자기 저승에 불려가게 되었고, '입국심사'를 하던 저승지기가 세상에서 아직 할 일이 남은 사람으로 분류해, 선율은 다시 제 절로 돌아오게 된다. 귀중한 경전 사업을 끝마치고 오라는 것이다.

그렇게 돌아오는 선율 앞에 한 여자가 나타나면서 이야기는 본격적으로 시작한다.

"저 또한 남염주(南閻州)의 신라 사람이옵니다. 부모가 금강사의 논 한 무(畝)를 몰래 가로챈 데 걸려, 저승에 잡혀와 오래도록 고통을 받고 있습니다. 이제 스님께서 고향에 돌아가시거든, 제 부모에게 빨리 그 논을 돌려주라고 알려 주소서. 제가 세상에 있을 때 호마유(胡麻油)를 침상 아래 묻어 두었고, 가는 베를 요 사이에 간직해 두었습니다. 스님께서 제 기름을 가져다 불등(佛燈)에 켜시고, 그 베를 밑천으로 경폭(經幅)을 해주신다면, 저승에서나마 은혜가 되어 아마도 제 고통을 벗겠나이다."

"그대의 집이 어딘가요?"

"사량부의 구원사(久遠寺) 서남쪽 마을입니다."

선율이 이를 듣고 총총히 가서 곧 깨어났다. 그 때는 선율이 죽은 지 벌써 10여 일이 지나, 남산의 동쪽 기슭에 장례를 치른 다음이었다. 무덤 안에서 3일간 외쳤는데, 목동이 이를 듣고 본디 지내던 절에 와서 알렸다. 그 절 승려가 가서 무덤을 헤치고 꺼내자, 앞서 있었던 일을 모두 설명했다.

그리고 여자의 집을 찾아갔다. 여자는 죽은 지 15년이나 되었으나, 기름과 베는 그대로였다. 선율은 일러 준 대로 명복을 빌었다. 그러자 여자가 혼령으로 와서 말했다.

"스님의 은혜에 힘입어 저는 고통에서 벗어났나이다."

그 때 사람들이 이를 듣고 놀라마지 않았다.

이 이야기가 보여 주려는 경계(警戒)는 매우 독특하다. 주요 등장 인물은 망덕사의 승려 선율과, 그가 저승에서 만난 같은 마을의 한 여자다. 두 등장 인물에 따라 이야기를 둘로 나눌 수 있는데, 하나는 선율의 환생담이다. 육백반야의 공을 쌓던 그가 이루기 전에 저승에 끌려갔지만, 저승지기가 그의 공덕을 가상히 여겨 목숨을 다시 돌려주는 이야기다. 그러나 더 중요한 사건은, 위에 인용한 바, 선율이 환생 도중 만난 한 여자와의 사이에서 일어났다.

선율이 있었다는 망덕사는 본디 당의 사신을 속이려고 낭산 아래 사천왕사 터 맞은편에 지은 절이다. 지금 망덕사 터에는 주춧돌 몇 개와 당간지주만이 남아 있다. (경주 망덕사 터)

사실 앞의 환생담은 뒤의 이 이야기를 하고자 마련된 장치일 것이다. 일연이 이 조에 부친 찬을 보면 어디에 중심이 있는지 알게 된다.

堪羨吾師仗勝緣 부러워라 우리 스님 좋은 인연 따라
魂遊却返舊林泉 혼이 되살아 옛 고향으로 돌아가는구나
爺孃若問兒安否 저의 부모님 소저 안부 물으시거든
爲兒催還一畝田 빨리 이 몸 위해 밭 한 무 돌려 주라 하소서.

이 시의 화자는 저승에 잡혀 있는 여자다. 좋은 인연에 힘입어 고향으로 되돌아가는 스님을 보며 하는 말을 시화(詩化)한 것이다. 이야기속 주인공의 입을 빌려 상황을 묘사하여 보다 절박하고 애틋한 모습이 드러난다.

  1·2행은 망연히 선율의 뒷모습을 바라보는 여자의 마음을 표현한다. 시에서는 이것을 '부럽다〔羨〕'고 했다. 그리고 여자는 지상 세계에 있을 부모를 생각하고, 동향인인 그에게 자신의 처지를 털어놓고 부탁하는 것이다. 이 여자는 죽은 지 이미 15년이나 되었다. 한 동네 사람인 스님에게 부탁하여 지옥에서 벗어나고자 하는 마음은 3·4행에서 간절히 표현된다. 특히 4행의 '빨리 돌려 주라 하소서〔催還〕'는 그런 심적 상태를 잘 표현해 주고 있다.

  아마도 이 조의 본문과 찬은 결국 살아 있는 사람들에 대한 경계일 것이다. 절의 재산을 몰래 훔친 여자의 부모, 저승의 일을 알지 못하는 그들은 곧 욕심 가득한 우리 모두를 상징한다. 선율의 환생은 그런 그들에 대한 경계이지만, 사실 살아 돌아와 저승의 일을 말할 수 없는 것처럼, 우리는 욕심이 화를 부르는 줄 알면서도 능청스럽게 그렇게 살아가는 것이 보통이다.

호랑이 처녀와의 사랑

절과 호랑이

절에 가면 산신각(山神閣)이니 칠성각(七星閣)이니 삼성각(三聖閣) 같은 이름을 붙인 자그마한 건물이 있다. 이름에서도 바로 알 수 있지만, 전형적인 불교의 성격을 띤 건물은 아니다. 대체적으로 불교가 민간 신앙과 만나 이룩된 특이한 면모다.

특히 산신각이라 이름 붙인 건물에서는, 흰 수염을 길게 늘어뜨린 할아버지가 호랑이 한 마리를 데리고 당당히 서 있거나 앉아 있는 모습의 그림을 보게 된다.

절이 산에 만들어진 것은 이 나라 불교 역사의 초창기부터 있었던 일이다. 특히 조선왕조 이후 불교가 탄압을 받으면서, 사람이 사는 마을의 절들은 자꾸 없어지고 산에만 남게 되어, 이제는 그것이 보편적인 현상처럼 보인다. 산에 절을 두니 그 산을 지키는 신령도 모신다. 그런 까닭으로 절과 호랑이는 한 살림을 하고 있는 모양이 되었다.

물론 불교의 이야기 중에서도 호랑이가 등장한다. 가장 대표적인 것이 부처님의 전생담에 나오는 배고픈 호랑이다.

부처가 제자 아난다에게 들려 준 전생담이다. 먼 옛날 마하라타 왕의 셋째 아들 마하사트바가, 출산하고 기진맥진해 있는 어미 호랑이를 위해 제 목을 자르고 피를 흘려 주어 살려냈다. 부처는 그 마하사트바가 바로 자신이라고 말했다.

　불교의 이야기를 가장 많이 담고 있다는 『삼국유사』에서 호랑이 이야기가 빠질 수 없겠다. 사실 흔하다고 할 수는 없지만, 부처님의 전생담에 보이는 것처럼 호랑이는 도움을 받는 존재이면서, 동시에 인간과 하나될 수 있는 어떤 경우에 나오고 있으니, 해악을 끼치는 동물이 아니다. 우리 나라의 옛 이야기나 민화(民畵)에 나오는 호랑이가 그렇지 아니한가? 일연이 『삼국유사』 안에 거둬들인 「감통」 편의 호랑이 이야기 '김현이 호랑이에 감동되다〔金現感虎〕' 조 또한 다르지 않다.

　이 조는 크게 세 가지 이야기를 담고 있다. 첫째 부분이 이 조의 제목대로 김현과 호랑이 처녀의 사랑, 둘째 부분이 이와 비교하기 위해 실어 놓은 신도징(申屠澄)과 호랑이 부부, 그리고 마지막으로 일연이 의론을 덧붙인 부분이다.

　둘째 부분의 신도징 이야기는 인용처가 확실하다. 바로 중국의 송나라 때 이방(李昉, 925~996년)이 황제의 명을 받아 지은 『태평광기(太平廣記)』의 429권에 나온다. 부분적으로 생략하거나 글자를 바꾼 곳이 있지만, 전체 내용은 거의 그대로다. 그에 비해 정작 몸통이라 할 수 있는 김현의 이야기는, 호원사(虎願寺)의 연기 설화나 김현이 손수 지었다는 「논호림(論虎林)」이라는 글에서 나왔겠는데, 지금은 모두 전해지지 않는다. 오직 일연이 거두어들인 『삼국유사』에만 남아 있는 것이다.

　물론 비슷한 이야기가 일연보다 조금 지난 시기에 편찬된 최자(崔滋)의 『보한집(補閑集)』에 「변산노승전(邊山老僧傳)」이라는 이름으로 실려 있다. 이것이 사찰 연기 설화라거나, 호랑이가 사람으로 변하여 일어나는 사건이라는 구조 때문에 한 뿌리에서 나왔다고 말할 수 있겠지만, 같은 이야기라고 볼 수 있는 요소는 더 적다. 자세한 분

온통 산으로 둘러싸인 우리 나라에서는 불교가 들어오기 전부터도 산신을 모시고 있었고, 마을을 지켜 주는 신이 산다고 여기는 진산(鎭山)에는 따로 산신을 모시는 공간을 마련하기도 하였다.(대관령 산신당)

석은 뒤로 돌린다.

호랑이 처녀와의 사랑

이 글은 옛날 고등학교 국어교과서에 「호원(虎願)」이라는 제목으로 실려 있었다. 그런 까닭으로 내용을 알고 있는 사람이 많을 것이다.

글은 탑돌이라는 신라의 풍속을 소개하는 것으로 시작된다. 매년 2월이 되면 8일부터 15일까지, 남녀가 모두 모여 흥륜사의 법당과 탑을 돌며 복을 비는 모임이 탑돌이다. 흥륜사는 경주 시내에 있었던 신라 최초의 절이고, 음력 2월 보름이라면 바야흐로 천지에 봄이 무르익어 갈 무렵이다. 때는 원성왕 재위 시절(785~798년).

봄바람과 함께 사랑도 오는 것일까? 김현이라는 청년은 밤 깊도록 혼자 쉬지 않고 탑돌이를 하고 있었는데, 한 처녀가 나타나 염불하며 따라 돌았다. 절에 남은 사람은 오직 둘뿐, 시쳇말로 그들은 단박에 눈이 맞았고, 탑돌이가 끝나자 가려진 곳으로 들어가 정을 통했다고, 일연은 쓰고 있다.

꿈 같은 시간이 흐른 뒤, 애써 따라가려는 남자를 한사코 뿌리치는 여자. 그러나 김현은 한 번 맺은 인연을 소중히 여겼다. 비록 그것이 비극의 시작인 줄은 몰랐지만.

발걸음이 서쪽 산기슭에 이르자, 한 초가집으로 들어가는데, 할머니가 나타나 여자에게 물었다.

"같이 데려온 이가 어떤 사람이냐?"

여자는 그간의 사정을 말했다.

"좋은 일이긴 하다만 없었던 것만 못하구나. 그러나 일이 이렇게 되었으니 말릴 수 없겠다. 깊숙한 데에 숨기거라. 네 오빠들이 해칠까 두렵다."

김현을 데려가 깊숙한 곳에 숨겼다. 얼마 있다 호랑이 세 마리가 나타나

불교가 토착화되면서 민간 신앙의 큰 줄기인 산신 신앙을 받아들였고, 자연스럽게 절 안에도 산신을 모신 산신각이 생기게 된다. 이름은 조금씩 다르지만 산신각에는 산신뿐만이 아니라 칠성신, 용왕신 등을 같이 모시기도 한다. (대구 동화사)

더니 울부짖으며 이르렀는데, 사람의 말을 하는 것이었다.

"집에서 비린내가 느껴지는데? 시장하던 참에 잘 되었군."

할머니와 여자가 꾸짖었다.

"너희들 코가 잘못되었구나. 어찌 그런 미친 소리를 하느냐."

그 때 하늘에서 소리가 울렸다.

"너희들이 살아 있는 목숨을 해치기 좋아하는데 너무 심하다. 마땅히 죽여서 단번에 나쁜 죄를 뿌리뽑겠다."

세 마리 짐승이 이를 듣고 모두 근심스런 낯빛이 되자, 여자가 말했다.

"세 분 오빠는 멀리 피하세요. 그러면 제가 나가서 몸 바쳐 대신 벌을 받겠어요."

모두 기뻐하며 머리를 조아리고 꼬리를 떨어뜨리며 도망가 버렸다.

합환(合歡)을 나눈 묘령의 처녀가 호랑이일 줄이야. 여자가 굳이 따라오지 못하게 한 까닭이 여기 있었던 것이다. 더욱이 이 처녀 호랑이 외에 다른 형제들은 포악을 일삼는 전형적인 동물 호랑이다. 사실 호랑이가 산 것들을 잡아먹으며 산다는 게 뭐가 잘못이란 말인가? 다만 너무 심해서 정도가 지나쳤다는 것인데, 여기서 호랑이 형제들도 사람의 말을 하고 있다는 데에 묘한 의미가 있다.

'호랑이로 설정된 사람의 이야기' 퍼뜩 그런 생각이 스치기도 한다. 그러나 서둘러 그렇게 나가면 이야기는 재미없다. 처녀 호랑이는 제 마음에 맞는 한 남자를 만났으되, 식구들이 모두 당해야 할 재앙 앞에 혼자 목숨을 버려 막기로 다짐하는 데 초점을 맞추어야 한다. 제 목숨 살리자고 꼬리를 떨어뜨리며 도망가는 다른 형제들과 얼마나 다른지.

처녀 호랑이와 김현의 대화는 그 절정으로 치달린다.

"처음에 저는 그대가 제 족속들과 부딪혀 당할 곤욕을 부끄러워하였기에 한사코 막았습니다. 이제 위태로움은 사라졌으니 감히 마음을 털어놓습니다.

천한 계집이 낭군에게야 비록 사람과 짐승으로 나뉘지만, 짝이 되어 하루 저녁 즐거움을 누렸습니다. 뜻깊이 맺은 인연의 기쁨이지요. 그러나 세 오빠의 나쁜 짓은 이미 하늘이 미워합니다. 일가에게 닥칠 재앙을 제가 감당하려 하는데, 아무 사람에게 죽느니 낭군의 칼끝에 엎어진다면, 그것으로 은덕을 갚는 것이겠지요?

제가 내일 저잣거리에 들어가 처참한 행패를 부리겠지만, 나라 안의 사람 어느 누구도 저를 어떻게 하지 못할 것입니다. 그러면 왕이 반드시 사람을 모아, 높은 벼슬을 걸고, 저를 잡아라 하겠지요.

낭군께서는 겁먹지 마시고 저를 따라 오십시오. 성 북쪽 숲 속에서 기다리겠습니다."

"사람이 사람과 사귀는 것은 누구나 아는 도리이지만, 사람과 짐승이면서 사귐은 정녕 특별한 일이네. 이제 조용해졌으니 진실로 하늘에서 내려준 다행일세. 차마 어떻게 배필로 맞은 이의 주검을 팔아 한 세상 벼슬이나 얻을 요행을 삼겠나?"

"낭군께선 그런 말씀을 마세요. 이제 저의 목숨은 천명을 누렸고 또한 저의 소원입니다. 낭군에게는 경사스런 일이요, 우리 족속에게는 복이며, 나라 사람들에게는 기쁨입니다. 한 번 죽어 다섯 가지 복이 갖춰지니 거스를 수 있겠어요?

다만 저를 위해 절을 짓고 경전을 읽어, 좋은 업보로 삼아 주신다면, 낭군의 은혜 이보다 더 큰 것이 없겠나이다."

어쨌건 죽을 목숨, 사랑하는 이의 손으로 최후를 맞겠다는 것. 다소 유미주의적인 느낌이 들기도 하겠지만, 한 번 죽음으로 여러 이익이 돌아온다는 말에, 사랑하는 이의 주검을 팔아 한 세상 잘살아 보자 요행을 바라겠냐는 김현도 묵묵히 따를 수밖에 없다.

처녀 호랑이의 바람은 단 하나. 자신을 위해 절을 지어달라는 것인데, 이로 인해 절에는 호원사(虎願寺)라는 이름이 붙고, 그래서 이 이야기가 사찰 연기 설화로 분류된다.

눈물로 헤어지는 두 사람, 다음 날 과연 처녀 호랑이가 말한 대로 일은 벌어졌다. 숲 속에서 단 둘이 된 다음 호랑이는 다시 여자로 변한다. 편안하게 웃음 지으며, 자신에게 물려 상처난 사람들에게 흥륜사의 장을 바르고 그 절의 나발소리를 들려 주면 나으리라 가르쳐 주고, 김현이 쥐고 있던 단검을 빼앗아 스스로 목숨을 끊는다.

이 일을 두고 일연은 이렇게 찬한다.

山家不耐三兄惡 산 속에서 세 오빠 악한 짓 견딜 수 없어
蘭吐那堪一諾芳 꽃다운 입에선 대신 죽겠노라 한마디
義重數條輕萬死 의리의 소중함 몇 가지로 들어 죽음도 가벼이
許身林下落花忙 수풀 아래서 몸을 내놓았네, 떨어지는 꽃처럼.

아름다운 시다. 무슨 설명을 더 붙이랴.

이어지는 신도징의 이야기

앞서 말한 대로 김현과 처녀 호랑이의 사랑 이야기는 교과서에도 실려 있어서 많이 알려져 있다. 그러나 교과서에는 거기까지 소개했을 뿐 이 조는 아직 끝나지 않았다. 바로 중국의 『태평광기』에 실려 있는 신도징의 이야기를 덧붙이고 있는 것이다.

일연은 『삼국유사』 안에 여러 책에서 필요한 부분을 인용해 오고 있다. 그러나 『태평광기』에서, 그것도 불교적인 내용과 거의 관련이 없는 이야기를 이렇듯 장황히 늘어놓은 것은 분명 이례적이다. 물론 사람과 호랑이의 사랑 이야기는 너무나도 신기한 것, 그것만으로도 관심의 대상이 되기는 충분하지만, 김현과 비슷하면서 서로 비교할 만한 부분이 있기에 그랬을 것이다. 무엇이 같고 무엇이 다르다는 말일까?

신도징의 이야기는 크게 세 부분으로 나뉜다. 십방현(什方縣)은 사천성(四川省)에 속한 작은 고을, 『삼국지』의 유비(劉備)가 촉(蜀)나라를 세우고 수도를 삼았던 성도(成都)가 있지만, 거기를 넘어가면 바로 서역으로 가는 실크로드가 시작되는 중국에서도 가장 변방이다. 거기에 겨우 미관말직(微官末職)을 하나 얻어 부임해 가는 신도징이라는 사내가 이야기의 주인공이다. 그가 도중에 아름다운 아가씨를 만나 배필을 삼는 대목이 첫 부분이다.

정원(貞元) 9년(793년), 신도징이 선비로 지내다가 십방현의 관리로 임명되어 가게 되었다. 진부현(眞符縣)의 동쪽 10리쯤에 이르렀는데, 눈보라와 혹독한 추위를 만나, 말이 앞으로 나아가지 못했다.

길가에 초가집이 한 채 있어 들어가 보니, 불을 피워 매우 따뜻했다. 등불 아래에서 살펴보자 늙은 부부와 처녀가 불에 둘러앉아 있었다. 여자의 나이는 겨우 13~4세나 되었을까, 비록 머리는 헝클어지고 누더기 옷을 입었으되, 하얀 피부와 꽃다운 얼굴에다 움직임이 아리따웠다. 늙은 부부는 신도징이 오는 것을 보더니 곧 일어나 말했다.

"손님께선 심한 눈보라와 추위에 시달리셨군요. 앞으로 나와서 불을 쬐십시오."

신도징은 오랫동안 앉아 있었다. 날이 이미 어두워졌는데도 눈보라는 그치지 않자, 신도징이 말했다.

"서쪽으로 현까지 가려면 아직 멀었으니, 여기서 묵어갔으면 합니다만."

"거친 잠자리라 누추합니다만, 명에 따를 수밖에 없겠군요."

그래서 신도징은 안장을 풀고 이부자리를 폈다. 그 여자가 손님이 머무르는 것을 보더니, 얼굴을 씻고 화장을 한 다음, 대나무 휘장을 제치고 나왔다. 아름답고 우아한 몸짓이 처음 보았을 때보다 더했다. 신도징이 노인에게 말했다.

"아가씨는 밝고 총명하기가 누구보다 뛰어나군요. 참 다행스럽게도 아직 결혼하지 않았다면, 제가 저를 소개해도 될는지요?"

"뜻밖의 귀한 손님이나, 거두시려 한다면 그것도 정해진 인연이올시다."

드디어 신도징은 사위가 되는 예를 갖추었다. 그런 다음 타고 온 말에 태우고 갔다.

앞서 밝힌 바, 원문과 비교해 보면 여기서는 군데군데 축약되거나 생략된 곳이 있다. 그것은 대체로 내용에 그다지 큰 영향을 주지 않

요즘 흔히 볼 수 있는 대부분의 산신도에는 이처럼 호랑이와 노인이 등장한다. 무서운 호랑이를 집에서 키우는 개처럼 부리는 노인이라면 뭔가 큰 힘이 있을 것도 같다. (군위 인각사)

는 범위 내에서, 좀더 쉽게 이해할 수 있도록 일연이 배려하여 고친 것으로 보이는데, 다만 한 군데는 생략이 심해 언뜻 이해하기 어려운 곳도 있다. 바로 신도징이 청혼을 하는 대목이다. 그는 아가씨가 '밝고 총명하다'고 말하고 있으나, 무엇으로 그런 말을 하는지에 대한 근거가 없기 때문이다. 생략된 부분은 이렇다.

얼마 있다 부인이 밖에서 술을 가지고 들어와 난로에 따뜻이 데웠다.
"추운데 오시느라… 자, 한 잔 드시고 언 몸을 녹이시구려."
"아니오, 주인부터…."
그래서 주인부터 돌아 신도징은 마지막에 마셨다.
"자리에 아가씨가 빠졌네요."
"허허허. 시골에서 자란 아이라 손님 접대나 할라나요."
아가씨가 눈을 흘기며 말했다.
"술이 귀하다고 하나, 사람이면서 마시지 못할라구요."
곧 치마를 끌고 곁에 와서 앉았다. 신도징은 슬슬 얼마나 재능이 있는가 알아보고 싶어져, 글을 지어 제 뜻을 내보였다. 신도징은 잔을 들고서 '글을 한 번 지어 봅시다. 소재는 지금 눈앞에 벌어지는 일이구요' 라 하고, 먼저 운을 뗐다.
"깊어 가는 밤, 술을 마시니, 취하지 않곤 돌아가지 못하리."
아가씨가 고개를 숙이고 슬며시 웃더니,
"하늘빛이 이러 하니, 간들 어디로"
하고, 금방 차례가 돌아오자,
"비바람에 어둡기만 해, 닭 울음 그치지 않네"
하였다.

술자리의 글짓기 수작(酬酌)으로 신도징은 대번에 이 아가씨가 범상치 않음을 알아보고 주인에게 스스로 청혼을 했던 것이다. 그런데 주인 또한 돈을 싸들고 와서 꼬여내려는 것이 아니라, 글을 지어 자신의 마음을 곡진히 드러내는 신도징의 태도에 끌려 허락하게 된다는 대목도, 일연은 생략하고 있다. 그러나 그 정도는 이야기 전개에 큰 무리가 없을 듯하다. 그렇게 인연을 맺어 임지로 떠난 다음부터의 이야기가 둘째 부분이다.

임지에 이른 다음 받는 봉급이 매우 얄팍했으나, 아내는 힘써 집안 살림을 꾸려, 마음이 즐겁지 아니한 적이 없었다. 뒤에 임기가 차서 돌아가려고 했을 때는 벌써 아들 하나 딸 하나를 낳았는데, 또한 매우 밝고 총명해 신도징은 더욱 사랑하고 존경하게 되었다. 일찍이 아내에게 주는 시를 지었다.

벼슬길에 나서는 일 매복(梅福)에게 부끄럽더니
세 해를 살아 맹광(孟光)을 부끄럽게 하였구나
도타운 정은 어디에 비길까
시냇가에 노니는 원앙새로다

그 아내가 종일 읊조리는데, 묵묵히 화답하는 듯하면서도 끝내 입밖에 내지 않았다. 신도징이 관직을 끝내고 집을 비워 본가로 돌아가려 하자, 아내가 문득 슬퍼하며 신도징에게 말하는 것이었다.
"당신이 주신 시를 보고 얼마 있다 화답하는 시를 썼지요."
그러면서 읊었다.

부부의 정 깊으나
산중에 둔 뜻 깊어만 가고
세월이 변하거든 백년가약 그 마음

두려웠네, 저버릴까봐.

이 후반부에도 생략된 곳이 많다. 그러나 이야기의 전개에는 큰 무리가 없으므로 더 이상 거론하지 않기로 한다.

행복한 생활은 어떤 파국을 향해 간다. 두 사람이 시를 지어 서로 화답하는 것은 앞서 보충한 생략된 대목을 떠올리면 자연스럽게 이해될 장면이되, 부인의 시에서 뭔가 비극의 복선이 깔리는 것을 우리는 알 수 있다. 신도징이 먼저 쓴 시에 나오는 매복은 중국 한나라 때 사람이다. 어지러운 정치를 멀리하고 고향으로 돌아와 제자들을 가르쳤다는데, 그에 비하면 변방의 미관말직을 얻어 나가는 자신을 부끄럽게 여긴다는 것이다. 한편 맹광은 중국 한나라 때 가난한 선비 양홍(梁鴻)의 아내다. 지아비의 뜻을 받들며 가난하지만 현모양처로 살았다. 신도징이 자기 부인을 맹광에 비유하고 있는 것이다.

그렇게 신도징은 현명한 부인에다 총명한 아이들까지 얻어, 행복하기 그지없는 표정이다.

호랑이는 호랑이의 굴로

비극의 복선이란 바로 부인의 시 가운데 나오는 '산중에 둔 뜻'이라는 대목일 것이다. 시를 듣고 난 신도징은, 그 말이 두고 온 부모를 생각하는 슬픈 마음의 표현일 것이라 여기고 만다. 물론 이 대목도 일연은 생략하였다.

그러나 그것이 슬픈 파국의 예언이었음은 이제 마지막 부분에서 드러난다.

돌아가는 길에 함께 처가를 찾아갔는데, 사람이 아무도 없었다. 아내는 지극히 사모하는 마음으로 하루 종일 울다가, 문득 벽 모서리에 걸려 있는 호랑이 껍질을 보더니, 크게 웃으며 말했다.

"이 물건이 아직 여기 있는 것을 몰랐구나."

곧 가져다 입자 호랑이로 변해 울부짖고는 땅을 할퀴며 문을 박차더니 나가 버렸다.

신도징은 놀라서 피했다가 두 아이의 손을 잡고 그 길을 찾아 나섰다. 숲을 바라보며 크게 울기를 몇 일, 끝내 어디로 갔는지 알 수 없었다.

신도징의 아내는 바로 사람 아닌 호랑이였던 것이다. 여기서 김현의 이야기와 공통점이 발견되고, 일연이 굳이 신도징의 이야기를 붙여 놓은 뜻을 알겠다.

호랑이는 결국 호랑이 굴로 돌아갈 수밖에 없었던 것일까? 하룻밤 풋사랑도 아니고, 제 몸으로 낳은 자식까지 버려 두고 돌아간 건 '사람 아닌 동물이기에 그러려니' 하고 말기에는 못내 뒷맛이 쓰다. 어쩌면 슬프기로야 김현의 호랑이보다 이 쪽이 더하지 않나 싶다. 아비 된 자가 졸지에 어미 잃은 두 아이의 손목을 잡고 하염없이 흘렸을 눈물을 생각하면 더욱 그렇다.

마지막 구절의 해석은 두 가지로 나뉠 가능성이 있다. 하나는 어미인 호랑이가 끝내 어디로 갔는지 알 수 없다는 것, 다른 하나는 아비와 두 자식마저 어미를 찾아 헤매다 어디로 갔는지 알 수 없다는 것. 슬픔은 후자의 경우가 더하지만, 너무 비극적으로 생각하지 않기로 한다.

일연은 이 이야기를 끝내고 자신의 의견을 부친다. 두 이야기에서 호랑이가 여자로 변해 남의 아내가 되었다는 것은 같지만, 그 끝은 달라서, 김현의 호랑이가 비록 슬픈 결말이나 장렬한 죽음으로 맺는 것을 특별하게 보고 있다. 이러한 특별한 죽음을 강조하기 위해서라도 신도징의 이야기를 끌어왔을 것이다. 일연은 말한다. "호랑이가

인간을 잡아먹을 수 있는 몇 안 되는 동물 중의 하나이기 때문인지 우리 나라뿐만 아니라 동서양을 가릴 것 없이 호랑이가 주인공인 이야기는 수도 없이 많다. 김현을 감동시킨 호랑이를 위해 지은 호원사 터는 경주 황성공원 안쪽에 어디라고 하지만 뚜렷한 자취는 찾기 어렵다.(경주 황성공원)

어쩔 수 없이 사람들을 해쳤으나, 좋은 처방으로 잘 이끌어 주어서 그 사람들을 치료했다. 짐승이라도 인자한 마음씀이 저와 같으니, 이제 사람이면서 짐승만 못한 이들은 어찌하리."

이 조의 제목 '김현감호(金現感虎)'를 '김현이 호랑이에 감동되다'라고 번역할지, '김현이 호랑이를 감동시키다'라고 할지 모호하다. 지금까지 일반적으로는 후자를 택해 왔으나, 나는 오히려 전자에 손을 들었다.

그런 까닭은 자명하다. 김현이 호랑이를 감동시킨 것보다, 짐승이면서 사람보다 더한 마음씨를 지닌 처녀 호랑이에게 오히려 사람인 김현이 감동된 것이 더 크기 때문이다.

사실 두 가지 의견이 나올 수 있는 것은 일연의 의론 마지막 대목에서 기인하는 바이기도 하다.

이 일을 처음부터 끝까지 잘 살펴보자. 절에서 탑돌이를 해 사람을 감동시켰고, 하늘에서 죄악을 징벌하려 하자 스스로 대신했으며, 신이로운 처방을 전하여 사람을 구했고, 절을 세워 부처님의 계율을 가르쳤다. 이는 한갓 짐승이 인자한 성품을 가져서가 아니다. 아마도 부처님이 세상에 나타내는 여러 가지 방법이고, 김현이 탑돌이에 할 수 있는 한 온 마음을 다하는 데 감동하여 적이 도움을 주려 했던 것일 따름이다. 그 때에 큰 도움을 받은 것이 마땅하다.

감동의 가짓수는 호랑이 쪽에 더 많지만, 이 이야기를 불교적인 의미로 풀어가다 보니, 마지막에 김현의 탑돌이에다 비중을 주었다. 탑돌이의 공력으로 부처님이 보낸 호랑이를 만났다는 식으로 말이다. 한갓 짐승이 할 일이 아니요, 세상에 나타나는 부처님의 여러 가지 방법 가운데 하나로 말이다.

그것은 그렇거니와, 불교적 의미망을 벗겨내고 나면, 분명코 김현이 호랑이에게 감동된 이야기이지 않을까? 짐승만도 못한 사람이 많은 세상에서.

무엇이 진정한 믿음인가

다시, 우연히 스치는 듯한 만남

효소왕이 절을 짓고 큰 잔치를 베풀었다. 왕의 은덕을 과시하려는 듯 성대히 베푼 잔치에 많은 사람을 초대했을 것이다. 「감통」편의 '진신이 공양을 받다〔眞身受供〕'조에 나오는 이야기다.

절의 이름은 망덕사. 후에 「제망매가」의 시인 월명사가 거처한 절로도 이름난 곳이지만, 본디 당나라 황실을 위해 복을 빈다는 명목으로 지으면서, 당나라에서 온 사신에게 사천왕사라고 둘러댄 바로 그 절이다. 어쨌거나 그 때문에 중국 황실을 위한 절이 되었고, 경덕왕 14년(755년)에는 절의 탑이 흔들렸는데, 이 해에 바로 안록산(安祿山)과 사사명(史思明)의 난이 일어났다. 사람들은 중국에서 큰 변고가 일어날 것을 예언해 준 것이라고 믿었다.

효소왕 6년 정유년(697년)에 낙성회가 열렸다. 그런 말석에 남산의 비파암(琵琶嵓)에 산다는 초라한 차림의 승려 한 사람이 있었다. 왕은 한편으로 언짢았으나, 그에게 공양을 베푸는 것도 자비심을 과시할 기회라 여겨, 한 자리 마련해 주었다.

자리가 파할 무렵, 왕은 내심 거만하게 다짐해 두었다. 짐짓 놀리는 목소리였다고, 일연은 적고 있다.

"어디 가서 임금이 손수 베푼 음식을 먹었다 하지 말게."

1992년부터 한 해에 한두 번씩은 남산을 찾았으니 꽤 여러 번 다닌 셈이다. 그 곳에는 깨진 불상이며 무너진 탑이며 절터들이 남아 있을 뿐이지만, 남산에 숨겨진 신라 사람들의 심성을 보물찾기하듯 하나씩 찾아내는 재미에 남산을 자주 찾게 된다. 1999년 가을에는 해 떨어질 때까지 어정거리다가 더듬더듬 내려온 적도 있다.(경주 남산)

그러자 이 초라한 스님에게서 나온 놀라운 한마디.

"임금께서도 진신석가께 공양하였다고 말씀하지 마소서."

스님은 그 말을 남기고 공중으로 솟아 남쪽으로 가 버렸다. 뒤통수를 얻어맞은 듯 놀란 왕은 시종을 시켜 찾게 했는데, 남산 삼성곡(參星谷)의 대적천원(大磧川源)에 이르러 바위에 숨어 버렸으니, 그 자리에 남긴 스님의 지팡이와 바리때가 증거물이었다. 이 바위가 바로 비파암이다.

비로소 진신석가가 몸소 찾아온 줄을 안 왕은 비파암 아래에다 석가사(釋迦寺)를 짓고, 자취를 감춘 곳에 불무사(佛無寺)를 지어, 지팡이와 바리때를 나눠 간직했다.

나는 앞서 이런 비슷한 이야기의 모티브를 '우연히 스치는 듯한 성인 만남'이라 하고, 낙산사 진신을 만나러 가던 원효를 그 예로 들었었다. 여기서 효소왕의 경우도 이와 비슷하다.

정작 큰 스승들은 무엇을 구체적으로 가르쳐 주는 법이 드물다. 진리는 단순한 법이기에 그런 것일까. 유독 진신과의 만남을 중요시여기는 불교에서 그 만남은 곧 진리의 깨달음을 다르게 표현한 말이겠는데, 단순하기만 한 진리를 전하는 진신은 이렇듯 슬며시 다가온다. 진신인지 알고 모르고는 찾는 이의 책임인 것이다. 기독교의 『성서』에서 예수님은 그것을 '도적같이 찾아온다'고 말한다.

그렇다면 누가 그 성인을 만나는가? 의상 스님과 같이 치밀하고 정성스런 사람이 만날 것이며 효소왕처럼 겉만 번지르르한 사람은 결코 만나지 못할 것이다. 사람들이 다니는 큰길가에서 외치듯이 기도하는 무리들을 보고 예수님은 말한다. "하늘 나라에 이르거든 하느님은 저들을 결코 모른다 할 것이다." 그리고 첨언하지 않았는가, 골방에 숨어 자신의 죄를 참회하며 눈물 흘리는 자에게 하느님은 다가올 것이라고.

그러나 우연히 스치는 듯한 만남도 만남은 만남이라고, 나는 설명했다. 그 만남을 뒤에라도 만남인 줄 알면 그렇다. 효소왕은 그것을 알았기에 부랴부랴 그 뒤를 쫓아갔다. 다시는 그 얼굴을 보지 못했지만, 그의 가르침을 따르고자 절을 짓고 공양하지 않았는가. 오히려 그런 만남이 우리에게는 더 많고, 또 소중하지 않은가?

바위 속으로 숨은 뜻

말머리를 잠시 경주 남산으로 돌려 보자. 『삼국유사』의 여러 이야기 중에서도 남산이 무대가 되는 경우는 적지 않으나, 이 조에서는 특별히 기록될 만한 부분을 찾아볼 수 있다. 바로 진신이 몸을 숨겼다는 그 바위 때문이다.

남산은 사람 사는 곳에서 멀리 떨어져 있거나 크고 높은 산이 아니다. 옛 경주의 중심부 월성에서 걸어서 금방, 산보하듯이 오를 수 있는 봉우리에다 거기까지 경사도 완만해서, 산에 들어서면 긴장감보다는 편안한 마음이 앞선다. 그러기에 남산은 경주 사람들에게 친근한 산이다.

그러나 산을 두고 주변을 빙 돌아보면 만만히 볼 작은 덩치는 아니다. 60여 개가 넘는 골짜기 골짜기에 따로 떨어진 듯 붙은 듯 봉우리 또한 10여 개. 이를 모두 헤아려 남산 전체를 둘러보자면 상당한 시간이 필요하다.

거기에 가장 매력적인 것이 바위다. 남산에는 멀리서 보면 마치 산이 흙 반 바위 반으로 이루어지지 않았나 싶을 정도로 바위가 많다. 그런데 그 바위 하나하나에 새긴 불상이 우리의 관심을 끈다. 사실 바위를 믿는 것은 우리에게는 민간 신앙의 전통이다. 큰바위 앞에 정한수를 떠놓고 치성 드리는 할머니, 그것은 이 나라 어디를 가든 볼 수 있는 광경이고, 세계적으로 가장 널리 퍼진 민간 신앙의 한 형태

남산에 있었던 수많은 불상 가운데 지금까지도 제자리를 지키고 있는 것들은 마애불이다. 석공의 거친 정 끝에 형태를 갖추고, 지나온 세월만큼 더해진 바람과 눈비의 부드러운 손길이 빚어낸 마애불을 제대로 보려면, 때를 잘 맞추어야 한다. 부지런한 사람만이 그 조화로운 미소를 볼 수 있다. (경주 남산)

이리라. 그런 바위에 불상을 새겨 넣은 것은 민간 신앙과 불교의 절묘한 만남이었다.

　남산의 불상은 거의 마애불(磨崖佛)이다. 마애불은 바위에 새긴 불상을 말한다. 바위에 그림을 그리듯이 선으로 불상을 새긴 것은 초기 또는 초보적인 형태고, 약간 도드라지게 파내서 입체감을 살린 것은 좀더 세련된 형태다. 남산에는 두 종류 모두 있지만, 사실 어느 것이 더 세련되고 발전된 형태냐를 따지는 일은 우리 같은 이에게 중요하지 않다. 거기에 신라 사람들이 새겨 넣은 불심을 더 아름답게 보기 때문이다.

　많은 종류의 불상이 공존하고 있는 만큼, 그 불상을 만든 사람도 가지가지이리라 보고 있다. 왕이나 가진 자 뿐만 아니라, 가진 것이라고는 손재주 하나 밖인 어떤 서민까지. 아마도 그 서민은, 남산에 널린 주인 없는 바위에다 자신의 불심을 새긴 마애불을 하나 남긴 것으로, 살아 보람 있는 일 하나 했다고 생각했을 것임에 틀림없다. 그런 소박한 불상이 마음을 끄는 것은 나 또한 그 비슷한 서민이기 때문이겠지만.

얼마 전, 프랑스의 사진 작가 한 사람이 남산을 촬영하러 왔다가, 이런 재미있는 말을 남겼다. "세월의 탓도 있겠지만 흐릿한 선이 무척 인상적입니다. 아마도 나머지는 불상을 보러 온 사람이 완성시키라는 조각가의 배려가 있지 않았겠습니까."

멋진 해석이다. 그러나 마애불을 그린 신라 사람들을 그렇게 넉넉한 품을 가진 전문가연(專門家然) 해주지 않아도 된다. 그들의 실력이 사실 소박한 대로 그 정도였고, 그렇기에 오늘날 우리가 소중히 여길 뿐이어도 좋다.

그런데 앞서 효소왕의 이야기에서 진신이 몸을 숨겼다는 바위인 비파암이 어디인지 부지런히 찾아본 사람이 있다. 경주의 남산 할아버지로 불리는 윤경렬(尹景烈) 선생이다.

우선 삼성곡이라는 골짜기 이름은 지금 남아 있지 않다. 그 사이 뭔가 다른 이름으로 바뀐 것인데, 진신이 숨었다는 비파암을 딴 지금의 비파골이 아닐까 한다. 그리고 본문 가운데 나오는 '대적천원'이라는 말을 풀어보면, 그 곳은 비파골의 시냇물이 시작하는 데 곧 천(川)의 원(源)이고, 거기에 비파암이 있으리라 예상했다. 윤 선생이 쓴 답사기의 한 부분을 보자.

잠늘골에서 약 300m 본류를 따라 들어가면 주위 환경은 갑자기 달라진다. 유순하던 산세는 갑자기 가파르며 산비탈에는 하얀 화강석 바위들이 누각처럼 솟아 있다. 무성한 소나무들은 자취를 감추고, 붉은 황토가 드러나 보이는 곳이 많다. 급경사로 둘러싸인 산맥으로 속세와는 차단된 별유천지

(別有天地)인 양 신령스러운 환경을 이루고 있다. 계곡의 여울이 이 곳에서 시작되었으므로『삼국유사』에서 말한 대적천원이란 이 곳이 분명하다.

이 곳은 바로 석가사 터다. 그리고 '누각처럼 큰 바위들이 층층이 솟아 있는 북쪽 산비탈 기슭에 높이 8m 가량의 비파 모양으로 서 있는 바위'가 바로 비파암일 것이라고 말한다. 비파암 앞에다 효소왕은 불무사를 세웠었다.

일연은 이 이야기 끝에 "두 절은 지금도 있으나, 지팡이와 바리때는 없어졌다"고 적고 있다. 지팡이와 바리때는 그렇다 치더라도, 일연 당대까지 전해지던 절이지만 지금은 그 곳이 어디인지조차 잘 모른다.

나는 윤경렬 선생이 가르쳐 준 대로 어렵사리 대적천원을 찾아가 본 적이 있다. 선생은 한눈에 알아보았다고 했으나, 내 눈에는 거기가 거기 같았고, 나중에는 골짜기와 나무와 바위마저 구분되지 않았다.

겉모습으로 판단하는 세상

효소왕의 이야기를 하는 일연의 본디 마음은 다른 데 있었는지도 모른다. 근사하게 차려 입어야 사람 대접받는 것은 지금 세상이나 예나 마찬가지, 효소왕이 걸려 넘어진 것은 그런 겉모습에 집착한 데 까닭이 있었다. 그래서 일연은 경전에 나오는 다른 예화 하나를 더 소개하고 있다.

옛날 계빈(罽賓)에 큰스님이 한 분 있었다. 아란야법(阿蘭若法)을 하며 일왕사(一王寺)에 이르렀다.

절에서는 큰 법회가 열리고 있었다. 문지기가 그의 옷차림이 초췌한 것을 보고, 문을 닫으며 들어가지 못하게 했다. 이처럼 여러 차례 초라한 옷차림

"양지마을 윤 선생님 댁으로 가주세요." 이렇게 말하면 경주의 택시 운전사들은 다 찾아갔다. 경주에서 윤경렬 선생은 그런 존재였다. 지금은 고인이 되셨지만 한 평생 신라와 신라인을 탐구하던 윤경렬 선생의 1992년 모습이다.

삼릉골에서 한 시간 정도를 오르면 서쪽을 향해 앉아 있는 5m가 넘는 큰 불상을 만난다. 윤경렬 선생은 이 불상이 해질 무렵 노을을 받고 서 있을 때가 가장 아름답다고 했는데, 나는 딱 한 번 본 적이 있다.(경주 남산)

때문에 들어가지 못하자 다른 방법을 썼다. 좋은 옷을 빌려 입고 온 것이다. 문지기가 보더니 막지 않고 들여보냈다.

자리를 차지한 다음, 여러 가지 좋은 음식이 나오면 먼저 옷에게 주었다. 여러 사람이 물었다.

"어째 그러시오?"

"내가 여러 차례 왔으나 그 때마다 들어오지 못했소. 이제 옷 때문에 이 자리를 차지했으니, 여러 가지 음식이 나오면 그것을 옷에게 주어야 마땅하지요."

촌철살인(寸鐵殺人)의 예화다. 계빈은 옛날 북인도의 캐시미르 지방에 있던 나라다. 일연은 이 이야기를 소개하고, 효소왕의 일이 그와 같다고 덧붙인다. 그리고 찬을 한 편 써놓았는데,

燃香擇佛看新繪 향불 태우고 부처님 세우며 새로 그린 탱화도 보며

辦供齋僧喚舊知 공양 받는 스님네들 옛 친구 부르고 떠들썩하네

從此琵琶嵓上月 이로부터 비파암 위의 달은

時時雲掩到潭遲 때때로 구름에 가려 못에 비치기 더디었다네

라고 하였다. 뒤의 두 줄이 의미하는 바 깊다. '비파암 위의 달'이란 곧 진신을 말한다. 진신은 달빛처럼 이 땅에 찾아왔다. 그러나 정토(淨土)에의 참된 희구는 없고, 형식과 의례에만 치우친 무리들뿐이니, 그들은 밝은 달빛을 가리우는 구름과 같은 존재에 불과하다.

일연은 일왕사 법회의 출전을 「지론(智論)」 제4라고 하였다. 「지론」이라면 『대지도론(大智度論)』을 가리키겠는데, 100권으로 이뤄진 이 경전의 4권에 이 이야기는 보이지 않는다. 때로 일연이 제시한 출전을 찾아가 확인해 보면 이런 일이 일어난다.

경흥이 우연히 성인을 만나다

참된 믿음에 대한 일연의 희구는 '진신이 공양을 받다' 바로 앞 조인 '경흥이 우연히 성인을 만나다〔憬興遇聖〕' 조에서 더 분명히 드러난다.

앞 조의 주인공이 왕이라면 여기서는 신문왕 때의 이름난 승려 경흥이다. 왕이야 정치적인 인물이니 그럴 수 있다 치더라도, 명색이 대덕의 소리를 듣는 스님이 저지른 실수는 오히려 더 커서, 일연의 비판 또한 준열하다.

이야기는 크게 두 부분으로 나뉜다. 문무왕이 한눈에 큰스님이라 알아 본 경흥을 국사에 앉힐 것을 유언하고 돌아가시자, 아들인 신문왕은 그대로 따른다. 사실 신라시대의 국사 제도는 완비된 것이 아니어서, 일연이 국사라는 말을 쓴 것은 오히려 고려시대 방식의 제도를 견주어 놓은 것으로 보인다. 그런 경흥이 큰 병에 걸렸다가 낫게 되

는 이야기가 전반부다.

삼랑사(三郞寺)에서 지냈는데, 어느 날 갑자기 병에 걸려 자리에 누웠다. 한 달이 조금 되지 않았는데, 한 비구니가 오더니 뵙자고 했다. 『화엄경』 가운데 "좋은 벗이 병을 낫게 한다"라는 대목을 가지고 설법하고 나서 말하였다.

"지금 스님의 병은 근심과 수고 때문에 생긴 것입니다. 즐거운 웃음으로 고칠 수 있을 겁니다."

그러면서 열한 가지 얼굴 모양을 만들어, 각기 웃음을 자아내는 춤을 추게 하였다. 뾰쪽 뾰쪽, 그러다 잘라낸 듯, 가지가지 모습으로 변하는 것이 말로 다 할 수 없었다. 웃느라고 모두 턱이 빠질 지경이었다. 스님의 병은 모르는 사이에 씻은 듯이 나았다.

비구니는 문 밖으로 나가더니만, 곧 남항사(南巷寺)로 들어가 숨어 버렸다. 가지고 있던 지팡이만 11면 원통상(圓通像) 탱화 앞에 놓여 있었다.

삼랑사는 경주 시내에 있던 절이다. 앞서 정수 스님의 이야기에서도 나왔던 절이지만, 지금은 경주시 성건동에 당간지주만 남아 있다. 경흥의 병을 낫게 해준 이름 모를 승려는 마치 원효가 했던 것과 비슷한 방법을 쓰고 있음을 볼 수 있다. 왜 그다지 덕이 높은 승려가 근심과 수고에 쌓여 병까지 얻었는지 알 수 없어도, 내놓고 말할 만한 거리는 되지 않았던 모양이었다. 남항사는 삼랑사 남쪽에 있었다고 하는데, 원통상 안으로 들어가 버렸다면, 이름 모를 승려는 관음보살의 화신이라 할 수 있다. 지팡이만 남기고 홀연히 사라진 모습은 마치 앞서 남산 비파암 바위로 숨은 진신과 비슷하다.

그러나 그것만으로도 경흥은 깨닫지 못했다. 그가 비록 국사의 자리에 앉아 속인들이 보기에 위엄찬 승려였을지 모르나, 속에는 뭔가

남산에 있는 불상의 매력 중 하나는 근엄하지 않고 동네 사람처럼 친근한 얼굴 모습을 하고 있다는 점이다. 이 불상은 그 중에서도 가장 못생긴 것인데, 부처의 모습이라기보다 법의를 갖춘 '머슴'이나 '나무꾼'의 모습이라고 해야겠다. (경주 남산)

남은 문제가 있었다. 거기서 후반부 이야기가 이어진다.

하루는 왕궁에 들어가던 참이었다. 시중 드는 이들이 동문 밖에서 먼저 준비하고 있었다. 말에 얹은 안장을 매우 잘 갖추고, 가죽신이며 삿갓은 죽 늘어섰다. 가는 길에는 '물렀거라' 소리도 높았다.
그 때 한 거사가 차림새는 초라한데, 손에 지팡이를 잡고 등에는 광주리를 지고, 하마대(下馬臺)에 와서 쉬고 있었다. 위에서 보니 광주리 안에 마른 물고기가 담겨 있었다. 시중 들던 이가 비아냥거리며 말했다.
"자네는 승복을 입고도 어찌 건드려선 안 될 물건을 지고 있는가?"
"산 고기를 가랑이 사이에 끼고도 있는데, 아무 장터에나 파는 마른 물고기 좀 등에 졌기로서니, 뭐가 꺼릴 게 있단 말이오."
말을 마치자 일어나 가 버렸다. 경흥이 마침 문을 나오다 그 말을 들었다. 사람을 시켜 따라가 보게 했더니, 남산 문수사(文殊寺)의 문밖에 이르러 광주리도 버리고 숨어 버렸다. 지팡이는 문수보살상 앞에 있는데, 마른 물고기는 알고 보니 소나무 껍질이었다. 심부름 갔던 사람이 돌아와 아뢰자, 경흥은 이를 듣고 한숨을 쉬며 말했다.
"큰 성인께서 오셔서, 내가 말을 타고 다니는 것에 주의를 주셨구나."
그런 다음부터 끝까지 말을 타지 않았다.

다시 경흥 앞에 나타난 초라한 거사는 앞의 이야기에서 이름 모를 승려와 어떤 관계일까? 남산의 문수사로 숨었는데, 거기 지팡이만 남았다는 데서 같은 진신인가 싶지만, 문수보살상 앞이라는 것은 앞의 관음보살상과 다르다. 첫번째 관음보살이 나타나 경계를 주었는데도 깨닫지 못하니, 다시 문수보살이 출동하신 것일까?
그렇다면 경흥은 행복한 사람이다. 남들은 한 번 만나기도 힘든 진신을 두 번씩이나 뵈었으니 말이다.

남산 불상 주변은 늘 깨끗하다. 누구랄 것도 없이 조금이라도 어지럽다 싶으면 한 쪽 구석에 있는 비로 쓸어낸다. 그 옛날 신라인들이 그랬듯이 경주 사람들은 남산을 제집 마당으로 여기고 있는 것이다. 남산에서 가장 널리 알려진, 바위를 파내고 그 안에 불상을 만든 감실부처다.(경주 남산)

저무는 사회 속의 고민

사실 경흥의 이야기 속에는 일연 자신의 고민이 숨어 있었다. 일연이 『삼국유사』를 완성한 시점은 국사의 자리에서 물러 나와 고향으로 돌아왔을 때로 보인다. 13세기의 후반, 고려 사회는 이미 저물어 가고 있었다.

저물어 가는 사회가 어떤 모습인가는 여러 면을 통해 알 수 있지만, 일연은 자신이 승려이므로 종교의 문제 그것으로 바라보고 있는 듯하다.

경흥이 비록 국사라는 높은 위치에 있어서, 말을 타고 다닌들 그다지 흠이 될 일은 아니겠으나, 그 본연의 신분이 승려이므로 스스로 경계해야 마땅한 일이었다. 다른 관료들처럼 위엄차게 행차하는 풍경은 도저히 덕이 되지 못할 일이요, 그것 하나로 끝나지 않고 무릇 그의 몸짓 하나하나가 그런 데 바탕을 두고 있다면, 진정한 구도자의 길과 사표가 되는 데서 멀어지는 것이리라. 하나를 보면 열을 알 수 있다고 하지 않았는가.

그러나 그것은 먼 신라시대의 이야기가 아니라, 바로 일연 자신이 살고 있는 시대의 이야기였다.

고려 원종(元宗) 기사년(1269년) 7년 6월, 한 번 바람을 일으키고 지나간 곳이면 어떤 생명체도 남기지 않는다는 몽고의 전란에 휩쓸린 나라, 백성의 삶은 도탄에 빠졌는데, 일신의 안락만을 구하는 승려들의 추한 모습을 『고려사(高麗史)』의 한 구절은 이렇게 증언해 준다. "왕이 경주에 행차하였다. 하승(下僧)과 비승배(批僧輩)들이 능라(綾羅)를 가지고 여기저기 뇌물을 바쳐 관직을 얻고 있었다. 사람들은 이들을 나선사(羅禪師)요 능수좌(綾首座)라 일컬었다. 여자를 얻어 살림을 차린 자가 절반 이상은 되었다."

일연은 이런 자기 시대에 경흥의 이야기를 떠올린 것이다. 비단 주고 승직을 사고, 남몰래 여자를 두고 세속의 삶에 빠진 자들이 들끓던 시대였던 것이다.

앞의 『고려사』가 조선시대에 편찬된 것이어서, 불교에 적대적인 유학자들이 불교의 잘못된 점만 들추어 꼬집었다고 말할 수도 있겠다. 그러나 객관적인 사실에서는 심지어 일연조차 불교의 잘못된 부분을 비판하고 있다. 예컨대 신라의 멸망 원인을 말하는 대목에서는, 김부식이 『삼국사기』에 쓴 부분을 다음과 같이 그대로 인용해 놓고 있다.

그러나 불교의 법을 섬기면서 그 폐단을 알지 못하였다. 마을마다 탑이 즐비하게 서고, 여러 백성들이 중의 옷을 입고 숨자, 군대와 농업은 점차 줄어들어 나라가 나날이 쇠약해졌다. 어찌 어지러워 망하지 않으리요.

용장사는 김시습이 머물며 『금오신화』를 쓴 곳으로도 유명하다. 또 대현이 여기에 있는 삼륜대좌불 주위를 돌 때 불상이 얼굴을 따라 돌렸다는 이야기가 『삼국유사』 「의해」편에 실려 있다. 용장사 터에 있는 삼층석탑은 능선 끝에 우뚝 서 있어서, 평지에 있는 탑을 볼 때와는 그 느낌이 완연히 다르다. (경주 남산)

사실 고려는 기본적인 국가 체계를 유학의 이념에 두었다고 해야 한다. 불교의 권위는 여전했으되 신라만큼 그렇게 철저하지도 절대적이지도 않았다. 그런 사회의 종교는 오히려 더 타락하기 쉽다. 헛된 권위만 살았을 뿐 책임 의식이 없으므로 자기에게 좋은 것만 택하고 힘든 일은 하지 않는다. 일연의 고민은 거기에 있었다.

경흥의 이야기 끝에 일연은 또 한 번 경전을 인용하고 있다.

> 일찍이 「보현장경(普賢章經)」을 보니, 미륵보살이 이렇게 말하였다.
> "내가 마땅히 내세의 염부제(閻浮提)에 태어날 것인데, 먼저 석가모니의 마지막 제자들을 데려갈 것이로되, 말을 탄 비구들은 제외한다. 부처를 보지 못했기 때문이다."
> 경계하지 않아 되겠는가?

이 경전은 당나라의 징관(澄觀)이 찬술한 『화엄경』의 「행원품소(行願品疎)」 10권을 일컫는다. '말을 탄 비구'가 너무나도 적실해 이 부분을 인용했겠으나, 예를 들자는 것이 말만의 문제는 아닐 터다.

문제가 생길 때는 신라가 그랬고 고려가 그랬듯이, 성인의 가르침도 소용없는 절망의 순간이 온다. 지금 우리 시대의 풍속은 거기서 얼마나 멀까? 성인조차 나타나지 않는, 아니 인정하지 않는다는 과학의 시대에 우리는 무엇으로 경계 삼을 사표를 세울까?

숨어 사는 이의 멋

숨어 사는 것의 뜻

『삼국유사』의 여덟 번째 편은 「피은(避隱)」이다. '피은'은 피세은거(避世隱居), 즉 세상을 떠나 숨어 사는 것이라는 말로 풀어볼 수 있다.

대체로 승려들의 삶이란 피세은거 자체다. 출가(出家)가 벌써 이 세상의 인연을 일정 부분 끊는 것이고, 산중의 절에 들어가 세상과는 다른 삶을 영위하는 일이니, 자연스럽게 숨어 사는 모양새가 되지 않는가? 그런데도 『삼국유사』 안에 다시 '피은'이라는 제목의 편을 만들고, 그런 사람들을 소개하고 있는 까닭은 무엇일까?

일연이 살았던 고려시대까지 우리 사회에서 불교의 역할을 다시 되새길 필요가 있겠다. 그 때까지의 불교는 사회의 전면에 나서 있었다고 보아야 한다.

사찰의 경우, 그것이 어디 있느냐에 따라 평지가람과 산지가람으로 나눠 보지만, 고려시대까지 두 가지 사찰은 비슷한 균형을 이루고 있지 않았나 한다. 그런데 조선조 이후 불교를 배척하는 정책이 확립되면서 분위기가 달라졌다. 도회지에 산재한 절들이 차례로 문을 닫는가 하면, 전란을 겪으면서 불탄다든지 그 피해가 산지가람보다 더 심한데다, 사회적 분위기 때문에라도 중건(重建)에 손을 대지 못했다. 산지가람과 평지가람의 공존에서 산지가람 일변도로, 이것은 불교가 사회의 전면에 있느냐 배경으로 밀리느냐를 설명하는 좋은 예다.

불교가 아직 사회의 전면에 있었을 때, 승려들의 역할 또한 사회에 적극적으로 참여하는 쪽이었다. 그러므로 승려라면 누구나 피세은거 하지 않느냐는 생각은 불교의 역할이 변한 오늘날의 관념이다.

물론 사찰이 산에도 있었듯이 세상과의 완벽한 절연 속에 살아간 승려도 많았다. 그런 그룹들을 다루려는 것이 바로 이「피은」편이 아닌가 한다.

「피은」편에는 10개 조가 실려 있다. 주인공은 대부분 승려들이지만, 관료였다가 승려가 된 신충(信忠)이나, 불교와는 전혀 상관없는 물계자(勿稽子)도 포함되어 있다. 물계자는 전형적인 유교 이념의 은둔자이고, 신충은 유교에서 불교로 전향해 가는 인물이라 할 수 있다. 그러므로 일연은 이 편에서, 불교만이 아닌 여러 가지 모양의 피세은거를 소개하려고 했던 것으로 보인다.

세상과의 절연이란 그리 간단한 일이 아니다. 돼지우리 같은 시궁창에 뒹굴어도 살아 있음이 소중하고, 복마전 같은 세상일지라도 그 안에서 아옹다옹 싸우며 한 세상 마치는 것이 모정(慕情)의 세월이다. 누군들 거기서 벗어나 홀로 한 길을 가고 싶겠는가. 그런데도 그 길을 간 사람들에게는 뭔가 곡절이 따르지 않을 수 없다.

숨어 사는 일에 대한 생각은 동서양이 다르고, 같은 동양에서도 철학에 따라 다르다. 공자는 "천하에 도가 있으면 드러나고, 없으면 숨는다"고 말했다. 여기서 숨음과 드러남의 매개체는 '도(道)'다. 『예기(禮記)』에서는 도가 행해지는 사회를 대동 사회(大同社會), 그렇지 않는 사회를 소강 사회(小康社會)라 하였다. 공자의 말은 다분히 여기에 근거한 것이었다.

불교에서의 숨음은 이와 다른 면이 있는 듯하다. 세상에 몸을 드러내지 않는다고만 해서 은거가 아니다. 또 드러냈다고 해서 드러난 것도 아니다. 그래서 불교적 인식의 숨음과 드러남을 이해하자면 보다 복잡한 변증법적 사고가 필요하다.

혜현이 고요함을 구하다

먼저 혜현(惠現, 570~627년?)이라는 승려의 이야기부터 시작해 보자. 그는 『삼국유사』에서 흔히 보이지 않는 백제 출신의 승려이다. 「의해」편에서 진표(眞表)가 있었지만, 그 때는 이미 삼국이 통일된 다음이었고, 순수한 백제 승려로 소개되기는 혜현 한 사람이 아닌가 한다.

그러나 혜현 또한 생몰 연대가 확실하지 않고, 일연은 그의 전기가 중국에서 만들어졌다고 하였지만, 지금으로서는 찾을 수도 없다. 그가 주로『묘법연화경』이른바『법화경』을 외는 일을 하고 기도하여 복을 청하였다고 하여, 법화 신앙의 한 가닥으로 이해할 수 있다는 말을 앞서 했었다. 앞으로도 소개할「피은」편의 승려들은 대체로 이 신앙을 가지고 있다는 공통점이 있다.

다만 여기서 초점은, 그가 은거하며 산 승려의 전범을 보여 준 데 있다.

> 처음에 북쪽 지방의 수덕사(修德寺)에서 지냈는데, 사람들이 있으면 설법을 하고 없으면 염송을 했다. 사방 멀리까지 그를 흠모하여 오니, 문밖에 신발이 가득했다. 슬슬 번잡한 일이 싫어져 강남의 달라산(達拏山)으로 가서 지냈다. 산은 바위투성이라 험해서, 오가는 이가 매우 드물었다. 혜현은 고요히 앉아 세상을 잊고 산중에서 생애를 마쳤다.
>
> 같이 수련하던 이들이 시신을 들어다 석실 안에 두었는데, 호랑이가 모두 뜯어먹고 오직 뼈만 남았는데, 혀는 그대로 있었다. 추위와 더위가 세 번 오갔건만, 혀는 그대로 붉고 부드러웠다. 그런 다음 마치 돌처럼 자줏빛으

「피은」 편에 실린 이야기들 중에서 가장 두드러지는 것이 포산을 배경으로 펼쳐지는 관기와 도성 이야기다. 포산은 달성군에 있는 비슬산이다. 일연은 20대 초반부터 40대 초반까지 20년 이상을 이 곳에 있던 무주암, 묘문암 등에서 머물렀다.(달성 비슬산)

로 단단하게 변했다. 세상에서 그것을 공경하여 석탑에 보관했다. 세상에서 산 나이가 58세이니, 곧 정관(貞觀) 초년이었다.

혜현은 중국으로 공부하러 가지 않고 고요히 물러나 세상을 마쳤으나, 이름은 여러 중국의 나라에 퍼져 전기가 만들어졌다. 특히 당나라 때에 명성이 자자했다.

헛된 명성을 만들어서라도 사람들의 주목을 끌고자 하는 것이 세상 인심이다. 혜현은 그가 이룬 높은 경지로 인해 많은 사람들이 몰려왔는데도, 도리어 거기서 달아나 홀로 지냈으니, 정반대의 경우라고나 할까? '혜현이 고요함을 구하다〔惠現求靜〕' 조에 나오는 이야기다.

그가 번잡함을 피해 옮겨 간 곳이 강남의 달라산이라고 하는데, 이 산이 지금 어디인지 분명하지 않다. 강남을 지금 금강(錦江)의 남쪽이라고 말하지만, 여기에 달라산이라는 이름이 어디에도 보이지 않기 때문이다. 혹시 중국의 강남이 아닐까 생각해 보는 것은, 혜현이 중국에 공부하러 가지 않았다는 말이 끝에 나오지만, 정식 유학은 아니라 할지라도 백제와 중국 남방 불교의 잦은 교류를 감안하면 그럴 가능성이 적지 않기 때문이다.

어쨌거나 그것보다는 산중에 고요히 앉아 생애를 마쳤는데 석실에 갖다 둔 시신에서 오직 혀만 붉게 남아 있었다는 대목이 눈에 띈다. 숨어 산 이의 마지막이 그렇게 신이로웠음을 보여 주는 상징적인 사건이리라.

사실 이 같은 유형의 이야기는 일본에도 남아 있다.『법화경』을 염송하는 승려들은 죽은 다음에도 혀가 썩지 않았다느니, 심지어 혀가 계속『법화경』을 염송하더라는.

8세기 후반, 케이카이(景戒)가 지은『일본영이기(日本靈異記)』하권에 첫번째로 실려 있는 이야기가 그 대표적이다. 8세기 중반, 일본의 칭덕왕(稱德王) 신라로 치면 혜공왕 때, 기노구니(紀伊國) 곧 지금의 와카야마(和歌山)현에서 있었던 일이다.

사람들에게 덕망을 받는 에이고(永興) 스님의 절에 한 승려가 찾아온다. 아주 허름한 차림인데『법화경』을 가지고 와서 부지런히 염송했다. 1년 정도 그러다 떠나겠다고 하자, 에이고는 양식과 안내인을 붙여 주었는데, 하루쯤 지나 그들을 모두 돌려보내고 자신은 삼으로 만든 새끼줄과 물병만 가지고 혼자 갔다.『법화경』과 바리때, 에이고에게서 받은 양식도 모두 돌려보냈다.

2년쯤 뒤였다. 그 마을의 목수 한 사람이 배를 만들 나무를 자르러 개울을 따라 산 속으로 들어갔는데, 무슨 소리가 들려오는 것이었다. 가만 들으니『법화경』을 외는 소리였다. 그 소리는 몇 달이나 계속되었다. 목수는 점차 존경스런 마음이 생겨, 먹을 것을 드리려 소리가 나는 곳을 찾아보았다. 그러나 아무도 보이지 않았다.

반 년쯤 뒤, 나무를 찾으러 다시 산에 들어간 목수는, 그치지 않고 들려오는『법화경』외는 소리를 또 들었다. 이상한 마음이 들어 에이고에게 가서 알렸다. 스님은 긴가 민가 싶었지만, 산에 들어가 소리 나는 곳을 찾아보았는데, 거기에는 시신이 하나 있었다. 놀랍게도 마로 꼰 새끼줄을 발에 묶고 바위 아래로 몸을 던져 매달린 채였다. 시신 곁에는 물병이 있었다. 그래서 에이고는 그가 바로 자기 절에 있다 떠난 승려임을 알았다.

에이고는 슬피 울며 돌아왔는데, 3년이 지난 다음 그 목수가『법화경』을 외는 소리가 아직도 들린다고 전해왔다. 에이고가 급히 가서 시신을 수습해 보니, 3년이 지났는데도 혀는 살아 있는 것처럼 생생한 것이었다.

이야기의 흐름은 혜현의 경우와 다를 바 없다. 특히『일본영이기』의 저자가 백제계의 도래인인 것으로 알려져 있고, 이 책 안에 백제계 승려가 자주 등장하고 있는 점으로 미루어, 그 무렵 일본의 법화신앙이 주로 백제를 통해 유입되었고, 위의 이야기에 나오는 이름 모를 승려 또한 그렇지 않았을까 생각하게 한다.

낭지와 포산의 두 성인

혜현에 비한다면 낭지(朗智)는 보다 적극적으로 숨어 살면서도 기이한 행적을 보여 준 이다. 삽량주(歃良州) 아곡현(阿曲縣)의 영취산(靈鷲山)에 살았다는데, 삽량주는 지금의 경남 양산군, 바로 통도사(通度寺)가 있는 곳이니, 낭지가 산 곳이 통도사 근처 어디쯤 아닐까 싶다. 지금 통도사의 뒷산을 영취산이라 부른다.

이 곳에 나중 의상 스님의 10대 제자 가운데 한 사람으로「추동기(錐洞記)」를 지은 지통(智通)이 찾아온다. 다음에 소개할 연회(緣會)

가 지은 전기에 의해 알려졌으나, 『법화경』을 외우기 좋아했다는 그도 신이한 사람임에 틀림없는 이다. 지통이 찾아와 낭지에게 이 산에 얼마나 있었느냐고 묻자, "법흥왕 정미년(527년)부터 살았으니, 이제 얼마나 되었는지 모르겠다"고 답한다. 지통이 온 해가 문무왕이 즉위한 원년 곧 신유년(661년)이었다. 셈해 보니 135년이나 되었다고, 일연은 '낭지가 구름을 타다, 그리고 보현수〔朗智乘雲普賢樹〕' 조에서 놀라운 듯 적고 있다.

그리고 다음과 같은 이야기를 덧붙인다.

    스님이 일찍이 구름을 타고 중국의 청량산에 갔다. 무리들을 따라 설법을 듣고 금방 돌아왔다. 그들은 '어디 가까운 곳에 사는 사람'이려니 여겼다. 그러나 어디서 지내는지 아무도 몰랐다. 하루는 여러 사람들에게 명령을 내렸다.
    "여기 상주하는 이들을 제외하고, 다른 절에서 오는 승려는 각각 자기가 사는 곳의 이름난 꽃을 가지고 와서, 이 절에다 심도록 하라."
    낭지는 다음 날 산에 있는 특이한 나뭇가지를 하나 꺾어 와서 바쳤다. 그곳의 승려가 이를 보더니 말했다.
    "이 나무는 산스크리트 말로 달제가(怛提伽)라고 부른다. 이는 혁(赫)이라고 하는데, 오로지 인도와 해동의 두 영취산에만 있다. 저 두 산이 모두 제10 법운지(法雲地)로, 보살이 지내는 곳이다. 이는 분명코 성스런 것이다."
    그리고서 그 차림새를 살펴보고 곧 해동의 영취산에 지내는 것을 알았다. 이 때문에 고쳐 보게 되었으며, 이름이 중국과 그밖에 퍼졌다.

구름을 타고 오고간 낭지, 이러한 일 때문에 일연은 이 조의 이름에 '낭지가 구름을 타다'라고 넣었던 것이다. 그것은 찬에서도 드러난다.

想料嵓藏百歲間 바위틈에 백년이나 숨어 살았다는 생각
高名曾未落人寰 세상에서 높은 이름 알 턱이 있나
不禁山鳥閑饒舌 산새들 겨워 지저귀는 소릴랑 막을 길 없어
雲馭無端洩往還 구름 타고 오가던 얘기 저절로 소문났네.

구름을 탄다든지, 몸을 하늘로 솟구쳐 올라 사라졌다는 이야기는 『삼국유사』에 자주 나온다. 신비롭고 즐거운 세계의 연속이다.

그러나 「피은」편에서 숨어 사는 이의 모범을 보이는 조가 '포산의 성인 두 사람〔包山二聖〕'이 아닐까 한다. 관기(觀機)와 도성(道成)이라 이름한 두 스님은 다소 설화적인 인물이지만, 숨어 산다면 바로 이런 정도가 되어야 한다는 듯이, 그러면서도 그런 이들이 가슴 속 깊은 곳에서 누린 즐거움이랄까를, 일연은 부러운 듯 그리고 있다.

포산은 지금의 경북 경산, 달성, 청도의 세 군을 가르는 비슬산이다. 해발 1,000m를 넘는 높이에다 덩치도 크고, 일찍부터 영산으로 알려져 사찰이 즐비했다 하나, 지금은 좀 썰렁한 편이다. 그런데 일연은 이 산과 그 근처에서 일생 동안 두 차례에 걸쳐 도합 40년 가까이 살았다. 사실 일연으로 보면 가장 중요한 활동 무대였던 셈이다. 그러기에 이 산에서 나온 이야기 한 가지를 정성스레 모은 것이고, 거기에 상당한 애정을 가지고 있었음을 어렵잖게 알 수 있다.

그런데 나는 이미 출간된 책에서 이 이야기를 자세히 다루었다(『일연을 묻는다』, 현암사, 2006). 좀더 관심이 있는 분은 이 책을 참조하길 바란다. 그리고 여기서는 다만 두 분 성인의 이야기가 나오는 부분만 『삼국유사』에서 인용해 놓는 데 그치고자 한다.

신라 때에 관기와 도성 두 분 큰스님이 살고 있었는데, 어떤 사람인지는 정확히 알지 못한다. 함께 포산에 숨었거니와, 관기는 남쪽 산마루에 암자를

비슬산에는 한때 삼천 암자가 있었다고 전해온다. 1,000m가 넘는 큰 산이기도 하지만 그 정도로 불교적인 색채가 짙은 산이다. 비슬산의 북쪽, 도성이 늘 좌선했다는 바위에서 바라본 도성암의 모습이다.(달성 비슬산)

비슬산의 남쪽에 관기가 살았는데, 어딘지는 정확하지 않다. 다만 산의 남쪽에 축대를 높이 쌓아 만든 너른 절터가 하나 있는데, 대견사 터라고 한다. 경주 남산 용장사 터에 있는 탑처럼 봉우리 끝에 삼층탑이 하나 서 있다.(달성 비슬산)

지었고, 도성은 북쪽 굴에 자리를 잡았다. 서로간 거리가 십 리쯤 되었다.

　구름을 헤치고 달을 읊으며 매양 서로 찾아다녔다. 도성이 관기를 부르고자 하면 산중의 나무들이 모두 남쪽을 향해 엎드려 마치 맞이하는 것 같으니, 관기가 그것을 보고 갔다. 관기가 도성을 부르고자 해도 또한 이와 같이 북쪽으로 엎드려 곧 도성이 이르렀다.

　이렇듯 여러 해가 지나갔다. 도성은 살고 있는 뒤편 높은 바위 위에서 늘 자리를 잡고 좌선하였는데, 하루는 바위틈 사이를 뚫고 몸을 뻗쳐 나갔다. 전신이 공중으로 치솟았지만, 어디로 갔는지 모른다. 누구는 수창군(壽昌郡)에 이르러 몸을 버렸다고 한다. 관기 또한 따라서 진여(眞如)의 세계로 갔다.

　지금 두 스님의 이름을 따, 그 자리에 이름을 붙여 남긴 터가 모두 남아 있다. 도성이 있던 바위는 높이가 여러 길이고, 뒷사람들이 굴 아래 절을 지었다.

　한편 이 조의 끝 부분에 일연은 "내가 일찍이 포산에 머물며 그 분들의 남기신 아름다움을 적어 놓았었다. 이제 여기 함께 적는다"는 말을 남긴다. 여기서 두 분은 관기와 도성만을 가리키는 것이 아니고, 같은 조에서 소개한 또 다른 두 분까지 포함한 듯하다. 어쨌거나 이는 『삼국유사』의 기술 원리를 말하는 데 아주 중요한 자료다. 일연은 아직 젊은 시절부터, 자기가 머문 곳에서 보고 들은 것을 꼼꼼히 메모해 두었던 듯하다. 이것이 『삼국유사』 찬술의 재료가 되었는데, 여기서 그 결정적인 증거를 보게 된다.

　여기 뿐만 아니라 『삼국유사』의 다른 많은 부분들도 이렇지 않을까 하는 것이다. 그러므로 『삼국유사』는 일연이 곳곳에서 머물 때마다 써 둔 메모들의 집합일 것이라고 나는 생각한다.

도성암에서 비슬산 정상으로 가는 길이다. 바람이 몹시 불어서인지 큰 나무는 없고 갈대만 무성하다. 이 길을 따라 도성과 관기가 서로 왕래하지 않았을까 생각해 본다.(달성 비슬산)

양손 스트레이트에 나가떨어진 연회

연회 스님이 영취산에 온 것은 앞서 낭지 스님의 이야기에서 잠시 소개했지만, 그 또한 이 곳에서 『법화경』을 읽고 보현보살의 수행법을 닦았다는 말은 「피은」편의 '연회가 이름을 감추다, 그리고 문수점〔緣會逃名文殊岾〕'조의 첫머리에 나온다.

그런데 뜨락의 연못에 늘 연꽃 몇 송이가 피어나 사철 내내 시들지 않았다. 국왕인 원성왕(785~798년)이 그 상서로운 일을 듣고, 불러서 국사로 삼고자 하였다. 스님은 이 말을 듣고 곧 암자를 버리고 숨어 버렸다. 여기서부터, 한판 권투 경기에 비유하자면, 연회는 문수보살과 변재천녀(辯才天女)에게 라이트와 레프트 스트레이트를 얻어맞는다. 그것은 스님의 숨음이 무엇인가를 설명하는 데 아주 좋은 자료이기도 하다.

숨어 사는 이의 멋 · 683

서쪽 고개의 바위 사이를 빠져 나가는데, 마침 한 노인이 밭을 갈고 있다가 물었다.
"스님, 어디 가시오?"
"나라에서 분에 넘치게도 벼슬을 주려 하기에 피하는 것이올시다."
"여기서 팔면 되지 뭐 멀리까지 가며 수고하시오. 스님은 이름 팔기를 싫어하지 않으시는구먼."
연회는 그 말이 자기를 놀리는 줄 알고 듣지 않았다.

주먹을 날리기 이전의 잽이다. 잽은 적정한 거리를 재기 위한 첫 손질이 아닌가. 그 다음에 날아올 정타를 연회는 아직 모른다. 사실 왕이 한번 자리를 주겠다고 하면 어디를 가 있은들 안 찾아오겠느냐, 네 몸값 올리려는 짓이나 마찬가지지 뭐, 하는 듯한 노인의 말이다. 숨는다는 것은 오히려 잘난 척 하는 데 불과하다. 연회는 거기서 자신도 모르는 제 속마음을 들켰기에 불쾌했는지 모른다.
이제 날아오는 레프트 스트레이트.

몇 리쯤 더 갔는데, 시냇가에서 할머니 한 사람을 만났다.
"스님, 어디 가시오?"
연회는 앞에서처럼 대답했다.
"앞서 사람을 만나셨나요?"
"한 노인이 나타나 저를 매우 욕보였지요. 화가 나서 오는 길이랍니다."
"그 분이 문수대성이신데…. 어찌 그 말을 듣지 않으셨소?"

한 방에 연회가 휘청한다. 평범한 노인네였다면 모르되, 문수보살이 하신 말씀이라면 거기에 분명 뜻이 있다. 연회로서야 비로소 제 속마음이 보이기 시작했을 것이다.

「피은」편에 실린 또 하나의 이야기는 벼슬을 버리고 중이 된 신충의 이야기다. 향가 「원가」를 지어 효성왕을 깨우쳐 주기도 한 신충은 효성왕과 경덕왕 두 대에 걸쳐 벼슬을 하다가 말년에는 벼슬을 버리고 단속사를 세우고 중이 된다. 지금 단속사 터에는 석탑과 당간지주만이 있다. (산청 단속사 터)

연회는 이 말을 듣고 깜짝 놀라고 송구스러워, 곧 노인이 있던 곳으로 돌아와 머리를 조아리며 뉘우치듯 말했다.

"성자의 말씀을 감히 듣지 않겠습니까? 이제 그래서 돌아왔나이다. 시냇가의 할머니는 어떤 사람이신가요?"

"변재천녀일세."

이어지는 라이트 스트레이트 한 방이다. 연회의 두 눈에 불빛이 번쩍였을 것이다. 연회는 무언가에 들떠 있었다. 그런 그를 무상의 도 앞에 쓰러뜨리는 문수보살과 변재천녀의 합동 작전은, 연회로서야 아프기 그지없었겠지만, 읽는 우리들에게 잔잔한 미소를 짓게 한다. 연회 스님, 까불더니만 정통으로 맞았군. 그리고 그 미소 뒤에 다가오는 깨달음.

변재천녀는 불교에서 보이는 최고의 여신이다. 인도의 전통적인 여신이지만 불교에 들어와서 사람의 온갖 재앙을 막아 주는 역할을 한다. 흰 옷을 입고 흰 연꽃 위에 앉아 비파를 오른손으로 퉁기는 모습으로 그려진다.

숨되 숨는 것이 아니요, 드러나되 드러난 것이 아니라는 불교의 변증법적 피온의 논리란 이런 것이 아닌가 한다. 그런 논리대로 쓰여진 일연의 찬은 재미있다.

倚市難藏久陸沉 장바닥에서는 어진 이가 오래 숨기 어렵고
囊錐旣露括難禁 주머니 속의 송곳도 한 번 드러나면 감추기 어렵네
自緣庭下靑蓮誤 뜰 아래 푸른 연꽃 때문에 그르친 것이지
不是雲山固未深 구름과 산이 깊지 않아서 아니라네.

결국 연회는 왕의 사신이 찾아오자 "제 업으로 받아야 할 줄 알고, 부르심대로 궁궐로 가서 국사에 임명되었다"고, 일연은 마지막에 쓰고 있다.

불교가 보는 효도

효심의 결정편

드디어 『삼국유사』의 마지막이자 아홉 번째 편인 「효선(孝善)」을 소개할 차례다. 이 편 또한 일반적인 승전에서는 보이지 않는 제목이다. 오히려 『삼국사기』 같은 기전체(紀傳體)의 역사서에서, 효행이 뛰어난 사람들의 전기를 묶는 쪽에 더 가깝다고 해야겠다. 승려였던 일연이 효행이 뛰어난 사람들의 일생에 관심을 가진 것은 무슨 까닭에서였을까?

먼저 『삼국유사』가 단순한 승전은 아니라는 사실을 다시 한번 강조한다. 지은이의 신분상, 그리고 그 시대의 성격상 『삼국유사』가 불교적인 내용을 많이 포함하고 있고, 글을 써나가는 관점도 불교적인 그것에 가깝지만, 거기에 국한하여 이 책을 썼다고 보기 어려운 점이 많기 때문이다.

전반부의 「왕력」 편이 일목요연하게 삼국의 왕조사를 정리하는 것을 필두로, 「기이」 편까지 하나의 역사 자료로 제시되어 있다. 그리고 「흥법」 편부터 시작하는 후반부의 불교사적 성격이 농후한 부분에서도 편목의 제목은 승전의 그것에서 그대로 따온 것이 「의해」와 「감통」 단 둘 밖에 없다. 이 후반부에서 가장 많은 분량을 차지하는 「탑상」 편은 그 자체로 불교 사료이지만, 다른 한편 불교의 사적을 재료로 한 당시 역사의 재구성이라 할 만하다.

그런 까닭에 『삼국유사』가 불교문화사적 역사와 설화의 모음이라고 한다면 모르되, 승전이라고 말하는 데에는 결코 동의할 수 없다. 어떤 책이거나 거기에는 그 책만의 이념을 가지고 있다. 『삼국유사』의 이념이 불교일 뿐이다.

또 다른 하나는 일연 개인이 가지고 있는 깊은 효심이다. 그의 생애에서 어머니라는 존재는 무척 큰 역할을 하고 있다. 어머니의 일연에 대한 태도가 어떠했는지 지금 그 구체적인 자료를 가지고 있지 못하지만, 간접적인 방법으로 추정해 들어가는 일연의 어머니에 대한 태도는 너무도 분명히 나타나 있어 췌언(贅言)이 필요치 않다.

일연의 어머니에 대한 효심을 나는 자세하게 쓴 적이 있다. 앞서 잠깐 소개한 『일연』이라는 그의 전기에서였는데, 여기서 다시 반복할 여유가 없다. 관심이 있으신 분들은 그 책을 참고해 주시기 바란다.

간단히 설명하자면, 일연의 비문에 나타난 다음과 같은 두 대목을 인용하는 것이 좋겠다.

스님은 평소 서울 생활을 즐겨하지 않고, 또 어머니가 연로하다는 이유로 고향으로 돌아가고자 하였다. 사양의 뜻이 매우 깊어, 임금께서도 거듭 그 뜻을 거스르다가, 결국 허락하였다. 근시좌랑 황수명(黃壽明)에게 명하여 하산을 호위케 하니, 조야(朝野)의 인사들이 희귀한 일이라 하여 탄복해 마지 않았다. 이듬해 어머니가 돌아가시니 96세였다.

어머니를 모시기가 지극히 효성스러워, 목주(睦州) 진존숙(陳尊宿)의 유풍을 사모하여 스스로 목암(睦庵)이라고 호를 붙일 정도였다. 나이가 매우 연만하여서도 총명함이 쇠해지지 않았으며, 사람을 가르치기를 권태로워하지 않았으니, 지극한 덕과 진정한 자애가 아니면 누가 이와 같이 하겠는가.

『삼국유사』의 마지막 편에 「효선」이 들어간 것은 일연의 개인사와 관련이 있어 보인다. 비문에 나타난 대로 여든을 바라보던 일연은 늙으신 어머니를 모시기 위해 국사의 자리를 버리고 고향 근처로 내려와 어머니를 모신다. (군위 인각사)

어머니가 돌아가신 해 일연의 나이는 79세였다. 어머니는 열일곱 어린 나이에 아들을 보았다는데, 일연이 여덟 살 나던 해 산으로 공부하러 떠났으니, 어머니는 무려 스물다섯 살부터 돌아가시기까지 70여 년을 홀로 사신 분이다. 일연의 아버지는 이름만 나올 뿐이요, 다른 형제에 대해서 일체 아무런 기록이 없어, 어머니의 일생은 외롭기 그지없어 보인다.

그런 어머니에 대한 일연의 향념(向念)은 신앙 그 자체다. 진존숙은 중국 당나라 때의 고승이건만, 만년에 늙으신 어머니를 봉양하고자 하산했다는 분인데, 목주 출신의 그를 사모하여 '목암'이라는 호를 지었다는 것이나, 일연의 일생이 뜻 깊은 까닭 가운데 하나로 '진정한 자애'를 들고 있는 비문을 보건대, 효심은 일연을 일연이게 한 주요한 요소다. 바로 그 같은 효심의 결정(結晶)이 「효선」편에 집약되어 있다.

「효선」편에는 다섯 가지 이야기가 실려 있다. 『삼국유사』에서 「신주(神呪)」편 다음으로 단출하지만, 전체 분량으로는 그보다 오히려 더 적다.

뭔가 이상하다는 생각?

대학에서 교양 과목을 가르칠 때면 『삼국유사』을 읽고 독후감을 써내라는 숙제를 내곤 했다. 방대한 『삼국유사』의 내용 중에 어느 한 부분만이라도 읽기를 바라는 마음에 택하는 곳이 바로 「효선」편이었다.

학생들의 반응은 다양했다. 효도를 강조하는 곳이니 만큼 반대 의견은 있을 리 없다. 그러나 약간은 진부해 하면서도 색다른 견해를 내놓는 학생이 있었다. 요컨대 요즈음의 감각으로는 이해되지 않는다는 것이다. 그러면서 예를 드는 것이 '손순이 아이를 묻다〔孫順埋兒〕'조다.

흥덕왕 때였다. 손순이라는 이는 모량리 사람이었다. 아버지는 학산(鶴山)이다. 아버지가 죽자, 아내와 함께 남의 집 고용살이를 하며, 곡식을 받아 늙은 어머니를 모셨다. 어머니의 이름은 운오(運烏)이다.

손순에게는 어린 아이가 있었는데, 매번 할머니의 음식을 뺏어 먹는 것이었다. 손순이 이를 곤란하게 여기고 아내더러 말했다.

"아이는 얻을 수 있지만 어머니는 다시 구하기 어렵소. 잡수실 것을 뺏어 버리니, 어머니가 너무 배고파하시는구료. 이 아이를 묻어 어머니가 배부르도록 해야겠소."

그러고서 아이를 업고 취산(醉山)의 북쪽 교외로 나갔다.

대체적으로 이 대목에서 충격을 받았다고 했다. 아무리 효도를 하는 것도 좋지만, 어떻게 사람을 그것도 자식을 죽여가면서까지 해야 하느냐는 것이다. 독후감을 쓰는 당사자들이 자식의 입장이어서 그랬을까, 정말로 자신들에게도 죽음으로 해야 할 효도가 온다면 무섭기도 했겠다. 굳이 그것만이 아니라면서, 손자를 죽여 자신의 배가 부르게 된 것을 안 할머니는 어떻게 마음이 편하겠냐고, 넌지시 핑계를 할머니의 마음 쪽으로 돌리는 학생도 있었다.

학생들의 생각에도 일리는 있다. 예를 들면 「효선」편의 마지막 조에 소개된 효녀 지은(知恩)의 경우에서 그것은 확인된다.

지은은 『삼국사기』에서도 소개된, 효도에 관해서라면 유명한 이야기의 주인공이다. 눈먼 어머니를 위해 동냥을 해다가 봉양하는 지은이, 어느 흉년이 든 해, 더 이상 빌어먹을 수 없어 남의 집에 몸을 판다. 아마도 노비로 들어갔거나 젊은 처녀이니 그 이상의 정도까지 해서 쌀을 얻었을 것이다. 문제는 그 다음이다.

"어머니가 '예전에는 거친 밥을 먹으면서도 마음이 누그럽고 편했는데,

이즈음은 향기 나는 좋은 밥인데도 턱 걸리며, 찌르는 듯 마음이 편안하지 않으니 어쩐 일이냐?'고 물었지요. 여자가 사실대로 말하자, 어머니는 통곡하고 여자도 탄식할 밖에요. 다만 배불리 모시겠다는 생각만 했을 뿐, 편하게 못해 드린 것이었습니다."

지은의 이야기를 전하는 사람의 말이다. 어머니는 비록 배불리 먹었다고는 하나 왠지 마음이 편하지 않았던 것이다. 전하는 사람도 지은이 어머니를 편하게 모시지 못한 결과를 탓하고 있다.

이런 관점에서라면 손순 또한 지나쳤다. 이미 다 산 목숨, 이제 굶어 죽은들 여한 없을 할머니는 차라리 손자의 창창한 앞날을 위해 희생할 마음이 있었을 것이기 때문이다. 손순에게는 어머니인 할머니의 마음을 제대로 읽지 못한 것이 오히려 불효가 아닐까?

뭔가 이상하다는 생각이 요즈음 학생들에게도 드는 것은 무리가 아니다. 지나치게 효도를 강조했다는 편협을 보는 것 같기도 하고.

그러나 손순의 이야기는 다음부터가 진짜다. 부부는 아이를 데리고 가서 옆에 놓고 땅을 판다. 기가 막히는 광경이다. 이 대목에서 『성서』에 나오는 이야기, 즉 뒤늦게 얻은 아들 이삭을 제물로 바치라는 하느님의 명령에 복종해 나뭇단을 쌓는 아브라함을 연상케 한다. 이 대목을 하느님에 대한 아니 사실은 교회와 사제(목사나 신부)에 대한 맹목적인 복종으로 해석하는 설교에 진저리 친 적이 많았지만, 그것은 인간에게 닥치는 거대한 시험이고, 시험 앞에 굴하지 않도록 연단(鍊鍛)시키는 고대 이스라엘의 신앙 관습이었다고 생각된다. 그 시험에 걸려 넘어지지 않았던 아브라함이야말로 이스라엘 민족을 이끌어갈 만한 지도자가 될 수 있었다.

아브라함이 이삭을 칼로 내려치려는 순간 하느님의 목소리가 들려온다. 마치 그것처럼 땅을 파는 손순의 삽 끝에 기이하게 생긴 돌 종이 걸려드는 것과 같다.

부부가 놀라워하며, 잠시 숲 속의 나무 위에 걸어두고 시험삼아 쳐보니, 소리가 은은하기 그지없었다. 아내가 말했다.

"기이한 물건을 발견했으니, 아마도 아이의 복인가 합니다. 묻어선 안 되겠어요."

남편도 그렇다 여기고, 곧 아이와 종을 업고 집으로 돌아왔다. 대들보에다 종을 걸어두고 치니, 소리가 대궐에까지 들렸다. 흥덕왕이 이를 듣고 신하들에게 물었다.

"서쪽 교외에서 기이한 종소리가 들리는구나. 맑게 퍼지는 것이 보통이 아니야. 빨리 찾아보라."

신하가 그 집에 와서 살펴보고 왕에게 사정을 자세히 아뢰었다. 왕이 말했다.

"옛날 곽거(郭巨)가 아들을 묻어 하늘에서 금 솥을 내려 주었다더니, 이제 손순이 아이를 묻으니 땅이 돌 종을 솟아나게 했구나. 옛 효도와 지금의 효도를 하늘이 함께 살피셨도다."

이에 집 한 채를 내리고, 매년 메벼 50석씩을 주어, 그 순수한 효도를 드높였다.

대체적으로 행복한 결말이면 되지 않겠냐고 하겠지만, 돌 종이라는 상징물이 주는 은은한 효과를 생각하며 읽을 필요가 있다. 곽거는 후한(後漢) 때 사람으로, 중국의 대표적인 효자 24인 가운데 한 사람이다. 이야기의 구조는 손순과 거의 같다.

한편으로는 고려장(高麗葬)이라고 하는 인습이 생겨난 다음부터, 부모를 생각하는 마음이 강퍅(強愎)해지는 데 대한 경계를 이 이야기를 통해 전했다고 볼 수도 있다. 물론 그 끝은, 손순이 자기가 본디 살던 집을 내놓아 홍효사(弘孝寺)라는 절을 만들었다고, 일연다운 결말을 내고 있지만 말이다.

두 세상을 산 사람

그러나 「효선」 편에서 무엇보다 드라마틱한 이야기는 김대성(金大城)의 생애에서 읽게 된다. 지금은 세계문화유산으로 지정되어 있으면서, 누가 뭐라 해도 이 나라에서 가장 아름다운 절인 불국사(佛國寺)와, 가장 신비스런 불상인 석굴암(石窟庵)을 지은 사람이 김대성이다. 그가 어떻게 이 두 절을 지었는가는 '대성이 두 세상의 부모에게 효도하다[大城孝二世父母]' 조에 실려 있지만, 그것의 발로는 바로 효심이므로, 『삼국유사』에서도 일연은 「탑상」 편에 싣지 않고 여기 「효선」 편에 실었다.

어떻게 대성이 두 세상을 살았다는 것일까? 그 발단부터 들어 보자.

신문왕 때였다. 모량리에 사는 가난한 여자 경조(慶祖)에게 아이가 있었는데, 머리가 크고 이마가 넓기를 마치 성 같아 이름을 대성(大城)이라 했다. 집안이 가난하여 키울 수 없게 되자, 재산이 많은 복안(福安)의 집에 고용살이로 들여보냈다. 그 집에서 밭 몇 도랑을 나누어 줘, 먹고 입는 데 쓰도록 했다.

그 때 승려 점개(漸開)가 흥륜사에서 육륜회(六輪會)를 열려고, 복안의 집에 와서 시주해 줄 것을 권했다. 복안이 베 50필을 시주하자, 점개가 주문으로 축원을 해주었다.

그대가 보시를 잘 하니
천신께서 늘 지켜 주시리이다
하나를 시주하면 받는 것은 만 배

수학여행 온 학생들이 불국사 앞마당에서 기념 촬영을 하고 있다. 나도 15년쯤 전에 바로 저 자리에서 기념 촬영을 했다. 그 때나 지금이나 불국사는 그대로의 모습인데, 『삼국유사』의 기록을 헤아리며 살펴보는 불국사는 다르게 다가온다.(경주 불국사)

편안히 즐거우며 오래 살리이다

대성이 이를 듣고 뛰어 들어와 어머니에게 말했다.

"제가 문에서 스님이 염송하는 소리를 들었어요. 하나를 시주하면 만 배를 받는다는군요. 저를 생각해 보니, 분명 쌓아 놓은 선행이 없어 지금 이렇게 고생하는 것 같아요. 이제 또 시주하지 않으면, 다음 세상에서 더욱 힘들어지겠지요? 작지만 저희가 가진 밭을 법회에 시주해서, 다음 세상에 갚아주시길 바라는 게 어떨까요?"

어머니는 '좋다' 하고, 밭을 점개에게 시주했다.

대성이라는 아이는 가난한 집에 태어나 남의 집에 종살이로 팔려 가는 신세였다. 성도 가지지 않은 별 볼일 없는 집안 출신이다. 그런 그의 아픈 마음을 뒤흔들어 놓은 것은 점개 스님의 축원이었다. 하나를 시주하면 만 배를 받는다는 축원은 시주 받은 승려가 해줄 답례일지 모르고, 지금 잘 살고 있는 주인집으로서야 그 부(富)가 자손만대 이어지기를 바라는 정도이겠지만, 대성으로서는 그 이상으로 절박하게 받아들였던 것이다.

그러나 여기까지는 대성이라는 영특한 소년이 머리를 잘 굴리고 있다는 생각이 드는 것도 사실이다. 대성은 머리가 크고 이마가 넓다고 하지 않았는가? 종으로 팔려와 받은 몇 떼기 밭이 겨우 입에 풀칠이나 하게 해주는데, 그것으로 언제 가난을 벗어나겠으며, 더욱이 승려의 말대로라면 이대로 가다간 다음 세상에서 또 거지 신세가 될 것 아닌가.

그런 대성은 어떻게 되었을까?

얼마 있지 않아 대성이 죽었다. 이 날 밤 나라의 재상인 김문량(金文亮)의 집에 하늘에서 소리가 울렸다.

"모량리의 대성이라는 아이가 이제 네 집에 의탁하러 온다."

집안 사람들이 크게 놀라, 사람을 시켜 모량리의 대성을 찾아보게 하니, 과연 그 날 죽었다. 하늘이 울림과 동시에 임신하여 아이를 낳았는데, 왼쪽 손을 꽉 쥐고 펴지 않았다. 7일 만에 열더니, 금빛 간자에 '대성'이라는 두 글자가 새겨 있어 그것으로 이름을 삼았다.

본디 어머니 경조를 집안으로 모셔다 함께 봉양했다.

대성이 김대성으로 바뀐 것만큼이나 영특한 소년은 순식간에 받을 복을 다 챙긴 듯한 느낌이다. 먼 후생에 태어난 것도 아니고, 같은 시기 같은 마을에 재상 집 아들로 태어났으니 말이다. 아들의 의견을 따랐던 어머니도 더불어 복을 받고.

대성은 현세의 부모를 위하여 불국사를 짓고, 전생의 부모를 위하여 석불사(석굴암)를 지었다고 한다. 왕이 아닌 사람이 이렇게 큰 규모의 불사를 다 일으킬 수 있는가 하는 의문에서, 경덕왕이 아들을 낳기 위해 표훈을 통하여 토함산 상제에게 빌었다는 『삼국유사』 기록을 가지고 불국사의 창건 배경을 해석하는 학자들도 있다. (경주 불국사)

석굴암 가는 길은 시도 때도 없이 안개가 자주 낀다. 이른 새벽은 물론이고 비라도 내리는 날이면 한낮에도 안개에 휩싸여 앞을 분간하기가 힘들다.(경주 토함산)

그렇게 순탄할 줄만 알았던 대성의 생애가 한 번 크게 곡절을 겪었다. 이 이야기의 핵심이 바로 여기에 있다.

성인이 되어서 사냥을 좋아했다. 하루는 토함산에 올라 곰 한 마리를 잡았다. 산아래 마을에서 자는데, 꿈에 곰이 귀신으로 변해 사납게 말했다.
"너는 어찌하여 나를 죽였느냐? 내가 너를 물겠노라."
대성은 두려워 움츠리며 용서를 빌었다. 그러자 귀신이 말했다.
"네가 나를 위해 절을 지어줄 수 있느냐?"
대성은 그러겠노라 맹서했다. 깨어나서 보니 땀이 흘러 이불이 온통 젖어 있었다. 그 다음부터는 사냥을 그만두고, 곰을 위해 그 잡았던 땅에다 장수사(長壽寺)를 지었다.

이 때문에 마음에 느끼는 것이 생기고, 자비스런 소원이 더욱 돈독해졌

석굴암에는 가 보았자 유리벽 저편에 앉은 본존불만 볼 수 있다. 어쩌다가 운이 좋아, 석굴암 주지 스님과 친한 사람들이 구경왔을 때, 그 틈에 끼여 잠깐 안에 들어가 볼 수는 있었지만 말이다. 차라리 그보다는 입구에서 석굴암까지 오롯이 나 있는 이 길을 무심히 걷는 것이 더 좋다. (경주 토함산)

다. 그래서 지금의 부모 두 분을 위해 불국사를 짓고, 전생의 부모를 위해 석불사를 지어, 신림(神琳)과 표훈(表訓) 두 분 성사를 불러다 각각 지내게 했다. 게다가 더 많은 불상을 세워, 길러준 노고를 갚았다.

복을 빌어 받되 받은 다음에는 제복이라 생각하는 것이 사람의 마음이다. 영특한 대성으로서야 자기가 잘 판단해 큰복을 받았으니, 모든 복이 제 한 일의 결과라고 생각했을 것이고, 의기양양하게 들판에 나가 사냥을 즐기며, 들어온 복을 한껏 누리자고 기꺼워하기도 했겠다. 그런 그에게 따끔한 경고가 내려온다. 대성이 거칠 것 없이 죽인 토함산의 곰 한 마리. 그것이 귀신으로 나타나, 이불이 온통 젖도록 식은땀을 흘리며 꾼 대성의 흉측한 꿈을 상상하기란 어렵지 않다. 살아온 날을 다시 돌아보니 마음에 느끼는 것이 생겼다는데, 불국사와 석굴암은 그런 마음의 돌이킴으로 탄생했다. 석불사가 지금 석굴암이다.

일연은 "불국사의 구름다리와 석탑 그리고 강당을 조각한 석목에 들인 공이 경주의 여러 절 가운데 이보다 더할 것이 없다"고 칭찬한다. 오늘 세계문화유산으로 지정된 우리가 보는 안목 그대로다.

진정 스님, 일연의 초상화

진정(眞定)은 의상의 10대 제자 가운데 한 사람이다. 그가 어떻게 승려가 되었으며, 3천 의상 문도에서도 윗자리에 앉을 만한 승려가 되었는가를 적은 것이 '진정사의 지극한 효행〔眞定師孝善雙美〕' 조다.

나는 이 조를 읽을 때마다 저자인 일연을 겹쳐 떠올리게 된다. 이 조는 진정의 전기가 아니라 실은 진정을 빌린 일연 자신의 전기인 것처럼 보이기 때문이다.

장가들 형편도 못 될 만큼 가난한 살림살이, 진정은 홀어머니를 두고 부역에 나가랴 품 팔아 양식 대랴 틈이 없다. 그런 그에게는 출가하여 높은 도의 경지에 오르고픈 아름다운 뜻이 있다. 다만 늙으신 어머니가 걱정일 뿐.

그러던 어느 날, 진정은 자신의 어머니가 매우 순수한 불심을 지닌 사람임을 확인하게 된다.

집안에 재산이라곤 다리 부러진 솥 하나 뿐이었다. 하루는 승려가 문 앞에 와 절에서 쓸 쇠붙이를 구하는 것이었다. 어머니는 솥을 시주했다. 그런 다음 진정이 밖에서 돌아왔는데, 어머니가 이 일을 말해 주면서, 아들의 뜻이 어떤지 근심스러워 했다. 진정은 기쁜 얼굴빛으로 말했다.

"부처님의 일에 시주하였으니 이처럼 다행이 어디 있습니까? 비록 솥이 없다 해도 뭐가 걱정이겠습니까?"

그러고서 옹기로 솥을 삼아 먹을 것을 익혀 드렸다. 진정은 전에 군대에 있을 때, 의상 법사가 태백산에 있으면서 설법을 해 사람들을 이롭게 한다고 하는 말을 듣고, 곧 거기를 사모하는 마음이 생겼었다.

아들은 어머니의 마음을, 어머니는 아들의 마음을 걱정하는 눈물겨운 광경이다. 살림도 살림이려니와 집안에 하나밖에 없는 아들의 처지에 출가를 결심하기가 머뭇거려졌었지만, 단 하나뿐인 재산을 시주하는 어머니를 보고 아들은 자신감이 생겼던 모양이다. 저런 어머니라면 자신이 출가하는 것도 이해하시리라고 말이다. 진정은 조심스럽게 제 속에 있는 말을 꺼냈다. "효도가 끝나고 나면, 꼭 의상 법사에게 들어가 머리를 깎고 도(道)를 배우려 합니다." 효도가 끝난다 함은 어머니가 돌아가신 다음이라는 뜻일 게다.

그러나 어머니의 반응은 뜻밖이었다. 진정이 생각한 그 이상이었던 것이다. 두 모자 사이에 이어지는 다음의 대화는, 세상의 인연을 모질게 끊고 출가의 길로 나서려는 이들의 번뇌를 감동적으로 그리고 있다.

"부처님의 법을 만나기는 어렵고 인생은 짧은데, 효도를 마친 다음이라니? 그건 너무 늦다. 내가 죽기 전에 도를 듣고 깨우쳤다는 소식을 듣는 것만 같지 못하구나. 머뭇거리지 말고 빨리 가거라."
"어머님은 많이 늙으셔서 오직 제가 옆에서 지켜야 합니다. 이 일을 놓고 출가라니요, 어찌 차마 그러겠어요?"
"아니다. 나를 위한다고 출가를 못하다니. 그건 나를 지옥 구덩이에 빠뜨리는 일이야. 비록 살아서 삼뢰칠정(三牢七鼎)으로 나를 모신들 어찌 효도라 하겠느냐? 나는 남의 집 문 앞에서 옷과 밥을 빌어도 천수를 누릴 수 있다. 정말 내게 효도를 하려거든 그런 말은 하지 말아라."

『삼국유사』에는 나오지 않지만 효성과 관련하여 전설로 내려오는 효불효교(孝不孝橋) 자리다. 남편을 일찍 잃고 매일 밤 다른 남자를 만나기 위해 차가운 냇물을 건너는 어머니를 위해 아들 일곱 형제가 놓았다고 전해온다. 어머니께는 효교(孝橋)이고, 돌아가신 아버지께는 불효교(不孝橋)란다. (경주 효불효교 터)

　　진정은 침통한 생각으로 머리를 떨구고 있었다. 어머니는 벌떡 일어나더니, 쌀독을 뒤집어 쌀 일곱 되를 털어 내, 그 자리에서 밥을 짓고는 말했다.

　　"네가 밥 지어 먹으면서 가느라 늦어질까 오히려 두렵다. 내 보는 눈앞에서 그 중 하나를 먹고, 나머지 여섯 개를 싸서 서둘러 가거라."

　　진정은 눈물을 삼키고 사양하며 말했다.

　　"어머니를 버리고 출가하는 것도 사람의 자식으로 차마 어려운데, 하물며 몇 일 먹을 식량마저 탈탈 털어 가다니요? 하늘이며 땅이 저를 뭐라 하겠습니까?"

　　세 번을 거듭 사양했으나 어머니는 세 번 모두 권했다. 진정은 그 뜻을 거듭 어기지 못해 길을 나서, 쉬지 않고 3일 만에 태백산에 이르렀다. 의상 문하에 들어 머리를 깎고 승복을 입어 제자가 되었다. 이름은 진정이라 하였다.

삼뇌는 소·양·돼지를 일컫는다. 칠정은 일곱 개의 솥에다 각각 음식을 만들어 신에게 바치는 것이므로 이 둘을 합치면 그지없는 진수성찬이다. 그런 진수성찬으로 대접을 받은들, 아들이 수련에 들어 도에 이르는 것만 못하다는 어머니의 확고한 신념과, 남의 집 문 앞에서 걸식을 해도 좋다는 각오, 그것이 진정을 진정이게 했다.

어쩌면 참된 효도가 무엇이겠냐는 일연의 질문을 담고 있는 진정의 이야기는, 여덟 살에 어머니 곁을 떠나, 그 어머니가 70년을 홀로 사시도록 이 세상에서는 외롭게만 해 드렸던 자신의 삶에 대한 답변이지 않았을까?

그나마 일연은 어머니가 돌아가시기 전, 서울에서 국사(國師)의 자리라는 호사를 버리고 고향으로 돌아갔다. 마지막으로 곁에 두고 모시겠다는 일념 하나로.

그러나 진정은 주먹밥 일곱 덩이 싸주며 호통치듯 자신을 떠나 보낸 어머니의 임종도 보지 못하였다. 세속의 인연을 가르기란 그렇게도 질긴 것이지만, 진정의 마음은 못내 아프기만 하다. 어머니가 돌아가신 소식이 전해오자, 진정은 가부좌한 채 7일 동안 입정(入定)하더니 일어났다고, 일연은 쓰고 있다.

진정의 스승 의상은 제자의 아픈 마음을 달래주려 제자 3천 명을 데리고 소백산의 추동(椎洞)으로 갔다. 풀을 엮어 움막을 짓고, 3천 명을 모아 약 90일 동안 『화엄대전』을 강의했다. 제자 지통(智通)이 강의에서 주요한 부분을 모아 두 권의 책을 만들었는데, 이 책이 바로 『추동기』다.

진정의 어머니가 그의 꿈에 나타났다. "나는 이미 하늘나라에서 태어났구나."

향가, 가장 고귀한 것의 정화

향가에 대한 일반적인 논의 하나

일연이 『삼국유사』에 신라 향가 14수를 실어 놓은 것에 대해 우리는 더할 나위 없는 고마움을 표해야 한다. 우리 고대 가요 중에 그 정형성을 최초로 획득했으며 지극히 높은 정신 세계를 구축한 이 시가 장르에 대해, 비록 편린(片鱗)으로나마 구체적인 모습을 볼 수 있게 하는 것이 오직 『삼국유사』밖에 없기 때문이다. 아니 향가 하나에 머물지 않고 10세기 이전의 시가에 대해서 그렇다. 책 한 권에 실린 단 14수가 천 년의 시가사(詩歌史)를 떠받치고 있는 셈이다.

향가란 어떤 노래인가? 주지하다시피 신라는 고대 삼국 가운데 중국의 문물을 가장 늦게 받아들였지만 가장 훌륭히 소화해 냈다. 불교의 경우가 그 대표적이다. 재래 신앙이 강하게 형성되었던 사회 중심부에 외래의 불교가 파고들어 오는데, 신라는 그것을 거부하거나 거기에 종속되지 않는 면을 보여 주었다. 재래 신앙과 불교 신앙이 조화하여 신라인의 독특하고 탁월한 불교 문화를 창출해 낸 것이다. 이것은 신라인이 자신들의 정체성을 잃지 않고 고급화된 문화로 옮겨 갔음을 말한다. 향가는 그 같은 특성을 설명해 주는 대표적인 증거다.

신라 사람들은 중국으로부터 들어오는 고급의 문자 수단인 한문을 두고 왜 굳이 향찰을 만들었을까? 물론 한문의 문자 체계가 복잡하

향가 중에서 가장 뛰어난 작품으로 평가받는 충담사의 「찬기파랑가」를 새긴 향가비가 경주 계림에 서 있다. 향가를 소개하는 이 장에서 특별히 보여 줄 사진은 없다. 다만 여기 실린 향가만이야 못하지만 답사를 하면서 만난 아름다운 장면 몇이나마 보여 주어 심심함을 덜어야겠다.(경주 계림)

향가, 가장 고귀한 것의 정화 · 705

여 쉽게 익혀 쓰기가 곤란했다는 점으로 설명하고 말 수도 있다. 이는 논리적인 사실만 기록해도 되는 산문에서보다 정서적이며 주관적인 개성을 표현하는 시에서 더욱 그렇고, 일반 평민들까지 두루 즐길 노래에 가면 사정은 더욱 복잡해진다. 이 같은 표기 수단의 어려움이 우리 글로 짓는 우리의 시가를 갖게 하는 동기가 되었으리라.

그러나 좀더 적극적인 해석이 필요하다. 표기 수단이 외연적 현상이라면 문제 안에 내포된 은밀한 논리가 있다. 무엇을 그토록 표현하고 싶었으며 어떤 내용을 담으려 하였는가? 한문이라는 고급 언어 수단을 가지고도 해결하지 못한 부분이란 무엇인가? 한문이 어렵다지만 배우면 그만이다. 아마도 신라인들은 그들의 고유 정서, 이것을 담아 낼 그릇으로서 우리만의 표기 수단을 필요로 했던 것 같고,「찬기파랑가」·「제망매가」·「원왕생가」 같은 절창의 노래를 얻어냈다. 향가는 그런 노래이기에, 일연조차도 이를 평가해 '천지간 귀신이 감동하기를 한두 번이 아니었다' 고 하였던 것이다.

결국 『삼국유사』는 그처럼 소중한 자료를 비록 편린이나마 볼 수 있게 해 준 중요한 자료다. 일연은 이 시기의 모든 문화적 현상에 대해 두루 관심을 가졌으므로, 여기에 열 몇 수 남짓한 향가가 실렸다는 점 달리 이상스럽게 생각할 문제는 아니다. 한편 그 노래들은 하나같이 이야기를 동반하고 있으므로, 어쩌면 이야기 전개의 보조 수단 정도로 생각했을지도 모를 일이다. '처용랑과 망해사' 조에서 「처용가」가 빠지면 처용의 심리 상태나 역신이 처용에게 굴복하는 이유가 불분명해진다. '무왕' 조에서 「서동가」가 빠지면 어떻게 하여 선화공주가 궁중에서 쫓겨나게 되는 지를 알 수 없다.

반면 산문 기록과 향가 가운데 어느 한 쪽을 무시해도 전체적인 연결에 무리가 없는데도 모두 살려 놓은 경우를 보게 된다. 여기서 향가와 문학에 관한 일연의 내면 의식을 살펴볼 수 있다.

예를 들어 「도솔가」와 「제망매가」를 가지고 설명해 보자. 노래의 작자는 월명사, 그의 이야기와 두 편의 향가가 소개된 『삼국유사』는, 앞서 소개한 대로, 「감통」편의 '월명사의 도솔가' 조다. 두 해가 나타나 이를 물리칠 연승(緣僧)으로 월명이 선정되고, 그가 「도솔가」라는 노래를 지어 해결을 짓는 과정이 이 조의 본문이다. 그리고 월명에 관한 세 가지 이야기가 덧붙여 나오는데, 「제망매가」는 여기에 와서야 소개된다.

「제망매가」는 누구나 공감하는 향가의 최고 작품이다. 본문 기사가 끝난 다음, "월명이 또 일찍이 죽은 누이의 영재(靈齋)를 지내려 향가를 지어 제사지냈다"는 말을 부치고 「제망매가」를 실었다. '또 일찍이'라는 말은 일단 앞선 본문 기사와 별개의 이야기임을 암시해 준다. 향가에 능한 인물이었음을 자꾸 말하면서 이 노래를 실은 것은, 기실 서사 전개상의 필요성보다 노래 자체를 전하려는 의도가 더 강했다고 이해해야 한다. 이는 일연의 개인적인 성향인 시취미(詩趣味)가 크게 작용한 결과다. 시에 대한 애착과 남다른 식견으로 향가 가운데서 뛰어난 작품들을 골라 『삼국유사』 속에 실은 것이다.

이는 『삼국유사』에 산재된 민요와 다른 노래들도 마찬가지다. 이런 일연의 개인적 취미가 오늘날 우리에게 고대 시가의 모습을 전해 주는 계기가 되었지만, 그래서 고마움을 표시하자는 한가한 인사치레를 넘어, 이 자료가 없었다면 우리 시가의 한 시대를 송두리째 잃어버리고 논의하지 못할 상황이 벌어졌을 것이니 아찔하기까지 하다.

좋은 시인은 좋은 시를 쓰기도 하지만 좋은 시를 알아볼 줄도 안다. 일연은 분명 그런 시인이었다.

어떻게 무엇을 노래하였는가

『삼대목』이라는 향가집이 통일신라 말에 간행되었다는 기록도 있고

나무 그림자와 흰 구름과 파란 하늘이 어울려 기림사 오르는 길가의 시냇물에 예쁜 그림을 그려놓았다. (경주 함월산)

보면 향가를 짓고 부르는 일이 꽤 융성했음을 짐작할 수 있는데, 지금 전해오는 향가의 편수가 너무나 적어, 일반적이건 구체적이건 향가에 대해 말하는 것이 매우 조심스럽기만 하다. 일단 남아 있는 향가만을 가지고 정리해 볼 때 다음과 같이 두 가지 이야기를 할 수 있다.

첫째, 작가에 대한 문제이다. 현존하는 향가의 작가는 화랑이거나 화랑 출신의 승려 또는 승려가 압도적으로 많다. 「서동가」의 서동, 「천수대비가」의 희명(希明), 「헌화가」의 노인 정도가 여기서 예외다. 이는 화랑과 승려 사이에 어떤 함수 관계가 있음을 말해 준다. 화랑은 국가의 동량을 키우기 위해 만든 젊은 남자들의 심신수련 그룹이었다. 그들의 심신수련 가운데는 시를 짓는 일도 포함되었던 것 같다. 승려들 또한 시를 짓는 일에 쉽게 가까이 할 수 있었겠지만, 신라의 통일 이후 상당수 화랑들이 승려가 되었다는 점을 간접적으로 확인할 수 있기에, 승려와 화랑이 일치되는 부분에서 대다수 향가는 나온다. 바로 그들이 대표적인 향가 시인이었다.

한 가지 예를 들어 보자. 앞서 경덕왕과 월명사의 이야기에서 「도솔가」라는 향가를 소개했지만, 그 때 월명사는 승려의 신분이면서도 재(齋)를 올리라는 왕의 주문에, 자신은 화랑의 무리에 속해 있었으므로 산스크리트어는 모르고 다만 향가를 지을 줄 안다고 대답한다. 같은 시기의 충담사도 비슷한 말을 했다. 통일 이후 상당수의 화랑이 승려가 되었을 것이라는 점, 그들은 향가를 능숙하게 짓는 시인들이었다는 점이 확인되는 예다.

둘째, 향가의 내용에 대한 문제이다. 지금 전해지는 향가는 대체적으로 불교적인 사상이나 정조에 바탕을 두고 있다. 이는 작가가 누구냐와 관련되는 문제이기도 하다. 그러나 그것이 바로 불교시만은 아니다. 한마디로 말한다면 향가는 서정시다. 개인의 일상이 개인의 정서 속에서 부딪혀 형상화되어 있다. 여러 가지 소재나 주제가 얽혀 있는 것처럼 보이지만, 기실 향가는 일상사의 개인이 부르는 곡진한 노래다.

신라시대에 시인이 될 수 있는 대표적인 그룹은 화랑이었고, 특히 그들 가운데 승려가 된 자들이다. 시는 현세의 문제 속에 있으면서, 현세에 안주하지 않는 초월성을 가진다. 신라시대에 그럴 수 있는 사람이 누구일까? 화랑 밖에 없다. 다만 같은 화랑 출신이라 해도 관계(官界)에 나가 화려하게 출세한 이들은 여기서 제외되며, 현세에서 박탈된 사람들이 시인이 된다. 그들은 그 박탈감 속에서 오히려 현세 이상의 어떤 것을 보고 노래하는 것이다.

『삼국유사』에 14수의 향가가 실려 있다고 했다. 어떻게 14수인가, 이 숫자에 대한 것만 덧붙이자.

초기의 국문학자들은 향가의 정의를 내리면서, 향찰로 쓰여진 점을 첫째 기준으로 내세웠다. 그래서 내용으로나 출현 시기로나 향가라고 할 수 있을 몇 노래가 향가에서 제외되었다. 예컨대 수로부인의 이야기에서는 노래가 둘 나오는데, 「헌화가」와 「해가」가 그것이다. 어느 모로 보나 비슷한 상황에서 나온 노래임에도 불구하고, 「헌화가」는 향가요 「해가」는 향가가 아니다. 「해가」는 한문으로 번역돼 실려 있기 때문이다.

이런 기준으로 세어보니 14수였다. 그러나 사실 이 기준만으로 향가요 향가가 아니라고 가르는 데는 문제가 있다. 기왕 몇 수 되지도 않는 노래를 이처럼 엄격한 기준으로 잘라 내, 외형마저 더 초라하게 만들 일이 무어 있을까?

나는 이 책에서 어떻든 14수의 향가 가운데 이미 9수를 다루었다. 나머지 5수를 그냥 두고 갈 수 없으므로 특별한 분류나 순서 없이 여기에 모아 소개한다.

향가 최고의 작품, 충담사의 「찬기파랑가」

열어제치자
벗어나는 달이
흰 구름 쫓아 떠간 자리에
백사장 펼친 물가에
기랑의 모습이 겹쳐져라
일오천 자갈벌
낭이 지니시오던
마음의 끝을 쫓노라
아, 잣나무 가지가 높아
눈이라도 못 덮을 화랑이여

 이 노래는 바로 경덕왕을 감동시켰던 향가다. 경덕왕은 이 시로 인해 충담사의 이름을 알게 되었다. 오늘날 향가의 전편이 전해지지 않지만, 비록 그렇다고 해도, 이 노래는 최고의 작품에서 내려놓지 못할 것 같다.
 기파랑은 신라시대의 대표적인 화랑 가운데 한 사람이다. 충담은 마지막에 승려의 신분으로 생애를 마쳤지만, 본디 화랑 출신이었을 것으로 보이고, 기파랑은 그가 따른 상관이 아니었나 싶다.
 예나 이제나 윗사람을 찬양하는 시를 쓰기란 쉽지 않다. 넘치지도 모자라지도 않게 그리며 흠모하는 정을 담아내야 하기 때문이다. 이 점에서 충담의 시 쓰는 솜씨는 탁월했다.
 노래의 서두에서 기파랑을 찬양하면서, 하늘의 흰 구름과 땅의 백사장이 가진 개결(芥潔)함을 위 아래로 바탕에 깔고, 거기에 달빛의 은은함을 쏘아 묘사해 낸 솜씨는 일품이다. 기파랑의 성품이 그만큼 맑고 부드러웠다는 뜻이리라.

그러나 기파랑이 그렇게 맑고 부드러운 이미지만을 지닌 인물인가? 역전(歷戰)의 화랑이 그렇기만 했다면 어떻게 삼국 통일의 위업을 달성하는 마당에서 혁혁한 전공을 올릴 수 있었겠는가? 마지막 줄에 그렸듯이, 높이 솟은 잣나무 가지가 눈도 이겨 내고 꼿꼿한 것처럼, 기파랑은 굳세고 강인한 존재다.

부드러움과 강인함의 조화. 이것은 곧 신라 사회를 이룩한 미의 근본이다. 저 불국사 석굴암의 부처님이 남자로 보기에는 부드럽고 여자로 보기에는 위의(威儀)가 넘친다는 평처럼, 이 나라를 일으키고 지킨 조상들은 두 가지를 조화시켜 깊은 미의식을 창조해 냈다.

노동요의 원조, 「공덕가」

흔히 4구체로 불리는 노래 「공덕가」는 오히려 여섯 줄로 나누어 보았을 때 노래의 성격과 해석이 더 잘 드러나는 것 같다. 여기서는 여섯 줄 해석에 따라 보았다. 참고를 위해 다른 노래와 달리 원문까지 밝혀 둔다.

  來如來如 오다 오다
  來如來如 오다 오다
  哀反多羅 설움 많은가
  哀反多矣 설움 많네
  徒良功德 도량공덕
  修叱如良來如 닦으러 오다

신라 향가 가운데 가장 짧고 간단한 노래다. 그러나 시 속에 담긴 불교와 민중이 만나는 절묘한 현장을 본다.

반월성으로 가다가 담장 너머 잔디밭에 있는 나무 밑둥에 서로 키재기 하듯 피어 있는 광대나물을 만났다.(경주 교동)

양지(良志)는 시주조차 직접 나가서 하지 않았던 기이한 스님이었다. 자기 지팡이 끝에 포대를 달아 날리면, 지팡이가 저절로 신도들의 집을 돌아 포대 가득 시주를 채워오는 것이었다. 「의해」편의 '양지가 지팡이를 부리다〔良志使錫〕' 조에 나오는 이야기다.

양지는 스님으로서 본업에 충실한 한편 글씨·조각·건축 등 두루 재주가 뛰어났으며, 스스로 만들어 절에 모신 훌륭한 작품 또한 많았다. 그 가운데 하나가 영묘사의 장륙존상이었다. 이 불상을 만드는 데는 많은 진흙이 필요했다. 그래서 성안의 여러 사람의 힘을 빌리기로 했다. 사람들은 앞다투어 양지 스님을 도왔다.

이 노래는 그 때 흙을 나르던 사람들이 일하면서 부른 것이다. 용도가 그랬으므로 전형적인 민요, 그 가운데서도 노동요의 성격을 잘 보여 준다. 기록에 보이는 최초의 노동요다.

노동요는 일할 때 부르는 민요다. 힘든 일을 하다 지치고 괴로울 때 부르는 노래는 위안을 준다. 더욱이 함께 입을 모아 부르다보면 박자에 맞추어 행동이 통일되니 힘이 덜 든다. 양지 스님은 그 같은 노래의 효용을 누구보다 잘 알고 있었던 것 같다.

온 백성들이 힘을 모아 벌이는 사업은 곧 즐거운 잔치로 변한다. 거기에 양지는 당대 불교가 추구한 이념을 자연스레 녹아들게 하였다. 서방정토를 간절히 바라는 이생의 사람들에게 훌륭한 공덕을 쌓아 나가라는 메시지를 담은 것이다.

태어난 일 자체가 설움, 우리는 그 운명의 짐을 저버리지 못한다.

호쾌한 기상이 서린 노래, 융천사의 「혜성가」

예전 동해 바닷가
건달바가 논 성을 바라보고

"왜군이 왔다"

봉화불 피운 변방이 있었네

세 분 화랑 산 구경 오신단 말 듣고

달도 부지런히 불을 켜는데

길 쓸 별을 바라보고

"혜성이다" 사뢴 사람이 있구나

아, 달은 떠서 가 버렸더라

이보게들 무슨 혜성이 있단겐가

「혜성가」는 향가 가운데서도 특이한 노래다. 시 자체로는 해석되지 않는 대목이 많아 배경 설화에 맞추어 뜻을 얼기설기 엮을 수밖에 없다.

「감통」편의 '융천사의 혜성가' 조에 나오는 이야기다. 정확한 연대는 알 수 없지만 신라 진평왕 때였다. 거열랑·실처랑·보동랑 등 세 사람의 화랑이 금강산으로 산행을 떠났다. 그런데 혜성이 나타나 심성(心星)을 범하는 것이 아닌가. 심성은 28개의 별자리 가운데 하나로 신라를, 혜성은 일본을 상징하는 것이었다. 그러므로 혜성이 심성을 범한 것을 곧 왜군이 신라를 침입했다는 신호로 보는 것이다. 세 화랑은 곧 산행을 중지하였다.

한편 융천사가 이 소식을 듣고 노래를 지어 불렀더니 별의 괴변이 사라졌다. 이에 안도한 왕은 다시 세 화랑의 산행을 허가한다.

이것이 사실일까? 정말 왜군이 쳐들어오고, 하늘에 혜성이 나타나 일본이 침입했다는 신호를 보냈으며, 융천사가 노래를 짓는 일만으로 적군이 길을 돌린 것일까? 배경 설화의 내용을 보면 그렇게 해석되지만, 노래의 이면에는 보다 심각한 사실이 감추어져 있다. 다시 말해 왜군이 실제 침공을 했고, 그에 따른 피해는 상당했으며, 이를

일연이 『삼국유사』·『역대연표』를 간행한 인흥사 터에 들어선 남평 문씨 세거지 담장에서 자라는 담쟁이다.(달성 인흥사 터)

물리치기 위하여 세 화랑이 출동을 했다. 노래는 이 같은 사실을 상징화했을 뿐이다.

건달파는 건달바성을 이르는 신기루다. 신기루를 보고 왜군이 왔다고 호들갑을 떤다든지, 산행 오는 화랑을 맞으려는 달이 무심히 떠 있는데 사라진 혜성을 두고 뭐 그리 놀라느냐는 표현은 곧 변괴를 두려워 말라는 융천사의 차원 높은 응원이다. 출전하는 세 화랑에게 써 준 격려의 노래였다. 그러기에 표현은 씩씩하고, 자잘한 일에 얽매이지 않는 호쾌함이 있다.

융천사는 어떤 인물이었는지 자세하지 않다. 다만 충담사나 월명사처럼 화랑 출신의 승려로 보인다. 한편 다른 기록에서, 신라 진평왕 16년에 해당하는 백제 위덕왕 41년(594년), 혜성이 나타났다는 사실을 전하고 있다. 혜성이 자주 출현하지 않을진대 이로써 노래의 제작 연대를 추정하기도 한다.

충성심과 이기주의의 사이, 신충의 「원가」

좋은 잣은
가을이 와도 쉬 지지 않는다네
너 어찌 잊겠느냐
우러르던 낯이 계셨는데
달 그림자는 옛 못에
흐르는 물결을 애처로워 하는구나
모습은 바라보지만
세상 모두 아쉽기만 할 뿐
(후구는 잃어버림)

단풍이 한창이던 11월 초, 불국사 천왕문 가기 전 오른편 화장실 앞에 있는 이 단풍나무는 아직까지도 청춘이었다. (경주 불국사)

　신충은 신라 효성왕 때 사람이다. 그는 왕이 아직 위(位)에 오르지 못하고 있을 무렵부터 절친한 사이였다. 어느 날 잣나무 잎이 우거진 그늘 아래서 둘은 바둑을 두었다. 패기만만한 왕자는 신충에게 이렇게 약속을 했다.
　"내 장차 왕위에 오르거든 그대를 잊지 않겠소. 내 이 잣나무에 대고 맹세하리다."
　드디어 효성왕이 그 자리에 올랐다. 그러나 약속과는 달리 신충과의 약속을 까맣게 잊어버렸다. 왕을 따랐던 여러 신하들의 논공행상(論功行賞)이 끝났건만 신충에게는 끝내 무소식이었던 것이다. 신충은 상심한 마음에 노래를 지어, 옛날 왕과 함께 지냈던 그 정원의 잣나무에 걸었다. 그 노래가 바로 「원가」이며 「피은」편의 '신충이 벼슬을 놓다〔信忠掛冠〕' 조에 나오는 이야기다.

가을 서리에도 변하지 않는 잣나무 같을 줄로만 알았던 왕과의 약속은 부질없는 것이 되고, 연못에 비추는 달빛도 흘러 자취 없어질 허망함이다. 이런 뜻이 담긴 노래 「원가」를 불렀더니, 생생하던 나뭇잎이 갑자기 말라 떨어져 버리는 것이 아닌가. 이 소식은 곧바로 왕에게 전해졌고, 왕은 곧 자신의 무심함을 반성하며 신충을 불러들였다. 충성심과 이기심은 종이 한 장 차이다.

그 같은 곡절을 거쳤지만 신충은 이후 벼슬길에서 탄탄대로를 걸었다. 효성왕 뿐만 아니라 경덕왕대까지, 두 임금에 걸쳐 높은 직위에 있으면서, 충직한 신하의 도리를 다했다. 그러나 신충은 말년에 이르러 깊은 깨달음을 얻는다. 세속의 명예와 권력이 좋다고는 하나 인생의 무상함을 무엇으로 해결할 수 있으랴. 경덕왕 22년, 신충은 두 친구와 더불어 벼슬을 그만두고, 산으로 들어가 절을 지어 그 곳에 거처하며, 임금을 위해 복을 빌었다. 신충이 지은 이 절은 지금 경남 산청의 지리산 자락에 터만 남아 있는 단속사(斷俗寺)다.

깨달음의 더할 데 없는 경지, 영재의 「우적가」

제 마음의
모습이 볼 수 없는 것인데
일원조일(日遠鳥逸) 달이 난 것을 알고
지금은 수풀을 가고 있습니다
다만 잘못 된 것은 강호(强豪)님,
머물게 하신들 놀라겠습니까
병기(兵器)를 마다하고
즐길 법일랑 듣고 있는데
아아, 조그마한 선업(善業)은

경주 북군마을 안쪽 민박집 방문을 장식하고 있는 마른 들꽃이다. 시원한 쑥차와 함께 맑은 미소로 손님을 맞아 주던 주인장의 솜씨다.(경주 북군마을)

아직 턱도 없습니다.

깨진 글자가 세 군데나 있어서 해독에 어려움을 겪는 작품이다. 셋째 줄 '일원조일'의 뜻도 명확하지 않다. 그런 까닭에 시의 내용을 온전히 알지 못하는 아쉬움이 있지만, 「우적가」는 지어진 배경과 더불어 소중한 가르침을 우리에게 준다.

「피은」편의 '영재가 도적을 만나다〔永才遇賊〕'조에 나오는 이야기다. 영재는 세상의 사물에 얽매이지 않는 사람이었다. 그가 승려의 신분이었으므로 불교의 교리에도 마찬가지였을 것이다. 그런 그가 늘그막에 숨어 살고자 지리산을 찾아 큰 고개를 넘는데 도적 떼들이 나타났다. 겁을 주고 가진 것을 빼앗으려 했지만 영재는 오히려 태연자약, 어리둥절해진 것은 도적들이었다. 천하의 영재를 몰라본 것은 도적들의 실수였다.

영재는 이 노래를 지어 그들을 조용히 타이른다. 나는 무기 따위를 두려워 않는 사람인데, 그대들(해독시에서는 '강호'라는 표현을 썼다)도 즐거이 법을 듣는다면 모두 나처럼 될 수 있다는 내용이다. 그러나 그것도 자랑할 일은 못 된다. 마음의 모습은 도대체 어떻게 생긴 것인지 볼 수 없다는 첫 대목이나, 조그마한 선업을 행하고 자랑이나 늘어놓으랴는 마지막 대목을 음미해야 한다. 도의 큰길은 여전히 어려운 법이다.

노래를 듣고 감동한 도적들은 비단 두 필을 내놓는다. 영재는 웃으면서 말한다.

"재물이 지옥에 가는 근본임을 알고, 바야흐로 깊은 산중으로 피해 가서 일생을 보내려 하는데, 어떻게 감히 이것을 받겠는가?"

노래 한 곡에도 감동하는 도적들이나, 한 구비 너머 두 구비까지 내다보는 영재의 깨달음이나, 모두 놀라운 경지에 있다.

【 이 책에서 향가가 소개된 곳 】
- 모죽지랑가 : 「권력의 끝」
- 헌화가 : 「수로부인, 미시족의 원조」
- 도솔가/제망매가/안민가 : 「첫 성전환증 환자」
- 처용가 : 「나라가 망하는 징조」
- 서동가 : 「서동은 정말 선화공주를 꾀었을까」
- 천수대비가 : 「작은 절들에 서린 삶의 애환」
- 원왕생가 : 「평범한 사람들의 감동적인 이야기」

일연, 혼미 속의 출구

괴승(怪僧) 시비

이제는 진정된 감이 있지만 한때 일연에 대한 평가는 너무 과장되거나 왜곡된 부분이 적지 않았다. 과장되기로는 그가 민족의 명운(命運)을 개척이라도 한 사람처럼 떠받들린 부분인데, 가뜩이나 존경할 만한 인물도 적은 판에 그것은 차라리 위로 삼아 해보는 일이라 해도, 뒤틀린 생각을 가지고 까닭 없이 폄하하는 일은 못마땅하기 그지없다. 아마도 다음 글은 그 같은 왜곡의 첫 자리에 서지 않나 싶다.

> 일연은 널리 제학(諸學)에 통하였고, 저서가 심다한데 모두 그의 홍학(鴻學)임을 보여 주는 것 아님이 없다. 그러나 아깝게도 시대의 사조(思潮)에 빠져서 사상과 신앙 두 가지가 모두 순수하지 못하였고, 가지산문(迦智山門)의 현풍(玄風)을 떨치기에 부족하였다.
> — 누카리야 카이덴, 『조선선교사』

저자 누카리야 카이덴(忽滑谷快天, 1867~1934년)은 일본의 불교사학자로 메이지(明治) 유신기에 게이오(慶應)대학을 졸업하였다. 일본 내 선종의 최대 종파인 조동종(曹洞宗)에 속해 있으면서, 1925년부터 사망할 때까지 고마자와(駒澤)대학의 학장을 지냈다. 그가 이

대학에 있을 때 강의한 내용을 책으로 엮은 것이 『조선선교사(朝鮮禪教史)』(1930년)이다.

책을 내기 전인 1929년, 그는 한국을 방문하여 만 두 달 동안 "조선의 모든 본산을 방문하여 사적과 사찰의 현상을 답사"(감사의 글)하고 있다. 해박한 불교사학자인 그는 이미 중국의 선종사를 저술한 다음, 한국의 선종에 대해 경외로움을 표시하면서, 방대하고 치밀하게 우리 선종사를 역사적으로 정리하였다. 무엇보다 이 책이 일본인이 선편을 잡은 우리 선종사라는 점에서 부끄러운 마음도 든다.

그러나 그에게는 분명한 선입견이 자리잡고 있었다. 책의 서두에 '주의오조(注意五條)'가 실려 있는데 아마도 이 가운데 핵심은 "조선의 불교는 다분히 지나불교(支那佛教)의 연장으로서 선종 같은 것도 지나선종의 직수입에 불과하므로 지나선학사를 참조할 필요가 있다."고 밝힌 대목일 것이다. 우리 선종이 중국에서 전래된 사실은 분명하나 연장이니 직수입 같은 극단적인 표현은 눈에 거슬린다. 그는 신라 말 고려 초 선종의 여러 종파를 전래한 승려마다 수십 년 걸친 고행 끝에 스승으로부터 분명한 인정을 받아 돌아온 사실을 간과하고 있다. 거기에서 우리는 단순한 수입이 아닌 이미 자기화한 어떤 사상의 고갱이를 발견한다. 그런 생각의 일단일까, 일연을 기술한 대목에서 그는 비문의 내용을 장황히 번역하여 놓고 마지막으로 총평을 내리고 있지만, 그것은 매우 부정적이다.

그가 제기한 문제점은 세 가지다. 일연이 시대의 사조에 빠졌다는 것, 사상과 신앙 모두 순수하지 못했다는 것 그리고 가지산문의 현풍을 떨치기에 부족하였다는 것이다. 물론 이 세 가지는 원인과 결과로서 서로 긴밀히 연결되지만, 사실 무엇을 가지고 이런 평가를 내렸는지 구체적인 설명은 없다. 그런데 이후 일연에 대해 일부에서 '괴승(怪僧) 운운'까지 발전한 배경에는 누카리야의 근거 없는 이 한마디

가 있을 뿐이다.

　역사적 상황을 놓고 본다면 일연이 살다간 13세기는 여러모로 복잡한 시기였다. 이미 12세기 말에 무신의 난이 터지자 일대 혼란이 몰아쳤고, 이어 13세기 중반을 넘어서면서 몽고와의 전쟁은 사회를 한층 더 극심한 혼란으로 몰고 갔다. 고려왕조의 말기에 해당하는 이 때에 의당 말기적 증상은 여러 가지 형태로 나타나고 있었지만, 여기에 전쟁과 정치적 불안이 겹치니 상황은 최악으로 치닫고 있었던 것이다. 이럴 때에 사람들은 건전한 상식 대신 괴이함과 요행을 바라기 마련인데, 고려 사회를 지탱하는 불교 또한 정상적인 궤도를 벗어나 있었다. 제도권 속의 승려들은 권력을 탐해 이미 본분을 잃은 행동으로 백성들에게서 멀어지고 있었으며, 그 자리를 대신해 밀교에 배경을 둔 이단적인 불교가 들어와 차지했다. 일연도 밀교에 대해 거리감을 두지 않았음을, 우리는 이미 『삼국유사』의 면면에서 확인했으며 이것이 일연의 사상을 의심하는 단초가 되었으리라 짐작된다.

　그러나 순수 불교의 자리에서 약간 벗어난 듯한 일연의 태도에서 우리는 괴승의 요소보다는 시대가 요구하는 어떤 점에 적극적으로 대처한 선각자적 태도를 발견한다. 전쟁과 정치적 불안정 속에서 백성의 삶은 도탄에 빠졌고, 민족에 대한 각성이라는 더욱 큰 문제가 그들 앞에 닥쳤다. 한 시대의 정신적 지도자로서 일연은 새로운 시대가 요구하는 문제와 여러 부면에서 부딪혔던 것이다.

일연의 생애

여기서 간단히 일연의 생애를 정리해 보고 넘어갈 필요가 있겠다. 일연은 1206년 경상도 경산에서 태어났다. 속성은 김(金)이었으며 이름은 견명(見明)이었다. 아버지를 일찍 여읜 그는 홀어머니의 손에 양육되었는데, 아홉 살 나던 해 전라도 광주의 무량사(無量寺)로 취학한 것도 이런 사정에서 기인하지 않나 싶다.

처음에는 다만 공부를 하기 위해 갔던 무량사에서 인연이 되어 일연은 열네 살이 되던 해 설악산의 진전사(陳田寺)로 가서 삭발하고 스님이 되었다. 진전사는 신라 말부터 형성되기 시작한 아홉 선문(禪門)의 하나였던 가지산문(迦智山門)에 속해 있었으니, 그는 여기서 산문이 결정되었고, 왕명이 아니면 고칠 수 없다는 산문의 적이었기에 평생을 이 파에 속한 승려로 살다 갔다.

승려로서 처음 이름은 회연(晦然)이었다. 스물두 살에 승과에 나가 합격한 일연은, 이후 몽고 전란기의 혼란한 사회 상황 속에서도 올곧은 수도 생활을 계속하여, 삼중대사·선사·대선사 등의 직급에 차례차례 올랐다. 세속의 지위에 큰 의미를 부여할 바 아니나, 그가 얼마나 자기 생활에 충실했던가를 알게 해주는 증거로 볼 수 있다.

마흔네 살에는, 당대의 실력자 정안(鄭晏)이 남해의 개인 집을 내놓고 정림사(定林社)를 만들었는데, 그 곳의 주지로 부임하면서 비로소 세상에 알려지게 된다. 이 때부터 바야흐로 불교계의 지도자로 자리 잡기 시작한다. 왕명을 받들어 불교 행사를 주관하기도 하면서, 개인적으로는 지금까지 남아 유일하게 전하는 불교 관계 저서 『중편조동오위(重編曹洞五位)』를 찬술하기도 하였다.

일연이라는 이름은 그의 만년에 쓴 것으로 보인다. 오늘날 남아 있는 자료로는 개명(改名)의 이유를 분명히 알 수 없다. 다만 옛 사람들의 작명 관습으로 보아, 세속에서의 이름과 승려가 되어 처음 가진 이름 사이에는 어떤 연관이 있었을 것이다. 그렇게 만든 이름을 만년에 고쳤다. 이 개명에는 놀랍고도 중요한 비밀이 숨겨져 있다.

일연은 처음 이름이 견명이었고 불교의 이름을 회연이라 지어 밝음[明]과 어둠[晦]을 대조시켰다. 옛 사람들이 이름[名] 다음에 자(字)를 지을 때 흔히 하는 방법이다. 그러다가 만년에는 이 둘 곧 밝

일연이 출가한 진전사 터는 설악산 남쪽 자락에 있다. 삼층석탑이 하나 있고, 언덕 위에 부도탑만 하나 남은 고즈넉한 곳이었는데, 지금은 삼층석탑보다 백 배쯤 큰 송전탑이 들어섰다. (양양 진전사 터)

음과 어둠을 하나로 보겠다는 뜻에서 새로운 이름에 일(一)자를 넣었다. 밝음이 어둠이요 어둠이 곧 밝음이며, 어둠과 밝음은 종국에 둘이 아닌 하나라는 불교의 깊은 진리가, 일연의 개명 과정에는 숨어 있다.

일연은 1281년 그의 나이 78세에 국사로 책봉되었다. 이제 명실상부한 한 나라의 정신적 지도자가 된 것이다.

그러나 우리는 일연을 그 생애의 화려한 경력 때문에 높이 평가하지 않는다. 우리가 그를 존경해 마지않는 것은 무신 정권기와 몽고전란기를 헤쳐가면서 그가 보여 준 삶의 궤적 때문이다. 비록 작은 나라로 힘없는 자의 설움을 당하면서도, 그는 민족의 자존을 염두에 두었던 사람이다. 그것을 그는 불교적 인식 세계에서 불국토(佛國土) 사상으로 이었으며, 만년에 경상도 군위의 인각사(麟角寺)에 거처하면서 정리한『삼국유사』에 여실히 표현해 놓았다.

본질 앞에서 수정해야 할 방편

일연의 전 생애를 놓고 보면 50대 초반에 일어난 두 가지 사건은 좀 더 세밀한 분석의 손길을 기다리고 있다.

첫번째는 『중편조동오위』의 찬술이다. 책 이름은 일연의 비문에 저술 목록으로만 잠깐 보일 뿐이고, 어떤 계기로 언제 지어졌는지에 관해서는 아무 소식이 없다. 실물마저 전하지 않아 영원히 미궁에 빠질 뻔했던 이 의문은 다행히도 그 중간본이 지난 1970년대 중반 일본 교토(京都)대학 도서관에서 발견되어 해석의 실마리를 얻었다.

조동종은 중국에서 동산양개(洞山良介)와 조산본적(曹山本寂)이 스승과 제자 관계로 성립한 선종의 일파다. '조동오위설'은 조동종의 창시자 동산양개가 '편정오위설(偏定五位說)'을 주창하고, 여기에 제자인 조산본적이 주를 달아 조동종의 핵심 교리가 되었다. 우리 나라에서는 고려시대 보법선사(普法禪師) 지겸(志謙, 1144~1229년)이 조동종에 관한 송나라 전래본에 몇 가지를 더하여 두 권의 저서를 냈는데, 이는 일연의 그것보다 30년쯤 전의 일이다. 일연은 이를 보고 그 견해의 다름과 보충할 바를 밝히고 싶었다고 서문에서 쓰고 있다.

그렇다면 왜 조동종인가? 우리 나라에서 조동종은 신라 말 고려 초에 성립된 선종의 아홉 종파 가운데 수미산문(須彌山門)에 가깝다는 것이 일반적인 견해다. 아홉 종파 중 가장 마지막으로 이엄(利嚴, 870~936년)이 황해도 해주의 수미산 광조사에서 열었다. 그런데 일연은 아홉 종파 중 가장 먼저 생긴 도의(道義, 783~821년)의 가지산문에 속해 있었다. 고려시대에 선종 승려들이 속한 산문은 왕명 없이는 바꿀 수 없다는 엄한 내규가 있었다. 일연은 어찌 자신의 산문도 아닌 쪽의 책을 펴냈던 것인가?

책의 서문에서 일연은, 쉰하나 되던 해 윤산(輪山) 길상암(吉祥庵)에 주석하여 한가한 시간을 얻자, 평소 꿈꾸어 오던 일을 했다고 적고 있다. 책은 그로부터 5년 후인 일연의 나이 쉰다섯 살에 완성되었다. 윤산은 지금 경상도 남해의 옛 이름이다. 마흔네 살에 남해로 갔던 일연의 거처는 본디 이 지역의 유지 정안이 마련해 준 정림사였다. 그런데 모종의 정치적 사건에 휘말려 정안이 유배를 당하고 급기야 목숨까지 잃자, 그가 개인적으로 내놓았던 이 절 또한 같은 정치적 운명에 처하게 되었다. 일연이 한가한 시간을 얻었다고 말한 이면에는 이 사건과 결부되어 주지직을 내놓고 작은 암자로 옮겼다는 뜻이 포함되어 있다.

그런데 '평소 꿈꾸어 오던 일'이라는 구절이 의미심장하다. 비록 선종사의 중요한 일면을 차지한다고 한들 자신의 산문과 상관없는 책을 편찬하고자 꿈꾼 그의 뜻은 무엇일까?

두 번째는 그의 강화도 행이다. 몽고와의 일전을 각오하며 왕을 강

일연이 속했던 가지산문의 종찰인 보림사를 처음 찾았을 때는 늦가을 새벽이었다. 한치 앞도 분간하기 힘든 짙은 안개 때문에 버스 내리는 곳을 지나쳐서, 거꾸로 돌아 나오느라 아침이 되어서야 도착했다. 그 때까지도 안개의 여운은 남아 있어서, 태어나서 가장 아름다운 단풍을 볼 수 있었다.〈장흥 보림사〉

화도로 모시고 간 당시 최씨 정권의 의도에 대해서야 여기서 언급할 틈이 없지만, 이 정권이 몰락한 다음에도 당분간 정부는 강화도에 머물러 있었다. 일연이 강화도로 간 것은 그의 나이 쉰여섯, 그러니까 『중편조동오위』를 완성한 다음 해다. 비문에는 그 해의 사실을 다음과 같이 기록하고 있다.

  중통(中統) 신유(辛酉)년, 임금의 부름을 받고 강화 서울로 가서 선월사(禪月寺)에 주석하고 개당(開堂)하여 멀리 목우화상(牧牛和尙)을 이었다.

 신유년이라면 바로 원종 2년이었다. 일연의 강화도 행은 복잡한 정치적 이유가 개재하지만, 여기서는 그 사실보다 "멀리 목우화상을 이었다(遙嗣牧牛和尙)"는 대목에 주목하고자 한다.
 목우화상이라면 수선사(修禪社)의 개창자 지눌(知訥)이다. 13세기 들어 지눌은 퇴락해가는 고려 불교를 일신하고자, 청년불자들을 중심으로 수선사를 만들고 결사 운동을 벌이는데, 거기에 혜심(慧諶) · 몽여(夢如)로 이어지는 괄목상대할 계승자들이 줄을 이었다. 수선사는 특히 대몽항쟁 기간중 승병들을 조직하고 운용하는 데 혁혁한 공을 세우기도 하는 등 당대 최고의 불교 세력으로 발전하였다. 그들은 권력의 후원을 받아가면서, 타락할 대로 타락한 고려 불교를 혁신하였을 뿐만 아니라, 불교사적으로 중세 이후 정신사를 이끌어간 그룹이었다. 그런데 일연이 그 같은 목우화상 곧 지눌을 이었다는 것이다. '이었다'는 말의 원문은 '사(嗣)'이거니와, 이는 제자가 되어 그 반열에 들었음을 의미한다. 그러나 지눌은 도윤(道允, 798~868년)이 강원도 영월의 법흥사에서 연 사자산문(師子山門) 출신이니 일연의 산문과 부닥친다. 일연이 산문을 옮겼다는 말인가? 앞서 『중편조동오위』의 찬술 때와 비슷한 문제가 여기서도 발생하고 있다.

50대 초반에 일어난 이 두 가지 일을 해석해 보는 일은 일연의 사상적 성향을 가늠하는 중요한 열쇠가 된다.

이른바 지천명(知天命)의 나이에 들어선 선승의 눈에 비친 시대상은 한마디로 파탄과 혼란 그 자체였다. 앞에서 요약한 13세기의 시대 상황을 다시 떠올리건대, 나라의 체모는 흐트러지고 백성의 안위는 백척간두에 서 있거니와, 그것은 한두 가지 문제점을 개선하는 것으로 해결될 성질의 일이 아니었다. 모든 기존의 질서는 타의에 의해서든 자의에 의해서든 무너져 버린 다음이었다. 새롭게 서야할 질서, 그것을 일연은 불교 안에서부터 보았던 것은 아닐까? 선종의 형성 과정에서 산문을 따지는 일은 중요했고, 일정한 규칙이 형성된 다음 그것은 관성적으로 이어지고 있었는데, 혁신적 과업이 눈앞에 보이는 현실에서 그것은 어디까지나 방편에 불과할 뿐 본질은 아니다. 본질의 문제, 그 앞에서 일연은 기존의 방편을 부수고 있었다.

『중편조동오위』의 경우 불교학자 정병조 교수는 이를 일연의 원융적이고 포괄적인 태도의 소산으로 보고 있다. 그러면서 그는 다음과 같이 확대해석하기도 하였다.

> (일연이) 오위설을 군신(君臣)과의 묘합(妙合)으로 이해한 점은 그의 독특한 민족 의식의 발로이다. 즉 『삼국유사』가 신이(神異)를 강조하여 몽고에 억눌린 한민족의 자존심을 일깨웠다면, 이 책을 통하여 군신의 단합을 강조하는 것으로 볼 수 있다.

새로운 시대상을 창출한다는 명제 앞에서 다른 산문의 경전을 해석하는 일이나 다른 산문의 고승을 스승으로 삼는 일이 무엇이 대수이겠는가. 오히려 거기에 가르침의 본질이 있다면 가서 배워야 하고, 그 업적을 널리 현창하여야 하는 일이다. 여기서 우리는 일연이 『중편조동오위』를 편찬하면서 '평소에 꿈꾸어 오던 일'이라고 한 말의 맥락을 잡을 수 있다. 한편 지눌은 사자산문에서 출발하였지만 수선사를 결성할 때에 이미 산문의 울타리를 벗어나고 있었다. 일연은 그것이 정당하다고 보았기에 산문의 같고 다름을 의식하지 않았던 듯하다. 본질 앞에서 방편은 수정되어야만 한다. 이것이 '멀리 목우화상을 이었다'는 말의 함의(含意)이다.

표면적 전범과 이면적 전범

일연에게 새로운 시대에 대한 인식이 보다 구체화되는 것은 『삼국유사』의 편찬이다. 내외적으로 불어닥쳤던 거대한 변화의 조류는 필연적으로 전통적 사고방식의 해체를 가져왔는데, 『삼국유사』는 그같이 변화된 모습을 담는 그릇이었다.

12세기 말에 성립된 무인 정권은 무엇보다 중국 송나라의 멸망과 몽고가 일으킨 원나라의 성립에서 크게 촉발받았다. 중원은 의당 한족(漢族)이 차지한다는 의식은 그들을 천자(天子)의 나라라고 부르는 데서 분명해진다. 그들이 중심이고 나머지는 변방이며 오랑캐라고 폄하하기까지 되는데, 이렇듯 콧대 센 중국이 한 번 호되게 당한 경험이 바로 몽고의 침략이었다. 저들의 안방을 이민족에게, 오랑캐라고 깔보아마지 않았던 변방족에게 내주고 난 다음 겪게 된 고통이야 형용하기 어렵지만, 오히려 이로 인해 새로운 각성을 하기는 다른 변방 민족들이 아니었던가 한다. 중국을 주인의 나라로 모시며 언감생심 큰소리 한 번 치지 못했던 작은 나라들로서는, 저마다 자신의 정체를 찾아갈 계기가 여기서 마련된 것이다. 거기 고려 사회도 예외는 아니었다.

고려 무인 정권은 최소한 그 같은 시대의 흐름을 감지했다고 보인다. 특히 최씨 무인 정권이 보여 준 일련의 정치적 행로는, 비록 무리

일연은 일생 동안 비슬산을 중심으로 서른세 해를 보냈다. 『삼국유사』의 토대가 된 『역대연표』도 비슬산 인홍사 시절에 펴낸 것이다. 특히 그는 서른 살 때 이 곳 무주암에서 득도했다. 비슬산 바위 위에 폼잡고 앉아 있는 이 책의 저자도 득도를 꿈꾸는 것일까?(달성 비슬산)

수가 따랐다고는 하나, 민족의 주체성을 잘 이용하여 정권을 유지하는 데까지 나갔던 것이다. 물론 민족이라는 개념이 언제 확고히 섰던가에 대해서는 이론의 여지가 있다. 섰다면 이미 고대 국가의 형성 시기부터라고 말할 수 있는 반면, 근대적 개념의 민족 의식은 상당한 시간을 기다려야 한다. 여기서 말하는 민족의 개념은, 고대 국가의 초보적 형태를 벗어난 다음부터 제국주의에 대항하는 근대적 개념의 민족이 성립하기 이전까지, 곧 중세의 단계를 말해야 옳을 듯하다. 그러기에 나는 13세기를 중세의 시작이라고 본다.

일연이 『삼국유사』의 「기이」 편 첫머리에 쓴 서문은 중세적 개념의 민족 의식의 발로에서 나왔음을 확인하게 한다. 이는 일연이 가지고 있었던 시대에 대한 인식이기도 하다.

대체로 옛 성인들이, 예악(禮樂)을 가지고 나라를 일으키거나 인의(仁義)를 가지고 가르침을 베풀고자 할 때면, 괴이한 힘이나 자자분한 귀신 이야기는 하지 않았다. 그러나 제왕이 일어나려 할 때에, 부명(符命)에 맞는다든지 도록(圖籙)을 받는다든지, 반드시 남과는 다른 것이 나타난 다음 큰 변화를 타고 큰 틀을 잡아 나라를 일으킨다.

서문의 첫 대목이다. 일연이 『삼국유사』를 편찬하는 데 직접적인 촉발은 김부식의 『삼국사기』가 마련한 것이었다. 『삼국유사』보다 한 세기 앞서 중국 중심의 고대 왕권 국가의 전형을 보여 주는 『삼국사기』는 그 체재나 기술 내용이 중국의 그것을 온전히 받아들인 것이었다. 이는 고대 우리 나라의 지성을 가늠하는 척도이기도 했지만, 과도한 중국 중심의 사고방식이 벌써 13세기 사람들의 눈에도 무리하게 보이기 시작하였다. 예악과 인의를 기본으로 하면서 괴이한 힘을 부리거나 이름 없는 잡신들을 들먹이지 않는다는 말은 『삼국사기』의 기술 태도를 요약한 것이다. 그것은 중국에서 마련된 전범이다. 그러나 그 같은 생각을 가진 중국조차도 새로운 나라가 서는 중차대하고 혁명적인 사건 앞에서 오히려 기이한 일과 현상을 내세워 새로운 질서를 합리화하는 데 활용하지 않았던가.

우리는 여기서 당대 사회 질서가 마련한 두 가지 전범을 확인하게 된다. 중국은 분명 이중의 전범을 가지고 있었다. 예악과 인의를 내세우기는 표면적 전범이요, 신이로운 현상을 통한 합리화는 이면적 전범이다. 표면적 전범은 중국이 민중을 다스리거나 변방 민족에게 요구할 때 쓰던 형식적 전범이었다면, 이면적 전범은 권력의 질서를 세워나가는 데 유리한 내용적 전범이다. 중국은 특히 변방 민족에게 표면적이고 형식적인 전범을 강요했던 것이고, 자신들은 그 안에서 이면적이며 내용적 전범을 편의에 따라 사용하여 왔다. 변방의 민족

일연이 입적한 절, 인각사. 무척 초라한 모습이다. 1992년 발굴 작업을 한 후 일부 건물 터를 복원해 놓았지만, 크게 달라진 것 없이 여전히 볼품 없다. 절 마당에 그의 부도탑이 서 있다.(군위 인각사)

일연, 혼미 속의 출구 · 737

들은 기실 중국의 힘에 눌려 표면적 전범을 받아들이지 않을 수 없었을 뿐이다. 그러나 상황이 변화한 다음, 민족의 주체성에 눈을 뜨고 중국으로부터 오는 힘에 공백이 생겼을 때, 변방의 민족들은 이면의 전범·내용의 전범으로 눈을 돌렸다.『삼국유사』는 우리 나라에서 그 같은 경우를 보여 주는 증거다.

일연의 서문은 중국의 역사에서 일어난 여러 괴이한 사건들을 장황하게 열거하는 것으로 이어진다. 중국에서 처음 나라가 설 때부터 한나라를 일으킨 유방에게까지 신이한 일로 점철된 건국의 역사를 낱낱이 대는 것은 우리도 이면의 전범을 하나쯤 마련하겠다는 일연의 논리적 전거 대기다. 그러기에 결론적으로, "우리 나라 삼국의 시조가 신이한 데서 출발했음은 무엇이 괴이한 일이랴"고 반문한다. 자존의 극치다.

혼미 속에서 찾는 출구

앞에서 언급한 말과 다소 중복되는 감이 있지만, 일연이 애써 향가 14수를『삼국유사』에 남긴 일은, 그 자료가 오늘날 우리 고대 시가사의 전부를 차지한다고 해도 과언이 아닌 상황에서, 중요성을 무엇으로 달리 표현할 길이 없다. 게다가 승려의 신분이라 해서 불교적이거나 점잖은 편의 작품만 고른 것이 아니요, 비록 적은 편수이긴 하나 매우 다양한 모습을 소개했다는 점에서 그 가치는 한층 제고된다.

물론 향가는 이야기와 함께 엮어지므로 기술상 들어갈 수밖에 없었다고 하지만, 그런 사정이라면 더 많은 한시 작품도 있는데, 그것은 애써 외면한 채 향찰 곧 우리 표기법에 의한 시에 힘을 기울인 사실 의미심장하다. 이는 분명코 삼국의 건국 과정을 믿지 못할 괴이한 일로 쳐버리지 않은 태도와 관계가 있다.

이른 삼국 시기에 한문이 중국으로부터 들어왔다고 하나 그 문자

체계가 매우 복잡다단하여 우리로서는 쉽게 익혀 쓰기가 곤란했다. 사용범위는 한정되고, 이를 배운 상층의 지식인이라 할지라도 자유자재로 구사하기란 어려웠다. 논리적인 사실만 기록하는 산문보다 정서적이며 주관적인 개성을 표현하는 시에서 더욱 그러했다. 한시를 배웠다고는 하나 그 운율의 다단한 활용을 체득하고, 정서의 미묘한 부분을 묘사해 내기란 어려웠다. 이 경우 일반 평민들에게까지 두루 즐길 노래에 가면 사정은 더욱 심각해진다. 여기서 우리 나라를 비롯한 일본, 베트남 등 한자를 받아들인 변방 민족들간에 차자표기법(借字表記法)이 발생하게 된다.

　차자표기법을 사용한 근본 사정은 어떤 것이었는가? 대체적으로 연구자들은 차자표기법이 자국의 인명·지명 등의 고유 명사를 표기하기 위해 고안되었다고 본다. 게다가 산문과 달리 운문은 내용과 함께 형식이 중요하므로 형식을 좌우하는 결정적인 조건인 문자 체계의 성립은 필수적이었다. 그렇다면 향가의 탄생은 차자표기법의 고안 곧 향찰의 발생과 궤를 같이하고 있는 것이다.

　그러나 모든 문제가 여기서 해결되는 것은 아니다. 표기 수단이 외연적 현상이라면 문제 안에 내포된 은밀한 논리가 있다. 무엇을 그토록 표현하고 싶었으며, 그것은 어떤 내용을 담고 있는가? 한문이라는 고급 언어 수단을 가지고도 해결하지 못한 부분이란 무엇인가? 나는 그것을 앞서 다음과 같이 설명했다.

　신라 사회는 고대 삼국시대에서도 중국의 문물을 가장 늦게 받아들였지만 가장 훌륭히 소화해 내었다. 재래 신앙이 강하게 형성되어 있던 사회 중심부에 외래의 불교가 파고 들어오는데 신라는 그것을 거부하거나 거기에 종속되지 않았다. 재래 신앙과 불교 신앙의 조화 아래 신라인의 독특하고 탁월한 불교 문화를 창출해 낸 것이다. 이것은 신라인이 자신들의 정체성을 잃지 않고 고급화된 문화로 옮겨 갔

비문의 대부분이 마모되고, 일부만 알아볼 수 있는 일연비가 인각사 한 쪽 구석에 있다. 언뜻보면 하찮아 보이지만, 이것으로 말미암아 일연의 면모를 조금이나마 엿볼 수 있다. 그의 저술이 1000여 권에 이른다는 것도, 어머니를 모시기 위해 국사의 자리를 버렸다는 것도 바로 여기에 적혀 있다.(군위 인각사)

음을 말한다. 향가는 신라 문화의 그 같은 특성을 설명해 주는 대표적인 증거다.

예컨대 「제망매가」를 지은 월명사는 국가의 변괴를 물리칠 연승(緣僧)으로 부름을 받을 만큼 도와 덕이 높은 승려였는데, 범어(梵語, 산스크리트어)는 모르고 다만 향가를 지을 뿐이라고 당당히 밝힌다. 승려가 범어로 주문을 외우지 못함을 전혀 부끄럽게 여기지 않고 있다. 이 말을 듣고 경덕왕도 흔쾌히 받아들였으니, 두 사람이 취하는 이런 태도의 근저에는 신라 불교가 가진 자존심이 있다. 그 자존심은 재래 신앙에서 불교 신앙을 성공적으로 결합시킨 데서 나온 것이다. 다름 아닌 향가의 대표적인 시인에게서 보이는 이런 태도가 곧 향가의 성격을 결정짓는 요소다. 민족적 정서를 그 고유어로 가장 잘 드러낸 시 그것이 향가이고, 일연은 이 점을 가치 있게 보았던 것이다.

13세기 혼미한 사회를 살다 간 일연은 종교와 문학 등 다양한 방면에서 새로운 출구를 찾으려 한 혁신적 승려였다. 그가 『삼국유사』에서 원효를 특별한 애정을 가지고 기술하고 있음은 눈여겨볼 대목이다. 그 자신이 원효 스타일의 원융적이면서도 혁신적인 삶을 살아가기를 바랐을 뿐만 아니라, 자신의 시대가 필요로 하는 삶의 모습으로 보였을 터다. 물론 승려이기에 그가 보여 준 행적은 일반적인 경우의 충격적인 것과 정도가 다르겠지만 승려의 신분 안에서는 분명 예외적이었다. 그러기에 누카리야와 같은 학자가 순수하지 못했다는 평가를 내렸을 법한데, 이는 한마디로 사회사적 배경을 무시한 결론이다.

가치 있는 것과 나아갈 향방이 어떤 것인지를 분명히 알고 실천한 일연의 생애가 막을 내리고, 이어 조선의 건국이 다가오지만, 그것은 견고한 중국 중심 보수주의로의 회귀였다. 결과론적이지만 조선 사회의 그런 성격이 결코 긍정적인 쪽으로 손을 들기 어렵게 한다.

❋── 사진 찍기는 참 재미있다

칠백쪽을 넘나드는 책의 맨 끄트머리에 있는 이 글을 읽는 당신은 이 책에 깊은 감명을 받은 사람이거나, 나를 개인적으로 아는 누군가일 게다. 그도 저도 아니면 책 뒤의 ISBN 코드까지 읽어야 직성이 풀리는, 흔치 않은 성격의 소유자일 것이고. 어쨌거나 그간의 내력을 조금 풀어놔야겠다.

대학교 때, 인생 공부를 한다며 강의실보다 더 자주 들르던 술집에서, 고운기 선배의 제안으로 시작된 『삼국유사』 사진 찍기는 어느덧 십 년을 넘겼다. 돌아보니 우린 아이를 둘씩 둔 아빠가 되어 있고, 비슷하게 맞닥뜨린 고난의 세월과 온몸으로 맞서면서도 『삼국유사』를 손에서 놓지 않았다. 누가 부탁한 일도 아니었고, 돈이 되는 일은 더욱 아니었지만, 우리에게 『삼국유사』는 깊은 밤 외딴 산길 멀리서 흔들리는 불빛 같은 그런 존재였다.

1991년 4월 26일 금요일 밤 11시 40분 부산행 무궁화. 목적지인 대구에는 다음 날 새벽 4시 3분에 도착. 대구 시내 사보이 호텔 사우나에서 몸을 씻음. 이것은 우리들의 성스러운 작업을 위한 재계행사.

운문사를 첫 답사지로 정하고 떠나던 날, 고 선배가 적은 기행문 첫머리다. 지금처럼 자가용은 없었기에 기차며, 버스며 시간에 맞추어 닥치는 대로 타고 다니던 시절의 일이다. 차가 없으면 무작정 걸으면서, 타임머신을 타고 7백 년 전으로 돌아가 일연도 걸었을 그 때 그 길을 그려보기도 했고, 탑만 남은 빈 터에 절을 일으켰다가 허물기도 수 없이 했다. 물론 그보다 많은 시간을 서로의 옛 애인을 추억하며 술잔을 기울였지만 말이다. 그렇게 3~4년을 쏘다니다가 나는 결혼을 했고, 카메라를 잠시 손에서 놓았다.

그로부터 몇 년 지나, 나는 『삼국유사』 사진 찍기를 다시 시작했다. 가족들에게는 미안한 일이었지만, 마음이 동하면 그 날로 길을 떠나 혼자 참 많이 다녔다. 다시 읽는 『삼국유사』에서 찾아낸 소중한 한 가지, '사랑'을 담아내고 싶었다.

황룡사 터를 배경으로 하얀 별빛과 노란 가로등 불빛에 처연히 빛나던 분황사 당간지주에 서린 원효의 고독한 사랑. 점점이 내리는 눈을 맞으며 서 있는 부석사 석등에 묻어 있는, 온갖 번뇌에도 흔들림 없이 제자리를 지켜 내는 의상의 순결한 사랑. 몸통만 남은 깨진 불상을 위해 촛불을 밝히는 촌노의 손끝에 실린 욱면의 순박한 사랑. 낭산 너머로 지는 해를 아쉬워하며 먼발치에서 까치발로 서성대는 익모초에 담긴 지귀의 짝사랑.

이런저런 사랑을 찾아다니다 며칠 만에 집으로 돌아오면, 초롱초

롱한 아이들과 아내는 내가 사진에 담으려고 했던 그 어떤 사랑보다도 더 큰 사랑으로 나를 반겨 주었다. 내가 찍어온 평범한 사진에도 무한대의 감동을 보이며 힘을 실어 주는 것도 아내와 딸의 몫이었다.

지금 나는 사진 찍기와는 조금 떨어진 일을 하며 지낸다. 그래도 사진 찍기는 참 재미있다. 내가 즐기는 것 가운데 가장 신나는 놀이다. 의상의 몇 편 되지 않는 저술을 평한 일연의 글처럼, '솥 안의 국 맛'을 책임지는 특별한 '한 점 고기' 같은 사진 만들기. 희망사항이다.

드라마에 맨 날 나오던 사람이 어느 날 음반을 내고 크게 히트하면 그 날부터 가수가 되는 걸 종종 본다. 나라고 못하란 법 없지. 컴퓨터 앞에 앉아 있는 날보다 카메라 가방 매고 쏘다니는 시간이 더 많아졌으면 한다.

이 책이 히트치기만을 바랄 뿐이다.

2002년 겨울
남산 언저리에서
양 진

찾아보기

일반

ㄱ

감은사__186
개운포__280
거북이__372
거타지__167, 291, 292
건국 신화__21
경덕왕__234~237, 246
경문왕__262, 264, 266, 267
경흥__663, 664, 666~668
고기__15, 23, 37, 135
고려장__693
고사기__100, 107, 135
곰과 호랑이 이야기__16
공덕가__712
관기__678
관음보살__490, 492
광덕__628, 629, 632
구지가__228, 371
굽타 왕조__429
귀더리 들__131
기인 제도__281
김대성__694, 696
김부대왕__294, 297

김수남__570
김양도__562, 563, 609
김유신__161, 162, 164, 169, 171, 172, 175, 197
김제상 → 박제상
김춘추__164, 167, 171, 172, 175
김현__101

ㄴ

낙산사__487, 491, 492, 505
난생 신화__43
남산__657, 658
남항사__664
낭지__676, 677
내용적 전범__736
노힐부득__474, 482, 485
노힐부득과 달달박박__472
누카리야 카이덴__723

ㄷ

단군 신화__11, 12, 14, 15, 21
단군기__41
단군을 낳는 이야기__16
단군의 즉위와 그 후일담__18

달라산__674
대왕포__314
대일경__605
대적천원__656, 659
대화지__430
도성__678
도솔가__707
도의__498
독서삼품과__261
돌석__314
동명왕의 탄생 설화__39
두두리 들__131
득오__208, 210

ㅁ

마라난타__389
마애불__658
마의태자__300
마하사트바__637
만파식적__187, 191, 194, 195, 253, 256
명랑__617~619
명랑의 비법__179
모량부__211
모례__395, 398
모록__395
모죽지랑가__209, 210, 212
목우화상__732
몽고와의 전쟁__24

무녕왕__319
무신 정권__24
무왕__412
무조 신화__66, 292
묵호자__395
문무왕__181, 184, 381
문수 신앙__438, 440
문수보살__440, 442, 444, 448, 451, 683~685
문천교__536
문희__164, 167, 170, 171, 175
미륵 신앙__581, 582, 593
미륵보살__342, 345, 592, 593
미륵사__334
미륵하생신앙__147
미시__149
미와야마__135, 136
미추왕__200~203
민족의 결혼__169, 170
밀교__605
밀본__610, 612

ㅂ

바리공주__335~337
바리데기 설화__335
박제상__109
박참법__587, 592
배구전__20
백월산__473, 476, 482

범일__498, 499, 501
법왕__411~413
법장__558
법주사__594, 597
법화 신앙__676
법화경__675, 676
법흥왕__400, 402, 404, 406
변산노승전__638
변재천녀__683, 685, 686
변한__45
보개__462
보덕__413
보양__525
보장왕__414
보질도태자__587
보천__445, 450, 451
본지수적사상__424
부례랑__191
부여__309, 311
부여 천도__308
분수승__143
분황사__458, 459
불교역사주의__386, 402, 415
불교적 인식의 숨음과 드러남__673
불국사__700
불국토사상__424
불사의암__585, 592
불지촌__533
비미호 → 히미코

비장산 전설__521
비처왕__400
비파암__653, 659
비형__126

ㅅ
사동__541
사라수__533
사마__319
사면석불__342
사복__541, 587
사천왕사__179
삼랑사__664
삼산__202
삼성곡__656, 659
삼성산__533
삼칠일__16
서동__327, 328, 330~332, 334, 335
서술 성모__64
석탈해__70
선도산 신모__62, 68
선묘__565
선묘정__565
선무외__606
선율__633, 634, 636
선화공주__330, 335~337
설총__536, 545, 548
성거산__66

성모천왕__66
성왕__308
성태__465
세속오계__150
손순__692, 693
수로부인__222~224, 226, 229, 233
수로왕__372, 373
순교__398, 402, 404, 409
순도__386
숯굽는 부자 이야기__336
스에쯔미미노미코토__137
신도징__638, 644, 649, 650
신문왕__186, 187
신효__452
심지__596~598

ㅇ
아도__396, 409
아리나발마__571, 574, 575, 577
아마테라스 신화__100
아비지__433
아쇼카__144, 425, 428
아쇼카의 기념주__428
아쇼카의 불상__429
아육왕__144
안민가__246
야래자 설화__120, 137
야마일국__90

엄장__632
여주__309
연회__683~686
염장__628, 630
영심__586, 598
영웅의 일생__44, 328
영일__96
영취사__469
예산__342
오대산__440, 441, 445, 448, 450, 451
오릉__62
오모노누시노오카__136
오어사__96, 540
온 날__17
완산요__360
왕거인__288, 289
왕건__166
왕흥사__412
요석공주__535, 537
용성국__76
우연히 스치는 듯한 만남__444, 497, 656
우적가__720
욱면__625, 627
운문사__523, 525, 526
원가__718
원광__139, 514, 516~519, 521, 523, 587

원왕생가__630
원효__152, 496, 530, 531, 533~535, 537, 538, 540, 541, 543, 545, 546, 551, 552, 587
월명사__240
월정사__452
위만조선__25, 29
위서__14, 15
유리왕__48
윤경렬__659, 660
의상__153, 492, 494, 549~553, 555, 558, 563, 565, 568
이면적 전범__736
이목__525
이불란사__388
이차돈__402, 404, 406, 407, 409
인도__569, 570
일념__404, 407
일본영이기__675, 676
일연__408
일연의 강화도 행__732
일연의 생애__725
일연이라는 이름__726
임나일본부설__384

ㅈ
자루 빠진 도끼__535
자복사__309
자장__430, 432, 442, 444

작제건__167, 291
장륙존상__422, 423
장보고__274, 275, 277
장춘__462
전한서__28, 37
점숭__468
점찰 신앙__587
점찰경__581, 582, 586, 587, 590
점찰법회__587
정사암__313
정수__621
정취보살__490, 498, 499, 501
정토왕생 신앙__625
제망매가__241, 707
조선선교사__724
조선전__28
조신__490, 491, 505, 507
죽지랑__205, 209, 210, 211
중생사__463
중편조동오위__728
지엄__556
지은__691
지장보살__585, 586, 592, 593
지장보살 신앙__581, 582
진전사__498
진정__700, 703
진지왕__121, 134, 149
진표__581, 582, 584, 586, 591~594, 596

ㅊ

차자표기법__739
찬__391
찬기파랑가__711
창세 신화__21
처용__278, 281, 282, 284
처용가__281
천일창__107
초문사__388
최승로__465
최승우__356
최재서__167, 171
최치원__356
출궁__215~217, 219, 221
충담사__243, 246, 247
치밀하고 정성스런 만남__495
칠지도__318

ㅌ

탑돌이__640
탑참법__585, 587
태평광기__644

ㅍ

팔공산__598
포산__678
표면적 전범__736
표훈대덕__236
피세은거__671

표훈__237

ㅎ

한단지몽__504
한반도판 전국시대__36
한산__311
한일동족설__318
해가__228
해골바가지 사건__551, 552
향가__704, 741
향가의 내용__709
향가의 작가__709
향찰__704
헌강왕__284
현실과 신이가 하나된 만남__502
현실주의 신앙__531
형식적 전범__736
혜공__538, 540
혜공왕__249, 250
혜성가__715
혜초__572, 576, 606
혜통__603, 604, 612, 613
혜현__673~675
호랑이 처녀__638
호랑이__637, 638, 642, 643, 650, 652
호랑이로 설정된 사람의 이야기__642
환생담__634, 635

환웅이 세상에 내려온 이야기__15
황룡사 구층탑__152, 416
황룡사__416, 417, 420
효명__445, 450
효소왕__653, 656, 657
후한서__53
흥륜사__640
희명__459
히미코__88~90, 94

원문 인용
「기이」편
고조선__14
위만조선__25, 30, 31
북부여__37
동부여__37, 38
고구려__38, 39, 44
진한__53
신라의 시조 혁거세왕__54, 57, 58, 63
노례왕__73
탈해왕__74~79
김알지__83
연오랑과 세오녀__92
미추왕과 죽엽군__196, 201, 203
내물왕과 김제상__110, 111, 113
거문고의 갑을 쏘라__141
진흥왕__153
도화녀와 비형랑__124, 125, 130, 131, 133
선덕왕이 절묘하게 알아차린 세 가지 일__157, 158
김유신__161, 162
태종 춘추공__153, 165, 170~173, 269
문무왕 법민__179, 182, 184
만파식적__186, 187, 189
효소왕대의 죽지랑__205, 208
성덕왕__222

수로부인__223, 226, 232
경덕왕과 충담사 그리고 표훈대덕__236, 243, 249
원성대왕__252, 253, 255, 256, 258
이른 눈__271
신무대왕과 염장 그리고 궁파__273, 276
경문대왕__262, 263, 266, 267
처용랑과 망해사__278, 280,
진성여대왕과 거타지__288, 291~293
효공왕__285
경명왕__285
김부대왕__294, 300, 301, 304, 305
남부여와 전백제__46, 308, 310, 313, 321
무왕__328, 330, 332, 334, 337
후백제와 견훤__134, 354, 356, 358, 359, 361
가락국기__79, 369, 370, 373, 374~376, 381
거문고의 갑을 쏘라__400
문무왕 법민__563

「흥법」편
순도가 고구려에 오다__386, 392
마라난타가 백제 불교를 열다__398
아도가 신라 불교의 기초를 놓다__394, 396, 420

원종은 불교를 일으키고 염촉은 몸을 바치다__402, 404, 406, 408
법왕이 살생을 금하다__412
보장왕이 노자를 섬기고 보덕이 암자를 옮기다__412

「탑상」편
황룡사의 장륙__143, 421~423
백률사__191
미륵선화와 미시랑 그리고 진자사__144~148
(만)어산의 부처님 모습__365
황룡사의 구층탑__430, 432, 433
세 곳의 관음과 중생사__464, 466, 468
민장사__462
여러 차례 가져온 사리__436, 553, 556
남백월산의 두 성인 노힐부득과 달달박박__472, 473, 475, 480
분황사 천수대비, 맹인 아이가 눈을 뜨다__458
낙산의 두 성인 관음과 정취 그리고 조신__492, 495, 506, 507
오대산의 오만 개 진신__442, 445, 448, 450
(오)대산 월정사의 다섯 성중__452
영취사__469

「의해」편

원광의 중국 유학__139, 150
보양과 이목__523, 525
인도로 간 여러 스님들__571, 575, 577, 580
혜숙과 혜공의 삶__540
원효는 무엇에도 얽매지 않다__534, 537, 545, 546
의상이 화엄을 전하다__549, 556, 558, 562, 564, 568
말을 못하던 사복__541, 543
진표가 간자를 전하다__584, 585, 587, 590
관동 풍악산의 발연사 비석의 기록__591, 593, 594, 596
심지가 스승을 잇다__598

「신주」편

밀본이 귀신들을 쫓아내다__610, 611
혜통이 용을 항복시키다__604, 613
명랑의 신인종__617, 618, 620

「감통」편

선도성모가 불사를 즐기다__62, 63
월명사의 도솔가__238, 240
욱면이 염불해서 서방정토로 가다__624
경흥이 우연히 성인을 만나다__663, 666, 670
진신이 공양을 받다__653, 660
선율이 살아 돌아오다__633
김현이 호랑이에 감동되다__638, 640, 642, 645, 648, 652
정수 스님이 얼어죽을 뻔한 여자를 구하다__623

「피은」편

혜현이 고요함을 구하다__344
낭지가 구름을 타다, 그리고 보현수__677
연회가 이름을 감추다, 그리고 문수점__683, 684
혜현이 고요함을 구하다__674
포산의 성인 두 사람__678

「효선」편

진정사의 지극한 효행__700, 701
대성이 두 세상의 부모에게 효도하다__694, 696, 698
손순이 아이를 묻다__690, 693
가난한 여자가 어머니를 봉양하다__691

사진

ㄱ

강릉 굴산사 터__500, 503
강원도 속초__230, 231
강원도 오대산__443
강화도__26, 27
경남 남해__303
경산 압량면__532
경주__132
경주 감은사 터__190, 192, 193
경주 감포__93
경주 계림__84, 85
경주 괘릉__255, 257
경주 교동__713
경주 굴불사 터__236
경주 김유신 무덤__163, 176, 198, 199, 265
경주 나정__55
경주 남간사 터__405
경주 남산 감실부처__622
경주 남산__156, 244, 245, 248, 654, 655, 658, 662, 665, 667, 669
경주 남천__128, 129, 632
경주 남천가 장사__117
경주 낭산__154, 155, 290
경주 능지탑__185
경주 단석산__148, 206, 207, 225, 345
경주 대왕암__188

경주 망덕사 터__182
경주 무열왕릉__165, 168
경주 문천교 터__536
경주 미추왕릉__204
경주 미탄사 터__298, 299
경주 반월성__127
경주 백률사__403, 410
경주 보리사__631
경주 북군마을__721
경주 분황사__260, 460, 461, 463, 544, 547
경주 불국사__695, 697, 719
경주 사천왕사 터__180
경주 서출지__142, 143
경주 석탈해왕릉__77
경주 선도산__64, 65, 67
경주 신문왕릉__218
경주 안압지__295
경주 알영정__58, 59
경주 양남면__71, 72
경주 오릉__60, 61
경주 외동__115
경주 원원사 터__610, 611, 615, 618, 619
경주 이견대__195
경주 장항리__239
경주 재매정__174
경주 중생사__467, 468
경주 진평왕릉__122, 123

754

경주 치술령__113
경주 토함산__698, 699
경주 포석정__295
경주 함월산__457, 708
경주 형산강__104, 105
경주 황룡사 터__151, 418, 419, 423, 426, 427, 431, 435
경주 황복사 터__550
경주 황성공원__651
경주 황오동__387
경주 효불효교 터__702
경주 흥륜사__409
경주 흥륜사 터__408
공주 갑사__390, 391
군위 인각사__32, 646, 689, 737, 740
김제 금산사__360, 583
김해 구지봉__371
김해 김수로왕릉__80, 380
김해 수로왕비릉__375, 377
김해 초선대__383

ㄴ
논산 견훤릉__349

ㄷ
단양 온달산성__40
달성 비슬산__674, 679~681, 683, 735

달성 인흥사 터__716, 717
대관령 국사성황당__504
대관령 산신당__639
대구 동화사__354

ㅁ
밀양 만어산__366~368

ㅂ
보은 법주사__595
부여 고란사__270, 320
부여 금강__362
부여 능산리__316~318
부여 백마강__312
부여 정림사 터__324

ㅅ
산청 단속사 터__685
상주 남장사 감로탱__506
서울 석촌동 백제고분__46, 47
서울 오륜동 몽촌토성__310
서울 풍납토성__50, 51, 312

ㅇ
양양 낙산사__489, 493, 494
양양 의상대__497
양양 진전사 터__439, 727
양양 홍련암__554
오대산 월정사__444, 446, 447

울산 망해사__282, 283
울산 박제상 사당__111
울산 처용암__279
울산 천전리__13, 208, 209
울산 치술령__112
익산 미륵사 터__329
익산 쌍릉__331
익산 왕궁리__333
인도 라다크__573, 574, 578, 579
일연비문 탁본__33

풍기 부석사__557, 559, 561, 562, 566, 567, 626, 628

ㅈ

장흥 보림사__730, 731
전북 고창__17
전북 변산__588, 589

ㅊ

창원 백월산__474, 479, 483
청도 운문사__510, 511, 514, 516, 520, 524, 528
충남 서산__339~341

ㅌ

태백 정암사__449
태백 정암사 적멸보궁__453

ㅍ

포항 오어사__97, 227
포항 일월동__98, 99, 101